Kalinowsky · Kampfplatz Justiz

Studien und Materialien zum Rechtsextremismus
herausgegeben von Prof. Dr. Eike Hennig

Band 3

Kampfplatz Justiz

Politische Justiz
und Rechtsextremismus in der
Bundesrepublik Deutschland
1949 – 1990

Harry H. Kalinowsky

Centaurus Verlag & Media UG 1993

Umschlagfoto: Ullstein — dpa

Zum Autor: Dr. Harry H. Kalinowsky studierte Politische Wissenschaft, Soziologie und Völkerrecht an der Universität Bonn, Kriminologie an der Universität Hamburg und ist zur Zeit als Dozent an der Zivildienstschule Buchholz tätig.
Veröffentlichung: Rechtsextremismus und Strafrechtspflege, Bonn 1986.

Die Deutsche Bibliothek — CIP-Einheitsaufnahme

Kalinowsky, Harry H.:
Kampfplatz Justiz : politische Justiz und Rechtsextremismus in der Bundesrepublik Deutschland 1949 — 1990 / Harry Hugo Kalinowsky. — Pfaffenweiler : Centaurus-Verl.-Ges., 1993
(Studien und Materialien zum Rechtsextremismus ; Bd. 3)
Zugl.: Duisburg, Univ., Diss., 1993
ISBN 978-3-89085-879-1   ISBN 978-3-86226-425-4 (eBook)
DOI 10.1007/978-3-86226-425-4
NE: GT

ISSN 0940-2977

Satz: Vorlage des Autors

VORWORT

Wissenschaftler haben nicht oft die Gelegenheit, empirische Arbeiten aktualisieren und fortschreiben zu können. Dank der Unterstützung des Bundesministers der Justiz wurde mir die Gelegenheit gegeben, die empirische Untersuchung zu Strafverfahren wegen mutmaßlicher rechtsextremistischer Aktivitäten und Erscheinungen mit der Einbeziehung neuer Fälle und der Erweiterung des Zeitraums der Untersuchung fortschreiben zu können. Mit der Fortsetzung der empirischen Untersuchung konnte ich auch meinen eigenen Forschungsstandpunkt überdenken und erfahren, daß Forschung immer auch ein Entwicklungsprozeß für den Wissenschaftler selbst ist. Die Aktualisierung der Studie nutzte ich daher zu einer Weiterentwicklung der Forschungsperspektive. Die Dissertation versucht, den Begriff Politische Justiz analytisch sinnvoll zu gestalten, um all die Prozesse in den Blick nehmen zu können, die Justiz zu einer politischen Justiz werden lassen können. Die Entwicklung der Justiz und des Rechtsextremismus werden in der nächsten Zeit vermutlich Anlaß zu einer intensiven Diskussion geben. Mit der vorliegenden Arbeit wird aufgezeigt, wie sich in den letzten vierzig Jahren Justiz und Rechtsextremismus aufeinander bezogen haben und welche Faktoren und Mechanismen hier wirksam wurden. Insoweit hoffe ich mit dieser Arbeit dazu beizutragen, daß den Herausforderungen und Problemen in diesem spezifischen Beziehungsgefüge die entsprechende Aufmerksamkeit geschenkt wird.

Vorworte dienen auch dem Dank. Mein Dank gilt an erster Stelle Herrn Prof. Dr. Heribert Schatz, der mich mit Geduld und Unterstützung durch den Erstellungsprozeß dieser Arbeit begleitet hat. Weiterhin gilt mein Dank Herrn Dr. Dr. jur. Konrad Hobe, der es mir überhaupt ermöglicht hat, die empirische Arbeit durchführen zu können.

Meine Frau und meine Kinder Katharina, Kilian und Klara wissen, daß ich ihre Geduld in besonderem Maße strapazieren mußte. Ihnen sei zum Dank meine Arbeit gewidmet.

Trelde, im September 1992   Harry Hugo Kalinowsky

INHALTSVERZEICHNIS

TABELLENVERZEICHNIS

GRAFIKVERZEICHNIS

ABKÜRZUNGEN

ANS/NA	Aktionsfront Nationaler Sozialisten/ Nationale Aktivisten
AUD	Aktionsgemeinschaft Unabhängiger Deutscher
Azubi	Auszubildender
BGBl.	Bundesgesetzblatt
BGH	Bundesgerichtshof
BGHSt	Bundesgerichtshof in Strafsachen
BNS	Bund Nationaler Studenten
BT-Drs.	Bundestagsdrucksache
BVerfGE	Entscheidung des Bundesverfassungsgerichts
CC	Kontingenzkoeffizient
Chi-Qu.	Chi-Quadrat
DDR	Deutsche Demokratische Republik
DP	Deutsche Partei
DRP	Deutsche Reichspartei
DVU - Liste D	Deutsche Volksunion - Liste D
FAP	Freiheitliche Deutsche Arbeiterpartei
FG	Freiheitsgrad
Ins.	Insgesamt
JGG	Jugendgerichtsgesetz
KPD	Kommunistische Partei Deutschlands
NPD	Nationaldemokratische Partei Deutschlands
NSDAP	Nationalsozialistische Deutsche Arbeiterpartei
RE	Rechtsextremisten
Sch.	Schüler
SÖS	Sozialökonomischer Status
SRP	Sozialistische Reichspartei
StGB	Strafgesetzbuch
VSBD/PdA	Volkssozialistische Bewegung Deutschlands/ Partei der Arbeit

1.   EINLEITUNG

Nach gut vierzig Jahren Bundesrepublik Deutschland bedeutet die
Vereinigung mit der ehemaligen DDR eine Zäsur für fast alle Politik-
und Handlungsfelder der Gesellschaft.

Das gilt zweifellos auch für das mit dieser Studie zu beleuchtende
Untersuchungsfeld des Zusammenhangs von politischer Justiz und
Rechtsextremismus. Das neue Deutschland ruft neue Bedingungen für die
Entwicklung des organisierten und des kriminellen Rechtsextremismus
hervor. Der sprunghafte Anstieg der Gesetzesverstöße von Rechtsextremisten im Jahr 1991 [1] und die Rostocker Ausschreitungen im August
1992 sind hierfür ein ebenso deutliches Indiz wie die Wahlerfolge von
DVU und Republikanern bei den Landtagswahlen in Schleswig-Holstein
und Baden-Württemberg im April 1992 [2]. Und auch die deutsche Justiz
wird durch die derzeit erfolgende Integration oder Absorption des
östlichen Rechtsstabes ihr Gesicht in irgendeiner, heute noch nicht
näher bestimmbaren Art und Weise ändern.

Angesichts dieser beginnenden Veränderungen liegt es nahe, einzuhal-
ten und einen Blick auf die vierzigjährige Geschichte eines Beziehungsgefüges zu werfen, das mit seinen Ausformungen und Ergebnissen das wesentliche Fundament der künftigen Entwicklung der politischen Justiz im neuen Deutschland sein wird.

Ich will mit dieser Studie den Versuch unternehmen, aufzuzeigen, wie
politische Justiz und Rechtsextremismus in den vierzig Jahren der
westdeutschen Bundesrepublik aufeinander bezogen waren und was die

---

[1] s. Verfassungsschutzbericht 1991, Herausgeber: Der Bundesminister des Innern, MS Bonn 1992, S. 21; nach diesen Angaben
stieg die Zahl der Gesetzesverletzungen von 1990 mit 1.848 1991
auf 3.884, wobei die Zahl der Gewalttaten von 270 auf 1.483
anstieg, also um 549,3 Prozent!

[2] s. Frankfurter Allgemeine Zeitung vom 7.4.1992, die Republikaner erzielten 10,9 Prozent der Stimmen in Baden-Württemberg,
die DVU 6,3 Prozent in Schleswig-Holstein

bestimmenden Merkmale des Beziehungsgefüges von politischer Justiz und Rechtsextremismus gewesen sind.

Aufgrund der deutschen Geschichte unterliegt die Behandlung des Themas: "Politische Justiz und Rechtsextremismus" einer zumindest zweifachen Brisanz. Sie ist allein deshalb brisant, weil das Verhalten der Justiz gegenüber Rechtsextremismus noch auf absehbare Zeit an ihrem Verhalten gegenüber der Weimarer Rechten und unter der nationalsozialistischen Herrschaft[3] gemessen werden wird und politisch interessierte Kräfte existieren, von links und von rechts, die die Ergebnisse einer solchen Untersuchung für ihre Interessen der Politisierung der Justiz zu nutzen versucht sein könnten.

Die Gefahr der mißbräuchlichen und falschen Verwendung von Untersuchungsergebnissen ist bei diesem Thema besonders groß, andererseits, wie bei fast allen Untersuchungen, kaum vermeidbar. Um aber zu verhindern, daß ich mich ungeschützt zum bloßen Datenlieferanten für die unterschiedlichsten politischen und wissenschaftlichen Zwecke verwenden lassen kann[4], werde ich in der Durchführung und Präsenta-

---

[3] s. hierzu u.a. Gumbel, Emil Julius: 4 Jahre politischer Mord, Berlin-Fichtenau 1922 (Neuauflage Heidelberg 1980); Stern, Howard Norman: Political Crime and Justice in the Weimar Republic, phil. Diss., Baltimore 1966; Hannover, Heinrich/Hannover-Drück, Elisabeth: Politische Justiz 1918-1933, 3. Auflage, Bornheim-Merten 1987 (1966); Müller, Ingo: Furchtbare Juristen, Die unbewältigte Vergangenheit unserer Justiz, München 1987; Fieberg, Gerhard: Justiz im nationalsozialistischen Deutschland, Herausgegeben vom Bundesministerium der Justiz, Köln 1984; Im Namen des Deutschen Volkes, Justiz und Nationalsozialismus, Katalog zur Ausstellung des Bundesministers der Justiz, Köln 1989; Diestelkamp, Bernhard/Stolleis, Michael (Hrsg.): Justizalltag im Dritten Reich, Frankfurt am Main 1988; Gruchmann, Lothar: Justiz im Dritten Reich 1933 - 1940, Anpassung und Unterwerfung in der Ära Gürtner, München 1988; Fürst, Michael: Reformen im politischen Strafrecht in der Zeit des Dritten Reiches, Diss., Augsburg 1990; Blasius, Dirk: Geschichte der politischen Kriminalität in Deutschland 1800 - 1980, Eine Studie zu Justiz und Staatsverbrechen, Frankfurt am Main 1983

[4] daß ich mich damit trotzdem nicht davor schützen kann, durch Entstellung und völlige Verdrehung gerade von denen mißbraucht zu werden, gegen die sich mein Erkenntnisinteresse wendet, erlebte ich zu meinem Leidwesen an dem Umgang, den Dr. Gerhard Frey mit den Daten aus meiner ersten Untersuchung trieb, s. Der

tion der Untersuchung den eigenen, von einem spezifischen Erkenntnisinteresse getragenen Standpunkt deutlich herausarbeiten.

Die andere Brisanz liegt in der Begriffswahl der Themenstellung
begründet. Der Begriff der politischen Justiz wird häufig, auch in
wissenschaftlichen Publikationen, pejorativ verwendet und weckt
vermutlich bei vielen Lesern entweder bestimmte einseitige "positive"
Erwartungen oder Ressentiments. Einer wissenschaftlichen Verwendung
des Begriffs politischer Justiz wird erst noch die Schneise einer
vorurteilsfreien Zone zu schlagen sein. Insoweit werde ich ausführlich begründen, weshalb in meiner Begriffsverwendung politische
Justiz nicht notwendig nur eine politisierte oder eine parteiische
politische Justiz sein muß.

Dem Gegenstand galt ob seiner historischen und politischen Bedeutung
immer wieder die öffentliche und wissenschaftliche Aufmerksamkeit.
In starkem Kontrast zu dem Aufmerksamkeitswert des Untersuchungsgegenstandes steht der empirische Gehalt wissenschaftlicher Untersuchungen zu diesem Bereich.

Ich untersuche einen Bereich, bei dem sich die wissenschaftliche
Beschäftigung – in erster Linie aus Datenzugangsproblemen – zumeist
in rechtstheoretischen Kommentierungen einzelner Gerichtsentscheidungen und der Analyse der obersten Rechtsprechung erschöpft hat.
Empirische Daten außerhalb der amtlichen Statistik sind bislang kaum
in die Forschung eingeflossen[5].

Triumph von Passau, DVU Großkundgebung 1988 in der Nibelungenhalle, FZ-Verlag München, VHS-Videokassette

[5] in jüngerer Zeit ist eine Dissertation vorgelegt worden, die
die Phänomenologie des kriminellen Rechtsextremismus in der DDR
untersucht hat und insoweit Daten zu einem Bereich liefert, der
bis vor kurzem überhaupt nicht zugänglich war, s. Fittkau, Karl-
Heinz: Phänomenologie der Kriminalität rechtsextremer Straftäter
in der DDR (1988/89), Band 1: Thesen, Band 2: Anlagen, Diss. jur.
Humboldt-Universität Berlin, 1990; allerdings ist der Aussagewert
dieser Untersuchung mehr als zweifelhaft, s. hierzu S. 233;
andere Arbeiten, die thematisch in diesem Bereich von Interesse
sind, haben sich dagegen nur am Rande oder lediglich rechtstheoretisch mit dem Problem Politische Justiz, politisches Strafrecht

1. Einleitung

Mit einem integrativen Forschungskonzept versucht diese Studie das
Mehrebenenproblem Rechtsextremismus und politische Justiz so aufzu-
bereiten, daß beide Vorgehensweisen zu ihrem Recht kommen. Die Studie
wird in ihrem ersten Teil sekundäranalytisch die historische Entwicklung der politischen Justiz in der Gerichtsarena ebenso aufarbeiten wie die Entwicklung der einschlägigen Gesetzgebung. Der
zweite Teil ist die primäranalytische und empirisch-deskriptive
Untersuchung der Phänomenologie der Strafrechtspflege bei Verfahren
mit rechtsextremistischem Hintergrund. Die Untersuchung wird sich in
ihrem zweiten Teil auf einen Datenbestand stützen können, über den
sonst in ähnlicher Form vermutlich nur der Verfassungsschutz verfügt.
Mehr als 1300 rechtskräftig abgeschlossene Strafverfahren wegen
mutmaßlicher rechtsextremistischer Aktivitäten und Erscheinungen aus
den Jahren 1978 bis 1987 gehen in die Analyse des Erscheinungsbildes
der politischen Justiz gegen Rechtsextremismus ein[6].

---

und Rechtsextremismus befaßt, s. Gallandi, Volker: Staatsschutzdelikte und Pressefreiheit, Von der Stärkung des Rechts und der
Legitimität der Strafgesetzgebung im politischen Konflikt,
Königstein/Ts. 1983; Basten, Thomas: Von der Reform des politischen Strafrechts bis zu den Anti-Terrorgesetzen, Die Entwicklung des Strafrechts zur Bekämpfung politisch motivierter
Kriminalität in der sozialliberalen Ära, Köln 1983

[6] dem Vorgehen und dem Selbstverständnis des Verfassungsschutzes
ist es eigen, daß er die ihm zur Verfügung stehenden Daten nur
begrenzt der wissenschaftlichen Öffentlichkeit zugänglich macht.
Die meisten Extremismusforscher müssen sich mit dem begnügen, was
vorgefertigt der Öffentlichkeit über den Verfassungsschutzbericht
mitgeteilt wird. Damit soll der Wert der Verfassungsschutzberichte, die dem informativen Verfassungsschutz dienen und
die breite Öffentlichkeit ansprechen, nicht diskreditiert werden.
Es wäre aber sicher wünschenswert, wenn der Wissenschaft ein
Zugang zu den Originaldatenbeständen gewährt würde, sicherlich
unter Beachtung der datenschutzrechtlichen Bestimmungen. Die vorliegende empirische Untersuchung stellt die Fortschreibung und
Aktualisierung eines Gutachtens dar, welches der Autor für das
Bundesministerium der Justiz erstellt hat. Die erste Untersuchung
stützte sich auf insgesamt 903 Verfahren, s. Kalinowsky, Harry
H.: Rechtsextremismus und Strafrechtspflege, Eine Analyse von
Strafverfahren wegen mutmaßlicher rechtsextremistischer Ak-
tivitäten und Erscheinungen, Unter Mitarbeit von Richard Blath,
Konrad Hobe und Claudia Kothe-Heggemann, herausgegeben vom
Bundesministerium der Justiz, 2. Auflage, Köln 1986

4

Es wird damit ein Blick auf bestimmende Merkmale der politischen Justiz gegen Rechtsextremismus geworfen, der andere Elemente beleuchten kann, als ein Blick, der auf ausgesuchte und zumeist spektakuläre Fälle gerichtet und beschränkt ist. Mit diesen Daten wird es möglich sein, zusätzlich zu den tragenden Hauptströmungen das Alltagsgesicht der politischen Justiz zu beleuchten.

Die bisherigen Ausführungen weisen darauf hin, daß der Arbeit zunächst ein "technisches Erkenntnisinteresse" im Sinne von Habermas[7] zugrunde liegt. Angesichts der bestehenden Kluft zwischen Anspruch und Wirklichkeit prognostischer nomologisch orientierter sozialer Erfahrungswissenschaft ist dieser technische Erkenntnisanspruch allerdings auf das Maß des Machbaren zu reduzieren und im weiteren mit einem emanzipatorischen Impuls zu verbinden.

Das emanzipatorische Interesse entfaltet sich für mich an der Frage, in welchem Kontext politische Justiz politisch-kulturell eingebettet sein muß, um in ihren Ausprägungen verträglich mit den Anforderungen einer demokratisch und rechtsstaatlich verfaßten freiheitlichen Gemeinschaft zu sein und wie sie hierbei adäquat die Auseinandersetzung mit dem Rechtsextremismus bestehen kann.

Die Thematik der Untersuchung verweist auf das Problem einer politisierten Justiz. Eine politisierte Justiz ist ein Indikator für einen Zustand, der besagt, daß die Arbeitsteilung zwischen Politik und Recht[8], als zwei autonome, sich wechselseitig bestätigende Systeme, charakteristisch für moderne, demokratisch verfaßte Systeme,

---

[7] s. Habermas, Jürgen: Erkenntnis und Interesse, in: ders.: Technik und Wissenschaft als »Ideologie«, Frankfurt am Main 1978, S. 146 - 168, hier S. 155ff. Nach Habermas zeigt sich, "...: daß erfahrungswissenschaftliche Theorien die Wirklichkeit unter dem leitenden Interesse an der möglichen informativen Sicherung und Erweiterung erfolgskontrollierten Handelns erschließen. Dies ist das Erkenntnisinteresse an der technischen Verfügung über vergegenständlichte Prozesse", ebd., S. 157

[8] s. hierzu Luhmann, Niklas: Ausdifferenzierung des Rechts, Beiträge zur Rechtssoziologie und Rechtstheorie, Frankfurt am Main 1981, Kapitel 7: Rechtszwang und politische Gewalt, S. 154 ff.; Dux, Günter: Rechtssoziologie, Stuttgart, Berlin, Köln, Mainz 1978, S.129ff.

nicht mehr funktioniert. Dieser Zustand gefährdet die Rechtsgeltung und führt damit zu einer möglichen Überforderung des politischen Systems[9]. Daher wird die Fragestellung auch darauf auszurichten sein, was politische Justiz funktionsfähig bzw. zu einer unkritischen Veranstaltung macht und über welche Mechanismen und Verarbeitungsebenen sie in Beziehung zu setzen ist mit dem Rechtsextremismus.

In vielen Studien, die sich mit politischer Justiz oder – umfassender – streitbarer Demokratie befassen, findet sich als normatives Ziel die Bestimmung des geringstmöglichen Maßes strafrechtlicher bzw. staatlicher Repression[10]. Es wird zu prüfen sein, ob damit die richtige Zielvorgabe für die Gestaltung des Bereichs gegeben ist, in dem der demokratische Staat mit dem Mittel der politischen Justiz staatliche Gewalt zur Anwendung bringt oder zumindest androht[11].

---

[9] so heißt es bei Luhmann: "Wenn einem zugemutet wird, hinzunehmen, daß die Kirschen im Garten gestohlen werden, weil dies den Einsatz von Gewalt nicht lohnt, oder daß Häuser illegal besetzt bleiben, weil dies den Einsatz von Zwangsmitteln als zu folgenreich erscheinen läßt, beginnt das Verhältnis der wechselseitigen Bestätigung von Politik und Recht zu reißen". Luhmann, N.: Ausdifferenzierung des Rechts, a.a.O., S. 170. An anderer Stelle weist Luhmann auf folgende Gefahr hin:"Wenn der Zustand des Rechtssystems den Rechtsgebrauch entmutigt, liegt der direkte Zugriff auf Gewalt nahe für alle die, die diese Möglichkeit haben", ebd., S. 172. Allerdings kann die zu geringe Rechtsgeltung nicht nur bei ungenügendem oder zu mildem Gebrauch auftreten, auch eine zu hart durchgreifende Justiz kann Gegenreaktionen, die auf das politische System abgeleitet werden, hervorrufen.

[10] s. z.B. Chang, Young-Soo: Streitbare Demokratie, Begriff und Bedeutung im Grundgesetz der Bundesrepublik Deutschland und Möglichkeiten und Grenzen einer Übertragung auf das Verfassungsrecht der Republik Korea, Diss. jur., Frankfurt am Main 1990, S. 234; Lehmann, Lutz: Legal & opportun, Politische Justiz in der Bundesrepublik, Berlin 1966, S. 279; Wassermann, Rudolf: Recht, Gewalt, Widerstand, Vorträge und Aufsätze, Politologische Studien, Band 32, Berlin 1985, S. 78; und last but not least: Allen, Francis A.: The Crimes of Politics, Political Dimensions of Criminal Justice, Cambridge, Massachusetts 1974, S. 77

[11] da Staat letztlich Ausdruck von Herrschaft ist, ist das erweiterte Erkenntnisinteresse im Anspruch das, was Habermas fordert, wenn er ausführt: "Freilich würde sich erst in einer emanzipierten Gesellschaft, die die Mündigkeit ihrer Glieder realisiert hätte, die Kommunikation zu dem herrschaftsfreien

Diese Zielvorgabe ergibt sich nicht zuletzt aus der Einschätzung, daß politische Justiz in ihrer Normausprägung primär Ausdruck historischer Konflikte ist, die in die Form des Rechts geronnen sind. Sie unterliegt daher der impliziten Gefahr, nicht mehr die adäquate Antwort auf die aktuellen Herausforderungen zu sein.

Politische Justiz als systemimmanenter Bestandteil einer rechtsstaatlich organisierten politischen Konfliktaustragung sollte mit systemischen Reflexionsmustern ausgestattet sein, die es gestatten, der inneren Logik zur Verfestigung und Ausweitung staatlicher Herrschaftsinstrumentarien entgegenzutreten.

Gerade die Vereinigung von BRD und DDR wirft die Frage auf, inwieweit das Konzept der streitbaren Demokratie sich in der alten Bundesrepublik Deutschland bewährt hat und wie, unter Berücksichtigung der Erfahrungen in Weimar, im nationalsozialistischen und stalinistisch-sozialistischen Deutschland, in Zukunft die Konzeption freiheitssichernd auszugestalten und zu entwickeln ist. Die Frage sollte nicht deshalb abgelehnt werden, weil man der Auffassung ist, daß im Gegensatz zu den anderweitigen historischen Erfahrungen sich die Lage der politischen Justiz in der Bundesrepublik als hervorragend, weil bewährt, erwiesen habe. Auf einem so heiklen Gebiet wie dem der politischen Justiz ist Selbstgefälligkeit kein angemessener Ersatz für kritische Reflexion einer Praxis, mit der Menschen mit Strafen aus dem staatlichen Sanktionsarsenal belegt werden. Allerdings steht im

---

Dialog aller mit allen entfaltet haben,...". Habermas, J.: Erkenntnis und Interesse, a.a.O., S. 164; allerdings haben gerade die neueren Arbeiten von Habermas gezeigt, wie schwer es ist, in einer nach systemischen und lebensweltlichen Bezügen differenzierten Welt, die Bedingungen emanzipatorischen Lernens und Kommunizierens zu entfalten, s. hierzu Habermas, Jürgen: Theorie des kommunikativen Handelns, Band 1: Handlungsrationalität und gesellschaftliche Rationalisierung, Frankfurt am Main 1981; ders.: Theorie des kommunikativen Handelns, Band 2: Zur Kritik der funktionalistischen Vernunft, Frankfurt am Main 1981 sowie zum Problem einer emanzipatorisch angeleiteten politischen Bildung: Richter, Dagmar:Bedingungen emanzipatorischer politischer Lernprozesse. Über den Zusammenhang von lebensweltlicher Erfahrung mit kognitiver Entwicklung, Studien zur Politikdidaktik, Band 35, Frankfurt am Main 1989

1. Einleitung

Zentrum einer Betrachtung politischer Justiz nicht nur die Normanwen-
dung (wer wird in welchem Maße straffällig und wie sanktioniert?),
sondern auch die Normgestaltung, d.h., welches Handeln wird denn
überhaupt kriminalisiert und von welchen Einflüssen ist die Normsetzung in diesem Bereich geprägt?

Den Fragestellungen der vorliegenden Untersuchung sind allerdings
eine Reihe von Begrenzungen anheim gegeben. So wird im Rahmen dieser
Untersuchung nicht die gesamte Bandbreite der streitbaren Demokratie
in die Erörterung eingehen. Ich konzentriere mich auf die Problematik
der strafrechtlichen Umsetzung des Konzepts der streitbaren, in
diesem Falle wirklich wehrhaften Demokratie[12]. Im Bereich der
Strafrechtspflege, die uns hier als politische Justiz entgegentritt,
geht es um die Problematik von Freiheit und Sicherheit, von Freiheit
und legitimer Gewalt. Die Strafrechtspflege hat daher schon von der
Anlage her nicht die Funktion einer Speerspitze in der Politik der
streitbaren Demokratie, sondern soll letztes Bollwerk zum Schutz der
Demokratie darstellen. Die Rolle des Bundesverfassungsgerichts wird
in dem Umfang thematisiert, wie es für das Thema unerläßlich ist. Wie
schon erwähnt, wird sich die empirische Analyse aus Datenzugangsgrün-
den auf rechtskräftig abgeschlossene Verfahren beschränken müssen.
Sie wird sich hierbei auf den Bereich des Nachkriegsrechtsextremismus
beziehen und nicht die Bewältigung von NS-Verbrechen durch die
deutsche Nachkriegsjustiz einschließen[13].

---

[12] zu den Synonymen für »streitbare« Demokratie s. u.a. Wilke,
Dieter: Die Verwirkung der Pressefreiheit und das strafrechtliche
Berufsverbot, Zugleich ein Beitrag zur Rechtsnatur und zu den
Grenzen der Grundrechte, Diss. jur. Freie Universität Berlin
1964, S. 25

[13] diese Beschränkung erfolgt aus erkenntnistheoretischen
Gründen, da die Nachkriegskriminalität des Rechtsextremismus
beleuchtet wird, außerdem liegen zu diesem Problemkreis
justitieller Verarbeitung eine Reihe einschlägiger Untersuchungen
vor, z.B.: Rückerl, Adalbert: Die Strafverfolgung von NS-
Verbrechen 1945 - 1978, Heidelberg, Karlsruhe 1979; Deutscher
Bundestag (Hrsg.), Zur Verjährung nationalsozialistischer Ver-
brechen, Dokumentation zur parlamentarischen Bewältigung des
Problems, Bonn 1980; Bundesjustizministerium (Hrsg.): Die
Verfolgung nationalsozialistischer Straftaten im Gebiet der
Bundesrepublik Deutschland seit 1945, Bonn 1964; thematische

Ich werde mit dieser Untersuchung nicht mit rechtstheoretischen Untersuchungen konkurrieren, da es mir nicht um die Würdigung der Strafrechtspraxis unter dem Aspekt des "richtigen" Entscheidens geht, sondern ich möchte anhand des Erscheinungsbildes auf gerichtlicher und täterbezogener Seite die Verknüpfungspunkte mit den besonderen Bedingungen der politischen Kultur[14] in der Bundesrepublik beleuchten. Da es in der Untersuchung um die Problematik rechtlicher Bewältigung politisch motivierter und als "politisch" definierter Konflikte und Verhaltensweisen geht, kommt dieser Arbeit ein politologisch-kriminologischer Charakter zu. Sie stellt einen Versuch der Verbindung von Rechts- und Politikwissenschaft dar, der angesichts der Verknüpfung von Recht und Politik und von Politik und Recht immer notwendiger wird.

Meine Aussagen beschränken sich auf die Spezifizität des Rechtsextremismus. Inwieweit meine Aussagen den Bereich des Linksextremismus berühren bzw. sie als generelle Aussagen zum Extremismus gelten können, ergibt sich aus dem jeweiligen Zusammenhang.
Empirische Untersuchungen sind durch Qualität und Umfang ihrer Daten begrenzt. Der durch das Bundesministerium der Justiz gewährte Datenzugang bezieht sich auf die Jahre 1978 bis 1987. Die sekundäranalytischen Aussagen zu der Entwicklung der politischen Justiz zum Rechtsextremismus außerhalb des Datensatzes beruhen daher vorwiegend auf Sekundärquellen, auf der Auswertung vorliegender Monographien und historischer Analysen. Gleiches gilt für den Zugang zum Rechtsextremismus außerhalb der aktenkundig gewordenen Erscheinungen und für die Beziehungen zur politischen Kultur. Die Studie ist auf diesem Hintergrund ein Anstoß für eine Vertiefung der Forschung.

Bei all ihren Begrenzungen verstehe ich die Untersuchung aber als Versuch, sich unter einer innovativen Perspektive mit dem Problemkreis von politischer Justiz und Rechtsextremismus auseinander-

---

Bezüge wird es im Rahmen der Untersuchung selbstverständlich dennoch geben, dies gilt auch für die Problematik der Vergangenheitsbewältigung in der Justiz.

[14] s. hierzu Kapitel 2.4

zusetzen, um für die Analyse des zukünftigen Entwicklungsprozesses in diesem Bereich Aufmerksamkeitszonen zu etablieren, die der permanenten Reflexion des politischen und rechtlichen Systems in dieser Frage dienen können.

Da, wie erwähnt, die Verwendung des Begriffs "politische Justiz" dem Verdacht ausgesetzt ist, aus politischen Gründen zu erfolgen, werde ich zunächst die Verwendung dieses Begriffs, den ich als Ankerbegriff verwende, in der vorliegenden Untersuchung näher erläutern. In diesem Kontext werde ich mich auch mit dem Begriff der politischen Kriminalität befassen. Hierbei handelt es sich um das notwendige Korrelat zur politischen Justiz. Sodann werde ich den begrifflichen Bezugsrahmen weiter entfalten, mit dem ich das Beziehungsgefüge von politischer Justiz und Rechtsextremismus zu erfassen versuche. Zentraler Bezugspunkt ist hierfür der Begriff der (Gerichts-) Arena, mit dem die besonderen Handlungsbedingungen des justitiellen Raumes eingefangen werden sollen.

Nach der Grundlegung der Begriffe und des Bezugsrahmens werden mit Hilfe eines interpretativ-hermeneutischen Zugangs die herausragenden Merkmale von Rechtsextremismus und politischer Justiz in der historischen Entwicklung seit 1945 beleuchtet. Auf der Folie der herausragenden Entwicklungspunkte im Beziehungsgefüge von politischer Justiz und Rechtsextremismus, die Ausdruck einer besonderen politischen Kultur in diesem Bereich sind, wird die empirische Analyse des Alltagsgeschäfts der Justiz in den Jahren 1978 bis 1987 die historische Analyse ergänzen und abrunden. Zum Schluß wird dann der Frage nachgegangen, welche Gefahrenmomente in der zukünftigen Entwicklung liegen können, ob die politische Justiz für die Entwicklung einer freiheitlichen Zukunft in einem neuen Deutschland gewappnet ist oder nicht.

2.   BEZUGSRAHMEN DER UNTERSUCHUNG

Die wissenschaftliche Beschäftigung mit einem Gegenstand der sozialen Welt kann nicht ohne die Explikation des Vorverständnisses und der grundlegenden Betrachtungsperspektive erfolgen[1]. Dem hier zu entwickelnden Bezugsrahmen der Untersuchung kommt daher sowohl die Aufgabe zu, meine Axiome und Prämissen offenzulegen, als auch die Aufgabe, für die Untersuchung Aufmerksamkeits- und Zuordnungskriterien zu entwickeln, die es ermöglichen, die Totalität der sozialen Praktiken, die in dem Untersuchungsfeld existieren, auf erkenntnis- und erklärungsbringende Weise zu reduzieren und zu strukturieren.

Zu diesem Zweck wird nicht auf eine in sich stringente und ausformulierte Theorie zurückgegriffen. Theoriekritisch betrachtet sind ja gerade solche Theorien besonders wohlgefällig und windschnittig, die wenig Realitätsgehalt aufweisen. So neigen etwa die formalistischen Modelle über die Sozialwelt dazu, wie **Bourdieu** mit spitzer Feder anmerkt, die Dinge der Logik für die Logik der Dinge zu halten[2] oder anders ausgedrückt:

> " ... will der objektivistische Diskurs das Modell, das zur Erklärung der Praktiken konstruiert worden ist, tendenziell zu der Macht machen, die diese Praktiken tatsächlich bestimmen kann. Durch Verdinglichung von Abstraktionen (...) behandelt er seine Konstruktionen ... als Realitäten, die auf die Gesellschaft wirken und die Praktiken direkt

---

[1] der französische Kultursoziologe Pierre Bourdieu fordert in diesem Zusammenhang, daß bei der wissenschaftlichen Aneignung von sozialer Welt die Akte und Instrumente der wissenschaftlichen Praxis mit zum Gegenstand der wissenschaftlichen Arbeit gemacht werden müssen, denn: "Der Fortschritt der Erkenntnis setzt bei den Sozialwissenschaften einen Fortschritt im Erkennen der Bedingungen der Erkenntnis voraus". Bourdieu, Pierre: Sozialer Sinn: Kritik der theoretischen Vernunft, Frankfurt am Main 1987, S. 7. Um diesem Anspruch wenigstens in Ansätzen gerecht zu werden, soll der Bezugsrahmen dieser Untersuchung konkret entfaltet und auch die Bedingungen des Forschungsprozesses an geeigneter Stelle dargelegt werden.

[2] s. ebd., S. 92

beherrschen können; oder aber er **personifiziert Kollektive**, indem er Begriffen die Macht einräumt, in der Geschichte so zu handeln wie die Worte zu ihrer Bezeichnung im historischen Diskurs, und macht aus ihnen für geschichtliches Handeln zuständige Subjekte (mit Sätzen wie: "Die Bourgeoisie will ...") ..."[3].

Anstatt mich einem einseitigen Reduktionismus einer formalisierten oder eindimensionalen Theorie auszusetzen, will ich versuchen, einen Bezugsrahmen zu entfalten, in dem strukturelle Momente ebenso ihren Platz finden wie historische, gesellschaftliche Bezüge ebenso thematisiert werden wie individuelle, und in dem weder eine Täter- noch eine sogenannte Staats- oder Justizperspektive[4] dominiert. Der hier angestrebte Bezugsrahmen entspricht einer "Rahmentheorie" im Sinne **Backes'**, der hierzu ausführt:

"Eine "Rahmentheorie" will nicht in erster Linie erklären, sondern einen bestimmten Phänomenbereich erkunden, abgrenzen, darstellen, ordnen und deuten"[5].

Der Versuch, mit dem Bezugsrahmen eine Rahmentheorie zu entwickeln, entspringt nicht zuletzt auch dem Umstand, daß diese Arbeit sich angesichts des Untersuchungsgegenstandes und der Fragestellungen weder als rein politikwissenschaftlich, noch als rein rechtswis-

---

[3] ebd., s. 71; die von Bourdieu geschilderten Denkfiguren finden sich insbesondere in der Staatslehrendiskussion, s. Bärsch, Claus-Ekkehard: Der Staatsbegriff in der neueren deutschen Staatslehre und seine theoretischen Implikationen, Berlin 1974, der aber anmerkt: " Dabei ist nicht zu danach zu fragen, was Staat nun "wirklich" sei, weil dies voraussetzen würde, daß das, was Jellinek, Laband oder Gerber unter Staat verstehen, einen Realitätsstatus hätte. Dies ist der erste Schritt, bewußt oder fahrlässig, die im Staatsbegriff enthaltenen Prämissen zu übernehmen. Da es sich aber nur um "Definitionen" handelt, kann nur nach den <u>Vorstellungen</u> gefragt werden, die in diese Definitionen eingeschlossen sind". Ebd., S. 104

[4] dies wäre etwa der Fall, wenn der kriminelle Rechtsextremismus ausschließlich aus der Blickwarte des Normengefüges gesehen würde und die Kriminalisierung durch Normen nicht in das Blickfeld rücken würde.

[5] Backes, Uwe: Politischer Extremismus in demokratischen Verfassungsstaaten, Elemente einer normativen Rahmentheorie, Opladen 1989, S. 20; zum Problem der Theoriebildung und des Theorieniveaus s. auch Röhl, Klaus F.: Rechtssoziologie, Ein Lehrbuch, Köln 1987, S. 525ff.

senschaftliche oder kriminologische Arbeit verstehen kann[6]. Lebt die Rechtswissenschaft von dem Axiom der unpolitischen Justiz, mangelt es der machtorientierten Politikwissenschaft an der Einbindung der rechtlichen Normativität. Die darzulegende Rahmentheorie soll im Sinne einer zu entwickelnden politischen Rechtslehre zur Aufhebung einer unpolitischen Rechtswissenschaft und einer lediglich machtorientierten Politikwissenschaft beitragen[7]. Nur wenn die Sichtweise sich nicht rechtstheoretisch begrenzt, wird es möglich sein, gerade auch Legaldefinitionen als politische Definitionen zu begreifen, wie **Ingraham** betont, der am Beispiel des Begriffs der politischen Kriminalität ausführt:

> "The danger of adopting legal definitions of political crime for analytical purposes lies in their delimitation of the subject matter in accordance with the objectives of their formulators"[8].

2.1 POLITISCHE JUSTIZ

Für die Bestimmung des Bezugs- und Handlungsrahmens des kriminellen Rechtsextremismus und der Strafrechtspflege wird der Begriff Politische Justiz zugrunde gelegt. Durch ihn wird in dieser Studie der

---

[6] deshalb findet sich auch nicht zufällig in juristischen Arbeiten, die sich mit der politischen Justiz bzw. dem politischen Strafrecht befassen, mitunter die Ausweitung der rechtlichen Perspektive durch die Einbeziehung der politischen Dimension, s. z.B. Copic, Hans: Grundgesetz und politisches Strafrecht neuer Art, Tübingen 1967

[7] vgl. Römer, Peter: Rechtliche Grundlagen der Politik, Zur Bedeutung einer politischen Rechtslehre, in: Dimmel, Nikolaus/Noll, Alfred J. (Hrsg.): Politik und Recht, Beiträge zum Wechselverhältnis von Gesellschaft und Recht, Wien 1988, S. 45ff., hier S. 53; im Gegensatz zu Römer verfolge ich jedoch keinen marxistischen Ansatz, für mich bietet vielmehr das Konzept der politischen Kultur den Schlüssel für die Aufhebung des Gegensatzes.

[8] Ingraham, Barton L.: Political Crime in Europe, A Comparative Study of France, Germany and England, Berkeley, Los Angeles, London 1979, S. 5

Raum beschrieben, in dem das politische System , das Recht bzw. die Justiz und der Rechtsextremismus zusammentreffen.

2.1.1   BEGRIFFSPROBLEMATIK

Häufig wird der Begriff Politische Justiz polemisch und pejorativ gebraucht und bei Juristen stößt er zumeist auf Ablehnung, da im Selbstverständnis der Rechtswissenschaft Recht und Politik nicht zusammengehören. Viele Angehörige des Justizsektors sehen in einer Verbindung von Politik und Justiz ein wesentliches Selbstverständnis des Rechts verletzt und halten Politische Justiz, wenn deren Existenz eingeräumt wird, für eine Fehlentwicklung im Rechtssystem. Für sie hat das Rechtssystem versagt, wenn es zu einem politischen Prozeß kommt[9]. Diese normative Sichtweise, die bei ihren Trägern nicht selten historisch bedingt ist[10], ist einem Rechtsverständnis geschul-

---

[9] vgl. z.B. Grimm, Friedrich: Politische Justiz, die Krankheit unserer Zeit, 40 Jahre Dienst am Recht - Erlebnis und Erkenntnis, Pr. Oldendorf 1974 (Neuauflage), S. 8: "Bei der politischen Justiz steht die Politik über dem Recht, das zur bloßen Prozeß-form herabsinkt". Und: "Politische Justiz ist daher mit rechts-staatlichem Denken unvereinbar". Grimm war einer der führenden Verteidiger der rechten Szene und ist insoweit kein typischer Vertreter des Justizsektors, aber er artikuliert in besonders eindeutiger Form den verbreiteten Standpunkt von Juristen in Sachen politische Justiz; eine umfassende Schilderung der Sichtweise des "naiven Juristen" findet sich bei Kirchheimer, Otto: Politische Justiz, Verwendung juristischer Verfahrens-möglichkeiten zu politischen Zwecken, Frankfurt am Main 1985, S. 82f.; zu Grimm s. ebd., S. 368f.

[10] s. hierzu Kramer, Helmut: Die Aufarbeitung des Faschismus durch die Nachkriegsjustiz in der Bundesrepublik Deutschland, in: Fangmann, Helmut D./Paech, Norman (Hrsg.): Recht, Justiz und Faschismus, Nach 1933 und heute, Köln 1984, S.75ff, hier S. 86ff., auf denen Kramer ausführt, wie durch die Erfahrung der "Politisierung" der Justiz durch die Nationalsozialisten in der Nachkriegszeit sich eine starke Strömung für eine strikte par-teipolitische Abstinenz der Richter eintrat. Und: " Mit der Forderung nach einer möglichst weitgehenden Enthaltung des Richters vom politischen Engagement verbinden sich noch heute Angriffe gegen die moderne, auf Erkenntnisse der Rechtssoziologie gestützte Rechtstheorie, wonach der Richter, ob er es wolle oder nicht, eine politische Funktion ausübe, weil er immer wieder auf

det, das das Recht als eine Institution der Unparteilichkeit und
Gerechtigkeit begreift, in der der Politik als einseitigem Schachern
um Macht und Einfluß kein legitimer Stellenwert zukommt. Negativer
Politik- und normativ überhöhter Rechtsbegriff sind in diesen
Ausprägungen so eng miteinander verknüpft, daß sie erst dadurch die
normative Trennung beider Bereiche überhaupt begründen.

Diese Haltung ist durch die im Nachhinein als verhängnisvoll
begriffene Erfahrung der Politisierung der Justiz durch die Nationalsozialisten[11] ebenso gefördert worden wie durch die dominierende
Sichtweise einer nachträglichen Rationalisierung der "Ausdifferenzierung des Rechts"[12], die hier die Trennung des Rechts von der
Sphäre der Politik nicht nur institutionell und verfahrensmäßig,
sondern auch ideologisch begründet. Die Professionellen des Rechts
verkennen daher häufig, daß das Recht politischer Natur ist[13]. Die
erfolgte Entkoppelung des Rechtssystems von der Politik wird
zweifellos auch dadurch aufrechterhalten und verteidigt, daß das
Rechtssystem den Status politischer Neutralität zu wahren versucht[14], wie auch umgekehrt das politische System von der Autonomie

---

vom Gesetzgeber nicht geregelte und nicht regelbare Freiräume
treffe, die er durch eigene rechtspolitische Wertungen ausfüllen
müsse"(S.87).

[11] dies führte lange Zeit dazu, daß vom Leitbild des unpolitischen Richters ausgegangen wurde, erst in den letzten Jahren
hat sich das Enthaltsamkeitsgebot gelockert, s. hierzu Remmers,
Walter: Der politisch indifferente Richter: Leitbild der Dritten
Gewalt?, in: Festschrift für Rudolf Wassermann zum sechzigsten
Geburtstag, herausgegeben Broda, Christian/Deutsch, Er-
win/Schreiber, Hans-Ludwig/Vogel, Hans-Jochen, Neuwied, Darmstadt
1985, S. 165ff.

[12] Luhmann, Niklas: Ausdifferenzierung des Rechts, Frankfurt/M.
1981

[13] s. ebd., S. 188

[14] s. hierzu u.a. Wassermann, Rudolf: Vorsorge für Gerechtigkeit,
Rechtspolitik in Theorie und Praxis, Bonn 1985, S. 11ff.; innerhalb der Kriminologie geht das Abgrenzungsbedürfnis mitunter so
weit, daß, wie Sack ausführt, in der traditionellen Kriminologie
die Analyse politischer Delikte als disziplinbefleckende Politisierung der Kriminologie abgetan wird, s. Sack, Fritz: Politische
Delikte, politische Kriminaltität, in: Kaiser, Günther/Kerner,

des Rechtssystems zu profitieren hofft, denn:

> "Aus der pietätvollen Wahrung der unantastbaren Rechtsordnung erwächst eine Legitimitätsprämie für die Ausübung der politischen Herrschaft überhaupt"[15].

Auf diesem Hintergrund wird nachvollziehbar, daß die Thematisierung eines Zusammenhangs von Politik und Justiz insbesondere von Vertretern einer konservativ – fundamentalistischen Rechts-Sichtweise[16] als möglicher Angriff auf das legitime Selbstverständnis einer Profession betrachtet werden kann.

Es ist andererseits kein Zufall, daß die Position einer strikten Trennung von Politik und Justiz zunehmend in Zweifel gezogen wird. Die Entwicklung eines modernen Gemeinwesens wie der Bundesrepublik Deutschland hat schon zu Beginn der siebziger Jahre zu einer Diskussion über die Verrechtlichung der Politik und die Politisierung des Rechts geführt[17], die sich bis in die Gegenwart hinein fortsetzt, **Hagen** merkt z.B. zum Rechtsformenwandel an:

> "Der Grundtenor dieser Diskussion wird in letzter Zeit immer pessimistischer: er reicht vom Verfall der formalen Rationalität bis zur behaupteten "Selbstauflösung des Rechts" oder dem "Abschied vom Recht". Die Begründung für diese Verfallslogik wird der allgemeinen Regelungsüberflutung, der Unübersichtlichkeit infolge von Spezialisierung und Detaillierung, sowie der Fragmentierung und Punktualisierung in Richtung Maßnahmengesetzlichkeit, dann der zunehmenden Unbestimmtheit infolge der Verwendung von

---

Hans-Jürgen/Sack, Fritz/Schellhoss, Hartmut (Hrsg.): Kleines Kriminologisches Wörterbuch, 2., völlig neubearbeitete und erweiterte Auflage, Heidelberg 1985, S. 324ff., hier S. 325

[15] Habermas, Jürgen: Wie ist Legitimität durch Legalität möglich?, in: KJ (Kritische Justiz), 20. Jg., 1/1987, S. 1ff., hier S. 2

[16] s. zur fundamentalistischen Position Luhmann, N.: Ausdifferenzierung des Rechts, a.a.O., S. 190

[17] s. Seifert, Jürgen: Verrechtlichte Politik und die Dialektik der marxistischen Rechtstheorie, in: KJ (Kritische Justiz), 4. Jg., 2/1971, S. 185ff.; "Der Begriff »verrechtlichte Politik« soll die Auflösung ökonomischer und politischer Beziehungen in Rechtsbeziehungen deutlich machen". Ebd., S. 186

Zweck- statt Konditionalprogramm zugeschrieben"[18].

Unerwähnt läßt **Hagen**, daß zumindest in der Bundesrepublik als zusätzliches Moment die zunehmende Regelung politischer Konflikte, ja sogar die Aufhebung politischer Entscheidungen durch das Bundesverfassungsgericht hinzukommt[19].

Neben diesen äußerlich auszumachenden Tendenzen, die mitunter auch als Indizien für den Herbst eines Staates interpretiert werden[20], legt aber auch die substantielle Entwicklungsanalyse des Rechtssystems nahe, davon auszugehen, daß Recht und Politik bei aller Autonomisierung miteinander verwoben bleiben und sogar stärker als zuvor. Die Entsakralisierung der Rechtsgeltung[21] und die dem politischen System übertragene Rechtserzeugung stellen die Frage nach den Geltungsgründen einer der prinzipiellen Verfügbarkeit durch politische Rechtssetzungsprozesse ausgesetzten Rechtsform. In seiner Analyse der Quellen der Rechtsgeltung kommt **Habermas** zu dem Ergebnis, daß die Legitimität der Rechtsgeltung auf der Verfahrensrationalität des demokratischen politischen Systems und der Fundierung beider Systeme auf der Moral gründet:

> "Auch das positiv gewordene Recht kappt nicht seine internen Beziehungen zu Moral und Politik"[22].

---

[18] Hagen, Johann Josef: Politisierung des Rechts – Verrechtlichung der Politik, in: Dimmel, Nikolaus/Noll, Alfred J. (Hrsg.): Politik und Recht, Beiträge zum Wechselverhältnis von Gesellschaft und Recht, Wien 1988, S. 17ff, hier S. 19f.

[19] s. hierzu Laufer, Heinz: Politische Kontrolle durch Richtermacht, Das Bundesverfassungsgericht als Kontrollorgan der Politik, in: Tohidipur, Mehdi: Verfassung, Verfassungsgerichtsbarkeit, Politik, Zur verfassungsrechtlichen und politischen Stellung und Funktion des Bundesverfassungsgerichts, Frankfurt am Main 1976, S. 92ff.

[20] vgl. Frankfurter Allgemeine Zeitung vom 14.9.1992

[21] s. hierzu Weber, Max: Wirtschaft und Gesellschaft, Grundriss der verstehenden Soziologie, fünfte revidierte Auflage, mit Textkritischen Erläuterungen herausgegeben von Johannes Winckelmann, 2. Halbband, Tübingen 1976, S. 468ff.

[22] Habermas, J.: Wie ist Legitimität durch Legalität möglich?, a.a.O., S. 1

Eine analytische Sicht der Verbundenheit von Politik und Justiz muß sich jedoch immer noch der durch die Verwendung des Begriffs Politische Justiz als Kampfbegriff hervorgerufenen Ablehnung erwehren. Aber auch wenn dem Begriff eine "begriffshistorische Jungfräulichkeit" nicht zugeschrieben werden kann[23], läßt sich mit **Allen** der Zurückweisung des Begriffs Politische Justiz entgegenhalten:

> "Rejection of the concept as meaningless because of the abusive uses to which it has often been put may, however, involve the risk of being diverted from a segment of reality that deserves attention and concern"[24].

Zweifellos trifft zu, daß Politische Justiz das Schmerzenskind des Rechtsstaats ist, da schon begrifflich bezeichnet ist, daß hier Recht und Macht zusammentreffen[25] und damit ein prekäres Verhältnis beschrieben wird. Denn jede Ausgestaltung des Rechts mit dem Eindruck der Parteilichkeit gefährdet eine der wesentlichen Grundlagen der Rechtsidee, nämlich die Rechtssicherheit[26]. Parteilichkeit zeigt sich in den meisten Verwendungen des Begriffs Politische Justiz selbst.

---

[23] Backes, U.: Politischer Extremismus in demokratischen Verfassungsstaaten, a.a.O., S. 68, der dort auch ausführt: "Der Vorwurf des "Kampfbegriffs" dürfte bei vielen, wenn nicht bei den meisten Begriffen der politischen Sprache ebenso berechtigt sein. Man käme auch nicht auf den Gedanken, vom Begriff der "Demokratie" nur deshalb Abstand zu nehmen, weil auch Antidemokraten ihn sich aneignen". Interessant ist in diesem Zusammenhang die Feststellung, daß noch in den frühen sechziger Jahren die Verwendung des Begriffs Politische Justiz sich selbst in CDU-nahen Zeitschriften findet, s. z.B. Wagner, Walter: Staatsschutz und Demokratie, Politische Justiz in der Gegenwart, in: Politische Meinung, 7. Jg., Heft 68, S. 31ff.

[24] Allen, Francis A.: The Crimes of Politics, Political Dimensions of Criminal Justice, Cambridge, Massachusetts 1974, S. 40

[25] vgl. Schmid, Richard: Das politische Strafrecht, Bemerkungen zum Regierungsentwurf des Strafrechtsänderungsgesetzes 1950, Deutsche Rechts-Zeitschrift, DRZ, 5. Jg., Heft 15/16, S. 337ff., hier S. 337

[26] s. Mayer-Maly, Theo: Rechtsidee - Rechtswissenschaft - Rechtspolitik, in: Dimmel, Nikolaus/Noll, Alfred J. (Hrsg.): Politik und Recht, Beiträge zum Wechselverhältnis von Gesellschaft und Recht, Wien 1988, S. 35ff., hier S. 41

Entweder wird vorgeworfen, daß die Justiz parteilich sei[27], oder es erfolgt eine Begriffsverwendung, die in sich selbst parteilich ist, weil sie etwa allein eine etatistische Perspektive zuläßt[28].

Von einer etatistischen Perspektive gehen ungebrochen all die Ansätze aus, denen entweder ein positivistisches Grundverständnis zugrunde liegt, nach der politische Justiz allein durch Normsetzungen des Gesetzgebers begründet wird oder sie sehen nur die Beeinflussung der Gerichte durch staatliche Akteure[29]. Aber auch den sog. soziodynamischen Ansätzen kann eine etatistische Dominanz innewohnen, wenn sie die labeling-Prozesse etwa allein an der Staatsautorität festmachen[30].

---

[27] Publikationen in diesem Sinne liegen zumeist in der Mischzone journalistisch-wissenschaftlicher Arbeiten, s. z.B. Lehmann, Lutz: Legal & opportun, Politische Justiz in der Bundesrepublik, Berlin 1966; Vinke, Hermann: Mit zweierlei Maß. Die deutsche Reaktion auf den Terror von rechts, Reinbek 1981, s. aber auch Ridder, Helmut: »Vergangenheitsbewältigung« durch Wiederherstellung von Vergangenheit und Verewigung von Gegenwart. Zur Formierung eines deutschen Frontstaats durch den Frontstand seiner Juristen, in: Festschrift für Rudolf Wassermann zum sechzigsten Geburtstag, herausgegeben von Broda, Christian/Deutsch, Erwin/Schreiber, Hans-Ludwig/Vogel, Hans-Jochen, Neuwied, Darmstadt 1985, S. 193ff., bei dem sich Parteilichkeitsvorwurf und etatistische Perspektive gleichermaßen finden.

[28] s. z.B. Jaschke, Hans-Gerd: Auf dem rechten Auge blind? Innere Sicherheit, streitbare Demokratie und das Primat der Gesinnungsjustiz, in: Paul, Gerhard (Hrsg.): Hitlers Schatten verblaßt, Die Normalisierung des Rechtsextremismus, Berlin 1989, S. 164ff; aber auch so versierte Beiträge wie der von Posser zeichnen sich durch die Dominanz der etatistischen Perspektive aus, Posser, Diether: Politische Strafjustiz aus der Sicht des Verteidigers, Karlsruhe 1961; außerdem Ingraham, B. L.: Political Crime in Europe, a.a.O.; und Blasius, Dirk: Geschichte der politischen Kriminalität in Deutschland 1800 - 1980, Eine Studie zu Justiz und Staatsverbrechen, Frankfurt am Main 1983, S. 11

[29] in diesem Sinne z.B. die Verwendung des Begriffs bei Wagner, W.: Staatsschutz und Demokratie, a.a.O.; Vertreter eines positivistischen Ansatzes ist u.a. Kaiser, Günther: Kriminologie, 7.. Auflage, Heidelberg 1985

[30] so z.B. Ingraham, B. L.: Political Crime in Europe, a.a.O., S. XIIf.

2. Bezugsrahmen der Untersuchung

Wirft man den Blick auf den Verwendungszusammenhang des Begriffs
Politischer Justiz, fällt auf, daß dies zumeist im Zusammenhang mit
Prozessen und Entscheidungen geschieht, die entweder von der Materie
her auf aktuelle politische Auseinandersetzungen bezogen sind[31] bzw.
diese überhaupt erst hervorrufen – Beispiel: der Memminger Abtrei-
bungsprozeß[32]–, oder die bekannte Politiker betreffen oder wo die
Rechtsprechung als Anlaß genommen wird, mit dem betroffenen Politiker
und/oder der Justiz abzurechnen. Mißliebige Urteile oder Ver-
fahrensmerkmale werden Anlaß und Gegenstand einer Kritik an der
Justiz oder an der Staatsgewalt, die diesen entweder Willfährigkeit,
Einseitigkeit oder Politisierung zugunsten illegitimer politischer
Zwecke vorwirft. Die gegenwärtige Diskussion um die Prozesse gegen
die ehemaligen DDR-Führer aktualisiert diese unterschiedlichen
Facetten der Begriffsverwendung.

Um hier Klarheit zu schaffen, muß herausgearbeitet werden, daß der
Begriff Politische Justiz als **Ankerbegriff** unterschiedlicher Bezüge
der Verknüpfung von Politik und Justiz gebraucht wird. Politisches
Strafrecht, politische Kriminalität und politischer Prozeß sind
Elemente bzw. Segmente dieses Ankerbegriffs, der es ermöglichen soll,
das Verhältnis von Justiz und Rechtsextremismus ohne Ausblendung
wichtiger Bezüge beleuchten zu können.

2.1.2   BASISDEFINITION: POLITISCHE JUSTIZ

Zu den wenigen Arbeiten, in denen der Terminus politische Justiz als
analytischer Begriff verwendet wurde, zählt die Arbeit von Otto

---

[31]   so z.B. das Volkszählungsurteil des Bundesver-
fassungsgerichtes, das Memminger Strafverfahren oder die Urteile
zu den Sitzblockaden, hierzu und zu anderen Beispielen s. Mengel,
Hans-Joachim: Justiz und Politik, Wochenschau Nr. 2, Ausgabe Sek.
II, 41. Jg., März/April 1990

[32]   s. hierzu und zu anderen Aspekten des Zusammenhangs von
Politik und Recht ebd., S. 43

Kirchheimer [33]. Diese historisch-phänomenologisch orientierte und quellenreiche Studie zur "Verwendung juristischer Verfahrensmöglichkeiten zu politischen Zwecken" vermochte allerdings eine seriöse Begriffsverwendung bislang nicht nachhaltig zu fördern.

Nach der Definition von **Kirchheimer** liegt politische Justiz vor,

"... wenn Gerichte für politische Zwecke in Anspruch genommen werden, so daß das Feld politischen Handelns ausgeweitet und abgesichert werden kann. Die Funktionsweise der politischen Justiz besteht darin, daß das politische Handeln von Gruppen und Individuen der gerichtlichen Überprüfung unterzogen wird. Eine solche gerichtliche Kontrolle des Handelns strebt an, wer seine eigene Position festigen und die seiner politischen Gegner schwächen will" [34].

Diese Begriffsbestimmung bietet meines Erachtens einen guten Anknüpfungspunkt für ein Verständnis von politischer Justiz, die diese als ein von Politik- und Rechtswissenschaft gleichermaßen zugängliches Phänomen begreift [35]. Jedoch bedarf die Bestimmung zu diesem Zwecke noch einiger Klarstellungen und Erweiterungen.

---

[33] Kirchheimer, Otto: Politische Justiz, Verwendung juristischer Verfahrensmöglichkeiten zu politischen Zwecken, Frankfurt am Main 1985 (1961)

[34] ebd., S. 11; ich werde mich in diesem Zusammenhang nicht auf die von Kirchheimer an anderer Stelle explizierten vier Ebenen politischer Justiz einlassen, da diesen vier Ebenen keine überzeugende, sich wechselseitig eindeutig abgrenzende Systematik zugrunde liegt, als erste Ebene wird auf Person und Motiv des Täters abgehoben, in der zweiten auf den direkten Angriff auf die Staatsordnung, in der dritten Ebene auf die Vorbereitungshandlungen, für die wiederum die Absicht bzw. Motivation des Täters entscheidend ist, und die vierte Ebene, die des politischen Kunstdelikts, hebt auf historisch-politische Bewertungsprozeße durch das Publikum ab, s. hierzu Kirchheimer, Otto: Politische Justiz, in: ders.: Funktionen des Staates und der Verfassung, 10 Analysen, Frankfurt am Main 1972, S. 143ff.

[35] Blasius bezeichnet die Kirchheimerdefinition als Basisdefinition, s. Blasius, D.: Geschichte der politischen Kriminalität ..., a.a.O., S. 15; ohne weitere kritische Würdigung liegt dieses Verständnis politischer Justiz der Arbeit von Brünneck, Alexander von: Politische Justiz gegen Kommunisten in der Bundesrepublik Deutschland 1949 - 1968, Frankfurt am Main 1978, zugrunde, s. S. 7

2.1.3   KRITISCHE WÜRDIGUNG

Die klassisch zu nennende Definition von **Kirchheimer** wird z.B. von
einer Handlungsorientierung getragen, in der besonders auf die Gegner
im politischen Kampf abgehoben wird. Die Gerichte scheinen als Mit-
tler und Instrument zwischen den Kontrahenten zu stehen, von ihnen
wird Gebrauch gemacht. Politische Justiz scheint ausschließlich im
Gerichtssaal stattzufinden. Außerdem weckt die Bestimmung von **Kirchheimer** den Eindruck, daß von den Gerichten zeitlich erst im weiteren
Verlauf einer Konfliktaustragung Gebrauch gemacht wird. Und schließlich läßt **Kirchheimer** in seiner Definition offen, welches politisches
Handeln einer gerichtlichen Überprüfung unterzogen wird.

Kirchheimers Definition orientiert sich offensichtlich nur an den
dominanten Aspekten politischer Justiz. Seine Definition ist daher
ergänzungsbedürftig, nicht zuletzt auch durch seine Begrenzung auf
die konkreten Gerichtsverfahren, und in der Betonung bestimmter
Aspekte zu einseitig.

Wendet man sich zunächst den Akteuren der politischen Justiz zu,
trifft zweifellos zu, daß überwiegend eine Instrumentalisierung des
Rechts und der Gerichte durch die staatlichen Machthaber zu beobachten ist[36]. Ursache ist nicht nur die politische Natur allen Rechts[37],
sondern auch die selbst im System der Gewaltenteilung weiterhin
vorhandenen Scharnierstellen zwischen Politik und Recht (Richterwahl,
Weisungsbefugnisse gegenüber Staatsanwaltschaften[38]). Bei der

---

[36] diese Perspektive bestimmt ganz wesentlich das Kapitel XI
"Versuch einer Zusammenfassung" von Kirchheimer, O.: Politische
Justiz, a.a.O., S. 606ff. Zusätzlich ist in Rechnung zu stellen,
daß die öffentliche Aufmerksamkeit eher die staatliche Instrumentalisierung thematisiert als oppositionelle oder rechtssystemim-
manente Instrumentalisierungen.

[37] s. Luhmann, N.: Ausdifferenzierung des Rechts, a.a.O., S. 188

[38] zum Weisungsrecht bei den Staatsanwaltschaften s. Wagner,
Walter: Der objektive Staatsanwalt. Idee und Wirklichkeit. In:
JZ (Juristenzeitung), 29. Jg., 1974, S. 216ff.; Kunert, Karl-
Heinz: Wie abhängig ist der Staatsanwalt?, in: Festschrift für

Instrumentalisierung durch die staatlichen Machthaber ist jedoch zu berücksichtigen, daß diese Ausprägung politischer Justiz legitimer oder illegitimer Natur sein kann[39]. Dort, wo sie legitimer Natur ist, weil von der Gesellschaft als notwendig akzeptiert, z.B. Schutz vor Hoch- und Landesverrat, wird sie trotz ihres Wesensgehalts selten als politische Justiz begriffen (Beschränkung des politischen Handlungsraumes) und daher auch kaum problematisiert. Die Instrumentalisierung wird dann zum Problem, wenn sie den offiziellen Beteuerungen der Machthaber zuwiderläuft oder überhaupt der gesellschaftlichen Akzeptanz entbehrt. Insoweit bietet es sich an, politische Justiz danach zu unterscheiden, ob sie in den Zustand der "kritischen Masse" übergewechselt ist, oder sie sich in einem unkritischen, weil gesellschaftlich akzeptierten Zustand befindet.

Den staatlichen Machthabern stehen in der Regel die vermeintlichen oder wirklichen illegalen (deshalb illegitimen) politischen Opponenten gegenüber:

> "Jedes politisches Regime hat seine Feinde oder produziert sie zu gegebener Zeit"[40].

Rudolf Wassermann zum sechzigsten Geburtstag, herausgegeben von Broda, Christian/Deutsch, Erwin/Schreiber, Hans-Ludwig/Vogel, Hans-Jochen, Neuwied, Darmstadt 1985, S.915ff.; s. Dimmel, Nikolaus/Noll, Alfred J.: Einleitung: Recht und Politik - Eine Umschau, in: dies. (Hrsg.): Politik und Recht, Beiträge zum Wechselverhältnis von Gesellschaft und Recht, Wien 1988, S. 11ff., merken hierzu an: "Das Verhältnis von Rechtsentstehung und Rechtsanwendung hat mit dem tradierten Ideal der Gewaltenteilung nur mehr eine dumpfe Assoziation gemeinsam, die wohl daher rühren dürfte, daß sich die strikte Trennung von Legislative und Exekutive in den Lehrbüchern immer noch behauptet". Ebd., S.12

[39] dies äußert sich unter Umständen in dem Spannungsverhältnis von Legalität und Legitimität. Der Staatsrechtler Carl Schmitt hat früh aufgezeigt, wie über Legitimität Legalität hergestellt oder aufgehoben wird, s. Schmitt, Carl: Legalität und Legitimität, Berlin 1932; hierzu kritisch Hofmann, Hasso: Legitimität gegen Legalität, Der Weg der politischen Philosophie Carl Schmitts, Neuwied 1964 und Rüthers, Bernd: Entartetes Recht, Rechtslehren und Kronjuristen im Dritten Reich, 2. Auflage, München 1989

[40] Kirchheimer, O.: Politische Justiz, a.a.O., S. 21

2. Bezugsrahmen der Untersuchung

Aber auch deren Bezug zum Recht und zur Justiz begründet sich nicht allein auf Abwehr von Unterdrückung im Gefolge des politischen Kampfes, wie es die Definition von **Kirchheimer** nahelegt. Die Justiz bzw. der Gerichtssaal kann auch der Ort sein, wo der politische Kampf überhaupt erst aufgenommen und offensiv geführt wird[41]. Es wird versucht, aus einem Prozeß politisches Kapital zu schlagen. Mit den beiden klassisch gedachten politischen Konfliktparteien (Machthaber, Systemopponenten) ist die mögliche Akteurskonstellation außerhalb des Rechtssystems nicht abschließend beschrieben. Es können in einen bestehenden, aber noch nicht politisch aufgeladenen Rechtskonflikt interessierte dritte Kreise, z.B. die sog. kritische Öffentlichkeit, Medien, Wissenschaftler, als Akteure hinzutreten, die einen Rechtsstreit überhaupt erst zum Politikum machen, d.h., der Konflikt wird erst durch eine Veränderung in der Akteursstruktur zum Gegenstand politischer Justiz[42]. Die interessierten Akteure müssen nicht in jedem Fall originär politische Akteure sein, es ist denkbar, daß Politisierungsbemühungen Ausfluß auch politikfremder Interessenslagen wie der der publizistischen Verwertungschancen sein können.

---

[41] diese Erzeugungskonstellation politischer Justiz muß deshalb mitgedacht werden, weil die Zutrittsbedingungen in den Bereich politischer Justiz es auch ermöglichen, daß der Gedanke einer Politisierungsstrategie nicht schon bei einer möglichen Deliktbegehung angelegt sein müßte, sondern erst durch den Justizkontakt als Verteidigungsstrategie zum Tragen kommen könnte.

[42] erinnert sei hier an den berühmten Fall Dreyfus, zu dem Kirchheimer ausführt:" Im Grunde war Dreyfus ein karrierebeflissener Militärbürokrat, dem jegliches Verständnis für die Konflikte und Widersprüche seiner Zeit abging; in den Irrgarten der politischen Justiz war er unschuldig, ohne eigenes Zutun hineingeraten: ein bloßer Statist in dem historischen Schauspiel, in dem sich sein Schicksal entscheiden sollte". Kirchheimer, O.: Politische Justiz, a.a.O., S. 12; welche Bedeutung dem Dritten z.-B. in der Partisanenkonzeption Schmitts zukommt, das viele Bezüge zu unserer Thematik hat, hat Hofmann herausgearbeitet, s. Hofmann, Hasso: Recht - Politik - Verfassung, Studien zur Geschichte der politischen Philosophie, Frankfurt am Main 1986, S. 223; vgl. im übrigen die "third parties" bei Ingraham, B.L.: Political Crime in Europe, a.a.O., S. 14

Zu den Gerichten selbst ist zu sagen, und **Kirchheimer** bietet auch
hierfür ausreichende Belege, daß sie sich nicht immer mit der Rolle
des neutralen und unparteiischen Richters im Rahmen der ihnen prozes-
sual und materiell gezogenen Grenzen einer gesamtgesellschaftlich
organisierten Konfliktregelung- scheinbar paradoxerweise dadurch mit
Autonomie ausgestattet - abfinden. Im Rahmen ihrer Verhaltens- und
Entscheidungskontingenz können sie selbst -absichtlich oder un-
absichtlich- Auslöser und Hauptakteur im politischen Kampf sein.

Weiterhin muß in die Betrachtung politischer Justiz einbezogen
werden, daß die Vorkehrungen des Rechts schon Wirkungen entfalten,
bevor die Gerichte um ihre Anwendung bemüht werden[43]. Strafrechtliche
Bestimmungen haben schließlich stets die Doppelfunktion von Repression und Prävention zu erfüllen. Die Rechtsausstattung selbst ist
damit Instrument im politischen Kampf. Und hier findet sich auch ein
Verknüpfungspunkt von politischer Justiz und politischer Kriminalität, auf die anschließend eingegangen wird.

In der politischen Justiz geht es nicht allein profan um die Bestimmung des politischen Handlungsraumes, dieser Aspekt verbindet sich
nämlich häufig mit der prinzipiellen Frage der Geltungskraft der vom
bestehenden Regime[44] erlassenen materiellen und prozessualen Bestimmungen. Intransigente Systemopposition anerkennt eben nicht das Recht
der Herrschenden auf Bestimmung des Handlungsraumes, auch und gerade
mit Hilfe des Rechts.

Wenn **Kirchheimer** das politische Handeln nur als unbestimmten Begriff
in seine Definition einführt, geschieht dies nicht ohne Grund. In
seinen weiteren Ausführungen zum Charakter der politischen Justiz
führt er an verschiedenen Stellen aus, daß sich die Inhalte des

---

[43] s. ähnlich Jaschke, Hans-Gerd: Streitbare Demokratie und
Innere Sicherheit, Grundlagen, Praxis und Kritik, Opladen 1991,
S. 144

[44] s. zu diesem Begriff Kirchheimer, O.: Politische Justiz,
a.a.O., S. 21f.

politischen Rechts immer wieder ändern[45]. **Blasius**, einer der profiliertesten Historiker der Gegenwart, führt hierzu aus:

> "Doch kein Bereich der Rechtspflege ist einer solchen
> geschichtlichen Erosion unterworfen wie der der politischen
> Strafjustiz"[46].

An geeigneter Stelle werde ich diese These für die politische Justiz gegen rechts mit Beispielen untermauern[47]. Für uns heißt das, jeder Versuch, politische Justiz inhaltlich-materiell bestimmbar zu machen, muß die Erfahrung der Geschichtlichkeit und Systemabhängigkeit gerade des politischen Rechts berücksichtigen[48]. Dennoch lassen sich Kernzonen der politischen Justiz ausmachen, bei denen weitgehender Konsens darüber besteht, daß sie dem legitimen Interesse des Staates auf Selbstschutz[49] dienen. Hochverrat und Landesverrat sind die klassischen Säulen der politischen Justiz[50], was gemeinhin mit dem Begriff des politischen Strafrechts umschrieben wird und im Nachkriegsdeutschland um Bestimmungen zur Staatsgefährdung, heute Gefährdung des demokratischen Rechtsstaats, erweitert wurde.

---

[45] s. z. B. ebd., S. 25

[46] Blasius, D.: Geschichte der politischen Kriminalität ...,
a.a.O., S. 11

[47] s. hierzu Kapitel 3.6 Normkonstituierte politische Justiz

[48] vgl. hierzu auch den Einwand Ingrahams bezüglich der Zeitgebundenheit des Begriffs des politischen Verbrechens, Ingraham,
B.L.: Political Crime in Europe, a.a.O., S. X

[49] s. hierzu u.a. die Rechtsprechung des BGH im sog. Canaris-Urteil, in dem dem Staat das Recht auf Selbstbehauptung zugesprochen wird und es weiter heißt:"In einem Kampf um Sein oder Nichtsein sind (...) bei allen Völkern von jeher strenge Gesetze zum Staatsschutz erlassen worden". BGH vom 19. Juni 1956, 1 StR 50/56, zit. nach Fangmann, Helmut D./Paech, Norman (Hrsg.):
Recht, Justiz und Faschismus. Nach 1933 und heute. Köln 1984,
hier: Einleitung von Norman Paech, S. 11

[50] aber auch diese können sich nicht dem geschichtlichen Wandel entziehen, zu den historischen Ausgestaltungen und Einflüssen s.
Schroeder, Friedrich-Christian (Hrsg.): Texte zur Theorie des politischen Strafrechts Ende des 18. Jh./Mitte des 19. Jh.,
Darmstadt 1974

Es wäre allerdings zu kurz gegriffen, würde man die Relativität des Gegenstandes politischer Justiz allein der Zeitgebundenheit zuschreiben, vielmehr ist es notwendig, gerade diese als Ausformung öffentlicher Moral zu begreifen und damit auch in den Blick zu nehmen, daß politische Justiz dem Einfluß der Kulturbehaftetheit unterliegt[51].

2.1.4   KONSTITUIERUNGSMODI POLITISCHER JUSTIZ

Angesichts der von **Kirchheimer** eindrucksvoll dargelegten Breite und Fülle der Erscheinungsformen politischer Justiz führt uns der Weg in eine ausschließlich materielle Bestimmung politischer Justiz zwar weit, aber nicht in den gesamten Begriffsraum hinein. Ein derart komplexes soziales Phänomen wie die politische Justiz entzieht sich einer konturenscharfen Bestimmung. Grau- und Unbestimmtheitszonen sind nun einmal charakteristisch für diesen, den sozialen und politischen Wandel in sich spiegelnden Bereich und setzen dem wissenschaftlich begründeten Interesse nach einer inhaltlich präzisen und abschließenden Definition Grenzen. Und dennoch hilft uns die Orientierung auf den Inhalt einer Norm in unserer Begriffsbestimmung weiter. Um Umfang und Ausprägungsform der politischen Justiz näher bestimmen zu können, ist jedoch zusätzlich auf die jeweils dominierende Art und Weise der Erzeugung politischer Justiz abzuheben, auf den jeweiligen Konstituierungsmodus[52].

---

[51] da selbst eine für die Moral so wichtige Kategorie wie das Gewissen dem Wandel der Zeit bzw. der Kulturbehaftetheit ausgesetzt ist, s. hierzu Kittsteiner, Heinz D.: Die Entstehung des modernen Gewissens, Frankfurt am Main, Leipzig 1991, wird auf diesem Hintergrund auch zu prüfen sein, ob Habermas' These der Grundlegung von Recht und Politik durch Moral (s. Einleitung) nicht letztlich auch der Gefahr der prinzipiellen Verfügbarkeit ausgesetzt ist, und damit auch die letzte Legitimationsquelle außer der Verfahrensrationalität als gefährdet betrachtet werden muß.

[52] mit der Einbeziehung der Prozeßhaftigkeit politischer Justiz erhöht sich zwar die Komplexität des Begriffs, aber nur so läßt er sich als Ankerbegriff sinnvoll entwickeln, Ingraham lehnt zur

Der erste Konstituierunsmodus bestimmt über die Norm den Bereich politischer Justiz, wobei der Charakter der Norm durch den von **Kirchheimer** zitierten Zweck begründet wird. Dieser erste Konstituierungsmodus politischer Justiz ist aufgrund seiner politisch-gesellschaftlichen Bedingtheit zwar selbst Produkt gesellschaftlicher Definitionsprozesse, doch sind sie fundamentaler Natur und verbinden sich im allgemeinen mit dem Konsens, daß ein bestimmter Bereich strafrechtlicher Regelungen als zulässige Grenzziehung oder »Lizenzierung«[53] des politischen Raumes betrachtet wird. Dies schließt im Einzelfall nicht aus, daß strittig sein kann, ob die eine oder andere Norm auch zum politischen Strafrecht zu zählen ist oder nicht.

Diesem normorientierten Konstituierungsmodus politischer Justiz steht ein weiterer Modus zur Seite, mit dem der Begriffsraum erst vollständig ausgefüllt werden kann.

In vielen Fällen zeichnet sich die politische Justiz in erster Linie dadurch aus, daß mit ihr die Auseinandersetzung um die Herrschaftsgeltung verbunden ist. Es ist der Streit um die Legitimität der Herrschaft und Machtausübung mit dem Mittel des Rechts, der die Justiz zu einer politischen Justiz werden läßt. Deshalb kann prinzipiell jedes Vergehen oder Verbrechen zum Gegenstand der politischen Justiz werden. Entscheidend ist, ob ein beteiligter Akteur (z. B. der Angeklagte, die Öffentlichkeit[54], politische Gruppen o.a.) über die Definitionsmacht verfügt, relevante Teile der Gesellschaft hinter

---

Gewinnung von Einfachheit gerade diese Prozeßebene ab, s. Ingraham, B.L.: Political Crime in Europe, a.a.O., S. 16

[53] unter »Lizenzierung« fasse ich die rechtlichen Regelungen, die Teilhaberechte am politischen Prozeß bestimmen, z.B. im Grundgesetz die Art 9 Abs. 2, 18 und 21 Abs. 2 oder die Organisationstatbestände im StGB; zu den Formen des präventiven Verfassungsschutzes, der von mir als »Lizenzierung« bezeichnet wird, s. u.a. Heeb, Reiner: Der präventive Verfassungschutz, Eine Studie zur den Art 18, 9 Abs. 2 und 21 Abs. 2 des Grundgesetzes, Diss. jur. Tübingen 1962

[54] z.B. gelang es erst Emile Zola mit seinem Roman: J'accuse, erschienen 1898, den Prozeß gegen Dreyfus, Urteil von 1894, zu politisieren,s. hierzu auch Anm. 42

seine Auffassung zu bringen, es läge in dem betreffenden Fall politische Justiz vor, weil unzulässigerweise die Justiz zur Durchsetzung von Machtansprüchen gebraucht werde oder von sich aus illegitim ihre Macht mißbrauche. Die Politisierbarkeit des § 218 StGB kann hier als ein aktuelles Beispiel angeführt werden.

Unter politische Justiz fasse ich somit sowohl den Bereich, der allgemein mit dem politischen Strafrecht erfaßt ist, als auch die Fälle, in denen sich der politische Gehalt erst durch Definitions- und Thematisierungsprozesse beteiligter Akteure ergibt. Zentraler Ankerpunkt für die Definitionsprozesse ist dabei der Aspekt der Legitimität. Damit ist das Problem der Abgrenzung zwar nicht gänzlich gelöst, aber erheblich eingeschränkt.

Im zweiten Konstituierungsmodus dominiert nicht der spezifische politische Gehalt einer Norm, sondern die Wahrnehmung und entsprechende Thematisierung rechtlicher (in unserem Fall: strafrechtlicher) Akte (Norm, Verfahrensaspekte, Sanktionen) von unterschiedlich bestimmbaren Akteuren als Ausfluß politischer Inzwecknahme. D.h., in diesem zweiten Erzeugungsmodus tritt etwas auf, was im ersten Erzeugungsmodus nicht notwendigerweise zu beobachten ist, nämlich der Akt der Politisierung durch bestimmte Akteure.

Im Sinne der oben genannten Ausfüllungen des Begriffsraumes gelingt es, politische Justiz analytisch zu betrachten und die Wertungsprozesse selbst in den Forschungsblick zu nehmen[55]. Dort, wo

---

[55] Unterstützung finde ich für diese Ausweitung u.a. bei Hassemer, der sich in seiner Auseinandersetzung mit dem sogenannten "Soldatenurteil" auf die Bedeutung der politischen, zumeist ergebnisorientierten, Kritik einläßt: "Ist diese Kritik mächtig, so vermag sie die Justiz in deren Kern zu treffen: als zerstörerische Intervention in rechtliche Förmlichkeit und Prinzipientreue, als Erschütterung der richterlichen Unabhängigkeit durch Verängstigung und Verunsicherung der Richter, die ihre legalen und legitimen Entscheidungsspielräume doch nicht verlassen haben. Diese Art Kritik ist keine quantité négligeable, sie ist theoretisch ungereimt und politisch gefährlich; man sollte ihr mehr kritische Aufmerksamkeit widmen". Hassemer, Winfried: Kommentare zum "Soldatenurteil", Strafrechtliche Aspekte, in: KJ (Kritische Justiz), 23. Jg., 3/1990, S. 359ff., hier S. 361

politische Justiz als Kampfbegriff gebraucht wird, findet nämlich der Versuch statt, Justiz zu politisieren.

2.1.4.1 DEFINITIONSMACHT ALS BEGRIFFSKRITERIUM

Durch die Herausarbeitung zweier unterschiedlicher Konstituierungsmodi politischer Justiz sind die Probleme der begrifflichen Grenzziehung noch nicht abschließend gelöst. Insbesondere im zweiten Modus ist nicht allein auf den Definitionsvorgang als solchem abzuheben, und damit auch nicht auf das Kriterium der Wertung, sondern auf das Kriterium der Definitionsmacht. Wenn es beispielsweise einem Angeklagten gelingt, seine Bezugsgruppe (z.B. eine politische Gruppe, deren Mitglied er ist) oder die Öffentlichkeit davon zu überzeugen, daß er Opfer einer politischen (d.h. eben zu politischen Zwecken erfolgenden) Justiz sei, liegt bei meiner wissenschaftlichen Betrachtungsweise das Phänomen politischer Justiz vor, auch wenn Justiz und offizielle Politik diese Bewertung ablehnen. Es liegt politische Justiz vor, nicht weil die Justiz etwa eine Regelverletzung vornimmt, sondern weil sie von einem Beteiligten mit Erfolg für einen Teil der Gesellschaft durch einen Definitionsprozeß konstituiert wird. Für die zum Tragen kommende Definitionsmacht mag der soziale Status des Akteurs ebenso entscheidend sein wie der emotionale Status, den die Handlung für die Öffentlichkeit hat[56]. Eine Begriffskritik könnte den Einwand erheben, daß schließlich jeder behaupten könne, Opfer politischer Justiz geworden zu sein. Diesem Einwand muß entgegengehalten werden, daß dies unter Umständen in der Tat jedermann tun könnte. Und würde es jeder tun, wäre dies Ausdruck

---

[56] den Aspekt des emotionalen Status einer Handlung hat Ingraham für die Bestimmung seines Konzept politischer Kriminalität eingeführt, der das labeling-Potential an den emotionalen Status der Handlung für die Gesellschaft anbindet, wobei er zwischen 1. highly immoral acts 2. repetitive breaches of public order und 3. politically dangerous acts unterscheidet, s. Ingraham, B.L.: Political Crime in Europe, a.a.O., S. 7; ähnlich dürfte sich der emtionale Status auch für das weiter gesteckte Konzept der politischen Justiz als bedeutsam erweisen.

einer erodierten Rechtskultur, in der das Recht nicht angebunden wäre
an fundamentale, für das Funktionieren des Rechtssystems unabdingbare
Legitimationserfordernisse. Der weitgehende Zusammenbruch des Rechtssystems in den letzten Tagen der DDR wäre unter diesem Aspekt zu
betrachten.

Gemeint wäre aber wohl eher der Vorwurf der Beliebigkeit; für die
wissenschaftliche Betrachtung ein möglicher Fallstrick. Diesem
entgeht mein Begriffskonzept dadurch, daß die Relevanz dieser Einschätzung (also Definition) der Justiz für das Begriffskonzept
entscheidend ist. So wird die wissenschaftliche Analyse erst dann
einsetzen, wenn diese Form der Konstituierung politischer Justiz
gesellschaftliche Relevanz erlangt.

Für unsere Untersuchung wird die Relevanz dort beginnen, wo sich in
rechtsextremistischen Gruppen die Auffassung durchsetzt, daß Akte
politischer Justiz vorliegen und das Bestreben vorliegt, diese
Wahrnehmung politisch zu nutzen.

Damit muß sich für mich als Wissenschaftler nicht die Wertung
ergeben, daß die Justiz sich tatsächlich politisch verhält (und damit
zumeist gegen ihre Subsystemrationalität verstoßen würde), wissenschaftlich interessant ist die Frage, wieso und zu welchem Zweck
ein Akteur das Justizverhalten zu einem politischen und damit zumeist
zu einem unzulässigem Verhalten erklären will. Was sagt dies über den
Zustand des Akteurs, was über den des politischen und rechtlichen
Systems aus? Unter welchen Bedingungen kann das Rechtssystem z.B. den
Eindruck aufrecht erhalten, unabhängig und unbeeinflußt von der
politischen Motivation des Täters zu agieren? Was bewegt die Politik,
die Behandlung politisch Krimineller als gewöhnliche Kriminelle zu
fordern[57]? Solche Fragestellungen erlaubt lediglich ein Begriffsraum,

---

[57] diese Strategie lag in den siebziger Jahren den Bemühungen des
Innenminister Maihofers im Umgang mit den RAF-Terroristen
zugrunde, s. hierzu Maihofer, Werner: Verteidigung unseres
freiheitlichen Rechtsstaates, Eine Information des Bundesministers des Innern, o.O., o.J. (1975); dort heißt es:"Mord ist
Mord und Raub ist Raub, ohne Rücksicht auf pseudopolitische
Motivationen solcher gemeiner Verbrechen". Vgl. hierzu auch Hobe,

der auch die Wertungsprozesse einbezieht.

Mit dieser Ausweitung des Konzepts der politischen Justiz, die zentral an Legitimationsprozessen anknüpft, gelingt es, die notwendige Brücke zur politischen Kultur zu schlagen. Außerdem wird etatistische Fixierung vermieden, die unvermeidlich wäre, würde man sich allein auf die staatliche Definition politischer Justiz stützen bzw. allein das positivierte politische (Straf-)Recht in den Blick nehmen.

2.1.4.2   POLITIKBEGRIFF ALS KRITERIUM

Ein weiterer möglicher Kritikpunkt an der hier vorliegenden Begriffsbestimmung könnte im Politikbegriff gesucht werden. Bei einer weiten Auslegung des Begriffs des Politischen – im Sinne einer Tradition der Antike[58] – liegt der Schluß nahe, daß die Justiz per se eine politische Funktion habe, da die Justiz eine gesellschaftlich verbindliche Form der Konfliktaustragung sei[59], jede Justiz sei politische Justiz.

Konrad: Zur ideologischen Begründung des Terrorismus, Bonn 1979, S. 8; daß die Diskussion um die Bedeutung einer politischen Motivation bei Straftaten auch in der Rechtswissenschaft anhält, belegt u.a. die Diskussion um die Auswirkung einer politischen Motivation bei Anwendung des § 211 StGB, s. hierzu die Debatte in der JR: Zielke, Oliver: Replik: Die Niedrigkeit politischer Motive nach § 211 Abs. 2 StGB, in: JR (Juristische Rundschau), 1992, Heft 6, S. 230ff.

[58] vgl. Aristoteles: Politik, Eingeleitet, übers. u. kommentiert von Olof Gigon, 2. Auflage, Zürich, Stuttgart 1971; der allerdings ein normatives Politikkonzept aufweist; s. hierzu und im folgenden Wassermann, Rudolf: Die richterliche Gewalt, Macht und Verantwortung des Richters in der modernen Gesellschaft, Heidelberg 1985, S. 2ff.

[59] s. ähnlich Trotha, Trutz von: Gibt es den Weg zurück zur alten Strafpolitik? Zu Ungereimtheiten und unbeabsichtigten Folgen des Neoklassizismus auf der Grundlage zweier Annahmen zum Verhältnis von Recht und Gesellschaft, in: Deichsel, Wolfgang/Kunstreich, Timm/Lehne, Werner/Löschper, Gabi/Sack, Fritz (Hrsg.): Kriminalität, Kriminologie und Herrschaft, Hamburger Studien zur Kriminologie, Band 2, Pfaffenweiler 1988, S. 14ff., hier S. 25

Diese Sichtweise löst aber das Problem der Grenzziehung nicht, und es wäre, wie **Wassermann** zutreffend ausführt, unklar, weshalb man in der politischen Funktion des Rechts überhaupt ein Problem sehe[60].

Für **Wassermann** liegt der prinzipielle Unterschied zwischen Politik und Recht darin, daß im Wesen der Politik das Element des Ermessens und Beliebens enthalten sei, daß man - bedingt - die Freiheit der Wahl habe, während im Recht das Prinzip der Gebundenheit vorherrsche. Die Justiz hat in der Regel nicht die Möglichkeit, sich ihre Normen selbst zu setzen. Wie **Wassermann** aber selbst ausführlich darlegt, ist gerade das Kriterium der Gebundenheit im Zeichen der Entwicklung zum modernen sozialen Rechtsstaat auf dem Rückzug und entzieht

> "... damit der antithetischen Entgegensetzung von Recht und Politik die Grundlage"[61].

Eine Einengung des Begriffs des Politischen bietet sich also nicht so problemlos an, wie **Wassermann** es in seiner Studie unterstellt[62]. Um Politik- und Rechtsverständnis und damit die Problematik ihrer Verknüpfung besser zu begreifen, lohnt es sich, den Blick auf ihre je spezifische Funktion und Systemeigenschaft zu richten. Idealtypisch unterscheiden Politik und Justiz sich in unserem demokratischen System durch ihre subsystemischen Eigenarten.

Ist das Wesen und die Funktion der Politik der politische Wettstreit mit der Orientierung auf Maximierung der Wählerstimmen zur Gewinnung von Entscheidungs- und Verteilungsmacht in den politischen Institutionen, ist die Justiz ein Ort zur unparteiischen Konfliktentscheidung durch die dem politischen Wettstreit enthobenen

---

[60] s. Wassermann, R.: Die richterliche Gewalt, a.a.O., S. 3

[61] ebd., S. 9, Wassermann nennt in diesem Zusammenhang neben den Generalklauseln, den Ermessens- und unbestimmten Rechtsbegriffen vor allem die Entwicklung des Richterrechts.

[62] wie sehr Politik und Recht miteinander verbunden sind, betont auch Luhmann, der insbesondere auf die Verknüpfung von Gerichtsbarkeit und staatlicher Gewalt abhebt: "Die Stelle, an der letztlich über den legitimen Einsatz physischer Gewalt entschieden werden muß, hat eine nicht eliminierbare politische Funktion". Luhmann, N.: Ausdifferenzierung des Rechts, a.a.O., S. 184

Richtern, die allein den Gütern von Gerechtigkeit, Gleichheit und Rechtssicherheit verpflichtet sind und in einem vom politischen System vorgegebenen Regel- und Normsystem agieren.

Das Rechtssystem erscheint somit als ein dem Politiksystem gegenüber zumindest teilweise autonomes Subsystem[63], das eine spezifische Aufgabe und eine besondere Funktionsweise auszeichnet. Es entspringt zwar der Politik, existiert dann aber weitgehend von ihr unabhängig.

Die Verbindung zur Politik erfolgt außerhalb der Erzeugungsgrundlage auf zumindest zweierlei Art, entweder wird das Politiksystem mit den Rechtsgrundlagen und -entscheidungen selbst berührt, quasi als rechtliche Regelung der politischen Ordnung, oder die Justiz wird zum Hebel der Durchsetzung politischer Machtinteressen im Sinne der Ausschaltung von Konkurrenz. Und in beiden "Instrumentalisierungen" kann die Politik eine Qualität hineinbringen, die eine zunächst unproblematisch arbeitende politische Justiz zu einer politischen Justiz mit politischem, häufig parteiischem, Charakter machen kann.

Die durch die Anbindung an die Demokratie normativ bestimmte Politikkonzeption verdeckt nämlich das Problem, daß gerade in der kritischen Ausgestaltung der politischen Justiz die Politik mit einer Beziehungsqualität in das Rechtssystem eindringt, die dessen Autonomie und Status gefährdet.

Die Politik zeichnet eine bestimmte Beziehungsqualität aus, der Streit[64]. Ohne gleich, wie **Schmitt**, davon auszugehen, daß zwischen

---

[63] für die Autonomie des Rechts ist nach Habermas nicht zuletzt auch das Moralsystem eine entscheidende Größe, s. Habermas, J.: Wie ist Legitimität durch Legalität möglich?, a.a.O., S. 1ff.

[64] daß Politik sich durch das Beziehungskontinuum: Wettbewerb, Streit, bis hin zum Kampf auszeichnet, wird schon daran erkennbar, daß bei Einmütigkeit keine politischen Entscheidungsmechanismen erforderlich wären. Politik ist wesentlich Konfliktentscheidung. Und es ist gerade der Wunsch nach einem Ende des Parteienstreits, nach der Erfüllung des einen Volkswillens, nach der Umsetzung des richtigen Klasseninteresses, der die extremistische Ideologien auszeichnet. In ihnen kommt der ideologisch transformierte, subjektiv und kollektiv entwickelte Wunsch zum

politischen Einheiten anthropologisch ein Feind-Freund-Verhältnis begründet sein muß[65], ist aber das der politischen Ordnung der Bundesrepublik unterlegte agonale Beziehungsmuster ein normativ gewolltes und insoweit immer auch gefährdetes Muster. Mir scheint bezeichnend, daß selbst das Bundesverfassungsgericht in einer Entscheidung gegen die NPD – sie hatte gegen ihre Aufnahme in den Verfassungsschutzbericht geklagt –in einem appellativen Stil die politischen Akteure auf die agonale Beziehungsform festlegen wollte. Zunächst erklärte das Bundesverfassungsgericht es quasi zur verfassungsrechtlichen Pflicht, in Verfassungsschutzberichten Werturteile dergestalt abzugeben, daß verfassungsfeindlich wirkende Parteien als solche auch zu etikettieren seien, ohne daß diese daraus eine Beeinträchtigung ihrer Bestands- und Schutzgarantien nach Art. 21 (3) GG geltend machen könnten, wie es die NPD mit ihrer Klage versucht hatte[66]. Aber das Gericht nutzte auch die Gelegenheit, das Verständnis für die Kampfordnung im politischen System der Bundesrepublik insoweit noch einmal festzuschreiben, als es dem Antragsgegner positiv anrechnete, die Auseinandersetzung mit politischen und nicht mit juristischen Mitteln zu führen:

Ausdruck, dem Streit, dem Politischen, durch ein totalitäres Harmoniekonzept zu entfliehen. Dies ist praktisch aber nur möglich unter Ausschaltung aller Störungen und Abweichungen, bis hin zur physischen Vernichtung von Menschengruppen, der Vernichtung des Feindes der Einheit, die Vernichtung derer, die die wahre Aufhebung des Politischen behindern könnten. Da der Endzustand eschatologischer Verheißungen das Ende der Politik anstrebt, setzt dies die umfassende, totale Politisierung bis hin zum tödlichen Kampf mit dem Feind im Rahmen einer klaren Freund-Feind-Kampfordnung voraus.

[65] s. hierzu Schmitt, Carl: Der Begriff des Politischen – Text von 1932 mit einem Vorwort und drei Corollarien, Berlin 1963 Schmitt versteht unter der Feindschaft die Möglichkeit des Kampfes auf Leben und Tod. Als ein anthropologisch begründetes Axiom löst es sich auf, wenn man die Vernunftidee hineinnimmt, nach der jeder Mensch auch ein Interesse am Leben haben dürfte, s. hierzu den intellektuell reizvoll gestalteten Vortrag von Höffe, Otfried: Den Staat braucht selbst ein Volk von Teufeln, in: ders.: Den Staat braucht selbst ein Volk von Teufeln, Philosophische Versuche zur Rechts- und Staatsethik, Stuttgart 1988, S. 56ff., hier S. 63

[66] s. BVerfGE 40, 27, S. 287ff.

> "Die Auseinandersetzung soll also im freien Wettbewerb um die Stimmen der Wähler ausgetragen werden"[67].

Und:

> "Das Recht solcher politischer Parteien auf Chancengleichheit als ein wesentlicher Bestandteil der demokratischen Grundordnung verbietet vielmehr jede staatliche Maßnahme, die den Anspruch der Partei auf die Gleichheit ihrer Wettbewerbschancen willkürlich beeinträchtigt"[68].

Anders ausgedrückt, solange nicht das Bundesverfassungsgericht selbst die Stellung in der Kampfordnung durch die Erklärung der Verfassungswidrigkeit ändert, soll für alle Beteiligten der Grundsatz des freien Wettbewerbs gelten, also Gegner, aber nicht Feinde. Allerdings erörterte das Gericht nicht, wie realistisch diese Verhaltenserwartung bei einer Partei sein kann, über der das Damoklesschwert des Verbots hängt und die sich selbst der Verfolgung und Entrechtung ausgesetzt wähnt.

Solange die politischen Akteure in ihrer Beziehungsqualität von einer Bandbreite der kooperativen bis hin zu der agonalen Form bestimmt sind, dürfte ihre Bezugnahme auf die Justiz diese nicht in ihrer Funktionsweise und ihrem Selbstverständnis gefährden, erst wenn die spezifische Beziehungsqualität der politischen Akteure untereinander den Charakter einer Kampf- oder Freund-Feind-Konstellation gewinnt, wird die Herausforderung an die Justiz zu einer prekären. Entweder läßt sie sich auf diese Beziehungsqualität selbst ein und gefährdet damit ihr Ansehen, oder sie wird mit dieser Qualität konfrontiert, beides läßt sie zumindest potentiell zu einer politischen Justiz werden.

In Anlehnung an **Kirchheimer**, der das politische Handeln nicht näher bestimmt, wird von mir ein Politikbegriff zugrundegelegt, der die Justiz dort politisch nennt, wo der Bezug auf den politischen Raum durch Normen selbst hergestellt wird oder wo ihr Verhalten als Abweichung von der geforderten Autonomie vom Politischen erfolgreich

---

[67] ebd., S. 292

[68] ebd., S. 293

36

thematisiert wird. Insoweit erfolgt hier doch eine Einschränkung des Politischen, denn nicht jedes justitielle Handeln wird von einem der beiden oder von beiden Elementen begleitet, und nur insoweit kommt es für die Analyse in Betracht. Politische Justiz ist also entweder getragen durch das Spezifikum einer auf den "genuinen" politischen Raum bezogenen Norm und/oder durch den Umstand, daß das justitielle Verhalten von relevanten Akteuren als politisches definiert und legitimationsorientiert problematisiert wird, im Sinne der Definition von **Kirchheimer**.

Soll der Blick auf die sozialen Tatsachen nicht durch die Normativität des Rechts verstellt werden, muß bedacht werden, daß politische Justiz gerade dort einen kritischen Status aufweisen wird, sei es im klassischen Normbereich selbst oder in anderen Bereichen, wo die Politik sich von der agonalen Orientierung weg auf eine Freund-Feind-Beziehung hin entwickelt. Wie sehr das Freund-Feind-Muster auch für die Justiz relevant werden kann, hat **Hannover** an den Implikationen der Kronzeugenregelung beispielhaft aufgezeigt[69]. Und letztlich unterstreichen auch **Kirchheimers** Ausführungen, die immer wieder die Begriffe "Feind" und "politischer Kampf" aufnehmen, daß dieser Beziehungsqualität für die Bestimmung der politischen Justiz ein zentraler Stellenwert zukommt.

2.2   POLITISCHE KRIMINALITÄT

Mit der Bestimmung der politischen Kriminalität handelt man sich im wesentlichen die gleichen Begriffsprobleme ein wie bei der Politischen Justiz. Dies hat auch die meisten deutschsprachigen Krimino-

---

[69] Hannover, Heinrich: Kollaboration mit der Justiz als Kriterium der Freund-Feind-Unterscheidung. Ein Beitrag zum Kronzeugen-Syndrom, in : KJ (Kritische Justiz), 22. Jg., 4/1989, S. 394ff.; s. auch Dencker, Friedrich: Kronzeuge, terroristische Vereinigung und rechtsstaatliche Gesetzgebung, in: KJ (Kritische Justiz), 20.Jg., 1/1987, S. 36ff.

logen dazu bewogen, das Thema politische Kriminalität, wenn überhaupt, nur wie eine heiße Kartoffel anzufassen[70]. Eine solche
Zurückhaltung ist in der englischsprachigen Literatur übrigens nicht
zu beobachten[71].

Der Bereich der politischen Kriminalität läßt sich nur im Rahmen
einer Legaldefinition eindeutig festlegen[72], ist aber unzureichend

---

[70] s. hierzu eindrucksvoll: Sack, F.: Politische Delikte, politische Kriminalität, a.a.O., S. 324f.; ein neueres Beispiel ist
das Lehrbuch zur Rechtssoziologie von Röhl, in dem zum Problemkreis Politischer Kriminalität direkt nichts ausgeführt wird, zur
politischen Seite der Justiz findet sich zwar ein kurzer Abriß
zum "politischen Kampfbegriff" Klassenjustiz, zur politischen
Funktion der Justiz explizit aber nur ein sehr kurzer Absatz, s.
Röhl, K. F.: Rechtssoziologie, a.a.O., S. 357f., S. 521;
ebenfalls unberücksichtigt finden sich politische Justiz und
politische Kriminalität in der Einführung: Sonnen, Bernd-Rüdeger:
Kriminalität und Strafgewalt, Eine integrierte Einführung in
Strafrecht und Kriminologie, Stuttgart, Berlin, Köln, Mainz 1978

[71] s. u.a. Allen, F. A.: The Crimes of Politics, a.a.O.; Quinney,
Richard: The Social Reality of Crime, Boston 1970; Quinney
vertritt den Ansatz, daß die Definition des Verbrechens ein
Produkt der herrschenden Klassen sei; Ingraham, B.L.: Political
Crime in Europe, a.a.O.; Rosenblum, Victor, G.: Law as a
Political Instrument, Studies in Political Science, New York
1955; Schafer, Stephen: The Concept of the Political Crime, in:
Journal of Criminal Law, Criminology, and Police Science, 62,
1971, S. 380ff.; Turk, Austin T.: Political Criminality, The
Defiance and Defense of Authority, Beverly Hills, London, New
Delhi 1982; aber auch im englischsprachigen Bereich findet sich
zu den Kriminologiebüchern der fünfziger Jahre noch die Kritik:
"No adverse judgment of their quality is implied in the remark
that none of them undertakes a consistent view of the system of
criminal justice as an instrumentality of state power or as a
process having potential for either fulfilling or impairing basic
political values". Allen, F.A.: The Crimes of Politics, a.a.O.,
S. 5

[72] eine Legaldefinition für politische Delikte existierte früher
im Auslieferungsrecht, inzwischen gibt es im Rahmen des Gesetzes
über die Internationale Rechtshilfe in Strafsachen (IRG) vom
23.12.1982, BGBl. I, S. 2071ff. keine Legaldefinition mehr, in
§ 6 heißt es nur noch: "(1) Die Auslieferung ist nicht zulässig
wegen einer politischen Tat oder wegen einer mit einer solchen
zusammenhängenden Tat"; s. hierzu Laubenthal, Klaus: Ansätze zur
Differenzierung zwischen politischer und allgemeiner Kriminalität, in: MschrKrim (Monatsschrift für Kriminologie und Strafrechtsreform), 72. Jg., 5/1989, S. 326ff., hier S. 328; und auch
Franke, Dietmar: Politisches Delikt und Asylrecht, Königstein/Ts.

für das zugrunde liegende Erkenntnisinteresse. Und es ist offensichtlich, daß selbst die eindeutigen politischen Delikte im
Einzelfall über den Bereich der sogenannten Staatsschutzdelikte[73]
ebenso hinausgehen können wie über den gewaltförmigen Bereich politischer Kriminalität. Letzterer ist es jedoch, der, wenn politische
Kriminalität im deutschsprachigen Raum wissenschaftlich thematisiert
wird, zumeist den zugrunde gelegten Begriffsraum ausfüllt[74], ganz im
Gegensatz zu den vielen vorfindbaren politischen Delikten, die nicht
gewaltförmig sind, etwa Agitations- und Propagandadelikte. Noch
seltener findet sich der Bereich politischer Delikte thematisiert,
die als "repressive Verbrechen" oder als politische Makrokriminalität
durch den Staat bezeichnet werden könnten[75]. All diese Bereiche
können nur in einem integrativen Begriffskonzept Platz finden.
Ansonsten läuft man Gefahr, schon begrifflich blinde Flecken zu
lassen, die es insoweit ja allein schon wegen der Datenlage weiter
geben wird.

1979, S. 15ff.

[73] s. zu den diesbezüglichen Definitionsbemühungen u.a. Copic,
H.: Grundgesetz und politisches Strafrecht neuer Art, a.a.O., S.
15 und S. 117; Houy, Hans Nikolaus: Der strafrechtliche Schutz
der verfassungsmäßigen Ordnung der Bundesrepublik Deutschland,
Diss. jur. Freiburg (in der Schweiz) Illingen Rastatt 1958, S.
17

[74] s. bspw. Kaiser, Günther.: Kriminologie, Eine Einführung in
die Grundlagen,7. Auflage, Heidelberg 1985, § 34, 4. Politisch
motivierte Gewaltverbrechen, S. 299ff.

[75] s. hierzu z.B. Turk, Austin T.: Political Criminality
The Defiance and Defense of Authority, Beverly Hills, London, New
Delhi 1982; Herbert Jäger: Makrokriminalität, Studien zur
Kriminologie kollektiver Gewalt, Frankfurt am Main 1989; Sack
führt zu dem Aspekt aus: "Die weitgehende Fehlanzeige in der
kriminologischen Literatur bezüglich dieser Art politischer
Delikte hat einen ebenso simplen wie "systematischen" Grund: Sie
finden sich in den Kriminalstatistiken nicht aufgezeichnet, weil
sie offiziell nicht existieren; ... "Politische Kriminalität"
markiert im übrigen einen Kontext, in dem die staatlichen Gewalten "zusammenzurücken" pflegen und in dem wechselseitige
Kontrolle der staatlichen Gewalten latent nivelliert ist". Sack,
F.: Politische Delikte, politische Kriminalität, a.a.O., S. 330

2. Bezugsrahmen der Untersuchung

Mit dem Begriff der politischen Kriminalität möchte ich den Blick nicht nur auf den Justizapparat und den Umgang von Akteuren mit diesem richten, sondern auch die Täterseite in den Bezugsrahmen einbeziehen. Insoweit stellt der Begriff der politischen Kriminalität einen notwendigen Segmentbegriff des Ankerbegriffs Politische Justiz dar. Mit diesem Begriffssegment stelle ich den Täter und die Tathandlung in den Mittelpunkt der Betrachtung, wobei der Staat als Normsetzungsinstanz jedoch nicht außen vor bleibt.

In Bezug auf den Täter liegen die Probleme in der motivationalen Seite der Kriminalitätsbetrachtung[76]. Allein über die Tätermotivation den Bereich politischer Kriminalität festzulegen, schlägt aber ebenso fehl wie eine konsequente Ausblendung der Tätermotivation. Bedeutet die erste Variante, jede Kriminalitätsform einbeziehen zu müssen, nur weil ein Täter sie mit einer politischen Motivation verknüpft, impliziert die zweite Variante, die Definition der politischen Kriminalität allein dem Staat zu überlassen. Kriminalitätsdelikte können ihre politischen Ingredienzien schließlich auf verschiedenen Wegen erlangen. Nach **Allen** begründen sie sich entweder im Delikt selbst als absolutes politisches Delikt, Bsp. Hochverrat, oder ein gewöhnliches Delikt ist mit einer politischen Motivation verbunden und drittens kann ein Delikt politische Folgen auslösen, die nichts mit der Motivation des Täters zu tun haben[77].

---

[76] s. u.a. de Boor, W. (Hrsg.): Politische motivierte Kriminalität - echte Kriminalität ?, Schriftenreihe des Instituts für Konfliktforschung, Heft 4, Basel, München, Paris, London, New York, Sydney 1978

[77] s. Allen, F. A.: The Crimes of Politics, a.a.O., S. 26f.; ähnlich sieht auch bei Laubenthal die Bestimmung des politischen Gehalts eines Delikts aus, er sieht dies 1. in der Angriffsrichtung auf den Staat als gegeben an, 2. bei einer Bedrohung der politischen oder gesellschaftlichen Ordnung, bei der der Täter einen über ihn hinausweisenden Zweck der Veränderung verfolgt, 3. wegen der Stellung des Täters im politischen Leben, s. Laubenthal, K.: Ansätze zur Differenzierung zwischen politischer und allgemeiner Kriminalität, a.a.O., S. 335f.; nach Grünwald dürfen bei der Analyse politischer Kriminalität nicht die Straftaten außen vor bleiben, die "...zwar zu politischen Zwecken begangen werden, nicht aber gegen den Staat gerichtet sind, ...". Grünwald, Gerald: Aspekte der Bewertung politischer Straftaten, in: de Boor, W. (Hrsg.): Politisch motivierte Kriminalität - ..., a.a.O., S. 20ff., hier S. 24

40

Damit wird die von **Sack** vorgenommene Bestimmung des politischen Straftäters als einen,

> "... der strafbare Handlungen als Instrument und Mittel zu einem politischen, moralischen oder wertbezogenen, kurz: zu einem über ihn hinausweisenden Zweck einsetzt, im Gegensatz zu demjenigen, dessen Straftaten eine Funktion des privaten und individuell bestimmbaren Bedürfnissystems des Täters sind"[78],

als zu kurz greifend erkennbar. Politische Kriminalität ist wie Politische Justiz als integratives Begriffskonzept zu entfalten. Neben den positivistischen Aspekten der Strafrechtsnormbestimmung, sind die psychologisch-motivationalen Komponenten ebenso zu integrieren wie die labeling-Prozesse, die diesen Bereich prägen[79].

Anders als in den meisten bisherigen Arbeiten, wird jedoch gerade im labeling-Bereich eine Reduktion auf eine etatistische Perspektive[80] zu vermeiden sein. Und analog zur Politischen Justiz ist die Rolle der Dritten und der Bezugsgruppen, die für Definitionsprozesse wichtig sind, einzubeziehen[81]. Insoweit wird die mit einer rein motivationalen Bestimmung verbundene Gefahr der Unwägbarkeit und Beliebigkeit reduziert und der einem solchen Begriffskonzept

---

[78] Sack, F.: Politische Delikte, politische Kriminalität, a.a.O., S. 325

[79] vgl. hierzu Laubenthal, K.: Ansätze zur Differenzierung zwischen politischer und allgemeiner Kriminalität, a.a.O., S. 327

[80] so letztlich Allen, F. A.: The Crimes of Politics, a.a.O.; Ingraham, B.L.: Political Crime in Europe, a.a.O.; und Turk, A.T.: Political Criminality, a.a.O.; und auch bei Blasius, der zwar zutreffend feststellt: "Es gibt nicht nur eine politisch motivierte, sondern auch eine politisch definierte Kriminalität", sich dann aber nur der staatlichen Definition zuwendet, Blasius, D.: Geschichte der politische Kriminalität, a.a.O., S. 12; an anderer Stelle spricht Blasius von einem "breiten Strom staatlich induzierter Kriminalisierung des politischen Gegners", ebd., S. 16

[81] s. Sack, F.: Politische Delikte, politische Kriminalität, a.a.O., S. 328. Sack bezieht sich für diese Sichtweise auf das Nonkonformisten- und Bezugsgruppenkonzept von Merton, s. ebd., S. 327ff.

strukturell innewohnenden **Politisierbarkeit** und Tendenz zur **Entgrenzung des kriminellen Konflikts** prozeßorientiert begegnet[82].

Durch die Überwindung einer rein etatistisch-positivistischen Definitionsperspektive gerät überhaupt erst das Wechselverhältnis von gesellschaftlichen und politischen Veränderungsprozessen mit staatlichen Reaktionen in den Blickwinkel[83].

Aus dem Gesagten wird deutlich, daß die Begriffe politische Kriminalität und politische Justiz sehr eng aufeinander bezogen sind, was **Blasius** zu der Aussage bewegt hat:

> "Es gibt keinen Zugang zur politischen Kriminalität ohne ein genaues Vermessen der politischen Justiz"[84].

Politische Kriminalität und politische Justiz verweisen darauf, daß es um eine politische Auseinandersetzung auf dem Gebiet des Rechts unter Einschluß des potentiellen Gebrauchs oder der Herausforderung des staatlichen Gewaltmonopols geht. Auch deshalb läßt sich die Qualität der politischen Beziehungen, die auf diesem Feld zum Tragen kommen, als politischer Kampf bezeichnen.

Allerdings, und hier wenden wir uns dem nächsten zentralen Begriff unseres Bezugsrahmens zu, verändern Austragungsmodus und -ort die Qualität des politischen Kampfes erheblich, da er nicht mehr unter den dem politischen Subsystem eigenen Bedingungen stattfindet, die Qualität des Kampfes ändert sich durch den Wechsel der Arena. Nach **Allen** ist der Arenenwechsel - etwa für den staatlichen Akteur - nicht ohne Risiko:

---

[82] vgl. ebd., S. 326

[83] Blasius hat dies als den Zusammenhang zwischen dem "Loshaken" politischer und sozialer Erneuerungsschübe und der politischen Kriminalität im 19. und 20. Jahrhundert thematisiert, s. Blasius, D.: Geschichte der politischen Kriminalität ..., a.a.O., S. 11

[84] ebd., S. 139

"One substantial risk for the government is that, although it may win in the courtroom, it may lose in the larger tribunal"[85].

2.3   GERICHTSARENA

Mit dem Arenabegriff, entscheidend entwickelt durch **Lowi**[86], soll für den Untersuchungsgegenstand ein Konzept zur Verfügung gestellt werden, das es erlaubt, die Besonderheiten politischer Justiz, die durch die Nutzung der Gerichte bewirkt werden, besser erfassen zu können. Da die staatliche Auseinandersetzung mit dem Rechtsextremismus in vielen Formen und auf verschiedenen Stufen stattfindet, muß der Ausschnitt näher bestimmt werden, den wir mit politischer Justiz umschreiben.

Was geschieht denn dadurch, daß die Politik auf das Feld der Justiz gerät? Die Bearbeitung politischer Konflikte ist häufig ein längerer Prozeß, der im Zeitverlauf auch unterschiedliche Bedingungen und Ausprägungen aufweisen kann:

> "Da in verschiedenen Phasen die Akteure in anderen Konstellationen auftreten bzw. neue Akteure hinzukommen, andere ausfallen und zudem das Institutionensystem und die Form der Konfliktaustragung wechseln, kann man von verschiedenen 'Politikarenen' sprechen, in denen die Beteiligten agieren"[87].

---

[85] Allen, F. A.: The Crimes of Politics, a.a.O., S. 61

[86] Lowi, Theodore J.: American Business, Public Policy, Case Studies and Political Theory, in: World Politics,17. Jg., 4/1964, S. 673ff; ders.: Ein neuer Bezugsrahmen für die Analyse von Machtstrukturen, in: Narr, Wolf-Dieter/Offe, Claus (Hrsg.): Wohlfahrtsstaat und Massenloyalität, Köln/Berlin 1975, S. 133ff.; ders., Decision Making versus Policy Making, in: Public Administration Review, 30. Jg., 2/1970, S. 314ff.; ders., Four Systems of Policy, Politics and Choice, in: Public Administration Review, 32. Jg, 2/1972, S. 298ff.

[87] Görlitz, Axel/Voigt, Rüdiger: Rechtspolitologie, Eine Einführung, Opladen 1985, S. 117; es sei hier angemerkt, daß dieses Konzept eine starke Affinität zur Implementationsforschung aufweist, beide sind letztlich theoretische Annäherungen an Prozess- und Aktorstruktur von Politiken. Zur Implemen-

2. Bezugsrahmen der Untersuchung

Politische Justiz ist gebunden an eine bestimmte Formen der Konflikt-
arena. Die Akteure agieren zumeist in der Gerichtsarena, und d.h.,
unter anderen Bedingungen als unter denen des politischen Systems,
etwa in der Gesetzgebungs- oder Wahlkampfarena. Weiter vorne habe ich
schon darauf hingewiesen, daß Recht und Politik unterschiedliche
Rationalitäten aufweisen. Wird ein Konflikt in die Arena des Rechts
überführt, so hat dies nicht nur Auswirkungen auf den Durchset-
zungmodus (Mehrheitsprinzip vs. Richterspruch), auf die Akteursstruktur (die Professionellen des Rechts kommen in ihren
unterschiedlichen Rollen hinzu), oder auf die Bedingungen der
Institutionen (Aktenförmigkeit, Regelgebundenheit, fehlendes
Initativrecht für die Gerichte u.a.[88]), sondern auch auf die Fil-
terung des Konflikts. **Luhmann** hat in seiner Analyse des Zusammenhangs
von Politik und Justiz vor allem auf den Faktor Zeit und die Besonderheiten der Themenselektion und -spezifizierung abgehoben[89].
Nimmt man diese Aspekte auf, wird deutlich, daß mit dem Arenabegriff
die besonderen Bedingungen eines Handlungsraumes beschrieben werden,
ohne die eine angemessene Erfassung des Verhältnisses von politischer
Justiz und Rechtsextremismus nicht möglich ist.

---

tationsforschung s. Mayntz, Renate (Hrsg.): Implementation
politischer Programme, Empirische Forschungsbereiche,
Königstein/Ts. 1980 und dies. (Hrsg.): Implementation politischer
Programme II, Opladen 1983. Gegenüber dem implementationstheore-
tischen Ansatz erlaubt das Arenakonzept eine Offenheit hinsichtlich der Richtung des Politikprozesses, da die Implementationsforschung als Ausgangspunkt stets nur das staatlich
initiierte Politikprogramm hat.

[88] s. hierzu Kirchheimer, O.: Politische Justiz, in: ders.:
Funktionen des Staats und der Verfassung, a.a.O., S. 144f.

[89] Luhmann, N.: Ausdifferenzierung des Rechts, a.a.O., hier
heißt es auch auf S. 185: "Eine erfolgreiche Koppelung von
Politik und Justiz ist also eher Zufall als Strukturmerkmal
unseres Systems - und nur deshalb läßt sich eine weitgehende
politische Neutralisierung der Justiz aufrechterhalten". Es wird
zu überprüfen sein, ob dieses Urteil auch für die Bewältigung des
Rechtsextremismus zutrifft.

Besonders in der deutschen Theorierezeption[90] ist **Lowi** vorgehalten worden, daß durch die Orientierung auf die Wahrnehmungs- und Handlungsdimension die Gefahr eines selbstzerstörerischen Relativismus bestehe, da keine Unterscheidung zwischen subjektiven und objektiven Interessen hinsichtlich der einzelnen "policies" möglich sei[91]. Ob und inwieweit diese Kritik für unseren Gebrauch des Arenakonzepts relevant ist, hängt davon ab, welche Bedeutung den "policies" zukommt und was unter policy zu verstehen ist.

Lowi selbst hat einen abstrakten policy-Begriff entwickelt. Seine Policy-Typologie arbeitet mit den Kategorien von **distributive policy, regulative policy, redistributive policy** und **constituent policy,** mit denen er die politische Maßnahmen abstrakt danach unterscheidet, mit welcher Art und Wahrscheinlichkeit der Anwendung von Zwang sie einhergehen[92]. In diesem Verständnis ist Strafrecht **regulative policy**[93] und von daher kaum inhaltlich einem bestimmten Politikbereich zuzuordnen, da es hier um Wirtschaftskriminalität ebenso wie um Sexualdelikte und politische Kriminalität gehen kann. Wie schon herausgearbeitet wurde: im Kontext der politischen Justiz geht es nicht um ein bestimmtes Politikfeld, sondern um den Modus des Machtkampfes im Sinne der Bestimmung der Handlungsmöglichkeiten von politischen Konfliktakteuren durch das im Recht gebundene Gewaltmonopol. Die Gerichtsarena als Ort der politischen Justiz ist, wie **Kirchheimer** betonte, wenn sie gewählt wird, immer nur ein Umweg in der Austragung des politischen Konfliktes, aber:

> "Er **ist** unumgänglich und nützlich, denn ohne die Dazwischenkunft der Justizmaschine ginge der Kampf um die

---

[90] s. hier insbesondere Kitschelt, Herbert: Kernenergiepolitik, Arena eines gesellschaftlichen Konfliktes, Frankfurt/New York 1980

[91] ebd., S. 15

[92] s. Lowi, T. J.: American Business, Public Policy, ...,a.a.O.; ders., Four Systems of Policy, Politics and Choice, a.a.O. sowie Jann, Werner: Kategorien der Policy-Forschung, Speyerer Arbeitshefte 37, Speyer 1981, S. 40ff.

[93] s. hierzu auch Görlitz, A./Voigt, R.: Rechtspolitologie, a.a.O., S. 115

politische Macht genauso unablässig weiter, nur in weniger geordneten Bahnen"[94].

Im allgemeinen wird aber der policy-Begriff sehr viel stärker an bestimmte Politikinhalte gebunden. In der deutschen Arenarezeption ist hier vor allem auf **Kitschelt** zu verweisen. Er geht von folgendem aus:

> "Es wird hier behauptet, daß funktionale Problemklassen gesellschaftlicher Reproduktion im Spätkapitalismus, welche als Politiken ("policies") bearbeitet werden, systematisch mit den Institutionalisierungsformen der Politik und dem politischen Prozeß (die ich zusammen "politics" nenne) variieren, also nicht bloß zufällig bestimmte Politik- bereiche bestimmte strukturelle und prozessuale Merkmale aufweisen: Eine solche Konfiguration von "policy" und "politics" werde ich als "politische Arena" entwickeln"[95].

Kitschelt steht mit diesem Versuch der Typisierung von Politikprozeß und Politikergebnis nicht allein[96]. Da ich in meinem Begriff poli- tischer Justiz aber explizit offen lasse, um welche Art von "policy" es dabei gehen kann, kann ich auch den von **Kitschelt** erhobenen theoretischen Anspruch nicht aufgreifen. Politischer Kampf, als Basisthema politischer Justiz, ist keine spezifische Form von policy, sie ist ein spezifischer Ausdruck von "politics". An welcher "policy" sich die soziale Beziehungsqualität "Kampf" entzündet, ist zwar beeinflußt von vielen Aspekten (Themenkonjunktur, betroffene Akteure etc.), entzieht sich aber in seiner Vielfalt überzeugenden Typi- sierungen und Schematisierungen. Und auch **Kitschelt** gelingt es nicht, seinen eigenen Anspruch überzeugend einzulösen. Gefangen in der neo-

---

[94] Kirchheimer, O.: Politische Justiz, a.a.O., S. 623

[95] Kitschelt, H.: Kernenergiepolitik, a.a.O., S. 13; in der Politikwissenschaft trifft man auch auf eine Dreiteilung des Politikbegriffs, so unterscheidet z.B. Jann polity, policy und politics voneinander, s. Jann, Werner: Staatliche Programme und "Verwaltungskultur", Bekämpfung des Drogenmißbrauchs und der Jugendarbeitslosigkeit in Schweden, Großbritannien und der Bundesrepublik Deutschland im Vergleich, Opladen 1983, S. 33

[96] eine gute Zusammenfassung zu den bisher vorliegenden Typi- sierungsbemühungen findet sich bei Kaufmann, Franz-Xaver/Rose- witz, Bernd: Typisierung und Klassifikation politischer Maß- nahmen, in: Mayntz, R. (Hrsg.): Implementation politischer Programme II, a.a.O., S. 25ff.

marxistischen Staatsfunktionalismuskonzeption sind die von ihm
entwickelten Klassen funktionaler Probleme[97] von nicht sehr viel
höherer Differenzierungsqualität als die von ihm abgelehnten binären
Schematisierungen wie Akkumulations- und Legitimationsimperative[98].
Wie zweifelhaft Versuche der typisierenden Verknüpfung funktionaler
Bezugspunkte zu bestimmten Arenamerkmalen sind, zeigen **Kitschelts**
Zuordnungen von Legitimationsaspekten. Unter dem funktionalen
Problem: Herstellung der allgemeinen Produktionsbedingungen,
subsumiert er als besondere Implementations-Strategie der Staatsapparate: Informations- und Gewaltstrategien gegenüber prinzipieller
Opposition, unter dem funktionalen Problem: Sicherung der Legitimität des politischen Systems, Verfahrensstrategien, Korporatisierungs-
und Pluralisierungsversuche, Kompromisse[99]. Auch wenn man der von
ihm selbst eingeräumten Übervereinfachung der Zuordnung von Katego-
rien/Prozessen Rechnung trägt, bleibt das Fazit, daß gerade die
Legitimationsaspekte eher willkürlich als systematisch schematisiert
worden sind. Gerade der Umgang mit der Systemopposition (Gewaltstra-
tegie, Repression) kann mit gutem Recht unter dem funktionalen
Bezugspunkt: Sicherung der Legitimität des politischen Systems, betrachtet werden. Die Bestimmung der systemischen Grenzen (ab wann ist
Opposition Systemopposition?) ist Legitimationspolitik. Typisierungen
und Schematisierungen dieser Art geben mehr nomologische Aussagekraft
vor, als sie tatsächlich erfüllen können. Daß der hohe theoretische
Anspruch **Kitschelts** mit den von mir einleitend zitierten Ver-
dinglichungen von Abstraktionen (z.B. Staatsapparate) und Reali-
tätsverkennungen einhergeht, sei hier nur noch erwähnt, um erneut
auf die Fallstricke zu hoch gestellter theoretischer Ansprüche zu
verweisen[100].

---

[97] s. die Übersicht bei Kitschelt, H.: Kernenergiepolitik,
a.a.O., S. 349

[98] ebd., S. 15

[99] s. ebd., S. 348f.

[100] s. S. 11f.

Das **Lowische** Konzept wird von mir insoweit umgestellt, als ich nicht von der Hypothese ausgehe, daß ein Zusammenhang von der Art der politischen Maßnahme bzw. des policy-Typs und dem durch sie **erzeugten** Konfliktpotential besteht, sondern umgekehrt, daß im politischen Prozeß des policy-making, also im Bereich der **politics,** in Abhängigkeit von den berücksichtigten Legitimationsimperativen und der bestehenden Akteursstruktur, ein Konfliktniveau auftreten kann, das den **Umweg** über die Gerichtsarena erforderlich macht.

In meinen Gebrauch des Arenakonzepts ist selbstverständlich Raum für Typisierungen, nomologisch orientierte Schematisierungen sind aber fehl am Platz. Die von **Kitschelt** zu Recht geforderte Referenz zur Gesellschaft findet in meinem Konzept nicht über die vorgeblich objektiv bestimmbaren funktionalen Probleme spätkapitalistischer Gesellschaften statt, sondern über die Anbindung des Bezugsrahmens an die politische Kultur. Im Arenakonzept werden die Feldbedingungen erfaßt und beschrieben.

Um dem gegenüber **Lowi** erhobenen Vorwurf des Bewertungsrelativismus zu entgehen, hebt meine Analyse auf die Legitimationsansprüche und deren objektiver, besser: intersubjektiv vermittelbarer, Durchsetzungs- und Behauptungsqualität ab. Es kommt also nicht darauf an, ob die Beurteilung justizieller Prozesse als Ausfluß politischer Justiz objektiv richtig ist, sondern darauf, welche Beurteilung und Wahrnehmung sich objektiv bzw. intersubjektiv nachvollziehbar (Widerhall im politisch-gesellschaftlichen Bereich) durchsetzt bzw. behauptet. Insoweit geht es bei der politischen Justiz stets um den funktionalen Bezugspunkt Legitimität, doch kann ich damit keine unterschiedlichen Arenen differenzieren, da es mir nur um eine spezifische Arenaform geht, durch die die unterschiedlichsten **policies** mit ihren Legitimationsgehalten hindurchkommen, und zwar deshalb, weil das Konfliktniveau, eine Qualität von **politics,** die Qualität eines Kampfes gewonnen hat, das zur Inanspruchnahme des staatlichen Gewaltmonopols geführt hat oder dahin führen oder dies gerade verhindern soll[101].

Die politisch-gesellschaftlich relevante Perzeption des Legitima-
tionsgehalts von **policies** ist der entscheidende Schlüssel für die
Notwendigkeit des Auftretens der Gerichtsarena in einem politischen
Konfliktverlauf. Und im Kontrast zur policy- und Implementationsforschung rücke ich ins Blickfeld der **policies** nicht nur das
staatliche Handeln, sondern auch das Handeln und die Maßnahmen
politischer Akteure wie Parteien, Organisationen sowie das Handeln
von Einzelpersonen.

Die Kategorie der Gerichtsarena wird notwendigerweise eher in heu-
ristischer als in systematischer Art benutzt, da der Untersuchungsgegenstand für eine systematische und gar auf Theorien größerer Reichweite zielenden Gebrauch zu eng gefaßt ist. Um einen systematischen
Verwendungszusammenhang zu erlauben, müßte der Untersuchungsbereich
etwa auf die Frage zielen, inwieweit unterschiedliche Extremismen
unterschiedliche Verarbeitungsformen von und durch politische Justiz
im Kontext der Gerichtsarena erfahren. Auch läßt der entwickelte
Begriff Politische Justiz es zu, die Gerichtsarena insoweit zu
differenzieren, daß nach den Spezifika etwa der Verwaltungsgerichts-
arena, der Arbeitsgerichtsarena u.a. gefragt würde[102]. Meine Untersuchung hat insoweit den Charakter einer auf das Niveau einer Theorie
mittlerer Reichweite hinwirkenden Fallstudie, die der Ergänzung durch
andere Fallstudien bedarf. Allerdings hat schon der Verlauf der
Implementationsforschung gezeigt, wie schwierig der Weg einer induk-
tiven Theoriebildung ist[103].

---

[101] dieser Aspekt gehört berücksichtigt, wie auch Kaufmann und
Rosewitz feststellen: "Politik hat eben nicht nur mit der Verfolgung von Sachzielen, sondern auch mit dem Kampf um Macht zu tun".
Kaufmann, F.-X. /Rosewitz, B.: Typisierung und Klassifikation
politischer Maßnahmen, a.a. O., S. 36

[102] s. Ridder, H.: »Vergangenheitsbewältigung« ..., a.a.O., S. 194

[103] s. hierzu Mayntz, Renate: Zur Einleitung: Probleme der
Theoriebildung in der Implementationsforschung, in: dies.
(Hrsg.), Implementation politischer Programme II, a.a.O., S.
7ff., hier S. 11

2.4   POLITISCHE KULTUR

An mehreren Stellen der Entwicklung des Bezugsrahmens meiner Untersuchung habe ich schon explizit oder implizit auf die Bedeutung der
politischen Kultur verwiesen[104]. Sie wurde als der Schlüssel für die
Einbeziehung der gesellschaftlichen Referenzebene bezeichnet und mit
dem Problem der Legitimation und Legitimität[105] verknüpft.

Der Streit um die Legitimität ist der zentrale Ansatzpunkt für eine
politisierte politische Justiz, aber auch im ersten Konstituierungsmodi politischer Justiz, der Normsetzung, stellt sie die Grundlage
dar, denn die normorientierte politische Justiz ist nur dann "unpolitisch", im Sinne von unstrittig, wenn die in ihr zum Tragen kommenden
legalen Grenzziehungen des politischen Handlungsraumes als legitime
Grenzziehungen akzeptiert werden. Für **Kirchheimer** liegt das Wesen
einer möglichst unstrittigen politischen Justiz in dem Streben nach
Gerechtigkeit:

> "... denn wer politische Justiz übt, muß die Gerechtigkeit der
> Sache unterstellen, in deren Namen er seines Amtes waltet"[106].

Legitimität, d.h. die Akzeptanz von Herrschaft, kann   definiert
werden als die Eigenschaft und die Fähigkeit des politischen Systems,
den Glauben zu erzeugen und aufrechtzuerhalten, daß die bestehenden
Institutionen (und - ergänzend - Verfahrensweisen, H.K.) die für die
Gesellschaft angemessensten sind[107]. Die Geltung einer Herrschafts-
ordnung findet in den Herzen und Köpfen ihrer Bürger statt, als
affektiv-kognitive Haltung, sie ist ein sozialpsychologisches Phäno-

---

[104] s. u.a. S. 14f., 18, 28, 34

[105] der Begriff Legitimation ist prozeßorientiert, der der Legitimität ergebnisorientiert, s. hierzu Narr, Wolf-Dieter/Naschold,
Frieder: Theorie der Demokratie, Einführung in die moderne
politische Theorie, Band III, Stuttgart, Berlin, Köln, Mainz
1971, S. 18

[106] Kirchheimer, O.: Politische Justiz, a.a.O., S. 623

[107] s. hierzu Lipset, Seymour Martin: Political Man: the social
bases of politics, Garden City/New York 1960, S. 77

men[108].

Wenn in den bisherigen Ausführungen zum Bezugsrahmen immer wieder auf
die Problematisierung von Legitimität im Feld der politischen Justiz
verwiesen wurde, so ist damit auf die subjektive Sichtweise von
Akteuren im politischen Kampf abgestellt worden. Die Wahrnehmungs-
weisen können aber nicht isoliert als situative Erscheinungen
betrachtet werden. Vielmehr sind diese das hochkomplexe Produkt von
Prozessen der Aneignung und Verinnerlichung von Dispositionen, die
zu Denk- und Wahrnehmungsschemata führen, die sich selbst wieder
historisch und kollektiv vermitteln können[109]. Subjektive Wahr-
nehmungen und Sichtweisen wirken also gesellschaftlich und die
Gesellschaft wirkt wiederum durch ihre Objektivierungen auf diese
ein.

Subjektivität im hier verstandenen Sinne ist also nicht bloße
Beliebigkeit. Mit dem "Politischen Kultur-Ansatz" werden die
subjektiven Einstellungen und Werthaltungen mit dem politischen
System in Bezug gesetzt. **Greiffenhagen** z.B. faßt unter politische
Kultur:

> "... allgemein das Verteilungsmuster aller Orientierungen
> einer Bevölkerung gegenüber ihrem politischen System"[110].

Für **Reichel** ist dies eine zu enge Begriffsfassung und er plädiert
dafür, die Orientierungen im Kontext von Sozialstrukturen, institutionellen, situativen und sozialisatorischen Bedingungen zu
sehen:

---

[108] s. auch Reichel, Peter: Politische Kultur in Deutschland,
in: Fetscher, Iring/Münkler, Herfried (Hrsg.): Politikwissenschaft, Begriffe - Analysen - Theorien - Ein Grundkurs, Reinbek
1985, S. 111ff., hier S. 112

[109] Bourdieu geht von der Dialektik von sozialen Strukturen und
strukturierten und strukturierenden Dispositionen, innerhalb
deren Denkschemata gebildet und verändert werden, aus, s.
Bourdieu, P.: Sozialer Sinn, a.a.O., S. 77

[110] Greiffenhagen, Martin: Politische Kultur, in: Görlitz,
Axel/Prätorius, Rainer (Hrsg.): Handbuch Politikwissenschaft,
Grundlagen - Forschungsstand - Perspektiven, Reinbek 1987, S.
409ff., hier S. 409

"... sie (die Orientierungen, H.K.) beeinflussen politisches Verhalten, wenn auch nicht exklusiv, sondern neben
und in Verbindung mit anderen zuvor genannten Faktoren"[111].

Und weiter heißt es:

"... als politologischer Ansatz gewinnt es sein Profil erst
durch Bezug auf das Politische und seine konstitutiven
Elemente: die Konflikte und Konfliktlösungsmuster im Kampf
um Macht und die "rechte Ordnung". ... Längst hat es sich
dabei als sinnvoll erwiesen, innerhalb einer Gesellschaft,
aber auch im interkulturellen Vergleich nach sub- oder
teilkulturellen Ausdifferenzierungen zu fragen"[112].

Die Legitimität, der politische Kampf um die "rechte Ordnung", und
der Rechtsextremismus als subkulturelles Phänomen[113] mit seinen
ideologischen Aspekten erweisen sich damit als zentrale Kategorien
der politischen Kulturforschung. Politische Justiz und Rechtsextremismus können in ihren Beziehungen und Verläufen sinnvoll nur erfaßt
werden, wenn sie mit dem Konzept der politischen Kultur verbunden

---

[111] Reichel, P.: Politische Kultur in Deutschland, a.a.O., S. 125;
zur Debatte um die Gefahr, daß aus dem Begriff politische Kultur
ein catch-all-terminus werden könnte, siehe die Beiträge von:
Reichel, Peter: Politische Kultur - mehr als ein Schlagwort, in:
PVS (Politische Vierteljahresschrift), 21. Jg., 4/1980, S.
382ff.; Berg-Schlosser, Dirk: Forum "Politische Kultur" der PVS,
in: PVS, 22. Jg., 1/1981, S. 110ff.; Gerstenberger, Heide: Zur
Ideologie eines kritischen Begriffs, in: PVS, 22. Jg., 1/1981,
S. 117ff.; Shell, Kurt L./Schissler, Jakob: Erwiderung auf Peter
Reichels Forum Politische Kultur, in: PVS, 22. Jg., 2/1981, S.
195ff.; Gabriel, Oscar W.: Politische Kultur - Zum Schlagwort
deformiert, in: PVS, 22. Jg., 2/1981, S. 204ff.; Reichel, Peter:
Politische Kultur zwischen Polemik und Ideologiekritik, Ein
Schlußwort zum PVS-Forum, in: PVS, 22. Jg., 4/1981, S. 415ff.
Wie aus meinen Ausführungen zum Problem subjektiver Einstellungen
hervorgeht, halte ich eine weite Fassung des Begriffs für
forschungsadäquat. Zum komparativen Gebrauch dieses Konzeptes s.
Reichel, Peter (Hrsg.): Politische Kultur in Westeuropa, Bürger
und Staaten in der Europäischen Gemeinschaft, Schriftenreihe der
Bundeszentrale für politische Bildung, Band 209, Bonn 1984

[112] Reichel, P.: Politische Kultur in Deutschland, a.a.O., S. 127

[113] s. hierzu Jaschke, Hans-Gerd: Subkulturelle Aspekte des
Rechtsextremismus, in: Berg-Schlosser, Dirk/Schissler, Jakob:
Politische Kultur in Deutschland, Bilanz und Perspektiven der
Forschung, PVS (Politische Vierteljahresschrift), 28. Jg.,
Sonderheft 18/1987, Opladen 1987, S. 322ff.

werden[114]. Rechts- und Politikbewußtsein, innerhalb und außerhalb des Systems und seiner Subsysteme, situativ und in historisch geronnener Form bestimmen Ausmaß und Verlauf der Konstituierungsmodi politischer Justiz im Bereich des Rechtsextremismus.

Unter dem Aspekt seiner subjektiven Motivation gehört schließlich auch das politische Verhalten zur politischen Kultur[115]. Zur gesellschaftlichen Referenzebene vermittelt sich das Konzept dadurch, daß sich die politische Kultur zwar, wie **Reichel** in seiner Replik auf die Kritik richtig feststellt, auf die "subjektive Dimension" der Politik beziehe, sie aber doch nur als "kollektive Eigenschaft" vorkomme, denn:

"... Individuen haben keine Kultur"[116].

Kultur ist vielmehr ein Interaktionsprodukt und ist, hier folge ich den Autopoiese-Theoretikern:

"Das historische System von Relationen, das die kognitiven Bereiche seiner Angehörigen bestimmt, "... indem es den Bereich ihrer möglichen Interaktionsgeschichten definiert""[117].

---

[114] dies legt auch Ingraham nahe, der darauf abhebt, daß die Ideologie ein zentraler Schlüssel für die politische Kriminalität ist: "The influence of ideology is strong". Ingraham, B. L.: Political Crime in Europe, a.a.O., S. XII

[115] s. Greiffenhagen, M.: Politische Kultur, a.a.O., S. 409

[116] Reichel, P.: Politische Kultur zwischen Polemik und Ideologiekritik, a.a.O., S. 416

[117] Schmidt, Siegfried J.: Einladung, Maturana zu lesen, in: Maturana, Humberto R.: Erkennen: Die Organisation und Verkörperung von Wirklichkeit, Ausgewählte Arbeiten zur biologischen Epistemologie, 2. Auflage, Braunschweig, Wiesbaden 1985, S. 1ff., hier S. 7

2.5   RECHTSEXTREMISMUS

Als letzten zentralen Begriff meines Bezugsrahmens ist auf den Rechtsextremismus einzugehen. Wer sich in dieses Forschungsgebiet wagt, wird bald vor einem Dschungel verschiedener, häufig synonym erscheinender Begriffe stehen, die nur selten mit ihrem Begriffsraum expliziert werden. (Neo-) Faschismus, Rechtsradikalismus, Neonazis, Alte Rechte und Neue Rechte sind einige der Begriffe, die die Literatur in diesem Bereich prägen. Wie schon beim Begriff der politischen Justiz kann man hier häufig eine Verwendung der Begriffe als politische Kampfbegriffe beobachten. **Backes** spricht in diesem Zusammenhang von einer "Verwilderung" der wissenschaftlichen Literatur[118]. Einer empirisch-analytischen Verwendung ist dies nicht dienlich.

Der Begriff Rechtsextremismus selbst steht in direkter Verwendungskonkurrenz zu Rechtsradikalismus und (Neo-)Faschismus. Es ist ein Begriff, der seine Verwendungskonjuktur dem offiziellen Sprachgebrauch verdankt. In der Bundesrepublik wurde zunächst der Begriff Rechtsradikalismus favorisiert[119], was sich auch in den seit den sechziger Jahren publizierten Verfassungsschutzberichten niederschlug. Bis vor kurzem wurde der Begriff Rechtsradikalismus vor allem noch von Vertretern aus dem Spektrum von SPD und Grünen gebraucht; im eher marxistisch und autonom orientierten Spektrum dominiert

---

[118] s. Backes, U.: Politischer Extremismus in demokratischen Verfassungsstaaten, a.a.O., S. 70

[119] s. hierzu die maßgeblichen Arbeiten von Scheuch, Erwin K. unter Mitarbeit von Hans D. Klingemann: Theorie des Rechtsradikalismus in westlichen Industriegesellschaften, in: Hamburger Jahrbuch für Wirtschaft und Gesellschaftspolitik, 12. Jahr, Tübingen 1967, S. 13ff.; Grebing, Helga: Rechtsradikalismus gleich Linksradikalismus, Eine falsche Gleichung, Stuttgart 1971; zur Begriffsetymologie s. a. Backes, Uwe/Jesse, Eckhard: Politischer Extremismus in der Bundesrepublik Deutschland, Band II: Analyse, Köln 1989, S.30ff.

dagegen das Faschismus-Etikett[120]. Den Verfassungsschutzberichten liegt seit 1975 aber eine neue Begrifflichkeit zugrunde: Im Vorwort des Verfassungsschutzberichtes 1974 hieß es hierzu durch den damaligen Innenminister Maihofer:

> " Zum politischen Extremismus werden diejenigen Aktivitäten oder Bestrebungen gerechnet, bei denen konkrete Anhaltspunkte dafür bestehen, daß die von ihnen verfolgten Ziele oder die von ihnen zur Erreichung dieser Ziele befürworteten Mittel und Wege ganz oder teilweise mit der freiheitlich demokratischen Grundordnung in Widerspruch stehen. ...
> In früheren Verfassungsschutzberichten wurde solche Bestrebungen als "radikal" bezeichnet. Der Begriff "extremistisch" trägt demgegenüber der Tatsache Rechnung, daß politische Aktivitäten oder Organisationen nicht schon deshalb verfassungsfeindlich sind, weil sie eine bestimmte nach allgemeinem Sprachgebrauch "radikale", das heißt eine bis an die Wurzel einer Fragestellung gehende Zielsetzung haben."[121].

Mit diesem Begriffswechsel begann die Karriere des Terminus Extremismus. Heute sind eher die wissenschaftlichen Publikationen in der Minderheit, die noch von Radikalismus sprechen. Seit der Berlin-Wahl von 1989 ist das im amtlichen Sprachgebrauch bis dato versunkene Adjektiv "radikal" jedoch wieder aus der Versenkung aufgetaucht und nun bezeichnen Radikalismus und Extremismus für den Innenminister zwei unterschiedliche Ausprägungsstufen rechter Ausrichtung, wobei die Zuständigkeit des Verfassungsschutzes erst bei der "extremistischen" Variante gegeben sei[122]. Dies entspricht der Einschätzung

---

[120] s. hierzu Kalinowsky, Harry: Babylon, Der Streit um den Rechtsextremismus, Unterrichtsmaterialien, unv. Manuskript, Trelde 1989; insbesondere die dort abgedruckten parlamentarischen Anfragen von SPD und Grünen und die Terminologie in den Regierungsantworten sind beredtes Zeugnis einer dem jeweiligen politischen Standort verpflichteten Begriffsverwendung.

[121] betrifft: Verfassungsschutz '74, herausgegeben vom Bundesminister des Innern, Bonn 1975, S. 3f.

[122] s. Bundesinnenminister Dr. Wolfgang Schäuble zu aktuellen Fragen der Inneren Sicherheit, in: Innere Sicherheit, Nr. 4 vom 20. Oktober 1989, S. 1f.; vgl. auch Frisch, Peter: Die Herausforderung unseres demokratischen Rechtsstaats durch Extremismus und Terrorismus, in: Rechtsextremismus in der Bundesrepublik Deutschland, Texte zur inneren Sicherheit, Herausgeber: Der Bundesminister des Innern, Bonn 1990, S. 7ff., hier S. 8f.

der **Republikaner** durch die Parteizentrale der CDU, die ihnen ebenfalls die p̲r̲äextremistische Qualität "rechtsradikal" zugesprochen hat[123].

An dieser neuen, politischen und taktischen Kalkülen unterworfenen Begriffshandhabung will ich mich nicht beteiligen, sondern den essentiellen Wert des Rechtsextremismusbegriffs nutzen und zur Grundlage der Untersuchung machen.

Wie schon aus den zitierten Ausführungen Maihofers deutlich wird, geht es bei dem Begriff Rechtsextremismus zum einen um die Unterscheidung demokratischen und antidemokratischen Verhaltens, zum anderen sind die Besonderheiten eines r̲e̲c̲h̲t̲e̲n̲ Extremismus in Rechnung zu stellen.

Da es sich beim Rechtsextremismus um einen Gegenstand handelt, der in den historischen und politischen Prozeß eingebunden ist, entzieht er sich oberflächlichen Formaldefinitionen und auch (verfassungs-) juristische Begriffsbestimmungen können nur beschränkt weiterhelfen. Eine juristische Begriffseinhegung, die versucht, zwischen Neonazismus und Rechtsextremismus zu unterscheiden, hat **Ackermann** herausgearbeitet:

> "Juristisch wird Neonazismus als Bestrebung bezeichnet, die freiheitlich-demokratische Grundordnung der Bundesrepublik Deutschland durch ein der NS-Diktatur vergleichbares o.ä. Staatssystem zu ersetzen. Auch die Definition des Begriffs Rechtsextremismus ist von der juristischen Seite her relativ einfach. Darunter werden Tendenzen verstanden, wie sie u.a. vom Bundesverfassungsgericht in den Begründungen

---

[123] s. CDU-Bundesgeschäftsstelle : Die REP, Analyse und politische Bewertung einer rechtsradikalen Partei, Bonn o.J. (1989), im übrigen suggeriert das Adjektiv radikal, daß die Partei Die Republikaner, nimmt man den von Maihofer angenommenen allgemeinen Sprachgebrauch auf, sich in ihrem Denken an die Wurzel der Probleme vorzustoßen bemühe, dies ist doch wohl der Ehre etwas zu viel, oder will die CDU damit einräumen, sich nicht darum zu bemühen? Backes und Jesse führen zu Recht aus, daß der Radikalismusbegriff insbesondere wegen seiner Vieldeutigkeit untauglich ist, s. Backes, U./Jesse, E.: Politischer Extremismus in der Bundesrepublik Deutschland, Band II: Analyse, a.a.O., S. 32

zum Verbot der SRP ... definiert wurden, ..."[124].

Ackermann weist aber selbst darauf hin, daß

"... der Begriff Neonazismus eine ungebrochene Kontinuität zum Nationalsozialismus suggeriert, die meistens nicht vorhanden ist"[125].

Juristische Definitionen mit Bezug auf den Nationalsozialismus sind zu enge ex-post Definitionen[126], die der Gefahr unterliegen, den politisch-sozialen Wandel nicht hinreichend erfassen zu können. Auch werden sie den zu beobachtenden internen inhaltlichen Divergenzen unter Rechtsextremisten nicht gerecht. Die Vielfalt rechtsextremer Positionen veranlaßten **Höffken** und **Sattler** zu der Definition von Rechtsextremismus als ein "Bündel" häufig sich widersprechender und sich ändernder Ressentiments, das durch die Vermutung der eigenen existentiellen Unsicherheit geschnürt werde[127]. Und auch für **Schwagerl** ist der Rechtsextremismus ein "Bündel" unterschiedlicher Merkmale und Wertvorstellungen,

"... die jedoch durch den Begriff 'Nation' oder 'Volk' zusammengehalten werden"[128].

Eine ausschließlich juristische Definition wird einem sozialwissenschaftlichen Erkenntnisinteresse nicht gerecht:

---

[124] Ackermann, Paul: Jugendliche und Rechtsextremismus, in: Klaus Wasmud (Hrsg.): Jugendliche - neue Bewußtseinsformen und politische Verhaltensweisen, Stuttgart 1982, S. 130ff., hier S. 131

[125] ebd.

[126] vgl. Politischer Protest in der Bundesrepublik Deutschland - Beiträge zur sozialempirischen Untersuchung des Extremismus, Eine Arbeit der Infratest Wirtschaftsforschung GmbH, Stuttgart, Berlin, Köln, Mainz 1980, S. 16

[127] s. Höffken, Heinz-Werner/Sattler, Martin: Rechtsextremismus in der Bundesrepublik Deutschland: Die "Alte", die "Neue" Rechte und der Neonazismus, Opladen 1980, S. 17

[128] Schwagerl, H. Joachim: Rechtsextreme, insbesondere neofaschistische Jugendgruppen in der Bundesrepublik Deutschland - ein aktuelles Lagebild aus der Sicht des informativen Verfassungsschutzes, in: Paul, Gerhard/Schoßig, Bernhard (Hrsg.): Jugend und Neofaschismus. Provokation oder Identifikation, Frankfurt am Main 1979, S. 18ff., hier S. 20

"Dies hat seinen Grund darin, daß die Erfüllung juristisch-
er 'Tatbestände' nicht einfach abgefragt werden kann; ...
Auch ist der juristische Tatbestand in der Regel für den
'Täter' kein 'Selbstzweck'. Vielmehr liegt eine komplexe
Ursachenkonstellation vor. Gerade diese zu erfassen, ist
Sinn und Zweck sozialwissenschaftlicher Untersuchungen"[129].

Der im Rahmen dieser Untersuchung zugrunde gelegte Begriff Rechtsextremismus behält den Bezugspunkt der freiheitlich-demokratischen
Grundordnung bei, geht aber über die verfassungs- und strafrechtliche
Definition hinaus. Extremismus ist der antithetische Begriff zur
Demokratie. Da der konkrete Inhalt von Demokratie aber sehr unterschiedlich sein kann, liegt es nahe, zumal die Untersuchung nicht
international komparativ angelegt ist, den konkreten Bezug zur
bundesrepublikanischen deutschen Demokratie zu wählen[130]. Wie **Backes**
herausgearbeitet hat, ist mit dieser "definitio ex negativo" der
Extremismusbegriff selbst noch inhaltlich "blaß",

"... denn das Spektrum der Phänomene, die als "extre-
mistisch" gelten, findet beim Definitionsvorgang keinerlei
Berücksichtigung"[131].

In seiner "definitio ex positivo" entfaltet **Backes,** unter Orientierung auf die Dimension der Doktrin,

"... da den Phänomenen der "Lebenswelt" erst mit ihrer
inspirierenden Kraft extremistische "Qualität" zuwächst"[132],

eine Reihe struktureller Gemeinsamkeiten aller Extremismen:

"Sie alle beanspruchen den Besitz eines "Wahrheits"-Codes,
mit dem sie die Welträtsel (vermeintlich) dechiffrieren

---

[129] Politischer Protest in der Sozialwissenschaftlichen Literatur.
Eine Arbeit der Infratest Wirtschaftsforschung GmbH, Stuttgart,
Berlin, Köln, Mainz 1978, S. 9

[130] nach Backes enthält diese Ebene die "definitio ex negativo",
die freiheitliche demokratische Grundordnung spiegelt die von ihm
entwickelt Minimalbestimmung des demokratischen Verfas-
sungsstaates, die allerdings in ihrer konkreten Umsetzung
unterschiedlich gestaltet sein kann, s. Backes, U.: Politischer
Extremismus in demokratischen Verfassungsstaaten, a.a.O., S. 88

[131] Backes, U.: Politischer Extremismus in demokratischen Verfassungsstaaten, a.a.O., S. 89

[132] ebd., S. 328

können. Diese "Wahrheiten" gelten als mit den Gesetzen des Seins in Einklang stehend, erfordern jedoch eine "höhere Einsicht", die sich nicht jedermann in gleicher Weise offenbart. Die auf Absolutheitsansprüchen gegründeten extremistischen Doktrinen entziehen sich auf diese Weise einer Verifikation. Gleichzeitig programmiert die Fixierung auf bestimmte Dogmen eine Emanzipation des Weltbildes von der Wirklichkeit. Das Versagen der Prophetien wird typischerweise mit den verschwörerischen Aktivitäten feindlich gesinnter Mächte erklärt und gerechtfertigt. Wer an absoluten, evidenten, unantastbaren "Wahrheiten" festhält, kann Toleranz gegenüber Andersdenkenden nicht aufbringen. Absolutheitsansprüche führen damit zur Ausprägung einer perspektivisch verengten Weltsicht, die nur mehr zwischen Freund und Feind, absolut Gutem und absolut Bösem zu unterscheiden weiß"[133].

Dieses gemeinsame Fundament extremistischer Orientierungen ist überwiegend auf der Ebene psychokognitiver Prozesse angesiedelt. **Backes** trägt damit dem Umstand Rechnung, daß die konkreten inhaltlichen Ausformungen historisch wandelbar sind und in ihrer Vielfalt nicht auf einen präzisen und abschließenden Nenner zu bringen sind[134].

In dem Bemühen, zwischen Links- und Rechtsextremismus zu unterscheiden, reduziert **Backes** die Trennlinie auf das Kriterium der Anerkennung des Gleichheitsgrundsatzes:

"Im Bereich der politischen Extremismen dagegen ist jene Frontstellung, die sich mit der symbolischen Jahreszahl "1789" verbindet, bis in unsere Tage erhalten geblieben. Heute wie damals nämlich lebt der Rechtsextremismus aus der radikalen Negation des Gleichheitsprinzips"[135].

---

[133] ebd.

[134] hierzu heißt es bei Backes und Jesse: "Wenn es überhaupt gelingen soll, historische Wandlungen unterworfene Gegenstände auf einen gemeinsamen Begriff zu bringen, dann darf der Definitionsversuch nicht bei Momentaufnahmen - aus welcher Epoche auch immer - verharren, sondern muß geschichtliche Prozesse in den Blick nehmen. Backes, U./Jesse, E.: Politischer Extremismus in der Bundesrepublik Deutschland, Band II: Analyse, a.a.O., S. 43

[135] Backes, U.: Politischer Extremismus in demokratischen Verfassungsstaaten, a.a.O., S. 326

Etwas elaborierter heißt es bei **Backes** und **Jesse:**

> "Der Rechtsextremismus ist eine antiindividualistische, das demokratische Grundaxiom menschlicher Fundamentalgleichheit negierende Abwehrbewegung gegen die liberalen und demokratischen Kräfte und ihr Entwicklungsprodukt, den demokratischen Verfassungsstaat. An die Stelle eines auf das Prinzip gleicher politischer Rechte aller Mitglieder gegründeten Gemeinwesens soll eine politische Ordnung treten, in der die auf Herkunft, Leistung, nationaler, ethnischer oder rassischer Zugehörigkeit basierende fundamentale Ungleichheit der Menschen institutionalisiert ist"[136].

Diese Ausführungen dürfen aber nicht zu der Annahme verleiten, daß alle Extremisten damit über ein in sich geschlossenes und ihnen selbst notwendigerweise bewußtes Weltbild verfügen würden. Wie **Backes** ebenfalls herausgearbeitet hat, müssen bei der Analyse des Extremismus mehrere Ebenen unterschieden werden: 1. politische Einstellungen in der Bevölkerung, 2. entwickelte politisch-extremistische Doktrinen, 3. extremistische Organisationen, 4. extremistische Aktionen und Strategien[137]. Im Kontext dieser Ebenen finden sich die Individuen, die wir als Rechtsextremisten bezeichnen.

Auf der Basis von Organisation, Doktrin und Aktion lassen sich dann auch die Besonderheiten des Rechtsextremismus entfalten, die ihn in Übereinstimmung oder in Abgrenzung zum Linksextremismus ausweisen und die es erlauben, seinen konkreten und aktuellen Ausformungen auf die Spur zu kommen.

Damit bleibt, trotz der normativen Anbindung an das Demokratieverständnis des Grundgesetzes, Rechtsextremismus ein relationaler Begriff, der einen Satz von Einstellungen, Meinungen, Organisations-

---

[136] Backes, U./Jesse, E.: Politischer Extremismus in der Bundesrepublik Deutschland, Band II: Analyse, a.a.O., S. 43; zur ideengeschichtlichen Bedeutung des Gleichheitsgedankens s. Bärsch, Claus-E.: Die Gleichheit der Ungleichen, Zur Bedeutung von Gleichheit, Selbstbestimmung und Geschichte im Streit um die konstitutionelle Demokratie, München 1979

[137] s. hierzu insbesondere die Doktrin-Organisation-Aktion-Typisierung bei Backes, U.: Politischer Extremismus in demokratischen Verfassungsstaaten, a.a.O., S. 266, ansonsten S. 247ff.

und Verhaltensweisen umfaßt (Ideologie und Strategie), der im
konkreten historisch politischen Prozeß als ein politisches Posi-
tionsfeld definiert wird, das sich rechts, weil gegen das Gleich-
heitsprinzip gerichtet, von der freiheitlich-demokratischen Grundordnung befindet. Erst im Kontext dieses unter empirisch-deskrip-
tiver Bezugnahme entwickelbaren Verständnisses von Rechtsextremismus
wird es möglich, die Dynamik rechtsextremer Antworten auf neue
soziale und ökologische Herausforderungen berücksichtigen zu können.

2.6   KONFIGURATION DES BEZUGSRAHMENS

Auf der Grundlage der soeben entwickelten Begrifflichkeiten soll die
Konfiguration des Bezugsrahmens, d.h. die Verortung seiner zentralen
Kategorien: Politische Justiz, politische Kriminalität, Gerichtsarena, politische Kultur und Rechtsextremismus, in groben Zügen
ausgestaltet werden. Welches Gewicht den einzelnen Kategorien bzw.
ihren Elementen in der Ausgestaltung der politischen Justiz zukommt,
bleibt dabei noch offen. Es ist Aufgabe der Forschung, hier über die
konkrete historische Konstellation hinausgehende Gewichtungen zu
ermitteln.

Politische Justiz und Rechtsextremismus finden sich durch einen
Bezugsrahmen vermittelt, der die normenbezogene und politische
Konstituierung von politischer Justiz in Abhängigkeit von den
Besonderheiten der Gerichtsarena und dem Handlungs- und Thematisierungsvermögen der Akteure im Rahmen der spezifischen Ausprägungen
der politischen Kultur in der Bundesrepublik Deutschland betrachtet.
Ideologie, Organisation und Strategie des Rechtsextremismus finden
dabei ebenso ihre adäquate Berücksichtigung wie die Strukturen der
Gerichtsarena und die besondere Verfassungsordnung in der Bundesrepublik. Ausgehend von der in der politischen Justiz zum Tragen
kommenden Beziehungsqualität "politischer Kampf" dient der Bezugsrahmen zur Etablierung von Aufmerksamkeitszonen, die die analytische

Qualität des Begriffs Politische Justiz auch unter dem Aspekt der Wahrnehmungs- und Erkenntnisstrategien politischer Akteure sieht:

> "Denn Erkenntnis von sozialer Welt und, genauer, die sie ermöglichenden Kategorien: darum geht es letztlich im politischen Kampf, einem untrennbar theoretisch und praktisch geführten Kampf um die Macht zum Erhalt oder zur Veränderung der herrschenden sozialen Welt durch Erhalt oder Veränderung der herrschenden Kategorien zur Wahrnehmung dieser Welt"[138].

Das analytische Konzept der politischen Justiz nimmt damit die Wertungsprozesse auf, die um die herrschenden Kategorien zur Wahrnehmung dieser Welt, etwa in Form der Lizenzierung des politischen Handlungsraumes, stattfinden.

Wo politische Justiz in der Praxis zu einem pejorativen Begriff gemacht wird, findet ein politischer Kampf um Wahrnehmungskategorien statt. In unserem konkreten Fall wird die Definitionsmacht der Akteure in Abhängigkeit zu ihren sozialen, institutionellen und kulturellen Verankerungen betrachtet und als Abgrenzungs- bzw. Relevanzkriterium gebraucht.

Die kulturelle Verankerung, genauer, die konkrete Beschaffenheit von politischer Mehrheits- und Subkultur ist der Schlüssel, der die Tür zu den Thematisierungs- und Politisierungschancen der Akteure eröffnet und die Ausgestaltung und Verlaufsform der politischen Justiz in ihrem Bezug zum Bereich des Rechtsextremismus in der Bundesrepublik wesentlich bestimmt. Der Bezugsraum stellt aber auch darauf ab, Politik- und Justizraum mit ihrer jeweiligen Subsystemautonomie und -rationalität zu betrachten. Für die politische Justiz wird dabei die Gerichtsarena mit ihren spezifischen Akteurs- und Handlungskonstellationen als ihr Gravitationszentrum betrachtet.

Mit diesem Bezugsrahmen hoffe ich ein hinreichend präzises und strukturiertes Untersuchungskonzept gewonnen zu haben, mit dem die politische Justiz in ihren Berührungen mit dem Rechtsextremismus

---

[138] Bourdieu, Pierre: Sozialer Raum und »Klassen«, Leçon sur la leçon, Frankfurt am Main 1985, S. 18f.

deskriptiv-analytisch erfaßt werden kann. Die Untersuchung wird nicht den Anspruch erheben können, in alle Verästelungen der Ausgestaltung politischer Justiz im hier verstandenen Sinne blicken zu können. Dies ist nicht zuletzt machtpolitischen[139], aber auch forschungsökonomischen Zugangssperren geschuldet. Sie versucht aber, die Ausgestaltungen zu erfassen, die sowohl auf der Ebene der herausragenden Ereignisse und Hauptströmungen als auch auf der Ebene des Alltagsgeschäfts politischer Justiz zu beobachten sind.

Schließlich hoffe ich eine Begriffsverwendung bezüglich der politischen Justiz etablieren zu können, die diese als Faktum wahrnimmt und nicht gleich als Beleidigung eines Berufsstandes begreift.

---

[139] insbesondere in Gestalt des möglichen Datenzugangs.

3.   HISTORISCHE ANALYSE

Mit der historischen Analyse werden die bestimmenden Konfigurationen
des Bezugsrahmens in der Geschichte der westdeutschen Bundesrepublik
untersucht. Hierfür werden zunächst die wesentlichen politisch-
gesellschaftlichen Rahmenbedingungen herausgearbeitet, wobei den
Aspekten der politischen Kultur der Mehrheitsgesellschaft besondere
Aufmerksamkeit gewidmet wird. Anschließend folgt die Darstellung des
Rechtsextremismus in seinen durch Organisation und Aktion bestimmten
Erscheinungsformen. Mit der Ausprägung des Rechtsextremismus als
politische Subkultur wird die Darstellung des Handlungskontextes der
politischen Justiz abgeschlossen. Über die diachronische Betrachtung
der Gerichtsarena und der normkonstituierten politischen Justiz
werden die konkreten Hauptausprägungen in dem Beziehungsgefüge von
Rechtsextremismus und politischer Justiz erfaßt.

Unter politologisch-kriminologischer Perspektive wird der Blick auf
die herausragenden Eckpunkte und beispielhaften Fälle der Gerichtsarena und auf die Entwicklung des politischen Strafrechts und der
politischen Kriminalität gerichtet.

Es wird ermittelt, welchen Stellenwert die Gerichtsarena in der Nach-
kriegsgeschichte des Interaktionsgefüges von Rechtsextremismus und
Staat einnahm, in welchem Handlungs- und Politikkontext der Akteure
sie genutzt wurde und mit welchen Verarbeitungsspezifika der
beteiligten Akteure sie sich verband. Darüber hinaus gilt das
Interesse auch der Frage, inwieweit Eigenarten und Eigeninteressen
der Strafrechtspflege als relativ autonomem Subsystem sich bemerkbar
gemacht haben.

Aus forschungsökonomischen und -praktischen Gründen richtet sich
dieser diachronisch orientierte Überblick über die Gerichtsarena
notwendig auf die herausragenden und beispielhaften Fälle und
Aspekte. Der Bezug für das Beispielhafte der darzustellenden Fälle
ergibt sich aus den in den Kapiteln 3.2 bis 3.4 erarbeiteten

historischen Entwicklungssträngen des Rechtsextremismus in der
Bundesrepublik und der Rahmentheorie. Der Anspruch auf Vollständigkeit oder Erfassung aller möglicherweise wichtigen Fälle und Aspekte
kann allerdings nicht erhoben werden, da ein vollständiger Zugang zur
einschlägigen Datenbasis nicht gegeben ist.

Gerade deshalb wird es notwendig sein, den Überblick über die
Grundströmungen, die mit der historisch-philologischen Methodik[1]
gewonnen werden, durch eine Detailanalyse zu ergänzen, die die Alltagspraxis der Strafrechtspflege auf diesem Gebiet ins Visier nimmt.
Die Analyse wird sich auf den Zeitraum von 1978 bis 1987 erstrecken
und damit einen ausreichenden und entscheidenden Zeitraum für das
Beziehungsgefüge von Rechtsextremismus und politischer Justiz
abdecken. Diese Detailuntersuchung wird den zweiten, empirisch-des-
kriptiv angelegten Schwerpunkt dieser Arbeit bilden.

3.1 POLITISCH-GESELLSCHAFTLICHE RAHMENBEDINGUNGEN DER BUNDES-
REPUBLIK DEUTSCHLAND 1949 - 1990

Unter diesem Abschnitt werden die Punkte betrachtet, die als Merkmale
des politischen Systems und als relevante Eckdaten der Bundesrepublik
für das Verständnis von Verlauf und Morphologie des Beziehungsgefüges
von politischer Justiz und Rechtsextremismus bedeutsam sind.

Die Gründung der Bundesrepublik Deutschland stand 1949 zwar unter
der Obhut der Westalliierten, dennoch aber nicht notwendigerweise
unter einem günstigen Stern. Das, was sich in der ex-post-Betrachtung
als gelungene Installation eines demokratischen und marktwirtschaft-

---

[1] allerdings besteht hier nicht die Absicht, das letzte Wort
einer hermeneutisch-historischen Analyse zu sprechen. Hierfür
ist der Zugang zu den Quellen aus forschungspraktischen und -
ökonomischen sowie datenrechtlichen Gründen zu begrenzt. Die
folgende Darstellung stützt sich notgedrungen auf Literatur-
darstellungen, Pressemitteilungen oder amtlichen Publikationen,
deren Überprüfung hier nur literaturimmanent möglich ist.

lich orientierten Gemeinwesens darstellte, war zu Beginn mit einer
Reihe von Imponderabilien und Problemen behaftet, die den Weg des
Gemeinwesens keineswegs in die Phalanx der führenden Industrienatio-
nen der Welt hätten weisen müssen.

Stöss beschreibt folgende soziale Problemlage:

> "Anfang der fünfziger Jahre lebten in der Bundesrepublik
> gut 8 Millionen Vertriebene, etwa 17 Prozent der Bevöl-
> kerung. ... Weiterhin gab es damals etwa 4,5 bis 6
> Millionen Bombengeschädigte, 2,5 Millionen Kriegs-
> hinterbliebene, 1,5 Millionen Schwerversehrte mit ihren
> Angehörigen, 2 Millionen Spätheimkehrer, über 1,5 Millionen
> Arbeitslose und (noch) um die 2 Millionen ehemalige Beamte,
> NSDAP-Angestellte und Berufssoldaten, die von der Entnazi-
> fizierung betroffen waren ("Entnazifizierungsgeschädig-
> te")[2].

Die Wirtschaft selbst war erst ein gutes Jahr zuvor in einem
politischen Kraftakt mit einer Währungsreform vom Glatteis der
"zentral gesteuerten Bedarfsdeckungswirtschaft" weg- und zu einer
freiheitlichen und sozialen Wirtschaftsverfassung hingeführt worden[3].
Der Durchbruch gelang der neuen Wirtschaftsform schließlich nicht
zuletzt durch die Auswirkungen des Koreakrieges, der Juni 1950 begann
und den Grundstein für die starke Exportstellung der deutschen
Wirtschaft legte bzw. neu begründete[4].

Das mit dem Grundgesetz etablierte politische System erwies sich
schon bald als sehr dynamisch, flexibel und belastbar. Die Unter-
ordnung unter die Konfliktlinien des Kalten Krieges erleichterte die
Umsetzung und Etablierung eines Werteverständnisses im politischen

---

[2] Stöss, Richard: Die extreme Rechte in der Bundesrepublik,
Entwicklung, Ursachen, Gegenmaßnahmen, Opladen 1989, S. 81

[3] s. hierzu und zu der besonderen Machtstellung von Ludwig
Erhard: Eschenburg, Theodor: Jahre der Besatzung 1945-1949, Mit
einem einleitenden Essay von Eberhard Jäckel, Geschichte der
Bundesrepublik Deutschland, Band 1, Stuttgart, Wiesbaden 1983,
S. 421ff.

[4] s. hierzu zutreffend Schwarz, Hans-Peter: Die Ära Adenauer,
Gründerjahre der Republik, 1949 - 1957, Mit einem einleitenden
Essay von Theodor Eschenburg, Geschichte der Bundesrepublik
Deutschland, Band 2, Stuttgart, Wiesbaden 1981, S. 104f.

Handlungsraum, das sich nicht zuletzt durch die Weimarer Erfahrungen und der Machtergreifung Hitlers, aber auch durch den Werteimport aus den USA und Großbritannien, nicht mehr einem politischen Wertrelativismus, sondern, konträr dazu, dem Konzept einer streitbaren, oder amerikanisch geprägt: militant democracy[5] verpflichtet fühlte.

Die politische Entwicklung der Bundesrepublik ist dadurch gekennzeichnet, daß zum Verfassungskonsens, der von Anfang an zum Tragen kam und die Anerkennung der formalen und nunmehr auch materiellen Spielregeln der parlamentarischen Demokratie beinhaltet, schon bald ein Basiskonsens hinzukam, der die innen- und außenpolitischen Grundlagen umfaßt[6]:

> "In historischer Perspektive vollendete die Abwendung der SPD vom freiheitlichen und demokratischen Sozialismus Ende der fünfziger Jahre den Basiskonsens"[7].

Ich riskiere keinen großen Disput, wenn ich die These vertrete, daß dieser Verfassungs- und Basiskonsens im Verlaufe der Entwicklung der westdeutschen Bundesrepublik allenfalls temporär und eher an den politischen und gesellschaftlichen Rändern gefährdet war und die im Verlaufe aufgetretenen politischen und wirtschaftlichen Krisen zugunsten von Verfassungs- und Basiskonsens gelöst worden sind. Handelte es sich nun um die erste große Wirtschaftskrise in den sechziger Jahren, um die Studentenunruhen, um die Ostpolitik, die Ökologie- und Friedensbewegung oder um die Wirtschaftskrise Anfang der achtziger Jahre, ein gesellschaftliches Aufbrechen des Verfassungs- und Basiskonsenses war allemal nur in Ansätzen zu beobachten. Diese **dynamische und flexible Stabilität** des bundesrepublikanischen politischen Systems berührte in elementarer Weise die Entfaltungs-

---

[5] s. Jaschke, Hans-Gerd: Auf dem rechten Auge blind? Innere Sicherheit, streitbare Demokratie und das Primat der Gesinnungsjustiz, in: Paul, Gerhard (Hrsg.): Hitlers Schatten verblaßt, Die Normalisierung des Rechtsextremismus Berlin 1989, S. 164ff., hier S. 165; ausführlich zum Konzept s. ders.: Streitbare Demokratie und Innere Sicherheit, Grundlagen, Praxis und Kritik, Opladen 1991

[6] s. Stöss, R.: Die extreme Rechte ..., a.a.O., S. 89

[7] ebd., S. 93

chancen eines im Gegensatz zu dieser Konsenslage sich befindenden Rechtsextremismus.

Ohne Zweifel bestehen zwischen Rechtsextremismus und politisch-gesellschaftlichem Umfeld Interdependenzen. Man wird daher nicht sagen können, daß das politische System wegen seiner Stabilität die Entfaltungschancen des Rechtsextremismus bestimmte, sondern es ist eine Sichtweise vorzuziehen, nach der die Flexibilität und die Kohärenz des politischen und gesellschaftlichen Systems dazu führte, daß man den Herausforderungen durch den Rechtsextremismus mit einem Stabilitäts- und Integrationsgewinn begegnen konnte.

Zu den besonderen Belastungen, die im Umfeld des Rechtsextremismus von Bedeutung waren, zählt auch das gescheiterte Entnazifizierungs-projekt. Für **Jenke** war das Projekt im Geiste der Unwahrheit und im Schatten des Kalten Krieges durchgeführt worden[8]. Aus dem letztend-lichen Scheitern der politischen Säuberung ist dem Rechtsextremismus aus dem Altbestand der NSDAP-Mitglieder und der Generation der Frontsoldaten sowie der politischen Entwicklung nach 1949 jedoch kein nachhaltiger politischer Gewinn erwachsen.

Dem Rechtsextremismus erwuchs aus "objektiven Krisenlagen" und Fehlern in der Auseinandersetzung und Bewältigung des National-sozialismus, hierzu zählt auch das Versagen der Justiz bei der Bewältigung der NS-Verbrechen[9], deshalb kein langfristig wirksames politisches Kapital, weil ihm insbesondere eine erfolgreiche Einbettung in die politische Kultur der Bundesrepublik mißlang. Die Chancen der Entfaltung des Rechtsextremismus lassen sich also nicht

---

[8] Jenke, Manfred: Verschwörung von rechts?, Ein Bericht über den Rechtsradikalismus in Deutschland nach 1945, Berlin 1961, S. 36

[9] s. hierzu Müller, Ingo: Furchtbare Juristen, Die unbewältigte Vergangenheit unserer Justiz, München 1987, weitere Ausführungen und Literaturangaben auf S. 77ff.

eindimensional an ökonomischen Krisenlagen festmachen[10].

Jenseits all dieser für die Entwicklung der deutschen Demokratie günstig erscheinenden Umstände müssen aber auch die Entwicklungen beachtet werden, die als Anzeichen eines fortschreitenden Verkrustungs- und Erstarrungsprozesses des politischen Systems und einer zunehmenden Politikverdrossenheit gewertet werden können. Das Aufbrechen des sog. 2 1/2 Parteiensystems durch die Grünen und inzwischen auch durch die rechtsextremen Parteien fällt hier ebenso hinein, wie die wachsende Zahl von Wechsel- und Nichtwählern. Traditionelle Wählermilieus schwächten sich ab, frei vagabundierende Wählerpotentiale nahmen zu. Symptomatisch ist in diesem Zusammenhang die in den letzten Jahren immer häufiger festzustellende Klassifizierung der Politiker als "politische Klasse". Der Verwendungszusammenhang dieses Begriffs deutet auf eine damit zum Ausdruck gebrachte zunehmende Distanz der Politiker zur Gesellschaft hin[11]. Aber auch der Problemhaushalt hat sich verschärft. Die Zuwanderungsprozesse nahmen Ausmaße an, die das innenpolitische Klima zugunsten rechtsextremer Stimmungsmache immer günstiger gestalteten. Die mangelnde Flexibilität in der Wohnraumversorgung, die zunehmende Abgaben- und Steuerbelastung trugen ihren Teil ebenso dazu bei wie Skandale um Politiker und seit Ende der siebziger Jahre mußte sich die Republik zudem auf eine permanente Massenarbeitslosigkeit einstellen.

---

[10] ebenso ablehnend zur ökonomistischen Elendstheorie Leggewie, Claus: Die Republikaner, Phantombild der Neuen Rechten, 3. Auflage, Berlin 1989, S. 18

[11] s. hierzu Beyme, Klaus von: Der Begriff der politischen Klasse - eine neue Dimension der Elitenforschung?, in: PVS (Politische Vierteljahresschrift), 33. Jg., 1/1992, S. 4ff.; einen empirischen Beleg für die Diskrepanz zwischen Bevölkerung und politisch-administrativer Elite findet sich bei Fälker, Margot: Demokratische Grundhaltungen und Stabilität des politischen Systems: Ein Einstellungsvergleich von Bevölkerung und politisch-administrativer Elite in der Bundesrepublik Deutschland, in: PVS (Politische Vierteljahresschrift), 32. Jg., 1/1991, S. 71ff.; Fälker geht auf der Grundlage von Befragungsergebnissen davon aus, daß das wesentliche Manko des politischen Systems in gestörten Vermittlungsprozessen zu sehen sei, vgl. S. 87f.

In diesem Kontext schwächen sich die integrativen Momente des
Politik- und Gesellschaftsprozesses ab und eröffnen rückwärtsori-
entierten Sehnsüchten neue Triebkräfte. Diese Prozesse wurde in der
Phase des Zusammenbruchs der DDR kurzfristig überdeckt und ließen die
Hoffnung aufkommen, daß der Rechtsextremismus auch weiterhin
chancenlos bleiben würde, eine, wie die gegenwärtige Entwicklung
andeutet, trügerische Hoffnung.

3.2   POLITISCHE KULTUR DER MEHRHEITSGESELLSCHAFT

Die Ausgestaltung der politischen Kultur in der westdeutschen
Bundesrepublik ist mit Sicherheit so vielgestaltig, daß hier nicht
alle Schattierungen und Ausprägungen erfaßt werden können. Ich
beschränke mich im folgenden darauf, die Mehrheitsströmungen in der
politischen Kultur zu skizzieren, die ich für wesentlich für die
Erklärung der Entfaltung des Rechtsextremismus und der für diesen
Bereich zu beobachtenden politischen Justiz halte.

Entscheidend für die Entwicklung der politischen Kultur in Westdeutschland nach 1945 ist der Umstand gewesen, daß der Nationalsozialismus dem Prozeß der völligen Diskreditierung ausgesetzt wurde.
Jenke sieht diesen Vorgang in folgendem Zusammenhang:

> "Der Nationalsozialismus war in den Augen der meisten
> Deutschen gründlich kompromittiert; das allerdings weniger
> als Ergebnis einer kritischen Auseinandersetzung mit seinen
> Ideen oder deren Auswirkungen, sondern vielmehr durch das
> elementare Erlebnis des Zusammenbrechens der "Bewegung"
> unter den Belastungen des "totalen Krieges"; auch durch das
> Offenbarwerden eines grotesken Mißverhältnisses zwischen
> dem pathetischen Anspruch der offiziellen Durchhalte-
> Aufrufe der letzten Monate des Krieges auf der einen, dem
> jämmerlichen Drückebergertum ihrer Verfasser auf der andern
> Seite"[12].

Hinzu kommt, daß durch die frühen Kriegsverbrecherprozesse den
Deutschen der wahre Umfang nationalsozialistischer Greuel bewußt

---

[12] Jenke, M.: Verschwörung von rechts?, a.a.O., S. 10

gemacht wurde[13]. Die öffentliche Moral entfaltete sich in Abgrenzung von der nationalsozialistischen Unmoral. Und dennoch kam es nur in Ansätzen zu einer umfassenden Auseinandersetzung der Bevölkerung mit dem Nationalsozialismus. Die Deutschen fühlten sich, wie **Jenke** es ausdrückte, durch die Erfahrung des totalen Krieges und der totalen Niederlage "gestraft genug" und hatten daher nicht das Bedürfnis, sich inhaltlich mit dem NS-System auseinanderzusetzen. Und so kam es zu der paradox anmutenden Lage:

> "Nach allem, was man im Ausland über den totalitären Charakter der nationalsozialistischen Staats- und Gesellschaftsordnung erfahren hatte, war es kaum vorstellbar, daß dieser Staat, seine Partei, deren Organisation, ja die nationalsozialistische Ideologie sich plötzlich aufgelöst, verflüchtigt haben sollten. Und doch hatte sich Ähnliches ereignet"[14].

Mit dem Verschwinden des nationalsozialistischen Systems waren aber nicht die Menschen verschwunden, die dieses System zuvor getragen, gestützt oder geduldet hatten. Und sicher verschwand der Nationalsozialismus auch nicht völlig aus den Köpfen. **Bergmann** und **Erb** haben in ihrer Untersuchung zum Antisemitismus[15] auf den Unterschied von Bewußtsein und Kommunikation hingewiesen und ein Konzept der Kommmunikationslatenz erarbeitet, um das Auseinanderklaffen öffentlicher Kommunikation zu bestimmten Bewußtseinshaltungen zu erklären.

Analog zum Antisemitismus, zu dem in der Bundesrepublik die historisch neue Situation bestand, daß

> "... negative Urteile über Juden nicht mehr öffentlich kommuniziert werden dürfen"[16],

---

[13] s. Stöss, R.: Die extreme Rechte ..., a.a. O., S. 50; wobei Stöss davon ausgeht, daß die Kriegsverbrecherprozesse zunächst Aufklärungs-, dann aber Verdrängungsfunktion gehabt hätten.

[14] Jenke, M.: Verschwörung von rechts?, a.a.O., S. 13f.

[15] Bergmann, Werner/Erb, Rainer: Kommunikationslatenz, Moral und öffentliche Meinung, Überlegungen zum Antisemitismus in der Bundesrepublik Deutschland, in: KZfSS (Kölner Zeitschrift für Soziolgie und Sozialpsychologie), 38. Jg., 2/1986, S. 223ff.; und dies. (Hrsg.): Antisemitismus in der Politischen Kultur nach 1945, Opladen 1990

[16] ebd., S. 227

kann auch die Haltung zum Nationalsozialismus durch die Inkongruenz von Wahrnehmungs- bzw. Bewußtseins- und Kommunikationsperspektive beschrieben werden[17]. Die öffentliche Kommunikation pauschalisierte und thematisierte den Nationalsozialismus anders als viele Individuen auf ihrer Bewußtseinsebene. Individuell konnte der Nationalsozialismus mit gänzlich anderen Gefühlen und Erfahrungen erlebt worden sein, als das, was sich gesamtgesellschaftlich als verbrecherisches System entlarvte und entsprechend bewertet wurde.

In der deutschen Bevölkerung konnte sich erfolgreich eine Moralkommunikation etablieren, die das Thema Nationalsozialismus mit der Meinung der völligen Verdammnis dieser Ideologie verknüpfte. Wer von dieser Wertung öffentlich abrückte, geriet (und gerät) in den Verdacht, sich auf die Seite des Bösen zu stellen und fiel
"... der Verachtung und Isolierung anheim!"[18],
also der moralischen Diskreditierung. Nur aus diesem Kontrast von Bewußtseins- und Kommunikationsebene ist daher zu erklären, wieso auf der einen Seite dem Nationalsozialismus oder dem Antisemitismus keine öffentliche Akzeptanz mehr zugesprochen werden konnte, auf der Bewußtseins- und Einstellungsebene trotzdem in weiten Kreisen der Bevölkerung Versatzstücke des alten Denkens erfaßbar blieben[19].

Mit der Herausbildung der Moralkommunikation war aber noch nicht das Problem gelöst, wie mit den Trägern des untergegangenen Systems umzugehen sei.

> "Wie kann eine Gesellschaft nach dem Zusammenbruch des Staates, der moralisch vollständig diskreditiert ist, mit dem gleichen "Personal" glaubwürdig ein neues Staatswesen aufbauen? Sie kann es nur, indem die faktisch gegebene und notwendig personelle Kontinuität, trotz verordneter Re-Education, Entnazifizierung, Kriegsverbrecherprozessen,

---

[17] vgl. ebd., S. 237

[18] ebd., S. 234

[19] s. Bajohr, Frank: Von Remer zu Schönhuber: Geschichte und Aktualität des Rechtsradikalismus in Deutschland nach 1945, in: Peukert, Detlev J.K./Bajohr, Frank: Rechtsradikalismus in Deutschland. Zwei historische Beiträge. Hamburg 1990, S.31ff., hier S. 34f.

Entlassungen etc., durch die Betonung der Diskontinuität verdeckt wird. Die These von der "Stunde Null" zeigt diesen Diskontinuitätsversuch deutlich an"[20].

Neben die These von der "Stunde Null" trat allerdings schon bald die Ausformung einer neuen, – und für viele ehemalige Nationalsozialisten alten – Feindlinie: Antikommunismus.

So war man:

"... nachgerade dankbar für die neu zugewiesene Rolle als Bollwerk des Westens gegen die Expansion des sowjetischen Machtbereichs. Denn diese Aufgabe – die schließlich weithin dem Selbstverständnis der Deutschen vor 1945 entsprach – wertete den Gegner von einst zum Bündnispartner von heute auf und bot ihm die Chance, unter Verzicht auf eine selbstkritische Vergangenheitsbewältigung neues Selbstbewußtsein zu entwickeln. Die Kompensation von Antifaschismus durch Antikommunismus versprach internationale Anerkennung"[21].

Neue Deutungs- und alte Orientierungsangebote und Kommunikationsverbote zum nationalsozialistischen Ideologiebestand prägten die politische Nachkriegskultur im Umgang mit dem Nationalsozialismus und dem Rechtsextremismus. Und dort:

"Wo die Kommunikationslatenz nicht völlig gewährleistet werden kann, wählt die Gesellschaft die Strategie der kommunikativen Isolierung und Einkapselung. Auf diese Weise können die rechtsradikalen Gruppen sowohl marginalisiert und diskreditiert wie auch beobachtet und kontrolliert werden, denn sie sind als abgegrenzte Kommunikationsinseln gut sichtbar"[22].

Die die politische Kultur kennzeichnende Ausrichtung von Moralität im Umgang mit der nationalsozialistischen Vergangenheit auf der einen und das Wechselspiel von Verdrängung oder Integration auf der anderen Seite, schöpfte viel nationalsozialistisches und rechtsextremisti-

---

[20] Bergmann, W./Erb, R.: Kommunikationslatenz, Moral und öffentliche Meinung, a.a.O., S. 228

[21] Stöss, R.: Die extreme Rechte ..., a.a.O., S. 79

[22] Bergmann, W./Erb, R.: Kommunikationslatenz, Moral und öffentliche Meinung, a.a.O., S. 231

sches Potential ab, bzw. führte es in die Kommunikationslatenz, oder grenzte es deutlich aus. Allerdings war der Erfolg der Ausgrenzungspolitik darin begründet, daß eine umfassende Ausgrenzung gerade nicht erfolgte. Das Scheitern der Entnazifizierung und das weitgehende Ausbleiben einer juristischen Verfolgung der NS-Verbrechen in den fünfziger Jahren zeitigte nämlich, wie **Bajohr** herausstellt, die positive Folgewirkung, daß dem Rechtsextremismus aus den Opfern der Verfolgung und Ausgrenzung gerade keine Massenbasis zuwachsen konnte[23]. Die von **Jaschke** konstatierte vielfältige und dauerhafte Aufforderung der öffentlichen Moral an den Staat, den Kampf gegen Rechts zu führen[24], richtete sich damit eher auf den Kreis der offensichtlich "Unbelehrbaren" und konnte nicht als Signet einer antifaschistischen Kultur begriffen werden.

Der sich entwickelnde Verfassungs- und Basiskonsens vermochte es, die aus der Weimarer Zeit bekannten Orientierungen auf Militarismus, Autoritarismus und Obrigkeitsstaat stark abzuschwächen und an ihre Stelle, nach der Überwindung einer Phase der politischen Apathie, ein Demokratiebewußtsein zu setzen, das sich insbesondere über die Studentenunruhen von 1967/68 seinen Weg bahnte, so daß aus Bonn auch aus diesem Grunde nicht Weimar wurde[25].

> "Nicht zuletzt identifizieren sich heute alle herrschenden Funktionseliten mit dem Verfassungs- und Sozialsystem der Bundesrepublik. Eine prinzipielle Republikfeindschaft der Eliten, wie sie zum Ende Weimars so entscheidend beigetragen hat, ist aus wohlverstandenem Eigeninteresse dieser

---

[23] s. Bajohr, F.: Von Remer zu Schönhuber: ..., a.a.O., S. 33f.

[24] Jaschke, H.-G.: Auf dem rechten Auge blind?, a.a.O., S. 164

[25] s. z.B. die Untersuchung von Gerda Lederer zum Demokratiebewußtsein unter amerikanischen und deutschen Jugendlichen. Interessant dürfte sein, inwieweit solche Mentalitätsbestände durch die Angliederung der DDR sich wieder verändern könnten, Lederer, Gerda: Jugend und Autorität, über den Einstellungswandel zum Autoritarismus in der Bundesrepublik Deutschland und den USA, Opladen 1983

Eliten nicht zu verzeichnen"[26].

Der im internationalen Vergleich hohe Sozialstandard in der Bundes-republik bewirkte, daß selbst in Zeiten der Wirtschaftskrisen Rechtsextremismus sich nicht als Massenbewegung aus der Krise etablieren konnte. Der Rechtsextremismus im westlichen Nachkriegs-deutschland mußte sich damit in einer politischen Kultur entfalten, die ihm selbst bei objektiv günstigen Rahmenbedingungen mehr Begrenzungen als Entfaltungschancen bot. Das aus der national-sozialistischen Vergangenheit erwachsene Rechtsextremismuspotential konnte letztlich nur latent, aber nicht offen genutzt werden. Sobald der Rechtsextremismus manifest an den Nationalsozialismus anknüpfte, reagierten Staat und Öffentlichkeit mit Stigmatisierung und Mar-ginalisierung bis hin zur Kriminalisierung[27]. Inwieweit der Rechtsex-tremismus jedoch von den in letzten Jahren zum Tragen gekommenen Erosionsprozessen in der Politik profitieren konnte, auf die schon hingewiesen wurde, kann hier nicht näher quantifiziert werden. Der Wahlerfolg der **Republikaner** in Berlin 1989 ist jedenfalls hiermit in Beziehung zu setzen[28].

In Bezug auf die Justiz ergab sich zunächst die Lage, daß nach einer kurzen Säuberungsphase weitestgehend der alte Rechtsstab zum Vollzieher der neuen Rechtsstaatlichkeit wurde. Ein Umstand, unter dem das Ansehen der Justiz und das Selbstverständnis der Juristen, ihr Berufsethos, erheblichen Schaden hätte nehmen können. Aber:

> "Wohl keine Berufsgruppe ist aus der Nazi-Zeit mit derart
> gutem Gewissen hervorgegangen wie die Juristenschaft"[29].

---

[26] Peukert, Detlev J.K.: Rechtsradikalismus in historischer Perspektive, in: Peukert, D.J.K./Bajohr, F.: Rechtsradikalismus in Deutschland, a.a.O., S. 9ff., hier S. 27

[27] s. hierzu Kapitel 3.5 und 3.6, außerdem Jaschke, H.-G.: Streitbare Demokratie und Innere Sicherheit, a.a.O., S. 95ff.

[28] vgl. Schmollinger, Horst W.: Die Wahl zum Abgeordnetenhaus von Berlin am 29. Januar 1989, Ein überraschender Wandel im Parteien-system, in: ZParl (Zeitschrift für Parlamentsfragen), 20. Jg., 3/89, S. 309ff.

[29] Müller, I.: Furchtbare Juristen, a.a.O., S. 221; auf diese Thematik wird konkret noch einmal in Kapitel 3.5 eingegangen

Sie schoben

" ... alle Schuld dem Gesetzgeber zu; und daß die Juristen
ihm gefolgt seien, habe nur an ihrer "positivistischen
Erziehung" gelegen"[30].

Mit der "Legende von der Gesetzestreue"[31] der NS-Juristen, aus der
man nicht nachträglich Unrecht machen könne, verschaffte sich die
nationalsozialistische Juristenschaft ein Feigenblatt, das umso
wirkungsvoller war, als zum einen auch hier der Kampf gegen den
Kommunismus bei der Neuorientierung half und zum anderen die
Funktionsfähigkeit der Justiz ihre Reputation zu sichern half. Auf
einem Gebiet, bei dem ihre demokratische Läuterung wirklich auf dem
Prüfstand gewesen wäre, nämlich bei der Verfolgung der NS-Verbrechen,
auch und gerade im Bereich der Justiz, stellte sie ihre Funktionsfähigkeit höchstens unter einer zynischen Betrachtungsweise unter
Beweis[32]. So vermittelt sich ein gespaltenes Bild von und über die
Justiz der westdeutschen Nachkriegsrepublik. Die alte Funktionselite
konnte sich in die neue Republik retten, ohne sich selbst richten zu
müssen. Einen Generations- und auch Ethoswechsel brachten die
sechziger Jahre mit ihrer Öffnung der Hochschulen und der damit
verbundenen Aufweichung bislang tradierter Rekrutierungs- und
Ausbildungsmuster bei den Juristen.

Der Rechtsstab wurde zwar immer wieder krisenhaft geschüttelt, wenn
von außen an der Vergangenheit gerüttelt wurde, etwa 1959 durch die
SDS-Ausstellung zu den Karrieren berühmter NS-Juristen nach dem

---

[30] ebd.

[31] ebd., S. 223

[32] s. hierzu umfassend ebd.; und Rückerl, Adalbert: Die Strafverfolgung von NS-Verbrechen 1945 - 1978, Heidelberg, Karlsruhe
1979; s. auch Bundesjustizministerium (Hrsg.): Die Verfolgung
nationalsozialistischer Straftaten im Gebiet der Bundesrepublik
Deutschland seit 1945, Bonn 1964, diese Broschüre wurde auf-
gelegt, um der Kritik an der Rechtsprechung der deutschen
Gerichte zu begegnen, s. ebd., Einleitung, S. 6

Krieg[33], insgesamt kam es aber nicht zu einer umfassenden und prinzipiellen Ablehnung der Justiz durch die Bevölkerung. Allerdings muß in dieser Frage das Ansehen der Justiz vom Ansehen der Juristen getrennt werden. Juristen sind bekanntlich nicht durchweg wohlgelitten[34], aber auch die Justiz selbst hat als Sanktions- und Konfliktaustragungsinstanz per se kein gutes Ansehen.

Angesichts der mit der Bewältigung der NS-Verbrechen verbundenen Probleme der Justiz wäre es interessant zu wissen, ob sich dadurch Probleme für das Ansehen der Justiz und für die Entwicklung des Rechtsgefühls in der Bevölkerung ergeben haben. Allerdings lassen sich hierzu keine speziellen Befunde finden. Die Ergebnisse der sogenannten KOL-Forschung (Knowledge and Opinion about Law)[35] lassen aber doch erkennen, daß das Ansehen der Justiz in der Bundesrepublik in den frühen Jahren offensichtlich schlecht war, in den letzten

---

[33] s. hierzu Stöss, R.: Die extreme Rechte ..., a.a.O., S. 74; im übrigen Müller, I.: Furchtbare Juristen, a.a.O., S. 210ff. Müller gibt einen Überblick über die personelle Restauration der Justiz und der damit zusammenhängenden Skandalen.

[34] s. hierzu Wengler, Wilhelm: Über die Unbeliebtheit der Juristen, in: Hirsch, Ernst E./Rehbinder, Manfred (Hrsg.): Studien und Materialien zur Rechtssoziologie, Kölner Zeitschrift für Soziologie und Sozialpsychologie, Sonderheft 11, 2. Auflage, Opladen 1971, S. 236ff. Es fällt auf, daß in der rechtssoziologischen Literatur keine Untersuchungen über die Folgen der nationalsozialistischen Justizvergangenheit für das Ansehen der Justiz und dem Rechtsgefühl zu finden sind, s. neben Röhl, K. F.: Rechtssoziologie, a.a.O. und Rehbinder auch entsprechendes Forschungsdesiderat bei Lampe, Ernst-Joachim (Hrsg.): Das sogenannte Rechtsgefühl, Jahrbuch für Rechtssoziologie und Rechtstheorie, Band X, Opladen 1985

[35] s. hierzu Rühl, K. F.: Rechtssoziologie, a.a.O., S. 269ff. und Rottleuthner, Hubert: Einführung in die Rechtssoziologie, Darmstadt 1987, S. 161, der zu Recht auf die beliebige Verwertbarkeit, weil Uninterpretierbarkeit verweist, siehe S. 171; speziell für den Bereich: "Vertrauen in die Justiz" kritisiert er die mangelnde Vergleichbarkeit der Untersuchungen, ebd.; neuere Untersuchungen zeigen übrigens deutlich bestehende Beurteilungsunterschiede zwischen Bürgern aus den neuen und den alten Bundesländern, s. M., P.: Vertrauen in die Justiz, Zwei Repräsentativumfragen, DRiZ (Deutsche Richterzeitung), 1/1992, S. 36f.; Bsp:"Die Frage, ob man zu den Richtern und Gerichten volles Vertrauen haben könne, wurde von den Bürgern der neuen Bundesländer im massiven Verhältnis von 47:7 Prozent in einem negativen Sinne beantwortet...", IMAS-Zitat, ebd., S. 36

zwanzig Jahren aber sehr viel besser geworden ist. **Röhl** zitiert z.B. Allensbach-Umfragen aus den Jahren 1964 und 1979, bei denen von Befragten 26 und schließlich 40 Prozent "volles Vertrauen in die Justiz" angaben[36]. Einen Sonderfall stellt in diesem Zusammenhang das Bundesverfassungsgericht dar, das offenbar sehr schnell ein hohes Ansehen in der Bevölkerung erwarb[37].

Allerdings helfen uns solche Befunde nicht sehr viel weiter. Was besagt denn ein niedriger Vertrauenswert für die Legitimität der Justiz? **Rottleuthner** weist zu Recht daraufhin, daß es wesentlich wäre, Indikatoren zur Verfügung zu haben, die sich auf tatsächliche Gerichtskontakte oder deren Vermeidung beziehen[38], eine gerade auch für das Verhältnis von politischer Justiz und Rechtsextremismus interessante Indikatorenpalette. Leider hat hier die Justizforschung noch ein erhebliches Forschungsdesiderat.

Hinsichtlich der Auseinandersetzung mit dem Rechtsextremismus läßt sich gegenüber der Justiz eine relativ eng umrissene kritische Öffentlichkeit feststellen. Die Thematisierung von Justizversagen oder politisierter Justiz gegenüber Rechtsextremismus entfaltet sich vor allem als Experten- und Insider-Kritik bzw. entstammt vorwiegend linken, marxistischen oder neomarxistischen Milieus. Die Kritik an der Justiz gegenüber Rechtsextremismus kann sozusagen auf eine Öffentlichkeit vertrauen, die dem Nationalsozialismus, besser: dem Faschismus und seinen Helfern, nicht selten mit einer Dämonisierung oder emotional geprägten Dramatisierung bzw. Moralisierung begegnet,

---

[36] Röhl, K. F.: Rechtssoziologie, a.a.O., S. 273, Rottleuthner führt zu diesem Untersuchungsergebnis die Reaktion von Staatssekretär Hans de With an:"Der damalige parlamentarische Staatssekretär im Bundesjustizministerium sah diese Zahl als Beweis dafür an, daß sich die deutsche Justiz von dem Schatten der Weimarer Republik und des Dritten Reiches lösen konnte". Rottleuthner, H.: Einführung in die Rechtssoziologie, a.a.O., S. 172.; man kann das auch als indirekten Hinweis darauf lesen, daß der Schatten eben bis in diese Jahre hinein vorhanden war.

[37] s. Röhl, K. F.: Rechtssoziologie, a.a.O., S. 274

[38] s. Rottleuthner, H.: Einführung in die Rechtssoziologie, a.a.O., S. 176

häufig getragen von kommunistisch orientierten Gruppen, Verlagen und
Autoren, die, ganz im Sinne der Dimitroff-Definition zum Faschismus,
in diesem die schlimmste Ausformung der Kräfte des Klassenfeindes
sehen.

Anforderungen an die Justiz hinsichtlich der Bewältigung von
Rechtsextremismus finden sich in der Bevölkerung aber weit über den
Kreis der soeben skizzierten kritischen Teilöffentlichkeit hinaus.
Stöss zitiert z.B. in seiner Untersuchung zwei Befragungsergebnisse,
die deutlich machen, daß ein erheblicher Teil der Bevölkerung
justitielles Handeln gegenüber Rechtsextremismus fordert[39]. Selbst
gegenüber den Kriegsverbrechern aus dem Zweiten Weltkrieg wollten
1988 immerhin 47 Prozent aller Befragten, daß diese noch verfolgt und
verurteilt werden sollten. Und die strafrechtliche Verfolgung aktiver
Neonationalsozialisten begrüßten im Dezember 1985 72 Prozent der
Bevölkerung, wobei über die Jahre, **Stöss** gibt die Prozentangaben von
sechs Befragungen aus den Jahren 1980 bis 1985 wieder, deutlich wird,
daß dieser Anteil relativ starken Schwankungen unterliegt, was
vermuten läßt, daß das Ausmaß der justitiellen Orientierung von der
Medienwirksamkeit neonazistischer Aktivitäten abhängen könnte. Der
höchste Wert mit 80 Prozent wird für November 1981 angegeben, ein
Zeitpunkt, in dem nach dem Oktoberfestanschlag von 1980 der Rechtsterrorismus für Schlagzeilen sorgte[40].

Der Rechtsextremismus befindet sich alles in allem in der Bundesrepublik in eine politische Kultur eingebettet, die ihm bislang nur
die Entfaltung als Subkultur erlaubt hat und in der breite Kreise der
Bevölkerung der strafrechtlichen Auseinandersetzung mit dem Rechtsex-

---

[39] s. Stöss, R.: Die extreme Rechte ..., a.a.O., S. 241

[40] in diesem Zusammenhang kann darauf verwiesen werden, daß die
Karriere von Themen, hier die terroristische Qualität des
Rechtsextremismus, wesentlich durch ihren Niederschlag in den
Fernsehnachrichten bestimmt wird. Wie auch Rostock zeigt, können
deshalb aus Ereignissen Ereignisketten erwachsen. Vgl. Schatz,
Heribert: Fernsehnachrichten in demokratietheoretischer Sicht,
Duisburger Materialien zur Innenpolitik und Verwaltungswis-
senschaft, Nr. 2/1980, Duisburg 1980

tremismus, zumindest in seinen manifesten und militanten Ausprägung-
en, einen wichtigen Stellenwert einräumen.

3.3   ORGANISATIONS- UND AKTIONSENTWICKLUNG IM RECHTSEXTREMISMUS

Der Rechtsextremismus ist ein klassisches Mehrebenenproblem. Er
äußert sich auch auf verschiedenen Ebenen und in verschiedenen
Aggregatstufen[41]. Zur Erfassung der Phänomenologie des Rechtsextremismus wird zunächst die Organisations- und Aktionsentwicklung
dargestellt.

Unter dem Aspekt des Entwicklungsverlaufs des Rechtsextremismus in
der Bundesrepublik fällt auf, daß es bislang drei relative Hochphasen
gegeben hat. Gemessen an der Zahl der Mitglieder, wiedergegeben in
Grafik 3.1, befand sich der Rechtsextremismus in den Gründerjahren
auf dem höchsten, allerdings sogleich durch einen Rückgang gekennzeichneten Stand an Mitgliedern.

Nach einer langen Phase des Niedergangs erlebte der Rechtsextremismus
unter Führung der NPD eine kurze Blütephase. In der Literatur wurde
vielfach davon ausgegangen, daß in dieser Zeit die NPD das rechte
nationale Lager umschloßen habe[42].

---

[41] s. hierzu die von Backes entfaltete sinnvolle Dreiteilung in
Doktrin, Organisation und Aktion, Backes, Uwe: Politischer
Extremismus in demokratischen Verfassungsstaaten, Elemente einer
normativen Rahmentheorie, Opladen 1989, S. 266ff.

[42] vgl. hierzu u.a. Kühnl, Reinhard: Die NPD, Programm und
Ideologie einer neofaschistischen Partei, Berlin 1967;
Schmollinger, Horst W.. Nationaldemokratische Partei Deutsch-
lands, in: Stöss, Richard (Hrsg.): Parteienhandbuch, Die Parteien
der Bundesrepublik Deutschland 1945 -1980, Band 2, FDP-WAV,
Opladen 1984, S. 1922ff.; hier S. 1927; Stöss, Richard: Väter und
Enkel: Alter und Neuer Nationalismus in der Bundesrepublik, in:
Ästhetik und Kommunikation, 9. Jg., Heft 32/1978, S. 44ff.; zur
Kritik am Lagerbegriff s. S. 114ff.

Der Lagercharakter kann allerdings nicht für die Zeit der dritten, der aktuellen Hochphase des Rechtsextremismus unterstellt werden. Im Gegenteil, die sich seit 1984 abzeichnende langsame Erholung rechtsextremer Parteien ist durch Turbulenzen geprägt, für die die Konkurrenz vor allem durch die **Republikaner**[43] sorgte. Obwohl NPD und DVU zu einer Zusammenarbeit in Form von Wahlabsprachen gefunden hatten[44], wurden ihre Wahlchancen durch das Aufkommen der **Republikaner** stark gemindert.

---

[43] ich erlaube mir, die **Republikaner** als rechtsextreme Partei einzustufen, da sie trotz ihres auf Verfassungskonformität getrimmten Programms von Januar 1990 und der von Schönhuber betriebenen Abgrenzungspolitik zu den offensichtlichen Rechtsextremisten oft genug hat erkennen lassen, daß ihre Mitgliederbasis insgesamt doch von alten Rechtsextremisten geprägt ist. Dies bewog auch den Innenminister von Nordrhein-Westfalen zu der Entscheidung, die **Republikaner** unter Beobachtung zu stellen. Inhaltlich weisen sie zudem Übereinstimmung mit den ethnopluralistischen, also neorassistischen Positionen der Neuen Rechten auf, sind eindeutig antigewerkschaftlich und lassen in vielen Bereich ihr gestörtes Verhältnis zum Gleichheitsgedanken erkennen. In Nordrhein-Westfalen, ebenso auch in Hamburg, wird die seit 1989 geübte Praxis, die **Republikaner** mit nachrichtendienstlichen Mitteln zu überwachen, auch 1992 fortgesetzt. Nordrhein-Westfalen praktiziert eine neuerdings als "milde Staatsaufsicht" bezeichnete überwachung der **Republikaner,** s. Frankfurter Rundschau vom 31.7.1992

[44] s. hierzu Verfasssungsschutzbericht 1990, Herausgeber: Der Bundesminister des Innern, Bonn 1990 (richtig: 1991), S. 108, dort heißt es: "Das 1987 begründete Wahlbündnis mit der NPD bestand formal noch bis zur Bundestagswahl, hatte sich jedoch bereits vorher überlebt".

Grafik 3.1:   Mitgliederentwicklung des organisierten Rechtsextremismus

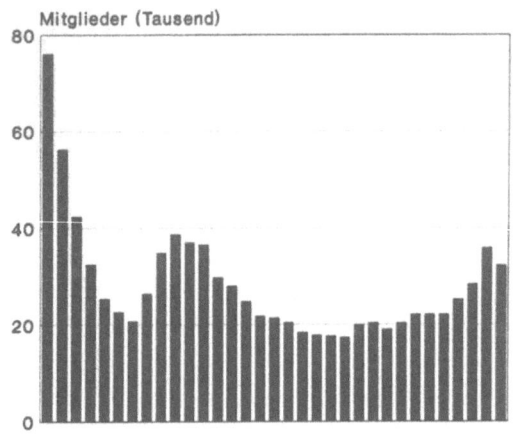

Rechtsextremismus
Mitgliederzahlen

Mitglieder (Tausend)

Jahre 1954/1959-1990

nach Abzug der Doppelmitgliedschaften

Quelle:VerfSchB

■ Mitgliederzahl

Quelle: Diverse Verfassungsschutzberichte u.a.[45]

Die Konkurrenz unter den Rechten verhinderte aber nicht, daß es auf Länderebene mitunter zu parlamentarischen Überraschungserfolgen kam. Der Wahlerfolg der DVU[46] 1987 in Bremen und der der **Republikaner** 1989

---

[45]   und Tabelle 1 in Peter Dudek, Peter/Jaschke, Hans-Gerd: Entstehung und Entwicklung des Rechtsextremismus in der Bundesrepublik, Band II, Dokumente und Materialien, Opladen 1984, S. 366. Dies ist auch die eigentliche Quelle des Schaubildes 1: Mitgliederentwicklung des organisierten Rechtsextremismus 1954-1987 bei Stöss, R.: Die extreme Rechte ..., a.a.O., S. 99

[46]   zur DVU s. Assheuer, Thomas/Sarkowicz, Hans: Rechtsradikale in Deutschland, Die alte und die neue Rechte, 2. aktualisierte Auflage, München 1992, S. 29ff.; und Doll, Hans-Jürgen: Die Entwicklung der "Deutschen Volksunion - Liste D" (DVU-Liste D),

in Berlin waren deutliche Signale des Wiederauflebens des parteiförmigen Rechtsextremismus.

Tabelle 301:   Wahlanteile führender rechtsextremer Parteien 1949 – 1990

Partei	Stimmen	Prozentanteil	Bundestagswahl
DReP/DRP	429.031	1.8	1949
DRP	295.746	1.1	1953
DRP	308.564	1.0	1957
DRP	262.477	0.8	1961
NPD	664.193	2.0	1965
NPD	1.422.010	4.3	1969
NPD	207.465	0.6	1972
NPD	122.661	0.3	1976
NPD	68.096	0.2	1980
NPD	91.095	0.2	1983
NPD	227.054	0.6	1987
NPD	145.895	0.3	1990
REP	985.557	2.1	1990
			Europawahlen
NPD	198.633	0.8	1984
DVU	444.921	1.6	1989
REP	2.008.629	7.1	1989

In Tabelle 301 sind die herausragenden Wahlergebnisse rechtsextremer Parteien auf Bundesebene wiedergegeben.

Das Scheitern der rechtsextremen Parteien bei den ersten gesamtdeutschen Bundestagswahlen kann insgesamt nicht darüber hinwegtäuschen, daß die Rechten, betrachtet man ihre Wähleranteile der letzten 20 Jahre, noch nie so gut dastanden wie 1990.

in: Aktuelle Fragen des Extremismus, Texte zur inneren Sicherheit, Herausgeber: Der Bundesminister des Innern, Bonn 1989, S. 99ff.

Und die Landtagswahlen 1992 in Baden-Württemberg und Schleswig-Holstein[47] zeigen, daß sowohl DVU als auch **Republikaner** auf dem besten Weg sind, mehr als ein ephemeres Ereignis in der politischen Kulturgeschichte der Bundesrepublik zu werden. Hier verlassen wir allerdings wegen des gesamtdeutschen Kontextes den von uns zu untersuchenden Bereich.

Für die Erklärung der beobachtbaren Wellenverläufe in der Wählerresonanz bieten sich keine einfachen Lösungen an. Ohne den Anspruch auf den einzig möglichen Erklärungsansatz möchte ich auf Faktoren hinweisen, die für diesen Verlauf des Rechtsextremismus zumindest bedeutsam sind, auch wenn sich der jeweilige konkrete Stellenwert kaum präzise bestimmen läßt.

Ohne Zweifel erfolgte die Reorganisation der rechtsextremen Parteien in den Jahren 1949 bis 1952 unter den Bedingungen von Verfolgung und Diskreditierung[48] auf der einen, und Integration und Absorption auf der anderen Seite. Höhepunkt und gleichzeitig Abschluß dieser Phase der Nachkriegsentwicklung stellte das Verbot der SRP (Sozialistische Reichspartei) dar[49]. Die SRP selbst war erst nach den ersten Bundestagswahlen gegründet worden und ein Abspaltprodukt von der DKP/DRP (Deutsche Konservative Partei/Deutsche Rechtspartei). Rechtsextreme Parteien hatten aber bei den Wahlen zum ersten deutschen Bundestag, insbesondere über Verknüpfungen mit dem Vertriebenenpotential, nach Berechnung von **Stöss** 10,5% der Wählerstimmen erhalten[50]. Im Bundestag selbst errangen sie allerdings aufgrund ihrer Zersplitterung nur 18 von 402 Mandaten. Dennoch läßt sich feststellen, daß bislang der 1. Deutsche Bundestag die deutlichste Ausprägung an rechtsex-

---

[47] s. Frankfurter Allgemeine Zeitung vom 7.4.1992

[48] s. Dudek, Peter/Jaschke, Hans-Gerd: Rechtsextremismus – ein Euro-Phänomen?, in: die tageszeitung vom 23.11.1988; vgl. auch dies.: Enstehung und Entwicklung des Rechtsextremismus in der Bundesrepublik, Zur Tradition einer besonderen politischen Kultur, Band 1, Opladen 1984, S. 481ff.

[49] s. hierzu S.132ff.

[50] s. Stöss, R.: Die extreme Rechte ..., a.a.O., S. 87

tremistischen Parteien aufwies[51]. Entgegen vielfältig anderen Erwartungen[52] erwies sich im Nachhinein die erste Wahl zum Deutschen Bundestag als der Ausdruck der Todeszuckungen der alten Deutschen Rechten, von der **Leggewie** sagt, daß sie "in Hitler und durch Hitler" untergangen war[53]. Und dennoch, da sie in Resten vorhanden, und der Bürgerblock auf jede Stimme angewiesen war, ließen es im Gründungjahr der Bundesrepublik,

> "... die politischen Interessen der staatstragenden bürgerlichen Parteien also gar nicht zu, das rechtsextreme Potential aus antifaschistischen Erwägungen auszugrenzen"[54].

Die Politik gerade der CDU stand daher stark im Zeichen von Integration und Absorption. Ob man allerdings, wie **Stöss,** sagen kann, daß deshalb die Verharmlosung des Rechtsextremismus mithin Bestandteil der bürgerlichen Integrationspolitik gewesen sei[55], muß bezweifelt werden. Es war eher so, daß das in der Vergangenheit gezeigte Verhalten unter Verzicht auf eine antifaschistisch orientierte Politisierung durch Vergessen und Verdrängen, durch die "Stunde Null" und ähnlichen Bewältigungsansätzen als Integrationsangebot und Absorptionsmechanismus wirkte, während unerwünschtes aktuelles Verhalten im Bereich des Rechtsextremismus deutlich stigmatisiert und mitunter kriminalisiert wurde. Für die Einbeziehung der Stigmatisierungs- und Kriminalisierungseffekte spricht allein schon die Politik der Alliierten, die sofort mit Verboten und Lizenzierungen, aber auch mit Justiz und politischen Säuberungen, den politischen Raum begrenzten. Aber auch die deutsche Administration war innen- und außenpolitisch gezwungen,

> "... den Nachweis zu führen, daß das politische System der Bundesrepublik keine Berührungspunkte mit dem National-

---

[51] s. auch Jenke, M.: Verschwörung von rechts?, a.a.O., S. 46

[52] s. hierzu Leggewie, C.: Die Republikaner, a.a.O., S. 33

[53] ebd., S. 34

[54] Stöss, R.: Die extreme Rechte ..., a.a.O., S. 87

[55] s. ebd.

sozialismus aufweist"[56].

Entsprechend werden von **Dudek** und **Jaschke** mit der Aufklärungs-, der Kriminalisierungs- und Pathologisierungsstrategie drei abgestufte Interventionsstrategien identifiziert, mit denen der Staat rechtsextremen Bewegungen begegnete[57]. Allerdings ist für die Anfangsjahre der Republik zu berücksichtigen, daß staatliches Handeln sowohl das Handeln der deutschen als auch der Alliiertenadministration bedeuten konnte[58].

Als entscheidender Schlag der streitbaren Demokratie erwies sich das Parteiverbot der SRP. Der Antrag wurde im November 1951 gestellt, nachdem durch Landtags- und Bundestagsnachwahlen in Norddeutschland sich überraschende Wahlerfolge für die SRP ergeben hatten. Mit ca. 10.000 Mitgliedern und einer "Reichsfront" war sie,

> "... aus den radikalen Flügelgruppen regionaler Rechtsparteien gebildet..."[59],

die erste erfolgreiche neonationalsozialistische Partei in der Bundesrepublik. Das Verbot der SRP im Oktober 1952 wurde der entscheidende Schritt in der Bundesrepublik zur direkten und repressiven Kontrolle des Rechtsextremismus unter den Vorzeichen der streitbaren Demokratie, denn es beendete den Versuch offen rechtsextremer Parteien, parlamentarisch Fuß fassen zu können.

Im Bereich des organisierten Rechtsextremismus führte das Verbot der SRP zur Verlagerung des Gewichts auf die Konkurrenzpartei DRP (Deutsche Reichspartei), 1950 ebenfalls aus Abspaltungen hervorge-

---

[56] Dudek, P./Jaschke, H.-G.: Entstehung und Entwicklung..., Band I, a.a.O., S. 31

[57] s. ebd., S. 31f.

[58] bis zum Deutschlandvertrag von 1955 kam es immer wieder zu Verbots- und Repressionsmaßnahmen durch alliierte Militärbehörden, s. z.B. Stöss, R.: Die extreme Rechte ..., a.a.O., S. 116

[59] Backes, Uwe/Jesse, Ekkhard: Politischer Extremismus in der Bundesrepublik Deutschland, Band I: Literatur, Köln 1989, S. 64

gangen, die allerdings, nicht zuletzt wegen Verbotsandrohungen[60], keine nennenswerten Wahlerfolge verzeichnen konnte. Dennoch erwarb sie sich für die fünfziger Jahre die Hegemonialstellung im rechtsextremen Bereich[61].

Neben DRP und SRP gab es noch eine Reihe, vorwiegend regional verankerter Parteien, die aber, im Falle von Erfolgen, sehr bald durch parteiinterne Machtkämpfe, Abspaltungen oder andere Verfallserscheinungen scheiterten oder aufgesogen wurden. Parteien wie die DP (Deutsche Partei) oder der BHE (Block der Heimatvertriebenen und Entrechteten), die sich in der Zone zwischen Rechtsextremismus und Konservativismus sich befanden, trugen zudem dazu bei, große Teile des rechtsextremen Potentials zu bündeln und schließlich in den Bestand der CDU überzuführen.

Für die Anfangsjahre der Republik konstatieren **Dudek** und **Jaschke** zu Recht im Rechtsextremismus eine organisatorische Verwirrung[62],

"... die neben politischen Differenzen der Logik persönlicher Animositäten, machtpolitisch motivierter Ranküne und

---

[60] Zur Bundestagswahl 1953 heißt es bei Dudek und Jaschke: "..., stellte die Bundesregierung kurz vor der Wahl einen Antrag auf Verbot der DRP, den sie nach der Wahl wieder zurückzog. Er dürfte aber seine Wirkung nicht verfehlt haben, denn die DRP kehrte mit 295 746 Stimmen (1,1%) nicht mehr in den Bundestag zurück". Dudek, P./Jaschke, H.-G.: Entstehung und Entwicklung ..., Band 1, a.a.O., S. 206

[61] ebd., S. 204

[62] etwas anderes soll der Begriff "organisierte Verwirrung" ausdrücken. Mit diesem Begriff wird eine Tarnungsstrategie umschrieben, nach der mit der "organisierten Verwirrung" nach außen der Eindruck der Zersplitterung und Uneinheitlichkeit erzeugt werden soll, während intern eine netzartige Organisation und Kommunikation des Rechtsextremismus existiert, s. hierzu: Heidenreich, Gert: Die organisierte Verwirrung, Nationale und internationale Verbindungen im rechtsextremistischen Spektrum, in: Benz, Wolfgang (Hrsg.): Rechtsextremismus in der Bundesrepublik, Voraussetzungen, Zusammenhänge, Wirkungen, Frankfurt am Main 1984, S. 167ff. M.E. trifft beides zu, sowohl die organisatorische Verwirrung, als auch die organisierte Verwirrung. Es existieren kommunikative Bezüge untereinander, aber genauso die Rivalitäten und Platzhirschgebaren der "Führer" der rechtsextremistischen Gruppierungen.

parteitaktischen Kalkülen..."[63]

folgte. **Backes** und **Jesse** verweisen darauf, daß viele Gruppen und Parteien

"... ihre Existenz vielfach nur dem rastlosen Wirken
politischer Sektierer, Abenteurer, Aktivisten und Wirrköpfe
..."[64]

verdankten.

Das hohe Maß an organisatorischer Verwirrung wurde in der Geschichte des Rechtsextremismus letztlich nur in der kurzen Blütezeit der NPD in den Jahren 1966 bis 1969 überwunden. Denn auch die in der letzten Zeit in den Medien dominierenden **Republikaner** haben es nicht vermocht, die parteienmäßige Vielfalt im rechtsextremen Spektrum aufzulösen – immerhin kam aber unter dem Druck der Republikanerkonkurrenz 1987 eine Wahlabsprache zwischen NPD und DVU[65] zustande – und auch parteiintern haben die **Republikaner** eine ausgeprägte Neigung zu Intrigen und Machtkämpfen nicht überwinden können[66]. Und daß die organisatorische Verwirrung sich auch im vereinten Deutschland bislang fortsetzt, unterstreicht das Auftreten der Deutschen Liga für Volk und Heimat (Deutsche Liga), die ein Abspaltprodukt von NPD und **Republikaner** darstellt[67].

Dieser offensichtlich dauerhafte Zustand im rechtsextremen Parteienspektrum führt zu der These von **Kühnl:**

"Es darf also gefolgert werden, daß ein hoher Grad an

---

[63] Dudek, P./Jaschke, H.-G.: Entstehung und Entwicklung ..., Band 1, a.a.O., S. 204

[64] Backes, U./Jesse, E.: Politischer Extremismus in der Bundesrepublik Deutschland, Band I, a.a.O., S. 69

[65] s. FN 42, das Bündnis von NPD und DVU Liste-D ließ sich auf die Formel bringen: NPD=Organisation, DVU (=Frey) = Geld

[66] s. hierzu u.a. Schomers, Michael: Deutschland ganz rechts, Sieben Monate als Republikaner in BRD & DDR, Köln 1990

[67] s. hierzu Innere Sicherheit 2/92, vom 19. Mai 1992, S. 6

Labilität zum Wesen rechtsextremer Parteien gehört,..."[68].

Allerdings ist diese Labilität nicht erst zu beobachten, wenn die rechtsextremen Parteien, wie **Kühnl** meint, in die Phase kommen, Massen zu mobilisieren[69].

Das Erscheinungsbild des rechtsextremen Parteienspektrums ist aber nicht nur durch Labilität und interne Konkurrenzen gekennzeichnet. Wie schon ausgeführt, dominieren in vielen Parteien, Gruppen und Sekten, bestimmte Persönlichkeiten, die ihre Vormachtstellung nicht zuletzt über das Führerprinzip begründen und kaum Neigung zu Kompromiß und Verhandlung mitbringen. Nicht wenige Parteiführer werden in der Literatur als besessene, fanatische[70] Personen beschrieben[71]. Extreme Ansichten und Fanatismus sind häufig wie Zwillinge. Im extremen Parteienspektrum finden solche Persönlichkeitsdispositionen eine bessere Resonanz als in Parteien, die auf Ausgleich und Kompromiß angewiesen sind. In dieser wechselseitigen Bedingtheit liegt für mich auch ein Grund für das Ausmaß politischer Machtkämpfe in diesem Parteienspektrum.

Fanatismus und Rigorismus als handlungsleitende Größen erhöhen die

---

[68] Kühnl, Reinhard: Der (aufhaltsame) Aufstieg rechtsextremer Parteien, in: Hellfeld, Matthias von (Hrsg.): Dem Hass keine Chance, Der neue rechte Fundamentalismus, Köln 1989, S. 24ff., hier S. 37

[69] s. ebd.

[70] "Die westliche Zivilisation hatte seit dem 17. Jahrhundert für unbedingte, sich dem universellen Diskurs entziehende Überzeugungen die absprechende Vokabel "Fanatismus" bereit. Das Wort wurde zunächst von Katholiken gegen Protestanten verwendet, später von orthodoxen Protestanten gegen das Schwärmertum und schließlich von den Protagonisten der Aufklärung gegen jede Form von Offenbarungsglauben". Spaeman, Robert: Das Wort sie sollen lassen stahn. Versuch über den Fundamentalismus. In: "Die Zeit", Nr. 52, vom 22. Dezember 1989, S. 47f., hier S. 47. In anderen Worten: Fanatismus ist das kompromißlose und z. T. aggressive Verfolgen eines Ziels, das zur absoluten Norm erhoben wird und gegen jede Form von Kritik abgeschottet wird.

[71] s. z.B. die Lebensläufe von Rechtsextremisten bei Jenke, M.: Verschwörung von rechts?, a.a.O.; und Tauber, Kurt P.: Beyond Eagle and Swastika, German Nationalism since 1945, 2 Bde., Middletown/Conn. 1967

Wahrscheinlichkeit dafür, daß Machtkämpfe organisationsintern und im
Verhältnis zum bekämpften System auch mit Hilfe der Justiz geführt
werden, und daß das eigene Verhalten sich stärker an den eigenen
Normen als an den Rechtsnormen ausrichtet. Extremismus eröffnet also
mehr Berührungspunkte mit Justiz als andere politische Orientierung-
en.

Bei der Ausfüllung des Bezugsrahmen kann man allerdings nicht bei den
Parteien stehen bleiben. Vielmehr zeichnet sich der Rechtsextremismus
dadurch aus, daß es eine Vielzahl von vorparlamentarischen und
vorpolitischen Organisationsformen gibt.

Nach dem Krieg verhängten die Alliierten für Vertriebene und Soldaten
Koalitionsverbote. Nach der Aufhebung des Lizenzierungszwanges und
der Einführung der Koalitionsfreiheit zeigte sich sehr bald, wie
wichtig die Rechtsextremen die Zielgruppen Soldaten und Vertriebene
nahmen[72]. Vertriebenen- und Soldatenverbände waren für die rechtsextremen Parteien ein "natürliches Wählerreservoir"[73], auf das sie auch
vorparlamentarisch Einfluß zu nehmen suchten. Allerdings erwiesen
sich hier die Rechtsextremisten als ebenso zerstritten und letztlich
erfolglos wie auf der Parteiebene. Dennoch kommt gerade den Soldatenverbänden eine wichtige Rolle in der Herausbildung rechtsextremer
Weltsicht zu. Bei allen Differenzen zwischen den einzelnen Soldatenverbänden stellten **Dudek** und **Jaschke** in ihrer Untersuchung fest, daß
es einen gemeinsamen Bezugspunkt gab:

> "... in scharfen Formulierungen machten sie Front gegen die
> "Verunglimpfung der deutschen Wehrmacht und der deutschen
> militärischen Vergangenheit" und forderten im Einklang mit
> rechtsextremen Organisationen die "Wiederherstellung der
> deutschen Soldatenehre", die durch die alliierte Entnazi-
> fizierungs- und Umerziehungspraxis nachhaltig diskreditiert
> worden sei"[74].

Dieser gemeinsame Bezugspunkt war für die Rechtsextremen ein idealer

---

[72] s. hierzu Stöss, R.: Die extreme Rechte ..., a.a.O., S. 81

[73] Dudek, P./Jaschke, H.-G.: Enstehung und Entwicklung ..., Band
I, a.a.O., S. 89

[74] ebd., S. 88

Ansatzpunkt zur Verbreitung ihrer Sichtweise, nämlich insbesondere Verharmlosung des Nationalsozialismus und ihrer These von der Greuelpropaganda. Daß diese Bezugspunkte bis heute nicht an Wichtigkeit verloren haben, zeigt das Bemühen von Frey über sein rechtsextremes Zeitungsimperium auf die Generation der zwischen 1900 und 1930 Geborenen zielend, genau diese Art von Vergangenheitsverklärung und -verdrehung weiterhin politisch und wirtschaftlich auszunutzen.

Neben den Vertriebenen- und Soldatenverbänden bot sich den Rechtsextremen aber noch das Feld der Kulturarbeit an, um vorparlamentarisch und vorpolitisch Netzwerke zu entfalten und politische Vorfeldarbeit zu leisten.

Im Gefolge des SRP-Verbots kam es in den fünfziger Jahren zu einer, wie **Dudek** und **Jaschke** es formulierten, Verschiebung des Gravitationszentrums im Bereich des organisierten Rechtsextremismus[75]. Kulturgemeinschaften übernahmen die Aufgabe "kommunikativer Schnittpunkte", wirkten als Traditions- und Restaurationsstätten integrativ. Nach **Dudek** und **Jaschke** zeichneten sich die rechtsextremen Kulturorganisationen auch durch die Umgehung von Stigmatisierungsprozessen aus, weil sie von den Medien "weitgehend unbeachtet" blieben[76]. Die Umgehung von Stigmatisierungen war aber spätestens mit der Herausgabe der ersten Verfassungsschutzberichte in den sechziger Jahren beendet, da sie auch auf die Kulturgemeinschaften sowie die wichtigsten Publikationsorgane der rechtsextremen Kreise eingingen[77].

Welche Bedeutung gerade die Kulturorganisationen und einschlägigen Verlage für den Rechtsextremismus haben, zeigen auch die letzten

---

[75] s. ebd., S. 42

[76] s. ebd., S. 42

[77] s. z.B. den Verfassungsschutzbericht von 1968: Zum Thema: Erfahrungsbericht über die Beobachtungen der Ämter für Verfassungsschutz im Jahre 1968, Eine Schriftenreihe des Bundesinnenministers, Bonn 1969, S. 36ff.; zu den aktuellen Publikationen s. Jäger, Siegfried (Hrsg.): Rechtsdruck, Die Presse der Neuen Rechten, Berlin, Bonn 1988

Jahre. Die ideologische Neuvergewisserung wird in diesen Netzwerken geleistet und dann in die Parteien transformiert. Margret **Feit** hat diesen Prozeß, der von französischen nouvelle droite ausging, für die deutsche rechtsextreme Szene nachgezeichnet[78]. Viele dieser Organisationen und Publikationen haben sich in der Grauzone von Neokonservativismus und Rechtsextremismus etabliert, um einen pseudo-wissenschaftlichen neuen Rassismus zu verbreiten, der nicht mehr unter dem Vorzeichen des Ethnozentrismus, sondern unter dem Vorzeichen des Ethnopluralismus vertreten wird[79]. Diese Organisationen und Verlage dürften aufgrund ihrer Plazierung in der Grauzone wenig Interesse daran haben, mit dem Justizsystem in Berührung zu kommen. Aber es gibt daneben auch eine Reihe von Gruppierungen, die man sozusagen als Brutstätten der Kriegsschuldlüge, der These von der Greuelpropaganda und anderer Geschichtslügen bezeichnen kann. Hier tummeln sich die "Ewiggestrigen", die, die ihr Bild von Hitler-deutschland nicht in den "Schmutz gezogen" wissen wollen und beharrlich den Judenmord oder die deutsche Verantwortung für den zweiten Weltkrieg leugnen[80]. Diese Geschichtsrevisionisten, die nicht mit den Akteuren im Historikerstreit[81] gleichgesetzt werden dürfen, stehen - zumeist als one-issue-Agitatoren-, deutlich näher an der Konfrontationslinie mit der Justiz als die Theorieproduzenten der Neuen Rechten, wobei dies, wie in Kapitel 3.6 aufgezeigt wird, nicht zuletzt ein Produkt der staatlichen Kriminalisierungspolitik ist. Der Rechtsextremismus hat eine Vielzahl von Organisations- und

---

[78] s. Feit, Margret: Die »Neue Rechte« in der Bundesrepublik, Organisation - Ideologie - Strategie, Frankfurt am Main/New York 1987; zur Internationalität der Neuen Rechten s. Fetscher, Iring (Hrsg.): Neokonservative und >Neue Rechte<, Der Angriff gegen Sozialstaat und liberale Demokratie in den Vereinigten Staaten, Westeuropa und der Bundesrepublik, München 1983; Greß, Franz/ Jaschke, Hans-Gerd/Schönekas, Klaus: Neue Recht und Rechtsextremismus in Europa, Bundesrepublik, Frankreich, Großbritannien, Opladen 1990

[79] vgl. Feit, M.: Die »Neue Rechte« in der Bundesrepublik, a.a.O.

[80] s. hierzu die Verfassungsschutzberichte

[81] s. hierzu »Historikerstreit«, Die Dokumentation der Kontroverse um die Einzigartigkeit der nationalsozialistischen Judenvernichtung, 3. Auflage, München, Zürich 1987

Aktionsformen hervorgebracht, deren dominierende Formen aber phasenspezifisch wechseln. Unter der Kombination der drei Charakteristika: **Doktrin (D)**, **Organisation (O)** und **Aktion (A)** hat **Backes** eine Typologie von sieben grundlegenden Aggregatzuständen im Extremismusbereich entwickelt, die helfen kann, die phasenspezifischen Dominanzen im Rechtsextremismus herauszuarbeiten[82].

Tabelle 302:   Typologie der Aggregatzustände

Typen		Beispiele
1. D	dominierend	Theoriezirkel
2. O	dominierend	Traditionsvereine
3. A	dominierend	Einzelaktivisten
4. D + O	dominierend	Politische Sekten
5. D + A	dominierend	Terrorgruppen
6. O + A	dominierend	Sammlungsbewegungen
7. D + O + A	gleichgewichtig	Kaderparteien

aus: Backes, Uwe:Politischer Extremismus in demokratischen Verfassungsstaaten, Opladen 1989, , S.267

Im folgenden wird der Versuch unternommen, unter Anlehnung an die Phasen des Nachkriegsrechtsextremismus, wie **Stöss** sie herausgearbeitet hat (Tabelle 303), die hier dominierenden Aggregatzustände und deren Implikationen für den Problembereich politische Justiz zu charakterisieren.

Phaseneinteilungen wie in der folgenden Tabelle 303 können nicht den Anspruch erheben, die Wirklichkeit abzubilden. Sie erfüllen heuristische Zwecke. Die Zuordnung zu einer Phase ist deshalb nicht so

---

[82] Backes, U.: Politischer Extremismus in demokratischen Verfassungsstaaten, a.a.O., S. 267. Der Autor weist darauf hin, daß damit nicht die Wirklichkeit abgebildet wird, denn dort kann es noch weit mehr Abstufungsformen geben. Aber die Typologie ist ein erkenntnisförderndes Mittel, mit dem ich in der historischen Betrachtung eine sinnvolle Reduktion der Komplexität versuchen möchte.

zu verstehen, daß der Aggregatzustand nur in dieser Zeit auftrat. Gerade soziale und politische Entwicklungen weisen Verlaufszyklen auf, die sehr lange Einführungs- und Ausklangszeiten haben können, dies gilt z.B. für die Entwicklung der Neuen Rechten, die schon sehr früh über Publikationen sich zu entfalten begann. Wenn ich sie aber nur in einer bestimmten Phase aufführe, so heißt das, daß sie gerade in dieser Zeit bedeutungsvoll geworden ist.

Zudem orientieren sich die Phasen auch an herausragenden Ereignissen, die entweder Ausgangs-, End- oder Höhepunkt einer Entwicklung gewesen sein können. Mit dem Verbot der SRP z.B. begann eine langes Siechtum des parlamentarisch orientierten Rechtsextremismus, das auch weit über die Phase bis 1959 hinausging.

Liest man die Einteilung unter Berücksichtigung dieser heuristischen Momente, wird man feststellen, daß der Rechtsextremismus in der Bundesrepublik eine sehr wechselreiche Geschichte aufweist, die für die Thematik der politischen Justiz nicht ohne Folgen geblieben ist.

In der Zeit von 1945 bis 1949, die ich schon in anderem Zusammenhang behandelt habe, gelang es dem Rechtsextremismus nur bedingt, an die Traditionslinien der alten Weimarer Rechten, die, wie **Backes** und **Jesse**[83] ausführen, sich in Altem, Völkischem und Neuem Nationalismus aufgliedern läßt, anzuknüpfen. Insbesondere das monarchistische Element erwies sich als überholt. Zusammenschlüsse gelangen, nicht zuletzt aufgrund der Lizenzierung, Verbotspolitik u.a. Hindernissen, nur in regionalem Kontext.

---

[83] s. Backes, Uwe/Jesse, Ekkhard: Politischer Extremismus in der Bundesrepublik Deutschland, Band II: Analyse, Köln 1989, S. 58f.

Tabelle 303: **Entwicklungsphasen des organisierten Rechtsextremismus 1945 – 1990**

Phase	Inhalt
1945 – 1949	Reorganisation und Neuorientierung unter den Bedingungen von Verfolgung, Entnazifizierung und Lizenzierung
1949 – 1952	Parlamentarische Erfolgsphase bedingt durch historische Kontinuität und spezifische Nachkriegsprobleme
1953 – 1959	Unter den Bedingungen von Repression und Kriminalisierung (streitbare Demokratie) auf der einen, Integration und Absorption (Anziehungskraft des Bürgerblocks und entstehender Basiskonsens) auf der anderen Seite, Verschiebung des Gravitationszentrums in den vorparlamentarischen und vorpolitischen Raum
1959 – 1964	Radikalisierungs- und Desintegrationstendenzen, Generationswechsel
1964 – 1969	Lagerbildung unter Führung der NPD
1970 – 1975	Niedergang des parlamentarisch orientierten Rechtsextremismus nach Wahlniederlage und Durchsetzung der Ostverträge, ideologische Umbruchphase durch Neue Rechte
1975 – 1983	Herausbildung eines militanten und terroristischen Neonationalsozialismus
1984 – 1990	Parlamentarische Revitalisierung unter internen Konkurrenzbedingungen (programmatisch und kohortenspezifisch), NPD-DVU und Republikaner. Zersplitterung des militanten Neonationalsozialismus, Versuch der Einbindung jugendkultureller Protestgruppen (Hooligans, Skinheads) in den Rechtsextremismus, ideologische Dominanz der Neuen Rechten

Dennoch, und dies sollte auch für lange Zeit gültig bleiben, stand der sich neu formierende und entwickelnde Rechtsextremismus im Banne der historischen Erfahrung des Nationalsozialismus[84] und definierte sich in seinen unterschiedlichen Strömungen auch durch seine je spezifische Bezugnahme auf diesen. Ablehnung wegen Fehlentwicklung, Verharmlosung oder Verherrlichung waren die drei typischen Umgangsweisen rechtsextremer Strömungen mit dem Nationalsozialismus[85].

Politische Sekten (z.B. DG, DB) versuchten in dieser durch Umbruch und Neubestimmung gekennzeichneten Zeit ebenso ihr Glück wie Sammlungsbewegungen (DKP, DReP, NDP). Bedeutsame Traditionsvereine konnten sich zunächst in den für den Rechtsextremismus bedeutsamen Bereichen Vertriebene und Soldaten aufgrund der Koalitionspolitik der Alliierten nicht bilden.

Einzelaktivisten traten nur in den letzten Kriegstagen als "Werwolf" in Erscheinung, nach **Jenke** nationalsozialistischer Partisanenkampf, der aber sozusagen lediglich in Spurenelementen auftrat[86]. Auch für politische Sekten ist kennzeichnend, daß sie häufig von ihren Führungspersönlichkeiten leben, mit ihnen existieren und mit ihnen untergehen. Im rechtsextremen Bereich hat es in der ersten Phase einige solcher herausragenden Personen gegeben, die sozusagen die Organisation selbst waren, was teilweise auch für Sammlungsbewegungen zutraf. Die WAV z.B. war das Produkt ihres Gründers Alfred Loritz.

Persönliche Erfahrungen von Partei- oder Sektenführer und die allgemein greifende Verbots- und Entnazifizierungspolitik haben schon früh im rechtsextremen Bereich zu der Herausbildung eines Mythos der Verfolgung und Entrechtung geführt[87]. Aufgrund der extremen Folgen

---

[84] s. ebd., S. 47

[85] s. dazu auch Backes U./Jesse, E.: Politischer Extremismus ..., Band I, a.a.O., S. 68

[86] s. Jenke, M.: Verschwörung von rechts?, a.a.O., S. 8

[87] s. auch Dudek, U./Jaschke, H.-G.: Entstehung und Entwicklung ..., Band I, a.a.O., S. 35

des Krieges und der Besatzung gelang es rechtsextremen Sammlungsbewegungen im Vorfeld der Gründung der Bundesrepublik gewisse Erfolge
zu erzielen, allerdings blieben sie trotz ihrer Erfolge politische
Randexistenzen[88].

In der Zeit von 1949 bis 1952 befand sich neben vielem anderen auch
das Parteiensystem in einem gleichsam noch "flüssigen Zustand"[89]. Von
daher war die Abgrenzung der konservativen oder national-liberalen
Kräften zu den Rechtsextremen noch nicht eindeutig. Immerhin gelang
aber der SRP für eine kurze Periode eine weitgehende Bündelung der
Kräfte. Dem Parteiverbot kam sie mit der Selbstauflösung zuvor. Das
Verbot kann, wie **Backes** und **Jesse** zutreffend herausgearbeitet haben,
nicht allein unter dem Aspekt der Ausschaltung mißliebiger Konkurrenz für den Bürgerblock betrachtet werden, gerade die Auswirkungen
auf das internationale Renommee, das "Ansehen" der jungen Bundesrepublik dürfte für die Verbotspolitik von entscheidender Bedeutung
gewesen sein[90]. Wir werden uns hiermit an anderer Stelle noch näher
zu befassen haben[91].

Stand die Periode von 1949 bis 1952 unter dem Primat der parlamentarischen Entfaltung, so war der Einschnitt durch das Parteiver-
botsverfahren derart tief, daß, nach einem kurzen Intermezzo des
Versuchs der Unterwanderung der FDP, die sogenannte Affäre Naumann[92],
oder der verstärkten Einflußnahme auf die DP, schon bald das Gewicht
in der rechtsextremen Landschaft sich auf vorparlamentarische und
vorpolitische Bemühungen verlagerte. Soldaten- und Jugendverbände

---

[88] Backes, U./Jesse, E.: Politischer Extremismus in der Bundesrepublik Deutschland, Band II, a.a.O., S. 52

[89] ebd. S. 51

[90] s. ebd., S. 53

[91] s. hierzu S. 226

[92] s. hierzu Kapitel 3.5

(Wiking-Jugend, Jugendbund Adler usw.[93]) erlebten, allerdings auch
hier nicht ohne Rivalitäten und Spaltungserscheinungen, eine relative
Blütezeit. Allerdings vermochten gerade die Soldatenverbände nicht,
die durch den Aufbau der Bundeswehr neu entstehenden Soldatenverbände
zu okkupieren bzw. überflüssig zu machen[94]. Traditionsverbände und
Kulturgemeinschaften sowie das rechtsextreme Verlagswesen waren in
diesen Jahren die tragenden Säulen der rechtsextremen Selbstvergewisserung und Integration der verbliebenen Kräfte:

> "Die Bedeutung der Kulturgemeinschaften, des vielfältigen
> Zeitschriften- und Buchangebots für die Frühgeschichte des
> Rechtsextremismus nach 1945 liegt auch in ihrer faktischen
> Funktion als Agenturen für Fragen der Ästhetik, politisch-
> kulturelle Arrangements und der lebensgeschichtlichen
> Bestätigung ihrer Adressaten, die nach 1945 von der
> Mehrheitskultur im Zuge der Entnazifizierung und deren
> Folgen tendenziell ausgegrenzt wurden"[95].

Der Sog durch Wirtschaftswunder und Basiskonsens ließ die Entfaltung
des Rechtsextremismus nur als Mikrokosmos zu, der zu wesentlichen
Teilen von der Erinnerung an die NS-Zeit lebte. Diese Binnenorientierung, mit ihren Verlagerungen in den Gewichten der verschiedenen
Aggregatstufen, schaffte tendenziell weniger Berührungspunkte mit
der politischen Justiz dieser Tage.

Mit dem Abschnitt der Jahre 1959 bis 1964 orientiere ich mich an
"rechtsextremen Ereignisketten", die zum einen Auslöser wissenschaftlicher und anderer Auseinandersetzungen mit dem Rechtsextremismus wurden[96] oder zum anderen als Gründungsjahr einer neuen Partei
die Phaseneinteilung begründen.

Einige Ereignisse des Jahres 1959 deuteten an, daß die in Selbstzu-
friedenheit geratene Bundesrepublik am Vorabend gesellschaftlicher

---

[93] s. hierzu u.a. Dudek, Peter: Jugendliche Rechtsextremisten,
Zwischen Hakenkreuz und Odalsrune, 1945 bis heute, Köln 1985

[94] s. hierzu Dudek, P./Jaschke, H.-G.: Enstehung und Entwicklung
..., Band I, a.a.O., S. 79ff.

[95] ebd., S. 43

[96] vgl. ebd., S. 17

Umwälzungen stand. Der lange Schatten des Hitler-Regimes wurde zunehmend zum Stachel einer Generation, die sich mit der Art und Weise der Auseinandersetzung mit dieser Vergangenheit nicht zufrieden gab und mit diesem Stachel wider Verdrängung und Restaurierung alter Verhältnisse lockte. Die Ausstellung des SDS (Sozialistischer Deutscher Studentenbund) über die Karrieren von 138 NS-Juristen erregte viel Aufsehen und kann im Nachhinein als ein frühes Fanal für die Studentenrevolte der sechziger Jahre mit ihrer Kritik an der "faschistoiden Republik"[97] gedeutet werden. NS-Prozesse im Gefolge der Gründung der "Zentralen Stelle der Landesjustizverwaltungen zur Aufklärung nationalsozialistischer Verbrechen" in Ludwigsburg und die Verjährungsdebatte taten ein übriges, um die Erinnerung an die Vergangenheit, zur Irritation manchen Bürgers, wachzuhalten[98].

Wohl im Gefolge dieses solchermaßen aufgeheizten innenpolitischen Klimas wirkten die Synagogenschmierereien in Köln, Weihnachten 1959, in doppelter Hinsicht als Handlungsauslöser. Zum einen lösten sie eine Welle weiterer rechtsextremer und antisemitischer Provokationen aus, an denen "über 1000 Täter beteiligt waren"[99], zum anderen

---

[97] s. hierzu wegweisend die Publikation von Agnoli, Johannes/Brückner, Peter: Die Transformation der Demokratie, Frankfurt am Main 1968; zur Demokratiekritik in der Bundesrepublik s. auch Bärsch, C.-E.: Die Gleichheit der Ungleichen, a.a.O., S. 9ff.; ebenso wie aus der Demokratiekritik hat die Studentenbewegung wesentlich von der Kritik an der Vergangenheitsbewältigung gelebt, hier kam dem Buch: Mitscherlich, Alexander und Margarete: Die Unfähigkeit zu trauern, Grundlagen kollektiven Verhaltens, 19. Auflage, München, Zürich 1987 (1967), eine Art Initialwirkung zu.

[98] s. hierzu Stöss, R.: Die extreme Rechte ..., a.a.O., S. 74f.

[99] ebd., S. 75; s. auch Bulletin der Bundesregierung, Nr. 1, vom 3. Januar 1960. S. 13 und Bulletin der Bundesregierung, Nr. 14, vom 22. Januar 1960, S. 122, hier wird insbesondere auf die kommunistische Urheberschaft verwiesen. Zur Kriminologie der antisemitischen Vorkommnisse s. auch Besser-Lorck, Lorenz/Sippel, Heinrich/Götz, Wolfgang: National oder radikal? Der Rechtsradikalismus in der Bundesrepublik Deutschland, 2. erw. Aufl., Mainz 1966; hier werden die Ereignisse zu "Randerscheinungen" erklärt, vgl. ebd., S. 24

zwangen sie die staatlichen Einrichtungen zum Handeln[100]. In einem Weißbuch der Bundesregierung wurde den Motiven der Täter nachgegangen und der Versuch unternommen, den rechtsextremen Bedrohungsgehalt so gering wie möglich zu halten. Lediglich bei 17 Prozent der Täter wurde eine links(!)- oder rechtsextreme Gesinnung angenommen[101]. Als eingebunden in diese Ereigniskette ist das Verbot des BNS (Bund Nationaler Studenten) 1960 zu sehen[102].

Dudek und **Jaschke** sehen das Verbot unter folgenden Vorzeichen:

"Im ganzen gesehen hat das **Zusammenspiel** folgender Faktoren zum Verbot des BNS beigetragen:

—   Im Kontext politischer Kultur in der Bundesrepublik bewirkten die antisemitischen Ausschreitungen im Dezember 1959 und im Januar 1960 eine erhöhte Sensibilität und eine stärkere Bereitschaft der Behörden, gegen den Rechtsextremismus mit pädagogischen, vor allem aber mit Mitteln der politischen Justiz vorzugehen"[103].

Der BNS war in der Geschichte der westdeutschen Republik der erfolgreichste Versuch, rechtsextremer Studentenorganisation.

"In seiner Blütezeit, ..., verfügte der BNS über insgesamt 26 Hochschulgruppen ... Die Mitgliederstärke der einzelnen

---

[100] s. hierzu auch Kapitel 3.6, S. 203

[101] s. hierzu Jenke, M.: Verschwörung von rechts?, a.a.O, S.322ff. und aus rechter Sicht Thadden, Adolf von: Die verfemte Rechte, Deutschland-, Europa- und Weltpolitik in Vergangenheit, Gegenwart und Zukunft aus der Sicht von rechts, Pr. Oldendorf 1984, S. 123ff.; es war wohl kein Unvermögen, nicht zwischen links- und rechtsextremistischen Tätern zu unterscheiden, sondern nützliche, nach jeder Richtung brauchbare, Vernebelungstaktik.

[102] s. Dudek P./Jaschke, H.-G.: Entstehung und Entwicklung des Rechtsextremismus ..., Band I, a.a.O., S. 409

[103] ebd., S. 419; an anderer Stelle führen die Autoren aus, daß neben der kurzfristigen Politisierung, die sich auch in Massendemonstrationen gegen die DRP niederschlug, zu den langfristen Folgewirkungen auch die Einrichtung der Verfassungsschutzberichte ab dem Jahr 1961 zu zählen sei, s. S. 270, allerdings erwähnen sie nicht, daß sich dieses Ereignis auch im gesetzgeberischen Bereich durch die Überarbeitung des § 130 StGB auswirkte, s. hierzu Kapitel 3.6, S. 202

Hochschulgruppen schwankte zwischen 50 und 5 Studenten"[104].

Der BNS verwies, neben seiner brisanten Verortung im demokratischen Bildungssystem, darauf, daß junge Rechtsextreme sich kadermäßig organisierten und zunehmend radikalisierten, nicht zuletzt aufgrund örtlicher administrativer und justitieller Repressionserfahrungen:

> "Radikalisierung meint dabei weniger die Programmatik, sondern die Radikalisierung der Verhaltensstile und der Haltung der einzelnen Mitglieder. ..., so werden die Reaktionen des politischen Systems seit Mitte 1959 von den BNS-Studenten als Verfolgung, Terror, Unterdrückung und Vorenthaltung von Grundrechten interpretiert"[105].

Inwieweit man exemplarisch in der Entwicklung der BNS eine jugendspezifische Reaktion auf die schrumpfende Bedeutung rechtsextremer Organisationen sehen kann, muß offen bleiben. Tatsache ist, daß viele Theoriezirkel und Sammlungsbewegungen, einschließlich der DRP, scheiterten oder ihrem Niedergang entgegen sahen. Die Phase von 1959 bis 1964 stand im Zeichen des Umbruchs mit partiellen Radikalisierungstendenzen und Kaderbildungen (BNS, DRP)[106].

Ab 1964 formierte sich der Rechtsextremismus insoweit neu, als ihm mit der NPD eine für kurze Zeit erfolgreiche Sammlungsbewegung erwuchs.

Umbruch und Neuorientierung, besser Neuetikettierung, war der Versuch führender DRP-Kräfte, mit der NPD eine neue Sammlungsbewegung des "nationalen Lagers" zu gründen. In einer geschickten Operation wurde der Apparat der DRP für die NPD genutzt und gleichzeitig eine "Säuberung von unten" durchgeführt, um sich von nationalsozialistischen und sonstigen unliebsamen Kräften zu trennen und nach

---

[104] ebd, S. 400

[105] ebd., S. 403

[106] nach Dudek und Jaschke befand sich nach den antisemitischen Schmierwellen auch die DRP auf dem Weg zu einer "vorparlamentarischen Kaderpartei ohne mittelfristige politische Perspektive". Ebd., S. 271

außen einen eher konservativen Anstrich zu gewinnen[107]. Im Gefolge
von Wirtschaftskrise, großer Koalition und Studentenunruhen gelangen
der NPD dann auch Erfolge, mit denen kaum einer Anfang der sechziger
Jahre gerechnet hatte.

Aber auch die Geschichte der NPD ist nicht ohne parteiinterne Rivalitäten und Richtungskämpfe. Mit dem Wechsel an der Parteispitze, Adolf
v. Thadden löste F. Thielen ab, verlor das konservative Element
zugunsten des alten Nationalismus nach Prägung der DRP an Boden.

Mit der ab 1966 einsetzenden erfolgreichen parlamentarischen Orientierung der NPD wurde diese Partei bis zur der von ihr selbst als
Niederlage empfundenen Bundestagswahl 1969, sie verfehlte mit 4,3
Prozent den Einzug in den Bundestag, die führende Kraft im Rechtsextremismus. Abspaltungen oder Konkurrenzgründungen blieben ohne
Erfolg, wie etwa die AUD. Die NPD geriet zum Sammelbecken nicht nur
der alten DRP-Führungsriege, sondern auch vieler ehemaliger BNS-Akti-
visten. Der spätere Parteivorsitzende, Mußgnug, war selbst einmal
Täter/Opfer der BNS-Affäre[108].

Die NPD trat in ein politisches Klima ein, in dem der Faschis-
musverdacht noch so viel Virulenz besaß, daß unter diesem Vorzeichen
große Politisierungspotentiale bestanden. Die NPD sah sich daher, wie
schon die DRP, vielen Gegendemonstrationen und Verbotsandrohungen
ausgesetzt. Da es nicht selten zu Auseinandersetzungen kam, geriet
die Partei in eine sog. Legalitätsfalle. Um in bürgerliche Wähler-
schichten eindringen zu können, bedurfte sie eines legalitätsorien-
tierten Images, dem standen aber die Kräfte innerhalb und außerhalb
der NPD entgegen, die aufgrund der Gegenmaßnahmen in der Haltung des
"jetzt erst recht" zu eher militanten Aktionsformen neigten. Bis zu
den Bundestagswahlen des Jahres 1969 gelang es der NPD noch eini-
germaßen, diesen Strategiezwist weitgehend zugunsten des Lega-
litätsimages zu lösen. Nach ihrem Scheitern bei den Wahlen brachen

---

[107] s. hierzu ebd., S. 280ff.

[108] s. zum "Fall Mußgnug" ebd., S. 418

die Fraktionierungen wieder offen aus. In der "Aktion Widerstand", die gegen die neue Ostpolitik als neue Sammlungsbewegung von der NPD initiiert wurde, gewannen die militanten Handlungsformen das Übergewicht. Außerdem kam es, nicht zuletzt aufgrund der Erfahrung mit der Neuen Linken, zu der Abspaltung einer Neuen Rechten. Die ANR (Aktion Neue Rechte) spaltete sich im Januar 1972 von der NPD ab.

> "Sie verfocht nicht nicht nur eine Radikalisierung der NPD-Programmatik und -strategie nach rechts, sondern integrierte auch "linke", antikapitalistische Elemente in der Tradition der Weimarer "Konservativen Revolution"[109].

Aber auch von der ANR spaltete sich schon bald die Fraktion der Neuen Rechten ab, dies führte zur Gründung der NRAO (Nationalrevolutionäre Aufbauorganisation). In diesen Abspaltungen manifestierte sich organisatorisch ein Trend zu radikaleren Aktionsformen und zu ideologischem Revisionismus durch neue Theoriezirkel.

Der endgültige Durchbruch zur Herausbildung eines militanten Spektrums im Rechtsextremismus kam dann Mitte der siebziger Jahre. Insbesondere durch Michael Kühnen bildeten sich militante, jungmännerbündische Gruppen, die sich unverhohlen am Nationalsozialismus orientieren und vom Leitbild des politischen Kämpfers und Soldaten ausgehen. Kader- und Wehrsportgruppen zeigten, daß sich jugendlicher Aktionismus und Radikalismus nicht mehr in die parlamentarische Orientierung einbinden ließen. Die Jahre um 1980 herum brachten schließlich sogar einen rechtsextremen Terrorismus hervor, besonders blutig trat er durch den Bombenanschlag auf das Münchner Oktoberfest hervor. Der Rechtsextremismus entwickelte damit Aggregatzustände von hoher provokativer Substanz für die Strafrechtspflege.

Schon der Entwicklungsverlauf der JN (Junge Nationaldemokraten), die Jugendorganisation der NPD, ließ Anfang der siebziger Jahre erkennen, daß sich im Jugendbereich eine andere Entwicklung anbahnte als bei der Partei. Während die NPD kontinuierlich Mitglieder verlor, erlebte die JN in den siebziger Jahren ihre Blütephase. JN-Mitglieder gingen 1973/74 zur nationalrevolutionären Neuen Rechten und später zu den

---

[109] ebd., S. 295

militanten Neonazis. Die Gründung der DVU wiederum, 1971, wurde Indiz dafür, daß sich die nationale Rechte nunmehr auf den vorparlamentarischen, traditionspflegerischen Bereich verlagerte. Der DVU gelang es, in das Reservoir der Anhänger der NPD einzudringen und sich schließlich mit diesem Potential 1987 als DVU-Liste D auch als Partei zu etablieren und im gleichen Jahr in Bremen das erste Landtagsmandat für rechtsextreme Parteien seit langer Zeit zu erorbern.

Mit der Europawahl 1984 wurde deutlich, daß das Wählerpotential für rechtsextreme Parteien, die seit Anfang der achtziger Jahre stärker die Ausländerfrage thematisierten, wieder anwuchs. Die NPD, eigentlich schon vor dem organisatorischen und finanziellen Kollaps stehend, erreichte mit 0.8 Prozent der Stimmen ein Ergebnis, das sie in den Bereich der Wahlkampfkostenrückerstattung brachte und den Grundstein für eine Erholungsphase der NPD legte.

Die **Republikaner** hatten mit ihrem Wahlerfolg bei den bayerischen Landtagswahlen 1986 dann erneut angedeutet, daß in die Parteienlandschaft Bewegung kam. Als rechtskonservative Abspaltung von der CSU gelang es dieser neuen Partei auf Anhieb, drei Prozent zu erringen. Nach einer Phase des Mißerfolgs konnte sie dann 1989 in Berlin und bei der Europawahl mit Stimmenanteilen über sieben Prozent reüssieren. Seither ist ein Streit um die Frage entbrannt, ob diese Partei, in der schließlich viele ehemalige NPD- und DVU-Aktivisten sich einfanden, nun schon rechtsextrem sei oder nicht[110]. Nach **Leggewie** ist das Aufkommen der rechtsextremen Parteien Ausdruck des "dealignment"-Prozesses des Parteiensystems[111].

Der militante Neonazismus machte eine zwiespältige Entwicklung. Offensichtlich behinderten staatliche Repressionsmaßnahmen wie

---

[110] s. FN 43

[111] s. Leggewie, C.: Die Republikaner, a.a.O., S. 54f.

Verbote und Razzien seine Entwicklung[112]. Auf der anderen Seite zeigten sich im jugendkulturellen Bereich militante und aggressive Jugendsubkulturen, die wegen ihrer Gewaltbereitschaft und eines vorhandenen Ausländerhasses ein bevorzugtes Rekrutierungsfeld für den neonazistischen Nachwuchs wurden. Die "Karriere" des Borussen-Sigi, der schließlich Landesvorsitzender der FAP (Freiheitliche Deutsche Arbeiterpartei) in Nordrhein-Westfalen wurde, ist hier prototypisch[113]. Skinheads und Hooligans prägten daher zunehmend das Bild über Neonazis, obwohl eine Gleichsetzung eher verdunkelnd als erhellend wirkt. Die Verfassungsschutzbehörden gingen in den letzten Jahren von etwa 10 Prozent Neonazis unter den Skinheads aus[114].

Nach dem Verbot der Nationalen Sammlung des Michael Kühnen, versuchten die Neonazis sich unter dem Dach einer Partei, der FAP[115], neu zu organisieren, um die höheren Verbotsschranken bei Parteien zu nutzen. Waren schon 1983 ein Streit um den sog. Hitlerismus ausgebrochen und verstärkt nationalrevolutionäre und nationalsolidaristische Strömungen aufgebrochen, so kam es im Jahr 1986 an der "Schwulenfragen" zu einer weiteren Spaltung im neonationalsozialistischem Bereich. Zuletzt standen sich um Jürgen Mosler auf der einen, und um Michael Kühnen auf der anderen Seite, zwei bislang unversöhnliche Neonazigruppen gegenüber. Es bleibt abzuwarten, wie sich der Tod von Kühnen

---

[112] in dieser Hinsicht lesen sich die Verfassungsschutzberichte der letzten 15 Jahre wie das stete Auf und Ab von neonazistischer Provokation und staatlicher Repression.

[113] inzwischen ist Siegfried Borchardts FAP-Landesverband der letzte aktive der zusammenbrechenden FAP, s. Verfassungsschutzbericht 1991, Presseveröffentlichung, S. 34

[114] noch zu 1987 hieß es:"Die in den Vorjahren unternommenen Versuche rechtsextremistischer Organisationen, Angehörige der Skinhead-Szene zur Mitarbeit zu bewegen, blieben auch 1987 erfolglos. Grund dafür dürften die Disziplinlosigkeit und die Suche der Skinheads nach »Randale« sein". Verfassungsschutzbericht 1987, Herausgeber: Der Bundesminister des Innern, Bonn 1988, S. 120

[115] Christians, Georg: "Die Reihen fest geschlossen" - Die FAP, Zu Anatomie und Umfeld einer militant-neofaschistischen Partei in den 80er Jahren, Marburg 1990

am 25. 4. 1991 auf diese Fraktionierung auswirkt. Nach Angaben des
Verfassungsschutzberichtes 1991 haben sich die Anhänger Kühnens in
der "strukturlosen" GdNF (Gesinnungsgemeinschaft der Neuen Front)
zusammengeschlossen und werden jetzt von Christian Worch geführt [116].
Diese Entwicklungen im Neonazismus führten im Bereich der Mitgliederentwicklung zunächst zu einer Stagnation, erst 1991 brachten die
nunmehr als rechtsextrem erfaßten 4200 Skinheads in Ost- und
Westdeutschland einen Anstieg auf insg. 6300 Neonationalsozialisten[117]. Die Vereinigung mit der DDR brachte diesen Gruppen also
einen erheblichen Zuwachs durch ostdeutsche Kräfte[118]. Das wieder-
vereinigte Deutschland als Grundstein für eine neue Etappe in der
Entwicklung des Rechtsextremismus ist nach den bisher erkennbaren
Trends eine nicht mehr undenkbare Perspektive. Die in der westdeutschen Bundesrepublik zuletzt zu beobachtende Stagnation scheint
für diesen Sektor überwunden zu sein.

Ob neonazistische Gruppen oder traditionelle und neue rechtsextreme
Parteien, in fast allen Bereichen und Segmenten des Rechtsextremismus
ist seit einigen Jahren unverkennbar, daß die programmatische Neue
Rechte zumindest über die Ausländerfrage einen großen ideologischen
Einfluß gewonnen hat. Zwar hat die Neue Rechte in den frühen
siebziger Jahren keinen nennenswerten organisatorischen Schub
zustande gebracht, der ideologische Durchbruch ist ihr dennoch
gelungen. In fast allen Parteiprogrammen und Standortpapieren zeigt
sich ein neuer, von der Neuen Rechten initiierter Rassismus, der die
ethnische Frage pseudowissenschaftlich unter dem Zeichen des
Ethnopluralismus thematisiert und unter scheinhumanen Thesen eine
"Ausländer raus!"-Politik verfolgt[119]. Die Neue Rechte adaptierte
viel von der Neuen Linken, einschließlich der Wiederentdeckung

---

[116] Verfassungsschutzbericht 1991, Presseveröffentlichung, S. 28

[117] s. ebd., S. 2

[118] s. hierzu aktuell Schumann, Frank: Glatzen am Alex, Rechtsextremismus in der DDR, Berlin 1990

[119] s. signal- und beispielhaft: Heidelberger Kreis: Heidelberger
Manifest, in: "Die Zeit", vom 8.2.82

Antonio Gramscis:

> "Wenn neu-rechte Theoretiker von »Antiimperialismus« sprechen, dann meinen sie die Befreiung der »Ethnien« von biologischer und kultureller »Überfremdung« (»Befreiungsnationalismus«)"[120].

Im Sinne von Gramsci betont die Neue Rechte die Notwendigkeit einer geistigen Umwälzung, sie propagieren damit den Primat der Theorie gegenüber der Praxis[121].

Der Überblick über die Entwicklungen im Rechtsextremismus wäre aber nicht vollständig, würde man die verstärkte Orientierung der Rechtsextremen auf die Esoterik-Bewegung außer acht lassen. Diese Orientierungen, die eigentlich immer in den Randlagen des Rechtsextremismus vorhanden waren, man denke etwa an den Ludendorff-Kreis, haben sich in den letzten Jahren zweifellos verstärkt[122]. Allerdings ist ihnen eine eher theoretische oder eher politikabgewandte Neigung zu eigen. Sie verweisen aber darauf, daß Rechtsextremismus kaum mehr verstanden und erfaßt werden kann, wenn man sich lediglich auf das Suchraster Nationalsozialismus verließe.

Das Ausmaß "organisatorischer Verwirrung" ist über den gesamten Zeitraum immer sehr hoch gewesen. Auch wenn es viele Beispiele für gemeinsame Aktionen, Aufrufe, verbindende Kommunikationsplattformen in Zeitschriften und Publikationen gibt, sollte dies nicht darüber hinwegtäuschen, daß hohe Zersplitterung, Kompetenzgerangel, Konkur-

---

[120] Backes,U./Jesse, E.: Politischer Extremismus in der Bundesrepublik Deutschland, Band II,a.a.O., S. 87; von Gramsci wurde das Konzept der »kulturellen Hegemonie« übernommen, s. Benoist, Alain de: Antonio Gramsci, in: ders., Aus rechter Sicht, Eine kritische Anthologie zeitgenössischer Ideen, Bd. 2, Tübingen, Buenos Aires, Montevideo 1984, S. 379ff.

[121] s. Backes, U./Jesse, E.: Politischer Extremismus in der Bundesrepublik Deutschland, Band II, a.a.O., S. 85

[122] s. hierzu Gugenberger, Eduard/Schweidlenka, Roman: Mutter Erde, Magie und Politik, Zwischen Faschismus und Neuer Gesellschaft, Wien 1987; in Schleip, Holger (Hrsg.): Zurück zur Naturreligion? Wege zur Ehrfurcht vor allem Leben, Freiburg im Breisgau 1986, finden sich Beiträge von Autoren der Neuen Rechten.

renz, Fraktionierung und Abspaltung ebenso zur typischen Ausstattung des rechtsextremen »Lagers« gehören. Die vielen Autoren, die den Rechtsextremismus mit dem Begriff »Lager« zu beschreiben versuchen[123], machen nicht hinreichend klar, was sie darunter verstehen. Im Alltagsverständnis verbinden sich mit dem Begriff Vorstellungsinhalte wie Einheitlichkeit, Zusammengehörigkeit, Hierarchie und Disziplin. Aber allein die Frage, wer denn der Lagerleiter im Rechtsextremismus-Bereich ist, verdeutlicht, daß mit dem Lagerbegriff mehr Substanz unterstellt wird, als tatsächlich vorhanden ist. Den Rechtsextremismus als Subkultur oder als eigenständige Szene zu begreifen, hat dagegen nicht derartige Implikationen wie der Begriff Lager und läßt es ebenfalls zu, wie bei **Dudek** und **Jaschke,** von globalen Deutungsmustern auszugehen, oder von einer politischen Stammkultur zu sprechen[124].

---

[123] z.B. Dudek, P./Jaschke, H.-G.: Entstehung und Entwicklung ..., Band I, a.a.O., S. 34ff.; Knütter, Hans-Helmuth: Ideologien des Rechtsradikalismus im Nachkriegsdeutschland, Eine Studie über die Nachwirkungen des Nationalsozialismus, 2. Auflage, Bonn 1962 (1961);der den Lagercharakter an der Orientierung auf den Nationalsozialismus festmachte; im Kontrast zur differenzierten Binnenbetrachtung findet sich der Lagerbegriff auch bei Tauber, K.P.: Beyond Eagle and Swastika, ..., a.a.O.; s. zum Lagerbegriff auch Backes, U./Jesse, E.: Politischer Extremismus in der Bundesrepublik Deutschland, Band II, a.a.O., S. 52ff.; in jüngeren Publikationen taucht dagegen eher die Bezeichnung Szene auf, s. z.B. Koelschtzky, Martina: Die Stimme ihrer Herren, Ideologie und Strategie der »Neuen Rechten« in der Bundesrepublik, Köln 1986; eine Theorie der Szene findet sich in dem jüngst publizierten Werk von Schulze, Gerhard: Die Erlebnisgesellschaft, Kultursoziologie der Gegenwart, Frankfurt am Main, New York 1992, S. 459ff.; die von Schulze dort entwickelte Perspektive des Erlebniskonsums bietet einen neuartigen Zugang zur Erfassung der Segmente des Rechtsextremismus an. Es muß späteren Arbeiten vorbehalten bleiben, das Konzept für diesen Bereich wissenschaftlich zu erproben.

[124] s. Dudek, P./Jaschke, H.-G.: Entstehung und Entwicklung ..., Band I, a.a.O., S. 26ff. Die Autoren verbinden ihren Lagerbegriff mit dem der politischen Stammkultur. Allerdings muß bezweifelt werden, ob zutrifft, daß: "Organismus, Ganzheit, Wesen und Intuition" die Leitbegriffe des bundesrepublikanischen Rechtsextremismus seien, dann müßte etwa die Waldorfschulbewegung ebenfalls dem Rechtsextremismus zugeordnet werden.

Sicherlich ist zutreffend, daß der Rechtsextremismus von der demokratischen Mehrheitskultur in seiner bisherigen Geschichte weitgehend hermetisch abgeschottet war, damit waren aber die internen Beziehungsmuster nicht lagerähnlich ausgestaltet. Die Führerschaft einer Partei oder Gruppe im Sinne eines erkenntnisfördernden Lagerbegriffs hat es meiner Ansicht nach in Ansätze lediglich in der Zeit von 1966 bis 1969 durch die NPD gegeben. Im europäischen Kontext zeigt sich ebenfalls, daß man zwar viele kommunikative Verflechtungen nachweisen kann, ein Steuerungszentrum aber nicht auszumachen ist[125]. Aus der Vielgestaltigkeit des rechtsextremen Bereichs auf eine subjektiv bewußte und von einer Führung gesteuerten Arbeitsteilung zu schließen, wie es **Dudek** und **Jaschke** in ihrer Zusammenfassung tun[126], heißt eben auch, mehr Substanz vorzugeben als tatsächlich vorhanden ist.

3.4 POLITISCHE SUBKULTUR RECHTSEXTREMISMUS

Aus der Verlaufsgeschichte des Rechtsextremismus geht hervor, daß der Rechtsextremismus nach seiner durch die Herrschaft des National- sozialismus zum Ausdruck gebrachten Bewegungsqualität in die relative Bedeutungslosigkeit einer randständigen Subkultur herabsank. Der Rechtsextremismus wurde, wie **Jaschke** es ausdrückt, ein antidemo- kratisches Ferment in einer demokratisch intendierten politischen

---

[125] vgl. Dudek, P./Jaschke, H.-G.: Rechtsextremismus - Ein Euro- Phänomen?, a.a.O.

[126]"Die nach 1945 durchgesetzte präventive Verhinderung einer neuen einheitlichen nationalsozialistischen Bewegung wurde beantwortet durch eine den Umständen entsprechende Arbeitsteilung innerhalb des Lagers rechtsaußen". Dudek, P./Jaschke, H.-G.: Entstehung und Entwicklung ..., Band I, S. 481f. Dieses Fazit steht in einem seltsamen Widerspruch zu der an vielen Stellen zum Ausdruck gekommenen Disparatheit des organisierten Rechtsextre- mismus.

Kultur[127]. Mit der Umgestaltung zur Subkultur wurden jedoch nicht alle Beziehungen zur Mehrheitskultur der alten Bundesrepublik gekappt.

Über der Bundesrepublik Deutschland in ihrer Westausprägung liegen Umfragedaten vor, die darauf hinweisen, daß es bedeutend mehr Träger rechtsextremer Einstellungen gab und gibt, als sich durch manifestes Verhalten wie Abonnements rechtsextremer Publikationen, Mitgliedschaft in Organisationen oder einschlägiges Wahlverhalten, beobachten läßt[128]. Diese immer wieder auszumachende Kluft zwischen Einstellung und Verhalten, die insbesondere dort eklatant ist, wo die geschlechtsspezifischen Ausprägungen erfaßt sind, Frauen haben hier zwar einschlägige Einstellungen, aber kaum Verhalten an den Tag gelegt[129], führt zwar immer wieder zu Mutmaßungen über das "Potential" des Rechtsextremismus[130], wird aber so gut wie gar nicht unter dem

---

[127] s. Jaschke, Hans-Gerd: Subkulturelle Aspekte des Rechtsextremismus, in: Berg-Schlosser, D./Schissler, J.: Politische Kultur in Deutschland, a.a.O., S. 323

[128] s. hier wegweisend 5 Millionen Deutsche: "Wir sollten wieder einen Führer haben ...", a.a.O.; aber auch Noelle-Neumann, Elisabeth/Ring, Erp: Das Extremismus-Potential unter jungen Leuten in der Bundesrepublik Deutschland 1984, Institut für Demoskopie Allensbach, Bonn 1984

[129] s. bei 5 Millionen Deutsche: "Wir sollten wieder einen Führer haben ...", a.a.O., den Frauenanteil von 56 Prozent beim rechtsextremistischen Einstellungspotential, s. S. 115; schon im Wahlverhalten zeigt sich ein anderes Frauenverhalten, in der Untersuchung zum Wahlverhalten bei rechtsextremen Parteien (DVU, NPD und **Republikaner**) ergab sich: "Zwei Drittel der Wähler der Neuen Rechtsparteien – ob sie nun NPD, DVU oder Republikaner heißen mögen – sind Männer, nur ein Drittel Frauen".Hofmann-Göttig, Joachim: Die neue Rechte: die Männerparteien, Die Wählerbasis der "Republikaner", DVU und NPD nach Alter und Geschlecht bei der Europawahl vom 18. Juni 1989, Das Mandat, Die Wähler der extremen Rechten II, herausgegeben von Klär, Karl-Heinz/Ristau, Malte/Schoppe, Bernd/Stadelmaier, Martin, Bonn 1989, S. 8; kaum wahrnehmbar ist dann der Anteil der Frauen unter aktiven Rechtsextremisten, s. hierzu auch die Ergebnisse der empirischen Analyse, Kapitel 4ff.; zur Thematik von Mädchen im Rechtsextremismus s. Meyer, Birgit: Mädchen und Rechtsradikalismus, in: Blätter für deutsche und internationale Politik, 36. Jg., 5'91, S. 601ff.

[130] in den meisten aktuellen Publikationen wird auf ein Potential zwischen 10 und 15 Prozent geschlossen.

Aspekt thematisiert, ob sich in diesen "stillen Reserven" sozusagen der Anteil von Rechtsextremismus zeigt, der sich noch eingebunden fühlt in die Mehrheitsgesellschaft, der also die subkulturelle Existenzform, vielleicht aufgrund fehlender Stigmatisierungser-fahrungen, noch nicht adaptiert und akzeptiert hat. Für diese empirisch nicht geprüfte These könnte auch der Umstand sprechen, daß in verschiedenen Meinungsfeldern das Ausmaß an Zustimmung in der Bevölkerung weit über das hinausgeht, was dem Rechtsextremismus als Einstellungssyndrom an Zustimmung zukommt.

Insbesondere bei der Ausländerfrage und beim Antisemitismus, aber auch in der Ökologiefrage, wurden bei Umfragen Brücken zur Mehrheits-kultur deutlich[131]. **Stöss** kam bezüglich des Einstellungsbereichs zu folgendem Gesamturteil:

> "..., so besteht in der Bundesrepublik doch ein breites rechtsextremes Einstellungspotential. Dabei handelt es sich vor allem um pronazistische, antisemitische und ausländer-feindliche Orientierungen, die jeweils etwa zwischen 20 und 40 Prozent liegen. Der Anteil der Bevölkerung, der über ein festes rechtsextremes Weltbild verfügt, dürfte gegenwärtig um 15 Prozent schwanken" [132].

Allerdings muß angemerkt werden, daß Untersuchungen zu Antisemitismus und Ausländerfeindlichkeit methodisch umstritten sind. Insbesondere immer dort, wo die Untersuchungen von "**bedingt** antisemitisch", "**latent** ausländerfeindlich" u.ä. sprechen, treten die Zuordnungs-

---

[131] s. hierzu 5 Millionen Deutsche: "Wir sollten wieder einen Führer haben ...", a.a.O., S. 92ff.; s. zur aktuellen Lage im vereinten Deutschland: Spiegel-Umfrage: "Mehr verdrängt als bewältigt", in: Spiegel-Spezial 2/1992, S. 61ff., hier wird u.a. bei insgesamt 13 Prozent der erwachsenen Bevölkerung eine antisemitische Einstellung ermittelt, 16 Prozent der West-deutschen, jedoch nur 4 Prozent der Ostdeutschen; überhaupt vermittelt die Umfrage unter der erwachsenen Bevölkerung Ostdeutschlands eine größere Resistenz gegenüber rechtsextremen Positionen. Insoweit verweisen die aktuellen Vorkommnisse auf ein gravierendes Jugendproblem in Ostdeutschland.

[132] Stöss, R.: Die extreme Rechte ..., a.a.O., S. 50

und Bewertungsprobleme offen zutage[133]. Die ohne Zweifel im Ansatz antidemokratischen und/oder vorurteilsbeladenen Ressentiments in der Bevölkerung müssen deswegen aber noch nicht notwendig als rechtsextrem eingestuft werden. Gerade bei **Stöss** resultiert eine solche Bewertung aus der Gleichsetzung von antidemokratisch mit rechtsextrem.

Festzuhalten bleibt, daß der Rechtsextremismus über Themen verfügt, die ihn über die Grenzen seiner randständigen Subkulturexistenz führen könnten, er ist aber aufgrund seiner Existenzbedingungen dazu bislang nicht in der Lage gewesen. Denn sobald der Rechtsextremismus sich als organisierter Rechtsextremismus formiert, brechen – bislang – seine Brücken zur Mehrheitskultur ab.

Ausgrenzung und Stigmatisierung durch Staat und Gesellschaft waren an diesem Prozeß genauso beteiligt, wie die Einbindung von offen sich bekennenden Rechtsextremisten in einen Lebenszusammenhang, der das Bewußtsein der Abweichung eher pflegte als ausblendete, nicht zuletzt durch die in rechtsextremen Kontexten vorhandenen elitekonzeptionellen Versatzstücke[134]. Im organisierten Rechtsextremismus wird also eine Haltung gepflegt, die ein Bewußtsein von Abweichung hat, die sich aber auch

> "... im partiellen Einklang ... mit geronnenen traditionalistischen Orientierungen ..."[135]

weiß.

---

[133] s. hierzu Bergmann, Werner: Sind die Deutschen antisemitisch? Meinungsumfragen von 1946 - 1987 in der Bundesrepublik Deutschland, in: ders./Erb, R. (Hrsg.): Antisemitismus, a.a.O., S. 108ff.; s. auch Silbermann, Alphons: Sind wir Antisemiten? Ausmaß und Wirkung eines sozialen Vorurteils in der Bundesrepublik Deutschland, Köln 1982; Silbermann zeichnet sich dadurch aus, daß er Erhebungskategorien zusammenfaßt und dadurch neue Gewichtungen erzielt

[134] völkische und bündische Jugendarbeit z.B. arbeitet bewußt mit Ausgewähltheitsgefühlen.

[135] s. Jaschke, H.-G.: Subkulturelle Aspekte des Rechtsextremismus, a.a.O., S. 323

Die Nähe oder die Entfernung des organisierten Rechtsextremismus zur Mehrheitskultur erscheint als ein entscheidender Schlüssel für die Ausgestaltung der politischen Justiz in diesem Bereich. Es wird noch darzustellen sein, inwieweit die politische Justiz selbst Auslöser von Abläufen und Vorgängen gewesen ist, die den organisierten Rechtsextremismus in den Status einer Subkultur gebracht bzw. ihn dort gehalten haben.

Die staatlichen Interventionen und ihre Auswirkungen waren stets von erheblicher Bedeutung für die Austragung des Streits um die Wahl- oder Straßenpolitik im organisierten Rechtsextremismus der Bundesrepublik Deutschland[136]. Revolutionärer Habitus und parlamentarische Erfolgsorientierung schließen sich in einer demokratischen intendierten Mehrheitskultur aus. Mißerfolgserfahrungen der parlamentarisch orientierten Rechten führten sowohl zur Verlagerung auf vorpolitische, aber kommunikativ dichte Selbstvergewisserungsangebote im publizistischen und kulturellen Bereich[137], als auch zu direkten, allerdings altersspezifisch geprägten "revolutionären", "jetzt-erst-recht" Gegenbewegungen, die sich für die Politik der Straße, der Militanz entschieden.

Angesichts der Verlaufsgeschichte des Rechtsextremismus ist von **Dudek** und **Jaschke** die These aufgestellt worden, daß sich der Rechtsextremismus als Subkultur in einem spezifischen Verhältnis zur demokratischen Mehrheitskultur befände, wobei den rechtsextremen Parteien eine Vermittlungsrolle zwischen beiden Kulturen zukäme:

> "Ein Blick auf die Entwicklung nach 1945 insgesamt führt zu der Arbeitshypothese, daß Parteien und Subkultur in einem historisch je spezifischen umgekehrt proportionalen Kräfteverhältnis stehen: Parlamentarische Erfolgsaussichten binden Teile der Subkultur an formaldemokratische Spielregeln und tragen zu einer "Verbürgerlichung" des Lagers bei, während umgekehrt parlamentarische Erfolglosigkeit -

---

[136] s. hierzu Backes, U.: Politischer Extremismus in demokratischen Verfassungsstaaten, a.a.O., S. 240. Fraglich erscheint nur, ob man hier wirklich von einer gelungenen Arbeitsteilung sprechen kann.

[137] vgl. Jaschke, H.-G.: Subkulturelle Aspekte des Rechtsextremismus, a.a.O., S. 324

etwa in der zweiten Hälfte der Fünfzigerjahre und in den
Siegzigerjahren besonders ausgeprägt - subkulturelle
Erscheinungen verstärkt"[138].

Spätestens seit 1984 kann man allerdings zum einen nicht davon
ausgehen, daß rechtsextreme Parteien per se diese Vermittlungsrolle
einnehmen - so ist die FAP eine unzweifelhaft militante neonationalsozialistische Partei ohne Bemühen um ein "bürgerliches" Erscheinungsbild -, zum anderen haben sich mit den Skinheads jugendkul-
turelle Protestmilieus etabliert, die ebenfalls ohne Anbindung zum
"bürgerlichen Flügel" sind und dies auch bleiben wollen. Die
Ausdifferenzierung der Lebensstile löst bekannte Zusammenhänge auf[139].
Die **Dudek/Jaschke-These** trägt nur noch bedingt, nämlich da, wo über
die Beteiligung am System und seinen Spielregeln Machtzuwachs
erstrebt wird.

Der subkulturelle Aspekt des Rechtsextremismus schließt auch ein, daß
subkulturspezifische Sprachcodes und Kommunikationsbestände existier-
en[140], wie es etwa die These von der Umerziehung und Greuelpropaganda
belegt, die für das Selbstverständnis vieler Rechtsextremisten
unverzichtbar zu sein scheint.Die damit verbundene diskursive
Abschottung zur Mehrheitsgesellschaft ist aber nicht allein das
Produkt einer gewollten Abschottung der Rechtsextremisten vom
öffentlichen politischen Diskurs. Wie schon am Umgang mit dem
Nationalsozialismus und dem Antisemitismus aufgezeigt, unterliegen
zentrale rechtsextreme Standpunkte einer sozialen "Vorurteilsre-
pression"[141].

---

[138] Dudek, P./Jaschke, H.-G.: Enstehung und Entwicklung ..., Band
1, a.a.O., S. 59

[139] s. hierzu auch die kürzlich erschienene Studie zur Erlebnisgesellschaft, Schulze, G.: Die Erlebnisgesellschaft, a.a.O., und
Zablocki, Benjamin D./Kanter, Rosabeth Moss: The Differentiation
of life-styles, in: Annual Review of Sociology, 2. Jg., 1976, S.
269ff.

[140] s. Jaschke, H.-G.: Subkulturelle Aspekte des Rechtsextremismus, a.a.O., S. 327

[141] vgl. Bergmann, W./Erb,R.: Kommunikationslatenz, Moral und
öffentliche Meinung, a.a.O., S. 227

Das Kommunikationsverbot bzw. die Einhegung rechtsextremer Standpunkte zu "abgegrenzten Kommunikationsinseln"[142] baut sich immer dort
auf, wo mit dem Faschismusvorwurf, an den sich stets der Vorwurf der
Judenvernichtung knüpft, politischen Gegnern aus dem rechten Spektrum
das diskursive Wasser abgegraben werden kann.

Die Folge der öffentlichen Nichtkommunizierbarkeit rechtsextremer
Standpunkte,- wenn sie von Rechtsextremen vertreten werden-, ist,
daß sich ein eigener Verständigungscode im rechten Bereich heraus-
zubilden beginnt, mit dem sich die subkulturellen Praxis weiter
selbst verstärkt und schließlich zur Bildung auch halbklandestiner
Netzwerke führt[143]. Inwieweit Erosionsprozesse des etablierten
Konservatismus nach rechts, wie sie **Hafeneger** und **Lochmann**[144]
aufzeigen, zur Auflösung des rechtsextremen Kommunikationsghettos
führen könnten, kann zu diesem Zeitpunkt noch nicht abschließend
bewertet werden. Ohne Zweifel gibt es dafür aber Anzeichen.

So wie der Faschismusvorwurf das bevorzugte kommunikative Kampfmittel
gegen Rechtsextremisten darstellt, so scheint die Ästhetik des
Faschismus einer der Klammern zu sein, die das kommunikative und
soziale Netzwerk unter den Rechtsextremisten tragen. Die Faszination
faschistischer Symbole und Rituale ist der Kleister für die "**kulturelle Praxis** des Netzwerks"[145].

Unter den Bedingungen von Ausgrenzung, Isolierung und Verfolgung
durch Staat und Gesellschaft verliert, wie **Jaschke** anmerkt, in der
rechten Subkultur die offene politische Willensbildung naturwüchsig

---

[142] s. ebd., S. 231

[143] s. Jaschke, H.-G.: Subkulturelle Aspekte des Rechtsextremismus, a.a.O., S. 325

[144] s. Hafeneger, Benno/Lochmann, Walter: Rechtsextreme Jugend,
in: Vorgänge, Heft 6, November 1986, S. 7ff.

[145] Jaschke, H.-G.: Subkulturelle Aspekte des Rechtsextremismus,
a.a.O., S. 327

an Boden[146], stattdessen hat sich im Rechtsextremismus ein "Mythos der Verfolgten und Entrechteten" etabliert, der eine vorpolitische Kultur der "Ewiggestrigen" produziert (insbesondere in und um die National-Zeitung des Gerhard Frey), aus der mitunter rechthaberische Ausbruchsversuche zu beobachten sind.

Mit der Erfassung des Rechtsextremismus als Subkultur kann aber nicht eine einheitliche ideologische Orientierung gemeint sein. Es gibt Klammern, die diesen Bereich charakterisieren und zusammenhalten, sie dürfen aber nicht über ideologische Differenzen innerhalb des Rechtsextremismus hinwegtäuschen. So wie es in den frühen Nachkriegsjahren interne Differenzen zwischen nationalsozialistischen und deutschnationalen Strömungen gab, so gibt es heute Differenzen zwischen sog. revolutionären, solidaristischen, ständestaatlichen, hitleristischen, antihitleristischen, nationalfreiheitlichen, nationaldemokratischen oder paganen esoterischen Strömungen. Bedeutungslos sind inzwischen die monarchistischen Strömungen, die direkt nach dem Krieg zunächst als rechtsextreme Alternativlösungen diskutiert wurden.

Mit den ideologischen Differenzen gehen Differenzen in den Einstellungen zu legalem und illegalem Handeln einher. **Meyer/Rabe** sprechen daher zu Recht von einer Spaltung im rechtsextremen Lager[147]. Je "revolutionärer" die Ausrichtung, desto unverhohlener wird die Straßenpolitik und desto offener der Trend zum Regelbruch. Während die Repräsentanten der nationalfreiheitlichen und nationaldemokratischen Rechten sich eher als verfassungstreue Rechte begriffen, und dabei stärker die Generation der 60jährigen und Älteren ansprachen, waren es insbesondere die männerbündisch orientierten neonationalsozialistischen oder -revolutionären Gruppen der 15- bis 30jährigen, die den Bruch zum System propagierten und damit auch in ihren Programmen, Flugblättern und Schriften nicht hinter dem Berg hielten.

---

[146] ebd., S. 325

[147] s. Meyer, Alwin/Rabe, Karl-Klaus: Unser Stunde, die wird kommen, Rechtsextremismus unter Jugendlichen, Bornheim-Merten 1979, S. 37

Insoweit halte ich die Einschätzung von **Dudek** für unzutreffend, der behauptet:

> "Bei rechtsextremen Jugendgruppen handelt es sich um politisch oppositionelle bzw. teiloppositionelle **Kleingruppen**, die mit wenigen Ausnahmen keinen programmatischen Generationskonflikt kennen"[148].

Allein die Geschichte der Jungen Nationaldemokraten[149] ist ausreichender Beleg dafür, daß zumindest ab den siebziger Jahren in der rechtsextremen Jugendarbeit ein Generationskonflikt zu Tage trat. Die NPD wurde nämlich, wie **Dudek** selbst an anderer Stelle hervorhebt, mit dem Problem einer aufmüpfigen Parteijugend konfrontiert[150].

Eine Durchsicht der Dokumente[151] der einzelnen Gruppen zeigt aber deutlich, daß in der rechtsextremen Jugendszene hinsichtlich des Oppositionsverständnisses wichtige Unterschiede festzustellen sind.

Die Jungen Nationaldemokraten, und ähnlich auch der BHJ, sind, wenn auch unverhohlen rassistisch und völkisch, so doch um "Verfassungstreue" und Legalismus bemüht und distanzieren sich immer wieder von den "Gruppen »nationalsozialistischer« Provokateure"[152].

---

[148] Dudek, P.: Jugendliche Rechtsextremisten, a.a.O., S. 26

[149] s. vorne S. 103

[150] "Das vor allem von jüngeren Mitgliedern getragene Oppositionspotential drängte auf eine programmatisch und im Auftreten radikalere »Gangart« der NPD. ... Überspitzt formuliert hieß die Parole: Fundamentalopposition statt angepaßte Opposition". Dudek, P.: Jugendliche Rechtsextremisten, a.a.O., S. 154

[151] s. z.B. den Anhang in Meyer, A./Rabe, K.-K.: Unsere Stunde die wird kommen, a.a.O.; oder Rabe, Karl-Klaus: Rechtsextreme Jugendliche, Gespräche mit Verführern und Verführten, Bornheim-Merten 1980; Dudek, P./Jaschke, H.-G.: Entstehung und Entwicklung ..., Band 2, a.a.O.

[152] Meyer, A./Rabe, K.-K.: Unsere Stunde, die wird kommen, a.a.O., S. 229, die JN ist insoweit eine legalistische Fundamentalopposition.

Eine allseits als militant eingestufte Gruppe wie die "Wiking-Jugend" gibt sich zumindest auch legalistisch, d.h. stellt sich als "verfassungstreue Jugend" dar:

> "Wir von der Wiking-Jugend stehen ganz klar auf dem Boden der Verfassung ..."[153].

Dies hält sie allerdings nicht von Hetze gegen "linke Lehrer" und von einer militanten Praxis ab[154].

Ein rein taktisches Verhältnis zur Legalität zeichnete die Kreise um Michael Kühnen aus. Hier wurde praktisch eine Doppelstrategie von legaler und illegaler Arbeit verfolgt[155], und, wie die neueste Entwicklung unterstreicht, auch die Taktik der "organisierten Verwirrung"[156]. Der "Legalismus" wird aus rein taktischen Gründen vertreten:

> "Seine Getreuen, ..., wollte Kühnen überhaupt auf den pseudolegalen Kampfstil von Hitler und Goebbels festlegen: "Wir werden unseren Kampf gewaltfrei im Rahmen des bestehenden Systems so führen, wie ihn Adolf Hitler in den zwanziger und dreißiger Jahren auch hat führen müssen....- "...Aber wir bemühen uns durchaus, den Gesetzen Rechnung zu tragen, die im Augenblick hier herrschen. Wir mögen diese Gesetze nicht. Wir sind angetreten, sie abzuschaffen. Aber wir haben sie so weit anzuerkennen, daß wir im Rahmen dieser Gesetze zu arbeiten haben"[157].

Insbesondere in den Dokumenten der NSDAP-AO findet sich eine Haltung, die ausschließlich die Illegalität als einzigen politischen Weg

---

[153] ebd., S. 209

[154] s. Meyer, A./Rabe, K.-K.: Unsere Stunde, die wird kommen, a.a.O., S. 211; weitere Beispiele hierzu bei Rabe, K.-K. (Hrsg.): Rechtsextreme Jugendliche, a.a.O., S. 13f.

[155] s. z.B. Broder, Henryk M.: Deutschland erwacht, Bornheim-Merten 1978, S. 104 oder Innere Sicherheit Nr. 1/1989, vom 28. Februar 1989, zum Verbot der "Nationalen Sammlung", S. 1

[156] s. Verfassungsschutzbericht 1991, Presseveröffentlichung, S. 30f.

[157] HJG, Ein Neonazi im Wortlaut, in: Die Zeit, vom 6. Mai 1983

ausweist[158], wobei man die Verantwortung dafür "Bonn" auflädt:

"Anscheinend will man in Bonn mit aller Gewalt eine zweite
Terrorismusfront haben bzw. provozieren. Anders läßt sich
die brutale Handhabung des Polizei- und Justizterror-
apparates gegen uns nicht erklären.
Diese letzte Verhaftungswelle hat nur wieder gezeigt, daß
der NS-Befreiungskampf vorwiegend im Untergrund geführt
werden muß... Jegliche legale oder offene NS-Betätigung
wird sowieso von den Bonner »Demokraten« mit dem Entzug der
»demokratischen Freiheit und Rechte« und dem Gefängnis
belohnt, was dann potenzielle Arbeitskräfte für die
übriggebliebene Untergrundorganisation neutralisiert. Nur
das strenge Einhalten der Grundprinzipien und der Strategie
des NSDAP-AO Untergrundkampfes ermöglicht die Fortführung
eines konsequenten NS-Widerstandes trotz dieser und jeder
künftigen Verfolgungswelle und der damit verbundenen
Verluste, ..."[159].

Die NSDAP-AO, und in jüngerer Zeit auch die FAP, zeigen, daß auch
unabhängig von einem charismatisch auftretenden Michael Kühnen die
revolutionäre Orientierung und Militanz existiert. Vor allem im
Gebiet der ehemaligen DDR gewinnt der militante und revolutionäre
Neonazismus erneut an Boden. Mit der Ermordung des Rechtsextremisten
Sonntag in Dresden am 2. Juni 1991 und den Ausschreitungen von
Hoyerswerda im September 1991 sowie der Rostocker Ausschreitungen von
August 1992[160] wurden neue Stufen der Eskalation der Gewalt erreicht,
die ihren Abschluß noch nicht gefunden zu haben scheint.

In den militanten Bereichen des Rechtsextremismus stellt sich die
Frage, wie die Mitglieder solcher Gruppen sich zur Justiz, und zu
Recht und Ordnung als Politikkonzept auf der einen und zur Militanz
und damit Illegalität als Weg auf der anderen Seite stellen.

Rückt man das einzelne Mitglied ins Zentrum der Betrachtung, fällt
ein häufig widersprüchliches Verhalten auf. Auf der einen Seite
weisen rechtsextreme Jugendliche einen ausgeprägten Hang zu einer

---

[158] s. die einschlägigen Dokumenten zur NSDAP-AO in Meyer,
A./Rabe, K.-K.: Unsere Stunde, die wird kommen, a.a.O., S. 254ff.

[159] NS-Kampfruf, Nr. 30/1979, zit. nach Meyer, A./Rabe,K.-K.:
Unsere Stunde, die wird kommen, a.a.O., S. 267

[160] s. hierzu Frankfurter Rundschau vom 25.8.1992

"law and order"-Sicht auf, betonen also die Notwendigkeit gesetzes-
konformen Handelns[161], auf der anderen Seite haben sie keine Hem-
mungen, auf andere Menschen einzuprügeln, Ausländerheime anzuzünden
und "Linken" die Grundrechte abzusprechen.

Dieser Widerspruch ist nur zu verstehen, wenn nicht ein rechts-
staatliches Verständnis zugrunde gelegt wird, sondern gesehen wird,
daß der Wunsch nach Ordnung, nach Stärke und nach Sicherheit einem
Denken und Fühlen entspringt, das von der Angst vor Unüberschaubar-
keit, Unplanbarkeit, Bedrohung und Verlust der Kontrolle über die
eigene Existenz getragen wird[162]. Ein solch psycho-kognitives Muster
braucht dann "Sündenböcke", um ein Bedürfnis nach der direkten,
ungebrochenen Lösung von Problemen durch konkretes und repressives
Handeln bzw. dem Wunsch danach, zu kanalisieren. Hinzu kommt, daß die
Legitimität des Rechts sich für Rechtsextremisten nicht aus dem
demokratischen Zustandekommen ergibt, sondern sich aus autoritär-
völkischen Prinzipien herleitet. Dementsprechend fällt es insbesondere den neonationalsozialistischen Gruppen nicht schwer, etwa
dem Verbot der NSDAP die Legitimität abzusprechen, weil, wie es das
zu einer lebenslangen Freiheitsstrafe verurteilte ehemalige ANS-
Mitglied Michael Frühauf in einer schriftlichen Befragung durch den
Autor zum Ausdruck brachte:

> "Die Strafgesetze, die eine nationalsozialistische
> Organisation verbieten,..., wurden als nicht rechtens und
> als einer von den Besatzungsmächten eingestellten und damit
> nicht anerkannten Obrigkeit (Hervorhebung durch den Autor
> H.K.) eingeführten Gesetzgebung angesehen. Man meinte, die
> so zustandegekommenen Gesetze nicht befolgen zu müssen"[163].

---

[161] s. hierzu insbesondere die Untersuchung von Jaide, Walter:
Achtzehnjährige zwischen Reaktion und Rebellion. Politische
Einstellungen und Aktivitäten Jugendlicher in der Bundes-
republik, Opladen 1980, S. 69ff.

[162] die desintegrativen Entwicklungen sind in ihrer fatalen
Wirkung und erheblichen Bedeutung für rechtsextremistische
Karrieren eindrucksvoll in einer Studie aufgezeigt worden, s.
Heitmeyer, Wilhelm u.a.: Die Bielefelder Rechtsextremismus-
Studie, Erste Langzeituntersuchung zur politischen Sozialisation
männlicher Jugendlicher, Weinheim und München 1992

[163] Schriftliche Antwort von Michael Frühauf auf meine Befragung,
Brief vom 25. Februar 1990, S. 2

Also, Recht und Ordnung ja, aber sie müssen von der richtigen Obrigkeit kommen.

Neben diesem Legitimationsaspekt stößt man bei rechtsextremen Jugendlichen häufig auf ein zwar vorhandenes, aber doch sehr abgeschwächtes Unrechtsbewußtsein. So führt z. B. Gerald **Wagener** in seiner Autobiografie zum Waffenbesitz aus:

> "Das Gefühl, das ich dabei hatte, läßt sich schwer beschreiben. Mir war bewußt, daß es sich um einen Strafbestand handelte. Das hat mich aber sehr wenig gestört"[164].

In anderen Deliktsbereichen, die eher politischer Natur sind, ist allerdings das Unrechtsbewußtsein bei Gerald **Wagener** voll entwickelt:

> "Wenn ich sage mit erhobenem rechten Arm, so meine ich nicht, daß sie den Hitler-Gruß gemacht haben, das war strengstens verboten, ..."[165].

Gerade bei jugendlichen Rechtsextremisten wäre also eine Einschätzung unrealistisch, die von einem stringenten Wertkonzept in Sachen Recht und Gerechtigkeit ausgeht. Vielmehr erscheint Recht und Unrecht bei rechtsextremen Jugendlichen in mehrfach gebrochenen Versatzstücken internalisiert und auch unterschiedlich tief relevant zu sein. Der Grad der Eingebundenheit in eine je spezifisch orientierte rechtsextreme Gruppe hat dabei ebenso eine Bedeutung wie die Faszination für bestimmte verbotene Dinge wie Waffen, das Ausmaß konkreter Justizerfahrungen oder der Stellenwert von Gewalt als persönliche Problemlösungsstrategie.

Hinsichtlich der Justizerfahrungen kann autobiographischen Berichten entnommen werden, daß konkrete Polizei- und Justizerfahrungen eher zur Aufwertung im Lager der Rechtsextremisten führen als zur Problematisierung des eigenen Verhaltens. Stellvertretend für viele Äußerungen sei hier von folgenden Erfahrungen berichtet: Wageners erster Regelverstoß, mit der Hoffmann-Gruppe verstieß er gegen das Versammlungsgesetz, der zu einem Polizeikontakt führte, beunruhigte

---

[164] Ein rechtsradikaler Jugendlicher berichtet: »Ich heiße Gerald Wagener...«, Vorwort von Horst Richter, Berlin 1981, S. 33

[165] ebd., S. 64

ihn nicht:

> "Jeder wurde von einem Beamten begleitet. Mir erschien das recht lustig"[166].

> "Wir wurden von echten Sympathisanten in Hannoversch-Münden damals wie Helden gefeiert. ... Unser Ansehen war sprunghaft gestiegen."[167].

Nach den Erfahrungen des Michael Frühauf in der ANS mußten bestimmte Bedingungen erfüllt sein, um bei justitiellen Sanktionen "positive Folgen" ausmachen zu können:

> "Personen, die mehr Sympathisanten und Mitläufer waren, nahmen justizielle Sanktionen zum Anlaß, aus der Szene auszusteigen, sofern sie sich zu diesem Zeitpunkt anderweitig orientieren konnten (z.B. Berufsausbildung, Freundin, Verlobung). Sie mußten also eine attraktive Perspektive für die Zukunft bekommen haben. Oder ihren Eltern gelang es, noch einen genügend großen Einfluß auf ihre Kinder auszuüben. Im übrigen stieg mit der Zahl der eingeleiteten Ermittlungsverfahren und tatsächlichen Verurteilungen das Ansehen in der Gruppe. Je mehr jemand von der Justiz sanktioniert wurde, desto zuverlässiger und einsatzfreudiger galt er. Sie selbst begriffen sich als Opfer einer Politischen Justiz und gar manchmal als Märtyrer für die "nationale Bewegung" (=Zitat v. M. Kühnen, C. Worch, ANS Hamburg, 1980/81). Umgekehrt wurden Mitläufer, die nicht einschlägig verurteilt waren, schnell als potentielle Polizeispitzel hingestellt"[168].

Hieraus folgt, daß die Verarbeitung der Erfahrung politischer Justiz bzw. die Einschätzung von Justiz als politischer Justiz auf Seiten des subkulturellen Milieus wesentlich von den dort vorherrschenden Legitimationsmustern abhängt, aber auch von den dominierenden Organisationsmustern (Kleingruppen mit entsprechend hoher Chance zur Erzeugung von Gruppenzwang) und den Erfahrungsketten im Wechselspiel von Milieu und Repressionsstab Polizei/Justiz. Hinzu kommen dann noch, wie schon angedeutet, die im Milieu des Rechtsextremismus anzutreffenden Einstellungen und Verhaltensdispositionen zur Gewalt.

---

[166] ebd., S. 30

[167] ebd., S. 31

[168] Frühauf, M.: Schriftliche Befragung, a.a.O., S. 3f.

Gerade in den jugendkulturellen Rechtsextremismusmilieus gibt es Akteure, die ihre Lebenspraxis vorwiegend durch Gewaltorientierung bestimmen und deshalb mit hoher Wahrscheinlichkeit mit der Justiz in Berührung kommen[169]. In einigen Fällen stößt man auf eine solche Neigung zur Brutalität, daß sich der Eindruck aufdrängt, daß solche Menschen nicht mehr zwischen Gut und Böse, zwischen Recht und Unrecht zu unterscheiden in der Lage sind, sondern nur noch alles ihrem Diktat der Gewalt unterwerfen und durch keinerlei Moralsystem und Rechtsgedanken in ihrem Tun beeinflußt sind.

Aus wissenschaftlicher Perspektive ist festzuhalten, daß die Einschätzung des justitiellen Problempotentials in Abhängigkeit von konkreter Justizpolitik und Subkulturausprägung gesehen werden muß. Allerdings ist es schwierig, hier zu Aussagen zu kommen, die sich verallgemeinern lassen oder gar zu sozialen Gesetzen formen ließen. Ohne Zweifel hat sich im westlichen Nachkriegsdeutschland eine für den Rechtsextremismus ungünstige Konstellation politischer Kultur herausgebildet, die Versuchen, Justiz zugunsten rechtsextremer Interessen gesamtgesellschaftlich zu politisieren, einen wirksamen Riegel vorschob. Dies schloß und schließt nicht aus, daß im Kontext von Beziehungsgeflechten auf der Mikroebene Justiz politisierbar war durch Rechtsextremisten, aber eben nur wirksam im Kontext rechtsextremer Subkultur.

---

[169] s. hierzu auch die entsprechenden Sequenzen bei Gerald Wagener, Ein rechtsradikaler Jugendlicher berichtet: ..., a.a.O.; oder die Anlage 5: <u>Tonbandprotokoll des Berliner Skinheads Thommy (20),</u> aufgezeichnet im August 1988 (Junge Welt vom 7. April 1990), in: Schumann, F.: Glatzen am Alex, a.a.O., S. 129ff.

3.5   GERICHTSARENA

Nach **Kirchheimer** stellt die Gerichtsarena eine mittlere Kampfstufe
im Gefüge der politischen Auseinandersetzungen dar[170].Die Inanspruchnahme der Gerichtsarena zu politischen Zwecken kann in einer schier
unendlichen Vielzahl von Facetten ablaufen. Allein schon die Vielzahl
der Akteure, die politische Justiz nutzen oder "erzeugen" können,
gibt einen Hinweis darauf, wie komplex dieser Gegenstandsbereich ist.
Dennoch wird in diesem Kapitel ein erster Versuch unternommen, einen
Überblick zu gewinnen über die konkrete Inanspruchnahme der Gerichtsarena mit rechtsextremistischem Bezug. Zweifellos wird nur der
Bereich der politischen Justiz in der Gerichtsarena thematisiert, der
der Beobachtung auch zugänglich ist, das Problem der Nichtnutzung,
das ich an den Anfang stelle, wird dies verdeutlichen. Das Schwergewicht in der Darstellung liegt eindeutig auf der Strafgerichtsbar-
keit, allerdings ist es für die Gesamtbewertung der strafrechtlichen
Repression bzw. Instrumentalisierung unerläßlich, auf die einschlägige Rechtsprechung des Bundesverfassungsgerichts einzugehen. Außen
vor bleibt allerdings ein so zentraler Bereich wie die Verwaltungsge-
richtsbarkeit, die für das Ausmaß der Entfaltungsmöglichkeiten des
Rechtsextremismus jedenfalls häufigst bemüht wurde. Sie fällt aber
aus forschungspragmatischen Gründen nicht in unseren Untersuchungsbereich.

3.5.1   ASPEKTE DER NICHTNUTZUNG

Ein Grundproblem für die Bewertung des historischen Verlaufs der
Nutzung der Gerichtsarena ist das der Nichtnutzung. **Marxen** brachte
das Problem auf die prägnante und zutreffende Formel:

---

[170] Kirchheimer, O.: Politische Justiz, a.a.O., S. 21

"Die unterlassene Strafjustiz ist Teil der Strafjustiz"[171].

In den Bereichen, in denen die Strafrechtspflege ohne Kenntnis von begangenen Delikten bleibt, braucht ihre Rolle nicht weiter thematisiert zu werden, es sei denn, man könnte plausibel nachweisen, daß es vorsätzlich geschaffene Strukturen (zu wenig Polizisten, Staatsanwälte u.ä.) gibt, die dazu beitragen, daß Polizei und Justiz ihre Aufgaben nicht leisten können und dies sich speziell auf die politische Kriminalität der Rechtsextremisten richten würde. Publikationen zum Problemkreis der Politischen Polizei lassen jedoch eher die Einschätzung zu, daß die Staatsschutzabteilungen hinsichtlich ihrer finanziellen, technischen und personellen Ausstattung privilegiert sind[172].

Der Untersuchung im Rahmen dieser Arbeit und damit auch der Bewertung entziehen sich ferner die Delikte, bei denen die persönlich betroffenen Opfer, aus welchen Gründen auch immer, den Weg zur Polizei und zum Gericht nicht wählen[173]. Neben Beleidigungsdelikten ist hier

---

[171] Marxen, Klaus: Strafjustiz im Nationalsozialismus, in: Diestelkamp, Bernhard/Stolleis, Michael (Hrsg.): Justizalltag im Dritten Reich, Frankfurt am Main 1988, S. 101ff., hier S. 104

[172] s. Weichert, Thilo: Staatsschutz - Plädoyer für die Auflösung der Staatsschutzabteilungen bei Polizei und Staatsanwaltschaft, in: Bürgerrechte & Polizei, Cilip, Heft 38, 1/91, S. 61ff., hier S. 64f.; Weichert merkt zur Behandlung von Rechtsextremisten an: "Es läßt sich feststellen, daß als linksextremistisch eingestufte Handlungen tendenziell anders behandelt werden wie strafrechtlich relevanter Rechts-Extremismus. Während bei Gewalttaten mit rechtsextremem Hintergrund organisatorische Zusammenhänge oft geleugnet werden (zu erinnern ist an den Anschlag auf das Oktoberfest in München am 26. 9.1 1980), wird bei Taten im linken Bereich oft krampfhaft ein organisierter Zusammenhang konstruiert. Bei der Ermittlungsintensität bestehen je nach vermuteter Tätergruppe große Unterschiede, die auf eine gewisse Betriebsblindheit gegenüber rechtsextremen Tätern hindeuten". Ebd., S. 69. Die Aussage ist insoweit wichtig, als sie einen wichtigen Aspekt der Kritik an der Strafverfolgung aufgreift, allerdings wird dieser mehr durch Setzung als durch Empirie mit Geltungskraft versehen.

[173] der Aspekt des Anzeigeverhaltens wurde erst in den letzten Jahren als kriminologisches Problem thematisiert. Allgemein zum Anzeigeverhalten s. Heinz, Wolfgang: Bestimmungsgründe der Anzeigebereitschaft des Opfers. Ein kriminologischer Beitrag zum

insbesondere an Gewaltdelikte zu denken, die aus politischer Motivation am politischen Gegner oder am unschuldigen, weil beliebigen, Opfer ausgeübt werden und die die Opfer oder Gegner entweder einschüchtern oder den Weg der persönlichen Rache wählen lassen.

Über die Nichtinanspruchnahme der Strafrechtspflege könnte sich ein gesamtgesellschaftliches oder subkulturell ausgeprägtes Mißtrauen gegenüber den Strafverfolgungsbehörden ausdrücken. Es könnte als Problem aber auch in dem spezifischen Täter-Opfer-Verhältnis - z.B. Extremisten von links und rechts unter sich -begründet sein.

Auf dem Hintergrund des für die Strafrechtspflege fundamentalen Legalitätsprinzips ist das Nichttätigwerden der Strafverfolgungsbehörden bei offensichtlichen oder bekanntgewordenen einschlägigen Delikten ein besonders gravierendes Problem.

Da es zur bewußten Untätigkeit der Strafrechtspflege keine Statistik gibt, kann hierzu auch kein empirisch gehaltvolles Urteil abgegeben werden.

Von einer häufig linken, sozialdemokratischen, marxistischen oder neomarxistischen kritischen Öffentlichkeit wurde allerdings immer wieder der Vorwurf laut, daß Staatsanwaltschaft und Richter Ermittlungsverfahren <u>nicht</u> durchführen bzw. einleiten oder ohne Ergebnis einstellen[174]. Sie würden z.B. von ihren Ermessens- und Bewertungsspielräumen, insbesondere bei der Würdigung von Beweisen,

---

Problem der differentiellen Wahrscheinlichkeit strafrechtlicher Sanktionen, Diss. jur. Freiburg 1972

[174] mit immer wieder neuen Vorwürfen der Unterlassung s. z.B. den Informationsdienst blick nach rechts; nur am Rande, aber dennoch deutlich findet sich eine diesbezügliche Kritik auch in dem kürzlich erschienenen und sehr lesenswertem Buch von Posser, Diether: Anwalt im Kalten Krieg, Ein Stück deutscher Geschichte in politischen Prozessen 1951 - 1968, 2. Auflage, München 1991, S. 280, hier verweist er darauf, daß gegen die Mitglieder des BDJ-Technischer Dienst trotz Verbotes keine Verfahren durchgeführt wurden. Zum Vorwurf der Betriebsblindheit s. auch Weichert, Th., FN 172

so Gebrauch machen, daß daraus eine Begünstigung bzw. Nichtverfolgung rechtsextremer Krimineller folge. Unter Benennung von Vorfällen wurde der Vorwurf der Untätigkeit erhoben. Als ein Beispiel sei hier das Buch von Lutz **Lehmann**, Legal & opportun[175], genannt, das durch seine Fallschilderungen (Unterlassung von Anklagen bei rechtsextremen Vorkommnissen) **Kirchheimer** in seinem Nachwort zu folgender Einschätzung veranlaßte:

> " ..., man denke etwa an ... die Toleranz und <u>Fehlanzeigen</u> (Hervorhebung durch H.K.) von Nürnberg, Frankfurt oder Stuttgart. Sie zeigen, daß das offizielle Bestehen des Legalitätsprinzips anscheinend gewisse regionale Variationen im politischen Gesichtskreis der Träger des Justizapparates nicht ausschließt"[176].

Untermauert wurden solche Behauptungen und Feststellungen immer wieder durch eine richter-, besser, rechtsstabssoziologische Argumentation. Der Hinweis auf die Re-Etablierung des schon unter Hitler tätig gewesenen Rechtsstabes[177] wurde dabei ebenso häufig herangezogen wie die Ausrichtung des innenpolitischen Klimas auf den Antikommunismus. Die Schlagkraft dieser Argumentationsfiguren gewann in den fünfziger und sechziger Jahren noch dadurch, daß immer

---

[175] Lehmann, Lutz: Legal & opportun, Politische Justiz in der Bundesrepublik, Berlin 1966; das Buch wurde von Lutz Lehmann im Gefolge seiner provozierenden Fernsehdokumentation über die politische Justiz gegen Kommunisten im Rahmen des Politischen Magazins Panorama vom November 1964 geschrieben. In dem hier interessierenden Zusammenhang finden sich etwa folgende Aussagen: "Gerade Franz-Josef Strauß müßte es doch wissen, daß, wenn der Versuch, Verfassungsgrundsätze dieser Demokratie zu beseitigen, außer Geltung zu setzen oder zu untergraben, von rechten Extremisten unternommen wurde, die Strafverfolgungsbehörden mit großzügiger Geste zur Tagesordnung überzugehen breit waren"(S. 47); und: "Ähnliche Zurückhaltung übten die Strafverfolgungsbehörden in anderen Fällen, wenn anti-demokratische oder auch kriegsverherrlichende Äußerungen den rechten Strömungen erwuchsen"(S. 47).

[176] s. ebd., Nachwort von Otto Kirchheimer, S. 283

[177] Nach Lehmann waren sich die Mitglieder des Bundestages bei ihrer Debatte um die Einführung der Staatsschutzbestimmungen 1951 selbst darüber im klaren, mit welchem Gegengift sie hantierten und daß die Justiz selbst durch die Repräsentanten des alten Geistes gefährdet war, s. ebd., S. 38f.

deutlicher wurde, welche Schwierigkeiten die Justiz mit der Aufarbeitung der NS-Verbrechen zu erkennen gab und wie sie sich ihrer Verstrickung in die Hitler-Justiz, insbesondere über Volksgerichtshof und Sondergerichte, nicht stellte[178]. Noch 1983 konnte Bernd-Rüdiger Sonnen schreiben:

> "Die Aktualität des nationalsozialistischen Justizverbrechens liegt darin, daß die Juristen es nicht entdecken"([179]).

Neben dem bis in die achtziger Jahre nicht stattfindenden Aufarbeiten der eigenen Verstrickungen in den Nationalsozialismus riskierte oder verlor die Justiz für einen Teil der kritischen Öffentlichkeit ihren Ruf der Unparteilichkeit auch dadurch, daß sie sehr umfassend und mit viel Auslegungsvermögen ihre Rolle bei der strafrechtlichen Ahndung von Kommunisten und deren Sympathisanten im Gefolge des KPD-Verbotes[180] spielte, eine Rolle, die erst mit der

---

[178] s. hierzu Diestelkamp, Bernhard: Die Justiz nach 1945 und ihr Umgang mit der eigenen Vergangenheit, in: ders./Stolleis, Michael (Hrsg.): Justizalltag im Dritten Reich, Frankfurt am Main 1988, S.131ff.; wobei Diestelkamp zu Recht darauf aufmerksam macht, daß die Auffassung "Nazirichter konnten und wollten Nazirichter nicht bestrafen, oder: Eine Krähe hackt der anderen kein Auge aus" (s.S. 145) die Solidarität mit den NS-Juristen nicht ausreichend oder zutreffend erklärt, weil zum einen schon bald auch ein biographisch unbelasteter Richteranteil vorhanden gewesen sei und zum anderen gerade bei den Kammern Laien beteiligt gewesen seien. Vielmehr legt er das Gewicht auf die gesamtgesellschaftliche Stimmung: "Das Ausbleiben der strafrechtlichen Sühne für richterliche Verbrechen war somit nur Teil dieses gesamtgesellschaftlichen Verdrängungsvorganges"(S. 148); s. weiter Kramer, Helmut: Die Aufarbeitung des Faschismus durch die Nachkriegsjustiz in der Bundesrepublik Deutschland, in: Fangmann, Helmut D./Paech, Norman (Hrsg.): Recht, Justiz und Faschismus, Nach 1933 und heute, Köln 1984, S. 75ff.; und Friedrich, Jörg: Freispruch für die Nazi-Justiz, Die Urteile gegen NS-Richter seit 1948, Eine Dokumentation, Reinbek bei Hamburg 1983; dort heißt es provokativ: " § 211 a:» Der Justizmord ist straffrei«(S. 13).

[179] Sonnen, Bernd-Rüdeger: Strafjustiz im Nationalsozialismus, in: Fangmann H.D./Paech, N.: Recht, Justiz und Faschismus, a.a.O., S. 33; s. weiter Kramer, Helmut: Die Aufarbeitung des Faschismus durch die Nachkriegsjustiz in der Bundesrepublik Deutschland, in: ebd., S. 75

[180] s. hierzu umfassend Brünneck, Alexander von: Politische Justiz gegen Kommunisten in der Bundesrepublik Deutschland 1949 - 1968, Frankfurt am Main 1978 und, mit vielen Fallschilderungen, Posser,

aufkommenden Ost-West-Entspannung ab Mitte der sechziger Jahre ein Ende finden sollte[181]. Ein Aspekt, der darauf verweist, daß auch in der Bundesrepublik Deutschland die Geschichte der politischen Justiz immer nur unter Berücksichtigung aller politischen Extremismen und des Kontextes der politischen Kultur gesehen werden kann.

Das Ausmaß der Politisierung der Justiz, wie sie sich hier auf die ihr unterstellten Unterlassungen bezieht, läßt sich empirisch nicht mit einer Maßeinheit darstellen. An dieser Stelle bleibt aber festzuhalten, daß im Kontext einer vorwiegend linken kritischen Öffentlichkeit, die durch die Erfahrung der Kommunistenprozesse geprägt wurde, eine diesbezügliche Politisierung, gestützt auf Einzelfälle, immer wieder versucht wurde, und, wie ausgeführt, dies in den fünfziger und sechziger Jahre mit Argumentationslinien versucht wurde, denen eine empirische Gehaltlosigkeit nicht ohne weiteres zugesprochen werden konnte.

Damit ist hier natürlich nicht gesagt, daß die Justiz flächendeckend eine Unterlassungsstrategie geübt habe. Sie bot aber in ihrem Gesamterscheinungsbild, zu dem eben das Ausmaß der strafrechtlichen Ahndung der Kommunisten ebenso gehört wie die Skandale um alte NS-Richter, die schleppende Verfolgung von NS-Verbrechen und die ausbleibende Vergangenheitsbewältigung der Justiz selbst, Angriffspunkte für solche Politisierungsbemühungen. Diese Form der von außen, hier vorwiegend durch die kritische Presse und Öffentlichkeit erzeugten Politisierung der politischen Justiz verweist auf den Konstituierungsmodus unter Anwendung von Definitionsmacht, und, wie man gerade anhand der Panoramasendungen von 1964 sehen kann, auf die

---

D.: Anwalt im Kalten Krieg, a.a.O.

[181] Diese Problemkonstellation für die politische Justiz wurde dann aber alsbald abgelöst durch die Auswirkungen des Radikalenbeschlusses der Regierungschefs des Bundes und der Länder vom 28. Januar 1972, allerdings wurden hierdurch andere Gerichtsarenen tangiert, insbesondere Verwaltungs- und Arbeitsgerichte; ein Abdruck des Beschlusses findet sich bei Backes, Uwe/Jesse, Eckhard: Politischer Extremismus in der Bundesrepublik Deutschland, Band III, Dokumentation, Köln 1989, S.259

Strategie

> "in einer nachrichtenabhängigen Gesellschaft über Infor-
> mationssteuerung die Strafjustiz für politische Zwecke
> einzusetzen"[182].

Die Überführung der antikommunistisch ausgerichteten politischen
Justiz in den Status der kritisierten politischen Justiz ist ohne
Zweifel auch von "innen" her betrieben worden, neben Posser, Heineman
und anderen Anwälten spielt in diesem Zusammenhang auch der lang-
jährige Generalbundesanwalt Max Güde eine herausragende Rolle[183].

Insgesamt darf man die Politisierungsversuche der Linken aufgrund des
vorherrschenden apolitischen oder bürgerlichen Klimas in den
fünfziger und sechziger Jahren in ihrer Wirkung jedoch nicht über-
schätzen.

Inzwischen kommt hinzu, daß sich spätestens ab den siebziger Jahren
im Akteursgefüge etwas herausgebildet hat, das das Anzeigeverhalten
bzw. die Anzeigeintensität verändert hat. So wurde z.B. ein Prozeß
gegen den Agitator Schönborn, auf den ich an anderer Stelle noch
eingehen werde, durch den Strafantrag von Simon Wiesenthal, dem
Leiter des jüdischen Dokumentationszentrums in Wien[184], ins Rollen
gebracht.

Das Anzeigeverhalten wird von Personen und Institutionen beeinflußt,
die wie Radarstationen das rechtsextremistische Treiben beobachten
und mitunter bei wahrgenommenen Bedarf diejenigen sind, die Strafantrag stellen und auch das Verhalten der Exekutive kritisch

---

[182] Marxen, K.: Strafjustiz im Nationalsozialismus, a.a.O., S.
111; der Zweck der Politisierung der politischen Justiz lag in
diesem Falle darin, das "Elend der politische Justiz" der
Bevölkerung vor Augen zu führen, um der ausufernden Kommunistenverfolgung, die nicht mehr in die Zeit zu passen schien, zu
beenden, s. zu den Auswirkungen der Panoramsendungen auch Posser,
D.: Anwalt im Kalten Krieg, a.a.O., S. 456

[183] s. ebd., S. 297, S. 457ff.

[184] s. die tageszeitung vom 4.12.1984

beobachten und begleiten[185]. Neben Vertretern und Institutionen aus dem jüdischen Kontext (z.B. bis zu seinem Tod 1992 Heinz Galinski) gibt es ähnliches in Form antifaschistischer Initiativen, durch den VVN/Bund der Antifaschisten[186] und im Umfeld von Gewerkschaftsgruppen oder sonstiger, eher linker Netzwerke.

Welche Auswirkung auf den Grad der Aktualisierung der Gerichtsarena diese gesellschaftlich installierten Sensoren im einzelnen haben, läßt sich jedoch nicht näher bestimmen. Unter solchen Umständen dürfte das Aktionsgefüge für diejenige Ausprägung politischer Justiz, die bestimmte Täter vor der Strafverfolgung schützen will, besonders problematisch sein[187].

3.5.2   GERICHTSARENA DER FÜNFZIGER JAHRE

Im Bereich der aktiv in Anspruch genommenen Gerichtsarena soll nun der Blick auf Prozesse und Ereignisse gerichtet werden, die zeigen, wie über die Inanspruchnahme der Gerichtsarena das Beziehungsgefüge von Staat und Rechtsextremismus nachhaltig gestaltet wurde.

---

[185] z.T. ist dies die Folge einer Rechtslage gewesen, die das Leugnen des Judenmordes, solange es sachlich geschah, nur als Beleidigungsdelikt für verfolgbar erklärte und dies von einem Strafantrag durch einen Juden abhängig machte, s. hierzu auch Kapitel 3.6, ein konkretes Beispiel findet sich bei einem Prozeß gegen den Neonazi Edgar Geiss, s. Frankfurter Rundschau vom 28. 10. 1982

[186] s. z.B. die Anzeige des VVN gegen Mussgnug, dem Volksverhetzung vorgeworfen wurde, das Verfahren wurde dann schließlich eingestellt, s. blick nach rechts, 3. Jg., Nr. 19/1986, vom 15. 9. 1986, S. 8

[187] s. hierzu Posser, Diether: Politische Strafjustiz aus der Sicht des Verteidigers, Karlsruhe 1961, S. 3; Posser sieht diese Ausprägung politischer Strafjustiz vor allem über das Weisungsrecht an Staatsanwaltschaften praktiziert, räumt aber selbst ein, daß dies schwer nachzuweisen sei.

3. Historische Analyse

3.5.2.1 PARTEIVERBOT DER SRP

In der Geschichte der Inanspruchnahme der Gerichtsarena hat es ein wesentliches Ereignis der politischen Justiz gegeben, das die Entwicklung des Rechtsextremismus fundamental beeinflussen sollte, nämlich das Verbot der Sozialistischen Reichspartei, der SRP[188]. Ohne an dieser Stelle allzu ausführlich auf dieses Verbot einzugehen, sollen doch die wesentlichen Aspekte des Verbots, die helfen können, Art und Weise sowie Bedeutung politischer Justiz im Bereich des Rechtsextremismus näher zu beleuchten, genannt werden.

Schon im Vorfeld des Verbots wurde deutlich, daß die Bundesregierung alles unternehmen würde, was in ihrer Macht stand, um sich der unliebsamen rechten Konkurrenz mit ihren fatalen Auswirkungen auf das Ansehen der Deutschen im Ausland zu entledigen. Bedingt durch das noch zu bildende Bundesverfassungsgericht mußte die Bundesregierung mit dem Verbotsantrag noch warten, allerdings beschloß sie

"... im September 1950, noch auf Antrag Heinemanns, die Entfernung aller Anhänger rechtsradikaler Organisationen, namentlich der SRP, aus dem Öffentlichen Dienst""[189].

Da sich 1951 bei den niedersächsischen Landtagswahlen und bei einer

---

[188] zur Problematik des Parteienverbots und der Politik des Bundesverfassungsgerichts in diesem Bereich s. u.a. Lennartz, Hans-Albert: Zur Rechtsprechung des Bundesverfassungsgerichts zu den politischen Parteien, München 1982; Heeb, Reiner: Der präventive Verfassungsschutz, Eine Studie zu den Art. 18, 9Abs. 2 und 21 Abs. 2 des Grundgesetzes, Diss. jur., Tübingen 1962; Schön, Walter: Grundlagen der Verbote politischer Parteien als politische Gestaltungsfaktoren in der Weimarer Republik und in der Bundesrepublik, Diss. jur., Würzburg 1972

[189] dieses erste "Berufsverbot" erstreckte sich auf rechts- und linksradikale Organisationen, nach Angaben des zitierten Autors hatte die SRP zu der Zeit 40.000 Mitglieder, obwohl in der Literatur sonst nur von 10.000 gesprochen wird. Schwarz, H.-P.: Die Ära Adenauer 1949 - 1957, a.a.O., S. 131; der "Adenauer-Radikalenbeschluß" ist abgedruckt in: Backes, U./Jesse, E.: Politischer Extremismus ..., Band III: Dokumentation, a.a.O., S. 256f.

Bundestagsnachwahl[190] in Bremen trotz Verbotsandrohungen[191] Überraschungserfolge der SRP ergaben, stieg der Druck für ein Verbotsver-
fahren. Nach **Schwarz** gab dann eine Rede eines SRP-Abgeordneten, des
Herrn Rößler[192], den Anstoß zum Verbotsantrag:

> "Ein paar Tage später hielt ein rechtsradikaler Bundestags-
> abgeordneter, ..., die bisher erste und einzige anti-
> israelische Rede im Deutschen Bundestag. Er berührte damit
> eines der stärksten Tabus der deutschen Nachkriegsgesell-
> schaft ... Das Faß war nun übervoll"[193].

Obwohl Ende November 1951 der Verbotsantrag gleichzeitig auch für die
KPD gestellt wurde, wurde schon bald deutlich, daß es in Sachen
Parteiverbot der KPD nicht die gleiche Eile gab wie bei der SRP:

> "Doch konnten die unerwünschten Implikationen (Schwarz
> meint die noch offene Frage gesamtdeutscher Wahlen, für die
> ein Verbot der KPD eine Belastung gewesen wäre, H.K.) eines
> KPD-Verbots durch **Feinsteuerung des Prozesses** (Hervorhebung
> H.K.) bis ins Jahr 1956 hinausgeschoben werden. Im Falle
> der SRP wurde aber auf ein rasches Verbot gedrängt"[194].

Als wie dringlich die Ausschaltung der SRP-Konkurrenz[195] betrachtet
wurde, wurde

> "... Ende Januar 1952 mit der Durchsuchung von Parteige-
> schäftsstellen und Privatwohnungen zur Sicherstellung
> belastender Materialien für den Prozeß ... erkennbar
> ..."[196].

---

[190] das erste Wahlgesetz zum Bundestag sah vor, daß bei Tod das
Direktmandat durch Nachwahl besetzt wurde, die Regelung wurde für
die Wahl des zweiten Deutschen Bundestag aufgehoben.

[191] s. Schmollinger, Horst W.: Sozialistische Reichspartei, in:
Stöss, Richard (Hrsg.): Parteienhandbuch, Die Parteien der
Bundesrepublik Deutschland 1945 - 1980, Band 2 FDP - WAV, S.
2274ff, hier S. 2278

[192] s. S. 137

[193] Schwarz, H.-P.: Die Ära Adenauer, a.a.O., S. 132

[194] ebd., S. 132

[195] Schmollinger hebt in seiner Darstellung darauf ab, daß es der
SRP gelungen war, in die soziale Basis des Bürgerblocks ein-
zudringen, s. z.B. Schmollinger, H.W.: Die Sozialistische
Reichspartei, a.a.O, S. 2277

[196] ebd., S. 2274

Und schon während des Prozesses wurde im Juli 1952 der SRP jegliche Propaganda und öffentliche Werbung untersagt[197].

Im Oktober 1952 verbot das Bundesverfassungsgericht die SRP[198], die versucht hatte, dem Verbot durch Selbstauflösung zuvorzukommen, und schob damit allen parteiförmigen nationalsozialistischen Restaurierungsversuchen einen nachhaltig wirkenden Riegel vor. Inhaltlich ragte das Verbotsurteil dadurch heraus, daß der bislang unbestimmte Rechtsbegriff der "freiheitlichen demokratischen Grundordnung" mit Substanz gefüllt wurde, wozu auch das 56er Urteil zur KPD[199] weiter beitrug.

Vorsitzender der SRP war Dr. Fritz Dorls[200], der im Vorfeld des Verbots das Konzept vertrat, die SRP im Untergrund weiterzuführen. Er entzieht sich der Verhaftung zunächst durch einen Aufenthalt in Ägypten[201]. 1955 kehrt er zurück, wird verhaftet und 1957 zu 14 Monaten Gefängnis wegen Rädelsführerschaft in einer verfassungsfeindlichen Organisation verurteilt.

---

[197] s. ebd.

[198] s. BVerfGE 2, S. 1ff.

[199] s. BVerfGE 5, S. 85ff.; in diesem Urteil begründet das Bundesverfassungsgericht die Theorie der Streitbaren Demokratie, s. hierzu u.a. Chang, Young-Soo: Streitbare Demokratie, Begriff und Bedeutung im Grundgesetz der Bundesrepublik Deutschland und Möglichkeiten und Grenzen einer Übertragung auf das Verfassungsrecht der Republik Korea, Diss. jur., Frankfurt am Main 1990, S. 97f.

[200] zu Dorls s. Schmollinger, H. W.: Die Sozialistische Reichspartei, a.a.O., S. 2275 FN 4 sowie S. 2276 FN 8

[201] wie übrigens auch Otto Ernst Remer, s. ebd., S. 2276

3.5.2.2   PATHOLOGISIERUNG

In der frühen Nachkriegszeit, als die Formierung der Parteilager
noch nicht abgeschlossen war[202], die zu einer Dominanz parteibürokra-
tischer Politikkarrieren führte, konnten sich im rechtsextremen
Spektrum Personen politisch profilieren, die eher als "politische
Hasardeure" zu bezeichnen gewesen wären. Folgt man den Ausführungen
Jenkes[203], so ist hier als ein typischer Vertreter RA Alfred Loritz,
der Vorsitzende der Wirtschaftlichen Aufbauvereinigung WAV, zu nennen. Loritz war, obwohl selbst in Gegnerschaft zum Nationalsozialismus, Vorsitzender einer rechtsextrem orientierten, stark rechtspopu-
listischen, bayerisch zentrierten Partei mit einer kurzen Blütezeit.
Nach **Eschenburg** erregte die WAV:

> "... Aufsehen als eine Art »antifaschistischer Rechtsra-
> dikalismus« aus dem Mittelstand;..."[204].

Mit Absicht stellt **Jenke** bei seiner Beschreibung der WAV die Person
des Vorsitzenden Loritz in den Vordergrund. **Jenke** berichtet von der

---

[202] dies gilt zuvörderst für die etablierten Parteien CDU, CSU,
SPD und F.D.P.. Gerade in den Randzonen des Parteiensystems kommt
es immer wieder zu Umbruchphasen, in denen dann neue Kar-
rierechancen jenseits der parteiüblichen Karrieremuster sich
auftun und Quer- und Neueinsteigern, aber auch politischen
Glücksrittern, unübliche Entfaltungschancen bieten. Hierbei ist
nicht nur an das Aufkommen der Grünen zn denken. Wie aus der
Phasenübersicht zum Rechtsextremismus zu entnehmen ist, tritt
dies auch immer wieder im rechtsextremen Bereich zu, zuletzt in
der Phase der Gründung und des Etablierungsversuchs der Republikaner. Wie wechselhaft mitunter die Karriereverläufe im rechtsextremen Spektrum verlaufen können, zeigt exemplarisch eine Person
wie Harald Neubauer, der von der NPD, der DVU, den Republikanern
bis zur Deutschen Liga es immer wieder neu mit seiner politischen
Karriere versuchte.

[203] Jenke, Manfred: Verschwörung von rechts? Ein Bericht über den
Rechtsradikalismus in Deutschland nach 1945, Berlin 1961, S.
49ff.

[204] Eschenburg, Theodor: Jahre der Besatzung 1945 - 1949, Mit
einem einleitenden Essay von Eberhard Jäckel, Geschichte der
Bundesrepublik Deutschland, Band 1, Stuttgart, Wiesbaden 1983,
S. 238

wechselhaften Parteikarriere ebenso, wie von den seit der frühen
Nachkriegszeit immer wieder auftauchenden Verstrickungen mit der
Justiz, wobei die Vorwürfe gegen Loritz vom Schwarzhandel bis zur
Anstiftung zum Meineid reichten. Loritz' Rolle muß allerdings klar
regionalpolitisch begrenzt gesehen werden, auch wenn ihm bei der
ersten Bundestagswahl mit 12 Mandaten ein großer Erfolg gelang, den
aber **Eschenburg** weniger

> "..., dem Politclown Alfred Loritz, als vielmehr einem
> Wahlbündnis mit dem »Neubürgerbund«,... "[205]

zuschreibt. Regionalpolitischer Höhepunkt ist ohne Zweifel der
Widerstand des bayerischen Landtages, der nach einer von der US-
Militärregierung verfügten Aufhebung eines Prozesses gegen Loritz,
seine Tätigkeit auf unbestimmte Zeit einstellen wollte. Nach **Jenke**
mahnte die US-Regierung den Landtag, daß Loritz Anspruch auf die
gleichen Chancen habe und daß es nicht angehe, ihn durch Mißbrauch
der Justizgewalt zu benachteiligen[206].

Auch wenn sich in der Literatur keine Hinweise darauf finden lassen,
inwieweit diese Affäre dem Ansehen von Loritz förderlich oder
schädlich war, war sie nicht die letzte Konfrontation von Alfred
Loritz mit der Justiz. So wurde ihm in Bremen ein Strafprozeß gemacht
und 1953 kamen Gerichtsgutachter nach den Ausführungen von **Jenke** zur
Urteilen wie:

> "... nicht zurechnungsfähig, vermindert zurechnungsfähig,
> geistig normal, ... "[207].

Der Fall Loritz verweist damit auf den Versuch der Pathologisierung
des Rechtsextremismus, nicht zuletzt auch in der Gerichtsarena. Und
je schillernder die Persönlichkeit, umso eher dürfte eine solche
Strategie der Pathologisierung sich für die übrigen Prozeßbeteiligten
und die Politiker anbieten. Insbesondere bei Einzelattentätern neigt

---

[205] ebd., S. 526

[206] s. Jenke, M.: Verschwörung von rechts?, a.a.O, S.51

[207] ebd.

gerade die Politik dazu, über Pathologisierung eine Entpolitisierung des Geschehenen zu betreiben[208].

Eine gewisse Pikanterie erhielt der Fall Loritz schließlich dadurch, daß er 1959, er war zu 3 1/2 Jahren Zuchthaus und zu fünf Jahren Verlust der bürgerlichen Ehrenrechte verurteilt worden, nach Österreich flieht, wo man ihm 1962 politisches Asyl gewährt[209].

3.5.2.3. SKANDALISIERUNG UND DISKREDITIERUNG

Aber es gab nicht nur Alfred Loritz, der in den Anfangsjahren für die Inanspruchnahme der Gerichtsarena sorgte. In Niedersachsen, dem Stammland der Rechten, wie diese gerne selbst sagen, sorgten ebenfalls 'politische Wirrköpfe' oder 'Hochstapler' für Aufsehen. **Jenke** berichtet entsprechend über die Mitglieder der Bundestagsfraktion der Deutschen Reichspartei/Deutsche Konservative Partei (DRP/DKP[210]). Die DRP/DKP hatte, trotz der Konkurrenz durch die Deutsche Partei (DP) in Niedersachsen einen Wahlerfolg errungen, der ihr zunächst 5 Abgeordnete einbrachte. Unter den durch Fraktionsübertritt schließlich 6 Abgeordneten war ein "Dr. Franz Richter" alias Fritz Rößler, der, im Bundestag verhaftet, für Straftaten im Zusammenhang mit dem Vortäuschen einer falschen Identität mehrfach

---

[208] s. Turk, Austin T.: Political Criminality, The Defiance and Defense of Authority, Beverly Hills, London, New Delhi 1982, S. 51ff.

[209] s. Woller, Hans: Die Wirtschaftliche Aufbau-Vereinigung, in: Stöss, R. (Hrsg.): Parteienhandbuch, ..., Band 2 FDP – WAV, a.a.O., S. 2458ff.

[210] In den offiziellen Publikationen des Deutschen Bundestages wird die DRP/DKP als DRP/NR (Deutsche Reichspartei/Nationale Rechte) aufgeführt, s. z.B. Neske, Günther (Hrsg.): Der Deutsche Bundestag, Zehn Wahlperioden, Porträt eines Parlaments, Pfullingen 1984, S.219 und, ausführlicher,: Presse- und Informationszentrum des Deutschen Bundestages (Hrsg.): Datenhandbuch zur Geschichte des deutschen Bundestages 1949 bis 1982, Bonn 1983, u.a. S.252ff.

verurteilt wird[211]. Der Fall Rößler, der Gauhauptstellenleiter der
NSDAP in Sachsen gewesen war, eignete sich vorzüglich für die
Strategie der Skandalisierung und Diskreditierung der alten NSDAP-
Funktionäre und -ideologen durch Justizverfahren.

3.5.2.4 KOMMUNIKATIONSGRENZEN, TEIL 1

Über die Gerichtsarena spielten sich in der Frühphase der Bundes-
republik noch diverse andere Grenzziehungen durch politische Justiz
ab, so auch im Fall Hedler[212].
Hedler war Bundestagsabgeordneter der DP. Er sprach sich gegen den
Widerstand des 20. Juli aus und plädierte gegen die Wiedergutmachung
für die Juden. Durch diese Äußerungen belastete er das Klima in der
DP-Fraktion, die sich ob solch pro-nazistischer Äußerungen in ihrem
Ansehen gefährdet sah[213]. Ihm wurde schließlich ein Prozeß wegen
Beleidigung und Verunglimpfung des Andenkens Verstorbener gemacht.
Während er in der ersten Instanz noch einen Freispruch erhielt, wurde
er in der Berufungsverhandlung zu neun Monaten Gefängnis verurteilt.
Nach seinem Ausschluß aus der DP, zu dem es bei **Schmollinger** heißt:

> "Die DP schloß Hedler einigermaßen unwillig und offenbar
> erst nach Intervention Bundeskanzlers Adenauer im Januar
> 1950 aus"[214],

ließ er ein kurzes Gastspiel bei der DRP folgen.

---

[211] s. Jenke, M.: Verschwörung von rechts? a.a.O., S. 72ff. und
Schmollinger, H. W.: Die Sozialistische Reichspartei, a.a.O., mit
einer Kurzbiografie zu Rößler, S. 2277

[212] s. hierzu Jenke,M.: Verschwörung von rechts?, a.a.O., S.
120ff. und Schmollinger, Horst W.: Die Deutsche Partei; in:
Stöss, Richard (Hrsg.): Parteienhandbuch. Die Parteien in der
Bundesrepublik Deutschland 1945 - 1980. Band 1 AUD - EFP.
Opladen 1983, S. 1063f.

[213] zur Geschichte der DP und ihren rechtsextremen Verflechtungen
s. Schmollinger, H. W.: Die Deutsche Partei; a.a.O., S. 1025ff.;
zu Hedler s. S. 1063

[214] ebd., S. 1063

138

Der Fall Hedler diente objektiv dazu, rechtsextremen Sympathisanten in der DP, von denen die Partei letztlich abhing, die Grenzen öffentlich kommunizierbarer Themen aufzuzeigen und deutlich zu machen, daß die politische Kultur der Bundesrepublik sich durch Abstand vom Nationalsozialismus auszuzeichnen habe. Nicht zuletzt der Fall Hedler bewog die SPD zu einer Initiative für ein Gesetz gegen die Feinde der Demokratie[215].

Im Fall Hedler war damit schon all das angelegt und zur Praxis politischer Justiz geworden, was in der Literatur der letzten Jahre paradigmatisch oder exemplarisch am Fall Remer[216] zur politischen Justiz gegen rechts herausgearbeitet wurde.

3.5.2.5 KOMMUNIKATIONSGRENZEN, TEIL 2

Otto-Ernst Remer, seit 1933 Berufsoffizier in der Hitler-Wehrmacht, war durch seine Beteiligung an der Niederschlagung des Widerstands vom 20. Juli 1944 der Parteiheld der von ihm am 2. Oktober 1949 mit-gegründeten Sozialistischen Reichspartei, der SRP. Er wurde SRP-Landesvorsitzende von Schleswig-Holstein. Auch bei Remer treffen wir auf zahlreiche Verurteilungen im Ehrenschutzbereich, wobei seine Verurteilung im sog. Braunschweiger Remerprozeß[217] als besonders

---

[215] BT-Drucks. Nr. 563 der 1. Wahlperiode 1949; s. zur Wirkung des Fall Hedlers u.a. Kern, Eduard: Der Strafschutz des Staates und seine Problematik, Recht und Staat Heft 270/271, Tübingen 1963, S. 12; Lehmann, Lutz: Legal & opportun, a.a.O., S. 38

[216] siehe zur Person Remers die Kurzbiografie ebd., S. 2276 und wiederum Jenke, M.: Verschwörung von rechts?, a.a.O., S. 74ff.

[217] s. hierzu insbesondere Wassermann, Rudolf: Recht, Gewalt, Widerstand, Vorträge und Aufsätze, Politologische Studien, Band 23, Berlin 1985, S. 36ff.; Greß, Franz/Jaschke, Hans-Gerd: Politische Justiz gegen rechts: Der Remer-Prozeß 1952 in paradigmatischer Perspektive, in: Eisfeld, Rainer/Müller, Ingo (Hrsg.): Festschrift für Robert M.W. Kempner zum 90. Geburtstag, Frankfurt 1989; in beiden Arbeiten wird der Fall Hedler in seinem Stellenwert nicht gewürdigt.

einschneidend beurteilt wird.

Remer war Hauptredner der SRP in ihrem Wahlkampf zur Landtagswahl 1951 in Niedersachsen, bei der sie schließlich elf Prozent der Stimmen erzielte.

"Er war ein großmäuliger, aber etwas beschränkter Demagoge, dem es jedoch in Niedersachsen gelang, überall volle Säle zu bekommen"[218].

Bei diesen Auftritten für die SRP hatte Remer die Verschwörer des 20. Juli mehrfach als vom Ausland gedungene Hoch- und Landesverräter bezeichnet. Er wurde zum einen wegen Beleidigung der Bundesregierung durch das Landgericht Verden am 25. Mai 1951 und zum anderen wegen übler Nachrede und Beschimpfung des Andenkens Verstorbener im Sinne der §§186 und 189 StGB durch das Landgericht Braunschweig am 15. März 1952 zu einer Gesamtstrafe von fünf Monaten Gefängnis verurteilt.

Nach **Wassermann** war der Remer-Prozeß der

"... bedeutendste Prozeß mit politischem Hintergrund seit den Nürnberger Kriegsverbrecherprozessen und vor dem Frankfurter Auschwitzprozeß"[219].

Nach einem Strafantrag durch den Bundesinnenminister Lehr kam es auf Betreiben des Generalstaatsanwalts Fritz Bauer zu der Anklage, mit der Bauer das Ziel verfolgte,

"... die Widerstandskämpfer des 20. Juli "ohne Vorbehalt und ohne Einschränkung" zu rehabilitieren"[220].

Remer repräsentierte für das junge bundesrepublikanische Demokratie- und Geschichtsverständnis ein eindeutiges Feindmuster. Die Anhörung von moraltheologischen Sachverständigen, Militärhistorikern und Völkerrechtlern zeigte ebenso wie die Verteidigungs- und Anklagestrategien sowie schließlich das Urteil selbst an, daß es hier nicht

---

[218] Schwarz, H.-P.: Die Ära Adenauer 1949 - 1957, a.a.O., S. 131

[219] Wassermann, R.: Recht, Gewalt, Widerstand, ...,a.a.O., S. 60

[220] ebd., S. 43

allein um die Person des Angeklagten[221], sondern um die Anerkennung der Legitimität des Widerstandes[222] des 20. Juli ging.

Wie ernst aber auch Remer selbst genommen wurde, schlug sich zudem in dem Antrag der Bundesregierung vom 28. April 1952 an das Bundesverfassungsgericht nieder, ihm nach Art. 18 GG die politischen Grundrechte – und nur um den politischen Bereich kann es bei Art. 18 gehen[223] – der Freiheit der Meinungsäußerung sowie der Versammlungs- und Vereinigungsfreiheit zu entziehen. Ob es allerdings der Bundesregierung wirklich ernst darum war, außerhalb des durch den Antrag zu erzielenden Diskriminierungseffektes einen inhaltlichen Sieg in der Gerichtsarena davonzutragen, erscheint zumindest im Nachhinein zweifelhaft. Vielleicht lag es an der sich abzeichnenden Erfolglosigkeit des Antrags, daß das Bundesverfassungsgericht sich bis 1960 für die Entscheidung Zeit nahm, um dann mit dem Argument abzulehnen:

> "Seit dem Eingang der Anträge der Bundesregierung sind keine Tatsachen bekannt geworden, aus denen sich eine Fortsetzung der staatsfeindlichen politischen Betätigung des Antragsgegners ergibt. ... Wohl aber (wurde, H.K.) ... festgestellt, daß dieser sich nach der Auflösung seiner Partei aus dem politischen Leben völlig zurückgezogen hat"- [224].

Vielleicht gab sich die Bundesregierung auch mit dem Rückzug Remers aus der Politik zufrieden und wollte nur durch den Zeitablauf beim Bundesverfassungsgericht ausschließen, daß die extreme Rechte nennenswertes politisches Kapital aus der Klage ziehen konnte. Für den Fall Remer, hier der Braunschweiger Prozeß, ist insgesamt

---

[221] nach Wassermann wurde Remer für den Ankläger Bauer im Prozeß sehr schnell zu einer Randfigur, s. ebd., S. 60

[222] s. Jaschke, H.-G.: Streitbare Demokratie ..., a.a.O., S. 146f.

[223] s. hierzu Heeb, Reiner: Der präventive Verfassungsschutz, Eine Studie zu den Art. 18, 9 Abs. 2 und 21 Abs. 2 des Grundgesetzes, Diss. jur., Tübingen 1962 und Copic, Hans: Grundgesetz und politisches Strafrecht neuer Art, Tübingen 1967

[224] BVerfGE 11, S. 282f.

unbestreitbar, daß die politische Justiz über die Gerichtsarena objektiv in den Dienst der Auseinandersetzung mit der nationalsozialistischen Vorgeschichte der Bundesrepublik gestellt wurde, wie **Jaschke** ausführt[225]. Allerdings kann man der Fallschilderung bei **Wassermann** deutlich entnehmen, daß dies das Werk des Anklägers Fritz Bauer war, eines prominenten Vertreters der Theorie der défense sociale [226], aus der sich eine Betonung des generalpräventiven und volkspädagogischen Wirkens der Justiz ergab. Und folgt man **Wassermann**, so erreichte Bauer auch sein Ziel:

> "In Millionen Köpfen vollzog sich jener kollektive Prozeß, in dem sich ein Bild oder eine Formel dem Bewußtsein einprägen. Die Quintessenz lautete: Die Männer des 20. Juli sind keine Landesverräter, und die Gerichte schreiten ein, wenn man sie als solche verleumdet"[227].

Für Remer selbst soll dies das Ende seines Mythos als Kriegsheld bedeutet haben[228] und setzte ihn insoweit einer erfolgreichen Diskreditierung aus, was vielleicht seinen Rückzug mitbewirkt haben mag[229].

Gerade angesichts des Falles Remer muß man bei der Analyse politischer Justiz in Form politischer Prozesse in Betracht ziehen, daß diese nicht allein aus etatistischer Perspektive zu leisten ist, so

---

[225] s. Jaschke, H.-G.: Streitbare Demokratie ..., a.a.O., S. 147

[226] s. Wassermann, R.: Recht, Gewalt, Widerstand, ..., a.a.O., S. 41

[227] ebd., S. 63

[228] s. Jenke, M.: Verschwörung von rechts?, a.a.O., S. 74ff.

[229] dieser Rückzug hat aber nicht für immer angehalten, in den achtziger Jahren trat er wieder als Agitator auf, u.a. auch für die "Auschwitzlüge", 1986 wurde er wegen fortgesetzter Beleidigung und Verunglimpfung des Andenkens Verstorbener zu einer sechsmonatigen Freiheitsstrafe auf Bewährung verurteilt; s. blick nach rechts, 3. Jg.,16/1986, vom 4. August 1986; erst 1989 gab er sein Amt als Vorsitzender des Vereins "Die Deutsche Freiheitsbewegung e.V." ab, die nach Angaben des Verfassungsschutzes unverblümt nationalsozialistisch und rassistisch, insbesondere antisemitisch agitiert; s. Verfassungsschutzbericht 1990, Herausgeber: Der Bundesminister des Innern, Bonn 1991, S. 103

wie **Greß** und **Jaschke** es halten[230]. An politischen Prozessen gibt es nicht nur ein staatliches Interesse.

Bei Personen wie Remer ist die Analyseperspektive dahingehend zu erweitern, daß sie das Täterinteresse einbeziehen. Es muß mitbedacht werden, welchen Nutzen etwa Remer davon hatte, einem (weiteren) Gerichtsprozeß ausgesetzt zu sein, vielleicht war er sich der strafrechtlichen Relevanz seiner Äußerungen voll bewußt und wollte es im Vorfeld der Wahlen in Kauf nehmen, mit der Justiz aneinander zu geraten. Noch

> "In seinem Schlußwort betonte der Angeklagte, er respek-
> tiere den Hochverräter aus nationaler Überzeugung, dem
> Landesverräter müsse er jedoch seine Hochachtung versagen.
> Davon nehme er kein Wort zurück, und dafür stehe er ein"[231].

Daß die Rechnung der Selbstaufwertung durch die Gerichtsarena für Remer nicht ganz aufgehen könnte, wäre nicht ohne weiteres voraus-zusehen gewesen. Dieser Aspekt ist in den bisher vorliegenden Be-wertungen nicht angemessen beachtet worden.

Im Sinne der von **Kirchheimer** herausgearbeiteten Ebenen politischer Justiz[232] treten im Fall Remer sowohl die erste Ebene, Motive des Täters, als auch die vierte Ebene, nämlich die des "politischen Kunstdelikts" gleichzeitig auf, was zur Folge hatte, daß der politische Gehalt durch die Staats- und Justizakteure eben nicht eliminiert wurde[233].

---

[230] Insoweit greift Jaschkes Kritik an Kirchheimer:"Daraus wird eine Schwäche der Begriffsbestimmung politischer Justiz durch Kirchheimer deutlich: Die Beschränkung auf gerichtsförmige Verfahren verengt den Blickwinkel auf staatliche Ab-wehrstrategien". Jaschke, H.-G.: Streitbare Demokratie ..., a.a.O., S. 145; selbst zu kurz, da ihm bei der politischen Justiz eben nur an den staatlichen Abwehrstrategien gelegen ist

[231] Wassermann, R.: Recht, Gewalt, Widerstand, ..., a.a.O., S. 56

[232] s. Kirchheimer, O.: Politische Justiz, in: ders.: Funktionen des Staates und der Verfassung, 10 Analysen, Frankfurt am Main 1972, S. 143ff.

[233] vgl. Jaschke H.-G.: Streitbare Demokratie ..., a.a.O., S.144

3. Historische Analyse

In der historischen Betrachtung kann insgesamt nicht bestritten werden, daß staatliche und justitielle Akteure im Fall Remer, der erweitert auch als Fall SRP gesehen werden muß, die Justiz als Kampfebene benutzt haben. So findet sich bei **Schwarz** die Feststellung:

> "In der Folgezeit war man bemüht, die SRP durch Prozesse, peinliche Enthüllungen gegen ihre Führer und bürokratisch administrative Mittel zu behindern, doch ohne rechten Erfolg"[234].

Politische Justiz, durch wen auch immer initiiert und bewirkt, soll dazu dienen, den politischen Gegner auszuschalten oder zumindest zu schädigen[235] und dies lag zumindest bei Remer eindeutig auch im Interesse des Staates.

3.5.2.6   INTERAKTIONSGRENZEN

1953 griffen auch die Briten, bedingt durch das noch geltende Besatzungsstatut, in die Innenpolitik der Bundesrepublik ein. In der FDP Nordrhein-Westfalens war, wie in einigen anderen Landesverbänden auch, seit einiger Zeit eine zunehmende Einschleusung ehemaliger Nationalsozialisten in die Partei zu beobachten gewesen[236]. Mit der Verhaftung des sog. "Naumann-Kreises"[237], d.h. eines Kreises von

---

[234] Schwarz, H.-P.: Die Ära Adenauer, a.a.O., S. 131

[235] in diesem Sinne Kirchheimer, O.: Politische Justiz, a.a.O., S. 11

[236] s. hierzu Dittberner, Jürgen: Freie Demokratische Partei, in: Stöss, R.: Parteienhandbuch, ..., Band 2, a.a.O., S. 1319ff.

[237] der "Naumann-Kreis" gruppierte sich um Dr. Werner Naumann, ehemals Staatssekretär im Reichspropagandaministerium, er war von Hitler als Nachfolger Goebbels vorgesehen gewesen. Zur Person Naumanns s. Schmollinger, Horst W.: Deutsche Reichspartei, S. 1112ff., in: Stöss, R.: Parteienhandbuch, ..., Band 1, a.a.O., hier S. 1148, Anm. 135, zur Affäre s. ausführlich Grimm, Friedrich: Unrecht im Rechtsstaat. Tatsachen und Dokumente zur politischen Justiz, dargestellt am Fall Naumann, Tübingen 1957 sowie Thadden, Adolf von: Die verfemte Rechte. Deutschland-, Europa- und Weltpolitik in Vergangenheit, Gegenwart und Zukunft

144

ehemaligen Nationalsozialisten, die sich um Einfluß in der FDP
bemühten, auf Anweisung des britischen Hohen Kommissars, Sir Ivone
Kirkpatrick, sollte ein drohender Staatsstreich abgewendet werden,
wobei Sir Kirkpatrick der amtlichen Pressemitteilung zufolge sein
direktes Eingreifen damit erklärte,

> "..., daß die Bundesregierung nach den für sie maßgebenden
> Gesetzen und Vorschriften nicht in der Lage gewesen wäre,
> in dem gleichen Maße entschieden und bedenkenlos zuzu-
> greifen, wie die Engländer dies nach den Bestimmungen des
> Besatzungsstatuts gekonnt hätten ..."[238].

Die juristische Verfolgung des Naumann-Kreises, Naumann selbst wurde
im Juli 1953 aus der Untersuchungshaft entlassen, verlief "im
Sande"[239]. Nach den Ausführungen **von Thaddens** wurde zunächst nach
Besatzungsrecht verfahren. Erst am 2. April erging ein Haftbefehl des
Untersuchungsrichters beim Bundesgerichtshof, der dann im Juli
aufgehoben wurde. Erst Ende 1954 wurden die Akten in diesem Verfahren
endgültig geschlossen, da der 6. Strafsenat des Bundesgerichtshofes
die Eröffnung des Hauptverfahrens ablehnte[240]. Der "Hochverräter und
Verschwörer" Naumann mußte sich statt eines Hochverratsprozesses
einem von einem nordrhein-westfälischen Gericht durchgeführten
Entnazifizierungsverfahren unterziehen. Hierbei wurde er als Aktivist
eingestuft und mit einem politischen Betätigungsverbot belegt, so daß
er nicht für die DRP, zu der er übergewechselt war, und für die er

---

aus der Sicht von rechts. Pr. Oldendorf 1984, S. 73ff.

[238] zit. nach Stöss, Richard : Die extreme Rechte in der Bundes-
republik. Entwicklung, Ursachen, Gegenmaßnahmen. Opladen 1989,
S. 115; in der Literatur findet sich die These, daß die Briten
mit ihrer Intervention nicht zuletzt auch die Wiederbe-
waffnungspolitik treffen wollten, wobei sie in dieser Frage in
Kontrast zur amerikanischen Position standen. Siehe hierzu
Thadden, A.v.: Die verfemte Rechte, a.a.O., S.81; siehe aber
auch Tauber, Klaus P.: Beyond Eagle and Swastika. German
Nationalism Since 1945, 2 Bände, Middletown 1967, hier Band 1,
S. 132ff. und S. 266ff.; es ist ein Aspekt, den Stöss in seiner
Darstellung außen vor läßt.

[239] Stöss, R.: Die extreme Rechte ..., a.a.O., S. 115

[240] s. Thadden, A. v.: Die verfemte Rechte, a.a.O, S. 75f.; diese
stark apologetische, aber dennoch historisch wertvolle Schrift
hat von Thadden u.a. jenem besagten Dr. Werner Naumann gewidmet!

als Spitzenkandidat auftreten wollte, tätig werden konnte[241].

Interessant am Fall Naumann ist zum einen, daß Bundesregierung und Siegermacht bereitwillig kooperierten[242], wobei jede Seite ihre eigenen Interessen verfolgte, deren politischer Kontext aber für jede Seite über den konkreten Tatvorwurf hinausreichte. Zum anderen zeigt der Fall, daß die Inanspruchnahme der Gerichtsarena immer wieder mit Risiken behaftet ist, – hier wird die Eröffnung der Hauptverhandlung abgelehnt – , die der Eigendynamik und Eigenlogik des Subsystems Recht geschuldet sind. Diese haben dem Fall jedoch keine kontraproduktive Wende gegeben, da die Bundesregierung einerseits an einer ernsthaften juristischen Bearbeitung offensichtlich weniger interessiert war und andererseits in Zusammenarbeit mit der nordrheinwestfälischen Landesregierung zeigte, daß sie das Recht sehr wohl instrumentell zu gebrauchen wußte, da sie nun auf die Entnazifizierungsbestimmungen zurückgriffen[243]. Für die Bundesregierung ging es darum, Dr. Naumann, als potentiellem Kristallisationspunkt einer rechten Sammlung, im Vorfeld zur Bundestagswahl 1953 aus dem politischen Leben auszuschalten und dafür schien jeder Weg und jedes Mittel recht. Die Instrumentalisierung des Rechts zu politischen Zwecken durch die Staatsgewalt ist der unleugbare Hintergrund des Falles Naumann. Ein Umstand, der die Reputation der Justiz auf lange Sicht jedoch weniger beeinträchtigte als die von ihr gezeigte Schwäche in der Aufarbeitung der NS-Verbrechen.

---

[241] s. hierzu Schmollinger, H.W.: Deutsche Reichspartei, a.a.O., S. 1149 sowie Jenke, M.: Verschwörung von rechts?, a.a.O., S. 168f. Unklar bleibt nach Literaturlage allerdings, ob das Betätigungsverbot sich auf die Ausübung des aktiven und passiven Wahlrechts, wie es Schmollinger ausführt, beschränkt hat

[242] s. Dittberner, J.: Freie Demokratische Partei, a.a.O., S. 1319f.

[243] siehe hierzu Stöss, R.: Die extreme Rechte ...,a.a.O., S. 115f. und Thadden, A.v.: Die verfemte Rechte, a.a.O., S. 82ff. Bei der Schilderung von Thaddens, hier im Zusammenhang mit den Folgen für die DRP, finden sich gewisse Ungereimtheiten, wie etwa datumsmäßige Zuordnungen, die logisch widersprüchlich sind, die jedoch den Kern der Aussage nicht betreffen, s. z.B. ebd., S. 88

146

Die Fälle Remer und Naumann verweisen darauf, daß die Ausgestaltung der politischen Justiz nicht zuletzt auch davon abhängt, welche Bedeutung den Akteuren in der politischen Arena zugewiesen wird. Unerwünschte Vorbilder wie Remer oder potentielle oder tatsächliche Führerpersönlichkeiten wie Naumann, später Kühnen – allerdings mit dem Unterschied, daß Michael Kühnen nur für den militanten Neonazismus diese Rolle spielen konnte –, treten aufgrund ihrer tatsächlichen oder angenommenen Position eher in den Bereich der Gerichtsarena als andere Akteure. Während es im Fall Remer um das Aufzeigen der Kommunikationsgrenzen ging, wird im Fall Naumann eine Interaktionsgrenze gezogen: Mitarbeit im demokratischen Sinne, ja, Unterwanderung von Bürgerblockparteien in nationalsozialistischer Absicht, nein. In beiden Fällen wurde über die Aktivierung der Gerichtsarena das bei beiden Akteuren vorhandene bedeutsame symbolische Kapital für den Bereich der Öffentlichkeit negativ geladen.

3.5.3 GERICHTSARENA IN DEN SECHZIGER JAHREN

Gegen Ende der Fünfzigerjahre wurde es in der Gerichtsarena ruhiger. Die wesentlichen Wegweisungen waren über die Einleitung oder Durchführung von Prozessen erfolgt und der Niedergang des Rechtsextremismus tat sein übriges für diese Phase der Entspannung.

3.5.3.1 LEGITIMATIONSDRUCK

Die aufgekommene Ruhe der Gesellschaft vor den Rechtsextremisten wurde durch die Schmierwelle Weihnachten/Neujahr 1959/1960 gestört, auf deren politisch-justitielle Antwort schon in der historischen Analyse in Kapitel 3.3 kurz eingegangen wurde, wobei sich dieses Ereignis auch auf die normkonstituierte politische Justiz ausgewirkt hat, wie im nächsten Kapitel beschrieben wird. Hier ist aber von Interesse, daß unter der Ausnutzung der öffentlichen Erregung über

die Vorkommnisse und der damit zusammenhängenden Sensibilisierung
einer kritischen Öffentlichkeit gegen rechts sowohl eine Diskreditierung der DRP, die wohl politisch aber nicht justitiell
gelang[244], als auch eine Ausschaltung des BNS betrieben wird.
Schrittweise wird in den Jahren 1960/61 ein Verbot des BNS durchgeführt, wobei sich die Berliner Justiz besonders engagierte. Bei **Dudek**
und **Jaschke**, die diesen Fall aufgearbeitet haben, heißt es:

> "Zwar befand sich unter den Tätern kein BNS-Aktivist, doch
> war gerade der Bund wegen der öffentlichen Resonanz, die
> sein Auftreten auslöste, wie keine andere Organisation im
> Jugendbereich prädestiniert, den Prüfstein für entschlos-
> senes und wirksames staatliches Handeln zu bilden"[245].

Die Berliner Justiz, unter Anwendung des Alliiertenrechts, klagte die
BNS-Studenten an. In einem Prozeß vor der 2. Großen Strafkammer des
Landgerichts Moabit kommt es zwar zu einer Verurteilung von BNS-
Funktionären wegen Rädelsführerschaft einer verfassungsfeindlichen
Vereinigung mit Gefängnisstrafen zwischen fünf und neun Monaten, aber
der Prozeß, der:

> "... in den Medien eine ungewöhnlich starke Resonanz fand,
> ..."([246])

zeigt auch, daß staatlicherseits Risiken damit eingegangen wurden.
Während des Prozesses stellt sich heraus, daß ein Hauptzeuge der

---

[244] s. hierzu Dudek, P./Jaschke, H.-G.: Entstehung und Entwicklung des Rechtsextremismus ..., Band I, S. 266ff. und Thadden,
A. v.: Die verfemte Rechte, a.a.O., S. 99ff., der hierbei
ausführlich schildert, wie er in der Folge der politischen
Aufarbeitung der Ereignisse mit dem nordrhein-westfälischen
Innenminister Dufhues aneinandergerät und bewußt die justitielle
Auseinandersetzung in Kauf nimmt:"Eine Reaktion des solcherart
massiv Angegriffenen (gemeint ist Dufhues, H.K.) wurde nicht nur
erwartet, sie sollte provoziert werden"(S. 105). Der von Dufhues
angestrengte Beleidigungsprozeß gegen von Thadden und Hess, dem
geschäftsführenden Vorstandsmitglied der DRP, ging über mehrere
Instanzen und endete mit Freispruch für die Angeklagten; s.
hierzu S. 107ff.

[245] Dudek, P./Jaschke, H.-G.: Entstehung und Entwicklung des
Rechtsextremismus ..., Band I, a.a.O., S. 426; dort und ff.
findet sich die Falldarstellung zum BNS-Verbot und den folgenden
Prozessen, auf die ich mich beziehe.

[246] ebd., S. 426

Anklage sich in widersprüchlichen Aussagen verfängt und der Verdacht auf eine V-Mann-Rolle aufkommt, schließlich nennt er gerichtsöffentlich die Namen zweier eingeschleuster Agenten. Auf der anderen Seite halten die BNS-Angeklagten während des Prozesses an ihrer programmatischen Grundhaltung offensiv fest. **Dudek** und **Jaschke** merken in ihrer Fallschilderung an, daß von den ersten Verhaftungen im Januar 1960 bis zum Urteil am 13. November 1963 eine auffallend lange Zeit vergeht, die für die BNS-Studenten mit Ausschluß vom Studium einhergeht und die nicht notwendig mit den systemspezifischen Zeiterfordernissen einer justitiellen Bearbeitung erklärbar sein könnten.

"Aber weder Strafmaß noch Verbot beeindruckten die angeklagten BNS-Funktionäre sonderlich"([247]).
Für **Dudek** und **Jaschke** markiert der Prozeß als Ausdruck eines verschärften Handelns der Staatsapparate den Übergang von präventiver Kontrolle des rechtsextremen Lagers insgesamt zu einer offensiven Einengung seines politischen Handlungsspielraums[248]. Meines Erachtens läßt sich aber schon über die früheren Prozesse der politischen Justiz im Bereich Rechtsextremismus, die hier dargestellt wurden, nicht behaupten, daß sie einer präventiven Kontrolle des rechtsextremen Lagers gedient hätten. Vielmehr zielte etwa die Bearbeitung der Naumann-Affäre in erster Linie auf die Bemühungen ehemaliger NSDAP-Persönlichkeiten, über den Umweg der Infiltration der FDP politischen Einfluß zu gewinnen. Und die Fälle Hedler und Remer zielten auf die offensive justitielle Einhegung des zulässigen politischen Kommunikationsraums, der insoweit zwar das rechtsextreme Lager insgesamt traf, jedoch nicht präventiv herbeigeführt wurde.

Im übrigen wird zutreffend behauptet, daß man das staatliche Interesse an dieser Nutzung der Gerichtsarena darauf zurückzuführen habe, daß mit dem BNS und seiner Verfolgung ein besonders geeignetes – der BNS war nach **Dudek** und **Jaschke** in dieser Zeit die profilierteste Jugendorganisation – Demonstrationsobjekt für die im Gefolge der Schmierwelle unter Beweis zu stellende Effektivität staatlich-

---

[247] ebd., S. 428

[248] s. ebd., S. 428

justitieller Extremismusbekämpfung vorlag[249].

Allerdings ist es auch richtig, daß wieder einmal aus innen- und
außenpolitischen Gründen Bundes- und Landesregierungen unter einem
Legitimationsdruck gesetzt waren, den sie anhand des BNS und mit
Hilfe der politische Justiz zu lösen hofften. Hierbei stießen sie
allerdings auf einen politischen Gegner, der sich wenig beeindruckt
zeigte und auf eine Justiz, die mit ihren Verfahrensweisen und
Akteurskonstellationen mitunter unerwartete Überraschungen produzier-
te.

3.5.3.2 FORMIERUNGSDRUCK

In den weiteren sechziger Jahren berührt zunehmend die 1964 gegründe-
te NPD die Gerichtsarena. Das Ziel der NPD, die ab dem Jahr 1966 bei
Landtagswahlen Überraschungserfolge erzielte, war allerdings nicht
die Konfrontation mit der Justiz, vielmehr stand sie vor dem Problem,
daß sie sich nach außen einen bürgerlich-konservativen Anstrich geben
wollte, der aber häufig abzublättern drohte, weil aggressive und
militante Kräfte der Partei sich nicht an die Vorgabe hielten bzw.
weil die NPD für Einzeltäter, die dem Umfeld der NPD entstammten, in
der Öffentlichkeit dafür verantwortlich gemacht wurde. Zum größten
Problem bei ihrer Biedermannstrategie wurde der NPD seit 1968 ihr
eigener Ordnungsdienst (OD), der mitunter rabiat und deliktisch gegen
die häufig auftretenden Gegendemonstranten bei Parteitagen und
Wahlveranstaltungen vorging und damit die Legalitätstaktik der NPD-
Führung gerade im Bundestagswahlkampf immer wieder durchkreuzte,
insbesondere der Fall Kolley ist hier anzuführen[250]. Insgesamt

---

[249] s. ebd., S. 428

[250] s. hierzu außer Dudek, P./Jaschke, H.-G.: Entstehung und
Entwicklung des Rechtsextremismus ..., Band I, a.a.O., S 280 ff.
und S. 342ff. sowie, aus der Sicht der NPD, die sich wieder
einmal der Verfolgung und Entrechtung ausgesetzt sah, Thadden,
A. v.: Die verfemte Rechte, a.a.O., S. 97ff; S. 148ff. mit der
Darstellung der "Schüsse von Kassel", gemeint sind die Schüsse

vermochte es aber die NPD, das rechtsextreme Lager in Richtung einer parlamentsorientierten Strategie und damit auch in Richtung legaler Verhaltensweisen zu formieren. Erst in der Phase der Zuspitzung der Auseinandersetzung mit den politischen Gegnern wurde dieser For-mierungsdruck abgeschwächt. Und so führte für das Jahr 1968 der Verfassungsschutzbericht aus:

> "Die zunehmende Verschärfung der politischen Ausein-andersetzungen in der Bundesrepublik führte einerseits zu einer Reihe von gewalttätigen Störungen von NPD-Versamm-lungen seitens politischer Gegner. Andererseits hat sie auch im vergangenen Jahr zu Gewalttaten seitens rechtsex-trem eingestellter Personen geführt"[251].

Der Bericht weist sodann auf die Ermittlungsverfahren gegen Mit-glieder und Ordner der NPD wegen tätlicher Ausschreitungen oder verbotenen Waffenbesitzes hin und berichtet über ein Urteil gegen ein Mitglied des NPD-Parteivorstandes, das mit Tränengas gegen einen politischen Gegner vorgegangen war und deswegen zu zwei Monaten Gefängnis verurteilt wurde[252].

Von einschlägigem Interesse sind die Ausführungen dieses und des folgenden, 1971 publizierten Verfassungsschutzberichtes[253] auch deshalb, weil hier Auskunft über das Belastungsausmaß der politischen Justiz durch Rechtsextremismus für die Jahre 1960 bis 1969 gegeben wird. Für den Zeitraum von 1960 bis 1968 findet sich der Hinweis auf insgesamt 2657 ermittelten Tätern (inkl. 40% "Unfugtätern" bei

---

des Klaus Kolley, Bundesbeauftragter für den Ordnungsdienst, im Zusammenhang mit Störaktionen der damaligen APO gegen eine Veranstaltung der NPD in Kassel am 16. September 1969, in der Presse wurde der Vorfall zur "Äffäre Kolley".

[251] Bundesministerium des Innern (Hrsg.): Zum Thema, Er-fahrungsbericht über die Beobachtungen der Ämter für Verfas-sungsschutz im Jahre 1968, Eine Schriftenreihe des Bundes-ministeriums, Bonn 1969, S. 44

[252] s. ebd., S. 45

[253] betrifft: Verfassungsschutz 1969/70, herausgegeben vom Bundes-ministerium des Innern, Bonn 1971; dieser Bericht erlaubt keine einfache Fortschreibung der Statistik des 68er Berichtes, ein bei den Verfassungsschutzberichten immer wieder auftretendes Merkmal.

Schmieraktionen), denen insgesamt 951 rechtskräftig Verurteilte gegenüberstehen, von denen wiederum nur 12 Prozent (118) aus rechtsradikalen Organisationen gekommen sein sollen[254]. 1969 kamen dann noch einmal 33 Urteile hinzu, die aber nicht notwendig schon rechtskräftige Urteile waren[255]. Wie sich das Aufkommen der Urteile auf die einzelnen Jahre von 1960 bis 1969 verteilt, kann der folgenden Grafik entnommen werden:

Grafik 3.2:

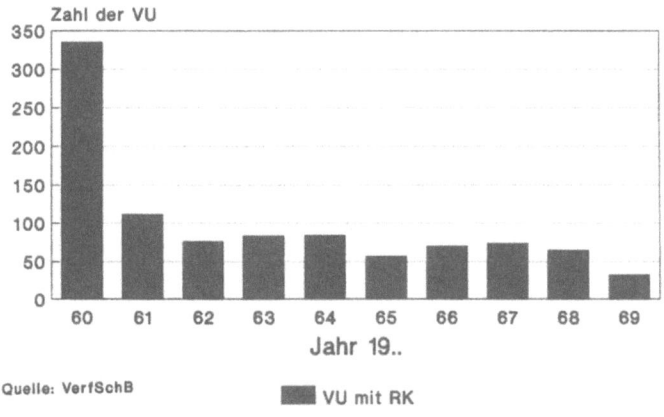

Verurteilungen mit Rechtskraft
Rechtsextremisten 1960 - 1969

Quelle: VerfSchB   ■ VU mit RK

---

[254] s. ebd., S. 49

[255] s. betrifft: Verfassungsschutz 1969/70, a.a.O., S.21; s. zum Problem der Aussagekraft von Verfassungsschutzberichten Greß, Franz/Jaschke, Hans-Gerd: Rechtsextremismus in der Bundesrepublik nach 1960. Dokumentation und Analyse von Verfassungsschutzberichten, München 1982; für die Angaben der Jahre 1968/69 ist ein gesetzgeberischer Amnestieeinfluß zu berücksichtigen: "Das Straffreiheitsgesetz v. 9. 7. 1968 hat zur Einstellung einer Reihe von Strafverfahren mit rechtsradikalem Hintergrund geführt". Bundesministerium des Innern (Hrsg.): Zum Thema: Erfahrungsbericht ... 1968, a.a.O., S. 48). Gleiches gilt auch für die Jahre 1970/71, in denen sich zugunsten von Rechtsextremisten das Straffreiheitsgesetz vom 20.5.1970 auswirkte, s. betrifft: Verfassungsschutz 1971, herausgegeben vom Bundesministerium des Innern, Bonn 1972, S. 32f., zum historischen Kontext dieser Amnestie s. Kapitel 3.6.

An dieser Blockgrafik, so beschränkt aussagekräftig sie auch ist, zumal sie nur die rechtskräftigen Urteile erfaßt, wird erkennbar, daß in den sechziger Jahren die Justiz verfahrensmäßig, von 1960/61 abgesehen, durch Täter mit rechtsextremem Hintergrund kaum belastet wurde und auch inhaltlich ragen in dieser Zeit keine Prozesse von besonderer rechtlicher oder politischer Bedeutung heraus.

3.5.4 GERICHTSARENA SEIT DEN SIEBZIGER JAHREN

In den siebziger Jahren sollte sich diese Lage insoweit ändern, als sich das Erscheinungsbild und die Struktur des Rechtsextremismus änderte, mit entsprechenden Implikationen für die Justiz und dem Grad der Inanspruchnahme der Gerichtsarena.

3.5.4.1 ÜBERGANGSPHÄNOMENE

Standen die fünfziger Jahre eindeutig im Zeichen der Bewältigung der nationalsozialistischen "Altlast", hatte sich mit dem BNS schon angedeutet, daß der Rechtsextremismus als Problem für die Justiz sich nicht ohne weiteres demographisch von alleine erledigen würde.

Als ein herausragendes Ereignis rechtsextremer Gewalt, und retrospektiv betrachtet, als ein Menetekel des militanten und terroristischen Rechtsextremismus der kommenden Jahre, ist im Jahr 1970 der Mordanschlag des 21jährigen Ekkehard Weil vom 7. November auf einen sowjetischen Wachsoldaten am sowjetischen Ehrenmal in Berlin einzustufen.

> "Weil handelte als Einzelgänger aus rechtsextremen Motiven. Er wurde am 8. März 1971 von einem Zivilgericht der britischen Militärregierung in Berlin zu sechs Jahren Gefängnis verurteilt"[256].

---

[256] betrifft: Verfassungsschutz 1969/70, a.a.O., S.13

Mit Weil[257] deutete sich eine neue Qualität rechtsextremistischer Gewalttaten an, die wenige Jahre später die deutschen Gerichte stark beschäftigen sollte. Die Tat selbst ist ohne Zweifel eingebunden zu sehen in das von 1969-1972 verschärfte innenpolitische Klima mit der Auseinandersetzung um die Ostpolitik der Bundesregierung. Die Niederlage des rechtsextremen Lagers bei der Bundestagswahl von 1969 förderte im Umfeld der NPD ein aggressiv, stark verhetzend (kennzeichnend die Parole:"Brandt an die Wand") auftretendes Potential. Einige NPD-Mitglieder versuchten sich sogar in der Bildung einer Geheimorganisation, der militanten "Europäischen Befreiungsfront" (EBF), die aber von der Exekutive bald ausgehoben wurde, mit Verurteilungen wegen verbotenen Waffenbesitzes versuchte die Justiz diesen Aktivisten und Gruppen beizukommen und der Verfassungsschutz kam in seinem 71er Bericht zu der Einschätzung:

> "Als wirksames Mittel gegen die Aggressionen haben sich vor allem strafrechtliche und versammlungsrechtliche Maßnahmen erwiesen"[258].

Dieser Glaube an die Effektivität der Gegenmaßnahmen ließ sich realistisch aber nur bis Mitte der siebziger Jahre halten, da nicht gesehen wurde, daß sich in diesen Verfahren der Übergang zu einer neuen Ausprägung im Rechtsextremismus andeutete.

Im Übergang von den sechzigern zu den siebziger Jahren findet sich auch ein Verfahren, das die "alte Rechte" betraf und an dem erneut gezeigt werden kann, daß die Inanspruchnahme der Justiz sich mitunter mit einem Zeitbedarf verbindet, der den politisch wirksamen und erforderlichen Zeithorizonten derer, die von der Justiz Gebrauch machen wollten, davonlaufen kann.

---

[257] Weils kriminelle Karriere fand mit Brand-, Sprengstoff und Bombenanschlägen, u.a. auf das Wohnhaus von Simon Wiesenthal, eine fatale Fortsetzung. 1983 war er Hauptangeklagter in dem bis dahin größten Neonazi-Prozeß in Österreich, s. General-Anzeiger (Bonn) vom 19.10.1983; insoweit ließ er sich in seinem weiteren Karriereverlauf nicht mehr als Einzelgänger begreifen.

[258] betrifft: Verfassungsschutz 1971, herausgegeben vom Bundesministerium des Innern, Bonn 1978, S. 33f.; zur EBF s. S.32

1969, im Vorfeld der Bundestagswahlen, versuchte die Bundesregierung mit einem 1952 zum ersten Mal angewandten Mittel, einen unerwünschten rechtsextremen Akteur persönlich auszuschalten. Am 17. März stellte die Bundesregierung beim Bundesverfassungsgericht den Antrag, dem Herausgeber der "Deutschen Nationalzeitung", Dr. Gerhard Frey, das Grundrecht der freien Meinungsäußerung, insbesondere der Meinungsfreiheit im Rahmen des Art. 18 GG abzuerkennen. Aber auch diesmal, wie schon bei Remer, wird der Antrag vom Bundesverfassungsgericht abgelehnt, und zwar wiederum nach erheblichem Zeitablauf, nämlich erst am 2. Juli 1974, und mit der Begründung:

> "Die Bundesregierung hat, obwohl ihr vor dieser Entschei-
> dung noch einmal Gelegenheit geboten war, weder auf die
> umfangreichen tatsächlichen und rechtlichen Ausführungen
> in den Verteidigungsschriften erwidert noch – wie vom
> Gericht angeregt – zur Frage der gegenwärtigen Gefährlich-
> keit ... Stellung genommen. ... Seit der Antragstellung hat
> sich immer deutlicher abgezeichnet, daß die in der Zeitung
> der Antragsgegner vertretenen und propagierten Auffassungen
> – soweit sie für ein Verfahren nach Art. 18 GG relevant
> sein könnten – keine als ernsthafte Gefahr für den Bestand
> der freiheitlich-demokratischen Grundordnung in Betracht
> kommende, politisch bedeutsame Resonanz mehr finden"[259].

Vermutlich war schon mit der Antragstellung abzusehen gewesen, daß die prozessualen Zeiterfordernisse verhindern würden, daß man vor den Bundestagswahlen zu einem Urteil kommen könnte. Von daher wird das Verfahren aus Gründen der öffentlichen Diskriminierung Freys und als Akt symbolischer Politik begriffen werden müssen. Nach dem Ausgang der Wahlen, die mit einer Niederlage der Rechtsextremen endete, verlor die Bundesregierung das Interesse an diesem Verfahren. Es muß weiteren historischen Forschungen überlassen bleiben, diese These zu erhärten[260].

---

[259] BVerfGE 38, S. 23f.

[260] in der "Geschichte der Bundesrepublik Deutschland", hier: Band 4: Hildebrandt, Klaus: Von Erhard zur Großen Koalition 1963 – 1969, mit einem einleitenden Essay von Karl-Dietrich Bracher, Stuttgart 1984, wird auf das Verfahren gegen Frey überhaupt nicht eingegangen. Hildebrandt beschränkt sich auf die Diskussion in der Bundesregierung um das Verbot der NPD, ebenfalls im Frühjahr 1969, s. S. 372

Bis heute ist jeder weitere Versuch ausgeblieben, Einzelpersonen unter Nutzung der politischen Justiz politische Grundrechte zu entziehen. **Backes/Jesse** begründen diesen Fakt wie folgt:

> "In den fünfziger Jahren war die Auffassung verbreitet, daß die Bestimmungen zur streitbaren Demokratie angewandt werden müßten, wie dies wohl auch der Intention des Verfassungsgebers entsprach. Zunehmend setzt sich jedoch die Meinung durch, es sei aus politischen Gründen opportuner, gegen den Extremismus nicht alle rechtlich möglichen Vorkehrungen zu treffen"[261].

Während also die fünfziger Jahre eher vom Legalitätsdenken geprägt gewesen sein sollen, sei später das Opportunitätsprinzip vorherrschend gewesen. Dieser recht dürftig begründeten These, kann der Gedanke entgegengehalten werden, daß von den repressiven Instrumenten des Grundgesetzes angesichts der Vielzahl der Parteien und rechtsextremen Aktivisten schon immer nur okkasionell und opportun Gebrauch gemacht wurde und sich bei der Nutzung des Art. 18 GG vielmehr zeigt, mit welchen Risiken die Nutzbarmachung der Gerichtsarena auch für Bundesregierungen verhaftet ist. Das Bundesverfassungsgericht hat, den aktuellen politischen Bedürfnissen der antragstellenden Bundesregierungen zuwiderlaufend, die rechtlichen Anforderungen so hoch gesetzt, daß nunmehr klar ist, daß dieses Instrument nur für den absoluten Extremfall anwendbar erscheint. Man könnte außerdem argumentieren, daß schon im mangelnden Willen, vor Gericht zu obsiegen sich das Opportunitätsprinzip niederschlug. Bei Remer war das Ziel der Ausschaltung aus der politischen Arena schon erreicht und Frey wurde nach dem Niedergang der NPD und des Rechtsextremismus im parlamentarischen Raum nicht mehr als Gefahr gesehen.

---

[261] Backes, Uwe/Jesse, Eckhard: Politischer Extremismus in der Bundesrepublik Deutschland, Band II, Analyse, Köln 1989, S. 285

Grafik 3.3: Urteile pro Jahr (1970 - 1979)

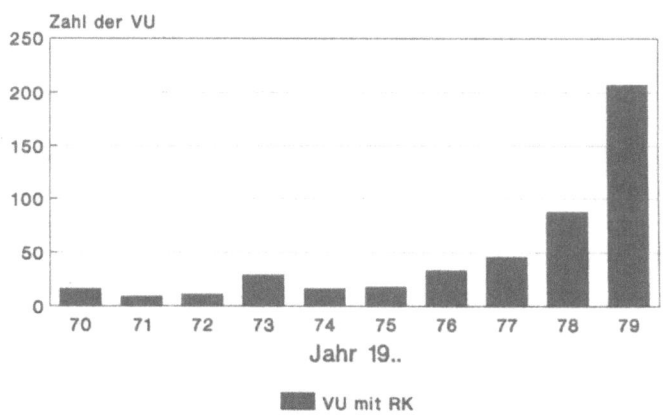

Verurteilungen mit Rechtskraft
Rechtsextremisten 1970 - 1979

Quelle: VerfSchB

In den frühen siebziger Jahren wurden in der eigentlichen Straf-
gerichtsarena, wie der Grafik 3.3 zu entnehmen ist, nur wenige
Prozesse rechtskräftig abgeschlossen, von denen zudem noch einige
Vorkommnisse der vorangegangenen Wahlkampfzeit betrafen. U.a. ging
es wiederholt um Mitglieder des NPD-Ordnungsdienstes, der 1970 aufgelöst worden war[262]. Die Übergangsphase endet in der Mitte der
siebziger Jahre, ab dieser Zeit dominiert in der strafrechtlichen
Auseinandersetzung der Neonationalsozialismus, kurz gesagt, der
Neonazismus.

---

[262] s. z.B. betrifft: Verfassungsschutz 1971, a.a.O., S.32; zu
einer Verurteilung gegen eine Angehörigen des NPD-Ordnerdienstes
kam es auch noch 1974, s. betrifft: Verfassungsschutz 1974,
herausgegeben vom Bundesminister des Innern, Bonn 1975, S. 41

157

3.5.4.2 AGITATOREN UND TERRORISTEN

Prägend für die juristische Aufarbeitung sollten im weiteren Verlauf
der siebziger Jahre Personen wie der Journalist Thies Christophersen,
Rechtsanwalt Manfred Roeder, Erwin Schönborn, Gary Lauck, Karl-Heinz
Hoffmann und ab 1977 Michael Kühnen werden.

Roeder, Christophersen und Schönborn treten in den siebziger Jahren
als die Propagandisten und Aktionisten des Antisemitismus und der
sog. "Auschwitz-Lüge" auf. Von der Exekutive werden sie zunächst als
Einzelgänger wahrgenommen[263]. Gerade Roeder weist einen Aktionismus
auf, der ihn unweigerlich in die Konfrontation mit dem Staat und der
Justiz treiben muß[264], jedoch folgen auf seine maßlosen "Be-
schimpfungskampagnen"[265] etwa gegen Scheel und Brandt nicht die
vermutlich erhofften Beleidigungsklagen. Dennoch muß sich Roeder
allein im Jahr 1975 Strafverfahren in Flensburg, Berlin-Tiergarten
und Darmstadt stellen[266]. In welch fundamentaler Systemopposition
sich Roeder wähnt, wird an dem von ihm inszenierten "Reichstag"
deutlich:

> "Die in Flensburg versammelten Neonazis beschlossen, der
> "Reichstag" sei allein berechtigt, im Namen aller Deutschen
> zu sprechen. Jede andere Regierungseinrichtung auf
> deutschem Boden sei rechtswidrig"[267].

---

[263] s. betrifft: Verfassungsschutz 1973, Öffentlichkeitsarbeit
des Bundesinnenministeriums 21, o.O., o. J. (Bonn 1974), S.30;
diese Einschätzung wird gegeben, obwohl auf der gleichen Seite
ausgeführt wird, daß Roeder das Vorwort zu Chistophersens Schrift
"Die Auschwitzlüge" verfaßt hat.

[264] s. z.B. seine Aktivitäten im Jahr 1974, in betrifft: Verfassungsschutz 1974, a.a.O., S. 30f.

[265] betrifft: Verfassungsschutz 1975, Herausgeber: Der Bundesminister des Innern, Bonn 1976, S. 32

[266] ebd., S. 40

[267] ebd., S. 34

Auch in den folgenden Jahren muß Roeder sich mit Strafverfahren auseinandersetzen, 1976 wird er vom Amtsgericht Heilbronn wegen Verunglimpfung des Andenkens Verstorbener zu einer Geldstrafe von DM 5000,-- verurteilt und der Generalbundesanwalt erhebt im gleichen Jahr am Oberlandesgericht Frankfurt/Main Anklage gegen ihn, Schönborn und Müller, einem Gärtnereibesitzer aus Mainz, wegen versuchter Nötigung von Mitgliedern eines Verfassungsorgans bzw. der Verunglimpfung des Staates und von Verfassungsorganen[268]. Als Rechtsanwalt bekommt er Berufsverbot.

All dies hielt ihn nicht davon ab, am 10. Mai 1977 mit etwa 20 Anhängern vor der Britischen Botschaft in Bonn gegen die weitere Inhaftierung von Rudolf Hess zu protestieren[269]. Und:

> "Am 16. Oktober legten Roeder und einige Anhänger zum Gedenken an die "Opfer der Nachkriegsjustiz" vor dem Oberlandesgericht in Nürnberg, wo in den Nachkriegsjahren die Kriegsverbrecher-Prozesse stattgefunden hatten, einen Kranz nieder"[270].

Anfang 1978 entzieht er sich der Verbüßung einer vom LG Flensburg verhängten sechsmonatigen Freiheitsstrafe durch Flucht ins Ausland. Erst 1980 betrat er wieder die Bundesrepublik und wurde zum Rädelsführer der terroristischen "Deutschen Aktionsgruppe". Von dieser Gruppe gingen 1980 Brand- und Sprengstoffanschläge aus, denen in Hamburg zwei Vietnamesen zum Opfer fielen, geplant soll auch gewesen sein, einen Anschlag auf einen Richter auszuüben, der Roeder in einem früheren Verfahren verurteilt hatte. Festnahmen erfolgten noch im gleichen Jahr und führten zum ersten großen Terroristenprozeß gegen rechts im Jahr 1982 in Stammheim. Roeder entwickelte sich damit vom Agitator der "Auschwitzlüge" zum terroristischen Rädelsführer, der in der Justiz alles andere als eine unabhängige, der Wahrheit und

---

[268] s. betrifft: Verfassungsschutz 1976, Herausgeber: Der Bundesminister des Innern, Bonn 1977, S. 52

[269] s. betrifft: Verfassungsschutz '77, Herausgeber: Der Bundesminister des Innern, Bonn 1978, S. 33

[270] ebd.

Gerechtigkeit verpflichtete Institution sieht. Auf den Terroristenprozeß ist weiter unten noch näher einzugehen.

Christophersen konzentrierte sich in seiner intransigenten Haltung
dagegen mehr auf seine publizistische Tätigkeit. Er zählt zu den "Unbelehrbaren", den "Wiederholungstätern", die sich trotz mehrfacher
Verurteilungen zu Geld- und Freiheitsstrafen[271] nicht von ihrer
Agitation abhalten lassen. Der bestehende Verfolgungsdruck läßt ihn
dann aber doch gegen Ende der siebziger Jahre mit seinem Verlag nach
Dänemark gehen, wo er sich bis heute aufhält und von dort weiter-
agiert, sicher vor den deutschen Strafverfolgungsbehörden, da es
wegen politischer Delikte keine Auslieferung gibt[272].

In eine ähnliche Täterkategorie wie Christophersen fällt der Journalist Erwin Schönborn. Erwin Schönborn, von **Jenke** als "politischer
Phantast" bezeichnet[273], war in den frühen fünfziger Jahren Vorsitzender der Freien Sozialistischen Volkspartei und erhielt schon
1953 wegen Äußerungen über Hitler eine fünfmonatige Gefängnisstrafe:

> "Schönborn sah jedoch keinen Grund, **"sich diesem Terror zu
> beugen"**, und gründete im Januar 1954 ... die "Deutsche
> Freiheits-Partei" ..."[274].

Und mit dieser Einstellung gegenüber der Justiz und dem politischen
System gerät Schönborn, sei es wegen Beleidigungsdelikten (gegenüber
Ollenhauer und Gerstenmaier z.B.) oder antisemitischer Propaganda
immer wieder in Konflikt mit dem Gesetz. Und selbst noch in den achtziger Jahren, schon im Alter von 70 Jahren und längst wieder einmal

---

[271] s. z.B.: betrifft: Verfassungsschutz '77, a.a.O., S. 55; auch
betrifft: Verfassungsschutz 1978, a.a.O., S. 35

[272] s. beispielhaft BGHSt 30, S. 199ff., diese Sonderbehandlung
des politischen Delikts im Auslieferungsrecht verweist auf die
Geschichte der politischen Kriminalität im 19. Jahrhundert; s.
auch Franke, Dietmar: Politisches Delikt und Asylrecht, König-
stein/Ts. 1979

[273] Jenke, M.: Verschwörung von rechts?, a.a.O., S. 284; dort
findet sich auch eine politische Kurzvita von Schönborn in den
fünfziger Jahren, ebd., S. 280ff

[274] ebd., S. 281

inhaftiert wegen einschlägiger Delikte, agitiert er weiter, was das Friedberger Schöffengericht 1984 bei einer weiteren Verurteilung zu der Feststellung eines "gewissen Altersstarrsinns" veranlaßte[275].

Roeder (in seinen ersten Jahren), Christophersen und Schönborn vertreten ein Typus des Rechtsextremisten, der zumindest punktuell, also als one-issue-Agitator (hier "Auschwitzlüge") sich in absoluter Gegnerschaft zum Regime fühlt. Und stehen sie dann vor Gericht, lehnen sie dieses aus politischen Gründen häufig ab. Ernst Tag, ein hessischer Neonazi, sah sich bei seinem Prozeß wegen Volksverhetzung, Aufstachelung zum Rassenhaß und Beleidigung vor dem Landgericht Frankenthal vor ein "Sondergericht" gestellt und soll zu Prozeßbeginn ausgeführt haben:

> "Der weisungsgebundenen Anwaltschaft der BRD sowie dem unter politischem Druck stehenden Sondergericht war es von vornherein bekannt, daß es in der Sache ausschließlich um die rein politische Auseinandersetzung zwischen nationalem Sozialismus und internationalem Sozialismus, vertreten durch die SPD und andere linksextreme beziehungsweise fremden Religionsgemeinschaften angehörende Kampfverbände auf deutschem Boden geht"[276].

Solche Äußerungen, in Prozessen von Neonazis nicht unüblich, machen deutlich, daß zum einen die Justiz in eigener Sache nicht als legitimer Akteur anerkannt wird[277], zum anderen ein Denken in Freund-Feind-Kategorien dominiert. Die dabei häufig zu beobachtenden Showauftritte sollen in erster Linie den Geltungsdrang vor der eigenen Bezugsgruppe befriedigen.

Zu den rechtsextremistischen Kräften, die gegenüber der Justiz und den staatlichen Behörden in der Pose des Provokanten auftraten,

---

[275] die tageszeitung vom 4.12.1984

[276] zitiert nach Frankfurter Rundschau vom 26.4.86

[277] was Ernst Tag aber nicht daran hindert, die Justiz selbst anzurufen, wenn es ihm zweckdienlich erscheint, so soll er Strafantrag wegen antisemitischer Äußerungen gegen die Unionspolitiker Fellner und Graf Spee gestellt haben, ein deutliches Zeichen, wie zynisch und instrumentell er mit Justiz umgeht, s. ebd.

zählte auch Karl Heinz Hoffmann, der mit der von ihm gegründeten Wehrsportgruppe Hoffmann[278] in den siebziger Jahren bis zum Verbot im Januar 1980, und später selbst als Mordverdächtigter, immer wieder die Schlagzeilen der Presse füllte.

Ohne an dieser Stelle auf die justitiellen Kontakte näher einzugehen[279], ist Hoffmann als Typus hier insoweit von besonderem Interesse, da er, ähnlich wie Michael Kühnen mit der von ihm geführten ANS oder der schon erwähnte Roeder in seiner späteren Entwicklung mit den Deutschen Aktionsgruppen, als zentrale Leitfigur für neonazistische Jugendliche wirkte. Mit seinem Charisma oder, nüchtern betrachtet, Führungsstil verführte er junge Männer soweit, daß sie sich sogar zu terroristischen Taten verstiegen[280]. In einem psychiatrischen Gutachten wurde Hoffmann als "Führernatur mit Imponiergehabe" gekennzeichnet[281].

Sowohl der Prozeß gegen Roeder und die "Deutschen Aktionsgruppen", 1982 und fast parallel der Feme-Mord Prozeß von Hamburg als auch der Prozeß gegen Hoffmann, von 1984 bis 1986, stießen auf großes nationales und internationales Interesse[282]. In allen drei Prozessen ging es um die Problematik der Anstiftung oder Beihilfe zum Mord. Im

---

[278] s. hierzu Müller, Rudolf: Schule des Terrorismus, Die Wehrsportgruppe Hoffmann und andere militante Neonazis, in: Benz, Wolfgang (Hrsg.):Rechtsextremismus in der Bundesrepublik, Voraussetzungen, Zusammenhänge, Wirkungen, aktualisierte Ausgabe, Frankfurt am Main 1984, S. 238ff.

[279] s. hierzu u.a. betrifft: Verfassungsschutz 1976, a.a.O., S. 40f.

[280] s. Müller, R.: Schule des Terrorismus, ..., a.a.O., S. 238ff.; über Kühnen äußerte sich in diesem Sinne auch Michael Frühauf in meinen Befragungen, zur Führerrolle Roeders s. u.a. Stuttgarter Zeitung vom 29. Juni 1982

[281] Frankfurter Rundschau vom 1. 7. 1986

[282] da der Prozeß gegen Roeder in der Mehrzweckhalle von Stammheim stattfand, die für den Baader-Meinhoff-Prozeß gebaut worden war, regte dies die linke Presse zu Vergleichen mit RAF-Prozessen an, s. z.B. die tageszeitung vom 22. 6. 1982 mit der Schlagzeile: "Das rechte Auge der Bundesanwaltschaft".

Roeder-Prozeß trat eine unterschiedliche Auffassung zwischen Bundesanwaltschaft und Gericht auf, die sich dahingehend auswirkte, daß das Gericht Roeder auch der Verabredung einer schweren Brandstiftung in Tateinheit mit einer versuchten Anstiftung zum Mord für schuldig befand, obwohl die Bundesanwaltschaft von dem Vorwurf abgerückt war. Möglich wurde dies dem Gericht durch die ungewöhnliche Konstruktion der "Mittäterschaft durch Unterlassung"[283]. Die Bundesanwaltschaft sah sich einer Kritik durch die Öffentlichkeit auch dadurch ausgesetzt, daß sie den Prozeß gegen Roeder und seine Mittäter Sybille Vorderbrügge, Dr. Heinz Colditz und Raymund Hörnle von Verfahren gegen weitere Mitglieder der "Deutschen Aktionsgruppen", es waren insgesamt 16 Personen verhaftet worden, abgetrennt hatte[284].

Im Prozeß gegen Hoffmann folgte das Gericht dagegen wegen bestehen gebliebener Zweifel – so hatten sich Zeugen während des Prozesses in Widersprüchen verfangen[285]– nicht dem Antrag der Staatsanwaltschaft[286] auf Verurteilung wegen Mordes, es verurteilte Hoffmann aber wegen anderer Delikte, u.a. in Zusammenhang mit der Wehrsportgruppe Ausland[287], zu neuneinhalb Jahren Gefängnis.

---

[283] s. ebd.

[284] in der linken die tageszeitung hieß es hierzu: "... so entsteht der Eindruck, die rechtsradikale Szene soll unbedeutender gehalten werden, als sie tatsächlich ist"., ebd.

[285] s. General-Anzeiger (Bonn) vom 30.11.1984

[286] s. hierzu Frankfurter Rundschau vom 9.5.1986 und vom 1.7.1986

[287] Hoffmann war nach dem Verbot der WSG Hoffmann mit Gefolgsleuten in den Libanon gegangen und hatte dort mit Unterstützung der PLO die Wehrsportgruppe Ausland betrieben, in diesem Zusammenhang sollen Mitglieder der WSG-Ausland gefoltert und getötet worden sein. Während der Untersuchungshaft erwirkte Hoffmann vor dem Bundesgerichtshof die Aufhebung des Haftbefehls auf der Grundlage des § 129a StGB, da: "Nach dem bisherigen Stand der Ermittlungen verfügte die von dem Mitbeschuldigten H. im Libanon gebildete Vereinigung, die er als Wehrsportgruppe-Ausland bezeichnet, über keine Teilorganisation in der Bundesrepublik Deutschland. Das schließt die Anwendung des § 129a StGB auf organisationsbezogene Handlungen im Sinne dieser Strafvorschrift aus". BGH 30, S. 328ff., S. 328

Der weitere Mordprozeß mit rechtsextremem Hintergrund erregte die
Öffentlichkeit vor allem wegen der bei diesem Mord an einem Gesin-
nungsgenossen aus der ANS des Michael Kühnen[288] zu Tage getretenen
Grausamkeit. Der Täter hatte bei dem Feme-Mord sein Opfer mit 21
Messerstichen und dem Durchschneiden der Kehle getötet. Friedhelm Enk
will diese Tat auf Befehl des Michael Frühauf begangen haben. Während
Enk für sich selbst eine lebenslange Strafe forderte[289], bestritt
Frühauf, Enk zu der Tat angestiftet und ihm den Befehl für diese
Bluttat gegeben zu haben[290]. Beide wurden schließlich vom Gericht
wegen gemeinschaftlichen Mordes zu einer lebenslangen Freiheitsstra-
fe verurteilt.

Das Urteil selbst wurde in der Öffentlichkeit zustimmend zur Kenntnis
genommen. Gegenüber Frühauf blieb es aber ein Indizienurteil und der
Tathergang stellt sich für Frühauf bis heute anders dar als für das
Gericht. Nach seiner Einschätzung trug der Prozeß auch Züge eines
Schauprozesses:

---

[288] Michael Kühnen saß zu dieser Zeit eine Gefängnisstrafe ab,
in seiner Abwesenheit sollte zunächst Christian Worch die ANS
weiterführen, als dieser 1980 verhaftet wurde, versuchte Michael
Frühauf das Führungsvakuum in der Hamburger ANS zu füllen, s.
Urteil des LG Lübecks vom 3. 6. 1982, 2 Js 747/81, S. 29f.

[289] in der Zeit hieß es hierzu: "... eine merkwürdige Mann-
haftigkeit, die unbehaglich macht, ...". Die Zeit vom 11.6.1982,
die tageszeitung vom 4.6.1982 schrieb dazu: "Er hofft offensichtlich, zum Märtyrer der rechten Szene zu werden".

[290] auch während der von mir durchgeführten Befragung blieb
Frühauf bei seiner Tatsicht, ohne sich allerdings deswegen völlig
unschuldig an der Entwicklung zu fühlen. Frühauf räumt auch ein,
Fehler beim Prozeß gemacht zu haben. Die Lektüre des Urteils, das
bei Frühauf viele Vermutungen über die innere Tatseite enthält,
läßt bei mir den Eindruck aufkommen, daß die Bewertung der Rolle
Frühaufs als Führer der Hamburger ANS durch das Gericht in erheblichem Maße auf seinen, im Verhältnis zu den übrigen
Angeklagten, herausragenden intellektuellen Fähigkeiten beruht
und daß das Gericht den bei ihm vorhandenen Geltungsdrang als
wichtiges Indiz für die Befehlserteilung erachtete. Allerdings
vermag das Urteil m.E. nicht überzeugend darzulegen, wieso Enk
wirklich auf Befehl von Frühauf gehandelt haben will, so heißt
es auch:"Tatsächlich hatte der Angeklagte Frühauf den Ausdruck
"Befehl" gegenüber Enk nicht gebraucht"(Urteil, S. 118).

> "Der politische Hintergrund der Tat, die durch die Medien
> damals besonders durch spektakuläre Prozeße im Rechtsradi-
> kalen und -Terroristen-Milieu negativ beeinflußte öffent-
> liche Meinung und die Vorverurteilung durch die Presse
> machte die Verhandlung ein bißchen zum Schauprozeß"[291].

In der Öffentlichkeit gab es jedenfalls keine inhaltliche Kritik am Urteil, es wurde mitunter allerdings versucht, weniger die Justiz als den Verfassungsschutz mit diesem Verfahren in Mißkredit zu bringen[292].

Frühauf wie Hoffmann vollzogen während ihrer Haft eine Abkehr vom Rechtsextremismus. Hoffmann wurde deshalb frühzeitig auf Bewährung aus der Haft entlassen[293], Frühauf hofft dagegen immer noch auf seine Begnadigung.

Ohne Abkehr von seiner politischen Gesinnung durchlief Friedhelm Busse[294] seinen Terroristenprozeß 1983. Nach fünfmonatiger Prozeßdauer wurde der Gründer der verbotenen neonazistischen "Volkssozialisti-schen Bewegung Deutschlands/Partei der Arbeit" (VSBD/PdA) zu drei Jahren und neun Monaten Haft verurteilt. Und auch in diesem Prozeß mußte die Staatsanwaltschaft ihren Vorwurf der Zugehörigkeit zu einer terroristischen Vereinigung fallenlassen[295], übrig blieb die Verur-teilung wegen Strafvereitelung, Begünstigung sowie wegen der Waffen- und Sprengstoffdelikte. Friedhelm Busse gehört heute mit 62 Jahren zu den älteren Führern in der Neonaziszene, er ist derzeit Vor-

---

[291] Frühauf, M.: Schriftliche Befragung vom 25. 2.1990, S. 9

[292] s. z.B. Die Zeit vom 11.6.1982

[293] s. Frankfurter Rundschau vom 18.7.1989

[294] zu Person Friedhelm Busse s. Pomorin, Jürgen/Junge, Reinhard: Vorwärts, wir maschieren zurück, Die Neonazis Teil II, 5. Auflage, Dortmund 1979, S. 157ff.

[295] s. General-Anzeiger (Bonn) vom 26./27. November 1983; der § 129a StGB war im Zusammenhang mit dem in Paris gegründeten "Kommando Omega" zur Anklage gebracht worden.

sitzender der im Niedergang befindlichen FAP[296].

Die bisher geschilderten Fälle zeigen, daß die neonazistische Szene sich in dieser Zeit einer tief einschneidenden Prozeßwelle gegenüber sah, wobei außer durch Gefängnisstrafen ein Teil der Aktivisten auch durch lange Untersuchungshaftszeiten ausgeschaltet wurde (Busse, Hoffmann z.B.). Wie sehr die neonazistischen Kreise versuchten, durch Kontakt untereinander dem Druck der Justiz standzuhalten, kann exemplarisch daran festgemacht werden, daß z.B. Michael Kühnen dem Prozeß gegen Busse teilweise auf der Zuhörerbank beiwohnte[297]. Eine besondere Rolle spielt in diesem Zusammenhang die HNG (Hilfsorganisation für nationale politische Gefangene und deren Angehörige), über die sich die Neonazis Tag und Kühnen 1987 zerstritten[298]. Diese Organisation hält den Kontakt zur Szene aufrecht und gilt als eines der wichtigsten Netzwerke im neonationalsozialistischen Bereich. Allerdings ist hier anzumerken, daß die inhaftierten Neonazis den "politischen Kampf" zwar auch in der Haft fortsetzen, jedoch nicht, wie bei RAF-Häftlingen, gegen ihre Anstaltsleitungen, sondern nach außen[299].

---

[296] s. Verfassungsschutzbericht 1990, Herausgeber: Der Bundesminister des Innern, Bonn 1990 (Fehlangabe, tatsächlich 1991), S. 98

[297] s. Süddeutsche Zeitung vom 24. Juni 1983

[298] s. Innere Sicherheit, Informationen des Bundesministers des Innern, Nr. 2/87 vom 15. Mai 1987, S. 7

[299] s. hierzu Klaus, Alfred: Verhalten und Aktivitäten inhaftierter links- und rechtsextremistischer Terroristen – zur Kampagne gegen die Justiz, unv. MS, o.O. 1983, S. 205ff. Klaus kommt hinsichtlich der rechtsterroristischen Häftlinge zu dem Urteil: Von einem individuellen oder gar organisierten Widerstand dieser Häftlingskategorie kann im allgemeinen keine Rede sein. Nach den Erfahrungen der Justizvollzugsanstalten sind diese Gefangenen in ihrer Mehrheit den Bediensteten gegenüber höflich und fügen sich nahezu widerspruchslos in die Gegebenheiten des Vollzuges", ebd., S. 206; von daher stellte der Hungerstreik von Hoffmann auch eine auffallende Ausnahme dar, s. Frankfurter Rundschau vom 19. 7.1989

So wie die Prozesse (und Verbote) die Aktivitäten der militanten, terroristischen Neonaziszene banden, so belasteten andersherum die Neonazis, wie schon mehrfach deutlich wurde, die Gerichte bis hin zum Bundesgerichtshof[300], wobei das Ausmaß der kleinen rechtsextremen Kriminalität in diesen Jahren ebenfalls anwuchs. Und dies war vor allem das "Verdienst" des Gary Lauck'.

Der Amerikaner Gary Lauck ist der geistige Vater der NSDAP-AO, die aggressiv für eine Wiederzulassung der NSDAP auftritt. Abgesehen von seinen Versuchen, selbst in der Bundesrepublik zu agitieren und die mitunter mit Verurteilungen und Abschiebungen endeten[301], sorgte er seit Mitte der siebziger Jahre dafür, daß den Neonazis das Propaganda- und Klebematerial nicht ausging[302]. Im Verfahren gegen Kühnen u.a. im sog. Bückeburger Prozeß wurde ihm vom Gericht "freies Geleit" zugesichert[303]. Die meisten Verfahren gegen ihn wurden wegen Abwesenheit des Angeschuldigten gemäß § 205 StPO vorläufig eingestellt und vom Einwohnerzentralamt in Hamburg besteht gegen ihn eine unbegrenzte Ausweisungs-/Abschiebungsverfügung[304].

Zu den auffälligsten Herausforderern der Strafrechtspflege ist der am 25.4.1991 verstorbene Neonaziführer Michael Kühnen zu rechnen. Seit 1977 wurde er mit seinen Aktivitäten in den Verfassungsschutzberichten aufgeführt. Er gründete mehrere später verbotene Organisa-

---

[300] s. z.B. BGH 5 StR 811/83 (verbotene Uniformierung); BGH 5 StR 132/81 (ANS-Emblem fällt nicht unter § 86a StGB); BGH 3 StR 476/82 (Manuskript und § 131 (1) Nr. 4 StGB); BGHSt 32, 310 usw.; interessant ist, daß in den letzten drei Jahren keine einschlägigen Urteile des BGH im Zusammenhang mit rechtsextremistischem Hintergrund mehr vorgekommen, genauer, veröffentlicht worden sind.

[301] s. z.B. betrifft: Verfassungsschutz 1976, a.a.O., S. 46

[302] bezeichnenderweise trug er etwa bei seiner Festnahme am 25. März 1976 in Mainz 20.000 Hakenkreuzaufkleber mit sich, s. ebd.

[303] s. Stöss, R.: Die extreme Rechte ...,a.a.O., S. 168

[304] s. Innere Sicherheit, Informationen des Bundesministers des Innern, Nr. 1/92 vom 28. Februar 1992, S. 16

tionen (ANS/NA[305], NS), er machte immer wieder mit spektakulären Aktionen auf sich aufmerksam[306] und er verstand sich vorzüglich auf den Umgang mit den Medien, in so gut wie allen Features und Reportagen des Fernsehens über Rechtsextremismus in den letzten Jahren zählte er zu den bevorzugten Interviewpartnern[307].

Den Beginn seiner rechtsextremen Karriere datierte Kühnen selbst, in einem "Brief aus der Haft"[308], auf den 8. Mai 1977, als er den SA-Sturm Hamburg 8. Mai gründete. In die Schlagzeilen geriet Kühnen vor allem mit der ANS/NA (Aktionsgemeinschaft Nationaler Sozialisten/ Nationale Aktivisten), die schließlich am 24.11.1983 verboten wurde. Überblickt man seine knapp 14 Jahre als Aktivist der "nationalsozialistischen Bewegung"[309], kommt man zu der Feststellung, daß er fast die Hälfte dieser Zeit inhaftiert war und für die rechte Szene der "nationale Gefangene" und Märtyrer par exellence darstellte, ab Mitte 1986 allerdings getrübt durch die Homosexuellendebatte und die Spaltung zwischen den sog. Mosler- und Kühnenflügel, die erst am 8.1.89 zumindest äußerlich überwunden wurde[310].

Zahlreiche Verhaftungen, Ermittlungs- und Gerichtsverfahren bestimmen den Weg des Michael Kühnens, in fast allen Fällen Propagandadelikte nach den §§ 86, 86a, 130, 131 StGB, aber auch Verfahren nach den §§

---

[305]   zur ANS/NA s. den "Enthüllungsreport" von Pomorin, Jürgen/Junge, Reinhard: Die Neonazis und wie man sie bekämpft, 6. Auflage, Dortmund 1978

[306]   s. z.B. Broder, Henryk M.: Deutschland erwacht, Köln 1978, S. 123ff.

[307]   s. z.B. Neonazis heute, die verdrängte Gefahr, WDR 13.1.83; Brennpunkt ARD vom 19.4.1989

[308]   s. Innere Sicherheit, Informationen des Bundesministers des Innern, Nr. 4/87 vom 11. September 1987, S. 7

[309]   s. hierzu ebd. und Innere Sicherheit, Informationen des Bundesministers des Innern, Nr. 3/91 vom 12. Juli 1991, S. 9, hier findet sich auch eine Kurzvita zu Kühnen.

[310]   s. Dokument "Einigung", in: antifaschistischer informations- und pressedienst Nr. 3, 3. Jg., März 1989, S.4

85, 90 a oder 129a StGB. Vom OLG Celle wurde Kühnen am 13. September 1979:

> "- 1 StE 7/78 - wegen Volksverhetzung in Tateinheit mit Verbreiten von Propagandamitteln einer verfassungswidrigen Organisation und Aufstachelung zum Rassenhaß in zwei Fällen, davon in einem Fall weiter in Tateinheit mit Verunglimpfung des Staates, Vorrätighalten von Propaganda- mitteln einer verfassungswidrigen Organisation in Tatein- heit mit Aufstachelung zum Rassenhaß in drei Fällen, Verbreiten von Propagandamitteln einer verfassungswidrigen Organisation in Tateinheit mit Verwenden von Kennzeichen einer verfassungswidrigen Organisation in zwei Fällen, davon in einem Fall gemeinschaftlich handelnd, gemein- schaftliches Verwenden von Kennzeichen einer verfas- sungswidrigen Organisation in Tateinheit mit Vorrätighalten von Propagandamitteln einer verfassungswidrigen Organisa- tion und Aufstachelung zum Rassenhaß, Vorrätighalten von Propagandamitteln einer verfassungswidrigen Organisation in Tateinheit mit Verherrlichung von Gewalt und Aufsta- chelung zum Rassenhaß, gemeinschaftliche Aufstachelung zum Rassenhaß und Verwenden von Kennzeichen von verfassungswi- drigen Organisationen in Tateinheit mit verbotenen Uniform- tragen zu einer Freiheitsstrafe von 4 Jahren. Datum der letzten Tat war der 5. Februar 1978. Neben der Einziehung verschiedener Gegenstände wurde auch der Verlust der Amtsfähigkeit und der Wählbarkeit sowie die Aberkennung des Wahl- und Stimmrechts auf die Dauer von 5 Jahren er- kannt"[311].

In nicht einmal zwölf Monaten "Karriere" war es Michael Kühnen gelungen, zum anerkannten Führer in der Neonaziszene zu werden. Die Vielzahl der Delikte und auch die Härte des Urteils von Celle sind Indizien für eine Polarisierung zwischen Kühnen und der Justiz. Die Justiz vermochte es in diesem "Bückeburger Prozeß" aber nicht, Kühnen an der weiteren Verbreitung seiner NS-Ideologie zu hindern. Nach Einschätzung von **Stöss** benutzte Kühnen die Anklagebank sehr geschickt und während des Prozesses defilierte offensichtlich die gesamte "Prominenz" der Neonaziszene über Zeugenstuhl und Besucherbank an den Medien vorbei[312].

---

[311] zitiert nach: Urteil des LG Flensburg vom 30. April 1982, S. 3f. Az2 Js 79/80

[312] s. Stöss, R.: Die extreme Rechte ...,a.a.O., S. 168

In dem Verfahren vor dem Landgericht Flensburg, April 1982, in dem
es um das von Kühnen in der Untersuchungshaft im Rahmen des Bückeburger Prozesses geschriebene Werk "Die zweite Revolution" ging, läßt
sich über den Urteilstext entnehmen, daß in der Interaktion zwischen
Richtern und Angeklagten das Verhältnis des Angeklagten zur Justiz
eine maßgebliche Rolle spielte.

So heißt es:

> "Er habe auch "abklopfen" wollen, wie weit man in diesem
> Staat gehen könne, bis man sich strafbar mache. Durch den
> "Bückeburger Prozeß" und nicht zuletzt auch durch diesen
> Prozeß habe er die strafjuristischen Frei- und Spielräume
> erfolgreich "abgetastet", was sich auf seine künftige
> Strategie zur Neugründung der NSDAP auswirken würde"[313].

Außerdem leitet das Gericht aus dem Manuskript ab:

> "Auch eine unabhängige Justiz, gleichfalls ein Wesensele-
> ment jeder freiheitlich-demokratischen Grundordnung, hat
> im Programm des Angeklagten keinen Platz mehr, was zum
> Beispiel dadurch zum Ausdruck kommt, wenn er fordert:" Eine
> neue, revolutionäre Justiz wird an die Stelle der bürger-
> lichen Rechtsprechung treten und sich entsprechend den
> Statuten des Volksgerichtshofes, nur an einen Grundsatz
> orientieren: Recht ist, was dem deutschen Volk nützt!""[314].

Kühnens Prozeßstrategie war trotz prinzipieller Gegnerschaft zum
System und folglich auch zur Justiz nicht auf intrasigentem Konfron-
tationskurs. Vielmehr drängt aus weiteren Passagen des Urteils sich
der Eindruck auf, daß Kühnen z.B. unter Verwendung neurechter
Argumentationsfiguren versuchte, sich dem Vorwurf des Aufstachelns
zum Rassenhaß zu entziehen. Er hob in seiner Verteidigungsstrategie
etwa auf die Verschiedenartigkeit der Rassen ab, die er nicht gleich-
setze mit Verschiedenwertigkeit, auch sei er nicht gegen Völkerverständigung, sondern für diesen Gedanken[315]. Kühnen schien auch nicht
davor zurück zu scheuen, sich als belehrbar durch die Justiz
darzustellen:

---

[313] Urteil des LG Flensburg vom 30. April 1982, a.a.O, S. 325

[314] ebd., S. 336

[315] s. ebd., z.B. S. 326

"Wenn und soweit er die Begriffe "Judentum" und "Zionis-
mus" zuweilen synonym benutzt habe, so sei er nunmehr durch
das "Bückeburger Verfahren" belehrt worden, das solches
unzulässig sei"[316].

Jedoch rechnete ihm das Gericht dieses partielle Sicheinlassen auf
die Spielregeln der Justiz nicht zum Vorteil an:

"Bei der Wahl der Straf<u>art</u> (Hervorhebung im Original, H.K.)
war zu beachten, daß der Angeklagte als Überzeugungstäter
gehandelt hat, dem – mit überdurchschnittlicher Intelligenz
ausgestattet – genügend Erkenntnisquellen zur Verfügung
standen und noch stehen, um sich die Unhaltbarkeit seiner
Ansichten vor Augen zu führen. ... Er sperrt sich nicht nur
bewußt einer rationalen Auseinandersetzung mit seinen
eigenen Grundüberzeugungen, sondern er ist zielbewußt
darauf aus, die Strafverfolgungsbehörden zu provozieren mit
dem erklärten Ziel, die "juristischen Frei- und Spielräume
auszuloten". Die Verhängung einer Geldstrafe kommt aus dem
Gesichtspunkt der Verteidigung der Rechtsordnung nicht in
Betracht"[317].

Es gehört wohl zur Ironie der Geschichte, daß der BGH schließlich im
Revisionsverfahren im Prinzip Kühnens Rechtsauffassung teilte,

"..., daß die bloße Abfassung eines Manuskripts noch nicht
strafbar sein könne. Solches könne – wenn überhaupt – erst
dann der Fall sein, wenn das Manuskript auch tatsächlich
veröffentlicht würde"[318].

und die Rechtsauffassung des Gerichts, die dieses in Kenntnis
abweichender Meinungen vertrat, verwarf. Selbstverständlich stellte
sich die Rechtslage differenzierter dar, als es die obigen Ausführungen erkennen lassen. Für den Bundesgerichtshof, für den die
Verurteilung des Angeklagten keinen Bestand hatte, war der propagan-
distische Gehalt der Schrift unzweifelhaft, allerdings hebt er darauf
ab, daß für die Erfüllung von § 86 StGB ein bloßes Herstellen nicht
genüge, sondern daß die Vorschrift ein Herstellen zur Verbreitung
verlange, und das sei in dem Fall nicht gegeben gewesen[319]. Interes-

---

[316] Urteil des LG Flensburg vom 30. April 1982, a.a.O., S. 326

[317] Urteil des LG Flensburg vom 30. April 1982, S. 340f.

[318] ebd., S. 324

[319] s. BGH 32, 1, 3

sant ist das Urteil des BGH auch deshalb, weil das Gericht u.a. damit argumentierte, daß ansonsten zu weit in das Recht auf Meinungsfreiheit eingegriffen würde:

> "Ein solch weitgehendes Vordringen der Strafverfolgung in die Privatsphäre des Menschen ist durch die moderne technische Entwicklung, auf die der Gesetzgeber Rücksicht nehmen wollte, nicht geboten"[320].

Kühnen durfte nach Auffassung des BGH allerdings explizit nicht mit einem Freispruch rechnen, da unabhängig vom Manuskriptcharakter eine Beleidigung von in Deutschland lebenden Juden vorläge[321].

Kühnen gelang es nicht nur mit diesem BGH-Beschluß, die Anklagevertreter oder Richter zu düpieren. So verstieß er ungeniert nach einer Haftentlassung Ende 1982 gegen die ihm auferlegten Bewährungsauflagen und trotz der Führungsaufsicht der Justizbehörden agitierte er weiter und deshalb erregte eine Ende 1983 vom Landgericht Braunschweig ausgesprochene Strafe, die aufgrund einer "günstig ausfallenen Zukunftsprognose" auf fünf Jahre zur Bewährung ausgesetzt wurde, die Öffentlichkeit[322].

1985 wurde Kühnen, der sich 1984 zwischendurch nach Frankreich abgesetzt hatte[323], dann erneut wegen Propagandadelikten zu einer Freiheitsstrafe von 3 Jahren und 4 Monaten verurteilt. Mit ihm stand u.a. Arnd-Heinz Marx vor Gericht, ebenfalls ein früheres ANS/NA-Mitglied und der Führer der Frankfurter Neonaziszene, in der Presse häufig als ein selbsterwählter Hitler- und Goebbelsimitator beschrieben. Marx zerstritt sich mit Kühnen während dieses Prozes-

---

[320] BGHSt 32, 1, 7

[321] ebd., 9f.

[322] s. blick nach rechts, 3. Jg., 16/1986, vom 4. August 1986, S. 8

[323] Kühnen wollte sich einer weiteren Freiheitsstrafe entziehen, er wurde im Oktober 1984 von Frankreich abgeschoben, wobei er in das Land seiner Wahl fliegen konnte, er entschied sich für Deutschland, s. General-Anzeiger (Bonn) vom 8. 10. 1984

ses[324]. Die vom BGH verworfene Revision bezeichneten Kühnens Anhänger als "Gesinnungs- und Politjustiz"[325], und auch schon während des Frankfurter Prozesses hatten sie mit dem Flugblatt: Kühnen für Deutschland, und der darin enthaltenen Aussage: "Wir haben unsere eigenen politischen Gefangenen" um Sympathie für ihren Führer geworben[326]. Nach dieser Haftzeit zeigte sich Kühnen nach außen moderater im Ton, ohne allerdings zu verhehlen, daß er Nationalsozialist bleibe[327]. Zur Vorsicht trug sicher bei, daß nur einen Tag nach seiner Haftentlassung eine großangelegte polizeiliche Durchsuchung bei seinen Anhängern durchgeführt wurde[328].

Kühnen kann als einer der wenigen Aktivisten gelten, die es verstanden, die gegen sie gerichtete Justiz in ihrem Sinne zu instrumentalisieren (Medienrummel). Innerhalb seiner Szene verfügte er unbestreitbar über die Macht, sich als Opfer einer politischen Justiz zu definieren und so von seinen Anhängern angenommen zu werden. In der gesellschaftlichen Öffentlichkeit blieb ihm das weitestgehend verwehrt, auch wenn beim Frankfurter Prozeß ein prominenter Schriftsteller wie Erich Fried und der Schubart-Ver-

---

[324] s. hierzu z.B. die Meldung über ein geheimes Rundschreiben der NSDAP/AO, in dem Marx als Parteischädling und als Agent des Systems beschrieben wird, blick nach rechts, 3. Jg., 21/1986, vom 13. Oktober 1986, S. 5; eine eindrucksvolle Gerichtsreportage zu diesem Verfahren und auch zum Umgang der Richter mit dem theatralischen Auftreten des Marx' findet sich bei: Riehl-Heyse, Herbert: Bilder einer schaurigen Traumwelt, Beobachtungen in einem Prozeß gegen junge Neonazis, in: Benz, W.: Rechtsextremismus in der Bundesrepublik, a.a.O., S. 295ff.

[325] Verfassungsschutzbericht 1985, Herausgeber: Der Bundesminister des Innern, Bonn 1986, S.154

[326] s. Frankfurter Rundschau vom 3.5.1986

[327] s. Frankfurter Rundschau vom 16.3.1988, in der es heißt: "Der Mann ist vorsichtiger geworden....Der Fanatiker hat unverkennbar Kreide gefressen,...".

[328] s. ebd., die Polizei ermittelte in 61 Städten; am 24. Januar 1990 erfolgte eine weitere große bundesweite Durchsuchungsaktion gegen Neonazis, diesmal gegen Anhänger des Neonazis Jürgen Mosler, s. Innere Sicherheit, Informationen des Bundesministers des Innern, Nr. 2/90, vom 6. Juni 1990, S.5

teidiger Cobler für Kühnen Partei ergriffen haben sollen[329] und die
linksalternative Tageszeitung sich zu folgendem Kommentar hinreißen
ließ:

> "Michael Kühnen hat einen politischen Prozeß geführt. Damit
> hat die Justiz bei einem juristisch eher fliegengewichtigen
> Fall einen schweren rechten Haken zu verdauen. Und nicht
> nur sie.
> Und hier wird das Dilemma offenbar: eine Verurteilung wegen
> des Gebrauchs von Wort und Schrift – auch wenn sie
> beleidigend, volksverhetzend oder sonstwie strafbar ist –
> kann auch in der von Staatsanwalt Schneider immer wieder
> beschworenen "wehrhaften Demokratie", was immer das sein
> mag, allzu leicht ein Gesinnungsurteil sein"[330].

Aus diesem Kommentar spricht der libertäre Geist einer radikalen
Meinungsfreiheit und die taz wird damit das Gemüt vieler ihrer Leser
richtig getroffen haben[331].

Die Ausführungen lassen erkennen, daß das Ausmaß von Gerichtsverfahren sich in den achtziger Jahren insgesamt als beachtlich
erweist.

---

[329] s. Frankfurter Rundschau vom 19. 12. 1984

[330] die tageszeitung vom 26.1.1985

[331] innerhalb der Grünen findet diese Richtung auch durch den
Vollmer-Flügel Unterstützung, in einem Beitrag zum neuen rechten
Fundmentalismus ziehen Bernd Ulrich und Antje Vollmer die Grenze
staatlichen Einschreitens bei der Anwendung von Gewalt:"Auch hier
geht es nicht um die Frage, ob es kryptofaschistische, rechtsradikale o.ä. Kräfte in diesem Land geben soll oder nicht. Es geht
darum, in welcher Form sie existieren können, sollen oder dürfen.
Da es sie gibt, dürfen wir nicht unsere Forderung nach umfassender Demokratisierung verunmöglichen oder zur Halbwahrheit
werden lassen. Die radikale Rechte muß verboten werden, wo sie
sich bewaffnet". Ulrich, Bernd/Vollmer, Antje: Für Demokratie –
gegen Sicherheit und Sauberkeit, in: Hellfeld, Matthias von
(Hrsg.): Dem Hass keine Chance, Der neue rechte Fundamentalismus,
Köln 1989, S. 163ff., hier S. 164

Grafik 3.4:

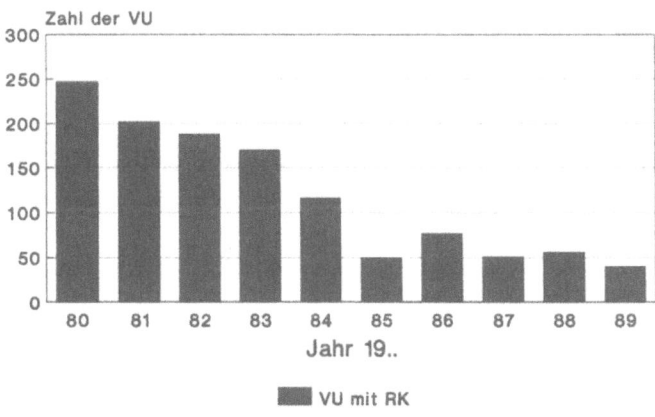

Verurteilungen mit Rechtskraft
Rechtsextremisten 1980 - 1989

Quelle VerfSchB

Aus der Grafik 3.4 wird aber ersichtlich, daß die zweite Hälfte der achtziger Jahre eine erhebliche Abnahme in der Beanspruchung der Gerichtsarena mit sich brachte. Auch die sog. Terroristenprozesse wurden in der zweiten Hälfte der achtziger Jahre deutlich weniger, einen prominenten Platz nahmen noch die Prozesse gegen Hepp, Kexel u.a.[332] ein. Hepp und Kexel waren wesentlich für die Antihitlerismus-Debatte von 1982/83 verantwortlich und bildeten mit weiteren Kameraden aus der VSBD und der WSG Hoffmann, Hepp war schon 1980 im Libanon bei Hoffmanns WSG-Ausland gewesen, 1982 eine Terrorgruppe, die Anschläge auf US-Soldaten verübte, die von den Sicherheitsbehörden zunächst der RAF und den Revolutionären Zellen zugeschrieben worden waren[333]. Die Festnahme erfolgte 1983, lediglich

---

[332] s. hierzu ausführlich die tageszeitung vom 18. 4.1985

[333] s. z.B. Der Spiegel, Nr. 8, vom 21.2.1983

Hepp gelang damals die Flucht. Während Kexel sich nach dem Urteil, er wird 1985 zu 14 Jahren Freiheitsstrafe verurteilt, erhängt, wird wenige Wochen später Hepp in Paris festgenommen. Von Frankreich wird er erst nach Verbüßung einer Freiheitsstrafe 1987 nach Deutschland abgeschoben. Hier wird ihm in Frankfurt der Prozeß gemacht wegen der Bombenanschläge und Bankeinbrüche des Jahres 1982, das Urteil lautete auf zehneinhalb Jahren Freiheitsstrafe.

Der Zusammenbruch der DDR sollte für den Fall Hepp eine interessante Wende bringen. Hepp hat inzwischen der Bundesanwaltschaft eröffnet, daß er ab Februar 1982 als "Selbstwerber" für die Stasi gearbeitet habe, die er vor einem Anschlag auf die MfS-Zentrale gewarnt habe. Mit Hilfe der Stasi floh er 1983 nach Damaskus und schloß sich dann in Tunesien der militanten "Palestine Liberation Front" an[334].

Auf diesem Hintergrund wird erst nachträglich verständlich, wieso Hepp sich selbst nach der Festnahme in Paris nicht als Neonazi, sondern als "militanter Antizionist" bezeichnete und ihm seitens der "Palästina-Befreiungsfront" des Abul Abbas eine Solidaritätsadresse erreichte[335]. In der westdeutschen Presse blieb Hepp der Neonazi, der sich in die Tradition von Röhm und Strasser gestellt hatte.

1988 wurde schließlich der Rechtsterrorist Peter Naumann vom OLG Frankfurt zu einer viereinhalbjährigen Freiheitsstrafe verurteilt. Naumann galt in der rechten Szene als Sprengstoffexperte. Die Tathandlungen, für die er verurteilt wurde, reichten bis auf das Jahr 1978 zurück[336]. Ebenfalls 1988 wurde auch Ernst Tag, ein Gegenspieler Kühnens, zu einer Freiheitsstrafe von 5 Jahren verurteilt, allerdings hob der BGH dieses Urteil am 21. Dezember 1988 wegen fehlerhafter

---

[334] zu den Stasi-Kontakten s. Der Spiegel Nr. 47/1991; ein Motiv soll die Foltererfahrung in der Hoffmann-Truppe während des Libanonaufenthaltes 1980 gewesen sein.

[335] s. hierzu die tageszeitung vom 10.7.1985

[336] zu Naumann s. Innere Sicherheit, Informationen des Bundesministers des Innern, Nr. 1/88, vom 18. März 1988, S. 9 und Nr. 5/88 vom 30. Dezember 1988, S. 7

Beurteilung strafrechtlicher Konkurrenzfragen teilweise auf[337]. Tag wurde schließlich zu viereinhalb Jahren verurteilt. Die Wirkung dieser Verurteilungen beschreibt der Verfassungsschutz wie folgt:

> "Durch die Strafhaft des Anführers der neonationalsozialistischen »Arbeitsgemeinschaft Nationaler Verbände/Völkischer Bund«, Peter NAUMANN (37), und des Leiters des »Internationalen Hilfskomitees für nationale politische Verfolgte und deren Angehörige«, Ernst TAG (43), sind die Aktivitäten beider neonationalsozialistischer Zirkel nahezu eingestellt worden"[338].

Naumann, wie Tag, aber auch Kexel und Hepp waren für die Justiz faktisch ein Nachklapp zu der rechtsextremistischen Terrorwelle der frühen achtziger Jahre.

3.5.4.3 SKINS UND REVISIONISTEN

In den letzten Jahren und auch heute dominieren andere Tätertypen, sie stammen aus der seit etwa 1982 entstandenen deutschen Skinhead-Szene[339]. Den ersten Hinweis auf diese Szene gab der Verfassungsschutzbericht 1983, der auf Kühnens Bestrebungen hinwies, unter Skinheads und Fußballfans Anhänger zu finden[340]. Während es im Verfassungsschutzbericht von 1984 noch hieß:

> "Skinheads und Fußballfans ideologisch zu indoktrinieren, gelingt jedoch in aller Regel nicht"[341],

---

[337] s. Verfassungsschutzbericht 1988, Herausgeber: Der Bundesminister des Innern, Bonn 1989, S. 124f.

[338] Verfassungsschutzbericht 1989, Herausgeber: Der Bundesminister des Innern, Bonn 1990, S. 124

[339] s. zur Skinhead-Entwicklung u.a. Assheuer,Thomas/ Sarkowicz, Hans: Rechtsradikale in Deutschland, Die alte und die neue Rechte, 2. Auflage, München 1992, S.85ff.; authentische Aussagen von Skinheads finden sich bei Eberwein,Markus/Drexler, Josef: Skinheads in Deutschland, Interviews, Hannover, München 1987

[340] s. Verfassungsschutzbericht 1983, Herausgeber: Der Bundesminister des Innern, Bonn 1984, S. 126

[341] Verfassungsschutzbericht 1984, Herausgeber: Der Bundesminister des Innern, Bonn 1985, S. 129

lautete es 1990:

> "Etwa 250 der 2.500 bis 3.000 »Skinheads« in Westdeutsch-
> land sind der Neonaziszene zuzurechnen. ... Darüber hinaus
> gibt es eine große Dunkelziffer von Skinheads, die mit
> neonazistischen Verhaltensweisen (...) ihre Umwelt nur
> provozieren wollen. Zusammen mit dieser nicht genau
> quantifizierbaren »Grauzone« ist daher von einem neona-
> zistischen bzw. neonazistisch anpolitisierten Skin-
> Gewaltpotential von mindestens 500 Personen auszugehen.
>
> 48 Fälle von z.T. brutaler Gewaltanwendung gehen auf rechtsex-
> tremistische Skinheads zurück. ... Mit der Erstausgabe der
> Schrift »White Power« wird nun auch ein eindeutig rechtsextre-
> mistisches Skinhead-Magazin in der Szene verbreitet"[342].

Dieser Trend hat sich seit der Vereinigung weiter verstärkt, und
ebenso hat sich die Zahl der Ausschreitungen und Brandanschläge auf
Ausländer und Asylheime erhöht, immer wieder auch mit Todesfolgen[343].

Besonderes Aufsehen hatte der Überfall von Skinheads auf drei Türken
in Hamburg am 21. Dezember 1985, bei dem der Türke Ramazan Avci ums
Leben kam, und der in dieser Sache folgende Prozeß[344] gegen fünf
Skinheads erregt. Die zentrale Auseinandersetzung in diesem Prozeß
ging um die Frage, ob die Täter wegen Mordes oder wegen Totschlags
zu verurteilen seien. Als wesentlicher Anknüpfungspunkt stellte sich
im Prozeß die Frage nach den Motiven dieser Tat dar.

Die Staatsanwaltschaft ging in diesem Verfahren davon aus, daß der
Ausländerhaß nur eines von verschiedenen Motiven gewesen sei, so
müsse auch ein Rachemotiv zugrunde gelegt werden. Auf der anderen
Seite versuchte der Nebenkläger das Gericht davon zu überzeugen, daß

---

[342] Verfassungsschutzbericht 1990, a.a.O., S.113f.

[343] zu den neuesten Zahlen und Entwicklungen insbesondere in den
neuen Bundesländern s. Innere Sicherheit, Informationen des
Bundesministers des Innern, Nr.4/91, vom 17. September 1991, S.
9

[344] die folgende Darstellung des Prozesses stützt sich auf diverse
Zeitungsmeldungen, s. u.a. Frankfurter Rundschau vom 23.5.1986,
vom 24.6.1986 und vom 2.7.1986, weiterhin Harburger Anzeigen und
Nachrichten vom 24.6.1986

der Rassenhaß, und damit ein niedriger Beweggrund nach § 211 StGB,
das Motiv für die Tat darstelle. So hätten die Angeklagten alle in
Verbindung zu ausländerfeindlichen Gruppen gestanden. Der Nebenkläger
warf in seinem Plädoyer der Staatsanwaltschaft vor,

"... so unernst bis zur Grenze der Strafvereitlung"[345]

ermittelt zu haben.

Das Gericht schloß sich der Auffassung der Staatsanwaltschaft an, die
die Notwehrhandlung der Türken, sie wehrten sich mit Tränengas, als
Ursache für das Rachemotiv ansah. Entsprechend wurden die Täter von
der Jugendkammer wegen gemeinschaftlichen Totschlags verurteilt.

Schon als die Anklage nicht auf Mord erging, hatte ein "Bündnis
türkischer Einwanderer" der Staatsanwaltschaft eine völlige Verharmlosung dieses Verbrechens vorgeworfen und bei der Urteilsverkündung
kam es zu lautstarken Protesten.

Der Hamburger Skinhead-Prozeß unterlag, nicht zuletzt aufgrund des
in Hamburg gegebenen Umfeldes[346], einer besonderen Akteurs- und Per-
zeptionsstruktur, die ihn zu einem Symbolprozeß für die Frage der
justitiellen Bewältigung von Ausländerhaß werden ließ.

Ein juristisch sachkundiger Prozeßbeobachter wird zu dem Ergebnis
kommen können, daß Staatsanwaltschaft und Gericht im Rahmen der
rechtlichen Erfordernisse geurteilt und entschieden, und dadurch
vielleicht auch gerade ihre Unabhängigkeit nachdrücklich unter Beweis
gestellt haben. Jedoch wirkte die gerade bei diesem Prozeß gegebene
Angriffsrichtung der Tat: Ausländer, so, daß die interessierten
Gruppen den Prozeß symbolisch zum Exempel für die Sympathie der
Justiz mit Skinheads aufladen konnten. In einer solchen Situation
hätte das Gericht diesen gesellschaftlichen Erwartungen und Aspi-
rationen vermutlich nur bei einer Verurteilung wegen Mordes gerecht

---

[345] Frankfurter Rundschau vom 24.6.86

[346] der Bevölkerungsanteil der Türken ist hier ebenso in Rechnung
zu stellen wie die Existenz antifaschistischer Initiativen oder
die einer "Eine-Welt-Szene".

werden können.

Die jüngste Vergangenheit im Kontext des Interaktionsgefüges von politischer Justiz und Rechtsextremisten ist außer durch die Skinheads und den Ausländerhaß durch das verstärkte Auftreten der sog. Revisionisten in der Gerichtsarena gekennzeichnet, eine Entwicklung, die in größerem Umfang dann aber erst 1991 zum Tragen kam[347] und damit außerhalb des hier darzustellenden Untersuchungsbereichs liegt.

Diese Entwicklung liegt zum einen an der einschlägigen Agitation durch die Rechtsextremisten, die durch den sog. Leuchter-Report[348] Auftrieb bekam, als auch an den Auswirkungen einer 1985 herbeigeführten neuen Gesetzeslage. Dieser Umstand verweist darauf, daß die Inanspruchnahme der Gerichtsarena und die dort zu beobachtende Konfiguration im Kontext der politischen Justiz nicht ohne einen Blick auf den Normrahmen und der daraus definierten politischen Kriminalität verstanden werden kann. Diesem zentralen Aspekt meines Bezugsrahmens werde ich mich im nächsten Kapitel zuwenden. An dieser Stelle gilt abschließend die Aufmerksamkeit den zentralen Kritikpunkten an der Justiz, wie sie von Justizkritikern immer wieder bei Verfahren gegen Rechtsextremisten erhoben werden.

---

[347] s. hierzu Innere Sicherheit, Informationen des Bundesministers des Innern, Nr. 2/92, vom 19. Mai 1992, S.7f.

[348] im Rahmen eines Gerichtsprozesses gegen den Deutsch-Kanadier Ernst Zündel in Toronto wegen Verbreitens der "Auschwitz-Lüge" hatte Zündel bei dem amerikanischen Ingenieur Fred. A. Leuchter ein Gutachten über Auschwitz in Auftrag gegeben. "Fred A. Leuchter (,) hatte in Auschwitz - ohne Genehmigung der Gedenkstättenleitung - Mauerproben aus den früheren Gaskammern entnommen und sie analysiert. Dabei war er zu dem von Zündel gewünschten Ergebnis gekommen: "After reviewing all of the material and inspecting all of the sites of Auschwitz, Birkenau and Majdanek your author finds the evidence overwhelming: - there were no execution gas chambers at any of these locations". Assheuer, Th./Sarkowicz, H.: Rechtsradikale in Deutschland, a.a.O., S. 106, dort, S. 106f., auch weitere Informationen zum Zündelprozeß und den Auswirkungen des "Leuchter-Reports" auf die deutsche Diskussion unter den Neonazis.

3.5.5   JUSTIZKRITIK

Das soeben dargestellte Avci-Urteil gehört seither zu den bevorzugten
Hinweisen auf die Unfähigkeit der Justiz, mit Ausländerhaß angemessen
umgehen zu können. Insgesamt setzt die Kritik auf zwei Ebenen an. Die
eine betrifft die des "richtigen" Entscheidens, ist also etwa von
Mord oder Totschlag auszugehen oder liegt gar Notwehr vor[349], erfüllt
das ANS-Zeichen die Voraussetzungen des § 86a[350], erfüllt die
Behauptung, in Auschwitz habe es keine Vergasungen gegeben, keinen
Straftatbestand[351], darf ein Verteidiger im Rahmen seiner Verteidiger-
rechte ausführen, die Hungersnot im Warschauer Ghetto wäre bei ein
bißchen Solidarität der dort lebenden Juden verhindert worden[352], darf
ein Gastwirt "Türken dürfen dieses Lokal nicht betreten"[353] auf ein
Schild schreiben ,ist die Parole "hängt Brandt" eine hinreichend
präzise Aufforderung zur Straftat[354], oder was dürfen sich Rechte
eigentlich alles in den Augen der Justiz leisten?

Auf einer zweiten Ebene liegt die Kritik an der Behandlung des
politischen und ideologischen Gehalts bzw. Hintergrunds einer Tat,

---

[349] so wurde in einem Feme-Vorfall entschieden, bei dem ein
geplantes Feme-Opfer aus der Skinhead-Szene einen seiner
Angreifer getötet hatte, s. Frankfurter Rundschau vom 15.10.1986

[350] s. hierzu BGH 5 StR 132/81

[351] s. Welt der Arbeit vom 22. Juli 1982

[352] der BGH hob 1987 eine Verurteilung des rechtsextremen
Rechtsanwalts Jürgen Riegers, der aufgrund solcher Äußerungen
in einem Plädoyer wegen Beleidigung in Tateinheit mit Verunglimpfung des Andenkens Verstorbener verurteilt worden war, auf.
Der BGH sah Rieger abgedeckt, weil er die Äußerungen zur
Verteidigung von Rechten (§ 193 StGB) gemacht habe. BGH 5 StR
54/87 vom 15. September 1987

[353] nach Ansicht des OLG Frankfurt erfüllt dies nicht den
Tatbestand der Volksverhetzung, s. blick nach rechts, 3. Jg.,
21/1986, vom 13. Oktober 1986, S. 3; dagegen hat es auch Urteile
gegeben, die Türkenwitze als Erfüllung des Tatbestandes der
Volksverhetzung ansahen, s. Ruhr-Nachrichten vom 14.1.1984

[354] BGH 32, 310ff.

des Täters oder des Prozesses insgesamt. Ist z.B. das rassistische Motiv beim Avci-Mord angemessen bewertet worden? Der Vorwurf, nicht ausreichend die politischen Motive der Tat beleuchtet zu haben, ist aber bei Prozessen gegen rechts nicht neu. Immer wieder wird kritisiert, daß gerichtliche Beurteilungen der Verharmlosung dienen würden[355]:

> "Militante Schlägertrupps treiben ihr Unwesen, und wenn sie verurteilt werden, dann verwenden die Gerichte ihren Witz darauf nachzuweisen, daß diese Schläger über kein geschlossenes nationalsozialistisches Weltbild verfügte, keiner Partei angehörten und deshalb keine politischen Gewalttäter seien"[356].

Neben der Frage des politischen Hintergrunds gehört zu den Kernproblemen der gerichtlichen Beurteilung rechtsextremistischer Taten die Beurteilung, ob es sich bei Anschlägen um Einzeltäter oder um Täter mit organisatorischem Hintergrund handelt. Die markanteste Auseinandersetzung um diese Frage lieferten sich die Bundesanwaltschaft als Ermittlungsbehörde mit Anwälten von Angehörigen der Opfer oder der Überlebenden des Münchner Oktoberfestanschlags von 1980[357]. Ein

---

[355] besonders aktiv im Bereich der Gerichtskritik ist der vom Sozialdemokratischen Pressedienst herausgegebene "blick nach rechts", in dem leider viel zu häufig Tatsachenbericht und Wertung untrennbar verquickt werden. Nichtsdestotrotz ist der "blick nach rechts" eine unverzichtbare Informationsquelle auch der wissenschaftlichen Begleitung der Justiz gegen rechts, nicht zuletzt auf dem Hintergrund des von mir verwandten Begriffsraumes der politischen Justiz. Mit welch fragwürdigen Zusammenstellung mitunter gegen die Justiz polemisiert wird, verdeutlicht gerade die Ausgabe des "blick nach rechts", die über das Avci-Urteil berichtet. Unter der Rubrik: "ausländerfeindlichkeit" findet sich als erstes der Satz: "Zu der Eskalation ausländerfeindlicher Exzesse haben - gewollt oder ungewollt - Gerichtsurteile auch beigetragen, die in vielen Fällen als Freibriefe für Ausländerhetze gelten können". Und über den Avci-Prozeß wird geschrieben: "Erstaunlicherweise erhob die Große Strafkammer des Landgerichts Hamburg bei diesem heimtückischen Verbrechen lediglich Anklage auf Totschlag", blick nach rechts, 3. Jg., 21/1986, vom 13. Oktober 1986, S. 3

[356] Graf, Werner (Hrsg.): "Wenn ich die Regierung wäre ...", Die rechtsradikale Bedrohung, Berlin, Bonn 1984, S. 8

[357] s. hierzu z.B. Vinke, Hermann: Mit zweierlei Maß, Die deutsche Reaktion auf den Terror von rechts, Eine Dokumentation, Reinbek bei Hamburg 1981; Stern, Nr. 33, vom 12. 8.1982; General-

weiterer prominenter Streitfall war der des Forstmeisters Heinz
Lembke, der in Norddeutschland über 30 Waffenlager angelegt hatte und
Verbindungen zu Roeders "Deutschen Aktionsgruppen" gehabt haben soll.
Obwohl es schon frühere Hinweise auf Lembke gab, wurde er erst nach
einem Zufallsfund im Herbst 1981 verhaftet. Kurz darauf erhängte er
sich im Gefängnis. Kurt Rebmann schloß Ende 1982 das Ermittlungsverfahren und

> "... klassifizierte den in den Naziterror verstrickten
> Lembke als "Einzeltäter". Ob Generalbundesanwalt Kurt
> Rebmann wirklich der richtige Mann ist, schweren Schaden
> von der Bundesrepublik Deutschland abzuwenden?"[358],

kritisierte der Stern.

Kritik richtet sich aber nicht nur auf die Bewertung der Rechtsextremisten, einige Verfahren wurden auch dadurch zum kritischen
Bestand einer politischen Justiz, da sie sich auf zweifelhafte Zeugen
oder Täter bezogen, die mit den Geheimdiensten und den Sicherheitsbehörden in Verbindung standen. Gerade in Niedersachsen galt in den
achtziger Jahren eine vehemente landespolitische Auseinandersetzung
der Frage nach den Verstrickungen der Sicherheitsbehörden in neonazistische Vorfälle, vor allem um den legalen oder illegalen Einsatz
von V-Leuten[359].

Anzeiger (Bonn) vom 4. Mai 1983; die Bundesanwaltschaft stellte
das Ermittlungsverfahren im Dezember 1982 ein: "Es sei aber nach
wie vor nicht auszuschließen, so Generalbundesanwalt Dr. Kurt
Rebmann, daß der bei dem Anschlag ums Leben gekommene Gundolf
Köhler Mittäter oder zumindest Mitwisser gehabt habe", Abend-
zeitung (München) vom 8.12.1982

[358] stern Nr. 4/1983, vom 20. Januar 1983; die überschrift zu
diesem Artikel lautete: "Auf einem Auge blind? Wenn es um Linke
geht, ist Generalbundesanwalt Rebmann hellwach. Doch Ermittlungen
gegen Rechtsradikale werden in die Länge gezogen".

[359] zu diesem Punkt lieferten sich Jürgen Trittin von den Grünen
und der CDU-Innenminister Hasselmann 1988 heftige Auseinandersetzungen, im Falle des Mordes an den 19jährigen Skinhead Niels
Krückeberg (1988) erwiesen sich die erhobenen Vorwürfe aber
offenbar als falsch, 1989 gestand ein Türke, ihn aus Rache wegen
des Avci-Mordes umgebracht zu haben, zu der Problematik der V-
Leute in der Neonaziszene s. u.a. die tageszeitung vom
26.11.1984; Frankfurter Rundschau vom 4.2.1988 und vom 30.6.1988,
zum Skinhead-Mord Frankfurter Allgemeine Zeitung vom 7.7.1989;

Hinsichtlich der Strafpraxis wurde immer wieder der Vorwurf der Milde erhoben[360]. Und aufmerksamen Lesern der Verfassungsschutzberichte der siebziger Jahre mit den Abschnitten über die Urteile muß sich mitunter der Eindruck vermittelt haben, daß die Rechtsextremisten zwar verurteilt werden, wenn sie aber eine Freiheitsstrafe erhalten, dann ist sie fast immer zur Bewährung ausgesetzt[361]. Dieser Eindruck entstand letztlich auch beim Bundesgerichtshof, der in einer durch die Staatsanwaltschaft beantragten Revision, die sich gegen die Aussetzung der Vollstreckung der verhängten Gesamtfreiheitsstrafen bei einer Verurteilung wegen Volksverhetzung und Verbreitens von Propagandamitteln richtete, eine deutliche Gerichtsschelte erteilte:

> "Rechtsfehlerhaft sind ... die Ausführungen des Landge-
> richts zu der Frage, ob die Verteidigung der Rechtsordnung
> die Vollstreckung der beiden Gesamtfreiheitsstrafen
> gebietet (§ 56 Abs. 3StGB). ... Seine Würdigung der die Tat
> und die Täter kennzeichnenden Umstände ist ... unvertret-
> bar. ... Die Taten haben ganz besonderes Gewicht. ... Dabei
> ist unerheblich, daß die Aktionen (Aufkleber an Schau-
> kästen, Gebäuden, NS-Schriften in Briefkästen verteilt,
> H.K.) nach den ... Feststellungen des Landgerichts "keine
> größere Resonanz" hatten ... Auch kann die Gewährung von
> Strafaussetzung für zwei einjährige Gesamtfreiheitsstrafen
> – denen ein erheblicher Unrechtsgehalt zugrunde liegt –
> angesichts des durch die Häufung der Aktionen entstehenden
> Eindrucks eines bedrohlich zunehmenden Rechtsradikalismus
> in der Bundesrepublik Deutschland Anlaß zu Mißdeutungen
> geben und dazu beitragen, daß das Vertrauen der Bevölkerung
> in die Wirksamkeit der Strafrechtspflege schwindet. ...
> Angesichts der außergewöhnlichen konkreten Fallgestaltung
> könnte der bloße Strafausspruch ohne Vollstreckung von der

---

im übrigen Lüderssen, Klaus (Hrsg.): V-Leute, Die Falle im Rechtsstaat, Frankfurt am Main 1985

[360] s. hierzu beispielhaft Pomorin, Jürgen/Junge, Reinhard: Die Neonazis und wie man sie bekämpfen kann, Dortmund 1978; in diesem im Wallraff-Stil zustande gekommenen Buch, das sich trotz der Nähe des Verlags zur DKP (s. hierzu Verfassungsschutzbericht 1978, Herausgeber: Der Bundesminister des Innern, Bonn 1980, S. 80f.) insgesamt als gut recherchierte Publikation erweist, heißt es: "Die ausgesucht höfliche Art, in der die BRD-Justiz mit der Kühnen-Bande umging, ist charakteristisch für die Behandlung der Neonazis in unserem Land. Nur offensichtlich kriminelle Gewalt- akte werden bestraft. Ansonsten waltet Milde: ..."(S.6f.).

[361] besonders drängt sich dieser Eindruck beim 77er Bericht auf, s. Verfassungsschutzbericht 1977, Herausgeber: Der Bundesminister des Innern, Bonn 1978, S. 55

Bevölkerung als ungerechtfertigte Nachgiebigkeit und unsicheres Zurückweichen vor dem Rechtsradikalismus verstanden werden. Die Verteidigung der Rechtsordnung gebietet die Vollstreckung der Freiheitsstrafen"[362].

Diese Schelte galt zwar einem konkreten Fall, war aber nicht zuletzt durch die Art der Begründung als generelle Aufforderung an die Rechtsprechung gedacht, die Rechtsordnung nicht durch zu große Nachsicht zu gefährden[363]. Sorgen machten sich die Richter des Bundesgerichtshofs dabei weniger um die demokratische als um die Rechtsordnung, d.h. damit auch um ihr eigenes Ansehen. Aber trotz des BGH-Urteils hat sich die Kritik an der Bewährungspraxis auch in den folgenden Jahren nicht gelegt[364], wobei allerdings immer nur ein Bezug auf Einzelfälle vorgenommen wurde.

Die zu beobachtende Justizkritik zeichnet sich zumeist dadurch aus, daß rechtstheoretische und -praktische, also rechtsstaatsimmanente, mit politischen Elementen des Prozesses vermengt werden, bevorzugt im Bereich der Strafzumessung.

---

[362] BGH 3 StR 449/84

[363] in diesem Sinne hieß es z.B. in einer Meldung: "Der Karlsruher Bundesgerichtshof (BGH) hat den Gerichten bei der Behandlung neonazistischer Straftaten Zurückhaltung bei Strafaussetzungen zur Bewährung empfohlen". General-Anzeiger (Bonn) vom 16.11.1984

[364] s. z.B. blick nach rechts, 3. Jg., 17/1986, vom 18. August 1986, S. 5ff.

3.6   NORMKONSTITUIERTE POLITISCHE JUSTIZ

Fundament allen Handelns in der Gerichtsarena sind die Normen des
Gesetzgebers. Und fast alle irgendwie erfolgenden Aktualisierungen
oder Problematisierungen der Gerichtsarena beziehen sich in der einen
oder anderen Art auf diese Normen.

Für die Erfassung aller relevanter Bezugsgrößen des Beziehungs- und
Entwicklungsverhältnisses von Justiz einer- und Rechtsextremismus
andererseits werden die die Kampfebene Gerichtsarena fundierenden
Normen im Hinblick auf ihren Beitrag zur Bestimmung des Entwicklungsverlaufs und der Bedeutung der Kampfebene näher betrachtet.

Die Geschichte der Normentwicklung in der Bundesrepublik Deutschland,
die einen unzweifelhaften, direkten oder auch indirekten, aber
zentralen Bezug zum Rechtsextremismus aufweist, und damit zumindest
begrifflich über den engen Rahmen des direkten Staatsschutzbereichs
oder des absoluten politischen Strafrechts[365] hinausgeht, muß zusätzlich zur Gerichtsarena analysiert werden, um sowohl dieselbe in
ihrem Stellenwert weiter bestimmen als auch den Beitrag von Gesetzgeber und ggf. Richterrecht zur Entwicklung des Interaktions- und Ent-
wicklungsgefüges zwischen politischer Justiz und Rechtsextremismus
präzisieren zu können.

Die folgenden Analyse konzentriert sich damit auf den Akteur Staat
in der Ausprägung der Gesetzgebungsorgane. Auch hierbei werde ich
mich um eine politologische Perspektive bemühen, die den rechtstheoretischen und -praktischen Aspekt soweit aufgreift, wie sich daraus
Schlüsse auf die Problematik des Zusammenhangs von politischer Justiz
und Rechtsextremismus ableiten lassen. Die politologische Perspektive
bei der Analyse der für die politische Justiz relevanten Entscheidungen des Gesetzgebers vermittelt sich zentral über die Einbeziehung

---

[365] so in Anlehnung an Laubenthal, Klaus: Ansätze zur Differenzierung zwischen politischer und allgemeiner Kriminalität, in:
MschrKrim, 72. Jg., 5/1989, S. 326ff., hier S. 328f.

der politischen Kultur, denn nur aus ihr heraus lassen sich die Beweggründe und Handlungsorientierungen der politischen Akteure erfassen.

In Anlehnung an **Blasius** wird aber der Normsetzungsprozeß im Bereich der politischen Justiz nur unter Einbeziehung der politischen Kriminalität ausreichend nachvollziehbar sein[366]. Insoweit wird korrespondierend die Beschaffenheit der politischen Kriminalität empirisch betrachtet.

Die politische Strafrechtsgesetzgebung ist, in Erweiterung des von **Rieß** eingeführten Verständnisses von "Antiterrorgesetzgebung"[367] als die Gesetzgebung zu erfassen, die der Gesetzgeber zur Sicherung der politischen Ordnung oder zur Wahrung seiner politischen Interessen gegenüber systemintransigenter Opposition verabschiedet und als Ausstattung der Strafrechtspflege zur Verfügung stellt.

Mit diesem Verständnis geraten nicht nur die Gesetze und Bestimmungen in den Blickwinkel, die die Straftatbestände des Strafgesetzbuches beschreiben. Wie **Rieß** an seiner Auflistung der Anti-Terrorgesetzge-

---

[366] ausgehend von der Annahme, daß es nicht nur eine politische motivierte, sondern auch eine politisch definierte Kriminalität gibt, kann es für Blasius auch keinen Zugang zur politischen Kriminalität ohne ein genaues Vermessen der politischen Justiz geben, s. Blasius, D.: Geschichte der politischen Kriminalität ..., a.a.O., S. 12 u. S. 139; allerdings gilt diese Beziehung meines Erachtens auch umgekehrt; zum Verständnis von Normsetzungsprozessen als politische Entscheidungsprozesse vgl. Schatz, Heribert: Verbraucherinteressen im politischen Entscheidungsprozeß, Frankfurt am Main/ New York 1984, S. 46ff.

[367] s. Rieß, Peter: Die "Anti-Terrorismusgesetzgebung" in der Bundesrepublik Deutschland, in: Freiheit und Sicherheit, Die Demokratie wehrt sich gegen den Terrorismus, Schriftenreihe der Bundeszentrale für politische Bildung, Band 148, Bonn 1979, S. 69ff., hier S. 69: "Hier wird in dem Sinne verstanden, daß er alle diejenigen Rechtsvorschriften umfaßt, die sich nach der Auffassung des Gesetzgebers günstig auf die Bekämpfung des Terrorismus auswirken werden".

bung gezeigt hat[368], müssen auch die Gesetze einbezogen werden, die z.B. Nebenstrafrecht enthalten, die Gerichtsverfassung oder das Strafverfahrensrecht betreffen. Die politische motivierte und auf Ausschaltung bzw. Behinderung der Systemopposition zielende Gesetzgebung kann hierüber mitunter sogar noch weit hinausgreifen. Die materielle und rechtliche Ausstattung der Geheimdienste[369] könnte ebenso noch in die Betrachtung aufgenommen werden wie die Entwicklung des Polizeirechts oder eines Bereichs wie des Auslieferungsrechts. Kriminalisierungspolitik und Ausstattung des Sicherheitsapparates dürften in der Tat häufig eng miteinander verflochten sein, müssen es aber nicht notwendigerweise.

In dieser historischen Aufarbeitung der politischen Schaffung, Nutzung und Instrumentalisierung des Rechts konzentriere ich mich auf die für die Strafrechtspflege relevante Gesetzgebung, die einen inhaltlichen bzw. strategischen und taktischen Bezug zum Rechtsextremismus aufweist.

Das Herausarbeiten der gesetzgeberischen Verknüpfungen von politischer Justiz und Rechtsextremismus wird dabei allerdings immer wieder vor dem Problem stehen, den Einfluß des Umgangs des Staates mit dem Linksextremismus berücksichtigen zu müssen. Nicht alle Maßnahmen zur rechtlichen Ausstattung der politischen Justiz sind gegen rechts ergriffen worden und müssen doch für diesen Bereich mit

---

[368] s. ebd., Anhang S. 86ff., Rieß erfaßt für die Zeit von 1971 bis 1978 15 Anti-Terrorismusgesetze, darunter fällt etwa auch das Gesetz zur Änderung des Straßenverkehrsgesetzes vom 3. August 1978, BGBl. I, S. 1177ff., das nach Rieß nicht wegen der Strafbestimmungen in den Katalog aufgenommen wurde, sondern wegen der dort enthaltenen Ermächtigungsgrundlage für die Schaffung fälschungssicherer Kraftfahrzeugkennzeichen. Rieß unterschlägt hierbei allerdings, daß durch das Gesetz in das StVG ein neuer § 22a (Mißbräuchliches Herstellen, Vertreiben oder Ausgeben von Kennzeichen) mit Strafbestimmungen aufgenommen wurde.

[369] Jaschke, H.-G.: Auf dem rechten Auge blind?, a.a.O., S. 173 sieht in diesem Zusammenhang z.B. die Sicherheitsgesetze, die den Geheimdiensten eine Datenvorratssammlung für Extremismus und Terrorismus einräumen.

in Rechnung gestellt werden. Obwohl die "Anti-Terrorismusgesetzgebung" durch das Aufkommen der RAF initiiert wurde, richtete sie sich
in vielen Bereichen, der rechtsstaatlichen Logik folgend, notwendig
auch gegen den Rechtsextremismus.

Es ist gerade das rechtsstaatliche Erfordernis nach allgemeinen,
generellen und abstrakten Strafnormen, die die Berücksichtigung der
politologischen Perspektive erforderlich macht.

Für den Entwicklungsverlauf der normkonstituierten politischen
Justiz, hier kurz genannt das politische Strafrecht, wird zu
überprüfen sein, welche Handlungslogik dieser zugrundeliegt, welche
Perzeptionsmuster erkennbar sind und ob der Verlauf selbst von einer
kontinuierlichen, widersprüchlichen oder sonstwie gelagerten Art ist.

Wenn es stimmt, daß das politische Strafrecht etwas anderes ist als
das politische Verbrechen[370], müssen ihm Besonderheiten innewohnen.
Sie können in der Angriffsrichtung liegen, wie **Ingraham** meint, der
davon ausgeht, daß der Verfolgungsstrahl des Gesetzgebers auf die
Führer und nicht auf die breite Masse gerichtet sei und daß deshalb
die Gesetze primär auf Konspiration abzielen würden[371]. Die Besonderheit kann aber auch in ihrer Verlaufsentwicklung gesehen werden. Für
Allen unterliegen Gesetze, die politisches Verhalten vorschreiben,
dem Meinungsklima und sind entsprechend kurzlebig[372].

---

[370] s. Allen, Francis A.: The Crimes of Politics, Political
Dimension of Criminal Justice, Cambridge, Massachusetts 1974,
S. 71

[371] s. Ingraham, Barton L.: Political Crime in Europe, A Comparative Study of France, Germany and England, Berkeley, Los
Angeles, London 1979, S. 30

[372] s. Allen, F.A.: The Crimes of Politics, a.a.O., S. 47; ähnlich
bewertet Ingraham, B. L.: Political Crime in Europe, a.a.O., das
politische Strafrecht als "highly reactive", s. S. XII

Abseits des Attentatsproblems erwächst das Gefahrenpotential aus der politischen Kriminalität in der Regel ihrem Kollektivcharakter[373] und entsprechend läßt sich vermuten, daß das politische Strafrecht hierauf eingestellt ist. Ob es dabei mit seinen Strafbestimmungen und -drohungen mehr die symbolische Dimension repräsentiert und Motivationshemmungen errichtet[374] oder doch eher von faktischer Bedeutung ist, wird ebenfalls zu überprüfen sein.

Ob und welche Besonderheiten das politische Strafrecht ausmachen und inwieweit sich gerade in der Geschichte der Bundesrepublik Deutschland auch spezifische Bewegungsmomente ausmachen lassen, die sich durch den Rechtsextremismus erklären lassen, soll nun in der hierfür erforderlichen Tiefenschärfe aufgezeigt werden.

3.6.1   STUNDE NULL DES POLITISCHEN STRAFRECHTS

Für das politische Strafrecht in der Bundesrepublik Deutschland erweist sich die Ausgangslage nach der vollständigen Kapitulation als Stunde der völligen Aufhebung und Ersetzung durch den Gestaltungswillen und -modus der Siegermächte. Mit den Politischen Grundsätzen des Potsdamer Abkommens wurde die Vernichtung der NSDAP und ihrer Unterorganisationen ebenso beschlossen wie die Aufhebung aller

> "... nazistischen Gesetze, welche die Grundlage für das Hitlerregime geliefert haben oder eine Diskriminierung auf Grund der Rasse, Religion oder politischer Überzeugung errichteten ..."[375].

---

[373] s. Ingraham, B. L.: Political Crime in Europe, a.a.O., S. 29

[374] die symbolische Funktion betont Ingraham, B. L.: Political Crime in Europe, a.a.O., S. 9; und dabei eher den generalpräventiven Aspekt hat Wassermann im Sinn, s. Wassermann, R.: Recht, Gewalt, Widerstand, a.a.O., S. 70

[375] Amtliche Verlautbarung über die Konferenz von Potsdam vom 2. 8. 1945, zitiert nach Völkerrechtliche Verträge, Textausgabe, herausgegeben von Universitätsprofessor Dr. Friedrich Berber, München 1973, S. 338

Die Umsetzung begann schon mit dem Kontrollratsgesetz Nr. 1 zur Aufhebung des NS-Rechts vom 20. 9. 1945 und dem Kontrollratsgesetz 11, mit dem die Hochverrats- und Landesverratsbestimmungen aufgehoben wurden.

Für die weitere juristische Aufarbeitung sollte das "Gesetz zur Befreiung von Nationalsozialismus und Militarismus" vom 5.3 1946 bedeutsam werden, mit dem die Entnazifizierung in deutsche Hände gelegt wurde.

Mit der Gründung der Bundesrepublik Deutschland und der Verabschiedung des Grundgesetzes gab es außerhalb der Entnazifizierungsvorschriften, die durch den Art. 139 GG in ihrer Rechtssystematik vom Grundgesetz unberührt blieben, kein Staatsschutzrecht mehr[376]. Lediglich Art. 143 GG bot einen vorläufigen Schutz der verfassungsmäßigen Ordnung und des Bundespräsidenten vor Gewalt oder der Drohung mit Gewalt. Absatz 6 befristete die Geltung der Vorschrift bis zu einer anderweitigen Regelung durch Bundesgesetz.

Der Gesetzgeber stand damit vor der Aufgabe, dem jungen demokratischen Staatswesen ein politisches Strafrecht mit auf den Weg zu geben, – oder wie **Houy** es formulierte: – einen "repressiven Verfassungsschutz"[377] zu etablieren – der sich gleichermaßen durch Abgrenzung vom Nationalsozialismus als auch durch Entschiedenheit im Umgang mit den Feinden der Demokratie hätte ausweisen müssen.

Der schon im Mai 1950 vorgelegte Regierungsentwurf zum neuen politischen Strafrecht öffnete in den Augen vieler Beteiligter und Kommentatoren die Pforte zu einem neuen, modernen politischen Strafrecht:

---

[376] s. hierzu u.a. Brand, Enno: Staatsgewalt, Politische Unterdrückung und Innere Sicherheit in der Bundesrepublik, 2. Auflage, Göttingen 1989 (1988), S. 22

[377] s. Houy, Hans Nikolaus: Der strafrechtliche Schutz der verfassungsmäßigen Ordnung der Bundesrepublik Deutschland, Diss. jur. Freiburg (in der Schweiz), Illingen Rastatt 1958, S. 9

> "Der moderne Staat (bedürfe) neuer Strafvorschriften, die
> seine Verteidigungslinie in den Bereich vorverlegen, in dem
> die Staatsfeinde unter der Maske der Gewaltlosigkeit (in
> dem also die Anwendung der Hochverratsbestimmungen nicht
> möglich sei) die Macht erschleichen"[378].

Der Gedanke, daß das politische Strafrecht schon im Vorfeld und nicht
erst bei konkret sich herausbildender Gefahr anzusetzen habe, hat als
Grundgedanke den Gesetzgebungsprozeß überstanden. Ändern sollte sich
jedoch die eingeschlagene Stoßrichtung des politischen Strafrechts.
War der erste Entwurf zu dieser Thematik noch von der SPD gekommen
und unter der Perspektive entwickelt worden, der Gefahr von rechts
einen wirksamen strafrechtlichen Riegel vorschieben zu wollen, so
änderte sich die Lage binnen kurzem, **Lehmann** beschreibt dies in der
ihm eigenen Art so:

> "Innerhalb von sechs Monaten haben sich die Gewichte völlig
> verschoben, sind die Akzente der Staatsschutzidee umgekehrt
> worden, ist der Staatsfeind Nr. 1 klar erkannt, Links steht
> er, wie schon 1918 bis 1933, wie schon 1933 bis 1945. Was
> ist geschehen? Korea ist geschehen"[379].

In Asien wurde ein Stellvertreterkrieg zwischen Ost und West geführt,
in Europa gefror die Beziehung zwischen Ost und West ebenso wie
innenpolitisch die Linie zwischen Kommunismus und Antikommunismus.
Der Gesetzgeber konnte sich dieser Einflüsse nicht entziehen. Dem
weiteren Gesetzgebungsgang fällt die geplante Aufnahme des Friedens-
verrats ebenso zum Opfer wie das Verbot der Verächtlichmachung der
Kriegsdienstverweigerung. Aber noch bevor es zur Verabschiedung der

---

[378] Mertens, Hans: Politische Strafjustiz in der Adenauer-Ära,
Ein Beispiel negativer Aufarbeitung des Faschismus, in: Fangmann,
Helmut D./Paech, Norman (Hrsg.): Recht, Justiz und Faschismus,
Nach 1933 und heute, Köln 1984, S. 112ff., hier S. 112f.; Mertens
faßt damit die Begründung des Regierungsentwurfs vom 30. 5. 1950
zusammen.

[379] Lehmann, L.: Legal & opportun, a.a.O., S. 40f.; Justizminister
Dehler nutzte den Ausbruch des Korea-Krieges, um bei den
Beratungen zum Strafrechtsänderungsgesetz zur Eile zu
treiben:"Aber zwei Tage später, ..., war Korea! Ich meine, das
müßte jedem Zauderer die Augen geöffnet haben". BT-Prot., 83.
Sitzung, 12. September 1950, S. 3108; Brand räumt in seinem Abriß
der Strafrechtsgeschichte ein, daß die Stoßrichtung zunächst
gegen rechts gegangen sei, er will dies aber als Taktik entlarvt
wissen, was meineserachtens nicht zutrifft und die dynamische
Entwicklung dieser Zeit nicht angemmessen erfaßt, s. Brand, E.:
Staatsschutz, a.a.O., S. 22f.

neuen Staatsschutzbestimmungen durch den Bundestag kommt, wird mit dem Gesetz zum Schutz der persönlichen Freiheit vom 15. Juli 1951[380] unterstrichen, daß Westdeutschland sich auch strafrechtlich gegen die Folgen der Existenz eines zweiten, stalinistisch geprägten deutschen Staates wappnet. Mit der Aufnahme der neuen Paragraphen § 234 a (Verschleppung) und § 241 a (Politische Verdächtigungen) in das StGB sollte der politischen Verfolgung durch Organe der DDR oder des sowjetischen Geheimdienstes begegnet werden, soweit sie sich der Hilfe von Bundesbürgern bediente. Der Anlaß zu diesem Gesetz war die Enthüllung über die Mitwirkung eines Anwalts an Verschleppungen von Bürgern in den Ostsektor Berlins, die dort dem sowjetischen Geheimdienst in die Hände fielen. Der Täter, RA Kemritz, offensichtlich ein Doppelagent der Besatzungsmächte, wurde jedoch durch die Amerikaner vor der deutschen Justiz geschützt[381].

Dem Gesetzgeber war daran gelegen:

> "... nicht bei dem Fall Kremitz stehen zu bleiben, sondern ihn,..., unter einem größeren Blickwinkel zu sehen und daraus gleichzeitig auch die praktischen Konsequenzen zu ziehen"[382].

In diesem ersten Gesetz zum politischen Strafrecht, faktisch auch gegen die Anmaßungen der Geheimdienste der Besatzungsmächte gerichtet, gründete sich nach **Baumann** auch für die Bundesrepublik Deutschland

> "... eine unselige Praxis von ad hoc-Gesetzen ..."[383].

---

[380] 1 BGBl. I, S. 448

[381] s. hierzu die eindrucksvolle, auf die Unteilbarkeit von Demokratie und Menschenrechte abhebende Kritik des SPD-Abgeordneten Arndt an Art und Inhalt der Entscheidung des Rechtsamtes des Hohen Kommissars der Vereinigten Staaten von Amerika, Beratungen des Deutschen Bundestages, BT-Prot., 154. Sitzung, 20. Juni 1951, S. 6106ff.

[382] so Dr. Weber (CDU), BT-Prot., 154. Sitzung, 20. Juni 1951, S. 6110

[383] Baumann, Jürgen: Freiheit des Bürgers und Gewaltmonopol des Staates. Wie hat sich der demokratische Rechtsstaat seit Bestehen der Bundesrepublik Deutschland entwickelt?, in: Festschrift für Rudolf Wassermann zum sechzigsten Geburtstag, herausgegeben Christian Broda, Erwin Deutsch, Hans-Ludwig Schreiber, Hans-

3. Historische Analyse

In diesem welt- wie innenpolitisch angespannten Klima wird im zeitweise parallel ablaufenden Gesetzgebungsprozeß zum neuen Staatsschutzrecht von Justizminister Dehler im Bundestag ausgeführt:

"Wir müssen ein Freiheitsopfer bringen, um die Freiheit zu bewahren"[384].

Das Opfer der Freiheit wurde nicht so sehr in der Schaffung der Hochverratstatbestände gesehen. Hier knüpfte der Gesetzgeber an Entwicklungen aus der Weimarer Zeit an. Zwar war noch in der Weimarer Republik der Hochverrat vom Gesetzestext her auf den Tatbestand der Gewalt beschränkt gewesen, unter den Nationalsozialisten war jedoch die "Drohung mit Gewalt" explizit aufgenommen worden. Dies allerdings, nachdem die Rechtsprechung des Reichsgerichts die Drohung von Gewalt vorher schon hatte genügen lassen[385].

Das Opfer der Freiheit sah der Gesetzgeber im Bereich des neu geschaffenen Tatkomplexes der "Staatsgefährdung". Hier sollte aus der Erfahrung der Geschichte gelernt werden, und der "kalten Revolution" der Neuzeit[386] ein wirksamer Riegel vorgeschoben werden, indem ein Vorfeldschutz des Staates etabliert wurde. Nach Copic wurde unter dem Titel "Staatsgefährdung" ein

"... gänzlich neuer Komplex von Staatsschutzbestimmungen eingefügt, die durch Erfassung objektiv demokratiekonformer und subjektiv systemabweichender politischer Betätigungsweisen weit in den ehedem straffreien Bereich politischen

---

Jochen Vogel, Neuwied, Darmstadt 1985, S. 247ff., hier S. 252; das Gesetz zum Schutz der persönlichen Freiheit wurde vom Bundestag innerhalb von zwei Tagen beraten und bei Enthaltung nur der Kommunisten verabschiedet.

[384] Justizminister Dr. Dehler, BT-Prot., 83. Sitzung, 12. September 1950, S. 3105

[385] s. hierzu Kern, Eduard: Der Strafschutz des Staates und seine Problematik, Recht und Staat Heft 270/271, Tübingen 1963, S. 10f.

[386] s. hierzu Schmid, Richard: Das politische Strafrecht, Bemerkungen zum Regierungsentwurf des Strafrechtsänderungsgesetzes 1950, in: Deutsche Rechts-Zeitschrift, 5. Jg., Heft 15/16, 15. August 1950, S. 337ff., hier S. 338

Verhaltens vorstoßen"[387].

Der Abschnitt "Staatsgefährdung", der allerdings nicht in all seinen Bestimmungen wirklich neu war[388], erwies sich im Verlauf der fünfziger Jahre als der entscheidende Hebel zur strafrechtlichen Auseinandersetzung mit den Kommunisten. Insbesondere über die Organisationsdelikte des § 90 a, § 128 und § 129 StGB wurde eine nicht nur auf die Führer der KPD begrenzte Strafverfolgung betrieben. Nach **Brünneck** kam es bis in die sechziger Jahre hinein zu insgesamt etwa 125.000 Ermittlungsverfahren[389].

Dies wurde nicht zuletzt dadurch möglich, weil sich das neue Staatsgefährdungsrecht durch den Wegfall objektiver Tatbestände auszeichnete:

> "Bei den oft recht unbestimmt gefaßten Tatbeständen der Staatsgefährdung "mit ihrer großen Spannweite und z.T. geringen rechtlichen Präzision" bewegen sich die Richter bei der Prüfung, ob die jeweilige Strafvorschrift verletzt ist, mehr auf dem Gebiet der Deutung und Vermutung als auf dem Boden sicherer objektiver Feststellungen"[390].

Ohne hier näher auf die schon durch **Posser** sehr präzise dargelegten Anwendungs- und Auslegungskautelen des 51er Staatsschutzrechtes

---

[387] Copic, Hans: Grundgesetz und politisches Strafrecht neuer Art, Tübingen 1967, S. 3; das Strafrechtsänderungsgesetz 1951 umschrieb lediglich die §§ 88 - 98 als Staatsgefährdungsparagraphen, allerdings reicht das neue moderne politische Strafrecht etwa auch in die Bestimmungen zum Landesverrat hinein, insbesondere § 100d ist hier zu nennen.

[388] s. Kern, E.: Der Strafschutz des Staates ..., a.a.O., S. 18

[389] Brünneck, A.v.: Politische Justiz gegen Kommunisten ..., a.a.O., S. 278; ähnliche Zahlen finden sich auch bei Posser, D.: Anwalt im Kalten Krieg, a.a.O., der seine Schätzung u.a. auf Angaben des ehemaligen Innenministers Maihofer stützt, S. 186 und Posser, Diether: Politische Strafjustiz aus der Sicht des Verteidigers, a.a.O., S. 42

[390] Posser, D.: Politische Strafjustiz aus der Sicht des Verteidigers, a.a.O., S. 41 u. S. 8

weiter eingehen zu müssen[391], muß jedoch betont werden, daß über das Absichtsmerkmal, das sowohl straferhöhend (§ 94) als auch strafbegründend (z.B. § 100 d) in den Bestimmungen enthalten war, vielfach als Einstieg in ein Gesinnungsstrafrecht betrachtet wurde[392]. Außerdem ist festzuhalten, daß das 51er Staatsschutzrecht durch eine Organisation in der Gerichtsverfassung begleitet wurde, die eine hohe Konzentration von Staatsschutzsachen auf die höheren Gerichtsinstanzen mit sich brachte, so daß es in Staatsschutzsachen keine zweite Tatsacheninstanz gab und in Hochverratsfällen der BGH als Tatsachen- auch seine eigene Revisionsinstanz war[393].

Zusätzlich wurde der Generalbundesanwaltschaft Wahlfreiheit in der Verfolgungsübernahme und Verfahrensabgabe eingeräumt[394]. Eine weitere Besonderheit des neuen politischen Strafrechts lag auch darin, daß, wie schon im Nationalsozialismus, keine custodia honesta mehr für den politischen Überzeugungstäter vorgesehen war. Eine diesbezügliche Initiative der KPD stieß mit dem Verweis auf die Doppelmoral der KPD in der 117. Sitzung des 1. Deutschen Bundestages auf Ablehnung[395]. Außer dem Gesetzgeber selbst sollten auch die Richter Anteil an der

---

[391] s. Posser, D.: Politische Strafjustiz aus der Sicht des Verteidigers, a.a.O.

[392] s. neben Heinemann, Gustav W./ Posser, Diether: Kritische Bemerkungen zum politischen Strafrecht in der Bundesrepublik in: NJW (Neue Juristische Wochenschrift), 12. Jg., Heft 4, 23. Januar 1959, S. 121ff., hier S. 122, die auch auf die unterschiedliche Behandlung rechtsextremer Gruppierungen wie der "Abendländischen Akademie" hinweisen; bei denen ein Strafverfahren eingestellt wurde, s. S. 123; auch Copic, H.: Grundgesetz und politisches Strafrecht neuer Art, a.a.O., S. 216; Lehmann, L.: Legal & opportun, a.a.O., S. 50f.

[393] zur Rolle des BGH bei der Vorverlegung des Staatsschutzes s. u.a. Lehmann, L.: Legal & opportun, a.a.O., S. 51

[394] s. Heinmann, G. W./Posser, D.: Kritische Bemerkungen zum politischen Strafrecht in der Bundesrepublik, a.a.O., S. 126

[395] BT-Prot., 117. Sitzung, 14. Februar 1951, S. 4478ff.; obgleich in der Debatte der SPD-Abgeordnete Mommer zum Ausdruck brachte, daß ein Kulturstaat sein gesamtes kulturelles Niveau gerade im Strafvollzug beweisen müsse, und gerade auch im Strafvollzug an politischen Verbrechern, s. ebd., S. 4480

Fortentwicklung des Staatsschutzrechts haben. Neben der immer weiter greifenden Auslegung des Gewaltbegriffs beim Hochverrat, die vielfach kritisiert wurde[396], vermerkte 1957 selbst Bundesanwalt Max Güde, daß die Regelung zur verfassungsfeindlichen Vereinigung (§ 90 a) in ihrer richterlichen Handhabe die Gefahr enthalte, das Grundrecht der Vereinigungsfreiheit auf die "Konformisten" zu beschränken[397].

Es sollte aber noch bis zum 21. 3. 1961 dauern, ehe das Bundesverfassungsgericht gegen die vom BGH betriebene Auslegung des § 90 a vorging, den Paragraphen in seinem dritten Absatz gänzlich aufhob und Absatz 1 insoweit außer Kraft setzte, als er das Gründen und Fördern politischer Parteien mit Strafe bedrohte[398].

Ausmaß und Verlauf der politischen Strafjustiz ist in den fünfziger Jahren vor allem über den grassierenden Antikommunismus zu erklären. So wie die Gesetzgeber selbst diesem Einfluß ausgesetzt waren, schlug sich diese Stimmungslage auch im Rechtsstab nieder, wie sonst hätte Max Güde in seinem Vortrag noch 1957 zu der Einschätzung kommen sollen:

"In Zeiten latenten oder offenen Bürgerkriegs wie den unseren ..."[399]?

---

[396] so Heinemann, G. W./ Posser, D.: Kritische Bemerkungen zum politischen Strafrecht in der Bundesrepublik, a.a.O., S. 122; weitere Literaturverweise in dieser Sache ebd., S. 121 Anm. 1

[397] s. Güde, Max: Probleme des politischen Strafrechts, Monatsschrift für Deutsches Recht, Heft 4, Vortrag, gehalten vor der Gesellschaft Hamburger Juristen am 22. März 1957, S. 17ff.

[398] BVerfGE 12, S. 296ff.

[399] Güde, M.: Probleme des politischen Strafrechts, a.a.O., S. 7; Ridder geht in seiner Betrachtung der politischen Justiz ebenfalls davon aus, daß sich in der antikommunistischen Politik der Adenauer-Regierung ein "reales Bürgerkriegsmoment" manifestiert habe, s. [399] Ridder, Helmut: »Vergangenheitsbewältigung« durch Wiederherstellung von Vergangenheit und Verewigung von Gegenwart, Zur Formierung eines deutschen Frontstaats durch den Frontstand seiner Juristen, in: Festschrift für Rudolf Wassermann zum sechzigsten Geburtstag, herausgegeben von Christian Broda, Erwin Deutsch, Hans-Ludwig Schreiber, Hans-Jochen Vogel, Neuwied, Darmstadt 1985, S. 193ff., hier S. 203

3. Historische Analyse

Aus solchen Einschätzungen spricht, daß sich der Rechtsstab der Strafrechtspflege mit Richtern und Staatsanwälten nicht dem allgemein vorherrschenden antikommunistisch geprägten und entsprechend polarisierten innenpolitischen Klima in seiner Breite entzog.

In Gestalt der KPD und des real existierenden DDR-Staates der SED war die Freund-Feind-Linie für die Justiz[400] derart prägend, daß die Bewältigung und Auseinandersetzung mit dem Rechtsextremismus lediglich ein Randphänomen darstellte.

Für die Rechtsextremisten gab es eben kein vergleichbar anti-demokratisches, rechtsextrem orientiertes deutsches Ausland, das eigentlich Inland war. Die Kriminalisierung der Kontakte zur DDR bzw. zur SED und ihrer Unter- und Nebenorganisationen, wie sie über § 92 (staatsgefährdender Nachrichtendienst) und § 100d Abs. 2 (landesverräterische Konspiration) erfolgten, konnten Rechtsex-tremisten aus nachvollziehbaren Gründen nicht betreffen. Auch fehlte den Rechtsextremisten insoweit ein finanzkräftiger Partner, der sie in ihrem politischen Kampf so hätte unterstützen können wie die SED und letztlich die KPdSU es mit der KPD und anderen Organisationen taten.

Allein diese Strukturunterschiede in den Handlungsbedingungen dürfen in ihrer Bedeutung für die Ausrichtung und Inanspruchnahme poli-tischer Justiz nicht unterschätzt werden. Das 51er Staatsschutzrecht zielte auf links und traf links. Und letztlich zeigte sich dies auch im Umgang der politischen Justiz mit der SRP nach ihrem Verbot. Sie entwickelte nämlich über den § 90a StGB nicht die gleiche Intensität in der Aufdeckung von Ersatzorganisationen und verbotenen Un-

---

[400] allerdings wäre es zu weitgreifend, würde man in Anlehnung an Ridder, die reale Geschichte der politischen Justiz der Bundes-republik als reinen Ausfluß des Umgangs mit der KPD betrachten, in diesem Sinne Ridder, H.: » Vergangenheitsbewältigung« ..., a.a.O., S. 203

terstützungshandlungen wie bei der KPD[401].

Dennoch blieb der Rechtsextremismus im Visier des Gesetzgebers, da das Strafrechtsänderungsgesetz von 1951 nicht den einzigen Ansatz zur Definition politischer Kriminalität darstellte. Und ein Blick auf die Behandlung des Rechtsextremismusproblems durch den Gesetzgeber läßt erkennen, daß die vielfach aufgestellte Behauptung, der Rechtsextremismus habe höchstens aus Gründen der Optik, um dem Vorwurf der Einseitigkeit begegnen zu können, eine Rolle gespielt[402], so nicht zutreffen kann.

3.6.2   STRAFRECHT ALS WAFFE GEGEN DEN RECHTSEXTREMISMUS

Im Regierungsentwurf zum Strafrechtsänderungsgesetz war z.B. vorgesehen gewesen, das Tragen von Uniformen ebenso wie das Verwenden von Kennzeichen nationalsozialistischer Organisationen zu pönalisieren. In dem parallel auf den Weg gebrachten Entwurf eines Gesetzes über öffentliche Versammlungen und Aufzüge[403] war aber ebenfalls eine Pönalisierung des Uniformtragens und der Kennzeichenverwendung vorgesehen und in der ersten Beratung zu diesem Gesetz regte Dr.

---

[401] s. Copic, H.: Grundgesetz und politisches Strafrecht neuer Art, a.a.O., S. 41 u. 149; Copic weist darauf hin, daß die Justiz im Umgang mit der KPD sich sehr wandlungsfähig zeigte: Während vor dem Verbot strikt zwischen Partei-, Neben- und Sonderorganisationen unterschieden wurde, um nur der Partei das Parteienprivileg nach Art. 21 GG zukommen zu lassen, drehte sich die Betrachtungsweise nach dem Verbot über das Konstrukt der "Kommunistischen Gesamtorganisation" genau um, s. ebd., S. 170; Heinemann und Posser verweisen darauf, daß Verfahren gemäß § 90 a Abs. 1 und Abs. 3 StGB gegen Funktionäre der SRP nicht bekannt geworden seien, s. Heinemann, G. W./ Posser, D.: Kritische Bemerkungen zum politischen Strafrecht in der Bundesrepublik, a.a.O., Anm. 31, S. 124

[402] so Ridder, H.: »Vergangenheitsbewältigung« ..., a.a.O., S. 194

[403] BT-Drs. Nr. 1102 der 1. Wahlperiode 1949

Reismann vom Zentrum mit Hinweis auf die mögliche doppelte Strafbe-
wehrung an,

"..., diese Dinge aufeinander abzustimmen"[404].

Die SPD ließ übrigens in dieser ersten Beratung erkennen, daß sie von
der Pönalisierung der Kennzeichenverwendung gar nicht so begeistert
war, sie sprach sich mit ihrem Vertreter Jacobi dafür aus:

> "..., ob es nicht möglich ist, von Gesetzes wegen Ansätze
> dafür zu schaffen, daß die **Symbole der Bundesrepublik**
> (Hervorhebung im Original) in stärkerem Maße in das
> Bewußtsein der Bevölkerung dringen und daß diesen Symbolen
> die schuldige Reverenz erwiesen wird. ... Diese Art von
> positivem Verfassungsschutz erscheint uns jedenfalls
> fruchtbarer als ein Katalog von Verbotsbestimmungen"[405].

Nachhaltig wirkte der Vorbehalt jedoch nicht. Zwar tauchten die
beiden Verbotsbestimmungen, ebenso wie auch eine Neufassung von § 130
StGB nicht mehr im Strafrechtsänderungsgesetz von 1951 auf, das
Versammlungsgesetz[406] sah jedoch schließlich in den §§ 3 und 4 i.V.
mit § 28 für das verbotswidrige Tragen von Uniformen und die Kennzeichenverwendung Gefängnisstrafe bis 2 Jahre vor. Insoweit wurde den
offen nationalsozialistisch auftretenden Kräften ein deutlicher
Strafrechtsriegel vorgeschoben, dessen Anwendung allerdings in den
Jahren bis 1959/60 kaum notwendig wurde.

Schwieriger fiel die Auseinandersetzung um die Neugestaltung der
Volksverhetzung aus, dem § 130 StGB. Schon im SPD-Entwurf des
Gesetzes gegen die Feinde der Demokratie war mit dem § 9 ein
neugefaßter Tatbestand vorgeschlagen worden, der auch als § 130

---

[404] BT-Prot., 83. Sitzung, 12. September 1950, S. 3130; es war im
übrigen die gleiche Sitzung, in der auch die erste Beratung des
Strafrechtsänderungsgesetzes stattfand und auf diesem Hintergrund
merkte Reismann auch an: "..., es ist etwas merkwürdig, daß wir
heute so außerordentlich viele Strafbestimmungen zum Schutze der
Demokratie, der demokratischen Funktionen und der demokratischen
Einrichtungen nötig zu haben glauben. Ich bin der Meinung, daß
das gerade in diesem Zusammenhang (Versammlungsgesetz, H.K.) des
Guten zu viel ist". Ebd.

[405] ebd., S. 3126

[406] Gesetz über Versammlungen und Aufzüge (Versammlungsgesetz)
vom 24. Juli 1953, BGBl. I, S. 684ff.

Eingang in den Regierungsentwurf zum 1. StÄG 1950 fand[407]. Die damals geltende Fassung, die als Tatbestand der Klassenverhetzung (-aufreizung) gefaßt war und das Rechtsgut des öffentlichen Friedens schützte, sollte in einer Weise umformuliert werden, die den Grundsatz der Gleichheit in der Verschiedenheit der Menschen ebenso aufnahm wie die Kennzeichnung der Tat als Angriff auf die Menschenwürde oder die Menschenrechte. Im Strafrechtsänderungsgesetz 1951 fand der § 130 jedoch wegen der Beschränkung auf die für unentbehrlich gehaltenen Staatsschutzbestimmungen keine Berücksichtigung und wurde aus Zeitnot auch nicht im Dritten Strafrechtsänderungsgesetz vom 4. August 1953[408], mit dem der Text des StGB überarbeitet wurde, aufgenommen. Mit dem Dritten Strafrechtsänderungsgesetz wurde aber immerhin der § 93 schon wieder neu gefaßt und interessanterweise in § 168 die Grabschändung mit Verlust der Ehrenrechte verknüpft, ein Tatbestand, der auch für die Abwehr möglicher Friedhofsschänder mit antisemitischer Ausrichtung für bedeutsam gehalten worden sein könnte.

In der ersten Beratung des Strafrechtsänderungsgesetzes wurde die Neufassung des § 130 StGB von Justizminister Dehler mit einer Argumentationsweise eingeführt, die in dieser Art auch eine Strafrechtsänderung im Bereich des politischen Strafrechts gegen rechts Anfang der achtziger Jahre prägen sollte. Dehler betonte nämlich, daß mit der Neufassung des § 130 StGB bestraft werden solle:

> "..., insbesondere die Hetze gegen Bevölkerungsgruppen, die durch Abstammung, Herkunft, Religion oder Weltanschauung bestimmt sind, z.B. Hetze gegen eine Konfession, gegen Juden, gegen die Vertriebenen. ... Die Vorschrift des § 130 schützt auch die **Vertriebenen** (Hervorhebung im Original)"[409].

---

[407] BT-Drs. Nr. 1307 der 1. Wahlperiode 1949

[408] BGBl. I, S. 735ff.

[409] BT-Prot., 83. Sitzung, 12. September 1950, S. 3107

Ohne den Verweis auf den Schutz auch der Vertriebenen schien schon
1950 eine insbesondere für den Schutz der jüdischen Bevölkerungsgruppe bedeutsame Strafrechtsnorm nicht durchsetzbar zu sein. Ebenfalls
nicht umgesetzt wurde im Strafrechtsänderungsgesetz der ursprünglich
geplante Ehrenschutz

> "... für solche politischen Märtyrer, die im Kampf gegen
> den Nationalsozialismus oder für eine freiheitliche
> demokratische Ordnung ihr Leben gelassen haben. Sie wissen,
> auf Grund welcher Vorgänge wir diese Bestimmung für wichtig
> halten"[410].

Diese, vor allem durch den Fall Hedler initiierte Gesetzesinitiative,
der Fall Remer trat erst 1951 hinzu, ist ein weiteres Beispiel dafür,
daß im politischen Strafrecht der Anstoß häufig über konkrete
Vorkommnisse erfolgt und in der Durchsetzungsbegründung nicht nur auf
die Opfer des Nationalsozialismus oder Rechtsextremismus Bezug
genommen wird, sondern auch auf die Opfer des Stalinismus bzw.
Linksextremismus, ohne dadurch allerdings die Hauptstoßrichtung der
Strafrechtsinitiativen gänzlich verdecken zu können.

Für die Umsetzung der Initiative der Neuregelung des § 130 bedurfte
es jedoch noch weiterer Vorkommnisse. Zwar versuchte die Fraktion der
CDU/CSU 1957 mit dem Entwurf eines 5. StÄG[411] erneut den § 130 zu
ändern, aber der Entwurf wurde in der 2. Legislaturperiode nicht mehr
rechtzeitig abschließend beraten.

Neuen Anstoß erhielten die Bemühungen durch den Fall Nieland.
Nieland, ein Holzkaufmann, geprägt durch "einfaches und einfältiges,
unhistorisches Wunschdenken"[412], wie durch ein psychiatrisches
Gutachten festgestellt wurde, hatte in einer Schrift, die er
vorwiegend an Politiker und Parlamentarier verschickt hatte, einen
wirren Antisemitismus gepredigt und sich nach § 93 StGB , – der durch
das Dritte Strafrechtsänderungsgesetz um den Tatbestand der Unterdrückung der demokratischen Freiheiten erweitert worden war –,

---

[410] wiederum Justizminister Dehler, ebd., S. 3107

[411] BT-Drs. Nr. 3067 der 2. Wahlperiode 1953

[412] BGHSt 13, 32ff., 34

strafbar gemacht. In seiner Entscheidung erkannte der Bundesgerichtshof auf die Einziehung der antisemitischen Hetzschrift.

Bedingt durch die Aktionsrichtung Nielands (Parlamentarier als
Adressaten) und durch die damals kurz bevorstehende Entscheidung des
BGH gab der Fall Nieland den letzten Anstoß für die Bundesregierung
dem Bundesrat einen Entwurf eines Gesetzes gegen Volksverhetzung
zuzuleiten[413].

Aber auch dieser Gesetzesentwurf konnte zunächst nicht verabschiedet
werden, da sich in der 3. Lesung erneut Bedenken ergaben, die dazu
führten, daß die Schlußabstimmung überraschend vertagt wurde[414]. Es
war schließlich die Weihnachten 1959 losbrechende antisemitische
Schmierwelle, die dem Gesetzesvorhaben den notwendigen Push bis zur
Verabschiedung verlieh.

Das Sechste Strafrechtsänderungsgesetz vom 30. Juni 1960[415] brachte
dann aber nicht nur die lang angestrebte Neufassung des § 130,
sondern auch die Neufassung des Verbots der Kennzeichenverwendung.
Der neu in das StGB eingefügte § 96 a hob nicht nur den § 4 des
Versammlungsgesetzes auf, sondern erhöhte auch den Strafrahmen auf
bis zu drei Jahre Gefängnis, bei staatsgefährdender Absicht mit einem
Mindeststrafrahmen von drei Monaten (§ 96 a Abs. 3). Und auch die
verbesserte Pönalisierung der Verunglimpfung des Andenkens Verstorbener, seit dem Fall Hedler ein immer wieder aufgebrachtes Anliegen,
wurde mit diesem Gesetz insoweit erreicht, als das Antragserforder-
nis bei Verstorbenen ohne Hinterbliebene entfiel,

> "..., wenn der Verstorbene sein Leben als Opfer einer
> Gewalt- und Willkürherrschaft verloren hat und die

---

[413] s. hierzu Schafheutle, Josef: Das Sechste Strafrechtsänderungsgesetz, in: JZ (Juristische Zeitung), Nr. 15/16 1960, S.
470ff., hier S. 471; nach Schafheutle gab der Fall Nieland den
letzten Anstoß, "bildete aber keineswegs den tragenden Grund für
den Beschluß der Bundesregierung...", ebd.

[414] s. ebd., S. 471

[415] BGBl. I, S.478

Verunglimpfung damit zusammenhängt"[416].

Das Sechste Strafrechtsänderungsgesetz präsentiert sich damit als ein Gesetz, in dem Elemente des ad hoc-Gesetzes ebenso auszumachen sind wie symbolisch-expressive Gesten (Erhöhung des Strafrahmens bei der Kennzeichenverwendung, einstimmige Billigung von Bundestag und Bundesrat). Nach **Copic** spielte der § 96 a im Rahmen des strafgesetzlichen Staatsschutzsystem eine völlig unbedeutende Rolle. Die Existenz dieser Vorschrift zeuge nur von einem "politischen Strafverfolgungsperfektionismus"[417].

Das Sechste Strafrechtsänderungsgesetz zählt jedenfalls zu den Gesetzen, die ohne Rückgriff auf die europäische Entwicklung nicht verstanden werden können. Nur schwerlich hätte sich der deutsche Gesetzgeber einer eigenen Anstrengung enthalten können angesichts des Umstandes, daß auch in anderen europäischen Ländern dem neu aufkommenden Antisemitismus und Rechtsextremismus mit Strafrechtsinitiativen begegnet wurde[418].

3.6.3   REFORM DES POLITISCHEN STRAFRECHTS

Die Entwicklung des politischen Strafrechts ist nur aus einem Bündel von Einflußfaktoren erklärbar. Neben den aktuellen, Handlungsdruck erzeugenden Einflüssen ist auch der Trend der Strafrechtsentwicklung insgesamt einzubeziehen. Seit der Einführung des neuen politischen Strafrechts stand außer Frage, daß das StGB einer grundlegenden Reform bedürfe.

---

[416] § 189, Abs. 3

[417] Copic, H.: Grundgesetz und politisches Strafrecht neuer Art, a.a.O., S. 177

[418] s. hierzu die Ausführungen von Schafheutle, J.: Das Sechste Strafrechtsänderungsgesetz, a.a.O., S. 471 mit Hinweisen auf Initiativen in England, Belgien, Schweden und der UNO; Ende der achtziger Jahre läßt sich eine ähnliche europaweite Strafrechtsinitiative zur Bekämpfung des auflebenden Rassismus ausmachen.

Der Abschied vom obrigkeitsstaatlichen Verständnis, das Bemühen um Entkriminalisierung, die Neuordnung des Sanktionensystems galten als zentrale Reformaufgaben. Mit der Reform befaßte sich von 1954 bis 1959 die Große Strafrechtskommission und aus ihrer Arbeit wurde 1962 ein Regierungsentwurf gefertigt, zu dem, wie **Ingraham** meint, mit katalytischer Wirkung ein Alternativ-Entwurf 1966 vorgelegt wurde[419] und der, von der FDP-Fraktion 1968 eingebracht, wesentlich dazu beitrug, das Strafgesetzbuch gerade auch im Besonderen Teil neu zu gestalten[420]. Die Reformbemühungen wurden begleitet von der Auflösung der Ost-West-Spannungen und der Wandlung hin zur friedlichen Koexistenz.

Diese Entwicklungslinien beeinflußten auch das politische Strafrecht, allerdings nicht notwendig linear. Da das politische Strafrecht vorwiegend auf den Kommunismus zielte und die Veränderung der Weltlage zu einer Entkrampfung im Verhältnis zum Kommunismus führte, fanden in den sechziger Jahren die meisten Änderungen und Wandlungen des politischen Strafrechts in diesem Bereich statt.

Mit dem Urteil des Bundesverfassungsgerichts zum alten § 90 a StGB deutete sich der Wandlungsprozeß im Umgang mit den Kommunisten an. Die Organisationsdelikte im Strafgesetzbuch, die vorwiegend auf die kommunistischen Organisationen zielten, wurden mit dem Gesetz zur Regelung des öffentlichen Vereinsrechts vom 5. August 1964[421] neu gefaßt. Mit der Bindung an das Verbotsprinzip wurde nach **Posser** in diesem Bereich Rechtssicherheit gewonnen[422]. Aber:

> "Die politische Strafjustiz verlagerte sich nun auf die Be-
> strafung politischer Kontakte zur DDR, in denen regelmäßig
> auch ein Verstoß gegen das KPD-Verbotsurteil gesehen wurde.
> Den anderen Schwerpunkt bildete die Verfolgung kommu-

---

[419] Ingraham, B. L.: Political Crime in Europe, a.a.O., S. 276

[420] zur Geschichte der Strafrechtsreform s. u.a. StGB, Textausgabe, Einführung von Hans-Heinrich Jeschek, 23. Auflage, Beck-Texte 5007, München 1987

[421] BGBl. I, S. 593ff.

[422] s. Posser, D.: Anwalt im Kalten Krieg, a.a.O., S. 451

nistischer Meinungsäußerungen (also verfassungsfeindliche Schriften)"[423].

Wie irrwitzig aus heutiger Sicht die Rechtslage weiter anmutete, verdeutlichte das strafrechtliche Problem der geplanten Durchführung eines Rednertausches zwischen SED und den Bundestagsparteien 1966.

> "Denn nach dem geltenden Strafrecht müßten sie (die Redner der SED, H.K.) nach dem Betreten des Bundesgebietes verhaftet und abgeurteilt werden"[424].

Um dennoch den Redneraustausch zu ermöglichen, an dem zum Schluß nur noch die SPD festhielt, mußte der Bundestag das "Gesetz über befristete Freistellung von der deutschen Gerichtsbarkeit"[425] verabschieden. Für die DDR war dies ein "Handschellengesetz", der Redneraustausch kam nicht zustande. Wie schon 1964 beim geplanten Zeitungsaustausch[426], verhinderte das existierende politische Strafrecht eine innerdeutsche Annäherung.

Solche Vorkommnisse förderten den Willen zur Reform des politischen Strafrechts und der Sonderausschuß für die Strafrechtsreform – unter Leitung von Max Güde – trug wesentlich zur Verabschiedung des Achten Strafrechtsänderungsgesetzes vom 25. Juni 1968[427] bei, das nach **Ridder** die "Tauwetterperiode" in der politischen Justiz markierte[428].

Nach **Jeschek** wurde damit das politische Strafrecht des 1. Abschnittes

> "... aus seiner zu einseitigen Fixierung auf das bestehende Spannungsverhältnis zur DDR gelöst und in Übereinstimmung mit den Grundsätzen eines seiner selbst gewissen Rechtsstaats freiheitlich ausgestaltet"[429].

---

[423] ebd.; s. auch Brünneck, A. v.: Politische Justiz gegen Kommunisten ..., a.a.O., S. 196ff.

[424] Posser, D.: Anwalt im Kalten Krieg, a.a.O., S. 459

[425] vom 29. Juli 1966, BGBl. I, S. 453f.

[426] s. hierzu Posser, D.: Anwalt im Kalten Krieg, a.a.O., S. 306; dem Zeitungsaustausch stand der § 93 entgegen.

[427] BGBl. I, S. 741ff.

[428] Ridder, H.: »Vergangenheitsbewältigung« ..., a.a.O., S. 201

[429] StGB, Textausgabe, a.a.O., S. XXII

In ähnlicher Weise bewertet auch **Ingraham** das 68er politische
Strafrecht, für ihn ist es Ausdruck eines wachsenden Konstitu-
tionalismus[430]. Und für **Posser** beendete das Achte Strafrechtsänderungsgesetz das Elend der politischen Justiz[431].

Die Zulassung der DKP als Ersatzlösung für die rechtlich nicht als
möglich angesehene Wiederzulassung der KPD[432], die aufkommende
Studentenbewegung mit ihren Sympathien für marxistische und neo-
marxistische Positionen waren die deutlichen Anzeichen für einen
gesellschaftlichen und politischen Wandlungsprozeß. Dem Abbau der
antikommunistischen Fixierung stand aber das Wiederaufleben einer
rechtsextremistischen Sammlungsbewegung gegenüber, die ab Mitte der
sechziger Jahre von der rechten Seite her für eine neue Polari-
sierungslinie sorgte, ohne allerdings den Reformwillen bremsen zu
können. Für die Ausgestaltung des politischen Strafrechts spielte der
aufkommende Rechtsextremismus über die Fassung der §§ 86 und 86 a
StGB hinaus keine spürbare Rolle. Spürbar wurde hier nur die mit der
Reform notwendig verbundene Amnestie durch das Gesetz über die
Straffreiheit vom 9. Juli 1968[433], die, wie an anderer Stelle schon
erwähnt, auch Tätern aus dem rechtsextremistischen Bereich zugute
kam[434]. Zugute kam rechtsextremistischen Straftätern weiterhin die
von der sozialliberalen Koalition durchgesetzte Liberalisierung des
Demonstrationsstrafrechts[435], denn im Gefolge dieser Liberalisierung
wurden mit dem Gesetz über Straffreiheit vom 20. Mai 1970[436] Demon-

---

[430] s. Ingraham, B. L.: Political Crime in Europe, a.a.O., S. 283

[431] s. Posser, D.: Anwalt im Kalten Krieg, a.a.O., S. 111

[432] s. hierzu Ridder, H.: »Vergangenheitsbewältigung« ..., a.a.O.,
S. 206

[433] BGBl. I, S. 773ff.

[434] zu den Amnestieauswirkungen bei Rechtsextremisten s. Kapitel
3.5, Anm. 255

[435] Drittes Gesetz zur Reform des Strafrechts vom 20. Mai 1970,
BGBl. I, S. 505ff.

[436] BGBl. I, S. 509ff.

strationsdelikte aus der Zeit vom 1.1.1965 bis zum 31.12.1969 straffrei erklärt. Damit wurden rechtsextreme Straftäter Nutznießer der Kommunisten- und der APO-Amnestie.

3.6.4   ANTI-TERRORISMUSGESETZGEBUNG

Ein Jahr später sollte es zum ersten Antiterrorgesetz kommen, dem Auftakt zu einer neuen Entwicklung des politischen Strafrechts. Das Elfte Strafrechtsänderungsgesetz vom 16. Dezember 1971[437] schuf den § 316c, Angriff auf den Luftverkehr, und diente sicherlich

> "... nicht in erster Linie zur Bekämpfung terroristischer Bestrebungen in der Bundesrepublik"[438],

markierte aber den Beginn der Antwort des Strafrechts auf den Auftakt einer international wirkenden Terrorismusentwicklung, der auch in Deutschland mit der "Baader-Meinhof-Bande" bzw. der RAF eine neue Qualität der Herausforderung an das politische Strafrecht erwuchs.

Nach **Rieß** knüpften sich an dieses erste Antiterrorgesetz allein bis zum 1. März 1979 noch 14 weitere Gesetze[439]. Und wieder einmal stand der Feind links. Und doch hatten die Maßnahmen zur Ausgestaltung des politischen Strafrechts immer wieder auch Implikationen für das Verhältnis der politischen Justiz gegenüber dem Rechtsextremismus.

Angesichts der bei Rechtsextremisten häufig beobachtbaren Vernarrtheit in Waffen trafen sie die Bestimmungen des Waffengesetzes

---

[437] BGBl. I, S. 1977f.

[438] Blath, Richard/Hobe, Konrad: Strafverfahren gegen linksterroristische Straftäter und ihre Unterstützer, herausgegeben vom Bundesministerium der Justiz, Bonn 1982, S. 48

[439] s. die Auflistung bei Rieß, P.: Die "Anti-Terrorismusgesetzgebung" in der Bundesrepublik Deutschland, a.a.O., S. 86ff.

von 1972[440] ebenso wie die Linksterroristen. Mit einem Element des politischen Strafrechts war auch das Vierte Gesetz zur Reform des Strafrechts vom 23. November 1973[441] ausgestattet, mit dem ansonsten das Sexualstrafrecht reformiert wurde. So wurde mit diesem Gesetz der alte § 131 StGB (Verbreitung erdichteter Tatsachen) durch die neue Vorschrift "Verherrlichung von Gewalt; Aufstachelung zum Rassenhaß" ersetzt. Die Neufassung des § 131 StGb war allerdings in der Rechtswissenschaft sehr umstritten und nach **Wassermann**

> "... gilt sie als ein Musterbeispiel dafür, daß verschärfte Strafbestimmungen nur einen symbolischen Wert haben: Sie eignen sich vorzüglich zur Beruhigung der Allgemeinheit und zur Entlastung des Staates von seiner Verantwortlichkeit, haben jedoch kaum praktische Bedeutung. Leider ist man, ..., im Sonderausschuß des Bundestages für die Strafrechtsreform nicht davor zurückgeschreckt, das Ergebnis der Anhörung falsch darzustellen, um die gewollte Verabschiedung des § 131 StGB rechtfertigen zu können"[442].

Mit dem § 131 StGB reagierte der Gesetzgeber auf ein Meinungsklima, das von einem gesteigerten Bedrohungsgefühl durch Gewaltkriminalität geprägt war, und zwar von politischer und allgemeiner Gewaltkriminalität[443]. Und wie schon so häufig, in der Formulierung des § 131 kam zum Ausdruck, daß der Befürwortung der Gewalt von links und rechts Schranken gesetzt werden sollten.

Auch die weiteren Anti-Terrorismusgesetze wurden unter dem Einfluß von wahrgenommenen Bedrohungslagen und von Terrorismusaktionen verabschiedet. Sie betrafen das materielle Strafrecht ebenso wie das Strafprozeßrecht und die Regelung des Strafvollzuges, da sich der Linksextremismus von RAF u.a. auch im Zugriff der Strafrechtspflege nicht vom "politischen Kampf" löste.

Insgesamt trifft sicherlich zu, daß auf die Herausforderung durch

---

[440] Waffengesetz vom 19. September 1972, BGBl. I, S. 1797ff.

[441] BGBl. I, S. 1725ff.

[442] Wassermann, R.: Recht, Gewalt, Widerstand, a.a.O., S. 77

[443] s. ebd., S.70 und Aust, Stefan: Der Baader Meinhof Komplex, Hamburg 1986, S. 171ff.

den Terrorismus der Rechtsstaat sich zunächst als Gesetzgebungsstaat bewährte, der mit der

> "... Präferierung des allgemeinen, generellen und abstrakten Gesetzes gegenüber der situativ-fallbezogenen Maßnahme als staatlicher Reaktionsweise auf Krisenlagen ..."[444]

sich der Risiken einer Sondergesetzgebung für den Terrorismus erwehrte. Temporär jedoch gelang es dem Linksterrorismus 1976/77 den Staat zu singulären Ausnahmeeingriffen zu provozieren, die dann etwa mit dem Kontaktsperregesetz[445] "geheilt" oder mit dem Verweis auf § 34 StGB einer legitimatorischen Begründung zugeführt wurden[446]. Das Kontaktsperregesetz trug deutlich die Zeichen eines Ausnahmegesetzes und die außergewöhnlichen Umstände seines Zustandekommens boten Anlaß für die Assoziation an die innerstaatliche Feinderklärung nach Schmitt[447].

Eine ähnlich herausfordernde Qualität erreichte der Ende der siebziger Jahre aufgekommene Rechtsterrorismus nicht. Wobei dies nicht zuletzt daran lag, daß er unverweigerlich in die schon vom Rechtsstaat angelegten Pfade zur Bekämpfung des Linksterrorismus geführt wurde. Der § 129a StGB, eingeführt 1976[448], war ein Instrument, mit dem der Staat nicht nur den linken Terrorismus treffen konnte.

---

[444] Berlit, Uwe/Dreier, Horst: Die legislative Auseinandersetzung mit dem Terrorismus, in:Sack, Fritz/Steinert, Heinz: Protest und Reaktion, Analysen zum Terrorismus 4/2, Opladen 1984, S. 228ff., hier S. 296

[445] Gesetz zur Änderung des Einführungsgesetzes zum Gerichtsverfassungsgesetz vom 30. September 1977, BGBl. I, S. 1877ff.

[446] s. hierzu Berlit, U./Dreier, H.: Die legislative Auseinandersetzung mit dem Terrorismus, a.a.O., S. 297

[447] s. Wassermann, R.: Recht, Gewalt, Widerstand, a.a.O., S. 83

[448] Gesetz zur Änderung des Strafgesetzbuches, der Strafprozeßordnung, des Gerichtsverfassungsgesetzes, der Bundesrechtsanwaltsordnung und des Strafvollzugsgesetzes vom 18. August 1976, BGBl. I, S. 2181ff.

Während im Zusammenhang mit dem § 129 a StGB eine Entwicklung der weiteren Verschärfung zu beobachten ist[449], wiederum im Gefolge von Terrorakten, gibt es andere Strafnormen, deren Einführung und Aufhebung erkennen lassen, daß dem Staat der sichere, von Notwendigkeit und Klarheit geprägte Gebrauch des Mittels des Strafrechts für die Auseinandersetzung mit der politischen Kriminalität mitunter abhanden kommt.

Mit dem Vierzehnten Strafrechtsänderungsgesetz[450] beschloß der Gesetzgeber den Tatbestand der verfassungsfeindlichen Befürwortung einer Straftat (§ 88 a StGB) und den der Anleitung zu Straftaten (§ 130 a StGB) in das Strafgesetzbuch aufzunehmen. Fünf Jahre später wurden mit einem der letzten Strafrechtsänderungsgesetze der sozialliberalen Koalition[451] diese Bestimmungen wieder aufgehoben. Aber weitere fünf Jahre später wurde der § 130 a durch das schon erwähnte Gesetz zur Bekämpfung des Terrorismus wieder eingeführt, ohne daß allerdings plausibel gemacht worden wäre, wieso dieser Bestimmung nun eine größere kriminalpolitische Bedeutung zukommen sollte als vorher[452]. Der politische Auslöserkontext zu dieser Strafrechtsentwicklung ist, ähnlich wie schon bei der Neuordnung des Sachbeschädigungsrechts (§ 303 StGB, nun in bestimmten Fällen

---

[449] s. das nach dem Beckurts- und von Braunmühl-Attentat 1986 verabschiedete Gesetz zur Bekämpfung des Terrorismus vom 19. Dezember 1986, BGBl. I, S. 2566ff.; nach Dencker wirkt der neu gefaßte § 129a wie ein Flächenbombardement, um vereinzelte Ziele zu treffen, s. Dencker, Friedrich: Kronzeuge, terroristische Vereinigung und rechtsstaatliche Gesetzgebung, in: KJ (Kritische Justiz), 20.Jg., 1/1987, S. 36ff., hier S. 45; s. auch Thoms, Eva-Maria: § 129a, Der Freiheit eine Falle, in: Die Zeit, vom 3. Februar 1989

[450] Vierzehntes Strafrechtsänderungsgesetz vom 22. April 1976, BGBl. I, S: 1056f.

[451] Neunzehntes Strafrechtsänderungsgesetz vom 7. August 1981, BGBl. I, S. 808

[452] s. Berlit, U./Dreier, H.: Die legislative Auseinandersetzung mit dem Terrorismus, a.a.O., S. 286

Offizialsdelikt)[453] und der Verschärfung des Landfriedensbruchs (§
125 StGB)[454] nicht im Terrorismus zu suchen, sondern in der Ausgestaltung einer militanten autonomen Szene und den gewalttätigen
Demonstrationen im Umfeld der Nato-Nachrüstungsdebatte.

Als Einstieg in eine Sondergesetzpolitik kann das letzte in den
Zeiten der alten Bundesrepublik verabschiedete Gesetz im Bereich der
politischen Justiz betrachtet werden. Mit dem "Gesetz zur Änderung
des Strafgesetzbuches, der Strafprozeßordnung und des Versammlungsgesetzes und zur Einführung einer Kronzeugenregelung bei terroristischen Straftaten" vom 9. Juni 1989[455] hatte die CDU/CSU endlich ihren
Regierungspartner FDP von der Notwendigkeit der angestrebten
Kronzeugenregelung überzeugen können, wenn auch nur unter dem Preis
der faktischen Befristung bis zum 31. Dezember 1992 (§ 5). Auch
dieses Gesetz erfuhr einen Anstoß durch den RAF-Terrorismus, im
September 1988 war der Staatssekretär Hans Tietmeyer einem Anschlag
entgangen.

In diesem Gesetz kommen wieder viele typische Eigenschaften der normkonstituierten politischen Justiz gegen links, der Anti-Terrorismusgesetzgebung, zum Tragen: Neben der Politik über die Strafnormen
spielt eine herausragende Rolle das Strafprozeßrecht und die
Kompetenzausstattung der Exekutive. **Berlit/Dreier** qualifizieren die
Terrorismusgesetzgebung zutreffend als die strafrechtliche Aneignung
sozialer Handlungsfelder (Schaffung von Strafrechtsnormen wie § 129a
oder der Äußerungsdelikte nach den §§ 88 a und 130 a, die den
Vorfeldschutz des Staates sichern sollen) und das Vordringen der
Exekutive im Verfahren[456]. Die normkonstituierte politische Justiz

---

[453] Zweiundzwanzigstes Strafrechtsänderungsgesetz vom 18. Juli
1985, BGBl. I, S. 1510

[454] Gesetz zur Änderung des Strafgesetzbuches und des Versammlungsgesetzes vom 18. Juli 1985, BGBl. I, S. 1511f.

[455] BGBl. I, S. 1059ff.

[456] Berlit, U./Dreier, H.: Die legislative Auseinandersetzung mit
dem Terrorismus, a.a.O., S. 243f.

212

legte, wie auch in diesem letzten Gesetz erkennbar, sogar das Schwergewicht auf den strafprozessualen Bereich[457].

3.6.5 STRAFRECHT UND GESCHICHTSREVISIONISTEN

Fast allen hier vorgestellten Gesetzen mit Bezug zum politischen Strafrecht ist zu eigen gewesen, daß sie Ausdruck einer hohen "Reaktionsgeschwindigkeit" des Gesetzgebers waren[458].

Im Bereich der Anti-Terrorismusgesetzgebung wies eine längere Durchsetzungszeit nur die Kronzeugenregelung auf, begründet nicht zuletzt in der Systemfremdheit dieser Regelung für die deutsche Rechtsgestaltung.

Ähnliche Durchsetzungsprobleme im Bereich des materiellen politischen Strafrechts können dort beobachtet werden, wo Normen zur Verabschiedung anstanden, in denen es um Äußerungsdelikte ging, die vor allem auf den Rechtsextremismus zielten und von den hergebrachten Ausgestaltungen deutlich abwichen. An die Entstehungsgeschichte des § 130 StGB ist hier ebenso zu erinnern wie an die Einführung des § 189 Abs. 3 StGB durch das Sechste Strafrechtsänderungsgesetz 1960. Während sich § 130 StGB in der Rechtsentwicklung behauptete, wurde der § 189 im Zuge der Strafrechtsreform später wieder als reines Antragsdelikt gestaltet.

---

[457] diese Schwerpunktsetzung sah auch der Generalbundesanwalt für die Terrorismusgesetzgebung der siebziger Jahre als notwendig an, s. Rebmann, Kurt: Terrorismus und Rechtsordnung, in: Deutscher Richterbund (Hrsg.): Kurskorrekturen im Recht. Vorträge und Referate des Deutschen Richtertages 1979 in Essen, Köln 1980, S. 109ff., hier S. 120f.

[458] s. auch Berlit, U./Dreier, H.: Die legislative Auseinandersetzung mit dem Terrorismus, a.a.O., S. 258

Die von **Schafheutle** beschriebene Rechtsdiskussion um die Verabschiedung des § 130 und § 189 Abs. 3 StGB[459] in den fünfziger Jahren
zeigt eine erstaunliche Parallele zu einem Gesetzgebungsvorhaben der
achtziger Jahre, mit dem erneut vor allem den Geschichtsrevisionisten
des Rechtsextremismus begegnet werden sollte. Das Einundzwanzigste
Strafrechtsänderungsgesetz[460] von 1985 war schon 1982 auf den Weg
gebracht worden, um die bessere strafrechtliche Ahndung der sog.
Vergasungslüge durch Beseitigung des Antragserfordernisses zu
erreichen, außerdem sollten Tatbestandslücken im § 86 a StGB
geschlossen werden[461]. Die SPD/FDP-Koalition wollte mit diesem Gesetzesentwurf auf die zunehmende aggressive Propaganda und Agitation
aus dem rechtsextremen Bereich reagieren[462]. Mit dem Gesetz sollte
allerdings nicht die Hetze, sondern das schlichte Leugnen der
Vergasung der Juden dadurch besser pönalisiert werden, daß es dafür
keines Strafantrages durch einen Juden mehr bedürfen sollte. An
diesem Punkt entzündete sich der Streit um die geplante Verabschiedung des Gesetzes. Es blieb Franz-Josef Strauß und seiner CSU
vorbehalten, der ursprünglich von Justizminister Hans Jochen Vogel
aufgebrachten Idee eines Gesetzes gegen die "Auschwitz-Lüge" die
Durchsetzung zu erschweren. Die CSU kritisierte, daß der Gesetz-
entwurf zu einseitig sei, ein rein politisches Gesetz darstelle, und
die Unterstützung der CSU nur finden könne, wenn die Leugnung des
Völkermordes ganz allgemein strafbar werde, also auch zum Beispiel
die Leugnung der Vertreibung der Deutschen aus den Ostgebieten[463].

---

[459] s. Schafheutle, J.: Das Sechste Strafrechtsänderungsgesetz,
a.a.O.

[460] Einundzwanzigstes Strafrechtsänderungsgesetz vom 13. Juni
1985, BGBl. I, S. 965f.

[461] die Vorarbeiten zu dem Gesetz gehen jedoch schon auf 1980
zurück, s. Die Zeit, Nr. 8, vom 15. Februar 1985

[462] s. Bubnoff, Eckhart v.: Die strafrechtliche Bekämpfung
rechtsextremistischer Aktivitäten, Der Referentenentwurf eines
21. Strafrechtsänderungsgesetzes, in ZRP 1982, Heft 5, S. 118ff.,
hier S. 118 und Westfälische Rundschau vom 4. August 1982

[463] s. Frankfurter Rundschau, vom 28. 2. 1984

Die Berücksichtigung des Schicksals der Vertriebenen hatte ja auch schon in den fünfziger Jahren bei der Begründung durch Justizminister Dehler eine wichtige Rolle gespielt. Strauß sorgte dafür, daß sich diese relativierende bwz. ausgleichende Tatbestandsgestaltung auch 1985 durchsetzen sollte[464]. Da es im Bereich der extremistischen politischen Agitation jedoch keine propagierte Leugnung der Vertreibung gibt, hat Strauß etwas miteinander nicht vergleichbares gekoppelt und mit seiner Intervention unterstrichen, daß dem symbolischen Gehalt der Gesetzgebung in und aus der Sicht der CSU die eigentliche Bedeutung zukommt.

Bedenken gegen das Gesetz formulierte übrigens nicht nur die CSU, auch das Münchner Institut für Zeitgeschichte gab bei aller Respektabilität der Gründe zu bedenken, daß selbst der unbegründete bloße Anschein einer strafrechtlichen Einengung der öffentlichen und gegebenenfalls auch provozierend-polemischen Diskussion über die NS-Zeit die in erster Linie erzieherisch, aufklärerisch und geistig zu leistende Immunisierung gegen rechtsextremistische Geschichtsklitterung beeinträchtigen könnte. Es könne der fatale Eindruck erweckt werden, als gebe es eine staatliche, judikative Kompetenz auf dem Gebiet historischer Tatsachenfeststellung[465].

Wie schon für die gesellschaftlich erwünschte Bewertung des Widerstandes vom 20. Juli und der inhaltlichen Bestimmung des Verhetzungstatbestandes wurde mit dem 21. Strafrechtsänderungsgesetz wiederum der politischen Justiz die Aufgabe der Pflege des historischen Bewußtseins aufgetragen. Und die hierbei erkennbaren unterschiedlichen Begehrlichkeiten in der Kodifizierung des historischen Standpunktes verzögerten damals wie heute die Verabschiedung der einschlägigen Strafnormen.

Im materiellen politischen Strafrecht, das für die politische Justiz gegen rechts bedeutsam ist, lassen sich zwei Hauptrichtungen iden-

---

[464] s. Die Zeit, Nr. 8, vom 15. Februar 1985

[465] Süddeutsche Zeitung, vom 8. Juni 1982

tifizieren. Zum einen sind es die Normen, die auf Partei- und Vereinigungsverbotsfolgen ausgerichtet sind, einschließlich dem Kennzeichen- und Uniformverbot, zum anderen sind es die Bestimmungen, die den zulässigen Kommunikationsraum beschreiben und in der Hauptsache gegen Rassismus, Antisemitismus und Geschichtsrevisionismus gerichtet sind.

Die Pflege der Hygiene der politischen Kommunikation kennzeichnet den modernen Vorfeldschutz des Staates. Insoweit trifft zu, daß die normkonstituierte politische Justiz in ihrer Staatsschutzausformung präventiv orientiert ist[466]. Dennoch wohnt Strafrechtsnormen immer auch das repressive Moment inne[467]. Die Analyse der Gesetzgebungsverfahren im Bereich der politischen Justiz unterstreicht jedenfalls die Aussage **Jaschkes**,

"..., daß offene rechtsextreme politische Artikulationen gleichsam "umstellt" sind von definitions-, interpretations- und sanktionsmächtigen **Institutionen** (Hervorhebung im Original)"[468].

Das Strafrecht mit seinen Kommunikationsdelikten spiegelt ungebrochen die politische Moral der Gesellschaft im Umgang mit dem Nationalsozialismus und dem Rechtsextremismus[469]. Nationalsozialismus und Rechtsextremismus gehören in das Reich des Bösen, bei ihrer strafrechtlichen Verdammung darf aber der Normierungsprozeß nicht

---

[466] vgl. Copic, H.: Grundgesetz und politisches Strafrecht neuer Art, a.a.O., S. 13; Posser, D.: Politische Strafjustiz aus der Sicht des Verteidigers, a.a.O., S. 7

[467] s. Jaschke, H.-G.: Auf dem rechten Auge blind?, a.a.O., S. 165 und S. 170; nach Houy ist das Staatsschutzstrafrecht repressiver Verfassungsschutz, Houy, H. N.: Der strafrechtliche Schutz der verfassungsmäßigen Ordnung ..., a.a.O., S. 9

[468] Jaschke, H.-G.: Auf dem rechten Auge blind?, a.a.O., S. 166

[469] insoweit erfüllen diese Normen in Reinkultur das Gebot der Anbindung des Rechts an die Moral, nach Habermas die letzte Quelle modernen Geltungsglaubens, s. Habermas, Jürgen: Wie ist Legitimität durch Legalität möglich?, in: KJ (Kritische Justiz), 20. Jg., 1/1987, S. 1ff.; ähnlich spricht Dencker vom Recht als "kodifizierter Moralausweis" einer organisierten Gesellschaft, s. Dencker, F.: Kronzeuge, terroristische Vereinigung und rechtsstaatliche Gesetzgebung, a.a.O., S. 38

einseitig zugunsten der Juden ausfallen, das Schicksal von Vertriebenen und Antikommunisten muß ebenfalls berücksichtigt werden.

Moral und politische Kultur zeigen sich im Normbereich des Staatsschutzes also deutlich miteinander verschränkt und das Auf und Ab im
Normsetzungsprozeß erklärt sich zum großen Teil aus diesen Faktoren.

3.6.6   POLITISCHE KRIMINALITÄT ALS EINFLUßFAKTOR

Die Darstellung der Entwicklung der Normlage im Bereich der politischen Justiz gegen den Rechtsextremismus bedarf der weiteren
Ergänzung durch die Analyse der Entwicklung der politischen Kriminalität. In dem zumindest teilweise interdependenten Verhältnis von
politischem Strafrecht und politischer Kriminalität muß nach einem
weiteren Schlüssel für die Erklärung der Gesetzgebungsaktivitäten
gesucht werden. Zwar ist schon deutlich geworden, daß vielfach
Einzelfälle der politischen Kriminalität das Reaktionsverhalten des
Gesetzgebers nachhaltig beeinflußt haben, inwieweit der Verlauf des
Aufkommens der politischen Kriminalität insgesamt zu berücksichtigen
ist, blieb bisher noch offen.

Der Versuch, das Ausmaß und die Entwicklung der politischen Kriminalität zu erfassen, ist abhängig von der amtlich aufgearbeiteten und
veröffentlichten Statistik. Insoweit ist der Betrachter an die
Vorgaben der Instanzen der sozialen Kontrolle gebunden. Gerade die
Daten zur Staatsschutzkriminalität sind Ende der fünfziger Jahre
nicht mehr veröffentlicht worden und stehen in einer über die Jahre
vergleichbaren Form erst seit 1972 wieder zur Verfügung[470]. Neben der

---

[470] s. Lehmann, L.: Legal & opportun, a.a.O., S. 121; in der
polizeilichen Kriminalstatistik findet sich eine Neuordnung der
Erfassungsmodalitäten ab 1972, so daß ein Jahresvergleich erst
ab 1973 wieder möglich war, s. Bulletin der Bundesregierung vom
29. Juli 1974, Nr. 79, S. 783; außerdem gilt zu beachten, daß
polizeiliche und staatsanwaltliche Ermittlungsverfahren nicht
gleichzusetzen sind, s. Brünneck, A.v.: Politische Justiz gegen
Kommunisten ..., a.a.O., S. 239

polizeilichen Kriminalstatistik vermitteln die Verfassungsschutzberichte einen Eindruck vom Ausmaß der politischen Kriminalität[471].

Wie schon an anderer Stelle erwähnt, hat es in der Zeit von 1954 bis
1964 jährlich im Mittel etwa 10.000 Ermittlungsverfahren gegeben. Aus
den für die Jahre 1954 bis 1958 veröffentlichten Zahlen der polizeilichen Kriminalstatistik, wie sie in der Grafik 3.5 wiedergegeben
sind, ist der deutliche Anstieg der Ermittlungen nach dem Verbot der
KPD zu erkennen. Lag die Zahl der Ermittlungen 1956 noch bei 7975,
so erreichten sie 1957 schon 12600.

Grafik 3.5: Staatsschutzdelikte 1954 - 1958

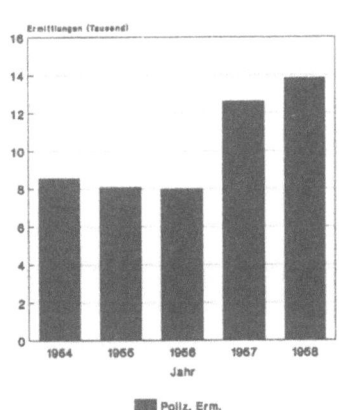

Poliz. Ermittl. Staatsschutzsachen
1954 - 1958

Lehmann, L.: Legal & opportun, S. 126

---

[471] allerdings ist es schlichtweg unmöglich, beide Auskunftsquel-
len miteinander abzugleichen, das liegt nicht nur an der
unterschiedlichen Zählweise, sondern auch an der nur ausschnitt-
weisen Wiedergabe der Erkenntnisse durch die Verfassungsschutzberichte, so wird etwa bei der von Ausländern
begangenen politische Kriminalität nur über die mit Gewaltbezug
berichtet, Zahlen über die Ermittlungen in Spionagesachen werden
ebenfalls nicht mitgeteilt.

Wenn man davon ausgeht, daß die Zahlen sich zunächst auf diesem
Niveau gehalten haben, trotz des Urteils des Bundesverfassungsgerichts, Lehmann erwähnt z.B., daß es 1964 zu 9289 staatsanwaltlichen Ermittlungsverfahren in Staatsschutzsachen gekommen
sei[472], kann der Staatsschutzstatistik der polizeilichen Kriminalstatistik ab 1972 entnommen werden, daß durch die Reform des
Staatsschutzrechts von 1968 zunächst eine erhebliche Entkriminalisierung erreicht wurde. Erst ab Mitte der siebziger Jahre kommt es
wieder zu deutlichen Anstiegen und der Gipfel des Jahres 1981
signalisiert, wie angespannt die innenpolitische Lage des Jahres 1981
war[473].

Grafik 3.6: Staatsschutzdelikte 1972 - 1990

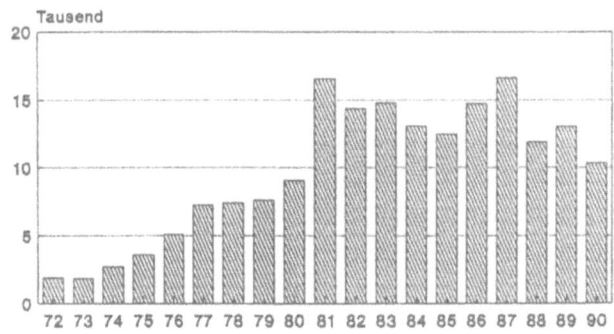

Staatsschutzdelikte
Polizeiliche Kriminalstatistik

Quelle: Innere Sicherheit, BMI

---

[472] Lehmann, L.: Legal & opportun, a.a.O., S. 125; nach Brünneck
kam es von 1960 bis 1966 zu 57295 staatsanwaltlichen Ermittlungsverfahren, s. Brünneck, A. v.: Politische Justiz gegen
Kommunisten ..., a.a.O., S. 241

[473] im Verfassungsschutzbericht 1981 heißt es: "Hingegen nahmen
die linksextremistischen Aktivitäten weiter zu, vor allem beim
"Häuserkampf", beim "Antimilitarismus-" und Friedenskampf sowie
bei Aktionen gegen den Bau der "Startbahn West" ...". betrifft:
Verfassungsschutz '81, Herausgeber: Der Bundesminister des
Innern, Bonn 1982, S. 6

3. Historische Analyse

Die Zahlen sind für unsere Analyse insoweit bislang wenig aussagekräftig, als sie nicht erkennen lassen, welche Normen überwiegend zum
Tragen kommen und aus welcher politischen Richtung die Täter kommen.
Die Übersichten zu den Staatsschutzdelikten lassen lediglich
erkennen, daß das Ausmaß der politischen Kriminalität vermutlich nur
in der Zeit von 1968 bis 1975 als gering bewertet werden kann. Ab der
zweiten Hälfte der fünfziger Jahre bis in das Jahr 1968 und wiederum
ab Mitte der siebziger Jahre nimmt die politische Kriminalität,
soweit sie der Polizei bekannt wird, doch beachtliche Ausmaße an.
Brünneck geht auf der Basis der staatsanwaltschaftlichen Ermittlungsverfahren davon aus, daß von den in der Zeit von 1951 bis 1968
gegen insgesamt 138.000 Tätern gerichteten Verfahren 90 Prozent zur
Kommunistenverfolgung zu rechnen seien, während etwa 10 Prozent

> "... Anteil echter Landesverratssachen und Verfahren gegen
> Rechtsradikale..."[474]

waren. Und insoweit deutet sich an, daß der Rechtsextremismus das
Feld der politischen Kriminalität auf keinen Fall dominiert hat.

Über die Deliktstruktur bei Straftaten mit "Staatsschutzbezug"[475],
läßt sich, ohne daß jetzt hier im einzelnen darauf eingegangen werden
muß, insgesamt sagen, daß die wesentlichen Anteile bei Straftaten
liegen, die den Abschnitt "Gefährdung des demokratischen Rechtsstaats" betreffen und die als Sachbeschädigungen verzeichnet werden.
In der Grafik 3.7 sind die Anteile der Deliktgruppen in den Jahren
1985 und 1990 wiedergegeben.

---

[474] Brünneck, A. v.: Politische Justiz gegen Kommunisten ...,
a.a.O., S. 242

[475] erfaßt werden nicht nur die absoluten Staatsschutzdelikte,
sondern auch Delikte der allgemeinen Kriminalität mit politischem
Hintergrund, s. hierzu Laubenthal, K.: Ansätze zur Differenzierung zwischen politischer und allgemeiner Kriminalität,
a.a.O., S. 329

Grafik 3.7: Staatsschutzdelikte 1985/90

Staatsschutzdelikte 1985/90
Deliktsgruppenanteile

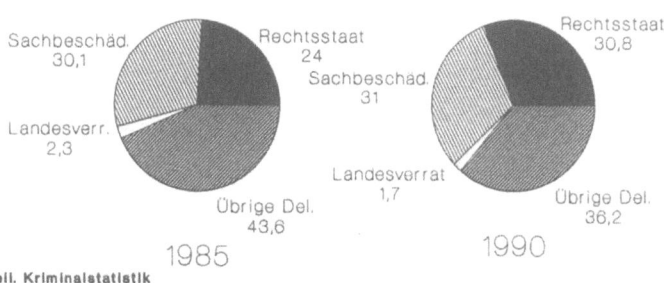

Sachbeschäd. 30,1
Rechtsstaat 24
Landesverr. 2,3
Übrige Del. 43,6
1985

Rechtsstaat 30,8
Sachbeschad. 31
Landesverrat 1,7
Übrige Del. 36,2
1990

Polizeil. Kriminalstatistik

Die von mir vorgenommene Zusammenfassung auf der Grundlage der polizeilichen Kriminalstatistik soll, ebenso wie der Vergleich der Jahre 1985 und 1990, einen Eindruck davon vermitteln, welche Größenordnungen hier zugrundezulegen sind und mit welchen Schwankungsbreiten gerechnet werden muß. So schwankt der Anteil der **Übrigen Delikte** um die 40 Prozent (1985, 43,6%; 1990 36,2%), relativ stabil erwies sich der Anteil der Sachbeschädigung, er lag 1985 bei 30,1 und 1990 bei 31 Prozent. Delikte aus der Gruppe "Gefährdung des demokratischen Rechtsstaats" (Rechtsstaat) variieren in ihrem Aufkommen zwischen 24 (1985) und 30,8 (1990) Prozent. Der Anteil der Delikte wegen Landesverrats unterstreicht, daß den Spionagedelikten zahlenmäßig nur wenig Bedeutung in den achtziger Jahren zukam (2,3 bzw. 1,7 Prozent).

Auf dem Hintergrund dieser Daten erhebt sich die Frage, wer nach 1968 das Feld der Staatsschutzdelikte beackert hat, d.h., mit welchem politischen Hintergrund diese verbunden sind. Zieht man die Verfassungsschutzberichte hinzu und betrachtet man einmal exemplarisch das Jahr 1990 (Tabelle 304), wird jedenfalls augenfällig, daß, bei allen Unterschieden in der Erfassungsweise, die politische Kriminalität

221

nicht allein von den Links- und Rechtsextremisten, die der Verfassungsschutz beobachtet, abgedeckt wird.

Tabelle 304: Gesetzesverstöße 1990 durch Extremisten

Linksextremisten	757
Rechtsextremisten	1380
Ausländerextremismus	80

Quelle: Verfassungsschutzbericht 1990

Ausdrücklich nicht erfaßt wurden 1990 bei den Linksextremisten

"... die zahlreichen Sachbeschädigungen durch Farbsprüh- und Schmieraktionen ..., da hierzu wegen der Menge der Taten keine zuverlässigen Zahlen vorliegen"[476].

Da die Sachbeschädigungen 1990, auf der Erfassungsbasis der Polizeilichen Kriminalstatistik[477], bei 3204 lagen, stellt sich aber die Frage, wie die Differenz bei den restlichen 6583 Staatsschutzdelikten der polizeilichen Kriminalstatistik mit den Werten des Verfassungsschutzes (2217) zu erklären ist. Mehr als 4000 von der polizeilichen Kriminalstatistik erfaßten Staatsschutzdelikte werden nicht zugewiesen. Des Rätsels Lösung dürfte darin liegen, daß man nicht weiß, welchem politischen Hintergrund eine große Zahl von Delikten zuzuordnen ist. Außerdem sind bei einigen Tätern die Staatsschutzdelikte nicht notwendig mit einem extremistischen Hintergrund verbunden, z.B. beim § 86 a StGB[478].

---

[476] Verfassungsschutzbericht 1990, a.a.O., S. 74

[477] "Anders als bei der »Polizeilichen Kriminalstatistik – Staatsschutzdelikte« (PKS-S) beziehen sich die Zahlenangaben – ungeachtet des Zeitpunktes der Einleitung und des Standes der Ermittlungsverfahren – auf den Tatzeitpunkt im Kalenderjahr", ebd., S. 159, Anm. 11

[478] es wäre in der Tat – wie schon Laubenthal in seinem Aufsatz anmerkt, s. ebd., ein lohnendes Unternehmen, der Frage nachzugehen, wie die Definitions- und Zuschreibungsprozesse bei Polizei, Staatsanwaltschaft, Gericht und Verfassungsschutz ablaufen. Um den Forschungsaufwand begrenzt zu halten, könnte man sich gut auf ein Land und ein Jahr beschränken. Leider wird sich

Geht man von diesen Annahmen aus, so ergibt sich, daß der Anteil rechtsextremistisch motivierter politischer Kriminalität an den Staatsschutzdelikten insgesamt gering ist.

Grafik 3.8: Gesetzesverstöße 1965 - 1990

Gesetzesverstöße
Rechtsextremisten

In der Grafik 3.8 sind die Zahlen wiedergegeben, die der Verfassungsschutz über rechtsextremistische Gesetzesverstöße veröffentlicht hat. Diesen Zahlen läßt sich entnehmen, daß der Rechtsextremismus im Bereich der politischen Kriminalität, - neben dem besonderen Ausschlag im Zusammenhang mit der antisemitischen Schmierwelle 1959/60, der hier nicht erfaßt ist -ab Mitte der siebziger Jahre zu einem gewissen Massenproblem wurde. Diese Entwicklung, mit ihren Auswirkungen auf die öffentliche Diskussion zur Bedrohung durch den "Neonazismus", gab den entscheidenden Anstoß für das 21. Strafrechtsänderungsgesetz. In allen anderen Fällen waren es aber Einzelvorkommnisse oder nur kurzfristig wirksame Erscheinungen, die die Strafrechtsgesetzgebung der politischen Justiz gegen rechts beeinflußten.

---

wegen vermeintlicher Sicherheitsinteressen kein Land finden, das ein solches Forschungsvorhaben unterstützen würde.

3.7   ZWISCHENERGEBNIS UND FORSCHUNGSPERSPEKTIVE

Aus der historischen Analyse des Beziehungsverhältnissses von politischer Justiz und Rechtsextremismus drängt sich das Ergebnis auf, daß die Ausprägung der politischen Kultur zu den wesentlichen Erklärungsfaktoren für den Entwicklungsverlauf zählt.

Die Notwendigkeit der historischen Verarbeitung der Nationalsozialismuserfahrung auch auf dem Gebiet des Strafrechts hat dazu geführt, daß die Gerichtsarena selbst zum Ort der Austragung einer als gesellschaftlich verbindlich gewünschten Moralkommunikation wurde. Das Abstecken des gesamtsystemisch tragbaren Kommunikationsraums in den Prozessen gegen Hedler und Remer fand seine Fortsetzung und Ergänzung in der Gesetzgebung, die dem besonderen Schutz vor Volksverhetzung und Rassismus und der Hygiene der politischen Landschaft dienen sollten (Versammlungsgesetz, Kennzeichenverbot). Während die Umsetzung eines Teils der rechtlichen Kommunikationsgrenzen unstrittig war, wurde in anderen Gesetzgebungsverfahren deutlich, wie sehr sich politische Standorte und Rücksichtnahmen, insbesondere auf die Vertriebenen, als Hemmschuh für eine zügige Rechtspolitik darstellten.

Die historisch Analyse machte auch deutlich, daß die politische Justiz in Bezug auf den Rechtsextremismus nicht allein aus einer etatistischen Perspektive gesehen werden kann. Die Morphologie und die Spezifika der Aggregatzustände des Rechtsextremismus mit ihrer phasenspezifischen Spannweite von politischen Sekten zu Sammlungsbewegungen, von Theoriezirkeln zu Terrorgruppen, lösen zum einen Reaktionsprozesse der politischen Justiz aus, zum anderen bewirken sie, daß die Justiz selbst zum gesuchten Kampfplatz der Rechtsextremisten wird. Agitatoren und Geschichtsrevisionisten können sich aufgrund ihrer subkulturellen Begrenzung kein besseres Forum wünschen als den von ihnen gesuchten politischen Prozeß. Rechtsextremisten wie Christophersen und Schönborn, aber auch Roeder und Kühnen können in ihrem Bezug zur politischen Justiz nicht allein als Repressionsopfer begriffen werden. In Ansätzen konnte herausgearbeitet werden, daß die Gerichtsarena für die beteiligten Akteure insbesondere unter der Zeit- und der Entscheidungsdimension risikobehaftet ist. Der Versuch, mit Hilfe des Art. 18 des GG politische Hygiene zu betreiben, ist hier das auffälligste Beispiel gewesen.

Die Gerichtsarena ist sowohl vom Rechtsextremismus herausgefordert worden, als auch vom Staat selbst, wobei dieser über die Bundesanwaltschaft oder durch die Schaffung neuer Strafrechtsnormen agierte.

Der Rechtsextremismus, der in seinem Verlauf und seinen Ausprägungen in spürbarem Umfang durch die politische Kultur beeinflußt wurde, hat in der Bundesrepublik eine wechselhafte Geschichte aufzuweisen. Abseits der Wellenverläufe in der Wählerresonanz hat sich gezeigt, daß eruptive Ausbrüche mit antisemitischer und ausländerfeindlicher Prägung ihm nicht wesensfremd sind und stets zu staatlichen Reaktionen geführt haben, die sich insoweit als okkasioneller Verfassungsschutz erweisen.

Zur Kulturbezogenheit gehört beim Rechtsextremismus aber auch, daß er in der Geschichte der Bundesrepublik Deutschland im Bereich der politischen Justiz vorwiegend im Schatten einer antikommunistischen Politik gestanden hat. Im Bereich der Strafgesetzgebung überwiegen die Maßnahmen mit antikommunistischer oder antiterroristischer (gegen links) Ausrichtung. Der große Strom politischer Strafrechtsnormen verlief im Flußbett des Linksextremismus, im Verhältnis dazu war der Strom der gegen den Rechtsextremismus gerichteten Strafrechtsnormen bedeutend geringer, nicht zuletzt auch deshalb, weil im prozessualen Bereich die Herausforderung durch die Rechtsextremisten in keiner Weise mit der der Linksextremisten zu vergleichen war (Fortsetzung des politischen Kampfs in Gerichtssaal und Vollzugsanstalt). Dennoch, um im Bild zu bleiben, die politische Justiz im Bereich Rechtsextremismus hat vom Stromverlauf der Justiz gegen den Linksextremismus über eine Bifurkation profitiert. Die rechtsstaatlich gebotene Allgemeinheit in der Strafnormbestimmung führt zur Möglichkeit der Nutzung des Instrumentariums auch gegen den Rechtsextremismus.

Festzuhalten bleibt in diesem Zusammenhang, daß das politische Strafrecht sich als äußerst anfällig durch tagesaktuelle Entwicklungen erwiesen hat[479].

Zu den Verlaufsmomenten gehört auch, daß die Nutzung der Gerichtsarena im Rahmen einer Skandalisierungsstrategie in die Frühphase der Republik gehört. Das Abstecken von Kommunikations-und Interaktionsgrenzen wurde relativ früh über die Gerichtsarena erreicht. Nach einer Phase der relativen Ruhe entwickelte sich dann eine neue Aktionsqualität im Rechtsextremismus, die diesen auch jenseits der eruptiven Ereignisse für die Strafrechtspflege zu einem gewissen Massenproblem machte, das durch Agitationskriminalität ebenso geprägt war wie durch Gewaltkriminalität und Terrorismus. Die großen Prozesse in der ersten Hälfte der achtziger Jahre gegen den Rechtsterrorismus wurden ohne nennenswerte Erschütterungen durch die Strafjustiz durchgeführt.

Insgesamt wurde herausgearbeitet, daß die Gerichtsarena zwar einer vielfältigen Kritik ausgesetzt wurde, diese aber wohl in keiner Weise mehr mit der Substanz behaftet war, wie sie Julius Emil Gumbel noch für die Weimarer Justiz hat formulieren müssen[480]. Dennoch, es ist dabei deutlich geworden, daß es ein weitgefächertes Netz interessierter Justizbeobachter gibt, die dem Gebaren der Justiz gegen Rechtsextremismus besondere Aufmerksamkeit schenken und die Tendenzen, den politischen Gehalt im Verfahren nicht entsprechend zu würdigen, auf Einzeltäterthesen zu setzen oder den Gruppenkontext nicht ausreichend zu würdigen, kritisch begleiten. In dieser

---

[479] dieses Ergebnis steht im Gegensatz zu der staatsapologetisch zu nennenden Einschätzung des Staatsschutzentwicklung bei Knütter, der die These vertritt, daß die Entwicklung in diesem Bereich ungebrochen von der zunehmenden Stärkung der Stellung des Bürgers geprägt gewesen sei, s. Knütter, Hans-Helmuth: Das Instrumentarium der "streitbaren Demokratie" am Beispiel der Bundesrepublik Deutschland, in: Demokratie und politisch motivierte Gewalt, Texte zur inneren Sicherheit, Herausgeber: Der Bundesminister des Innern, Bonn 1989, S. 69ff., hier S. 88f.

[480] Gumbel, Emil Julius: Vier Jahre politischer Mord, Neuauflage Heidelberg 1980

Subsystemkontrolle spiegelt sich auch ein Moment der politischen Justiz, das sich immer wieder bemerkbar macht. Die Auseinandersetzung mit dem Rechtsextremismus unterliegt in der Bundesrepublik über all die vierzig Jahre eindeutig einem zentralen Legitimationsimperativ. Funktionsdefizite werden unter innen- und außenpolitischen Aspekten thematisiert. Das "Ansehen der Bundesrepublik Deutschland" ist auf dem Gebiet der Ausformung der politischen Justiz die immer wieder durchscheinende Handlungsprämisse.

Überhaupt läßt sich aus der historischen Analyse das Fazit ziehen, daß Moral das tragende Kennzeichen der politischen Justiz im politischen System der streitbaren Demokratie geworden ist. So wie das Demokratiekonzept selbst wertgebunden erscheint, findet sich auch in der Normgestaltung und Nutzung der Gerichtsarena ein entsprechend leichterer Zugang für die einer politischen Moral verpflichteten Rechtsgestaltung. Der Einfluß der Moral führt jedoch dazu, daß sich politisch führbare Auseinandersetzungen auf das Gebiet des Strafrechts verlagern, die für die Bekämpfung "polizeilicher Gefahren" vorbehalten bleiben sollte[481] und sich die Veränderungen in der Moral entsprechend auf die Praxis der politischen Justiz auswirken.

Das durch die historische Analyse gewonnene Bild ist allerdings noch ergänzungsbedürftig. Für eine Phänomenologie reicht eine lediglich auf die Hauptströmungen und Ereignisse abgestellte Analyse nicht aus. Es fehlt der für eine abschließende Bewertung notwendige Blick auf die Alltagspraxis in der Gerichtsarena. Hierbei bedarf es sowohl einer näheren Betrachtung der Täter, als auch einer Feinanalyse des Verhaltens der Gerichte. Diesen Aspekten widmet sich die primäranalytische Untersuchung der politischen Justiz mit rechtsextremistischem Bezug der Jahre 1978 bis 1987, die den zweiten Hauptteil dieser Arbeit darstellt.

---

[481] zur nützlichen Unterscheidung von politischen und polizeilichen Gefahren durch den Rechtsextremismus s. Sippel, Heinrich: Aktuelle Fragen des Rechtsextremismus, in: Aktuelle Fragen des Extremismus, Texte zur inneren Sicherheit, Herausgeber: Der Bundesminister des Innern, Bonn 1989, S. 83ff., hier S. 85

Nach **Seiffert** braucht der Historiker den Sozialforscher und der Sozialforscher den Historiker und:

> "...: die empirische Sozialforschung hätte in vieler Hinsicht ihre Aufgabe schon dann voll erfüllt, wenn sie lediglich "Geschichtsschreibung der Gegenwart" wäre und über jeden sozialen Einzelsachverhalt detailliert Auskunft geben könnte"[482].

---

[482] Seiffert, Helmut: Einführung in die Wissenschaftstheorie, Erster Band, Sprachanalyse, Deduktion, Induktion in Natur- und Sozialwissenschaften, 8. Auflage, München 1975 (1969), S.221

4.   ANLAGE DER EMPIRISCHEN ANALYSE

Das zweite Standbein der Untersuchung zum Beziehungsgefüge von
politischer Justiz und Rechtsextremismus stellt eine empirische
Analyse von rechtskräftig abgeschlossenen Strafverfahren mit
rechtsextremistischem Hintergrund dar, die eine besondere Entstehungsgeschichte aufweist. Deshalb werde ich nach der Entwicklung
der Fragestellung kurz darauf eingehen, in welchem Rahmen ich diese
Untersuchung durchgeführt habe, um damit den an anderer Stelle
geforderten Einblick in die Akte und Instrumente meines wissenschaftlichen Arbeitens und Erkennens zu geben[1].

4.1   PROBLEM- UND FRAGESTELLUNG

Die Sichtweise, nach der die Arena des Gerichts Akteure eines
politischen Kampfes zusammenführt, in der diese durch Regeln und
Vorschriften sozusagen wechselseitig gebunden sind, bestimmt die
Fragestellungen in dieser Untersuchung. Die bisher geleistete
historische Analyse ließ aufgrund des Datenzugangs notgedrungen viele
Aspekte offen. Ein systematisches und umfassendes Bild der konkreten
Strafrechtspraxis im Umgang mit Rechtsextremismus liegt jedoch
außerhalb der hier in die Untersuchung eingehenden Daten nicht vor[2].

---

[1] s. S. 11

[2] die meisten Arbeiten haben lediglich kasuistischen Charakter
oder behandeln das Problem nur kursorisch, s. Ratz, Michael: Die
Justiz und die Nazis, Zur Strafverfolgung von Nazismus und
Neonazismus seit 1945, Frankfurt am Main 1979; Stein, Helmut:
Bemerkungen über das Verhältnis der Justiz der Bundesrepublik zum
Faschismus, in: Schneider, Rudolf (Hrsg.): Die SS ist ihr
Vorbild, Neonazistische Kampfgruppen und Aktionskreise in der
Bundesrepublik, Frankfurt am Main 1981; Vinke, Hermann: Mit
zweierlei Maß, Die Deutsche Reaktion auf den Terror von rechts,
Reinbek 1981; Jahn, Joachim: Neonazis vor Gericht, in: KJ
(Kritische Justiz), 21. Jg., 3/1988, S. 329ff.

Aufgrund der Strafrechtsentwicklung in den letzten vierzig Jahren
ist eine längsschnittorientierte Volluntersuchung der Gerichtspraxis
nur schwer durchführbar, da, wie dargestellt, sich die Strafrechtsnormen immer wieder geändert haben. Hinzu kommt, daß neben der Reform
des Staatsschutzrechts 1968 und bis in die siebziger Jahre hinein
eine Gesamtreform des Strafgesetzbuches durchgeführt wurde, die einer
Längsschnittbetrachtung gerade auch im Sanktionsbereich deutliche
Grenzen setzt. So trat beispielsweise das derzeit gültige System bei
Geldstrafen zum 1. Januar 1975 in Kraft.

Insoweit stellt sich die Frage, wie sich dennoch ein die Gerichtspraxis umfassend beleuchtendes Bild, das auch die Straftäter des
rechtsextremistischen Bereichs angemessen berücksichtigt, gewinnen
läßt. Unter Beachtung des Entwicklungsverlaufs und des zugrunde
liegenden Erkenntnisinteresses läßt sich die Suche nach dem Unter-
suchungsausschnitt aus der Totalität der Gerichtspraxis in vierzig
Jahren Bundesrepublik Deutschland von Kriterien leiten, die die
Erscheinungsformen des Rechtsextremismus, die auch heute und in
Zukunft relevant sein dürften, adäquat widerspiegeln. Wichtigster
Aspekt ist hierbei die Erfassung des militanten Rechtsextremismus,
da die Reaktion der Justiz auf gewaltförmigen Rechtsextremismus
angesichts der aktuellen Erscheinungen auch in Zukunft auf ein
besonderes Interesse stoßen wird.

Die Erfassung der relevanten Erscheinungsformen des kriminellen
Rechtsextremismus ist damit an das Aufkommen der militanten Neonazis
gekoppelt. Da dies, wie in Kapitel 3 herausgearbeitet wurde, ab Mitte
der siebziger Jahre sich herauskristallisierte, trifft es sich gut,
den Abschnitt justitieller Bewältigung ins Auge zu fassen, bei dem
die Strafrechtsreform ebenso abgeschlossen wie der Neonazismus
aufgekommen war. Deshalb drängt sich ein Untersuchungsabschnitt auf,
der die Zeit nach 1975 ins Auge faßt.

Für die Erfassung der Ausformung der politischen Justiz im Bereich
Rechtsextremismus stellt die Gerichtsarena den zwar zentralen, jedoch
nicht den einzigen Ort ihrer Existenz dar. Außerhalb der Gerichtsare-

na und des politischen Strafrechts äußert sie sich in den Umständen
polizeilicher und staatsanwaltschaftlicher Ermittlungsverfahren. In
dem vielfältigen Filterungsprozeß der Strafverfolgung stellt das
Strafverfahren die Endstufe der Aktualisierungen der politischen
Justiz dar.

Selbstverständlich wirken sich schon die Ermittlungsverfahren[3] für
die Betroffenen einschneidend genug aus[4], die nachhaltigste Sanktionierung droht aber über das Gerichtsverfahren. Insoweit ist es
gerechtfertigt, dieses in den Mittelpunkt der empirisch-deskriptiven
Betrachtung zu stellen.

Mit dieser Begründung soll aber nicht der Erkenntniswert einer
Untersuchung der Ermittlungsverfahren gering geschätzt werden. Nach
Lage der Dinge ist aber der Datenzugang zu diesem Bereich politischer
Justiz der wissenschaftlichen Öffentlichkeit versperrt. Dies gilt
allgemein auch für eine umfassende Analyse der Strafverfahren. Es ist
den noch zu schildernden besonderen Umständen zu verdanken, daß sich
das Erkenntnisinteresse im Bereich des Gerichtsverfahrens auf eine
diesbezüglichen Aktensammlung richten kann.

Mit dem wissenschaftlichen Zugang zu den Strafverfahren stellt sich
die Frage, was im Licht des entwickelten Begriffs der politischen
Justiz erforscht werden soll und kann. Aus der bisherigen historischen Analyse ließ sich z.B. noch kein vollständiges Bild über die
Täter gewinnen, die in die Gerichtsarena geraten. Insbesondere ihre
sozial-demographische Struktur ließ sich über die Fallbetrachtung
nicht ermitteln. Auch blieb bisher offen, wie sich die Motivation der
Täter gestaltete. Motivation und Tathandlungen sind jedoch zentrale

_____

[3] für die politische Justiz gegen Kommunisten geht Brünneck in
seiner Studie davon aus, daß das Verhältnis von Ermittlungsver-
fahren zur Zahl der Verurteilungen bei 19 : 1 liegt, s. Brünneck,
Alexander von: Politische Justiz gegen Kommunisten in der
Bundesrepublik Deutschland 1949 - 1968, Vorwort von Erhard
Denninger, Frankfurt am Main 1978, S. 244

[4] s. hierzu Lehmann, Lutz: Legal & opportun, Politische Justiz
in der Bundesrepublik, Berlin 1966, S. 120f.

Hinweise für die Qualität der Herausforderungen, denen sich die Strafrechtspflege als politische Justiz gegenüber sieht.

Die Qualifizierung der Tathandlung und Tätermerkmale muß eingebunden sein in das sozialwissenschaftlich orientierte Erkenntnisinteresse. Und gerade in diesem Bereich haben sich die vorliegenden Angaben in den Verfassungsschutzberichten als nicht ausreichend erwiesen, da die zur Beschreibung der strafbaren Handlungen und Tätereigenschaften verwendeten Begriffe und Kategorien häufig wechseln und den Kriterien einer sozialwissenschaftlich angeleiteten Analyse nicht genügen[5].

Jenseits der sozialwissenschaftlich angeleiteten Kategorien bedarf es der Erfassung der Bedeutung der strafrechtlich fixierten Tatbestände. Welche Strafnormen wurden in welchem Umfang verwirklicht bzw. zur Anklage gebracht oder lagen einer Verurteilung zugrunde? Damit berühren wir das Agieren der Akteure des Rechtsstabes. Es gilt zu erfassen, welche Delikte zur Anklage und zur Verurteilung führten, welche Sanktionsmittel eingesetzt wurden und welche Strafzumessung von den Gerichten vorgenommen wurde. Es wird damit das äußerlich faßbare Erscheinungsbild der Gerichtsarena dargestellt. Hierzu zählen aber noch andere Faktoren. Für das Ausmaß der Belastung der Strafrechtspflege durch den Rechtsextremismus müssen auch Verfahrensaspekte in die Untersuchung aufgenommen werden. Wie häufig wurde etwa Untersuchungshaft angewendet, welcher Rechtsmittelgebrauch und Instanzenweg wurde beansprucht und wie stellt sich der temporale Aspekt bei der Gerichtsverhandlung und dem Strafverfahren insgesamt dar?

Zusammenfassend läßt sich sagen: es soll, quantitativ und in der Breite angelegt, ermittelt werden, welche Personen den kriminellen Rechtsextremismus repräsentieren, wie die Gerichte urteilen und

---

[5] s. die Kritik an der Kategorien- und Begriffsbildung in den Verfassungsschutzberichten bei Greß, Franz/Jaschke, Hans-Gerd: Rechtsextremismus in der Bundesrepublik nach 1960, Dokumentation und Analyse von Verfassungsschutzberichten, PDI-Sonderheft 18, München 1982, S. 65ff.

welche Verfahrensgesichtspunkte die Strafverfahren wegen mutmaßlicher rechtsextremistischer Aktivitäten kennzeichnen. Damit wird ein Bild des Alltagsgeschäfts der politischen Justiz im Umgang mit rechtsextremistischer politischer Kriminalität geliefert, und ein Beitrag zur Vermessung der politischen Justiz in einem zentralen Feld der politischen Kriminalität geleistet.

All diese Fragen sind angeleitet von einem Erkenntnisinteresse, das sich zugleich begrenzt weiß durch die Qualität der Untersuchungsdaten. Der Idealtypus des Forschungsprozesses kann nur Gegenstand von Lehrbüchern sein[6]. In der Praxis unterliegt der Forschungsprozeß Einflüssen und Restriktionen, die diesen vom Idealtypus mitunter gravierend abweichen läßt. Leider werden dem "Konsumenten" der Ergebnisse des Forschungsprozesses viel zu selten Gründe und Ausmaß der Abweichung vom Idealtypus mitgeteilt.

4.2 PROBLEMATIK DES FORSCHUNGSPROZESSES

Bevor ich auf die Umstände des eigenen Forschungsprozesses eingehe, möchte ich an einem Beispiel die Implikationen verdeutlichen, die ein unzureichend reflektierter Forschungsprozeß für eine Untersuchung haben kann. Das Beispiel hat insoweit einen besonderen Stellenwert, als es um eine der wenigen verfügbaren Untersuchungen über rechtsextremistische Straftäter in der DDR geht[7].

---

[6] s. hierzu beispielhaft Alemann, Ulrich von/Forndran, Erhard: Methodik der Politikwissenschaft, Eine Einführung in Arbeitstechnik und Forschungspraxis, Stuttgart, Berlin, Köln, Mainz 1974, S. 73ff.

[7] Fittkau, Karl-Heinz: Phänomenologie der Kriminalität rechtsextremer Straftäter in der DDR (1988/89), Band 1: Thesen, Band 2: Anlagen, Diss. jur. Humboldt-Universität Berlin, Berlin 1990; außerhalb dieser Dissertation finden sich Angaben zum rechtsextremistischen Täterkreis in der DDR bei Schumann, Frank: Glatzen am Alex, Rechtsextremismus in der DDR, Berlin 1990, dort findet sich im Anhang die Anlage 9: "Erkenntnisse der Kriminalpolizei zu rechtsextremen Orientierungen von jungen Menschen", Hauptabteilung Kriminalpolizei, S. 141ff.; zum Thema Rechtsextremismus

4. Anlage der empirischen Analyse

4.2.1   BEISPIEL FITTKAU

Die Arbeit von **Fittkau**, um die es hier geht, weist zum einen erstaunlich viele Parallelen zu der hier durchgeführten Untersuchung auf, zum anderen geht sie in einer stark begrenzten und insoweit auch problematischen Art und Weise mit dem Untersuchungsmaterial um.

Zunächst einmal verbindet sich die Arbeit von **Fittkau** mit der hier vorliegenden dadurch, daß ihre Durchführung gleichfalls in die Periode des Umbruchs in der DDR fällt. Während dies für mich einen auch zeitlichen Einschnitt in der Durchführung der Arbeit brachte, versuchte Fittkau offensichtlich, sich durch die neue Entwicklung bei der "Abwicklung" seiner Dissertation nicht irritieren zu lassen, gleichwohl aber auch den neuen Horizonten Rechnung zu tragen. Dies allerdings in einer Art und Weise, die zu ernsthafter Kritik herausfordert.

Fittkau will auf der Basis einer Dokumentenanalyse die Phänomenologie der Kriminalität rechtsextremer Straftäter in der DDR erfassen. Hierfür expliziert er auf der Basis überwiegend westdeutscher Literatur seinen Begriff von Rechtsextremismus[8]. Er schließt mit der

---

in der DDR siehe auch Hirsch, Kurt/Heim, Peter B.: Von links nach rechts, Rechtsradikale Aktivitäten in den neuen Bundesländern, München 1991, hier findet sich ein Ereigniskalender, der den Zeitraum von Februar 1989 bis Juli 1991; Ködderitzsch, Peter/Müller, Leo A.: Rechtsextremismus in der DDR, Göttingen 1990; Madloch, Norbert: Zur Entwicklung des Rechtsextremismus in Ostdeutschland, in: IDEEN für antifaschistische und antirassistische Arbeit, Vierteljahresschrift, 4/91, Juli 1991, S. 30ff.; Butterwegge, Christoph: Rechtsextremismus in Ostdeutschland: Erblast des SED-Regimes oder Randerscheinung der sozialen Umbruchsituation? in: IDEEN für antifaschistische und antirassistische Arbeit, Vierteljahresschrift, Nr. 6/92, Februar 1992, S. 37ff.; Funke, Hajo: Nationalistische Potentiale in Ostdeutschland und ihre Aktualisierung, in: IDEEN für antifaschistische und antirassistische Arbeit, Vierteljahresschrift, Nr. 6/92, Februar 1992, S. 24ff.

[8] s. Fittkau, K.-H.: Phänomenologie der Kriminalität rechtsextremer Straftäter in der DDR, a.a.O., S. 8

Feststellung:

> "..., daß die freiheitlich-demokratische Grundordnung und ihre rechtsstaatliche Verfaßtheit in wesentlichen Punkten abgelehnt wird"[9].

Da aber sein Untersuchungsgegenstand der kriminelle Rechtsextremismus in der DDR des 1. Halbjahres 1988 ist, stellt sich die Frage, wieso er dann mit einem an Rechtsstaatlichkeit und freiheitlich-demokratischer Grundordnung entwickelten Begriff arbeitet. Die Frage stellt sich umso mehr, als er die Definition der Grundgesamtheit voll den Definitionsprozessen der DDR-Strafverfolgungsbehörden überläßt[10]:

> "a) Personen, die entweder während der Straftat oder während der kriminalistischen Untersuchung auf Befragen Äußerungen faschistischen, rassistischen, militaristischen oder revanchistischen Charakters im Sinne des § 220 Absatz 3 StGB kundtaten, so daß angenommen werden konnte, die untersuchte Straftat war politisch motiviert und der Proband Rechtsextremist"[11].

Auf der Grundlage des Sprachgebrauchs der SED stellen insbesondere die Begriffe Militarismus und Revanchismus[12] völlig untaugliche Kategorien für die Bestimmung eines am westdeutschen Demokratiebegriff entwickelten Rechtsextremismusbegriffs dar.

Fittkau verwertet unkritisch einen Datensatz, der ihm von den Strafverfolgungsorganen der SED-DDR zur Verfügung gestellt wurde. Offensichtlich handelt es sich um Datenbestände, die das Ministerium des Innern über gruppenbezogene Straftaten Jugendlicher erheben ließ[13]. Entsprechend gering fallen die Anteile für Agitationsdelikte aus und kommt **Fittkau** zu dem Ergebnis, daß bei 89,7 % der Täter ein

---

[9] ebd.

[10] s. seine Ausführungen zur Grundgesamtheit, ebd., S. 27f.

[11] ebd., S. 27

[12] s. hierzu Kleines Politisches Wörterbuch, Berlin (Ost) 1973, Stichwort Militarismus, S. 545; Stichwort Revanchismus, S. 725

[13] s. hierzu ebd., S. 17, hier wird auf die Direktive 4/83 des MdI über Jugendkriminalität verwiesen.

Gruppenbezug vorlag[14].

Der Zusammenbruch der DDR ließ **Fittkau** offenbar nicht die Möglichkeit, einen sozialistisch geprägten Rechtsextremismusbegriff zu
postulieren. Deshalb ersetzte er ihn durch einen westdeutschen
Erfordernissen gerecht werdenden Rechtsextremismusbegriff, ohne aber
weiter darauf einzugehen, daß die Erfassung des Datenbestandes
trotzdem noch nach den Kriterien des SED-Sozialismus und durch
Akteure des SED-Staates erfolgt war.

Der unkritische Umgang mit der Datenlage korrespondiert aber passend
mit dem Erkenntnisinteresse, das darauf gerichtet ist, der Kriminalpolizei zuzuarbeiten[15]. Und die Ausführungen zur Stichprobenziehung
sind von einer Mystifizierung des Expertentums getragen:

> "Es mußte auf Erfahrungswerte aus früheren Untersuchungen
> zurückgegriffen werden. Konsultationen mit Experten
> ergaben, daß 126 Probanden bei der angestrebten Unter-
> suchung als ausreichend anzusehen sind"[16].

Allerdings werden keine Untersuchungen angeführt und eine weitere
Begründung für die 126 Probanden wird nicht gegeben. Es ist augenfällig, daß die Arbeit einzig im Interesse des MdI und der DVP abgefaßt
wurde[17], die einen speziellen Datenbestand über gruppenförmige
Jugendkriminalität unter dem Aspekt des Rechtsextremismus auswerten
lassen wollte. Auch wurde wohl nur eine Datenanalyse erlaubt, die
sich auf die Tat und die Täter richtete. Und obwohl Anklageschriften
und Urteile zur Dokumentenlage zählten, werden keine Aussagen über
die Gerichte gemacht.

---

[14] s. ebd., S. 66

[15] s. ebd., S. 3

[16] ebd., S. 29

[17] Fittkau gibt keine weitere Auskunft über Systematik und
Herkunft des Datenbestandes. An einer Stelle heißt es lediglich,
daß ihm Kriminaloberrat Wagner Akteneinsicht gewährte. Ebd., S.
10. Dennoch behauptet er, Aussagen für den gesamten kriminellen
Rechtsextremismus treffen zu können.

Diese Ausführungen genügen, um zu zeigen, daß die Arbeit von **Fittkau** gesehen werden kann als protoypisch für einen die Bedingungen des Forschungsprozesses vorsätzlich nicht reflektierenden Umgang mit Daten[18].

Fittkau hat eine lehrbuchgerecht auf Hypothesen und Hythosenüberprüfung aufbauende Dissertation vorgelegt. Inhaltlich weist er aber an keiner Stelle die Fähigkeit auf, den eigenen Erkenntnisprozeß und die Untersuchungsgrundlage kritisch zu reflektieren, mit der er der Phänomenologie, die er darstellt, auf ihren wahren Grund hätte kommen können.

4.2.2 ENTWICKLUNG DES FORSCHUNGSPROZESSES

Um diesen Fallstricken für mich selbst und für den Leser zu entgehen, sei hier angemerkt, wie und unter welchen Umständen ich mit dem der Analyse zugrunde liegenden Datenbestand umgehen konnte. Ich gebe also Auskunft darüber, inwieweit sich mein Erkenntnisinteresse und die Perspektiven der Problem- und Fragestellungen als abhängige Größen der Besonderheiten des Forschungsprozesses darstellen.

Wissenschaft findet nicht in einem sozial leeren Raum statt. Der vielzitierte Elfenbeinturm der Wissenschaft taugt zudem eher als Metapher für das Theorie-Praxis-Problem, als für die Beschreibung und Erfassung der Bedingungen des Erkenntnisprozesses.

Am Anfang des Forschungsprozesses stand ein bei staatlichen Akteuren aufgekommenes Bedürfnis nach Kenntnissen über die Gerichtspraxis im Umgang mit Rechtsextremisten.

---

[18] es wäre ein wissenschaftshistorisch reizvolles Projekt zu untersuchen, wie die in der Phase der untergehenden DDR "abgewickelten" Promotionen an der Gesellschaftswissenschaftlichen Fakultät der Humboldt-Universität Berlin, den Systemwechsel verdaut haben. Die Arbeit Fittkaus läßt vermuten, daß da so manche Purzelbäume geschlagen wurden.

4. Anlage der empirischen Analyse

Die zunehmende Ausformung des Rechtsextremismus als einem militanten und aggressiv-agitatorischen Rechtsextremismus ab Mitte der siebziger Jahre erweckte hierfür ebenso ein Interesse wie die Verschränktheit der Thematisierung des Rechtsextremismus mit dem Linksextremismus.

Der öffentliche und wissenschaftliche Umgang mit dem Rechtsextremismus findet nur selten losgelöst vom politischen Pendant Linksextremismus statt. Und auch dieses Forschungsprojekt hat letztlich den Auslöserimpuls vom Umgang des Staates mit dem Linksextremismus erfahren.

Die Terrorwelle der RAF und die darauf einsetzende juristische Bewältigung des Linksterrorismus führt in den siebziger Jahren zu einer kontroversen Diskussion über

> "... die Auseinandersetzung mit dem Terrorismus – insbesondere die strafrechtlichen Maßnahmen"[19].

Dies veranlaßte den damaligen Bundesminister der Justiz, Hans-Jochen Vogel, eine Untersuchung durch das Referat Kriminologie durchführen zu lassen, die

> "... empirisch gesicherte Informationen über das Erscheinungsbild des linken Terrorismus in der Bundesrepublik Deutschland und über seine Bewältigung durch die Strafrechtspflege liefern ..."[20]

sollte und 1982 vorgelegt wurde.

Die im Rahmen dieser Studie das zweite Standbein bildende empirische Untersuchung ist historisch eine Komplementärstudie zur Links-

---

[19] Blath, Richard/Hobe, Konrad: Strafverfahren gegen linksterroristische Straftäter und ihre Unterstützer, herausgegeben vom Bundesministerium der Justiz, Bonn 1982, S. 2; s. auch Sack, Fritz: Gegenstand und Methoden der Analyse, in: Sack, Fritz/Steinert,Heinz: Protest und Reaktion, Analysen zum Terrorismus 4/2, Opladen 1984, S. 24ff.

[20] Blath, R./Hobe, K.: Strafverfahren gegen linksterroristische Straftäter und ihre Unterstützer, a.a.O., S. 3. Mit dieser Untersuchung wurden rechtskräftig abgeschlossene Strafverfahren mit insgesamt 234 Beschuldigten aus der Zeit zwischen dem 1. Januar 1971 und dem 30. November 1980 analysiert.

terrorismusuntersuchung. Die Bemühungen Hans-Jochen Vogels und seines Nachfolgers (Januar 1981) Jürgen Schmude, auch eine Untersuchung über den Rechtsextremismus zu initiieren, können im Rahmen ihrer Einbindung in eine spezifisch geprägte politische Kultur, die unter dem Einfluß der Maxime der politischen Ausgewogenheit steht, und einer vorhandenen besonderen Sensibilität von Sozialdemokraten gegenüber rechtsextremistischen Erscheinungen gesehen werden, wiewohl auch hier die Entwicklung des Rechtsextremismus in den späten siebziger Jahren eine öffentliche Kontroverse hervorgerufen hatte, die die Initiierung der Untersuchung beförderte.

Anfragen von Abgeordneten, die sich mit den neuen Tendenzen im Rechtsextremismus befaßten, lösten im zuständigen Ministerium Überlegungen aus, ob gesetzgeberische Schritte im Bereich des Strafrechts nötig seien, um den Tendenzen der zunehmenden Agitation besser begegnen zu können. Insbesondere wurde diskutiert, ob der § 86 a StGb in der damals geltenden Fassung[21] ausreichend sei, oder ob es erforderlich sei, den Tatbestand des § 86 a StGB auf das Herstellen zum Zwecke der Verbreitung innerhalb des Bundesgebietes, das Vorrätighalten und die Einfuhr zu erweitern[22].

Auf der 49. Justizministerkonferenz am 30. 5. 1978 wurde das Bundesjustizministerium mit der Prüfung einer möglichen Änderung beauftragt. In der Folge wurden alle einschlägigen Verfahren

---

[21] § 86 a StGB:(1) Wer im räumlichen Geltungsbereich dieses Gesetzes Kennzeichen einer der in § 86 Abs. 1 Nr. 1, 2 und 4 bezeichneten Parteien und Vereinigungen öffentlich, in einer Versammlung oder in von ihm verbreiteten Schriften (§ 11 Abs. 3) verwendet oder wer solche Kennzeichen in diesem Bereich verbreitet, wird mit Freiheitsstrafe bis zu drei Jahren oder mit Geldstrafe bestraft.
(2) Kennzeichen im Sinne des Absatzes 1 sind namentlich Fahnen, Abzeichen, Uniformstücke, Parolen und Grußformen.
(3) § 86 Abs 3, 4 gilt entsprechend.

[22] die möglichen Änderungen des § 86 a StGB waren Gegenstand der Besprechung auf der 49. Konferenz der Justizminister und -senatoren in Essen, 30. Mai - 1. Juni 1978, Quelle: Gespräch des Autors mit den zuständigen Referatsleitern aus dem BMJ sowie Akteneinsicht in das betreffende Schlußprotokoll.

(Straftaten im Zusammenhang mit der Verbreitung und Verwendung von Propagandamitteln und Kennzeichen ehemaliger nationalsozialistischer Organisationen und anderer rechtsextremistischer Aktivitäten mit verfahrensabschließender Entscheidung) im Bundesjustizministerium gesammelt und bildeten später die Basis für die Datengrundlage der Untersuchung. Hinzu kamen aber noch Verfahren, die von der zuständigen Staatsschutzabteilung im BMJ zur Auswertung angefordert worden waren.

Im Rahmen eines befristeten Anstellungsvertrages habe ich dann das vorhandene Aktenmaterial im Sinne der schon vorliegenden Linksterrorismusanalyse ausgewertet und der Öffentlichkeit zugänglich gemacht.

Mit der Anstellung unterlag ich den Kautelen staatlicher Auftragsforschung. Die Komplementärvorgabe der Linksterrorismusstudie und die Vorgabe der empirischen Aktenanalyse, zudem in anonymisierter Form, ließen eine Annäherung an den Idealtypus des Forschungsprozesses nur bedingt zu. Das "technische Erkenntnisinteresse"[23] war staatlicherseits vorgegeben. Diese Einbindung wurde aufgewogen durch die vertraglich zugesicherte Verwertungsfreiheit der Daten und der einmaligen Chance, solche Daten überhaupt zur Verfügung zu haben. Die Vorgabe des deskriptiv-empirischen Forschungsansatzes stellte zudem für mich kein Problem dar, da ich mich selbst der empirischen Sozialforschung verpflichtet fühlte.

Als zentrales Problem erwies sich, wie sicherlich öfter, der Zeitdruck, dem staatliche Auftragsforschung unterliegt. Vom Verweilen im Elfenbeinturm konnte keine Rede sein.

Auch nach dem Regierungswechsel hielt das Interesse des Ministeriums an einer Auswertung der Daten an. Hatte ich zunächst eine Analyse für

---

[23] s. Einleitung

den Erhebungszeitraum 1978 bis 1982 vorgelegt[24], erhielt ich 1987 einen neuen Werkvertrag, um die Untersuchung auf die Jahre bis 1987 zu erweitern, da in diesem Jahr die Sammlung der Verfahren im BMJ auslief.

Die vorliegende Untersuchung geht also aus einer staatlich finanzierten Auftragsarbeit hervor[25], ohne allerdings Einschränkungen jenseits des gewünschten "technischen Erkenntnisinteresses" und der Terminsetzung ausgesetzt worden zu sein.

Staatliche Kriminologie ist aber auch in der Reduktion auf ein "technisches Erkenntnisinteresse" deswegen nicht unproblematisch. Die Gefahr, sich dem mainstream der Forschung anzupassen, vermittelt sich dabei vor allem über informale Prozesse und über die Festlegung der Fragestellungen[26]. Der Autor selbst hat im Verlauf der Auseinandersetzung mit den Daten ein immer größeres Unbehagen an der begrenzten Aussagequalität des allein empirisch-deskriptiven und aggregatstatistischen Vorgehens entwickelt. Die Reduktion des sozialen Geschehens auf Zahlenreihen beinhaltet die Gefahr, qualitative Prozesse und Entwicklungen aus den Augen zu verlieren. Die Dissertation stellt insoweit den Versuch dar, die bisherige Forschungsperspektive so zu erweitern, daß das Phänomen politische Justiz, als dem eigentlichen Bezugspunkt des Anlasses der Untersuchung, besser gewürdigt werden kann.

---

[24] Kalinowsky, Harry H.: Rechtsextremismus und Strafrechtspflege, Eine Analyse von Strafverfahren wegen mutmaßlicher rechtsextremistischer Aktivitäten und Erscheinungen. Unter Mitarbeit von Richard Blath, Konrad Hobe und Claudia Kothe-Heggemann, herausgegeben vom Bundesministerium der Justiz, 2. Auflage Köln 1986

[25] Kalinowsky, Harry H.: Rechtsextremismus und Strafrechtspflege – Eine Analyse von Strafverfahren wegen mutmaßlicher rechtsextremistischer Aktivitäten und Erscheinungen, herausgegeben vom Bundesministerium der Justiz, 3., erweiterte Auflage, Bonn 1990

[26] s. in diesem Zusammenhang Lowi, Theodore J.: The State in Political Science: How we become what we study, in: American Political Science Review, 86. Jg., 1/1992, S. 1ff.

Aus diesem Grunde ist der erste Teil dieser Untersuchung der Teil, der zuletzt entstand und versucht, die notwendigen Ergänzungen zur empirischen Untersuchung zu leisten. In der Präsentation entwickelt es sich aber so, daß die empirische Studie die notwendige Ergänzung zur historischen Analyse darstellt. Dies ist zwar theoretisch zutreffend, stellt aber den Forschungs- und Erkenntnisprozeß selbst auf den Kopf. Allerdings halte ich dieses Verfahren für legitim, da es als solches benannt wird.

Zu der Erhellung des eigenen Erkenntnishandelns zählt auch die Feststellung, daß ich mich bei der Abfassung des ersten Teils der Studie immer wieder durch die Entwicklungen in Deutschland und im Rechtsextremismus unterbrechen ließ und die Feststellung machen mußte, daß die historische Entwicklung ein derartiges Tempo annahm, daß die von mir verfaßten Einleitungen schon veraltet waren, bevor ich sie zur Korrekturlesung geben konnte.

Diese Entwicklung trug dazu bei, die Anlage der Untersuchung sehr viel stärker als vorher beabsichtigt zu einer historischen zu gestalten. Die Aussagen betreffen jetzt die Entwicklung der Bundesrepublik Deutschland bis zur Vereinigung mit der DDR.

4.3 GEGENSTAND UND ANLAGE DER UNTERSUCHUNG

Im Vordergrund dieses Berichts steht die Untersuchung eines vorgegebenen Datenmaterials, zu dem der Zugang aus Gründen des Datenschutzes[27] nur unter bestimmten Einschränkungen möglich war. Diese Einschränkungen schlossen andere Forschungsstrategien aus. Die Ausgestaltung der Untersuchung ist insoweit Produkt des dem Autor zur Verfügung gestellten Materials aus dem Bundesministerium der Justiz

---

[27] zur Problematik des Datenschutzes in der kriminologischen Forschung s. Jehle, Jörg-Martin: Datenschutz in der kriminologischen Forschung, in: MSchKrim (Monatsschrift für Kriminologie und Strafrechtsreform), 71. Jg., 3/1988, S. 191ff.

und der als Bezugsrahmen entwickelten Sichtweise.

Die Untersuchung stützt sich auf **1382 rechtskräftig abgeschlossene Strafverfahren wegen mutmaßlicher rechtsextremistischer Aktivitäten und Erscheinungen.** Es standen dem Verfasser – in anonymisierter Form – die im Bundesministerium der Justiz für die Vorbereitung eines Gesetzesvorhabens gesammelten Verfahren aus den Jahren 1978 bis 1987 zur Verfügung. Da ursprünglich der Datensatz nur bis zum Jahr 1982 reichte, mußte dieser mit den Daten bis zum Jahr 1987 zusammengeführt werden. In der Darstellung der Charakteristik der Datenbasis wird hierauf näher eingegangen.

Die Verfahren beinhalten rechtsextremistisch motiviertes oder von Rechtsextremisten gezeigtes Verhalten, aber auch Verhaltensweisen, die nicht rechtsextremistisch motiviert sind, die aber den Tatbestand einschlägiger Strafvorschriften etwa gegen nationalsozialistische Bestrebungen erfüllen. Diese Ausgangslage führte dazu, daß für die Untersuchung unterschiedliche Tätergruppen herausgearbeitet werden mußten.

Ausgeschlossen sind Strafverfahren, in denen es um sog. NS- oder Kriegsverbrechen geht. Im übrigen wurden nur rechtskräftig abgeschlossene Strafverfahren berücksichtigt. Bußgeldverfahren fanden deshalb ebenso wenig Berücksichtigung wie Verfahren, die ohne Anklageerhebung oder Beantragung eines Strafbefehls beendet wurden. Das Dunkelfeld wird mit der Untersuchung ebenfalls nicht erhellt. Weiterhin ist zu berücksichtigen, daß von den bekannt werdenden Rechtsverstößen nicht alle aufgeklärt werden. So war z.B. 1983 nach Angaben des Verfassungsschutzberichtes 1983 eine Aufklärung nur bei 28% der bekannt gewordenen Rechtsverstöße möglich[28]. Rechtskräftig abgeschlossene Strafverfahren stellen die Spitze eines Eisberges dar. Damit sind es aber die Verfahren, die im Lichte der Öffentlichkeit stehen und in denen die Angeklagten, Staatsanwälte und Richter eine

---

[28] Verfassungsschutzbericht 1983, herausgegeben vom Bundesminister des Innern, Bonn 1984, S.154; neuere Angaben liegen nicht vor

offene Bühne des politischen Kampfes mit der Rationalität des Rechts
betreten. Die zur Verfügung gestellten Unterlagen zu den Strafverfahren setzten sich hauptsächlich aus der Anklageschrift und dem
Urteil (bzw. den Urteilen, wenn mehrere Instanzen befaßt waren)
zusammen.

Im Gegensatz zur ersten Untersuchung erlaubt das Datenmaterial
aufgrund des ausgeweiteten Untersuchungszeitraumes erstmals sinnvoll
sog. Längsschnittaspekte aufzugreifen, d.h. es kann nach Veränderungen in der Zeitdimension gefragt werden.

4.4   METHODOLOGISCHE ASPEKTE DER UNTERSUCHUNG

Der Zugang zum Untersuchungsmaterial wurde durch die Anonymitätsanforderung stark eingeschränkt, wodurch die Untersuchung auf
aggregatstatistischer Basis durchgeführt werden mußte. Deshalb wurde
als Forschungsstrategie eine quantitative Inhaltsanalyse gewählt. Die
Entscheidung zu dieser Datenerhebungsmethode wurde auch dadurch
beeinflußt, daß zu einer im Bundesministerium der Justiz durchgeführten Untersuchung zu Strafverfahren gegen linksterroristische
Straftäter und ihre Unterstützer[29] eine gewisse Vergleichbarkeit
hergestellt werden sollte.

Für die Analyse der Akten wurde ein Erhebungsbogen entwickelt, der
die Bereiche "Sozialbiografie der Täter", "Straftaten", "Sanktionen"
und "Strafverfahrensmerkmale" umfaßt. Der Erhebungsbogen stellt eine
Weiter- und Fortentwicklung eines Erhebungsbogens dar, der im
Bundesministerium der Justiz für die Untersuchung von Strafverfahren
gegen linksterroristische Straftäter und ihr Unterstützer entwickelt
worden war und bereits der ersten Untersuchung zum Rechtsextremismus
zugrunde lag. Insbesondere für die Bereiche Sozialbiografie und

---

[29] Blath, Richard/ Hobe, Konrad: Strafverfahren gegen linksterroristische Straftäter und ihre Unterstützer, herausgegeben
vom Bundesministerium der Justiz, Reihe recht, Bonn 1982

Delikte mußte der Erhebungsbogen neu entwickelt werden. Insgesamt umfaßt die Erhebung über 250 Variablen. Für die zweite Untersuchung wurde der Erhebungsbogen um in der Zwischenzeit neu eingeführte Bestimmungen wie das Verbot der sog. Auschwitz-Lüge erweitert[30]. Einige Variablen wurden aus dem sozialbiografischen Bereich allerdings nicht weiter erhoben, da die erste Untersuchungswelle gezeigt hatte, daß z.B. Angaben über Kinder und spezifische Problemlagen nur in wenigen Fällen Gegenstand der Akten waren. Dieser Umstand lenkt den Blick auf das Problem der quantitativen Inhaltsanalyse von Strafverfahrensakten.

Unzweifelhaft haben wir es mit unvollständigen und "überlieferungsgestörten" Quellen zu tun[31]. Mit den Anklageschriften und Urteilen werden Quellen ausgewertet, die das Produkt einer formalen Organisation sind. Die Akte versetzt aufgrund ihrer Entstehungsbedingungen den Forscher in eine kommunikative Distanz zur konkreten historischen Situation[32].

Die Akten stellen weitgehend zu Schriften gewordene Redeereignisse dar, die im Rahmen von Ermittlungsverfahren und Gerichtsverhandlungen stattfinden. Werden Reden und Gespräche in ein Schriftstück transformiert, geschieht dies nach Regeln der Formalisierung und Objektivierung. Akten sind Ausdruck einer mehrstufig rekonstruierten sozialen Wirklichkeit. Was Polizei, Staatsanwaltschaft und Gericht rekonstruieren, unterliegt unterschiedlichen Aufmerksamkeitsregeln und Perzeptionsmustern, die sich zu einem wesentlichen Teil aus dem Prozeßrecht ergeben. Auch wenn bisher das Verhalten und das Zusammenspiel aller Teilinstanzen im Ermittlungs- und Strafverfahren noch nicht umfassend untersucht worden ist, hat die Justizforschung doch

---

[30] aus drucktechnischen Gründen muß auf den Abdruck des Erhebungsbogen verzichtet werden, Interessierte können ihn beim Autor anfordern.

[31] s. Mann, Reinhard (Hrsg.): Die Nationalsozialisten - Analysen faschistischer Bewegungen, Stuttgart 1980, S. 16

[32] s. Seibert, Thomas-Michael: Aktenanalysen. Zur Schriftform juristischer Deutungen, Tübingen 1981, S.9

schon deutlich gemacht, daß das Handeln der einzelnen Instanzen bzw. Akteure der Rechtspflege sich jeweils stark an der übergeordneten bzw. entscheidenden Instanz orientiert[33]. Dies rechtfertigt, die Aktenlage für die Untersuchung weitgehend als Einheit zu behandeln. Allerdings wurde für die Datenerhebung das rechtskräftige Urteil als das für die Zweifelsfragen entscheidende Dokument angesehen. Sollten sich aus den übrigen Unterlagen Informationen ergeben haben, denen durch das Urteil nicht widersprochen wurde, so wurden diese entsprechend dem Erhebungsbogen berücksichtigt.

Da aus Akten nur Informationen erhoben werden können,

> "... die von den Autoren der Akte im Wissen hineingebracht wurden, daß Kritiker und Kontrolleure (Verteidiger, Obergerichte) sie auch gegen die Autoren benutzen könnten"[34],

dominiert der prozeßförderliche, verfahrensrechtlich unanstößige knappe Vermerk. Dies gilt in der Tendenz auch für das Urteil. Vor allem für die sozialbiografischen Angaben und für die Ausführungen zum Handlungskontext ist zu berücksichtigen, daß Art und Weise der Darstellung sowie die Ausführlichkeit weitgehend von dem forensischen Interesse des Akten-Akteurs abhängt[35].

Im Gegensatz zu den meisten sozialwissenschaftlichen empirischen Studien wird nicht eine Stichprobe, sondern eine Gesamtheit untersucht. Die Annahme einer Vollerhebung ist zwar in gewissen Punkten zu relativieren, insgesamt aber zutreffend. Zu den Einschränkungen zählt, daß die Vollständigkeit mit der Schwere des angeklagten Delikts zunimmt. So gab der zuständige Referent im

---

[33] s. Schumann, Karl F.: Justizforschung, S. 180f, in: Kaiser, Günther/ Kerner, Hans-Jürgen/ Sack, Fritz/ Schellhoss, Hartmut (Hrsg.): Kleines Kriminologisches Wörterbuch, 2. Auflage, Heidelberg 1985, S. 177 - 183

[34] ebd., S. 180

[35] s. etwa zum Problem soziologischer und psychologischer Aspekte im Strafverfahren und dem ihrer Dokumentation Schmidtchen, Gerhard: Terroristische Karrieren, in: Jäger, Herbert/ Schmidtchen, Gerhard/ Süllwold, Lieselotte: Lebenslaufanalysen. Analysen zum Terrorismus 2, Opladen 1981, S.18

Ministerium die Einschätzung ab, daß bei den militanten und terroristischen Delikten die Meldungen seitens der Landesjustizverwaltungen zu nahe 100% erfolgt seien. Wie hoch der Grad der Vollständigkeit bei der sog. Agitationskriminalität ausfalle, könne nicht genau
gesagt werden, für die §§ 86 und 86a StGB dürfte sie insoweit
bestehen, als nur sog. Sammelverfahren nicht berücksichtigt seien.
Weiterhin muß davon ausgegangen werden, daß das Meldeverhalten
einzelner Landesjustizverwaltungen seit 1986 nicht in gleichem Maße
mehr beibehalten wurde, da das Gesetzgebungsvorhaben beendet war.
Diese Einflüsse auf die Rohdatenbasis bewirken nach Ansicht des
Autors jedoch nicht, daß der Charakter einer Vollerhebung verloren
geht. Wer es statistisch besonders genau nimmt, hat es also mit einer
Untersuchung zu tun, in der die Grundgesamtheit die dem Bundesministerium der Justiz mitgeteilten Verfahren wegen mutmaßlicher
rechtsextremistischer Aktivitäten und Erscheinungen darstellen. Würde
man die vorliegenden Verfahren aber als Stichprobe auffassen, stellte
sich die Frage, welche Grundgesamtheit dann gemeint sein könnte und
man stünde weiterhin vor dem Problem, eine nicht zufallsgezogene
Stichprobe vorliegen zu haben. Diese Probleme sind jedoch hinfällig,
wenn unter Bezug auf die genannten Restriktionen in der Datenbasis
davon ausgegangen wird, daß die Verfahren den kriminellen Rechtsextremismus der Jahre 1978 bis 1987 in der Hauptsache repräsentieren.
Generalisierungen über diesen Zeitraum hinaus sind auf jeden Fall nur
mit Vorsicht vorzunehmen. Gerade der schon zitierte "ephemere"
Charakter der politischen Justiz und der historisch nachweisbare
rapide Veränderungsprozeß im Bereich des Rechtsextremismus verbietet
eine unkritische Generalisierung.

Bevor die Ergebnisse der Untersuchung dargestellt werden, ist noch
etwas zur Ergebnispräsentation auszuführen. Sie umfaßt wie schon in
der ersten Untersuchung uni- und bivariate Verteilungen, die u.a.
durch Kennwerte wie z.B. den Mittelwert charakterisiert werden. Für
die bivariaten Verteilungen werden chi-quadrat-basierte Kennwerte (CC
(Kontingenzkoeffizient) und Cramer's V, sog. Assoziationsmaße)
benutzt werden, die im einzelnen Schwächen aufweisen, aber für den

interessierten Leser in der Gesamtschau Trendaussagen ermöglichen[36].
Solche Kennwerte drücken den Grad der Stärke einer Beziehung zwischen
zwei Variablen durch den Zahlenwert eines Koeffizienten aus. Die
Maßzahlen der chi-quadrat-basierten Kennwerte decken eine Werte-
bereich von 0 bis (-) 1 ab, wobei 0 keinen Zusammenhang und 1 einen
vollständigen Zusammenhang wiedergibt. Kennwerte müssen sich am
Forschungsproblem und am Meßniveau orientieren, das bei der Erhebung
der Daten vorlag. In der Regel liegt bei dieser Untersuchung ein
nominales Meßniveau vor.

Bei der Einzeldarstellung der Ergebnisse wird auf die Kennwerte nur
zurückhaltend zurückgegriffen. Denn es gilt,

> "... that all measures based on chi square are some
> arbitrary in nature, and their interpretations leave a lot
> to be desired"[37].

Untersuchungseinheit ist zunächst die in einem Strafverfahren
rechtskräftig wegen mutmaßlicher rechtsextremistischer Aktivitäten
abgeurteilte Person (Freispruch, Einstellung und Verurteilung). Für
die Sozialbiografieanalyse werden jedoch nur die **verurteilten**
Personen, d.h. Personen, die ein Gericht einer Straftat schuldig
gesprochen hat, herangezogen. Bei bestimmten Fragestellungen stellt
das Gerichtsverfahren (gegen eine oder mehrere Personen) die Untersuchungseinheit dar. In anderen Fällen geht es nicht um die einzelne
Person, sondern um die Verfahren der Personen. Wenn die Untersuchungseinheit wechselt, wird darauf hingewiesen.

---

[36] aufgrund der Vollerhebung wird keine Signifikanz angegeben.
Die Signifikanz ist ein Begriff aus der schließenden Statistik,
die ihn dahingehend verwendet, daß ein beobachteter Unterschied
in einer Stichprobe im Rahmen eines Mutungsintervalles mit z.B.
95%iger oder 98%iger Wahrscheinlichkeit auch einen Unterschied
der Grundgesamtheit wiedergibt. Bei einer Vollerhebung ist jeder
beobachtete Unterschied ein auch tatsächlich gegebener Unterschied und es hängt vom Forscherurteil ab, ob er ihn für
relevant hält.

[37] Blalock, Hubert M.,Jr., Social Statistics, 2. Auflage, New
York 1972, S. 298 zit. nach: Benninghaus, Hans: Statistik für
Soziologen 1, Deskriptive Statistik, Stuttgart 1974, S. 117

Die Erfassung der Reliabilität erfolgte zum einen schon in der ersten Erhebungswelle, zum anderen spiegelt sie sich auch in der Einarbeitung des neuen Datensatzes wieder. Die Validierung des Erhebungsinstrumentariums orientierte sich an der Linksterrorismusuntersuchung und stellt primär eine Expertenvalidierung dar.

4.5   CHARAKTERISIERUNG DER DATENBASIS

Bevor die Ergebnisse zu den Themenbereichen der Fragestellung im einzelnen präsentiert werden, soll der der Untersuchung zugrunde liegende Datensatz in seinen Grundzügen charakterisiert werden.

Mit der Einarbeitung von **479 neuen** Fällen in den bestehenden Datensatz von 903 Strafverfahren wurde die Chance genutzt, den einen und anderen Fehler im Datensatz zu beheben[38]. Eine einfache Addierung oder Subtraktion wird den neuen und den alten Datensatz deshalb nicht sichtbar machen. Dies kann auch deshalb nicht geschehen, weil durch die Hinzunahme neuerer und späterer Verfahren Änderungen etwa in der Gruppenzuordnung notwendig wurden. War eine Person im alten Datensatz lediglich mit einer Verurteilung als zur Gruppe der "Nicht Identifizierbaren" zugehörig behandelt worden, so konnte ein zweites Verfahren die Zuordnung zur Gruppe der Rechtsextremisten erforderlich machen. Aber auch bei bleibender Gruppenzuordnung war es manchmal notwendig, durch das Hinzukommen neuer Verfahren der betreffenden Person, die Festlegung für das auszuwählende Verfahren, die sich am schwersten Delikt orientierte, zu ändern.

Aus diesen Bemerkungen ergibt sich, daß die vorliegende Untersuchung einen in sich neuen, als Ganzes zu betrachtenden Datensatz präsentiert.

---

[38] es stellte sich z.B. heraus, daß ein Fall falsch zugeordnet worden war, statt als ausgewähltes Verfahren eines Rechtsextremisten war er als Zweitverfahren behandelt worden. In einem Fall war die Handlungszielbestimmung korrekturbedürftig, in einem anderen das Tatalter.

4. Anlage der empirischen Analyse

Bei der zweiten Datenerfassungswelle wurde nicht erst nachträglich die Zuordnung zu den Gruppen vorgenommen, sondern es wurde der Datenerfasserin[39] von Beginn an eine eigene Variable an die Hand gegeben, wobei die Kriterien selbstverständlich beibehalten wurden. Die Verurteilten in dieser Untersuchung wurden anhand der aus dem Material der Akten zu entnehmenden Aussagen einer von vier Tätergruppen zugeordnet. Nur in den Fällen, in denen eindeutig feststellbar war, daß es sich um einen Rechtsextremisten handelte, wurde der Täter auch dieser Gruppe zugeordnet. Hierfür wurde, wie schon in der ersten Untersuchung, auf die motivationale Tatseite, dem Handlungsziel (terroristisch, militant, agitatorisch, sonstiges) ebenso Bezug genommen, wie auf Mitgliedschaft in einer rechtsextremistischen Gruppe/Organisation oder in den Gerichtsakten enthaltene Äußerungen zum politischen Standort bzw. seinen Hinwendungsgründen zum Rechtsextremismus.

Als zweite Tätergruppe werden die "Provokationstäter" geführt. Für die Zuordnung in diese Tätergruppe ist entscheidend, daß seitens der Richter die Motivationslage ausdrücklich dem Provokationsverhalten zugeschrieben wird und anderweitige Zuordnungsfakten nicht vorliegen. In der Zielrichtung deckt sich diese Kategorie mit dem Bemühen anderer Wissenschaftler, nazistisch geprägte Provokationen wie Hakenkreuzschmierereien nicht per se zum Rechtsextremismus zu zählen[40].

---

[39] an dieser Stelle möchte ich meiner Kollegin RA'in Claudia Kothe-Heggemann dafür danken, daß sie dem Projekt aus einem personellen Engpaß half und auch für die zweite Erhebungswelle als Datenerfasserin mitwirkte.

[40] so z.B Stöss, Richard/ Deiters, Dietmar/ Dingel, Frank/ Hesse, Klaus/ Sander, Andreas: Ursachen und Ausmaß der NS-Renaissance unter Jugendlichen in Berlin (West) und bildungspolitische Maßnahmen zu ihrer Bewältigung, Endbericht, FU Berlin, Zentralinstitut für sozialwissenschaftliche Forschung, Manuskript 1981. Allerdings fällt die Bestimmung des Provokationsverhaltens in der vorliegenden Untersuchung enger aus als bei Stöss u.a. Mit dem Auftauchen der Skinhead-Szene und der sog. Fan-Szene und mit der zunehmenden Verbreitung nazistischer Computerspiele unter Jugendlichen dürfte die Notwendigkeit der Unterscheidung von politischem Rechtsextremismus und mit nazistischem Erscheinungsbild Provozierenden noch dringlicher geworden sein. Siehe hierzu

Die dritte Tätergruppe sind die aufgrund der Datenlage eindeutig als "Keine Rechtsextremisten" zu betrachtenden Täter. Die Existenz und Ausweisung einer solchen Tätergruppe in einer Untersuchung über Strafverfahren wegen mutmaßlicher rechtsextremistischer Aktivitäten und Erscheinungen liegt wesentlich in dem Adjektiv "mutmaßlich" sowie dem Charakter der Strafnorm des § 86 a StGB begründet. Die zitierte Strafnorm bezieht sich nämlich, wie an anderer Stelle näher ausgeführt wird, auf das in der Öffentlichkeit für den durchschnittlichen Betrachter entstehende Erscheinungsbild, ohne daß es darauf ankommt, daß der Täter aus einer bestimmten Gesinnung heraus handeln müßte. Schließlich gibt es eine Reihe von Tätern, bei denen aufgrund der Datenlage nicht eindeutig die Zuordnung zu den Rechtsextremisten erfolgen konnte. Sie werden im Rahmen der Untersuchung als "Nicht Identifizierbare" geführt.

Zu guter Letzt bleiben die Personen übrig, deren Verfahren gemäß § 153a II StPO oder § 47 JGG eingestellt wurden oder – in wenigen Fällen – mit einem Freispruch endeten. Sie werden hier als "Nicht Verurteilte" bezeichnet.

Zu den 903 Verfahren der ersten Untersuchung kommen mit der 2. Datenerfassung insgesamt hinzu:

479 neue Verfahren

43 der 479 neuen Verfahren betreffen Personen, die schon bei der ersten Untersuchung erfaßt worden waren. Hinsichtlich der Grundstruktur der nunmehr zugrunde liegenden Daten ergibt sich folgendes Bild:

---

u.a.: Meyer, Alwin/ Rabe, Karl-Klaus: Unsere Stunde, die wird kommen. Rechtsextremismus unter Jugendlichen, Bornheim-Merten 1979, S. 102 und Kleine Anfrage des Abg. Heinz Goll SPD und Antwort des Innenministeriums: Rechtsradikalismus – gewalttätige Ausschreitungen, Landtag Baden-Württemberg, Drucksache 10/428. Die Unterscheidung von Provokationstätern und Rechtsextremisten bedeutet also nicht Verharmlosung, sondern eine differenzierte und angemessene Sichtweise.

Tabelle 401: Beschreibung der Grundgesamtheit

1202 Personen mit 1382 Verfahren		
Gruppe: Rechtsextremisten	Personen: 624	Verfahren: 794
Provokationstäter	51	51
Keine Rechtsextremisten	57	58
Nicht Identifizierbare	169	170
Nicht Verurteilte	301	309
Insgesamt:	1202	1382

Die 479 neu aufgenommenen Verfahren haben kaum Auswirkungen auf die
Gewichte der einzelnen Personengruppen gehabt. Ein Vergleich der
Tätergruppen (also der Verurteilten) der 1. und dieser 2. Untersuchung ergibt ein erstaunlich stabiles Ergebnis. Wie der Tabelle 402
zu entnehmen ist, hat sich der Anteil der eindeutig identifizierbaren
rechtsextremistischen Straftäter nur um 0.7%-Punkte verringert. Die
relativ größte Veränderung fand bei der Gruppe "Keine Rechtsextremisten" statt. Hier stieg der Anteil um 0.8%-Punkte auf 6.3% der
Täter insgesamt. Setzt man die Ergebnisse in ein Streifendiagramm um
(s. Grafik 4.1), wird deutlich, daß es so gut wie keine Veränderungen
in den Gewichten der einzelnen Tätergruppen gegeben hat.

"Mutmaßlich" heißt nicht "erwiesen" und es ist deshalb umso wichtiger, bei der Zuordnung des Etiketts "Rechtsextremist" Sorgfalt
walten zu lassen. Wie an anderer Stelle ausgeführt wird, ist dieses
Ergebnis sicherlich nicht allein dem Etikettierungsprozeß in den
Strafverfahren und dem Tatbestandsbereich bestimmter Delikte
zuzuschreiben. Zu einem gewissen Teil spiegelt sich darin auch der

häufig knappe Umfang des Datenmaterials wider, dies gilt zumindest für die Gruppe der "Nicht Identifizierbaren".

Tabelle 402: Tätergruppenvergleich

Tätergruppen	1. Untersuchung N	%	2. Untersuchung N	%
Rechtsextremisten	405	70.0	624	69.3
Provokationstäter	32	5.5	51	5.7
Keine Rechtsextremisten	32	5.5	57	6.3
Nicht Identifizierbare	110	19.0	169	18.7
Insgesamt	579	100.0	901	100.0

Grafik 4.1: Vergleich der Tätergruppen, 1. und 2. Untersuchung
(prozentual)

Vergleich Tätergruppen
1. und 2. Untersuchung

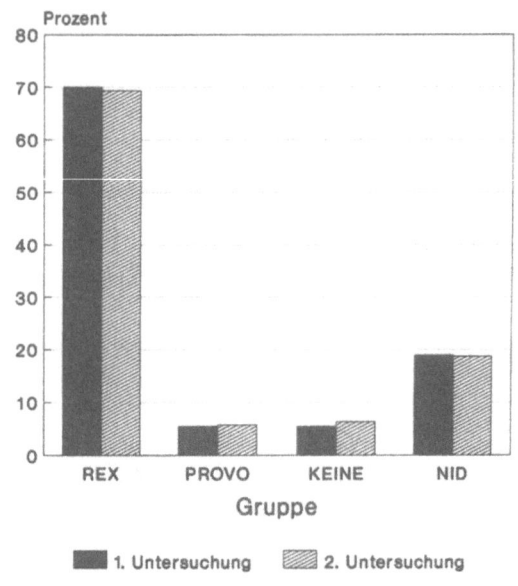

Innerhalb der Gruppe der Rechtsextremisten kann noch nach der Anzahl der Verfahren einer Person unterschieden werden.

Von den 794 Verfahren der identifizierten 624 Rechtsextremisten endeten 46 mit Freispruch oder Einstellung, 748 Verfahren endeten mit einer Verurteilung. Im einzelnen ergibt sich:

Tabelle 403: Gerichtsverfahren pro Rechtsextremist

	Gerichtsverfahren	
Person	Verfahren	Insgesamt
510	1 Verf.	510
81	2 Verf.	162
18	3 Verf.	54
9	4 Verf.	36
4	5 Verf.	20
2	6 Verf.	12
624	insg.	794

Nur 83 der 624 Rechtsextremisten haben allerdings mehr als eine
Verurteilung. Insgesamt fallen 46 Freisprüche und Einstellungen in
den Täterkreis der Rechtsextremisten. Für die Untersuchung insgesamt
ergeben sich 356 Freisprüche und Einstellungen. 301 Personen aus dem
Datensatz sind nicht verurteilt worden und werden, wie schon in der
ersten Untersuchung, nicht hinsichtlich ihrer sozialbiografischen
Merkmale untersucht. Ausführlicher untersucht werden sollen dagegen
die 1026 Verfahren der 901 Täter, die mit einer Verurteilung endeten.
Da es in den Tätergruppen der "Keine Rechtsextremisten" und der
"Nicht Identifizierbare" nur jeweils einen Täter mit mehr als einer
Verurteilung (bzw. Verfahren) gibt, werden hinsichtlich der Unter-
scheidung von Einfach- und Mehrfachtätern nur die Rechtsextremisten
analysiert.

Abschließend ist noch auszuführen, daß die untersuchten Straf-
verfahren wegen mutmaßlicher rechtsextremistischer Aktivitäten oder
Erscheinungen aus den Jahren 1978 bis 1987 stammen. Die folgende
Tabelle 404 gibt wieder, wieviele Aburteilungen aus den einzelnen
Jahren vorliegen. Außerdem kann man ihr entnehmen, ob es sich um
Verfahren des alten Datensatzes (alt), des neuen (neu) oder um neue

Verfahren handelt, die Personen des alten Datensatzes betreffen (alt neu).

Tabelle 404: Verfahrensübersicht nach Jahr der Rechtskraft und Datensatzzugehörigkeit

Daten satz	Jahr der Rechtskraft											
	0	78	79	80	81	82	83	84	85	86	87	Ins.
alt	47	32	204	259	192	169	0	0	0	0	0	903
neu	24	0	0	0	0	22	115	137	109	21	8	436
alt neu	3	0	0	0	0	3	5	16	12	3	1	43
Ins	74	32	204	259	192	194	120	153	121	24	9	1382

In den Untersuchungszeitraum der ersten Untersuchung fallen nachweislich des Rechtskraftdatums 25 Verfahren der zweiten Erhebungswelle. Bei weiteren 27 Verfahren ließ sich der Zeitpunkt der Rechtskraft nicht genau ermitteln, die übrigen neuen Verfahren erweitern den Untersuchungszeitraum auf die Jahre 1983 bis 1987. Für die Jahre 1986 und 1987 kann nicht mehr von einer Vollständigkeit ausgegangen werden. Der Kernbereich, in dem eine relative Vollständigkeit der Datenbasis vorliegt, ist der Zeitraum 1979 bis 1985. Setzt man diesen in eine Grafik um (Grafik 4.2), wird sichtbar, daß die gerichtliche Bewältigung von Strafverfahren wegen mutmaßlicher rechtsextremistischer Aktivitäten einen Höhepunkt im Jahr 1980 erlebte, daß von 1982 auf 1983 die Belastung durch Verfahren zurückging und 1984 ein Zwischenhoch vorlag.

Grafik 4.2:

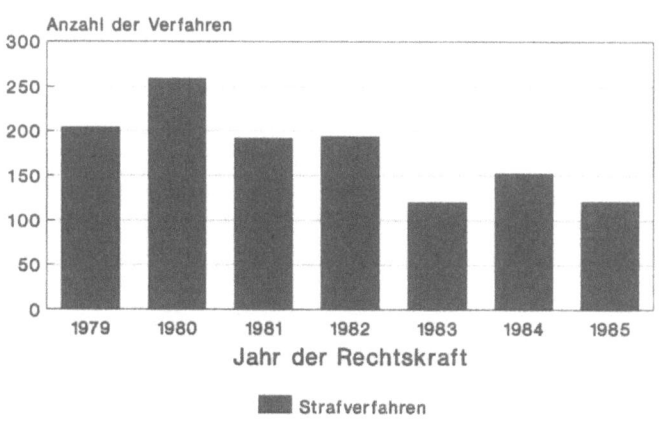

Verfahren im Kernbereich
nach Jahr der Rechtskraft

5.   SOZIALBIOGRAFISCHE ANGABEN ZUM RECHTSEXTREMISTISCHEN TÄTER-
       KREIS

Die 624 als Rechtsextremisten identifizierten Täter mit ihren 794
Strafverfahren, von denen 46 mit Freispruch oder Einstellung abgeschlossen wurden, stehen im Zentrum der Untersuchung. Zunächst
richtet sich die Betrachtung auf die Gesamtheit der rechtsextremistischen Straftäter. In einem weiteren Untersuchungsschritt werden
die nur einmal rechtskräftig Abgeurteilten von denen mit zwei und
mehr Aburteilungen unterschieden.

5.1   AUSGANGSFRAGESTELLUNG

Gesellschafts- und staatspolitische Identitätsstiftung erfolgte in
den ersten vierzig Jahren der Bundesrepublik Deutschland wesentlich
über die Ab- und Ausgrenzung rechtsextremer und neofaschistischer
Positionen und Akteure. Grenzen für diesen Zweig der Identitätsbil-
dung lagen in dem Bemühen, die "Mitläufer" und "Ehemaligen" wenigstens so weit zu integrieren, daß sie sich nicht zu einer Systemopposition verfestigen konnten. Gegenüber den "Ewiggestrigen" konnte
die Abgrenzung um so heftiger erfolgen. Das offene Bekenntnis zu
nationalsozialistischen, völkisch-rassistischen Positionen ist seit
dem 8. Mai 1945 abweichendes Verhalten.

Die Ursachen für abweichendes Verhalten sind vielfältig und mehr-
faktoriell. Zu den Faktoren, die zu abweichendem Verhalten führen,
zählt in gewisser Hinsicht auch der Gesetzgeber, da er über das
Strafrecht festzuschreiben versucht, was abweichend ist. Das heißt
für uns aber nicht, daß der Straftäter als ein den staatlichen
Strukturen und Handlungen völlig ausgesetztes Objekt betrachtet wird.
Vielmehr entspricht dem modernen Verständnis einer politologisch-
kriminologischen Perspektive, in Straftäter und Staat Akteure zu
sehen, die aus eigener Rationalität, Authentizität, Kompetenz und

Verantwortlichkeit im Rahmen strukturell geordneter Kontexte agieren[1]. Kriminelle können allerdings bei einem solchen Verständnis nicht per se als die "Bösen" der Gesellschaft begriffen werden. Der Blick ist vielmehr darauf zu richten, wer sich in die Arena des politischen Kampfes mit den Mitteln des Strafrechts bewußt begibt bzw. wer dort unfreiwillig hineingerät. Inwieweit weisen diese Akteure Besonderheiten auf? Sind sie alters-, schicht- und sozialisationsmäßig ein besonderes Segment der Gesellschaft oder entscheidet die Einbindung in bestimmte soziale, politische und organisatorische Kontexte über die potentielle Nähe zum Kampfort Strafrechtsarena? Andersherum gefragt: Inwieweit diskriminiert der Staat mit seinem politischen Strafrecht einen bestimmten Ausschnitt gesellschaftlicher Subjekte? Sind Rechtsextremisten andere Menschen? Kämpfer oder Bekämpfte? Wenn man davon ausgeht, daß die Kriminalisierung nicht wahl- und ziellos die Menschen trifft, dann weisen eine Reihe der Fragen auf den Lebenslauf der Betroffenen. Sozialisation und Kriminalisierung weisen möglicherweise einen strukturellen Zusammenhang auf. Integrationsunwillig oder Integrationsunfähig zu sein, ist nicht ausschließlich eine Folge individueller, zufälliger psychischer Disposition. Die Lebens- und Entfaltungschancen sind durch die Sozialisation geprägt und damit in die gesellschaftlichen Bedingungen und Strukturen eingebunden.

Wie für die erste Untersuchung gilt auch hier, daß bislang noch kein befriedigendes theoretisches Konzept für die Erklärung abweichenden politischen Verhaltens unter dem Gesichtspunkt der Sozialisation vorliegt und daß ein Forschungskonzept die Parallelität individueller und sozialer, psychologischer und politischer Aspekte sicherstellen

---

[1] vgl. Sack, Fritz: Kritische Kriminologie, S. 284, in: Kaiser, Günther/ Kerner, Hans-Jürgen/ Sack, Fritz/ Schellhoss, Hartmut (Hrsg.): Kleines Kriminologisches Wörterbuch, 2. Auflage, Heidelberg 1985, S. 277ff.

müßte[2]. Aggregative, deskriptiv-statistische Untersuchungen können
in ein von derartigen Fragestellungen geprägten Untersuchungsfeld
jedoch nur Teileinblicke geben, zumal Gerichtsakten für die ermittel-
baren und benötigten Variablen nicht immer gleichermaßen brauchbar
sind. Angaben zu Alter, Beruf und Familienstand sind, soweit sie in
den Akten enthalten sind, weitgehend als valide, zuverlässig, zu
betrachten. Geht es jedoch um Kriterien und Angaben zu den persönlichen und familiären Verhältnissen oder zur politischen und
kriminellen Karriere, wird die Validität der Angaben problematisch.
Solche Angaben unterliegen prinzipiell einer erheblichen Beur-
teilungsvarianz. Richter können z.B. bei gleicher Fallgestaltung
unterschiedlicher Auffassung darüber sein, ob schulischer Leistungs-
abfall während der Pubertät als Problem zu betrachten und zu erwähnen
sei oder nicht. Gerade Angaben zum Lebenslauf sind selten so
vollständig aufgeführt, daß daraus gesicherte Schlüsse gezogen werden
können.

Aufgrund der beschriebenen Restriktionen der Datenbasis sind einer
stringent theoretisch angeleiteten Analyse zu enge Grenzen gezogen.
Da zu dem hier untersuchten Personenkreis anderweitig kaum sozialbiografische Angaben zu gewinnen sind, ist eine deskriptive Darstellung der gewinnbaren sozialbiografischen Angaben dennoch von außerordentlich großem Wert. Die Schwächen des Materials sind bei der
Darstellung und bei der Interpretation der Ergebnisse zu berücksichtigen. Das vorliegende Material vermag vor allem zur Klärung der
persönlichen Lebensumstände und des Sozialmilieus straffällig
gewordener Rechtsextremisten beitragen.

---

[2] s. hierzu Hennig, Eike: Neonazistische Militanz und Rechtsextremismus unter Jugendlichen – Schriftenreihe des Bundesministeriums des Innern, Band 15, Stuttgart, Berlin, Köln, Mainz
1982, S. 30

5.2   HANDLUNGSZIELE RECHTSEXTREMISTISCHER TÄTER

Die Zuordnung von Verurteilten zu den einzelnen Tätergruppen erfolgt
zu einem wesentlichen Teil aufgrund der Feststellungen zu den Hand-
lungszielen. Das Handlungsziel wird erschlossen aus der Analyse des
Tatbildes, d.h. der inneren und äußeren Tatseite[3] sowie aus sonstigen
Umständen. Die Qualität des verfolgten Handlungszieles bezeichnet das
Verhaltens- und Orientierungsspektrum des Täters. Es wird bestimmt
über das schwerste zur Verurteilung gekommene Delikt. Es läßt auf das
Handlungsmotiv des politischen Kriminellen schließen.

Das motivationale Verhaltensspektrum der Täter wird nach der in der
Handlung zum Ausdruck kommenden Entschiedenheit zum Rechtsextremismus
differenziert.

Für die Bestimmung **terroristischer Handlungsziele** wird ein re-
striktiver Terrorismusbegriff gebraucht, der Terrorismus als Extrem-
ausformung politischer Militanz versteht. Im Rahmen dieser Untersuchung ist Terrorismus das Verbreiten von Schrecken durch un-
berechenbare und überraschende, aber systematisch eingesetzte
Gewalttaten, um politische Ziele zur erreichen, die eine gewaltsame
Änderung der politischen Ordnung der Bundesrepublik Deutschland
implizieren[4]. Terrorismus bestimmt sich dabei auch durch das Streben
nach Publizität[5], wobei die angestrebte Publizität sich gemäß der
Stoßrichtung auf eine gesamtgesellschaftliche Öffentlichkeit bezieht.
Diese sozialwissenschaftliche Terrorismusbestimmung ist nicht not-

---

[3] also aus den sog. objektiven und subjektiven Tatbestands-
merkmalen, s. Wessels, Johannes: Strafrecht Allgemeiner Teil,
Karlsruhe 1974, S. 28f

[4] s. Hobe, Konrad: Zur ideologischen Begründung des Terrorismus,
Bonn 1979, S. 7

[5] s. Fetscher, Iring/ Münkler, Herfried/ Ludwig, Hannelore:
Ideologien der Terroristen in der Bundesrepublik Deutschland, in:
Fetscher, Iring/ Rohrmoser, Günter: Ideologien und Strategien.
Analysen zum Terrorismus 1, Opladen 1981, S.15ff

wendigerweise deckungsgleich mit dem § 129a StGB.

Militante Handlungsziele sind dann anzunehmen, wenn das Verhalten über eine Agitation mit Wort, Schrift und Bild hinausgeht und eine tendenzielle Hinwendung zur "Propaganda der Tat" erfolgt. Militanz zeichnet sich durch den Bezug zur physischen Gewaltanwendung aus. Sie geht damit über die verbale Aggression hinaus. Rechtsextremistische Militanz kann sich in Friedhofsschändungen, Prügeleien, Sachbeschädigungen und ähnlichem ausdrücken.

Ein geringerer Grad der Entschiedenheit wird für Handlungen angenommen, die die verbale bzw. schriftliche und bildförmige Ebene nicht verlassen. Sicherlich kann auch in solchen **agitatorischen Handlungszielen** Fanatismus zum Ausdruck kommen, dennoch wird ein qualitativer Unterschied darin gesehen, ob der Fanatismus auf das Mittel der Gewalt zurückgreift oder nicht.

Als Restkategorie fungieren in der Untersuchung die **sonstigen Handlungsziele**. Hier werden die Fälle allgemeiner Kriminalität eingeordnet wie die Fälle, in denen das Handlungsziel aufgrund der Datenlage nicht eindeutig bestimmt werden kann.

Innerhalb dieser Hauptkategorien wird entweder nach den spezifischen Handlungszusammenhängen oder nach für den Untersuchungsbereich relevanten Inhaltsbereichen unterschieden. Die einzelnen Kategorien können der Tabelle 501 entnommen werden, die für die 624 rechtsextremistischen Straftäter das auf die schwerste Tat bezogene Handlungsziel festhält.

6,6 Prozent der 624 rechtsextremistischen Täter weisen terroristische Handlungsziele auf. Gegenüber der ersten Untersuchung stellt dies einen Anstieg um 0,4%-Punkte dar. Innerhalb des Bereichs terroristischer Handlungsziele stiegen besonders die Verurteilungen wegen der Anschläge gegen Personen aus dem eigenen rechtsextremistischen Bezugskreis an. Insgesamt 1,9 Prozent der Täter wurden wegen solcher Handlungsziele verurteilt. Ein beträchtlicher Teil des Gewaltpotentials der Rechtsextremisten richtet sich somit auf das eigenen Bezugsfeld, wobei vor Mord an "Verrätern" und "Schwulen" nicht zurückgeschreckt wird[6]. Für die erste Untersuchung war vermutet worden, daß der rechte Terrorismus nur in den Anfängen gerichtlich bewältigt worden sei. Erwartet wurde, daß mit der Ausweitung des Untersuchungszeitraumes die Bugwelle solcher Verfahren stärker erfaßt würde. Richtet sich die Aufmerksamkeit auf die absolute Zahl der betroffenen Personen, insgesamt 41, dürfte das angestrebte Ziel erreicht worden sein. Hinzu kommt nämlich, daß eine gewisse Zahl terroristischer Täter durch Selbstmord sich der gerichtlichen Verurteilung entzogen hat[7]. Außerdem war ab 1983 der Terrorismus von rechts stark rückläufig.

198 Personen verfolgten "militante" Handlungsziele. Dabei weisen mehr als die Hälfte (116) eine gegen Personen gerichtete Militanz auf. Relativ niedrig fällt dagegen der Täterkreis aus, der maximal eine gegen Sachen gerichtete Militanz an den Tag gelegt hat (17). Hier ist zu berücksichtigen, daß die Zuordnung nach dem schwersten zur Verurteilung gelangten Delikt erfolgt. Häufig geht die Militanz gegen Personen mit der gegen Sachen überein. Festzuhalten bleibt, daß sich das rechtsextremistische physische Gewaltpotential in einem sehr hohen Maß gegen Menschen richtet.

---

[6] dieses Phänomen war schon in der Zeit der Weimarer Demokratie zu beobachten, s. hierzu: Gumbel, Emil Julius: Verräter verfallen der Feme, Berlin 1929

[7] s. hierzu die jährlichen Verfassungsschutzberichte

Tabelle 501: Handlungsziele rechtsextremistischer Täter

	N	%
I. Terroristische Handlungsziele		
– Anschläge gegen Personen aus dem eigenen rechtsextremistischen Bezugskreis	12	1.9
– Anschläge gegen Personen	4	0.6
– Anschläge gegen Sachen/Einrichtungen	11	1.8
– Vorbereitung eines terroristischen Anschlags	1	0.2
– Handlungen, die auf die Schaffung und Erhaltung der finanziellen, technischen und organisatorischen Voraussetzungen einer terroristischen Gruppe ausgerichtet sind	13	2.1
	41	**6.6**
II. Militante Handlungsziele		
– Militanz gegen Personen	116	18.6
– Militanz gegen Sachen	17	2.7
– Vorbereitung militanter Aktionen	8	1.3
– Handlungen, die auf die Schaffung und Erhaltung der finanziellen, technischen und organisatorischen Voraussetzungen einer militanten rechtsextremistischen Gruppe/Organisation gerichtet sind	57	9.1
	198	**31.7**
III. Agitation		
– antisemitische Zielrichtung	113	18.1
– ausländerfeindliche Zielrichtung	36	5.8
– antisemitische und ausländerfeindliche Zielrichtung	33	5.3
– sonstige rechtsextremistische Agitation	152	24.4
	334	**53.5**
IV. Sonstiges		
– sonstige/nicht erkennbare Handlungsziele (Agitations- und sonstige Kriminalität)	51	8.2
	51	**8.2**
Insgesamt	**624**	**100.0**

Insgesamt überwiegt bei den Rechtsextremisten die verbale Aggression, die Agitation. Mit 53,5 Prozent stellen die 334 Rechtsextremisten mit "agitatorischen" Handlungszielen den größten Anteil bei den Täterkreisen nach den Handlungszielen. Während die ausschließlich antisemitische Agitation gegenüber der ersten Untersuchung rückläufig ist, sie sank von 23 auf 18,1 Prozent, ist die von Rechtsextremisten betriebene Agitation gegen Ausländer oder gegen Juden und Ausländer stark angestiegen. Diese agitatorischen Handlungsziele stiegen von insgesamt 4 auf nunmehr 11,1 Prozent! Betrachtet man die zielgruppenspezifische Agitation zusammen, so kennzeichnet sie die rechtsextremistischen Straftäter zu 29,2 Prozent.

Im Gegensatz zur ersten Untersuchung ist die rein kommerzielle Motivation bei rechtsextremistischem Kontext nicht mehr in die Agitationskategorie aufgenommen worden, sondern wird als "sonstiges Handlungsziel" geführt. Hier zeigt die Untersuchung den relativ stabil gebliebenen Anteil von 8,2 Prozent auf. In die Kategorie der sonstigen Handlungsziele fallen Rechtsextremisten, bei denen das Handlungsziel entweder nicht identifizierbar war oder in der Verfolgung allgemein krimineller Ziele bestand.

Grafik 5.1:

Rechtsextremistische
Handlungsziele

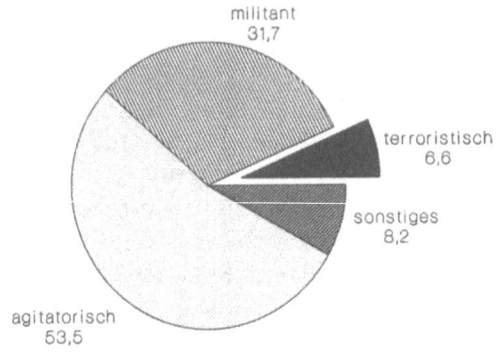

Prozentanteile

Die Grafik 5.1 veranschaulicht die Verteilung der Hauptkategorien der Handlungsziele beim rechtsextremistischen Täterkreis in Form einer Kuchengrafik. Zusammenfassend ist festzustellen, daß die Gewaltkomponente sowie die zielgruppenspezifische Agitation auf ein erhebliches Gefahr- und Störpotential verweist, das vom rechtsextremistischen Täterkreis ausgeht.

5.3   ALTER DER TÄTER

Das Alter ist eines der wesentlichen Merkmale aus dem sozialbiografischen Bereich einer Tätergruppe. So wird zum einen betrachtet werden, wie alt die Täter zum Zeitpunkt der Tat waren. Zum anderen lohnt sich ein Blick auf die kohortenspezifische Verteilung, d.h. es stellt sich die Frage, aus welchen Jahrgängen die Täter stammen. Gerade in der Forschung über den Rechtsextremismus stößt man häufig auf die These, daß eine eingipflige Verteilung vorläge[8]. Mit dem Alter nehme die Neigung zu Rechtsextremismus zu. Für den rechtsterroristischen Bereich geht man dagegen von einer zweigipfligen Verteilung bzw. Mehr-Generationen-Zusammensetzung aus[9]. Da seien auf der einen Seite die Alten, die Ewiggestrigen und Übriggebliebenen der Hitler-Zeit, und auf der anderen Seite die ganz Jungen, die den Nationalsozialismus nur noch aus den Erzählungen ihrer Großeltern kennen, wenn sie überhaupt Kenntnisse darüber besäßen. Ob dies für den kriminellen Rechtsextremismus in der gesamten Bandbreite auch gilt, wird in der Untersuchung überprüft.

Betrachten wir zunächst das Tatalter. Im Durchschnitt waren die rechtsextremistischen Täter ca. 26 Jahre alt (in der 1. Untersuchung 27 Jahre). Die Altersspanne reicht von 14 bis 75 Jahre. 77 Prozent (72.7 Prozent) der Täter waren zum Zeitpunkt der Tat nicht älter als 30 Jahre. Wie schon in der ersten Untersuchung ist das häufigste Tatalter 19 Jahre. Die folgende Tabelle 502 zeigt die Alterswerte dieser und der ersten Untersuchung:

---

[8] s. z.B. SINUS-Studie: 5 Millionen Deutsche: "Wir sollten wieder einen Führer haben ...". Die SINUS-Studie über rechtsextremistische Einstellungen bei den Deutschen, Reinbek 1981,S. 87

[9] s. z.B. Neidhardt, Friedhelm: Linker und rechter Terrorismus. Erscheinungsformen und Handlungspotentiale im Gruppenvergleich, in: Baeyer-Katte, Wanda von/ Claessens, Dieter/ Feger, Hubert/ Neidhardt, Friedhelm: Gruppenprozesse, Analysen zum Terrorismus 3, Herausgegeben vom Bundesministerium des Innern, Opladen 1982, S. 448

5. Sozialbiografie

Tabelle 502: Alter der Täter zur Zeit der Tat
(Vergleich 1. und 2. Untersuchung,alt neu)

Altersgruppe	N	%	N	%	+/- %
14 - 17	70	17.4	121	19.4	2.0
18 - 20	104	25.8	167	26.8	1.0
21 - 30	119	29.5	192	30.8	1.3
31 u. älter	110	27.3	143	23.0	-4.3
	403	alt	623*	neu	

* in einem Fall keine Angabe zum Tatalter

Die Population hat sich verjüngt. Der Anteil der älteren Rechts-extremisten am Täterkreis ist um 4.3%-Punkte zurückgegangen. Die stärkste Zunahme liegt bei der niedrigsten Altersgruppe, 14 bis 17 Jahre. Faßt man die Gruppe der 14- bis 21jährigen zusammen, so machen sie 46,2 Prozent der Täter aus. Ein Vergleich mit dem Tatalter der 1986 verurteilten 699.402 Straftäter gibt einen Hinweis auf Besonderheiten des rechtsextremistischen Täterkreises[10]. Die Block-grafik 5.2 gibt den prozentualen Vergleich wieder. Es wird gut sichtbar, daß der Anteil der Straftäter mit einem Tatalter bis zur Vollendung des 21. Lebensjahres in der Normalpopulation (7,6 Prozent bei den 14-17jährigen und 12,3 Prozent bei den 18-20jährigen) weitaus geringer ausfällt als in der Population der rechtsextremistischen Straftäter. In der normalen Straftäterpopulation steigt der Anteil mit der Höhe der Altersgruppe (21-30jährige: 33,3 Prozent, 31 und älter: 46,8 Prozent). Bei den rechtsextremistischen Straftätern liegt der höchste Anteil zwar bei den 21- bis 30jährigen und dieser weicht auch nicht sehr stark von den Straftätern insgesamt ab, der Gipfel bei den Rechtsextremisten hat seinen Schwerpunkt jedoch eindeutig bei den jüngeren Straftätern. Wie unterschiedlich der Anteil der

---

[10] diese Angaben sind entnommen aus:Statistisches Bundesamt Wiesbaden (Hrsg.): Rechtspflege, Fachserie 10, Reihe 3, Strafver-folgung 1986, Stuttgart, Mainz 1988, S. 10

Altersgruppen in den beiden (sicher nur bedingt vergleichbar, da für die Rechtsextremisten ein anderer Erfassungszeitraum gilt) Populationen ausfällt, verdeutlicht

Grafik 5.2:

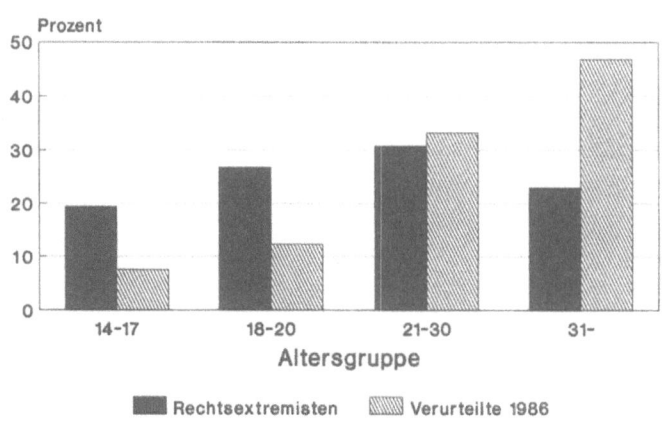

Altersgruppenvergleich
Rechtsextremisten/Verurteilte 1986

Offensichtlich spielt das Alter bei der Population der kriminellen Rechtsextremisten eine andere Rolle als in der Gesamtpopulation der Straftäter, aufgezeigt am Beispiel des Jahres 1986. Der kriminelle Rechtsextremismus wird sehr stark durch Jugendliche und Jungerwachsene getragen.

Inwieweit bei den Rechtsextremisten das Tatalter für die Handlungsziele bedeutsam ist, zeigt die Tabelle 503.

Tabelle 503: Alter z. Z. der Tat und Handlungsziel

Handlungsziel	14-17 N	%	18-20 N	%	21-30 N	%	31- ** N	%	Insg. N	%
terroristisch	5	4.1	9	5.4	17	8.9	10	7.0	41	6.6
militant	34	28.1	65	38.9	67	34.9	31	21.7	197	31.6
agitatorisch	68	56.2	75	44.9	94	49.0	97	67.8	334	53.6
sonstiges	14	11.6	18	10.8	14	7.3	5	3.5	51	8.2
Insgesamt	121	100%	167	100%	192	100%	143	100%	623	100%

Cramer's V=0.12
CC=0.20, Chi-Qu.= 27.19 9 FG

Je nach Handlungsziel fällt das Gewicht der Altersgruppen unterschiedlich aus. Es besteht ein Zusammenhang zwischen Alter und Handlungsziel. Bei den "terroristischen" Handlungszielen dominieren die
21-30jährigen. Die Militanz wird überdurchschnittlich von den 18-
20jährigen und den 21-30jährigen getragen. Im Agitationssektor sind
die ganz Jungen und die Alten überdurchschnittlich aktiv geworden,
während bei den "sonstigen" Handlungszielen mit der Zunahme der
Altersgruppenzugehörigkeit eine stete Abnahme der Bedeutung dieses
Handlungszieles zu beobachten ist.

5.4   ALTERSKOHORTEN

Diese für die einzelnen Altersgruppen auffallenden Unterschiede
können nicht einfach als Alterseffekt erklärt werden. Im Alter
fließen so unterschiedliche Effekte zusammen wie die genetischen,

lebenszyklischen, historischen und Kohorteneffekte[11].
Im folgenden Abschnitt werden die Täter in Kohorten betrachtet. Die
sog. zweigipflige Verteilung stellt z.B. nichts anderes als eine
kohortenspezifische Annahme dar. Demnach bildet die Kohorte der
"Ehemaligen", das sind im allgemeinen die zwischen 1900 und 1930
Geborenen, einen Schwerpunkt in der generationsspezifischen Zusam-
mensetzung der Rechtsextremisten und die Kohorte der nach 1960
Geborenen den anderen Schwerpunkt[12].

Selbstverständlich ist die Abgrenzung einer Kohorte nicht unproblematisch. Nach Löwenberg bilden die "Nazijugend-Kohorte" z.B.
die zwischen 1900 und 1915 Geborenen[13]. Für Kohli zeigten aber gerade
in der Zeit von 1900 bis 1930 kleinste Jahrgangsunterschiede
erhebliche Auswirkungen auf die Lebens- und Entfaltungschancen[14].

Im folgenden werden die sog. Nazi-Jugend-Kohorte und Nazi-Kohorte
getrennt geführt, ansonsten jedoch als die Nazi-Kohorte der Jahrgänge
1900 bis 1930 behandelt. Desweiteren wird als eine Kohorte die Gruppe
der Täter behandelt, die ihre früheste und frühe Jugend unter dem
Kriegseindruck verbringen mußten, sie werden als Kriegskohorte
zusammengefaßt und umfassen die Geburtsjahrgänge 1931 bis 1945. Als
Nachkriegskohorte werden die Täter mit den Geburtsjahrgängen von 1946
bis 1955 betrachtet. Von den Kriegs- und Nachkriegswirren relativ

---

[11] s. u.a. Kohli, Martin: Lebenslauftheoretische Ansätze in der
Sozialisationsforschung, in: Hurrelmann, Klaus/ Ulich, Dieter
(Hrsg.): Handbuch der Sozialisationsforschung, 2. Auflage,
Weinheim, Basel 1982, S. 307ff; unter Kohorte versteht man z.B.
Personen, die im selben Jahr geboren wurden und als eine Gruppe
behandelt werden

[12] vgl. auch Süllwold, Lieselotte: Stationen in der Entwicklung
von Terroristen, in: Jäger, Herbert/ Schmidtchen, Gerhard/
Süllwold, Lieselotte (Hrsg.): Lebenslaufanalysen. Analysen zum
Terrorismus 2, Opladen 1981, S. 110

[13] s. Kohli, Martin: Lebenslauftheoretische Ansätze ...,a.a.O.,
S. 309

[14] s. ebd., insbesondere die übersicht zum lebensgeschichtlichen
Kontext, S. 309

unbelastet dürften dagegen diejenigen sein, die erst ab 1956 geboren
wurden, ich bezeichne sie als sog. Wohlstandskohorte.

Tabelle 504: Alterskohorten der Rechtsextremisten (RE)

Kohorten-Jahrgang Verurteilte RE	%	cum %
0 Nazijugend-Kohorte 15	1.4	1.4
16 Nazi-Kohorte 30	8.2	9.6
31 Kriegskohorte 45	12.0	21.6
46 Nachkriegskohorte 55	16.1	37.7
56 Wohlstandskohorte 69	62.3	100.0
1900 − 1969	100.0	100.0

Der Anteil der verschiedenen Generationen an dem rechtsextremistischen Täterkreis der Jahre 1978 bis 1987 deutet nur auf eine
eingipflige Verteilung. Je älter der Jahrgang, desto geringer ist der
Anteil bei den Tätern. Die sog. "Nazijugend-Kohorte" ist nur zu einem
verschwindend geringen Anteil bei den Tätern vertreten (1.4 Prozent).
Entscheidend für den aktuellen kriminellen Rechtsextremismus sind die
Angehörigen der sog. "Wohlstandskohorte". Allerdings darf der Begriff
"Wohlstandskohorte" nicht so verstanden werden, als ob damit der
individuelle Lebenskontext bezeichnet würde. Vielmehr wird noch
aufzuzeigen sein, ob die Täter aus den sozialen Schichten kommen, die
von der Wohlstandsentwicklung der Bundesrepublik profitieren konnten
oder nicht.

Um das kohortenspezifische Bild zu vervollständigen, werden die
absoluten Zahlen für die einzelnen Geburtsjahrgänge durch ein
Streifendiagramm dargestellt.

Grafik 5.3:   Verteilung der Anzahl der verurteilten Rechtsextremisten nach Geburtsjahrgang

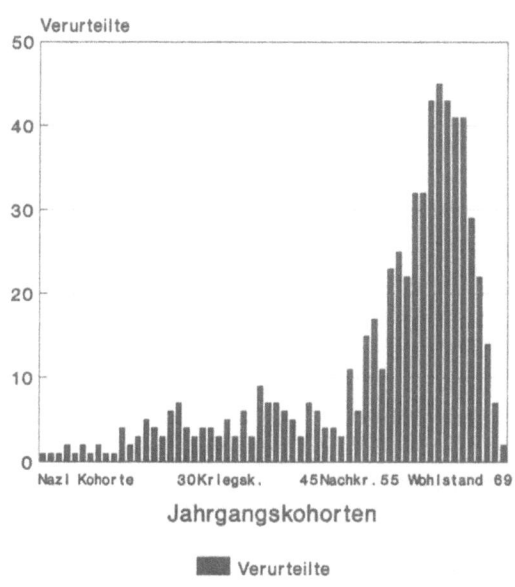

Jahrgangsverteilung
Verurteilte

Rechtsextremisten

Die absolute Verteilungskurve läßt schwach erkennen, daß für die Phasen um das Ende der 20er Jahre sowie um 1940 und 1945 herum kleine Gipfelverteilungen auftreten, die vielleicht auf besondere kohortenspezifische Effekte zurückzuführen sein könnten. Bezogen auf die Population fallen sie so gut wie nicht ins Gewicht und weitere Untersuchungen wären deshalb forschungsökonomisch nicht zu begründen. Der Gipfel liegt um den Jahrgang 1961 herum. Die Kinder der sechziger Jahre sind die Akteure des kriminellen Rechtsextremismus der späten siebziger und frühen achtziger Jahre.

Für welche Handlungsziele welche Kohorte besonders in Frage kommt,
weist Tabelle 505 aus. Die sog. Nazikohorte weist nur zu 2 Prozent
"terroristische" Handlungsziele auf. Terrorismus findet sich
überdurchschnittlich in der Nachkriegskohorte, auch wenn die meisten
terroristischen Straftäter der sog. Wohlstandskohorte entstammen.
Diese Kohorte ist überproportional bei den "militanten" Handlungszielen vertreten. Die Agitation wiederum ist absolut führend für die
Nazikohorte. Betrachtet man die Ergebnisse unter dem Kohorten-
gesichtspunkt, ist allerdings zu beachten, daß nur ein beschränkter
Erhebungszeitraum zugrunde gelegt wird. Vielleicht ist der Alterseffekt stärker zu gewichten als der Kohorteneffekt oder beide spielen
ineinander. Denkbar wäre beispielsweise, daß die Nazikohorte in ihrer
Jugendphase stärker politisch-aktionistisch ausgeprägt war als etwa
die Wohlstandskohorte. Ersteres wäre aber nicht mehr über unser
Material zu ermitteln. Wir können nur aufzeigen, wie die Kohorten in
den 80er Jahren am kriminellen Rechtsextremismus beteiligt waren.

Tabelle 505: Jahrgangskohorten und Handlungsziel

Handlungsziel	Jg.:0-30 N	%	31-45 N	%	46-55 N	%	56-69 N	%	Insg. N	%
terroristisch	1	2.0	5	6.7	11	11.0	24	6.0	41	6.6
militant	9	17.6	21	28.0	28	28.0	140	35.2	198	31.7
agitatorisch	40	78.4	45	60.0	54	54.0	195	49.0	334	53.5
sonstiges	1	2.0	4	5.3	7	7.0	39	9.8	51	8.2
Insgesamt	51	8.2	75	12.0	100	16.0	398	63.8	624	100%

Cramer's V=0.110
CC=0.188
Chi-Qu.=22.889 9FG

Faßt man die Prozentwerte für die gewaltförmigen Handlungsziel-
gruppen: "terroristisch" und "militant" zur Handlungszielkategorie
"Gewaltziele" zusammen, ergibt sich hinsichtlich der Kohorten
folgendes Blockdiagramm:

Grafik 5.4:

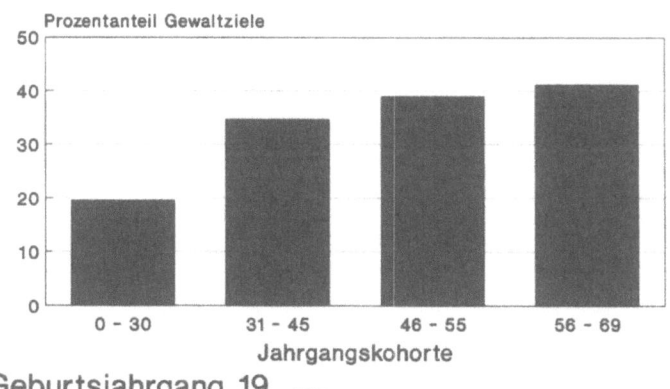

Gewaltziele und Kohorte
Prozentanteile pro Kohorte

Geburtsjahrgang 19..

Der Trend ist eindeutig: je älter die Kohorte, desto niedriger fällt der Anteil der gewaltförmigen Handlungsziele aus. Ob Kohorten- oder Alterseffekt, kann hier nicht endgültig entschieden werden. Es ist jedoch daran zu erinnern, daß für die ganz Jungen zunächst eher die agitatorischen Handlungsziele vorherrschen und erst dann die gewalt-orientierten Handlungsziele überproportional häufig auftreten[15].

5.5   POLITISCH-IDEOLOGISCHE ORIENTIERUNGEN

Politische Einstellungen und politisches Verhalten sind das Ergebnis psychischer Dispositionen, sozialisatorischer Erfahrungen, histo-

---

[15] s. Tabelle 503

275

rischer sowie gesamtgesellschaftlicher Bedingungen und der Art der
Einbindung ins politische Umfeld. Die Hinwendung zu rechtsextremen
Gruppen und Parteien ist politisches Verhalten, das besonderen
Bedingungen und Einflußfaktoren unterliegt. Aus der Befragungsfor-
schung ist bekannt, daß unter der Wahlbevölkerung der Anteil rechts-
extrem eingestellter Frauen leicht überdurchschnittlich hoch ist[16].
In der Bereitschaft, sich politisch zu organisieren, sind die Frauen
dagegen stark unterrepräsentiert. In vielen Kleinorganisationen der
Rechtsextremisten sind Frauen überhaupt nicht anzutreffen. Dieses
Beispiel untermauert die Annahme, daß die Zugehörigkeit zu politischen Gruppen besonderen Bedingungen und Beziehungsgefügen unterliegt.

Das Angebot an rechtsextremistischen Gruppen und Organisationen ist
groß und vielfältig. Für die Zwecke unserer Untersuchung werden die
Gruppen und Organisationen unter dem Aspekt der Entfremdung vom
bestehenden politischen System gesehen.

In demokratisch verfaßten Gesellschaften können extremistische
Ideologien als ein Ausdruck politischer Entfremdung verstanden
werden. In Anlehnung an das Anomie-Konzept von Durkheim und Merton[17],
wird die Attraktivität extremistischer Ideologien dann besonders hoch
sein, wenn der anomische Zustand einer Gesellschaft besonders stark
ausgeprägt ist.

---

[16] s. 5 Millionen Deutsche: "Wir wollen wieder einen Führer haben
...",a.a.O., S. 110

[17] vgl. Durkheim, Emil: Der Selbstmord, Neuwied, Berlin 1973 und
ders.: Kriminalität als normales Phänomen, in: Sack, Fritz/
König, René (Hrsg.): Kriminalsoziologie, Frankfurt 1968, S. 3ff;
Merton, Robert K. : Sozialstruktur und Anomie, in: Sack,
F./König, R.: Kriminalsoziologie, a.a.O., S. 292ff.;s. auch
Srole, L.: Social Integration and Certain Corollaries: An Ex-
ploratory Study, in: American Sociological Review, Bd. 21, 1965,
S. 709ff. Anomie bezeichnet einen gesellschaftlichen Zustand, in
dem die handlungsleitende und integrative Kraft sozialer Normen
schwindet und die individuellen und kollektiven Bedürfnisse und
Ansprüche sich in sozial negativen und desintegrativen Ver-
haltensweisen äußern.

Programmimmanent läßt sich der Entfremdungsgrad rechtsextremistischer Ideologien messen an der Entfernung zur freiheitlich demokratischen Grundordnung oder der Nähe zum Nationalsozialismus. Jemand, der dem nationalsozialistischen Gedankengut nahesteht, hat sich entsprechend von der freiheitlich demokratischen Grundordnung entfernt, entfremdet. Man wird jedoch davon ausgehen können, daß der Entfremdungsgrad nicht in allen rechtsextremistischen Ideologien und Weltbildern gleich groß ist. Zwar sind völkische und nationalistische Ideologiefragmente sowie die Kritik am Staat und die Verleumdung demokratischer Personen und Einrichtungen Kennzeichen fast aller rechtsextremistischer Gruppen und Organisationen[18]. Daneben gibt es aber beachtenswerte Differenzen im ideologischen und strategischen Rüstzeug rechtsextremistischer Gruppen.

Hinsichtlich der politischen Programme und der Qualität der Beziehung zur freiheitlichen demokratischen Grundordnung ist zwischen dem nationaldemokratischen und nationalfreiheitlichen Bereich einerseits und dem neonationalsozialistischen Bereich andererseits zu unterscheiden (die "Republikaner" spielen für diese Untersuchung noch keine Rolle) . Die NPD und die DVU, später auch noch die DVU - Liste D, sind zwar nicht frei von nationalsozialistischen und rassistisch-völkischen Zügen[19], es sind aber Gruppierungen, die sich formal-juristisch und politisch zum Grundgesetz bekennen. Sie nehmen an Wahlen teil (DVU - Liste D und NPD) und versuchen sich von den neonazistischen Kreisen zu distanzieren. Diese Parteien weisen inhaltlich kaum Unterschiede auf und waren zudem bis zur Vereinigung Deutschlands eine wahlstrategische Allianz eingegangen.
Die neonationalsozialistischen Gruppen sind von dem nationaldemo-kratischen und -freiheitlichen Bereich stark abgegrenzt und stehen

---

[18] vgl. Wuttke, Wolfram: Neues - altes Denken in der bundes-deutschen Medizin?!, Teil1, in: blick nach rechts, 5. Jahrgang, 15/1988 vom 18. Juli 1988, S. 6; s.a. Schwagerl, H. Joachim: Verfassungsschutz in der Bundesrepublik Deutschland, Heidelberg 1985

[19] vgl. die Verfassungsschutzberichte und die Programme der genannten Parteien

in extremster Entfremdung zum bestehenden System. Bei allen Unterschieden, etwa in der Betonung der Bedeutung des sog. Strasser-Flügels der NSDAP[20], zeichnen sich die neonazistischen Gruppen durch eine intensive Orientierung am historischen Nationalsozialismus aus.

Daneben existieren im Rechtsextremismus noch eine Reihe unterschiedlichster Gruppen und Organisationen, die sich jedoch nur schwer einordnen lassen und zumeist mitgliedermäßig nicht sehr ins Gewicht fallen[21].

Die hier entwickelten Unterschiede im programmatischen Selbstverständnis rechtextremistischer Gruppen und Parteien legen die Vermutung nahe, daß sich daraus auch Unterschiede für den Zugang zur Arena der politischen Justiz ergeben. Je extremer und entfremdeter das Verhältnis zum bestehenden System ausfällt, desto stärker müßte die Einbindung in die Prozesse politischer Kriminalisierung sein und zwar als aktive oder passive Akteure.

5.5.1 ZUGEHÖRIGKEIT ZU RECHTSEXTREMISTISCHEN GRUPPEN

Bei der Erhebung der Daten wurde ermittelt, in welchen rechtsextremistischen Gruppen die Täter Mitglied waren. Um die Vielzahl der Gruppen zu bündeln und die vorgenannte These überprüfen zu können, werden die Mitgliedschaften nach den drei Bereichen: "NPD/DVU-Bereich", "Neonazistischer Bereich" (NN) und "Sonstige Gruppen" gruppiert.

Für 304 von 624 Tätern ließ sich die Mitgliedschaft zu einer rechtsextremistischen Gruppe ermitteln. Dies läßt darauf schließen, daß rechtsextremistische Kriminalität wesentlich von organisierten

---

[20] s. hierzu z.B. Verfassungsschutzbericht 1987, herausgegeben vom Bundesministerium des Innern, Bonn 1988, S. 99

[21] s. ebd., S. 118ff.

Rechtsextremisten geprägt wird. Nur ein Bruchteil der rechtsextremistisch eingestellten Bevölkerung (in der SINUS-Studie 13 Prozent[22])
ist entsprechend organisiert (1980 z.B. nur 19.800[23]). Die Ergebnisse
vermitteln aber noch ein anderes Bild. Die Grafik 5.5 verdeutlicht
dies in einer Kuchengrafik.

Tabelle 506:   Zugehörigkeit zu rechtsextremistischen Gruppen nach
               ideologischen Bereichen

Bereich	N	%
NPD/DVU-Bereich	43	14.1
Neonazistischer Bereich	234	77.0
Sonstige Gruppen	27	8.9
Insgesamt	304	100.0

Grafik 5.5:

Mitgliedschaft
nach Bereichen

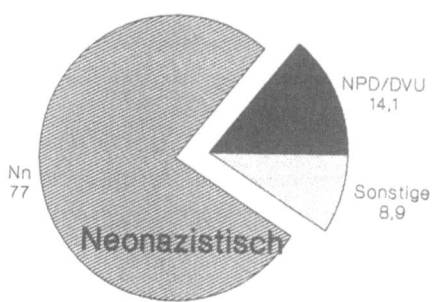

In Prozent

---

[22] s. 5 Millionen Deutsche: "Wir sollten wieder einen Führer
haben ...",a.a.O., S.15

[23] s. betrifft: Verfassungsschutz 1980, S. 17

Sind die Täter rechtsextremistisch organisiert, so kommen sie zu 77 Prozent aus neonazistischen Gruppen. Rechtsextremistische politische Kriminalität erwächst also zu einem beachtlichen Teil aus Mitgliedern der Gruppen, die sich auch auf der programmatischen Ebene vollständig von dem System der Bundesrepublik entfremdet haben. Unter dem programmatischen Gesichtspunkt ist dann eher der relativ hohe Anteil von Tätern aus dem NPD/DVU-Bereich überraschend. Dieser Bereich ist zu 14,1 Prozent unter den organisierten rechtsextremistischen Straftätern vertreten. Als so "harmlos und rechtstreu" wie sich diese Gruppierungen gerne selbst darstellen[24], sind zumindest einige ihrer Mitglieder nicht. Die "Sonstigen Gruppen" nehmen einen Anteil von 8,9 Prozent ein. Diese Strömung hat damit gegenüber der ersten Untersuchung (damals 2,6 Prozent) an Gewicht gewonnen. Da es sich hier um eine stark heterogene Restkategorie handelt, kann den dahinter liegenden Faktoren nicht weiter nachgegangen werden.

5.5.2   HANDLUNGSZIEL UND GRUPPENZUGEHÖRIGKEIT

Wird die Kriminalisierung als Indikator für Anomie genommen, trifft die eingangs entwickelte These offensichtlich zu. Zu prüfen bleibt aber, ob sich auch ein Zusammenhang zwischen Gewaltorientierung und Gruppenzugehörigkeit feststellen läßt.
Da wir Militanz und Terrorismus als die Endstufen in der Gewaltorientierung betrachten, müßte sich zeigen, daß insbesondere die neonazistisch organisierten Täter derartige Handlungsziele verfolgen.

---

[24] dies geht sogar so weit, daß sich z.B. der DVU-Vorsitzende Dr. Gerhard Frey nicht davon abhalten läßt, Ergebnisse aus der ersten Untersuchung völlig aus ihrem Zusammenhang herauszureißen und zu behaupten, DVU-Mitglieder seien nur zu 0,1% überhaupt kriminell, s. hierzu die Antwort der Bundesregierung auf eine Anfrage des Abgeordneten Dr. Penner vom 8.9.1988, Bundestagsdrucksache 11/2900, S. 9f und als weiteres Zeugnis Freyerscher Zitierdreistigkeit seine Rede auf der Passauveranstaltung 1988, Quelle: VHS-Video: "Der Triumph von Passau", FZ-Verlag

Innerhalb des Täterkreises, der rechtsextremistisch organisiert ist,
verfolgten 9,9 Prozent "terroristische" Handlungsziele. Von diesem
Durchschnittswert weicht der NPD/DVU-Bereich stark nach unten (4,7%)
und der neonazistische Bereich (12%) stark noch oben ab. Insoweit
scheint sich die Annahme zu bestätigen. Überraschend ist dann jedoch
der Militanzbereich. Hier sind die Neonazis gegenüber dem NPD/DVU-
und dem "Sonstigen" Bereich unterrepräsentiert, auch wenn sie ca. 70
Prozent der Straftäter dieses Handlungszielbereiches stellen. Überdurchschnittlich häufig sind die organisierten neonazistischen
Straftäter dann bei den "agitatorischen" Handlungszielen zu finden.
Der Täterkreis aus den "Sonstigen Gruppen" ist hier stark unterdurchschnittlich und bei den "sonstigen" Handlungszielen dagegen
stark überdurchschnittlich vertreten.

Tabelle 507: Handlungsziel und Gruppenzugehörigkeit

Handlungsziel	NPD/DVU-Bereich N	%	Neonazist-ische Gr. N	%	Sonstige Gruppe N	%	Insgesamt N	%
terroristisch	2	4.7	28	12.0			30	9.9
militant	16	37.2	69	29.5	14	51.9	99	32.6
agitatorisch	17	39.5	121	51.7	5	18.5	143	47.0
sonstiges	8	18.6	16	6.8	8	29.6	32	10.5
Insgesamt	43	14.1	234	77.0	27	8.9	304	100.0

Cramer's V=0.223
CC=0.300
Chi-Qu.=30.263 6FG

Ein in sich wenig schlüssiges Bild.Proportional gesehen dominieren
die Anhänger neonazistischer Gruppen bei den terroristischen und
agitatorischen Handlungszielen. Die Militanz tritt überproportional
häufig bei Straftätern auf, die Mitglied von NPD/DVU-Organisationen
waren. Wie Militanz und Agitation innerhalb der organisierten Täterschaft sich verteilen, hängt eventuell mit der besonderen Altersverteilung in den Gruppenbereichen zusammen.

5. Sozialbiografie

5.5.3   TATALTER UND GRUPPENZUGEHÖRIGKEIT

Das Erscheinungsbild des NPD/DVU-Bereichs war während der letzten
Jahre der westdeutschen Bundesrepublik eher als eine Orientierung
an die "Ewiggestrigen" zu charakterisieren, denn als Jugendbewe-
gung[25]. Letzteres trifft sehr viel stärker für den neonazistischen
Bereich zu. Wie die Kreuztabellierung von Alter und Handlungsziel
zeigte, waren es gerade die 14-17jährigen, die im Agitationsbereich
überrepräsentiert waren, während die 18- bis 20jährigen die Protagonisten der Militanz sind (s. Tabelle 503).

Tabelle 508: Alter zur Zeit der Tat und Gruppenzugehörigkeit

Gruppenbereich Rechtsextremismus	N 14-17	%	N 18-20	% Altersgruppe	21-30	%	31- <	%	N Insges.	%
NPD/DVU-Bereich	7	10.0	9	10.7	14	15.6	13	21.7	43	14.1
Neonazistisch	55	78.6	64	76.2	73	81.1	42	70.0	234	77.0
Sonstige	8	11.4	11	13.1	3	3.3	5	8.3	27	8.9
Insgesamt	70	100%	84	100%	90	100%	60	100%	304	100%

Cramer's V=0.13
CC=0.18
Chi-Qu.=10.02 6FG

Mit der Höhe der Altersgruppen steigen deren Anteile am NPD/DVU-
Bereich stetig. Die 14-17jährigen Straftäter sind bei den neonazistisch organisierten leicht überdurchschnittlich vertreten, die 18-
20jährigen dort dagegen leicht unterdurchschnittlich. Diese Gruppe
war jedoch bei den "militanten" Handlungszielen überdurchschnittlich

---

[25] dies bestätigt insbesondere die Wahlkampfstrategie der DVU -
Liste D, sie bat in Schleswig-Holstein die Meldebehörden um die
Herausgabe der Namen und Anschriften der Geburtsjahrgänge 1900
bis 1930, der von uns so bezeichneten "Nazi-Kohorte"! S.
Süddeutsche Zeitung Nr. 34 vom 10.2.1989

vertreten. Für die 21-30jährigen ist der neonazistische Bereich deutlich stärker präsent als im Gesamtdurchschnitt und sie waren es, die stärker "terroristische" Handlungsziele aufwiesen. Bei den über 30jährigen findet sich dagegen eine stärkere Anbindung an den NPD/DVU-Bereich. Der "Sonstige Bereich" findet eine überdurchschnittliche Resonanz bei den jüngeren organisierten Straftätern. Insgesamt scheint die besondere Handlungszielverteilung in den einzelnen Gruppenbereichen zumindest schwach durch die Altersverteilung erklärbar zu sein.

Das Bild wird klarer, wenn die Prozentanteile der Altersgruppen für die organisierten Täter insgesamt und für die neonazistisch und die NPD/DVU-organisierten Täter in einer Grafik veranschaulicht werden:

Grafik 5.6:

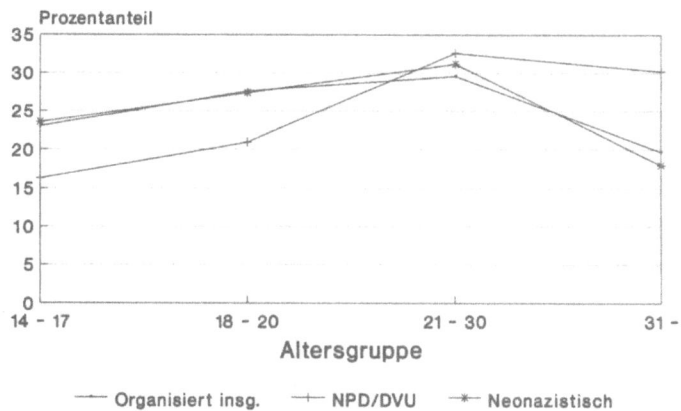

Ideologiegruppe - Altersgruppe
Prozentvergleich

Rechtsextremisten

283

Der Kurvenverlauf verdeutlicht die Übereinstimmung der Alters-
gruppenanteile im neonazistischen Bereich mit denen bei den
organisierten Tätern insgesamt sowie die Abweichung des NPD/DVU-
Bereichs. Die Straftäter aus diesem Bereich kommen weniger aus den
unteren Altersgruppen und sind stärker in den höheren Altersgruppen
vertreten. Die 21- bis 30jährigen sind sowohl insgesamt als auch in
den beiden Bereichen anteilsmäßig gleich stark vertreten. Vielleicht
liegt darin die Erklärung für den relativ hohen Anteil "militanter"
Handlungsziele im NPD/DVU-Bereich.

Das Durchschnittsalter liegt im NPD/DVU-Bereich bei 28,5 Jahren, die
neonazistisch organisierten Straftäter sind durchschnittlich nur 24,7
Jahre alt und die dem sonstigen Bereich zugehörigen Straftäter haben
einen Altersdurchschnitt von 26,6 Jahren. Die ideologischen Bereiche
zeigen damit auch im kriminellen Rechtsextremismus auffallende
Altersunterschiede.

5.5.4   GRÜNDE FÜR DIE HINWENDUNG ZUM RECHTSEXTREMISMUS

Das durch die Jugend und den Neonazismus bestimmte Erscheinungsbild
des kriminellen Rechtsextremismus eröffnet die Frage nach der
Bedeutung des politischen Hintergrundes für das Handeln dieser
Akteure. Aus Interviews mit Neonazis und aus den Selbstzeugnissen
solcher Jugendlicher gewinnt man den Eindruck, als spiele die
Politikebene nur eine nachgeordnete Rolle:

> "Wer glaubt, Jugendliche würden sich rechtsextremen Kreisen
> anschließen, weil sie primär deren Weltanschauung gut-
> heißen, befindet sich auf dem Holzweg. Das ideologische
> Moment ist nicht so entscheidend, wie manche denken"[26].

Sollte dies zutreffen, müßte es sich auch in den von den Gerichten
herausgearbeiteten Gründen zur Hinwendung zum Rechtsextremismus
wiederfinden.

---

[26] Meyer, Alwin/ Rabe, Karl-Klaus: Unsere Stunde die wird kommen.
Rechtsextremismus unter Jugendlichen, Bornheim-Merten 1979, S.87

Tabelle 509: Hinwendung zum Rechtsextremismus

Hinwendungsgrund	N	%
Persönliche Erfahrungen im sog. III. Reich	17	9.2
Eigenständige ideologische Fundierung	49	26.5
Verwandtschafts- und Bekanntschaftsbeziehungen	73	39.5
Schlüsselerlebnis	7	3.8
Sonstige, nicht eindeutige Gründe	39	21.0
Insgesamt	185	100.0

Von 29,6 Prozent der rechtsextremistischen Straftäter liegen Angaben zu den Hinwendungsgründen vor. Lediglich für 9,2 Prozent wurden persönliche Erfahrungen im sog. III. Reich als Hinwendungsgrund in Anschlag gebracht. Man kann sagen, daß es sich bei diesen Tätern noch um die "Früchte politischer Sozialisation im Zeichen des Nationalsozialismus" handelt.

Die eigenständig erarbeitete und erworbene ideologische Fundierung einer rechtsextremistischen Haltung wurde nur in 26,5 Prozent der Hinwendungsfälle zugrunde gelegt. Gegenüber der ersten Untersuchung stellt das einen Rückgang dieses Hinwendungsfaktors um 2,7%-Punkte dar. Um 5,9%-Punkte ist dagegen der Hinwendungsgrund über Ver- wandtschafts- oder Bekanntschaftsbeziehungen gestiegen. Insoweit ergibt sich, daß die persönliche Beziehungsebene ein zentraler Anknüpfungspunkt in der Rekrutierung des rechtsextremistischen Nachwuchses darstellt. Der Beziehungsfaktor ist sogar noch höher zu veranschlagen, weil er in vielen der 39 Fälle enthalten war, die unter sonstige, nicht eindeutige Gründe erfaßt wurden. Hier tauchte öfter, zusammen mit anderen Punkten, das Bedürfnis nach Kameradschaft auf. Die Ergebnisse lassen vermuten, daß die Hinwendung zum Rechtsex- tremismus in erster Linie über den sozialen Nutzen, den eine rechts- extremistische Gruppe anbietet und vermittelt, erfolgt, zumal auch sog. Schlüsselerlebnisse (Besuch einer Veranstaltung, Konfrontation mit "linkem Lehrer") nur eine geringe Rolle spielen (3,8%).

Die politisch-ideologische Fundierung rechtsextremistischen Handelns mag, wenn schon nicht so sehr für die Hinwendung, so doch für die Handlungsorientierung im Bereich des kriminellen Rechtsextremismus eine maßgebliche Rolle spielen. Die Verbindung von Hinwendungsgrund und verfolgtem Handlungsziel ergibt klare Präferenzen und einen starken Zusammenhang.

Tabelle 510: Handlungsziel und Hinwendungsgrund

Handlungsziel	III. Reich	Hinwendungsgrund Ideolo- gie	Bezieh- ungen	Schlüs- selerl.	Sonst- iges	Insge- samt
	N %	N %	N %	N %	N %	N %
terroristisch		3 6.1	9 12.3	3 42.9	5 12.8	20 10.8
militant		8 16.3	30 41.1		8 20.5	46 24.9
agitatorisch	17 100.	34 69.4	27 37.0	4 57.1	18 46.2	100 541
sonstiges		4 8.2	7 9.6		8 20.5	19 10.2
Insgesamt	17 9.2	49 26.5	73 39.5	7 3.8	39 21.1	185 100

Cramer's V=0.285
CC=0.442
Chi-Qu.=45.081 12FG

Aus Tabelle 510 geht hervor, daß die 17 Täter mit persönlichen Erfahrungen mit dem Nazi-Regime (Hinwendungsgrund III. Reich) ausschließlich "agitatorische" Handlungsziele verfolgten. Hier wird jedoch der Alterseffekt eine bestimmende Rolle spielen. Bei den Tätern, für die die Gerichte sog. Schlüsselerlebnisse als Hinwendungsgrund anführten, waren entweder "terroristische" oder "agitatorische" Handlungsziele maßgebend. Der Anteil "terroristischer" Handlungsziele ist für solche Täter eklatant hoch. Die geringe Fallzahl verbietet aber das Spekulieren über mögliche Gründe.

Ein besonderer Blick gilt den Tätern mit ideologischer Fundierung (Ideologie) und denen mit Verwandtschafts- oder Bekanntschaftsbeziehungen als Hinwendungsfaktor, in der folgenden Grafik als Ideologie- und Beziehungsfaktor bezeichnet.

Grafik 5.7:

Hinwendungsgrund-Handlungsziel
Ideologiefaktor - Beziehungsfaktor

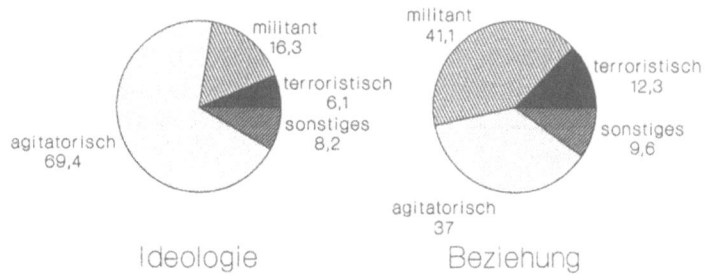

Prozentwerte

Lesehinweis: Von den Tätern, für die als Hinwendungsgrund eine
eigenständige ideologische Fundierung angenommen wurde, der
Ideologiefaktor, verfolgten 69,4 Prozent "agitatorische" Handlungsziele. Von den Tätern, die über Verwandtschafts- und Bekanntschaftsbeziehungen zum Rechtsextremismus kamen, der Beziehungsfaktor,
verfolgten 37 Prozent "agitatorische" Handlungsziele.

Wie aus den Kuchendiagrammen deutlich hervorgeht, dominieren je nach
Hinwendungsgrund unterschiedliche Handlungsziele. Die ideologisch
begründeten Rechtsextremisten weisen auffallend wenig "militante" und
"terroristische" Handlungsziele auf. Sie verfolgen dagegen besonders
stark "agitatorische" Handlungsziele. Ganz anders die Täter, die für
den Rechtsextremismus über den Beziehungsfaktor gewonnen worden sind.
Hier fallen die Anteile für die terroristischen und die militanten
Handlungsziele äußerst hoch aus, zusammen erreichen sie 53,4 Prozent.
Die Ideologen sind also eher die Agitatoren, während die "Beziehungs-
täter" ihre Anbindung zum Rechtsextremismus eher mit Gewalt unter
Beweis stellen. Offenbar ist der soziale Kitt, den der Rechtsextremismus vermittelt, so haltbar, daß daraus ein besonderes Gewaltpotential erwächst, oder die Gewalt ist der Kitt.

Faßt man die Weltanschauungs- und die Beziehungsebene als die wesentlichen Rekrutierungsmuster für den kriminellen Rechtsextremismus auf, so zeigen die Folgewirkungen, daß man diesen Mustern unterschiedlich begegnen muß.

5.5.5   POLITISCHES SYSTEM

Für die politisch-ideologische Handlungsorientierung hat ohne Zweifel der Umstand der Sozialisation in einem bestimmten politischen System Gewicht. Da das politische System in der Regel als konstante Rahmenbedingung betrachtet wird, wird es kaum als unabhängige Variable thematisiert. Die plötzliche Vereinigung der Bundesrepublik mit der DDR hat auch entsprechend fast alle überrascht. Bei der Gruppe der rechtsextremistischen Straftäter ergeben sich Unterschiede in der Rahmenbedingung "politisches System" dadurch, daß ein Teil der Täter politisch in der Weimarer Republik oder unter dem Hitler-Regime sozialisiert wurde. Hierfür verweise ich auf die Darstellung nach den Geburtskohorten. An dieser Stelle wird der Frage nachgegangen, inwieweit sich aus der Teilung Deutschlands in zwei unterschiedlich verfaßte Systeme Einflüsse auf den Täterkreis bemerkbar machten.

Es muß davon ausgegangen werden, daß bei einem Wechsel des politischen und soziokulturellen Bezugssystems, wie er vorlag, wenn eine Person aus der DDR in die Bundesrepublik wechselte, ein tiefer Einschnitt in die politische Sozialisation erfolgte. Gewöhnlicherweise wird der Wechsel des politisch-sozialen Bezugssystem mit einer besonders starken Anpassung an die neue Umgebung bewältigt. Da man nicht dazugehört, versucht man durch besondere Leistung und Anpassung Anerkennung zu finden. Gelingt einem die Integration nicht, besteht die Gefahr der Radikalisierung, des Abdriftens an den - mitunter auch politischen - Rand der Gesellschaft. Wenn sich ehemalige DDR-Bürger unter den untersuchten rechtsextremistischen Straftätern befinden, so vermute ich eine besondere, extremere Handlungsorientierung. Tabelle 511 gibt den Zusammenhang von politischer Systemerfahrung und verfolgten Handlungszielen wieder.

Tabelle 511: Handlungsziel und Sozialisationshintergrund
Politisches System

Handlungsziel	Sozialisationshintergrund Politisches System							
	Ausländer		Ehem. DDR		Bundesrep.		Insges.	
	N	%	N	%	N	%	N	%
terroristisch			6	22.2	35	6.0	41	6.7
militant	1	25.0	6	22.2	189	32.6	196	32.1
agitatorisch	2	50.0	13	48.1	307	53.0	322	52.8
sonstiges	1	25.0	2	7.4	48	8.3	51	8.4
Insgesamt	4	0.7	27	4.4	579	94.9	610	100.0

Cramer's V=0.102
CC=0.142
Chi-Qu.=12.730 6FG

Obwohl der Anteil der Täter, die einen bestimmenden Lebensabschnitt
in der DDR verbracht haben, am rechtsextremistischen Täterkreis nur
4,4 Prozent ausmachte, stellten sie von den diesbezüglich erfaßten
Tätern mit "terroristischen Handlungszielen" 14,6 Prozent. Innerhalb
ihrer Gruppe machen damit die "terroristischen Handlungsziele" 22,2
Prozent aus. Mit dem gleichen Anteil, und damit unter dem Durchschnitt liegend, treten bei ihnen "militante Handlungsziele" auf.
Nimmt man die beiden gewaltorientierten Handlungsziele zusammen, so
liegen sie wieder deutlich über dem entsprechenden Anteil der
bundesrepublikanisch sozialisierten Täter. Damit wird zumindest ein
Hinweis dafür geliefert, daß die eingangs entwickelte Annahme einer
extremeren Handlungsorientierung von rechtsextremistischen Straftätern, die aus der DDR kamen, zutreffen kann. Über die vier Täter, die
als Ausländer in diese Population geraten sind, kann wegen der
geringen Fallzahl keine besondere Aussage gemacht werden.

5.5.6   ZWISCHENERGEBNIS

Unsere Ergebnisse vermitteln über unterschiedliche Zugänge zwar nur
Impressionen zum politisch-ideologischen Hintergrund, dennoch werden
wichtige Einblicke in diesen Sektor des rechtsextremistischen
Straftäterkreises gewonnen. Wenn bei den Tätern ein organisatorischer
Hintergrund vorlag, so handelte es sich in 77 Prozent der Fälle um
den neonazistischen Bereich. Bei den neonazistischen Straftätern ließ
sich ein hoher Prozentsatz an "terroristischen Handlungszielen"
nachweisen, relativ niedrig (aber für den kriminellen Rechtsextremismus immer noch bestimmend) fiel dagegen der "militante" Bereich
aus. Hier waren überdurchschnittlich stark Mitglieder solcher
Organisationen vertreten, die sich gern als legale, gesetzestreue
Rechte bezeichnet (NPD/DVU-Bereich). Somit läßt sich der Schluß
ziehen, daß Mitglieder aus NPD- oder DVU-Organisationen zwar
verhältnismäßig selten (gerade auch im Vergleich zu den Mitglieds-
zahlen dieser Organisationen) in den kriminellen Rechtsextremismus
hineingeraten; wenn sie aber kriminell werden, so geschieht dies
auffallend häufig im militanten Bereich. Die beiden politisch-
ideologischen Bereiche weisen eine unterschiedliche Altersgruppen-
zusammensetzung bei den Tätern auf. Die 21- bis 30jährigen sind
sowohl im NPD/DVU-Bereich als auch im neonazistischen Straftäter-
bereich anteilsmäßig gleichstark vorzufinden, ansonsten bestimmen bei
den NPD/DVU-Tätern die älteren, bei den neonazistischen Tätern die
jüngeren den Täterkreis. Diese Ergebnisse sind auf dem Hintergrund
der Besonderheiten der Datenbasis zu sehen. Hier fließen nur die
Angaben ein, die aus Anklageschrift und Urteil zu gewinnen waren. In
den Fällen, in den z.B. ein Strafbefehl erging (N=87), lassen sich
in der Regel keine Angaben über mögliche Gruppenzugehörigkeiten
finden. Das Bild, das über den organisierten kriminellen Rechtsex-
tremistenkreis gewonnen wurde, ist also nicht vollständig. Jedoch
kann angesichts der Besonderheiten des Strafbefehls angenommen
werden, daß eher für den agitatorischen Bereich die Erfassung des
organisatorischen Hintergrundes unvollständig ausfällt.

Insgesamt spielt der organisatorische Hintergrund der Täter eine wichtige Rolle. Das zeigt auch die Analyse der von den Gerichten herausgestellten Hinwendungsgründe zum Rechtsextremismus. Zwar ist das politisch-ideologische Element bedeutsam, bestimmend war aber die Rekrutierung zum Rechtsextremismus über Verwandtschafts-und Bekanntschaftsbeziehungen, also das persönliche Element. Dieser Anbindungskitt ist offenbar so stark, daß er den gewaltförmigen Rechtsextremismus bestimmt. Die auf diese Weise rekrutierten Täter verfolgten eher "militante" als "agitatorische" Handlungsziele.

5.6   FRAUEN IM RECHTSEXTREMISMUS

In der Einleitung zu den Ergebnissen zum politisch-ideologischen Kontext wurde am Beispiel der Frauen ausgeführt, daß zwischen Einstellung und Verhalten ein Unterschied bestehen kann. Die Bedeutung und die Rolle der Frauen im kriminellen Rechtsextremismus wird daher gesondert dargestellt. Der Anteil der Frauen am rechtsextremistischen Täterkreis hat sich durch die zweite Erhebungswelle leicht vergrößert. Von 2 Prozent auf 2.7 Prozent, also von 8 auf 17 Frauen, ist der Anteil gestiegen. 11 der 17 Frauen waren ledig, fünf verheiratet und eine war geschieden.

Tabelle 512: Alter zur Zeit der Tat bei den weiblichen Rechts-
             extremisten (RE), Vergleich in % mit 1. Unter-
             suchung

Tatalter-Gruppen	Frauen N	%	1.Unt. %
14 - 17	2	11.7	0
18 - 20	5	29.4	25.0
21 - 30	6	35.3	37.5
31 - älter	4	23.6	37.5
Insgesamt	17	100	100.0

Im Durchschnitt waren die Frauen mit 25 1/2 Jahren etwas jünger als die Männer. Die Alterskurve verläuft in diesem Täterkreis allerdings stärker in die mittleren Altersgruppen hinein, wie man der Grafik 5.8 entnehmen kann. Über die Hälfte der Frauen ist zwischen 18 und 30 Jahre alt. Diese besondere Altersverteilung erklärt die Ergebnisse bezüglich des Familienstandes. Von 35,3 Prozent der Frauen wurde ermittelt, daß ihre Hinwendung zum Rechtsextremismus über Bekannte und Verwandte sich abspielte[27]. Die Rekrutierung über sog. Primärbeziehungen (Verwandte, Freunde) hat damit für die Frauen ein ähnliches Gewicht wie für die rechtsextremistischen Männer.

Grafik 5.8: Altersgruppenverteilung Mann – Frau (RE)

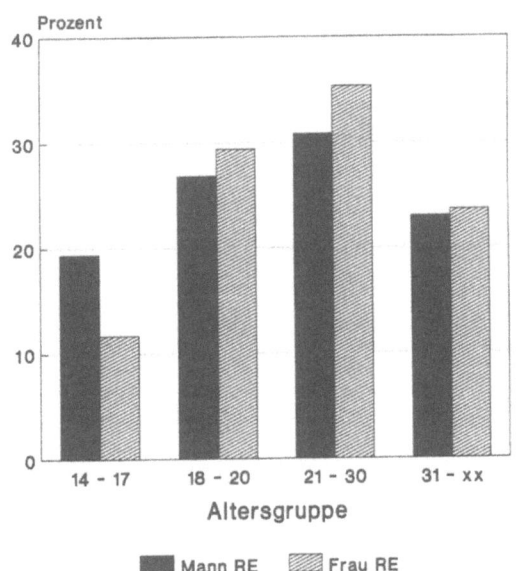

Tatalter-Gruppen
Geschlechtervergleich RE

---

[27] Neidhardt kam in seiner Studie über Links- und Rechtsterrorismus zu einem ähnlichen Ergebnis, s. Neidhardt, F.: Linker und rechter Terrorismus, a.a.O.,S. 448

Um die Bedeutung und die Rolle der Frauen im kriminellen Rechtsextremismus zu erfassen, bedarf es des Vergleichs der Handlungsziele
der rechtsextremistischen Frauen und Männer. Es ist zu prüfen, ob die
für den Rechtsextremismus typischen patriarchalischen Strukturen und
die dort für Frauen typische Zuordnung zu untergeordneten Funktionen
und Stellungen, Auswirkungen auf die Handlungszielorientierung
rechtsextremistischer Straftäterinnen haben. Wie die Zahlen in
Tabelle 513 zeigen, sind die Unterschiede in den Anteilen der
einzelnen Handlungsziele nicht groß.

Für eine Täterin ergab sich ein terroristisches Handlungsziel, fünf
weitere waren bei ihren Taten militant, insgesamt weisen also 35,3
Prozent der Frauen ein gewaltorientiertes Handlungsziel auf,
gegenüber 38,4 Prozent bei den Männern.

Tabelle 513: Verurteilte Rechtsextremisten nach Geschlecht
und Handlungsziel

Handlungsziel	Männer N	%	Frauen N	%	Insgesamt N	%
terroristisch	40	6.6	1	5.9	41	6.6
militant	193	31.8	5	29.4	198	31.8
agitatorisch	324	53.5	9	52.9	333	53.5
sonstiges	49	8.1	2	11.8	51	8.2
Insgesamt	606	97.3	17	2.7	623	100.

Cramer's V=0.023
CC=0.023
Chi-Qu.=0.318 3FG

Relativ auffällig erscheint der Anteil der "sonstigen Handlungsziele"
bei den Frauen, da aber nur zwei Täterinnen hier auftreten, verbietet
sich eine Interpretation. Außer diesen Ergebnissen ist noch zu
berücksichtigen, daß 10 bzw. 58,8 Prozent der Frauen im Rahmen einer
Gruppe oder Organisation politisch kriminell wurden. Diese Zahl ist
wesentlich auf dem Hintergrund der besonderen Bedeutung des Hinwendungsfaktors "Beziehungen" zu bewerten.

Gegenüber der ersten Untersuchung werfen die jetzt vorgelegten Ergebnisse ein differenzierteres Licht auf die Rolle von Frauen im Bereich des politisch-kriminellen Rechtsextremismus. Allerdings drängt sich der Gesamteindruck auf, daß außer der klaren Unterrepräsentanz der Frauen gravierende Unterschiede zu den Männern nicht festzustellen sind, soweit sich solche Erkenntnisse aus dem zugrunde gelegten Material überhaupt gewinnen lassen.

5.7   SOZIALE HERKUNFT UND SOZIALER KONTEXT

Nach den bisherigen Ergebnissen ist rechtsextremistisch motivierte politische Kriminalität zuvörderst ein Jugend- und Männerphänomen, das weitestgehend auf neonazistischen Weltbildern fußt. Es bestätigt sich damit, daß nur ein bestimmter Ausschnitt aus der Gesamtheit der strafmündigen Bürger in diesem Bereich kriminell wird. Deshalb lohnt es sich, dem Aspekt des spezifischen sozialen Kontextes, dem die Täter entstammen, nachzugehen. Die soziale Herkunft gibt, so Schmidtchen, Auskunft über die "sozialen Verstärker", d.h. den schichtspezifischen Einflüssen auf die Sozialisation[28]. Als einer der wichtigsten Indikatoren für den sozialen Kontext wird der Beruf des Vaters angesehen. Allerdings ist man sich inzwischen der Problematik dieses eindimensionalen Schichtindikators bewußt[29]. Noch deutlicher muß betont werden, daß man in der Berufsposition des Vaters nicht die Ursache für besondere Einstellungen und Verhaltensdispositionen im Sinne eines Kausalschlusses sehen darf. Die Zugehörigkeit zu einer bestimmten Schicht oder Berufsposition erklärt nicht unbedingt und ausschließlich die Hinwendung zum Rechtsextremismus und zu politis-

---

[28] s. Schmidtchen, Gerhard: Terroristische Karrieren. Soziologische Analysen anhand von Fahndungsunterlagen und Prozeßakten, in: Jäger, Herbert/ Schmidtchen, Gerhard/ Süllwold, Lieselotte: Lebenslaufanalysen. Analysen zum Terrorismus 2, Opladen 1981, S.21

[29] s. zur Kritik zum Beispiel Bourdieu, Pierre: Die feinen Unterschiede. Kritik der gesellschaftlichen Urteilskraft, Frankfurt am Main 1987, S. 178ff.

cher Gewalt und Illegalität. Entscheidender, und auch um so
schwieriger zu ermitteln, ist das Zusammenwirken soziostruktureller,
psychologischer, gesellschaftspolitischer und historischer Faktoren.
Mit der Berufsposition, für die im folgenden synonym sozialökonomischer Status (SÖS) gebraucht wird, kann nur annäherungsweise
eine äußere Erfassung des Sozialmilieus, welches die Täter prägt,
erfolgen.

5.7.1   SOZIALÖKONOMISCHER STATUS DES VATERS

Die Herausarbeitung des sozialen Kontextes der Täter ist sowohl für
das allgemeine Verständnis über den kriminellen Rechtsextremismus
bedeutsam, als auch für mögliche rechts- und allgemeinpolitische
Gegenstrategien. Sollten die Täter einem einheitlichen Sozialmilieu
entstammen, würde dies ein zentraler Ansatzpunkt für Präventivmaß-
nahmen sein oder auch die Frage aufwerfen, ob der Staat und seine
politische Justiz sozial diskriminierend tätig wird.

Ausgehend von der Berufsposition des Vaters (wenn nicht angegeben,
die der Mutter) wird eine erste Bestimmung des sozialen Kontextes der
Täter versucht. Der Beruf wird als Ausdruck für den erreichten
sozialökonomischen Status der Familie angesehen, aus der der Täter
kommt. Je höher der sozialökonomische Status ausfällt, desto größer
sind im allgemeinen die damit verbundenen Entfaltungs- und Aufstiegs-
chancen. Folgt man der Alltagstheorie über den Rechtsextremismus,
müßten die Täter vorwiegend aus den unteren gesellschaftlichen
Schichten kommen. In einem ersten Schritt werden die festgestellten
Berufe der Väter, Tabelle 514, betrachtet.

Tabelle 514: Beruf des Vaters

Beruf des Vaters	N	%
*Unternehmer,freie Berufe; höhere An-gestellte, Beamte	18	9.4
*Mittlere, kleine Selbständige	40	21.1
*Angestellte,Beamte des gehobenen und mittleren Dienstes und vergleichbarer Positionen	28	14.7
*Einfache Angestellte, Beamte; Fach-arbeiter	79	41.6
*Angelernte,ungelernte Arbeiter	21	11.1
*Sonstige	4	2.1
Insgesamt	190	100.0

Die den sechs Kategorien zugeordneten Berufe ergeben ein zwar streu-
endes, aber dennoch zentriertes Bild. Die einfachen Angestellten/Be-
amten und Arbeiter dominieren unter den Vätern. Es läßt sich aber
nicht die These erhärten, Rechtsextremisten kämen fast nur aus der
Unterschicht. 14,7 Prozent der Väter waren Angestellte/Beamte aus dem
mittleren und gehobenen Dienst oder nahmen vergleichbare Positionen
und Berufe ein. Einen weiteren Schwerpunkt stellen Väter mit Berufen
dar, die dem mittelständischen Sozialmilieu zugeschrieben werden
können: 21,1 Prozent der Fälle wurden hier zugeordnet. Die kleineren
und mittleren Selbständigen aus Handel und Handwerk repräsentieren
damit ein für den kriminellen Rechtsextremismus fruchtbares Sozialmilieu. Gerade hier bedürfte es aber weiterer Informationen, um die
Rolle dieses Milieus näher klären zu können. Aus der Faschismusforschung ist z.B. bekannt, daß es sich bei den dem Mussolinifaschis-
mus verfallenen Mittelstandskreisen häufig um solche gehandelt hat,
die in ihrer Existenz bedroht waren oder deren Existenz durch die
Wirtschaftskrise zerstört worden war[30]. Die Mittelstandszugehörigkeit
als solche erklärt noch keinen Rechtsextremismus. Die hier vorliegenden Ergebnisse verdeutlichen insgesamt, daß der kriminelle Rechtsex-

---

[30] s. Renzo, de Felice: Italian Fascism and the Middle Classes,
in: Larsen, Stein Ugelvik/ Hagtvet, Bernt/ Myklebust, Jan Petter
(Hrsg.): Who were the Fascists ?,Bergen, Oslo, Tromφ 1980, S.
312f

tremismus kein ausschließlich den unteren Schichten entsprießendes Phänomen ist. 9,4 Prozent der Väter, von denen Berufsangaben vorlagen, gehören zur Kategorie: Unternehmer; freie Berufe; höhere Angestellte/Beamte, und können einem hohen sozialökonomischen Status zugeordnet werden. Die soziale Rekrutierungsbasis rechtsextremistischer Straftäter ist damit stärker ausdifferenziert als oftmals angenommen wird.

Um den Einfluß des durch den Vaterberuf bestimmten sozialen Kontextes auf die Handlungsorientierung zu erfassen, werden in der Tabelle 515 die Berufskategorien zu den drei Statuskategorien: hoher sozialökonomischer Status (SÖS), mittlerer sozialökonomischer Status und unterer sozialökonomischer Status zusammengefaßt. Hierfür werden die Berufskategorien "Selbständige" und "Angestellte/Beamte des gehobenen/mittleren Dienstes" zum mittleren sozialökonomischen Status gerechnet und die letzten, bis auf Ausnahme der "sonstigen Berufe", die unberücksichtigt bleiben müssen, zum unteren sozialökonomischen Status zusammengefaßt.

Die auf dieser Zusammenfassung basierende Kreuztabellierung mit den Handlungszielen der Täter vermittelt einen leichten Zusammenhang zwischen sozialem Kontext des Täters, gemessen am Vaterberuf, und verfolgtem Handlungsziel.

Tabelle 515: Sozialökonomischer Status des Vaters und
Handlungsziel (SÖS=Sozialökonomischer Status)

| | Sozialökonomischer Status des Vaters | | | | | | | |
| Handlungsziel | Hoher SÖS | | Mittl. SÖS | | Unterer SÖS | | Insges. | |
	N	%	N	%	N	%	N	%
terroristisch	5	27.8	9	13.2	8	8.0	22	11.8
militant	4	22.2	20	29.4	34	34.0	58	31.2
agitatorisch	8	44.4	32	47.1	42	42.0	82	44.1
sonstiges	4	5.6	7	10.3	16	16.0	24	12.9
Insgesamt	18	100.0	68	100.0	100	100.0	186	100.0

Cramer's V=0.15
CC=0.20
Chi Qu.=8.10 6 FG

Täter, deren Väter einen hohen sozialökonomischen Status einnehmen,
weisen einen deutlich überdurchschnittlich hohen Anteil an Gewaltzielen auf - insgesamt 50 Prozent - , wobei die "terroristischen
Handlungsziele" mit 27,8 Prozent außergewöhnlich stark vertreten
sind. Mit der Abnahme der Statushöhe sinkt der Anteil der "terroristischen Handlungsziele" stetig, wogegen die "militanten
Handlungsziele" ansteigen. Die Grafik 5.9 bildet diesen interessanten
Zusammenhang ab. Er verweist all die Thesen in den Bereich der
Legende, die behaupten, rechtsextremistischer Terror entspränge fast
ausschließlich den Niederungen unterster sozialer Schichten.
Zumindest für die Herkunft der Täter läßt sich diese Annahme nicht
halten. Der Zusammenhang von Schichtzugehörigkeit und Militanz wird
dagegen zumindest in der Tendenz bestätigt. Je niedriger die soziale
Herkunft, desto stärker ist die Orientierung auf Militanz. Würde der
Blick allein auf die Gewaltorientierung gelegt ("terroristische und
militante Handlungsziele" zusammen), kämen diese differenzierten und
wichtigen Unterschiede überhaupt nicht in das Bild. Die Unterschiede,
in denen "agitatorische Handlungsziele" auftreten, sind im Vergleich
dazu nicht sehr ausgeprägt. Auffallend ist noch, daß Täter, deren
Väter dem unteren sozialökonomischen Statusbereich zugehören, zu 16

Prozent "sonstige Handlungsziele" aufweisen. Hier mag eine größere
Nähe zur allgemeinen Kriminalität ihren Ausdruck finden.

Grafik 5.9:

Sozialer Kontext - Handlungsziel
Status des Vaters und Gewaltziele

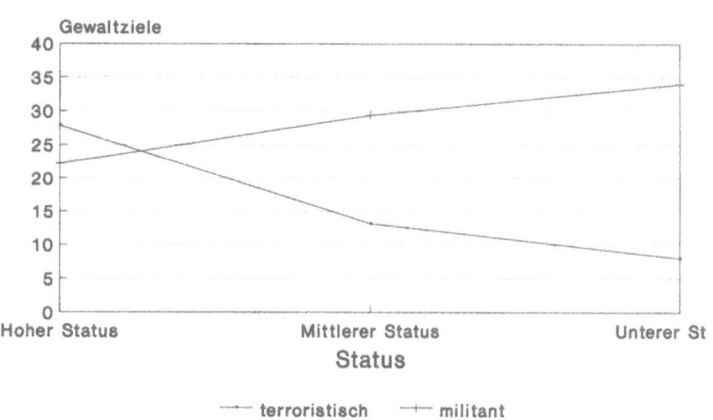

Prozentanteile

5.7.2   BERUFSPROFIL DER RECHTSEXTREMISTISCHEN TÄTERSCHAFT

Zwischen der über den Vaterberuf ermittelten sozialen Herkunft und
der aktuellen Schichtzugehörigkeit zum Zeitpunkt der Tat, muß in
einer relativ offenen Gesellschaft wie der Bundesrepublik keine
Übereinstimmung bestehen. Sozialer Aufstieg oder Abstieg ist möglich
und eventuell auch Erklärung für den kriminellen Extremismus. Da wir
es bei der Untersuchung mit einer sehr jungen Population zu tun

299

haben, müssen die Ergebnisse unter dem Vorbehalt betrachtet werden, daß vermutlich für viele Täter der Prozeß des Erwerbs einer bestimmten sozialökonomischen Position noch nicht abgeschlossen war. Deshalb sind bei der Erfassung der Berufe auch noch zusätzliche Kategorien aufgenommen worden. Tabelle 516 gibt einen Überblick über die zur Zeit der Tat ausgeübten Berufe der kriminellen Rechtsextremisten.

Schon ein flüchtiger Blick läßt erkennen, daß hier andere Werte auftreten als beim Beruf des Vaters. Lediglich 1,9 Prozent der Täter werden als Unternehmer, Angehörige der freien Berufe oder als höhere Angestellte und Beamte ausgewiesen. Auch das Milieu der Selbständigen findet sich nur bei 5 Prozent der Täter. Nimmt man noch die 4,3 Prozent der Angestellten/Beamten aus dem gehobenen und mittleren Dienst hinzu, so nahmen zum Zeitpunkt der Tat gerade 9,3 Prozent der Täter einen mittleren sozialökonomischen Status ein.

Tabelle 516: Beruf des Täters zur Zeit der Tat

Beruf	N	%
*Unternehmer,freie Berufe; höhere Angestellte, Beamte	11	1.9
*Mittlere, kleine Selbständige	30	5.0
*Angestellte,Beamte des gehobenen und mittleren Dienstes und vergleichbarer Positionen	26	4.3
*Einfache Angestellte, Beamte; Facharbeiter	128	21.1
*Angelernte,ungelernte Arbeiter	118	19.5
*Sonstige	27	4.4
*Arbeitslose, ohne Beschäftigung	97	16.0
*Schüler, Auszubildende	157	25.9
*Studenten	12	2.0
Insgesamt	606	100.1

Das Schwergewicht in der Berufsverteilung liegt im unteren sozialökonomischen Statusbereich. Vom ausgeübten Beruf her umfaßt der Anteil der einfachen Angestellten und Arbeiter 40,6 Prozent. Da noch 16 Prozent der Täter zum Zeitpunkt der Tat arbeitslos oder ohne

Beschäftigung waren, deutet dies darauf hin, daß die Täter zum großen
Teil zu den unteren Schichten zu zählen sind. Mehr als ein Viertel
ging jedoch noch der Ausbildung nach. Lediglich 2 Prozent der Täter
waren zum Zeitpunkt der Tat Studenten. Bei mehr als einem Viertel der
Täter war damit der Prozeß der Schichtzuweisung über den Erwerb von
Berufspositionen noch nicht abgeschlossen. Ob dieser Prozeß subjektiv
mit dem Gefühl der Statusunsicherheit verbunden ist, entzieht sich
der Aussagequalität unserer Daten. Jedenfalls dürfte dies für die 16
Prozent anzunehmen sein, die zum Zeitpunkt der Tat arbeitslos oder
ohne Beschäftigung waren. Diese Quote ist auch für die in den
achtziger Jahren typische Massenarbeitslosigkeit sehr hoch.

Der Gesamteindruck, den das Berufsprofil der Täter vermittelt, läßt
sich dahingehend zusammenfassen, daß untere Schichtzugehörigkeit oder
Arbeitslosigkeit oder Ausbildung die Täterschaft prägt.

Tabelle 517: Sozialökonomischer Status der rechtsextremistischen
Täter zur Zeit der Tat und Handlungsziel, absolute
Werte

Handlungsziel	Sozialökonomischer Status des Täters						
	Hoher SÖS*	Mittl. SÖS	Unter. SÖS	Sch./ Azubi	Arbeits- los	Sonst- iges	Ins- gesamt
terroristisch	1	6	14	6	11		38
militant	2	16	87	57	28	7	197
agitatorisch	8	32	126	86	50	19	321
sonstiges		2	19	20	8	1	50
Insgesamt	11	56	246	169	97	27	606

Cramer's V=0.107
CC=0.182
Chi-Qu.=20.750   15FG

5. Sozialbiografie

Tabelle 518: Sozialökonomischer Status rechtsextremistischer
Täter zur Zeit der Tat und Handlungsziel, Prozentwerte

Handlungsziel	Sozialökonomischer Status des Täters						
	Hoher SÖS*	Mittl. SÖS	Unter. SÖS	Sch./ Azubi	Arbeits- los	Sonst- iges	Ins- gesamt
terroristisch	9.1	10.7	5.7	3.6	11.3		6.3
militant	18.2	28.6	35.4	33.7	28.9	25.9	32.5
agitatorisch	72.7	57.1	51.2	50.9	51.5	70.4	53.0
sonstiges		3.6	7.7	11.8	8.2	3.7	8.2
Insgesamt	1.8	9.2	40.6	27.9	16.0	4.5	100.0

Cramer's V=0.107
CC=0.182
Chi-Qu.=20.750   15FG

* SÖS= Sozialökonomischer Status/ Berufsposition

Die Tabellen 517 und 518 geben die absoluten und prozentualen Werte
für die Kreuztabellierung mit den Handlungszielen wieder. Wie schon
beim Vaterberuf, wurden die Berufskategorien zu sozialökonomischen
Statuskategorien zusammengezogen.

Anders als bei der Bestimmung über den Vaterberuf ergibt sich für
die Täter, die selbst einen hohen sozialökonomischen Status einnehmen, daß sie zwar immer noch überdurchschnittlich hoch terroristische Handlungsziele verfolgen (9,1 Prozent), nunmehr   jedoch auffallend stark im agitatorischen Bereich anzufinden sind (72,7
Prozent). Die militanten Handlungsziele werden von ihnen zu nur 18,2
Prozent verfolgt. Der über den Vaterberuf ermittelte Trend hinsichtlich der Anteile terroristischer Ziele geht beim Täterberuf
selbst verloren. Am ehesten zeigt sich der gleiche Trend wieder bei
den militanten Handlungszielen. Bei den Schülern und Auszubildenden
(Sch./Azubi) zeigt sich ein leicht überdurchschnittlicher Anteil in
der Verfolgung militanter Handlungsziele, während die terroristischen
Handlungsziele kaum auftraten. Hier dürfte nicht zuletzt der

Alterseffekt eine Rolle spielen. Betrachtet man die 97 Arbeitslosen oder ohne Beschäftigung, fällt auf, daß hier terroristische Handlungsziele immerhin 11,3 Prozent der Täter auszeichnen, während der militante Bereich mit 28,9 Prozent eher niedrig ausfällt. Vergleicht man die Gesamtanteile der gewaltorientierten Handlungsziele (terroristisch und militant) von Tätern aus den unteren sozialökonomischen Statusbereichen mit denen der Arbeitslosen,- mit vermutlich ähnlicher Statusorientierung -, so weisen sie mit 41,1 und 40,1 Prozent ähnlich große und gegenüber dem Gesamtanteil (38,8 Prozent) überdurchschnittlich hohe Anteile an Gewalthandlungszielen auf. Die Arbeitslosigkeit treibt die Täter aber offensichtlich stärker in den Terror hinein.

5.7.3   GENERATIVE SOZIALÖKONOMISCHE MOBILITÄT DES RECHTSEX-
         TREMISTISCHEN TÄTERKREISES

Da die Täter, gemessen an den von ihnen selbst erreichten sozialökonomischen Statusbereichen größtenteils den unteren Gesellschaftsschichten zuzurechnen sind oder sogar als Problemgruppe (Arbeitslose) zu betrachten sind, kommt in diesem Gesamtbild die Vermutung einer erheblichen Abweichung vom Herkunftskontext auf. Eine Kreuztabellierung des Täterberufs mit dem Vaterberuf, müßte einen Eindruck von der sozialen Mobilität der Generationen geben[31].

In der Tabelle 519 wird der Versuch unternommen, den Status des Vaters und den Status des Täters miteinander in Beziehung zu setzen. Wie sich der Tabelle entnehmen läßt, weisen alle drei Statusbereiche einen gewissen Grad an Selbstreproduktion auf.
Die Täter, die einen Vater mit einem hohen sozialökonomischen Status haben, nehmen zu 16,7 Prozent nunmehr selbst einen solchen Status ein. Geht man von der Vermutung aus, daß Kinder aus den höheren

---

[31]   zur Mobilitätsproblematik s. Kleining, Gerhard: Soziale Mobilität in der Bundesrepublik Deutschland, Teil 1, Klassenmobilität, in: Kölner Zeitschrift für Soziologie und Sozialpsychologie, Jg. 27, Heft 1, 1975, S. 97ff.

sozialen Schichten in der Regel auch eine höhere Schulbildung und
Berufsausbildung erwerben, so muß ein Blick auch auf die Schüler/Aus-
zubildenden geworfen werden. Da das Tatalter relativ niedrig ist,
müßten sich gerade bei einem hohen sozialökonomischen Status des
Vaters hohe Prozentanteile ergeben.

Tabelle 519: Beruf des Täters und Beruf des Vaters (Sozialökonomischer Status)

Beruf des Täters	Beruf des Vaters						
	Hoher SÖS		Mittlerer SÖS		Unterer SÖS		Insgesamt	
	N	%	N	%	N	%	N	%
Hoher SÖS*	3	16.7	1	1.5	0	0.0	4	2.2
Mittl. SÖS	2	11.1	9	13.4	4	4.0	15	8.1
Unterer SÖS	1	5.6	19	28.4	39	39.0	59	31.9
Schüler/ Azubis	8	44.4	28	41.8	32	32.0	68	36.8
Arbeits- lose	4	22.2	7	10.4	20	20.0	31	16.8
Sonstige	0	0.0	3	4.5	5	5.0	8	4.3
Insges.	18	9.7	67	36.2	100	54.1	185	100%

Cramer's V=0.308
CC=0.399
Chi Qu.=34.996 FG=10

* SÖS= Sozialökonomischer Status

Der hohe Anteil von 44,4 Prozent Schüler/Auszubildende bestätigt die
Annahme. Der diesbezügliche Anteil liegt aber auch noch bei den
Tätern über dem Durchschnitt, deren Väter dem mittleren sozialökono-
mischen Statusbereich zuzurechnen sind (41,8 Prozent). Dennoch, die

sog. "Selbstreproduktionsrate" ist beim unteren sozialökonomischen Statusbereich nachweislich am höchsten. 39 Prozent der Täter nehmen selbst eine solche Berufsposition ein und nur 32 Prozent waren noch Schüler oder Auszubildende. Anzeichen eines generativen sozialen Abstieges sind am deutlichsten bei den Tätern festzustellen, die aus dem mittleren sozialökonomischen Statusbereich kommen. Zwar weist ein Täter einen höheren Status auf, jedoch gehören nur 13,4 Prozent über den Beruf zum gleichen Statusbereich wie der Vater. Für 28,4 Prozent läßt sich die Zugehörigkeit zum unteren sozialökonomischen Bereich nachweisen und 10,4 Prozent sind arbeitslos. Die Arbeitslosigkeit mag der Faktor sein, der die Selbstreproduktion auch im hohen Statusbereich gefährdet. Wiesen die Täter bei der ersten Untersuchung hier nur 9,1 Prozent auf, so sind nunmehr 22,2 Prozent der Täter mit einem Vater, der einen hohen sozialökonomischen Status einnimmt, von Arbeitslosigkeit betroffen. Eventuell liegt hier ein Schlüssel für die hohe Bedeutung "terroristischer Handlungsziele" in diesem Täterkreis.

Insgesamt werfen die Ergebnisse zur intergenerativen sozialen Dynamik den Eindruck einer Abstiegsdynamik auf. Damit wird die in der Faschismusforschung bekannte Deklassierungsthese[32] zumindest unter dem intergenerativen Gesichtspunkt auch für die Erforschung des kriminellen Rechtsextremismus bedeutsam.

---

[32] s. z.B. Jamin, Mathilde: Methodische Konzeption einer quantitativen Analyse zur sozialen Zusammensetzung der SA, in: Mann, Reinhard (Hrsg.): Die Nationalsozialisten - Analysen faschistischer Bewegungen, historische sozialwissenschaftliche Forschungen, Band 9, Stuttgart 1980, S. 95; oder Merkl, Peter H.: Political Violence under the Swastika, 581 early Nazis, New Jersey 1975

5.7.4   SCHULBILDUNG DER TÄTER

Die Schule ist neben der Familie eine der wichtigsten Soziali-
sationsinstanzen[33]. Die Schulbildung ist sowohl der Schlüssel zur
Verteilung der Lebens- und Entfaltungschancen als auch Fundament des
zur Verfügung stehenden Reflektionspotentials. Im allgemeinen
schreibt man z.B. dem Links- und dem Rechtsextremismus ein unter-
schiedliches Ideologieniveau zu. Während im Linksextremismus
konsistente und komplexe Ideologien vorherrschten, würden im
Rechtsextremismus unklare, verschwommene, inkonsistente und
simplifizierende Ideologiekonzepte dominieren. Der Grund für den
Unterschied liege im Bildungsniveau der Mitglieder der jeweiligen
Bewegungen[34]. Nach Neidhardt korrespondieren linke Positionen mit
intellektualistischen Attitüden, rechte dagegen mit Voluntarismus
und hoher Affektivität[35].

Schule kann aber auch der Ort sein, wo Stigmatisierungs- und
Kriminalisierungsprozesse stattfinden oder begründet werden[36].
die Schule erfüllt nicht nur die Funktion einer Bildungsanstalt, sie
beeinflußt Handlungskompetenz, Wahrnehmungsformen und Bewältigungs-
strategien. Außer den Lehrern wirkt das spezifische Mitschülerumfeld
auf den Sozialisanden. Je nach Schulform und Bildungsstufe wirkt ein
anderes soziales Umfeld.

Es besteht somit Grund genug, der Schulbildung der rechtsextremistischen Straftäter nachzugehen.

---

[33] vgl. Böhnisch, Lothar/ Schefold, Werner: Sozialisationsforschung und Jugendpolitik, in: Hurrelmann, Klaus (Hrsg.):
Sozialisation und Lebenslauf. Empirie und Methodik sozialwissenschaftlicher Persönlichkeitsforschung, Reinbek bei Hamburg 1976,
S. 273

[34] s. z.B. Neidhardt, F.: Linker und rechter Terrorismus, a.a.O.,
S.451

[35] ebd.

[36] vgl. dazu Brusten, Manfred/ Hurrelmann, Klaus: Abweichendes
Verhalten in der Schule. Eine Untersuchung zu Prozessen der
Stigmatisierung. München 1973

Tabelle 520: Schulbildung der rechtsextremistischen Täter

Schulbildung	N	%
Sonder- bis Hauptschule	260	62.2
Sekundarstufe I	99	23.7
Sekundarstufe II	45	10.8
Studium	14	3.3
Insgesamt	418	100.0

Von 418 Tätern (67% aller rechtsextremistischen Täter) konnte der zuletzt erreichte Bildungsstand ermittelt werden. Die Zuordnung zu den Bildungskategorien fußt auf der zuletzt erreichten Bildungsstufe, unabhängig vom Erfolg. Täter, die einen Bildungsstand bis zum Abschluß der Hauptschule aufweisen, stellen mit 62,2 Prozent die deutliche Mehrheit. Bei 23,7 Prozent der rechtsextremistischen Straftäter reichte der Bildungsstand bis zum Abschluß der Sekundarstufe I oder entsprechender Abschlüsse. Lediglich 10,8 Prozent erreichten die Sekundarstufe II und nur 3,3 Prozent brachten es bis zum Studium.

In der Gesamttendenz bestätigen die vorliegenden Zahlen bisherige Forschungsergebnisse zur Schulbildung in rechtsextremistischen Kreisen[37]. Rechtsextremistische Straftäter haben überwiegend einen niedrigen Bildungsstand. Verhältnismäßig wenig Täter haben die allgemeine oder fachspezifische Hochschulreife. Der Eindruck eines insgesamt niedrigen Bildungsniveaus verstärkt sich, wenn man zusätzlich in Rechnung stellt, daß 50 Täter entweder die Sonderschule besuchten oder die Hauptschule nicht erfolgreich abschlossen, 21 den Besuch der Sekundarstufe I abbrachen und 15 auf dem Weg zur Hochschulreife scheiterten sowie fünf Täter ihr Studium nicht beendeten.

---

[37] s. z.B. Neidhardt, F.: Linker und rechter Terrorismus,a.a.O., S.450; Hennig, Eike: Neonazistische Militanz und Rechtsextremismus unter Jugendlichen- Schriftenreihe des Bundesministeriums des Innern, Band 15,Stuttgart, Berlin, Köln, Mainz 1982,S.32

Auf dem Bildungshintergrund erscheint der kriminelle Rechtsextremismus auch als ein Bildungsproblem. Ob Bildung und Handlungsziel bei den rechtsextremistischen Straftätern einen Zusammenhang aufweisen, ergibt sich aus Tabelle 521, deren wichtigen Werte zusätzlich in der Grafik 5.10 analog wiedergegeben sind.

Tabelle 521: Schulbildung der rechtsextremistischen Täter und Handlungsziel

Handlungsziel	Hauptsch.		Sek. I		Sek. II		Studium		Insg.	
	N	%	N	%	N	%	N	%	N	%
terroristisch	24	9.2	11	11.1	3	6.7	1	7.1	39	9.3
militant	89	34.2	30	30.3	11	24.4	2	14.3	132	31.6
agitatorisch	124	47.7	46	46.5	26	57.8	11	78.6	207	49.5
sonstiges	23	8.8	12	12.1	5	11.1			40	9.6
Insgesamt	260	62.2	99	23.7	45	10.8	14	3.3	418	100%

Cramer's V=0.085
CC=0.145
Chi-Qu.=9.069   9FG,

Die Zusammenhangsmaße lassen nur einen schwachen Trend erkennen. Die "terroristischen Handlungsziele" stehen in keinem linearen Zusammenhang mit der Bildung. Von den Tätern, die es maximal bis zum Hauptschulabschluß gebracht hatten, weisen 9,2 Prozent "terroristische Handlungsziele" auf. Das liegt nur leicht unter dem Durchschnitt aller Täter mit Angaben zum Bildungsabschluß. Deutlich über dem Durchschnitt liegen mit 11,1 Prozent die Täter, die einen Bildungsabschluß bis zur Sekundarstufe I aufweisen. Der niedrigste Anteil an "terroristischen Handlungszielen" findet sich bei den Tätern, die über einen bis an die Hochschulreife reichenden Bildungsstand verfügen. Die Bildungselite unter den rechtsextremistischen Straftätern ist ebenfalls mit einem relativ niedrigen Anteil an "terroristischen Handlungszielen" ausgestattet. In einem schwachen Trend ergibt sich, daß Täter mit höherem Bildungsniveau weniger zu Terrorismus neigen als die mit eher niedrigem Bildungsniveau. Ein

klarer linearer Zusammenhang ergibt sich beim "militanten Handlungsziel" (s. auch die Grafik 5.10, die die Prozentanteile der Handlungsziele: terroristisch, militant, agitatorisch, bezogen auf die Täter
mit dem jeweiligen Bildungsstand, wiedergibt). Je höher die Bildung,
desto niedriger fällt der Anteil "militanter Handlungsziele" aus,
wobei der Gesamtdurchschnittswert nur von den Tätern mit einem Bildungsstand bis zur Hauptschule überschritten wird. Faßt man die
"Gewaltziele" zusammen, so ist der

Grafik 5.10:

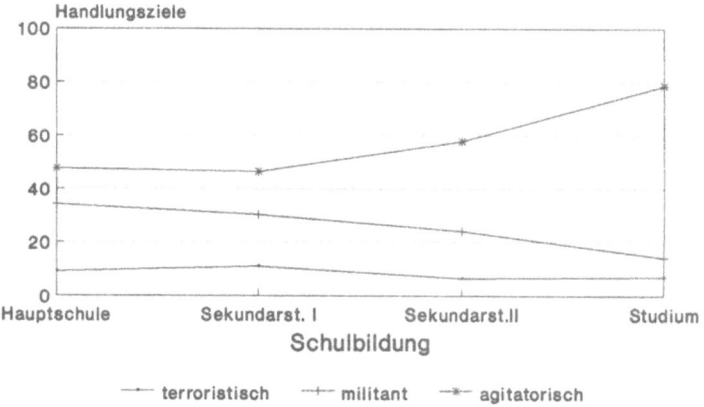

Trend wieder eindeutig. Die beiden höheren Bildungsstufen weisen
deutlich weniger "Gewaltziele" auf, als die unteren. Gerade die von
uns schon so bezeichnete Bildungselite (Bildungsstand bis Studium)
erreicht nur einen auffallend geringen Prozentsatz von 21,4 Prozent
an gewaltorientierten Handlungszielen. Dieser Tätertypus zieht die

Agitation vor. Die Agitation allerdings als Ausdruck für Intelligenz zu nehmen, hieße möglicherweise, den Gebrauch nationalsozialistischer Symbole schon als intelligenten Akt bezeichnen zu müssen. Die Bedeutung dieser Agitationsform wird an anderer Stelle ausgeführt. Eher kann sinnfällig ein Zusammenhang zwischenn geringer Bildung und großem Gewaltpotential gedeutet werden.

5.7.5   BERUFLICHE AUSBILDUNG

Die biografischen Stationen auf dem Weg zu einem spezifischen sozialökonomischen Status sind mit der Schulbildung und dem Beruf des Täters zur Zeit der Tat noch nicht hinreichend beschrieben. Für einen großen Teil der rechtsextremistischen Täter, und zwar für die, die die Schule hinter sich haben, kann danach gefragt werden, ob die darauf folgende berufliche Ausbildung zu einem Stolperstein geriet oder nicht. Wer eine Ausbildung abbricht, muß deswegen noch nicht gescheitert sein. Es kann auch ein Akt der Vernunft sein, sich für etwas anderes zu entscheiden. Dennoch stellt jeder Abbruch einer Ausbildung eine besondere biografische Belastung dar. Eike **Hennig** kam in seiner Untersuchung über neonazistische Militanz zu einem Modell der neonazistischen Karriere, in dem Lebenskrisen wie Ausbildungsabbruch eine wesentliche Rolle spielen[38]. Da **Hennig** nur eine Fallzahl von 42 zugrunde legen konnte, stellen unsere Ergebnisse zwar keine Überprüfung seines Modells dar, sie können aber einen Hinweis darauf geben, ob solchen Krisen die von **Hennig** zugeschriebene Bedeutung tatsächlich zukommt oder nicht.

---

[38] s. Hennig, Eike: Neonazistische Militanz ...,a.a.O.

Tabelle 522: Handlungsziel, wenn ein Abbruch von Ausbildungs-
verhältnissen festgestellt wurde

Handlungsziel	N	%
terroristisch	6	6.1
militant	34	34.3
agitatorisch	48	48.5
sonstiges	11	11.1
Insgesamt	99	100.0

Tabelle 522 gibt die Fälle wieder, bei denen durch die Gerichte der
Abbruch eines oder mehrerer Ausbildungsverhältnisse festgestellt
wurde. Insgesamt trat die biografische Belastung durch Abbruch einer
Berufsausbildung bei 15,9 Prozent der Täter auf. Dieser Anteil
steigt, wenn bei der Prozentuierungsbasis die Täter unberücksichtigt
bleiben, die noch in einem schulischen Ausbildungsverhältnis standen,
auf 17,7 Prozent. Die 99 rechtsextremistischen Täter verfolgten mit
6,1 Prozent unterdurchschnittlich häufig "terroristische
Handlungsziele". Lediglich beim Gewaltziel Militanz weisen sie mit
34,3 Prozent einen über den Gesamtanteil liegenden Prozentsatz auf.
Insgesamt sind damit die Gewaltziele leicht stärker vorhanden als in
der Gesamtpopulation. Während die Agitation den relativ geringen
Anteil von 48,5 Prozent einnimmt, weisen die Täter mit Abbruch von
Berufsausbildungen eine größere Nähe zur allgemeinen Kriminalität
auf, sie verfolgen zu 11,1 Prozent "sonstige Handlungsziele".

Zusammenfassend kann man zu dem Schluß kommen, daß im rechtsextremistischen Täterkreis auffallend viele Täter mit der biografischen
Belastung eines Abbruchs einer Berufsausbildung zu finden sind,
gravierende Auswirkungen über die Handlungsziele aber nicht festzustellen sind.

5.7.6   FAMILIALE BEDINGUNGEN

Der Aspekt der Familie kann als Sozialisationsfaktor und als Handlungskontext thematisiert werden. Das primäre Beziehungsumfeld kann
hemmend oder fördernd für die politische kriminelle Karriere und
Handlungsorientierung sein. Täter, die kaum Beziehungen und Bindungen
familiärer Art haben, werden einer neonazistischen Gruppe mehr
existentielle Bedeutung zumessen und sich davon beeinflussen lassen,
als ein Täter, der Rücksicht auf Frau und Kinder nehmen muß. Der
familiäre Zusammenhang für Sozialisation und Handlungsorientierung
wird über die äußerlich feststellbare Familienkonstellation im
Sozialisationsbereich und über den zur Zeit der Tat bestehenden
Familienstand untersucht.

5.7.6.1   FAMILIENKONSTELLATION

Viele Sozialisationstheorien gehen davon aus, daß die Lebenskarriere
wesentlich durch die Sozialisation in der frühesten und frühen Kind-
heit, und d.h. durch die Familie, vorbestimmt oder geprägt wird[39].
Der zentrale Bezugspunkt ist in solchen Theorien die Konstellation
der primären Bezugspersonen, das sind Eltern, Geschwister, Großeltern
und andere nahe Verwandte. Ist die Familie intakt, so steht es zumindest unausgesprochen zwischen den Zeilen dieser Theorien, gewährt
sie die größtmöglichen Chancen auf ein integriertes und erfolgreiches
gesellschaftliches Leben. Damit ist der Weg nicht weit zu der Hypothese, daß eine vollständige Familie eher vor abweichendem Verhalten
schützt als zerrüttete und unvollständige Familien[40].

---

[39] s. Kreppner, Kurt: Sozialisation in der Familie, in: Hurrelmann, K. u.a., Handbuch der Sozialisationsforschung, a.a.O., S.
405

[40] s. Toby, Jackson: Der unterschiedliche Einfluß der zerrütteten
Familie, in: Sack, F./König, R. (Hrsg.): Kriminalsoziologie,
a.a.O., S. 91ff. und Monahan, Thomas P.: Familienstatus und
Jugenddelinquenz, in: ebd., S. 73ff.

Auch wenn man eine monokausale und ätiologische Betrachtungsweise
ablehnt, wird man nicht von der Hand weisen können, daß sich die
Sozialisationsbedingungen auf das Einstellungs- und Handlungspoten-
tial eines Akteurs auswirken können. Die Sicherheit oder Unsicherheit, die erworben wird für den Umgang mit Behörden oder der Justiz,
wird zu einem Großteil durch die in der Familie existierenden Bilder
oder Erfahrungen bestimmt. In diesem Zusammenhang ist die Frage nach
den Familienkonstellationen zulässig. Ein fehlender Vater oder eine
Heimkindheit könnte eine negative Haltung zu Institutionen begründen,
muß es selbstverständlich jedoch nicht. Deshalb sollte das Familien-
konstellationsmerkmal, ähnlich wie die anderen Merkmale, nicht mit
zu viel Bedeutung überladen werden. Die Ermittlung von Familienkonstellationen sagt noch nichts aus über konkrete Interaktionsmuster
der Familie, die Vermittlungsmechanismen kultureller Werte, Traditionen und Sinnstiftungen. Hierfür wäre die spezifische Verknüpfung
der Bedeutung individueller und sozialstruktureller Komponenten
erforderlich[41], die im Rahmen der Auswertung von Gerichtsakten nicht
zu leisten ist.

Die Tabelle 523 gibt die äußerlich feststellbare prägende Familienkonstellation im Elternhaus des Täters wieder, so wie das Gericht es
ausgeführt hat. Demnach haben 67,2 Prozent der 387 Täter, zu denen
solche Angaben gemacht wurden, ein vollständiges (intaktes?)
Elternhaus. 15,5 Prozent wurde nur von einem Elternteil, meistens der
Mutter, großgezogen. Bei den Großeltern oder bei Verwandten waren 25,
also 6,5% Prozent untergebracht. Bei Pflegeeltern waren 2,8 Prozent
der rechtsextremistischen Täter mit Familienkonstellationsangaben.
Weitere 3,4 Prozent genossen Heimerziehung und für 4,7 Prozent wurde
ein häufiger Wechsel in der Familien- oder Erziehungskonstellation
festgehalten, der unter "Sonstiges" erfaßt wurde.

---

[41] s. z.B. den Versuch der Kultursoziologie von Bourdieu, Pierre:
Die feinen Unterschiede. Kritik der gesellschaftlichen Urteilskraft, Frankfurt am Main 1987

5. Sozialbiografie

Tabelle 523: Familie als Sozialisationsinstanz

Familienkonstellation	N	%
Vollständiges Elternhaus	260	67.2
Alleinstehende Mutter/Vater	60	15.5
Großeltern/Verwandte	25	6.5
Pflegeeltern	11	2.8
Heimerziehung	13	3.4
Sonstiges	18	4.7
Insgesamt	387	100.0

Ausgehend von der mutigen Annahme, daß ein vollständiges Elternhaus ein intaktes Familiengefüge repräsentiert, haben 32,8 Prozent der rechtsextremistischen Straftäter (von denen hierzu Angaben vorlagen) keine optimalen Sozialisationsbedingungen gehabt. Interessant ist in diesem Zusammenhang, daß das Ergebnis bezüglich des vollständigen Elternhauses mit einer Abweichung von -0,1-Prozentpunkte stabil geblieben ist. Zugenommen, und zwar um 2,8-Prozentpunkte, hat der Anteil der Täter, die aus einer Familie mit einem alleinstehenden Elternteil kommen. Die übrigen "Problemkonstellationen" haben jeweils leicht abgenommen.

Da heutzutage fast die Hälfte aller Ehen geschieden wird, kann das Ergebnis noch nicht als Zeichen einer biografisch besonders belasteten Tätergruppe gewertet werden. Auf den ersten Blick ist der Anteil der "Problemkonstellationen" sicherlich beachtlich.

Um einer möglichen Bedeutung der Familienkonstellation näher zu kommen, wird in der Tabelle 524 eine Kreuztabellierung mit dem Handlungsziel der Täter vorgenommen. Der Übersichtlichkeit halber sind in dieser Tabelle die Kategorien "Pflegeeltern", "Heimerziehung" und "Sonstiges" zusammengefaßt.

Insgesamt weisen Täter mit entsprechenden Angaben zur Familienkonstellation zu 9 Prozent "terroristische Handlungsziele" auf. Diesen Gesamtwert übersteigen Täter aus einem vollständigen Elternhaus (9,6 Prozent) und Täter, die von Großeltern oder Verwandten erzogen wurden (12 Prozent). In den beiden übrigen Kategorien liegt der Prozentanteil niedriger. Besonders niedrig (4,8 Prozent) ist er bei denen, denen man äußerst schwierige Sozialisationsbedingungen zuzuschreiben geneigt ist, den Heim- und Pflegekindern und denen mit häufig wechselnden Bezugspersonen. Ein Ergebnis, das nicht in ein Raster zu passen scheint.

Tabelle 524: Familienkonstellation der rechtsextremistischen Täter und Handlungsziel

Handlungsziel	Eltern N	%	Mutter/V. N	%	Verwandte N	%	Heim/S. N	%	Insg. N	%
terroristisch	25	9.6	5	8.3	3	12.0	2	4.8	35	9.0
militant	87	33.5	16	26.7	8	32.0	16	38.1	127	32.9
agitatorisch	119	45.8	35	58.3	14	56.0	19	45.2	187	48.3
sonstiges	29	11.2	4	6.7			5	11.9	38	9.8
Insgesamt	260	67.2	60	15.5	25	6.5	42	10.9	387	100%

Cramer's V=0.083
CC=0.142
Chi-Qu.=8.009   9FG

Es wird dadurch interpretierbar, daß der Anteil "militanter Hand-lungsziele" mit 38,1 Prozent deutlich über dem Durchschnitt liegt. Diese Täter weisen also insgesamt eine hohe Gewaltorientierung auf, die aber eher als Militanz denn als Terror in Erscheinung tritt. Gerade Heimkinder dürften eine Sozialisation erfahren haben, in der die körperliche Gewalt über die Stellung im konkreten Sozialgefüge entschied und die "gelernt" haben, Konflikte eher affektiv mit Gewalt zu lösen.

Im Bereich der Militanz übersteigen wiederum die Täter aus äußerlich intakten Familien den Durchschnittsanteil. Sie erreichen bei den Gewaltzielen also ebenfalls ausgeprochen hohe Werte. Eine Alltags-

315

theorie wie bei den Heim- und Pflegekindern steht für die Interpretation dieses Phänomens jedoch nicht zur Verfügung. Es kann nur vermutet werden, daß in diesen Fällen eben nicht der Umstand eines äußerlich gestörten oder unvollständigen Familienkontextes Einfluß auf die Karriere als politischer Krimineller hat.

Es ist überraschend, daß gerade die Täter aus den Familienkonstellationen: alleinerziehende Mutter oder Großeltern/Verwandte, relativ geringe Gewaltzielanteile und sehr hohe Werte bei den "agitatorischen Handlungszielen" erreichen. Gestörte Familienbedingungen bedeuten nicht schon Gewaltorientierung. Vielleicht kommt der äußeren Familienkonstellation überhaupt nur wenig Erklärungs- und Einflußwert zu.

5.7.6.2 FAMILIENSTAND RECHTSEXTREMISTISCHER TÄTER

Der Familienstand, der von Tätern eingenommen wird, hängt aufgrund der sozialen Strukturierung der Lebensverhältnisse eng mit dem Alter der Täter zusammen. Bei einer Altersverteilung wie sie hier vorliegt, dürfte der Großteil der Täter noch ledig gewesen sein. Bei der männlichen Bevölkerung in der Bundesrepublik, die als Vergleichsgruppe herangezogen werden kann, waren 1980 von den 20- bis 25jährigen noch 84,2 Prozent ledig, 15,5 Prozent verheiratet und je 0,3 Prozent geschieden oder verwitwet[42]. Tabelle 525 gibt für die 20- bis 25jährigen unserer Population die entsprechenden Werte wieder, allerdings ist hier der Zeitraum von 1978 bis 1987 zugrunde gelegt. Dennoch dürfte der Vergleich sinnvoll sein.

---

[42] s. Tab 3.10 Wohnbevölkerung am 31.12.1980 nach Altersgruppen und Familienstand, in: Statistisches Bundesamt Wiesbaden (Hrsg.): Statistisches Jahrbuch 1982 für die Bundesrepublik Deutschland, Stuttgart, Mainz 1982, S. 62

316

Tabelle 525: Familienstand rechtsextremistischer Täter im Alter
von 20 bis 25 Jahren

Familienstand	N	%
Ledig	150	90.9
Verheiratet	14	8.5
Geschieden	1	0.6
Insgesamt	(181) 165	100.0

Die Vergleichsgruppe der rechtsextremistischen Straftäter weist
leichte Abweichungen gegenüber der vergleichbaren männlichen
Gesamtbevölkerung auf. Rechtsextremistische Straftäter sind weniger
häufig verheiratet. Die Angaben wurde bei 165 der 181 Straftäter
dieser Altersgruppe erhoben. Der relativ hohe Anteil lediger
Straftäter mag in dieser Gruppe darauf zurückzuführen sein, daß
neonazistische Gruppen als männerbündische Organisationen den Kontakt
zu Frauen eher einschränken.

Tabelle 526: Familienstand rechtsextremistischer Täter insgesamt

Familienstand	N	%
Ledig	465	78.9
Verheiratet	87	14.8
Dauernd getrennt	6	1.0
Geschieden	30	5.1
Verwitwet	1	0.2
Insgesamt	(624) 589	100.0

Von allen rechtsextremistischen Straftätern, zu denen Familienstandsangaben vorliegen, waren 78,9 Prozent ledig, wie die Tabelle
526 zeigt. Zum Zeitpunkt der Tat waren 14,8 Prozent der Täter
verheiratet. Dauernd getrennt, geschieden oder verwitwet waren
insgesamt 6,3 Prozent der Täter. Die Grafik 5.11 versinnbildlicht
diese Verteilung, wobei "Dauernd getrennt", "Geschieden" und
"Verwitwet" zu der Kategorie "Sonstiges" zusammengefaßt sind.

Grafik 5.11:

Familienstand RE
Prozentanteile

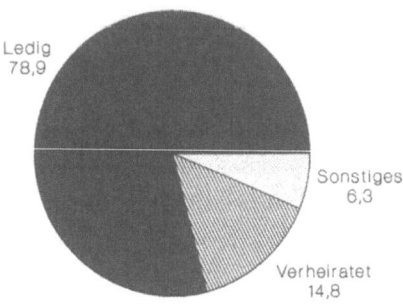

Angesichts des Durchschnittsalters kann man vermuten, daß der Anteil der Ledigen auch in der Population aller rechtsextremistischen Straftäter überdurchschnittlich hoch ist. Relativ niedrig erscheint dagegen der Anteil derer, die zum Zeitpunkt der Tat verheiratet waren. Politische Kriminalität ist tendenziell eher ein Produkt alleinstehender, unabhängiger Täter. 1980 erreichte der Anteil der Geschiedenen in der Gesamtbevölkerung lediglich bei der Altersgruppe der 35- bis 40jährigen einen hohen Wert von 5,1 Prozent, der Durchschnitt liegt bei 2,2 Prozent[43].

---

[43] s. ebd.

Für 6,3 Prozent der Täter wird damit schon über die äußere
Familienstandsangabe erkennbar, daß in ihrem familialen Lebenslauf
Brüche oder Krisen auftraten.
Allerdings scheint dies auf die Handlungsorientierung keinen bis zur
äußersten Radikalität treibenden Einfluß auszuüben. Aus der Tabelle
527 läßt sich entnehmen, welche Handlungsorientierung jeweils
bezüglich des Familienstandes zu beobachten war. Insgesamt verfolgen
7 Prozent der Täter mit Familienstandsangaben terroristische
Handlungsziele. Bei den Tätern mit "sonstigen Familienstandsangaben"
wie getrennt, geschieden oder verwitwet, machen die terroristischen
Ziele nur 5,4 Prozent aus. Auffallend hoch ist der Anteil bei den
verheirateten Tätern. Wenn Verheiratete rechts politisch kriminell
werden, dann offensichtlich in einer besonderen Radikalität. Im
Bereich der Militanz sind sie dann aber weniger zu finden als bei den
agitatorischen Handlungszielen (überdurchschnittliche 56,3 Prozent).
Militant sind überdurchschnittlich die Täter mit sonstigen Familienstandsangaben, von denen verfolgten immerhin 35,1 Prozent derartige
Handlungsziele. Weitestgehend in den Durchschnittswerten liegen die
Ledigen. Bei ihnen fällt auf, daß sie bei den "sonstigen Handlungszielen" und damit eher bei der allgemeinen Kriminalität den
hohen Wert von 9,2 Prozent erreichen. Zusammenfassend läßt sich zu
den drei Familienstandsangaben bzw. -gruppen sagen, daß keine der
diesbezüglichen Tätergruppen sich durch eine besondere Gewaltferne
auszeichnet, entsprechend gering sind die Werte der Zusammenhangsmaße.

Tabelle 527: Familienstand rechtsextremistischer Täter und
Handlungsziel

Handlungsziel	Familienstand Ledig N	%	Verheiratet N	%	Sonstiges N	%	Insges. N	%
terroristisch	32	6.9	7	8.0	2	5.4	41	7.0
militant	151	32.5	26	29.9	13	35.1	190	32.3
agitatorisch	239	51.4	49	56.3	20	54.1	308	52.3
sonstiges	43	9.2	5	5.7	2	5.4	50	8.5
Insgesamt	465	78.9	87	14.8	37	6.3	589	100.0

Cramer's V=0.045
CC=0.064
Chi-Qu.=2.397   6FG

5.7.7   KONSTITUTIONSMÄNGEL

Körperliche und geistige Behinderungen wirken als Stigma und können
Ursache für gestörte Beziehungen zur Mitwelt sein. Bei psychischen
Störungen kann damit gerechnet werden, daß sie eher Folge als Ursache
für gestörte Mitweltbeziehungen sind. Mit hoher Wahrscheinlichkeit
weisen physische und psychische Konstitutionsmängel auf Problemlagen
und Sozialisationsmängel hin. In den Gerichtsakten fanden sich zu 59
Tätern, das sind 9,5 Prozent, Aussagen über vorhandenen physische
oder psychische Beeinträchtigungen. Zumeist handelte es sich um
Alkoholabhängigkeit oder Selbstmordgefährdung. Nur wenige Täter waren
körperlich behindert. Es dominieren die psychischen Störungen.

Die Handlungsziele, die die Tätergruppe mit Konstitutionsmängel
aufweist, weichen von den Gesamtwerten deutlich ab. Wie der Tabelle
528 und der Grafik 5.12 zu entnehmen ist, liegt z.B. der Anteil
terroristischer Handlungsziele bei dieser Subgruppe von rechtsextremistischen Tätern mit 8,5 Prozent sehr viel höher als gesamt.

Tabelle 528: Handlungsziele bei den Tätern mit der Angabe von
Konstitutionsmängeln

Handlungsziel	N	%
terroristisch	5	8.5
militant	20	33.9
agitatorisch	27	45.8
sonstiges	7	11.8
Insgesamt	59	100.0

Auch in der Militanz sind sie stärker ausgewiesen. "Agitatorische
Handlungsziele" finden dagegen nur bei 45,8 Prozent Resonanz. Die
allgemeine Kriminalität spielt wiederum offensichtlich eine große
Rolle. 11,8 Prozent der Täter mit Konstitutionsmängeln verfolgten
"sonstige Handlungsziele".

Grafik 5.12: Vergleich der Handlungziele rechtsextremistischer
Straftäter mit Konstitutionsmängeln und der rechtsextremistischen Täter insgesamt

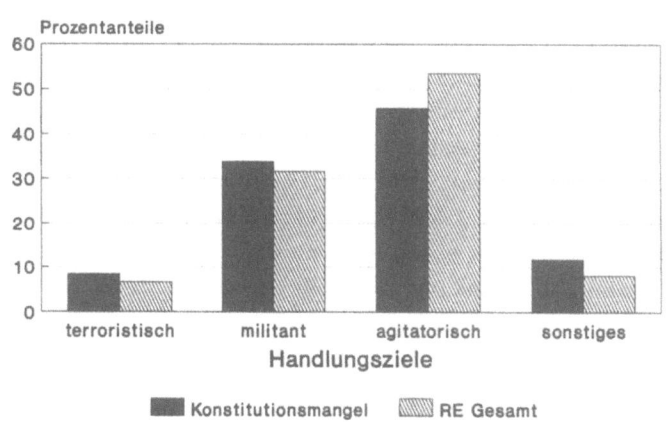

Handlungszielvergleich
Täter mit Konstitutionsm./ RE Gesamt

In der Bewertung der Ergebnisse muß man sich davor hüten, die Konstitutionsmängel als Verursacher für eine stärkere Gewaltorientierung rechtsextremistischer Straftäter zu sehen. Vielmehr läßt die psychische Ausgestaltung derartiger Konstitutionsmängel darauf schließen, daß rechtextremistische Straftäter zunächst psychische Deformationen erlitten, ehe sie zum Mittel der illegalen Gewalt griffen, um ihre möglichen Probleme zu "bewältigen". Jedenfalls darf nicht der Schluß gezogen werden, Alkoholiker oder Behinderte würden zu rechtsextremistischen Kriminellen.

5.7.8   VORSTRAFENBELASTUNG

Mit der strafrechtlichen Sanktionierung abweichenden Verhaltens wird die soziale Integration und die Wert- und Normenloyalität oftmals weiter gefährdet. Insbesondere Vertreter des "labeling approach" gehen davon aus, daß die Definition als Krimineller oder Delinquenter häufig den ökonomischen und sozialen Abstieg fördert. Die offizielle Strafe wird "ergänzt" durch soziale Diskriminierung. Verlust des Arbeitsplatzes oder Verlust von Freunden bezeichnen zwei von vielen möglichen sozialen Folgewirkungen nach Beginn einer gerichtlich sanktionierten kriminellen Karriere[44].

Die strafrechtliche und soziale Sanktionierung führt häufig zu einer Eskalation der kriminellen Karriere. Gerade wenn die strafrechtliche Sanktion in einer zu verbüßenden Freiheitsstrafe besteht, gewinnt die kriminelle Karriere an Dynamik. Der Verlust des sozialen Umfeldes und das "Ausgesetztsein" einer "Gefängnissubkultur" durch den Strafvollzug bedrohen die Identität einer Person. Oftmals wird in der Zwangsinstitution Gefängnis neues kriminelles Verhalten gelernt[45].

---

[44] vgl. hierzu die Ausführungen von Cremer-Schäfer,Helga: Stigmatisierung von Vorbestraften und Rückfallkriminalität, in: Brusten, Manfred/ Hohmeier, Jürgen (Hrsg.): Stigmatisierung 2, Neuwied, Darmstadt 1975, S. 137f.

[45] s. ebd., S. 131

Gegenüber Ersttätern weisen bereits bestrafte Täter ein durch staatlich-justizielle Diskriminierungsprozesse verändertes Bedingungs- und Handlungsgefüge auf. Es eröffnet sich dann die Frage, ob das abweichende, illegale politische Verhalten von Ersttätern eine andere Orientierung aufweist als das von Mehrfachtätern bzw. -verurteilten oder -abgeurteilten.

Zunächst richtet sich die Betrachtung auf die von den Gerichten festgestellten Vorstrafen der rechtsextremistischen Straftäter[46].

Tabelle 529: Rechtsextremistische Täter mit Vorstrafen nach dem Hintergrund bei den vorangegangenen Straftaten

Vorstrafenhintergrund	(1. Unt.)	N	%
Einschlägig rechtsextrem	(52)	75	39.9
Nicht einschlägig	(74)	113	60.1
Insgesamt	(126)	188	100.0

Hinsichtlich der Vollständigkeit der Angaben ist an § 243 Abs. 4 Satz 3 und 4 StPO zu erinnern:

> "Vorstrafen des Angeklagten sollen nur insoweit festgestellt werden, als sie für die Entscheidung von Bedeutung sind. Wann sie festgestellt werden, bestimmt der Vorsitzende".

Des weiteren ist der Vorstrafenbegriff eng bezogen auf Verurteilungen wegen Verbrechen oder Vergehen mit Freiheits- oder Geldstrafe nach allgemeinem Strafrecht oder mit Strafarrest und Jugendstrafe[47].

---

[46] die in der ersten Untersuchung ermittelten Ergebnisse sind aufgrund einer Kategorienverwechslung nicht die Vorstrafen im Sinne der amtlichen Statistik bzw. des Bundeszentralregistergesetzes, sondern bezogen sich auf die gerichtlichen Sanktionen insgesamt. Deshalb werden hier die richtigen Ergebnisse der ersten Untersuchung wieder mit angeführt.

[47] s. die Begriffsbestimmung zu Vorstrafen bzw. Vorverurteilung in: Statistisches Bundesamt Wiesbaden (Hrsg.): Fachserie 10, Rechtspflege, Reihe 3, Strafverfolgung 1979, Stuttgart, Mainz 1980, S.7. Bei den Werten ist weiterhin zu berücksichtigen, daß das zugrunde gelegte Urteil bei den Mehrfachverurteilten unseres

5. Sozialbiografie

Insgesamt sind 188 rechtsextremistische Straftäter von den Gerichten als vorbestraft ausgewiesen, das sind 30,1 Prozent aller rechtsextremistischen Straftäter. Angesichts der vielen Strafbefehlsfälle und der auswahlbedingten Verzerrung nach unten dürfte der reale Anteil der Vorbestraften in dieser Population noch höher liegen, er kann aber hier nicht exakt ermittelt werden. Interessant und über die amtliche Statistik sonst nicht erfaßbar ist die inhaltliche Bestimmung des Hintergrundes bei früheren Straftaten, die zu einer Verurteilung führten. 39,9 Prozent der vorbestraften rechtsextremistischen Straftäter waren einschlägig rechtsextrem vorbestraft und wiesen damit eine rechtsextremistische kriminelle Karriere auf. Bei dem rechtsextremistischen Hintergrund handelte es sich zumeist um Fälle nach den §§ 86, 86a, 130 und 131 StGB. Für 61,3 Prozent der Vorbestraften ließ sich ein rechtsextremistischer Hintergrund bei früheren Straftaten nicht benennen. Es kann nur vermutet werden, daß viele Täter im rechtsextremistischen Bereich schon Berührung mit der Justiz im Rahmen allgemeiner Kriminalität gehabt haben. Für die Täter mit Vorstrafen ließ sich ermitteln, daß sie im Schnitt 2,6 Vorstrafen aufwiesen (N=175). Somit gewinnt man den Eindruck, daß der rechtsextremistische Täterkreis zu einem erheblichen Teil kriminell vorbelastet ist und hinsichtlich der Illegalitätspotentiale nicht zu unterschätzen ist.

Untersuchungszeitraumes wegen des Auswahlkriteriums der schwersten Tat nicht unbedingt das zeitlich letzte ist. Mit Hinblick darauf dürften die Ergebnisse leicht nach unten verzerrt sein. Begrifflich ist zwischen Rückfallquote und Vorstrafenquote zu unterscheiden. Eine exakte Bestimmung der Rückfallquote wäre nur auf der Grundlage von Kohortenanalysen möglich, vgl. Cremer-Schäfer, Helga: Stigmatisierung ...,a.a.O., S. 142 Anm. 3; zu der begrifflichen und statistischen Problematik von Rückfälligkeitsuntersuchungen s. Kerner, Hans-Jürgen: Strafvollzug und Rückfälligkeit. Zur Konstruktion von Daten in der Strafrechtspflege, in: Kriminologisches Journal, 8. Jg., 3. Vj. 76, 1976, S. 184ff.

Tabelle 530: Handlungsziele bei den Tätern mit Vorstrafen

Handlungsziel	N	%
terroristisch	21	11.2
militant	61	32.4
agitatorisch	97	51.6
sonstiges	9	4.8
Insgesamt	188	100.0

Die Täter mit Vorstrafen sind auch hinsichtlich ihres Gewaltpotentials nicht zu unterschätzen. 11,2 Prozent derer, die vorbestraft waren, verfolgten "terroristische Handlungsziele". Weitere
32,4 Prozent wurden mit "militanten Handlungszielen" erfaßt und
51, 6 Prozent wurden agitatorisch tätig. Recht niedrig fällt bei den
vorbestraften Rechtsextremisten die Kategorie "sonstige Handlungsziele" mit 4,8 Prozent aus.

Die Grafik 5.13 vermittelt einen Vergleich der Anteile der Handlungsziele für die Täter mit Vorstrafen (Vorstrafen) und für die
rechtsextremistischen Straftäter insgesamt (Gesamt).

Grafik 5.13: # Vergleich Handlungsziele
Vorstrafen - Gesamt

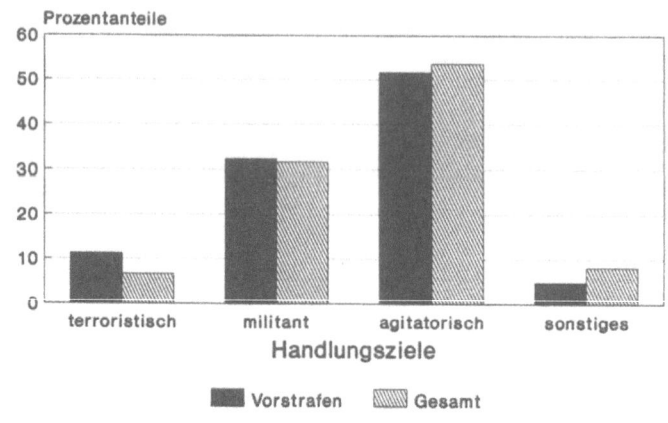

Rechtsextremisten

Es ist deutlich erkennbar, daß die vorbestraften rechtsextremistischen Straftäter bei den "Gewaltzielen" höhere Anteile
aufweisen. Entweder ist dies eine Folge der Erfahrung mit der Justiz
oder es sind besonders gewaltgeneigte Menschen, die sich dem
Rechtsextremismus zugewandt haben. Da der hier verwendete Vorstrafenbegriff eng ist und - insbesondere im Bereich des Jugendstrafrechts -
nicht alle früheren gerichtlichen Sanktionen erfaßt, wurde zusätzlich ermittelt, in wie vielen Fällen sonstige gerichtliche Sanktionen
in der gerichtlich festgestellten Biografie erwähnt sind.

Tabelle 531: Sonstige*frühere Sanktionen gegen Rechtsextremisten.
Nach allgemeinem Strafrecht und Jugendstrafrecht
sowie Sanktionshintergrund

Sanktionshintergrund	N	%
Allgemeines Strafrecht		
Einschlägig rechtsextrem	0	0
Nicht einschlägig	1	0.8
Jugendstrafrecht		
Einschlägig rechtsextrem	31	26.3
Nicht einschlägig	86	72.9
Insgesamt	118	100.0

*Zu den sonstigen früheren gerichtlichen Sanktionen zählen Maßregeln
der Besserung und Sicherung, Zuchtmittel sowie Erziehungsmaßregeln.

Aus Tabelle 531 läßt sich entnehmen, daß in den 118 Fällen, in denen
sonstige frühere gerichtliche Sanktionen erwähnt wurden, lediglich
ein Fall sich auf das allgemeine Strafrecht bezog. In den übrigen 117
Fälle waren Sanktionen nach dem Jugendstrafrecht erfolgt. Hier war
der Tathintergrund in 26,3 Prozent der Fälle einschlägig rechtsextrem.

Faßt man die Fälle von Vorstrafennennung und Erwähnung sonstiger
früherer gerichtlicher Sanktionen (teilweise bilden sie eine
Schnittmenge) zusammen und ordnet sie nach der stärksten früheren
Sanktion ergeben sich die in Tabelle 532 enthaltenen Werte.

Demnach sind 246 Täter ausweislich der Biografie mit zumindest einer
früheren gerichtlichen Sanktion belastet, das sind 39,4 Prozent aller
rechtsextremistischer Straftäter. Der rechtsextremistische Täterkreis
ist damit erheblich justitiell vorbelastet und verweist auf eine enge
Anbindung an die allgemeine Kriminalität. Wie der Tabelle 532
ebenfalls zu entnehmen ist, handelt es sich bei den Vorbelasteten

nicht gerade um die "kleinen Fische". Immerhin 42,3 Prozent der
Vorbelasteten wurden schon zu Freiheits- oder Jugendstrafe verurteilt. Weitere 27,2 Prozent weisen als stärkste frühere Sanktion die
Geldstrafe aus. Die übrigen Fälle sind fast ausschließlich Zuchtmittel und Erziehungsmaßregeln nach dem Jugendgerichtsgesetz.

Tabelle 532: Schwerste frühere Sanktion bei rechtsextremistischen
Tätern

Sanktion	N	%
Freiheits-/Jugendstrafe	104	42.3
Geldstrafe	67	27.2
Zuchtmittel	65	26.4
Erziehungsmaßregeln	9	3.7
Sonstiges	1	0.4
Insgesamt	246	100.0

Kombiniert man nun die schwerste frühere Sanktion mit dem von den
Tätern verfolgten Handlungsziel, gewinnt man einen weiteren
differenzierten Einblick in Entwicklung und Ausgestaltung der
politischen kriminellen Karriere.

Tabelle 533: Schwerste frühere Sanktion und Handlungsziel rechtsextremistischer Täter

Handlungsziel	Stärkste frühere Sanktion Freih.-/ Jgdstr.		Geld- strafe		Zucht- mittel		Erzieh- ungsm.		Sonst- iges		Insge- samt	
	N	%	N	%	N	%	N	%	N	%	N	%
terroristisch	15	14.4	5	7.5	3	4.6	1	11.1			24	9.8
militant	34	32.7	22	32.8	28	43.1	3	33.3			87	35.4
agitatorisch	50	48.1	37	55.2	28	43.1	3	33.3	1	100.	119	48.4
sonstiges	5	4.8	3	4.5	6	9.2	2	22.2			16	6.5
Insgesamt	104	42.3	67	27.2	65	26.4	9	3.7	1	0.4	246	100

Cramer's V=0.135
CC=0.228
Chi-Qu.=13.457 12FG

Von den 104 Tätern, die als schwerste frühere Sanktion Freiheits- oder Jugendstrafe erhielten, verfolgten 14,4 Prozent "terroristische Handlungsziele". Sie sind damit stärker terroristisch orientiert als die Vorbelasteten sowieso schon insgesamt, denn hier macht der Anteil "terroristischer Handlungsziele" 9,8 Prozent aus. Die Gewaltorientierung umfaßt bei den vorbelasteten rechtsextremistischen Tätern insgesamt 45,2 Prozent. Überstiegen wird dieser Prozentsatz von den Vorbelasteten mit Freiheits- oder Jugendstrafe und denen mit Zuchtmitteln als schwerste frühere Sanktion (47,1 und 47,7 Prozent), allerdings mit unterschiedlichen Schwerpunkten. Dominieren bei den einen die terroristischen Ziele, verfolgen dieses Handlungsziel lediglich 4,6 Prozent von denen, die Zuchtmittel als stärkste frühere Sanktion aufweisen. Für die mit Zuchtmitteln vorbelasteten Täter spielte die Militanz die herausragende Rolle (43,1 Prozent). Wer Geldstrafe als schwerste frühere Sanktion erhielt, war überwiegend agitatorisch orientiert. Die "agitatorischen Handlungsziele" erreichen in dieser Tätergruppe den Anteil von 55,2 Prozent.

In der Grafik 5.14 sind die drei zahlenmäßig ins Gewicht fallenden
Vorbelastetengruppen (Freiheits-, Jugendstrafe; Geldstrafe und
Zuchtmittel als stärkste frühere Sanktion) mit den Prozentanteilen
der Handlungsziele in einem Balkendiagramm dargestellt.

Grafik 5.14:

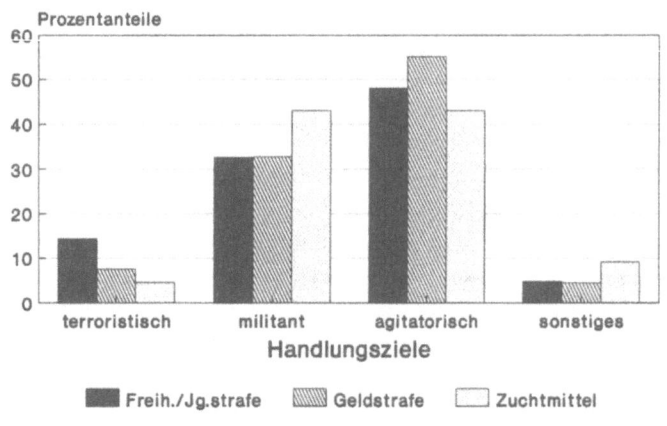

Vergleich Handlungsziele
nach vorheriger Sanktion

Rechtsextremisten

Für die Täter mit Erziehungsmaßregeln oder sonstigen früheren
Sanktionen verbietet sich aufgrund der geringen Fallzahl eine
Interpretation. Für die anderen Fallgestaltungen läßt sich zusammenfassend sagen, daß die Freiheits- und Jugendstrafe, die in sich schon
eine gewisse kriminelle Schwere signalisiert, als Etappe in der
kriminellen Karriere "terroristische Handlungsziele" zu begünstigen
scheint. Täter, die schon vor der hier erfaßten Tat als Jugendliche
oder Heranwachsende mit Zuchtmitteln (Verwarnung, Erteilung von
Auflagen und Jugendarrest) belastet worden waren, erwiesen sich als

330

äußerst militante Tätergruppe. Täter, die als Erwachsene mit einer Geldstrafe als schwerster früherer Sanktion belastet worden waren, sind dagegen nicht in Richtung Militanz radikalisiert worden, sondern bevorzugten "agitatorische Handlungsziele". Es kann nicht ausgeschlossen werden, daß in die Ergebnisse ein Alterseffekt hineinspielt. Jedenfalls sind die Vorbelasteten stärker gewaltorientiert als die Täterschaft insgesamt. Rechtsextremistische Straftäter sind zu einem Großteil keine Ersttäter. Sie sind vielmehr mit einer kriminellen Karriere belastet, die zu gerichtlichen Sanktionen führte und sie zudem als besonders gewaltorientiert ausweist.

6.   MEHRFACHTÄTERBIOGRAFIE

Die Betrachtungen zur Vorbelastung von rechtsextremistischen Straftätern durch eine kriminelle Karriere, wie sie am Schluß des vorangegangenen Kapitels erfolgten, bezogen sich auf Vorstrafen und Sanktionen überhaupt und waren nicht auf unseren Untersuchungszeitraum
beschränkt.

Da der Untersuchungszeitraum gut neun Jahre umfaßt, lohnt es sich,
der Frage nachzugehen, wer in diesen neun Jahren mehrmals abgeurteilt
oder verurteilt wurde, wobei Verdacht auf einen mutmaßlichen rechtsextremen Hintergrund bestand. Da fast alle mehrfach Abgeurteilten dem
rechtsextremistischen Täterkreis angehören (s. Tabelle 401), konzentriert sich die Darstellung der Besonderheiten der genannten Täter-
untergruppe auf diesen Täterkreis.

Durch die Unterscheidung der rechtsextremistischen Straftäter in die
Gruppe derer, die im Untersuchungszeitraum von 1978 bis 1987 nur
einmal und in die Gruppe derer, die mehrmals abgeurteilt (114) oder
verurteilt (83) wurden, wird sozusagen im Querschnittsdesign ein
Längsschnittaspekt thematisiert. Wie schon in Tabelle 403 dargelegt,
gab es 81 Rechtsextremisten mit zwei Aburteilungen, 18 mit drei und
insgesamt 15 mit vier und mehr Aburteilungen. Von diesen Aburteilungen endeten 46 mit Freispruch oder Einstellung, die übrigen
führten zu einer Verurteilung. Wie Tabelle 601 zeigt, läßt sich der
rechtsextremistische Täterkreis danach unterscheiden, wieviele
Verurteilungen bei Aburteilungen auftraten.

Tabelle 601: Rechtsextremistischer Täterkreis nach Verurteilungen
             und Aburteilungen

Täter mit	N	%
nur 1 Verurteilung	510	81.7
nur 1 Verurteilung bei mehr als 1 Aburteilung	31	5.0
mehr als 1 Verurteilung	83	13.3
Täter insgesamt	624	100.0
Aburteilungen insgesamt	794	

Da in die Täteranalyse nur verurteilte Rechtsextremisten eingehen,
deckt sich für 510 Täter die Aburteilungszahl mit der
Verurteilungszahl. 31 Rechtsextremisten wurden zwar auch nur einmal
verurteilt, weisen jedoch mehr als eine Aburteilung auf, d.h sie
erhielten ansonsten Freispruch oder Einstellung. 83 Rechtsextremisten
wurden mehr als einmal im Untersuchungszeitraum 1978 bis 1987
verurteilt.

Ohne Zweifel wäre es von Interesse, den Abweichungen innerhalb dieser
drei Tätergruppen nachzugehen. Da aber nur in wenigen Fällen bei den
sozialbiografischen Merkmalen alle Fälle benannt sind, ist nicht
zuletzt die Gruppe derer, die zwar mehr als eine Aburteilung auf
ihrem Konto haben, jedoch nur eine Verurteilung, mit 31 Tätern zu
klein. Diese Untergruppe wird daher nur in dem Fall der Handlungziele
getrennt ausgewiesen. Allgemein wird unterschieden nach der Verurteilungshäufigkeit. Täter mit nur einer Verurteilung weisen vermutlich andere Eigenschaften auf als Täter mit mehr als einer Verurteilung in dem Untersuchungszeitraum.

6.1   HANDLUNGSZIELE

Zunächst richtet sich das Augenmerk auf die Handlungszielorientierung
der Täter mit mehrmaligem Justizkontakt. Die Tabelle 602 weist die
Handlungszielorientierung aller drei Teilgruppen auf.

6. Mehrfachtäterbiografie

Tabelle 602: Handlungsziel nach Aburteilungen und
Verurteilungshäufigkeit bei den Rechtsextremisten

Verurteilungs- häufigkeit	terror. N	%	militant N	%	agitator. N	%	sonst. N	%	Insges. N	%
1 Verurteilung/Ab.	32	6.3	163	32.0	267	52.4	48	9.4	510	81.7
1 Verurt.,mehr Ab.	2	6.5	7	22.6	21	67.7	1	3.2	31	5.0
Mehr als 1 Verurt.	7	8.4	28	33.7	46	55.4	2	2.4	83	13.3
Insgesamt	41	6.6	198	31.7	334	53.5	51	8.2	624	100.

Die Tabelle 602 liest sich so, daß z.B. von den 510 Tätern mit nur
einer Aburteilung (die gleichzeitig eine Verurteilung ist) 32, also
6,3 Prozent "terroristische Handlungsziele" verfolgten. Von den 31
Tätern mit mehr als einer Aburteilung, aber nur einer Verurteilung
verfolgten 2, also 6,5 Prozent solche Ziele. 7 Personen oder 8,4
Prozent sind es bei denen, die mehr als eine Verurteilung aufweisen.
Insgesamt verfolgten 6,6 Prozent der Täter dieses äußerste Gewaltziel. Damit kann gesagt werden, daß die Häufigkeit des Kontakts mit
der Gerichtsarena in einer Beziehung zu den Handlungszielen der Täter
steht. Der Anteil an "terroristischen Handlungszielen" steigt mit den
Kontakten und den Folgen dieser Kontakte. Täter mit mehr als einer
Verurteilung weisen für alle drei inhaltlich relevanten Handlungsziele höhere Anteile auf als die Täterschaft insgesamt, sehr gering
fällt bei ihnen die Orientierung auf "sonstige Handlungsziele" aus.
Die Täter, die zwar nur eine Verurteilung, dafür aber mehr als eine
Aburteilung im Untersuchungszeitraum haben, weichen in der Handlungsorientierung bei den Handlungszielen stark zugunsten der "agitatorischen Ziele" von den anderen Teilgruppen und der Gesamtverteilung
ab. Eventuell erfolgt bei "agitatorischen Zielen" relativ häufig
Einstellung oder Freispruch. Diese These setzt voraus, daß es sich
bei den Aburteilungsfällen um eine solche Handlungsorientierung gehandelt haben könnte. Da wir diese aber nur in den Fällen der Verurteilung ermitteln, muß die Bestätigung dieses Zusammenhangs ausbleiben. Für die Täter mit mehr als einer Verurteilung wird in der Grafik

6.1 ein Vergleich der Anteile der einzelnen Handlungsziele mit den
Prozentanteilen der Handlungsziele für die rechtsextremistischen
Täter insgesamt durchgeführt. Sie verdeutlicht noch einmal, daß in
dieser Tätergruppe die politisch relevanten Handlungsziele prozentual
stärker vertreten sind als in der rechtsextremistischen Täterschaft
insgesamt.

Grafik 6.1:

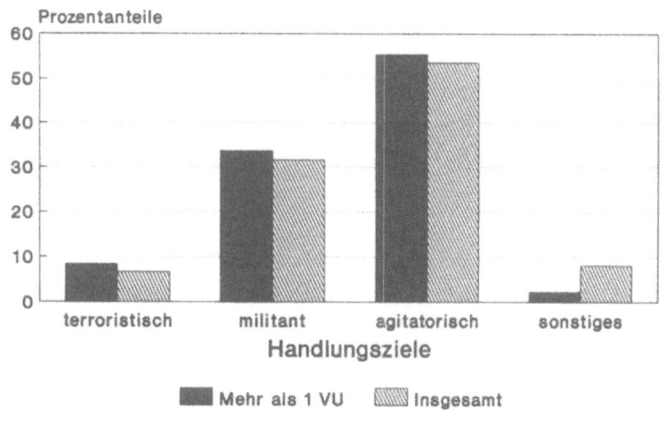

Vergleich Handlungsziele
Mehr als 1 VU - Insgesamt

Die Ergebnisse belegen, daß Tätermerkmale und Handlungsorientierungen
in einer Beziehung zu der Häufigkeit des Kontakts mit der Gerichtsarena stehen. In den weiteren Ausführungen werden die Täter mit einer
Verurteilung hinsichtlich der sozialbiografischen Merkmale mit den
Tätern mit mehr als einer Verurteilung verglichen. Ob die beobachtbaren Unterschiede Ursache oder Folge der Verurteilungshäufigkeit
ist, kann nicht entschieden werden. Die Ergebnisse können jedoch die

Sensibilität für die Mechanismen und Faktoren der ungewollten justiziellen Verstärkung einer kriminellen Karriere verbessern.

6.2   SOZIALBIOGRAFISCHER VERGLEICH

In der Tabelle 603 sind sieben sozialbiografische Merkmale mit ihren Verteilungen für die Gruppe der nur einmal verurteilten Straftäter und für die Straftäter mit mehr als einer Verurteilung enthalten. Die Spalte "Insgesamt" gibt noch einmal die Verteilung dieser Merkmale für alle rechtsextremistischen Straftäter wieder.

Bei den Ergebnissen der Tabelle 603 ist zu berücksichtigen, daß das Alter der Täter bei mehreren Verurteilungen in unserem Untersuchungs-zeitraum in der Tendenz höher ist als bei den nur einmal Verurteil-ten. Altersmäßige Unterschiede, die auch für einige Sozialbiografie-merkmale bedeutsam sind (z. B. Familienstand), sind daher vorsichtig zu bewerten.

In der Grafik 6.2 und Grafik 6.3 sind ausgewählte Prozentanteile zu Kategorien einiger Sozialbiografiemerkmale in Blockdiagrammen vergleichend für die Täter mit mehr als 1 Verurteilung (VU) und für die Täter mit einer Verurteilung dargestellt. Die grafische Präsenta-tion beschränkt sich auf die Merkmalskategorien, bei denen wesent-liche Unterschiede zwischen den beiden Tätergruppen festzustellen sind.

Grafik 6.2:

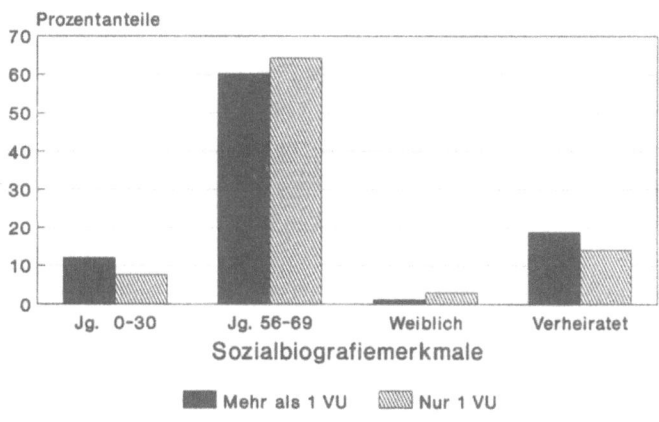

Merkmalsvergleiche 1
Mehr als 1 VU - 1 VU

Rechtsextremisten

Grafik 6.3:

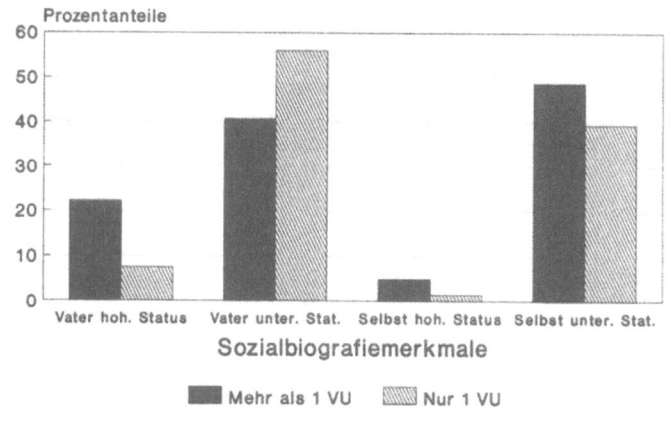

Merkmalsvergleiche 2
Mehr als 1 VU - 1 VU

Rechtsextremisten

337

Die Ergebnisse zu der Verteilung der Jahrgangskohorten auf die beiden
Tätergruppen lassen eigentlich nur für die ganz alten Jahrgänge und
für die jungen nennenswerte Unterschiede erkennen. Selbstverständlich
dürfte gerade für die zwischen 1900 und 1930 Geborenen die Chance zur
mehreren Verurteilungen größer sein als für die zwischen 1956 und
1969 Geborenen. Wenn man eine Tendenz zugunsten der ältesten Jahr-
gangskohorte bei den Tätern mit mehr als einer Verurteilung vermuten
will, so kann es nur eine ganz schwache sein.

Es besteht ein leichter Unterschied zwischen den beiden Tätergruppen
hinsichtlich der Geschlechterverteilung. Bei den Tätern mit nur einer
Verurteilung finden sich 3 Prozent Frauen, bei der Tätergruppe mit
mehr als einer Verurteilung sind es nur 1,2 Prozent. Ein Ergebnis,
das angesichts der bekannten geschlechtsspezifischen Kriminalitätsbe-
lastung nicht überrascht[1].

Die Ergebnisse zum Familienstand der Täter sind, wie an anderer
Stelle schon angemerkt, altersbeeinflußt. Da die Altersverteilung
bei der Tätergruppe mit mehr als einer Verurteilung zugunsten der
älteren Täter verläuft, siehe auch die Ergebnisse zur Altersverteilung zur Zeit der Tat, nimmt es nicht Wunder, daß hier 18,8
Prozent verheiratet sind, während es bei den Tätern mit nur einer
Verurteilung lediglich 14,1 Prozent sind. Es erstaunt jedoch, daß
bei den Tätern mit mehr als einer Verurteilung lediglich 5 Prozent
getrennt, geschieden oder verwitwet waren. In dieser Kategorie
weisen die nur einmal Verurteilten 6,5 Prozent auf. Der Umstand
der mehrfachen Verurteilung scheint damit auf keinen Fall durch
die äußerlich am Familienstand feststellbaren Brüche im Lebenslauf
bedingt zu sein.

---

[1] vgl. Kaiser, Günther: Kriminologie, 7. Auflage, Heidelberg
1985, S. 79ff.

Tabelle 603:   Ausgewählte sozialbiografische Merkmale - Vergleich
                der Täter nach Verurteilungshäufigkeit

Sozialbiografisches Merkmal	Nur 1 Ver- urteilung		Mehr als 1 Verurt- eilung		Insgesamt	
	N*	%	N*	%	N*	%
Anzahl der rechtsex- tremistischen Täter	541	86.7	83	13.3	624	100.0
Jahrgangskohorte:						
00 - 30	41	7.6	10	12.0	51	8.2
31 - 45	65	12.0	10	12.0	75	12.0
46 - 55	87	16.1	13	15.7	100	16.0
56 - 69	348	64.3	50	60.2	398	63.8
Geschlecht:						
Männlich	524	97.0	82	98.8	606	97.3
Weiblich	16	3.0	1	1.2	17	2.7
Familienstand:						
Ledig	404	79.4	61	76.3	465	78.9
Verheiratet	72	14.1	15	18.8	87	14.8
Getrennt/Sonstiges	33	6.5	4	5.0	37	6.3
Sozialökonomischer Status des Vaters:						
Hoher Status	12	7.5	6	22.2	18	9.7
Mittlerer Status	58	36.5	10	37.1	68	36.6
Unterer Status	89	56.0	11	40.7	100	53.7
Schulbildung des Täters:						
Bis Hauptschule	220	62.0	40	63.5	260	62.2
Bis Sekundarstufe I	86	24.2	13	20.6	99	23.7
Bis Sekundarstufe II	37	10.4	8	12.7	45	10.8
Bis Studium	12	3.4	2	3.2	14	3.3
Sozialökonomischer Status des Täters /Berufsposition						
Hoher Status	7	1.4	4	5.0	11	1.8
Mittlerer Status	49	9.3	7	8.8	56	9.2
Unterer Status	207	39.4	39	48.8	246	40.4
Schüler/Auszubildender	157	29.8	12	15.0	169	27.9
Arbeitslos	85	16.2	12	15.0	97	16.0
Sonstiges	21	4.0	6	7.5	27	4.5
Alter zur Zeit der Tat:						
14 - 17	114	21.1	7	8.4	121	19.4
18 - 20	141	26.1	26	31.3	167	26.8
21 - 30	164	30.4	28	33.7	192	30.8
31 - älter	121	22.4	22	26.5	143	23.0

* Die bei den Merkmalen auftretenden Differenzen zu N insgesamt
erklären sich aus den jeweils fehlenden Angaben

Auffallende Unterschiede sind im Bereich des sozialökonomischen Faktors zu beobachten. So kommen überproportional viele Mehrfachverurteilte aus einem Elternhaus, in dem der Vater einen hohen sozialökonmischen Status besaß. Nahmen bei allen Tätern nur 9,2 Prozent der Väter einen hohen Status ein, so sind es hier 22,2 Prozent. Während der mittlere sozialökonomische Herkunftsstatus in beiden Tätergruppen in etwa den gleichen Anteil einnimmt, sind bedeutend mehr Täter mit nur einer Verurteilung aus Familien, in denen der Vater einen unteren sozialökonomischen Status einnahm, und zwar 56 Prozent gegenüber 40,7 Prozent bei der anderen Tätergruppe.

Bezogen auf den sozialökomischen Status, den die Täter über ihren Beuf selbst einnehmen, zeigt sich gerade bei den Mehrfachverurteilten, daß sie sowohl im hohen als auch im unteren Statusbereich überproportional vertreten sind (5 und 48,8 Prozent). Vermutlich altersbedingt finden sich bei diesen proportional nur halb so viel Schüler und Auszubildende wie bei den Tätern mit nur einer Verurteilung (15 gegenüber 29,8 Prozent). Der Anteil der Arbeitslosen ist in beiden Tätergruppen etwa gleich groß.

Wirft man noch den Blick auf die Schulbildung, bei der keine nennenswerten Unterschiede zu beobachten sind, kommt man zu dem Schluß, daß lediglich über den Familienstand und die Schichtzugehörigkeit begründete Unterschiede zwischen den beiden Tätergruppen zu beobachten sind. Die Familienstandsergebnisse erinnern daran, den äußerlich zu beobachtenden Brüchen im Lebenslauf keine übermäßige Bedeutung für die Entwicklung und Dynamik einer kriminellen rechtsextremistischen Karriere zuzuschreiben, eher scheint das Gegenteil der Fall zu sein. Dagegen verweisen die Statusergebnisse in eine Interpretationsrichtung, die als intergenerative Deklassierungsthese bezeichnet werden kann. Täter aus Elternhäusern mit einem hohen sozialökonomischen Status finden sich eher bei den Mehrfachverurteilten als bei den nur einmal Verurteilten und bei den Mehrfachverurteilten finden sich außergewöhnlich viele Täter, die selbst nur noch den unteren sozialökonomischen Status einnehmen.

7.   TÄTERGRUPPENVERGLEICH

Wie einleitend ausgeführt, ist in der Gesamtpopulation von Straftätern wegen mutmaßlicher rechtsextremistischer Aktivitäten zu
unterscheiden zwischen den eindeutig als Rechtsextremisten zu
bezeichnenden Tätern, den Provokationstätern, den Tätern, die keine
Rechtsextremisten sind und den Tätern, deren motivationaler Hintergrund aufgrund der Datenlage nicht identifiziert werden kann. Somit
teilen sich die 1026 Verurteilungen unserer Untersuchung auf vier
Tätergruppen auf (s. Tabelle 401). Nach der Darstellung der rechtsextremistischen Straftäter stehen noch die sozialbiografischen
Besonderheiten der übrigen drei Tätergruppen aus. Sie sind insoweit
von herausragendem Interesse, als an ihnen der Frage weiter nachgegangen werden kann, wer in die Arena der politischen Justiz gerät
und worin sich die dort anzutreffenden Tätergruppen außerhalb des
Deliktsbereichs unterscheiden.

Wie schon bei den Mehrfachverurteilten konzentriert sich die
Darstellung der Sozialbiografie auf sieben Variablen. Sie
charakterisieren ausreichend die einzelnen Tätergruppen und lassen
den spezifischen Handlungshintergrund der Tätergruppen erkennen.
Neben der Ergebnistabelle 701 werden die herausragenden Ergebnisse
in den Grafiken 7.1 bis 7.5, zumeist als Blockdiagramm, optisch
präsentiert.

7.1   SOZIALBIOGRAFISCHE CHARAKTERISIERUNG DER TÄTERGRUPPEN

Tabelle 701 gibt für die drei nicht rechtsextremistischen Täter-
gruppen die Sozialbiografieergebnisse wieder. Schon ein flüchtiger
Blick läßt erkennen, daß zwischen diesen drei Gruppen erhebliche
Unterschiede bestehen. Zunächst gilt die Aufmerksamkeit nicht den
Unterschieden zwischen den Tätergruppen, sondern den sozial-
biografischen Ausprägungen der einzelnen Tätergruppen.

7. Tätergruppenvergleich

7.1.1   PROVOKATIONSTÄTER

Heftig umstritten ist die Frage, ob jugendliche Schmierereien mit Hakenkreuzen u.ä. zum Erscheinungsbild des Rechtsextremismus zu zählen sind oder nicht[1]. In dieser Untersuchung wird auf den motivationalen Bezug solcher Aktionen abgestellt und eine Abgrenzung zur rechtsextremistisch motivierten Aktion als notwendig erachtet. Die Lust oder der Impuls, mit den negativ sanktionierten und somit tabuisierten Symbolen des Nationalsozialismus zu provozieren oder den "starken Mann" zu spielen, unterscheidet sich in ihrer Qualität von dem Bemühen, die eigene rechtsextremistische Anschauung zur Leitschnur des Denkens und Handelns zu machen. Diese Unterscheidung wird auch von Richtern getroffen, die nazistisch geprägtes Provokationsverhalten auf "Dumme-Jungen-Streiche" oder unüberlegtes Handeln zurückführen. Es kann zwar nicht ausgeschlossen werden, daß in dem einen oder anderen Fall die richterliche Beurteilung durch eine Tendenz zur Entpolitisierung zustande kommt, die Notwendigkeit einer

---

[1] vgl. Stöss, Richard/ Deiters, Dietmar/ Dingel, Frank/ Hesse, Klaus/ Sander, Andreas: Ursachen und Ausmaß der NS-Renaissance unter Jugendlichen in Berlin (West) und bildungspolitische Maßnahmen zu ihrer Bewältigung, Endbericht, FU Berlin, Zentralinstitut für sozialwissenschaftliche Forschung, Manuskript 1981; die Autoren unterscheiden zwischen Protest- und politischem Verhalten , die Abgrenzung bleibt aber verschwommen. Es wird angenommen, daß beide Arten auf einer Ebene liegen und eine "Aktivitätsskala" bilden. Diese Annahme ist jedoch äußerst problematisch. Die in unserer Untersuchung feststellbaren Äußerungsformen von Protestverhalten, hier Provokationen, umfassen ein wesentlich kleineres Spektrum als das von Stöss u.a. zugrunde gelegte. Kontakte zu rechtsextremistischen Organisationen oder tätliche Angriffe auf Personen werden von uns nicht mehr als Provokationsverhalten aufgefaßt, vgl. dagegen S. 10 des Berichts von Stöss u.a.; s. auch Meyer/Rabe, die von gezielten Tabuverletzungen sprechen und Provokationen als ein Mittel eines diffusen, sozialen Protests auffassen, als Beispiel führen sie die Fans der Rock-Gruppe Kiss an, Meyer, Alwin/ Rabe, Karl-Klaus: Unsere Stunde die wird kommen. Rechtsextremismus unter Jugendlichen, Bornheim-Merten 1979, S. 102

342

solchen Differenzierung wird dadurch nicht in Frage gestellt[2]. Unter
Orientierung auf die richterliche Beurteilung der inneren Tatseite,
wird in dieser Untersuchung unter nazistisch geprägtem Provokations-
handeln ein Verhalten verstanden, für das die politische Symbolik
ein Mittel für "unpolitische" Zwecke, für diffusen Protest, ist.
Sollte die Untersuchung ergeben, daß sich der als Provokationstäter
beurteilte Personenkreis von den anderen Tätern unterscheidet, würde
dies gegen die These sprechen, daß die Gerichte Rechtsextremisten
einfach als Provokationstäter wegdefinieren und damit einer Verharmlosung und Entpolitisierung den Weg bereiten.

Die Zahl der Täter, die mit ihrer Tat eine lediglich nazistisch
geprägte Provokation intendierten, beträgt in dem erfaßten Untersuchungszeitraum von September 1978 bis zum Frühjahr 1987 51 .
Sie kommen zu 92,2 Prozent aus der Kohorte der Geburtsjahrgänge 1956
bis 1969. Zweitstärkste Kohorte ist die sog. Nazikohorte, zwei der
51 Provokationstäter stammen aus den Jahrgängen von 1900 bis 1930.
Der Frauenanteil erreicht in dieser Tätergruppe 9,8 Prozent. Je vier
Prozent sind verheiratet oder weisen einen sonstigen Familienstand
auf. Ein Provokationstäter verfügt über einen hohen Herkunftsstatus,
58,3 Prozent enstammen dagegen dem unteren sozialökonomischen
Statusbereich. Dreiviertel haben einen bis zur Hauptschule reichenden
Bildungsstand, das letzte Viertel geht bis zur Sekundarstufe I, der
Mittleren Reife. Altersbedingt sind 60 Prozent der Provokationstäter
noch Schüler oder Auszu-

---

[2] s. hierzu jedoch Staehr, Gerda v.: Entwicklungen und Erklärungsversuche neonazistischer Tendenzen von Jugendlichen,in:
Gegenwartskunde 1981, Heft 3, S. 340

Tabelle 701: Ausgewählte sozialbiografische Merkmale für die
nicht rechtsextremistischen Tätergruppen

Sozialbiografisches Merkmal	Provoka-tionstäter		Keine Rechts-extremisten		Nicht Identifi-zierbare	
	N*	%	N*	%	N*	%
Anzahl der Täter insgesamt mit Anteil an den Verur-teilten insgesamt N=901	51	5.7	57	6.3	169	18.8
Jahrgangskohorte:						
00 - 30	2	3.9	15	26.3	9	5.3
31 - 45	1	2.0	21	36.8	20	11.8
46 - 55	1	2.0	8	14.0	35	20.7
56 - 69	47	92.2	13	22.8	105	62.1
Geschlecht:						
Männlich	46	90.2	55	96.5	164	97.0
Weiblich	5	9.8	2	3.5	5	3.0
Familienstand:						
Ledig	46	92.0	10	22.2	105	77.8
Verheiratet	2	4.0	31	68.9	23	17.0
Getrennt/Sonstiges	2	4.0	4	8.9	7	5.2
Sozialökonomischer Status des Vaters:						
Hoher Status	1	8.3	1	14.3	1	5.3
Mittlerer Status	4	33.3	5	71.4	4	21.1
Unterer Status	7	58.3	1	14.3	14	73.7
Schulbildung des Täters:						
Bis Hauptschule	26	74.3	11	61.1	36	65.5
Bis Sekundarstufe I	9	25.7	4	22.2	13	23.6
Bis Sekundarstufe II	-		2	11.1	3	5.5
Bis Studium	-		1	5.6	3	5.5
Sozialökonomischer Status des Täters /Berufsposition						
Hoher Status	-		6	12.2	1	0.7
Mittlerer Status	1	2.0	27	55.1	14	9.7
Unterer Status	11	22.0	9	18.4	63	43.8
Schüler/Auszubildender	30	60.0	4	8.2	32	22.2
Arbeitslos	7	14.0	2	4.1	28	19.4
Sonstiges	1	2.0	1	2.0	6	4.2
Alter zur Zeit der Tat:						
14 - 17	26	51.0	-		23	13.6
18 - 20	18	35.3	4	7.0	46	27.2
21 - 30	4	7.8	14	24.6	58	34.3
31 - älter	3	5.9	39	68.4	42	24.9

* Die bei den Merkmalen auftretenden Differenzen zu N insgesamt
erklären sich aus den jeweils fehlenden Angaben

bildende. 14 Prozent waren arbeitslos und lediglich 24 Prozent konnte über die Berufsangabe ein sozialökonomischer Status zugeschrieben werden. Das Alter zur Zeit der Tat lag in 51 Prozent der Fälle zwischen 14 und 18. In weiteren 35,3 Prozent waren die Täter 18 bis 20 Jahre alt. Das Durchschnittsalter liegt bei 19,1 Jahren.

Es drängt sich der Gesamteindruck auf, daß die nazistisch geprägte Provokation ein Phänomen ist, das vorwiegend in bestimmten Handlungskontexten auftritt und eng mit der Lebensphase der Adoleszenz (das Heranwachsen) verbunden ist[3]. Schule und Ausbildung sind die für Provokationstäter bezeichnenden Lebensumstände.

7.1.2   KEINE RECHTSEXTREMISTEN

57 Straftäter unserer Population sind trotz des vermuteten rechtsextremistischen Hintergrundes keine Rechtsextremisten. Wesentlicher Grund für das Auffinden solcher Täter in einer Untersuchung über Rechtsextremismus und Strafjustiz ist die gesinnungsunabhängige Schutzbereichswirkung des § 86a StGB. Wer außerhalb der Sozialadäquanz (§ 86a Abs. 3 i. V. m. § 86 Abs. 3 StGB) Kennzeichen und Symbole des Nationalsozialismus, aus welcher Motivation auch immer, in der Öffentlichkeit verwendet, macht sich strafbar. Dies kann aus Protestgründen geschehen und aus Gründen der Verkaufsförderung. Beides ist der Hintergrund für Täter, die in der Untersuchung als "Keine Rechtsextremisten" geführt werden. Von den beiden Untergruppen dominiert eindeutig der Kaufmannsbereich. Es handelt sich um Antiquitätenhändler, Spielzeugwarenhändler und Buchhändler, die mit dem Gesetz in Konflikt gerieten. Der spezifische Handlungskontext der Täter, die keine Rechtsextremisten sind, erklärt auch die besondere Kohortenverteilung. Immerhin 26,3 Prozent kommen aus der sog. Nazi-Kohorte. Die umfangreichste Gruppe mit 36,8 Prozent

---

[3] vgl dazu Döbert, Rainer/ Nunner-Winkler, Gertrud: Adoleszenzkrise, moralisches Bewußtsein und Wertorientierung, in: Hurrelmann, Klaus (Hrsg.): Sozialisation und Lebenslauf. Empirie und Methodik sozialwissenschaftlicher Persönlichkeitsforschung, Reinbek bei Hamburg 1976

sind die zwischen 1931 und 1945 Geborenen, die Kriegsgeneration. Nur 14 Prozent sind aus der Nachkriegsgeneration und 22,8 Prozent entstammen der Wohlstandskohorte. Frauen finden sich nur zu 3,5 Prozent in dieser Tätergruppe. Verheiratet sind 68,9 Prozent dieser Täter. Lagen Angaben zum Beruf des Vaters vor, so ließ er sich in 71,4 Prozent der Fälle einem mittleren sozialökonomischen Status zuordnen. Von den Tätern nahmen selbst 12,2 Prozent einen hohen Status ein, 55,1 Prozent verfügten über einen mittleren sozialökonomischen Status. Nur 18,4 Prozent sind dem unteren Statusbereich zuzuordnen. Arbeitslos waren in der Tätergruppe "Keine Rechtsextremisten" lediglich 4,1 Prozent. Aufgrund des relativ hohen Tatalters, 68,4 Prozent waren zur Zeit der Tat älter als 31 und das Durchschnittsalter liegt bei 38,1 Jahren, ist bei der Bewertung der Schulbildung zu berücksichtigen, daß der Bildungsboom ein Produkt der ausgehenden 60er und der 70er Jahre ist. So gesehen, weisen immerhin 5,6 Prozent der Täter ein universitäres Bildungsniveau, 11,1 Prozent ein der Hochschulreife entsprechendes Niveau auf. Neben den 22,2 Prozent mit einem der Mittleren Reife entsprechenden Bildungsstand verfügen dann noch 61,1 Prozent über ein bis zum Hauptschulabschluß reichendes Bildungsniveau.

Für die Altersstruktur ergibt sich ein normales und gutes Bildungsgefüge. Beruflich und familiär gut situierte Bürger geraten aus kommerziellen Motiven in die Mühlen der politischen Justiz.

7.1.3   NICHT IDENTIFIZIERBARE

Um nicht in den häufig zu beobachtenden Fehler zu verfallen, jeden Träger eines SS-Gürtels oder Hakenkreuzes gleich für einen Rechtsextremisten zu halten[4], wurde mit der Zuordnung in diese Tätergruppe

---

[4] s. z.B. die Beschreibung der Punk-Mode bei Mehler, Frank: Punk als Lebensstil - eine jugendliche Subkultur im Wandel von zehn Jahren,in: Offensive Jugendhilfe in Kassel: Materialien zur Veranstaltungsreihe "Auseinandersetzung mit Jugendkulturen" für Mitarbeiterinnen und Mitarbeiter des Jugendamtes der Stadt Kassel, herausgegeben vom Jugendamt Kassel, o.O.,o.J., S.76

sehr vorsichtig verfahren. Das hat zur Folge, daß die Fälle, die aufgrund der Datenlage nicht eindeutig einer der drei anderen Gruppen zuzuordnen waren, als "Nicht Identifizierbare" geführt werden. Mit diesem Vorgehen soll das Phänomen des kriminellen Rechtsextremismus nicht verharmlost, sondern wissenschaftlich redlich beleuchtet werden. Wenn ein Täter zur Gruppe der "Nicht Identifizierbaren" zugeordnet wurde, so lag dies stets an der mangelnden Aussagekraft der analysierten Unterlagen. Insbesondere in den Strafbefehlsverfahren lag die mangelnde Aussagekraft mehr an der Besonderheit des damit verbundenen Materials als an dem Fehlen der Unterlagen. Ähnlich wie in der ersten Untersuchung mußten 18,8 Prozent, das sind 169 Täter, als "Nicht Identifizierbare" behandelt werden. 105 Täter aus dieser Gruppe wurden zwischen 1956 und 1969 geboren. Der Anteil der sog. Nazikohorte beträgt 5,3 Prozent, die der Kriegskohorte liegt bei 11,8 Prozent. Die "Nicht Identifizierbaren" sind zu 97 Prozent Männer und zu 77,8 Prozent ledig. Der Anteil der Verheirateten erreicht 17 Prozent. Der Herkunftsstatus ist nur bei 5,3 Prozent hoch, von 73,7 Prozent der Täter wiesen die Väter einen Beruf auf, der dem unteren sozialökonomischen Status zugeordnet werden mußte. Das Bildungsniveau reichte für 65,5 Prozent der Täter bis zum Abschluß der Hauptschule. Zwischen Hauptschule und Mittlere Reife bewegten sich 23,6 Prozent, je 5,5 Prozent wiesen das Bildungsniveau der nächsthöheren Bildungsstufen auf. Im Schul- oder Ausbildungsverhältnis befanden sich zur Zeit der Tat 22,2 Prozent der "Nicht Identifizierbaren". Die Arbeitslosigkeit betraf 19,4 Prozent dieser Täter. Über den ausgeübten Beruf ließ sich für 43,8 Prozent ein unterer sozialökonomischer Status feststellen. Lediglich ein Täter verfügte über einen hohen Status, 9,7 Prozent standen auf der mittleren Statusstufe. Dabei waren zur Zeit der Tat 34,3 Prozent der Täter, deren Tathintergrund nicht identifiziert werden konnte, zwischen 21 und 30 Jahre alt. Die 14- bis 17jährigen sind in dieser Tätergruppe zu 13,6 Prozent vertreten, die über 30jährigen zu 24,9 Prozent. Die "Nicht Identifizierbaren" sind also im Durchschnitt junge Erwachsene, die häufig arbeitslos sind oder untere Berufspositionen bekleiden und von der sozialen Herkunft her aus den unteren Schichten kommen. Aber auch die älteren Jahrgänge sind in dieser Tätergruppe in nennenswertem Umfang vertreten. Im Durchschnitt sind diese Straftäter 26,2 Jahre alt.

7.2   VERGLEICH DER TÄTERGRUPPEN

Um ein abschließendes Bild der einzelnen Tätergruppen zu erhalten,
sind die Ausprägungen der Gruppen miteinander zu vergleichen. Zu
diesem Zweck sind in den Grafiken 7.1 bis 7.5 die wesentlichen
Ergebnisse zur Sozialbiografie grafisch vergleichend dargestellt. So
enthält die Grafik 7.1: Gruppenvergleich 1, die Darstellung der
Verteilung der Prozentanteile der Täter auf die einzelnen
Altersgruppen und zwar für die "Provokationstäter" (Provokationst.),
die Täter, die "Keine Rechtsextremisten" (Keine Rechtsextr.) sind
und für die "Nicht Identifizierbaren" (Nicht Identifiz.).

Grafik 7.1:

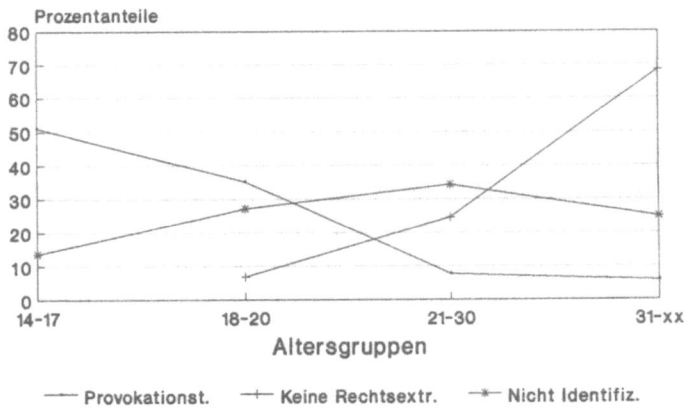

Gruppenvergleich 1
Tatalter

Die Grafik 7.1 veranschaulicht, daß die "Provokationstäter" eine
ausgesprochen junge Tätergruppe sind, während "Keine
Rechtsextremisten" vom Tatalter her stark in die Altersgruppe der
über 30jährigen hineinragen. Dagegen erscheinen die "Nicht Identi-

fizierbaren" fast normalverteilt. Für die beiden Tätergruppen
"Provokationstäter" und "Keine Rechtsextremisten" ist damit schon
eine tatalterspezifische Besonderheit festgehalten.

In der Grafik 7.2: Gruppenvergleich 2, werden für die Tätergruppen
die Anteile der weiblichen Täter und der Ledigen sowie der Verheirateten wiedergegeben.

Grafik 7.2:

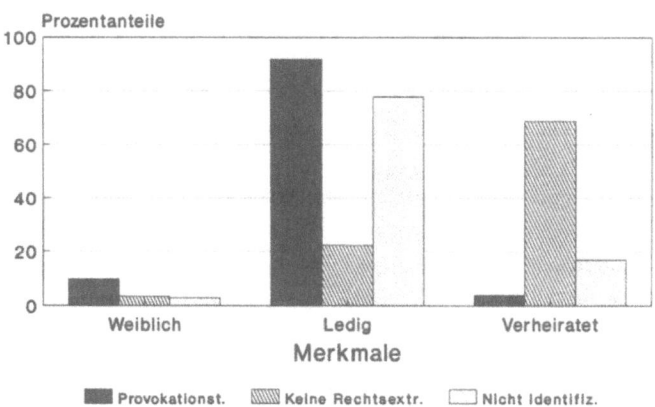

Es ist deutlich zu sehen, daß bei den "Provokationstätern" der Anteil
der Frauen auffallend hoch ist. Als Erklärung für diese Größenordnung
kann vermutet werden, daß bei den jungen Mädchen ein gewisses Maß an
Provokationsbedürfnis mit nationalsozialistischen Kennzeichen und
Symbolen vorliegt, das aber nicht einhergeht mit der Bereitschaft,

sich für eine solche politische Richtung zu engagieren. Es kann aber auch vermutet werden, daß die Richter bei Mädchen und jungen Frauen, die wegen solcher Delikte vor Gericht stehen, dazu neigen, eher ein unpolitisches Verhalten anzunehmen. Diese Frage ließe sich aber nur außerhalb einer aggregatstatistischen Analyse klären.

Die Prozentanteile der Ledigen und Verheirateten sind stark von der Altersstruktur der Tätergruppen bestimmt. Herausragend ist der hohe Anteil der Verheirateten bei den Tätern, die keine Rechtsextremisten sind. Bei den "Nicht Identifizierbaren" fallen die Unterschiede in den Anteilen von Ledigen und Verheirateten nicht so krass aus wie bei den "Provokationstätern". Insgesamt fallen hier die "Keine Rechtsextremisten" als besonders etablierte bzw. integrierte Gruppe heraus.

Grafik 7.3: Gruppenvergleich 3, gibt eine Übersicht über den Herkunftsstatus in den drei Tätergruppen. Auch hier bestätigt sich die relativ ausgeprägte Etabliertheit der Täter, die "Keine Rechtsextremisten" sind, sie haben hohe Anteile bei den hohen und mittleren Herkunftsstatusbereichen. Trotz des Schwergewichts im unteren Herkunftsbereich ist die Verteilung bei den "Provokationstätern" mehr zu den mittleren und höheren Statusbereichen verschoben als für die "Nicht Identifizierbaren". Inwieweit dieser soziale Faktor Ausdruck besonderer Handlungsorientierungen ist oder eher Resultat richterlicher Zuschreibungsprozesse, kann hier höchstens problematisiert, aber nicht beantwortet werden. Jedenfalls zeigen alle drei Tätergruppen herkunftsmäßig Unterschiede auf.

Grafik 7.3:

Gruppenvergleich 3
Herkunftsstatus

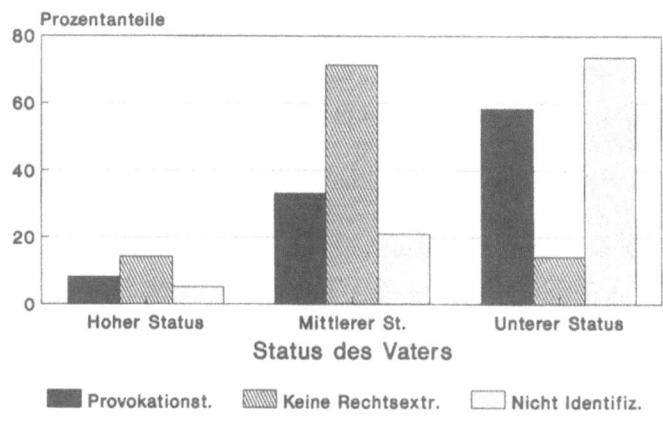

Vaterberuf

Grafik 7.4:

Gruppenvergleich 4
Aktueller Status

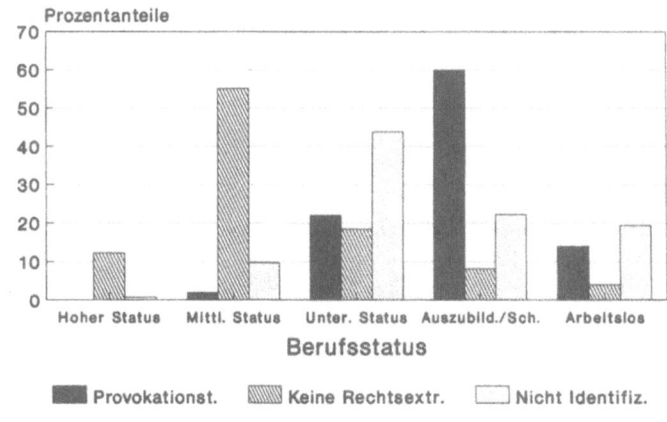

Taeterberuf

In der Grafik 7.4: Gruppenvergleich 4, sind die Anteile der Tätergruppen für den über den Beruf zur Zeit der Tat ermittelten aktuellen
sozialökonomischen Status im Blockdiagramm dargestellt.

"Keine Rechtsextremisten" sind gut situierte Bürger. Ihre Anteile
beim hohen und mittleren Status untermauern diese Annahme, ebenso
der geringe Arbeitslosenanteil. Dagegen sind die "Nicht Identifizierbaren" stärker um den unteren Statusbereich gruppiert, was
ergänzt wird durch den recht hohen Anteil an Arbeitslosen. Ein ganz
anderes Gesicht vermittelt das aktuelle Statusprofil der "Provokationstäter". Es ist deutlich zu sehen, daß diese vornehmlich bei den
Schülern und Auszubildenden anzutreffen sind. Jede Tätergruppe hat
somit ihren besonderen Verteilungsgipfel. Auch das letzte zur
Charakterisierung herangezogene sozialbiografische Merkmal unterstreicht den spezifischen Charakter der einzelnen Tätergruppen.
In der Grafik 7.5: Gruppenvergleich 5, ist die Verteilung der
erreichten Bildungsstufen wiedergegeben.

Grafik 7.5:

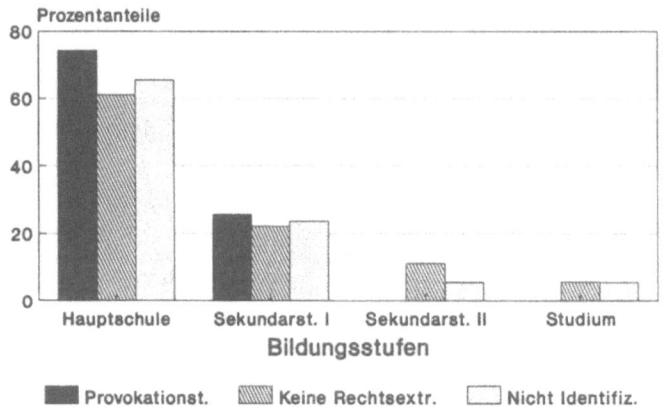

Gruppenvergleich 5
Schulbildung

Auf den ersten Blick ergibt sich ein grundlegender Unterschied nur zwischen den "Provokationstätern" einerseits und den "Nicht Identifizierbaren" sowie "Keine Rechtsextremisten" andererseits. Während die einen überwiegend im Hauptschulbereich und Sekundarstufe I-Bereich verortet sind, reicht das Bildungsprofil in den andern beiden Gruppen in fast annähernd gleichen Größenordnungen bis in die universitäre Bildungsstufe hinein. Bei dieser Ähnlichkeit sollte jedoch berücksichtigt werden, daß die Bildungslandschaft der Bundesrepublik in den siebziger Jahren starke Veränderungen zugunsten des Erreichens höherer Abschlüsse und Bildungsstufen erfahren hat. Heute machen bedeutend mehr Menschen das Abitur als noch vor 15 oder 20 Jahren. Eine im Durchschnitt wesentlich ältere Tätergruppe wie die der "Keine Rechtsextremisten" erwarb ihre Bildungsabschlüsse in Zeiten, in denen der Zugang zu höherer Bildung wesentlich schwerer war (verstanden als Zugangschance) als in den siebziger und achtziger Jahren. Wenn die beiden Tätergruppen also ein ähnliches Bildungsprofil aufweisen, kann man sich die Frage stellen, ob die "Nicht Identifizierbaren" so schlecht gebildet sind oder die "Keine Rechtsextremisten" so gut. Hier darf die Ähnlichkeit als deutlicher Unterschied interpretiert werden.

Der Vergleich der drei Tätergruppen untereinander belegt, daß die anhand der Handlungsorientierung unterschiedenen Tätergruppen auch sozial unterschiedlich strukturiert sind. Die Arena der politischen Justiz gegen rechts wird damit auf der Täterseite unter dem Gesichtspunkt des sozialen Handlungskontextes und soziokulturellen Hintergrundes von deutlich unterscheidbaren Tätergruppen betreten. Noch ungeklärt ist, ob die Rechtsextremisten einer der drei vorgestellten Tätergruppen im sozialbiografischen Bereich ähnelt.

7.3   RECHTSEXTREMISTEN UND NICHT IDENTIFIZIERBARE

Es ist naheliegend, die Rechtsextremisten mit den "Nicht Identifizierbaren" zu vergleichen. Diese wichen stark von den
"Provokationstätern" und "Keine Rechtsextremisten" ab und wurden
lediglich aus Informationsgründen einer der Tätergruppen nicht
zugeordnet. Da der Ausgangspunkt mutmaßliche rechtsextremistische
Aktivitäten sind, spricht vieles für die These, daß es sich hier um
eine rechtsextremistisch dominierte Tätergruppe handeln muß. Eine
Bestätigung könnte die Annahme durch Ähnlichkeiten im
Sozialbiografieprofil erhalten. Der Vergleich der Prozentwerte zu
sieben Sozialbiografiemerkmalen kann anhand der Tabellen 603 (letzte
Spalte: Insgesamt, also für die Rechtsextremisten) und der Tabelle
701 (ebenfalls letzte Spalte, "Nicht Identifizierbare") vorgenommen
werden.

Bei der Kohortenverteilung wird erkennbar, daß trotz geringfügiger
Unterschiede das Verteilungsprofil der beiden Tätergruppen ähnlich
ist. Die Geschlechtsverteilung ist in beiden Gruppen fast gleich.
Auch die Ergebnisse zu den Familienstandsangaben ähneln sich sehr.
Ein nennenswerter Unterschied ist bei der sozialen Herkunft zu
beobachten, hier sind die "Nicht Identifizierbaren" stärker aus dem
unteren sozialökonomischen Statusbereich. Ähnlichkeiten mit den
anderen Gruppen lassen sich dafür auch nicht feststellen. Im
Bildungsbereich sind die Ergebnisse wiederum eher deckungsgleich,
ebenso bei dem festgestellten aktuellen sozialökonomischen Status zur
Zeit der Tat. Beim Tatalter selbst ist ein Unterschied zwar erkennbar, die "Nicht Identifizierbaren" weisen ein leicht höheres Tatalter
auf, der Unterschied zu den anderen Tätergruppen ist jedoch viel
deutlicher.

Zieht man ein Fazit zu den sozialbiografischen Merkmalen der vier
ausgewiesenen Tätergruppen, so läßt sich festhalten, daß die
Rechtsextremisten ein deutlich von den anderen inhaltlich bestimmten
Tätergruppen abgrenzbares soziales Segment darstellen und die "Nicht

Identifizierbaren" eher dem für die rechtsextremistischen Straftäter erfaßten sozialen Kontext entstammen. Sozialer Abstieg und Deklassierung, Unterschichtzugehörigkeit, schlechtes Bildungsniveau und männliche Dominanz kennzeichnen das rechtsextremistische Täterfeld.

Die Provokationstäter lassen sich als sehr jung und in der Regel noch in der Ausbildung oder Schule befindlich beschreiben. Nazistische Provokationen könnten die Folge von Adoleszenzkrisen sein.

Eher ergraut und wohlsituiert erscheinen dagegen die für die Gruppe der "Keine Rechtsextremisten" typischen Kaufleute, die als Agitationstäter in die Arena der politischen Justiz gegen rechts gerieten. Neben der Affäre um die angeblichen Hitler-Tagebücher zeigten auch die Vorgänge um das Document Center in Berlin, daß das Handeln mit NS-Devotionalien ein Politikum ersten Ranges sein kann.

7.4   HANDLUNGSZIELE ALLER TÄTER

Um das sozialbiografische Bild aller in der Untersuchung erfaßten Straftäter abzurunden, bedarf es noch des Gesamtüberblicks zu den von ihnen verfolgten Handlungszielen. In den Überblick gehen die über das schwerste Delikt bestimmten Handlungsziele aller Verurteilungen ein, d.h. die Bezugsgröße sind die 1026 Verurteilungen. Während sich die ersten drei Hauptbereiche ausschließlich auf rechtsextremistische Handlungziele beziehen, gehen in die Kategorie "Sonstiges" alle anderen sowie die nicht bestimmbaren Handlungsziele ein.

Die Tabelle 702 ergibt, daß selbst noch unter Bezug auf alle Verurteilungen die "terroristischen Handlungsziele" 4,5 Prozent umfassen. Die "militanten Handlungsziele" erreichen nunmehr 22,7 Prozent. In den Unterkategorien läßt sich weiterhin eine starke Tendenz zu personaler Gewaltorientierung erkennen.

Die rechtsextremistische Agitation kennzeichnet 409 Verurteilungen und richtet sich überwiegend gegen Juden und Ausländer.

Die nicht klassifizierbaren oder nicht den rechtsextremistischen Handlungszielen zuzuordnenden Verurteilungen umfassen zusammen 33 Prozent.

Insgesamt ließ sich bei zwei Drittel aller Verurteilungen ein rechtsextremistisches Handlungsziel feststellen. Dies schließt nicht aus, daß auch in den anderen Verurteilungen Rechtsextremisten und eine spezifisch politische Kriminalität betroffen waren, allerdings entzieht sich dies der Aussagequalität der Daten. Fest steht, daß noch zwei inhaltlich anders zu beurteilende Tätergruppen und Handlungsorientierungen zu beobachten sind. Für die "Provokations-täter" ist eine relative Nähe zum Rechtsextremismus vorhanden, es kann auch nicht ausgeschlossen werden, daß in dem einen oder anderen Fall ein Provokationstäter zum manifesten Rechtsextremismus über-wechselt. Da mit der Etikettierung als Rechtsextremist eine nach-haltig negative Stigmatisierung verbunden ist, ist die differenzierte Betrachtung nicht nur zulässig, sondern notwendig. Sie ist auch deshalb unerläßlich, weil in der Arena der politischen Justiz eben auch Straftäter anzutreffen sind, die selbst keine rechtsextre-mistische Motivation und Handlungorientierung aufweisen.

Tabelle 702: Handlungsziele bei allen Verurteilungen (1026)

	N	%
I. Terroristische Handlungsziele		
- Anschläge gegen Personen aus dem eigenen rechtsextremistischen Bezugskreis	13	1.3
- Anschläge gegen Personen	4	0.4
- Anschläge gegen Sachen/Einrichtungen	12	1.2
- Vorbereitung eines terroristischen Anschlags	3	0.3
- Handlungen, die auf die Schaffung und Erhaltung der finanziellen, technischen und organisatorischen Voraussetzungen einer terroristischen Gruppe ausgerichtet sind	13	1.3
	45	**4.5**
II. Militante Handlungsziele		
- Militanz gegen Personen	144	14.0
- Militanz gegen Sachen	19	1.9
- Vorbereitung militanter Aktionen	8	0.8
- Handlungen, die auf die Schaffung und Erhaltung der finanziellen, technischen und organisatorischen Voraussetzungen einer militanten rechtsextremistischen Gruppe/Organisation gerichtet sind	62	6.0
	233	**22.7**
III. Agitation		
- antisemitische Zielrichtung	137	13.3
- ausländerfeindliche Zielrichtung	41	4.0
- antisemitische und ausländerfeindliche Zielrichtung	38	3.7
- sonstige rechtsextremistische Agitation	193	18.8
	409	**39.8**
IV. Sonstiges		
- sonstige/nicht erkennbare Handlungsziele (Agitations- und sonstige Kriminalität)	339	33.0
	339	**33.0**
Insgesamt	**1026**	**100.0**

Das äußere Erscheinungsbild von Straftaten sagt nicht in jedem Fall schon etwas über die dahinter stehenden Motive und Handlungs- orientierungen aus. Dies ist eine der wichtigsten Ergebnisse der bisherigen Analyse der Verfahren wegen mutmaßlicher rechtsex- tremistischer Aktivitäten und Erscheinungen.

Zum Abschluß dieses Kapitels soll noch auf den Zusammenhang mit dem Alter der Täter Bezug genommen werden. Für die Haupthandlungsziel- gruppen ergibt sich, wie in der Grafik 7.6 veranschaulicht, daß die Täter, die "terroristische Handlungsziele" verfolgten, im Durch- schnitt 25,3 Jahre alt waren, die militanten Täter 23,6 Jahre und die Täter mit "agitatorischen Handlungszielen" 28,2 Jahre. Die Täter mit "sonstigen Handlungszielen" waren zur Zeit der Tat durchschnittlich 26,5 Jahre alt, was dem Gesamtdurchschnittsalter entspricht. Die Altersunterschiede sind bemerkenswert, weil sie zeigen, daß die Gewaltanwendung offensichtlich stärker bei einem jüngeren Tatalter auftritt als die Agitationskriminalität. Eventuell drückt sich darin aus, daß mit dem Prozeß der gesellschaftlichen Integration, der vermutlich mit steigendem Alter an Dynamik gewinnt, die Gewaltorien- tierung abnimmt und agitatorisches Handeln vorherrscht.

Grafik 7.6: **Durchschnittsalter nach Handlungsziel**

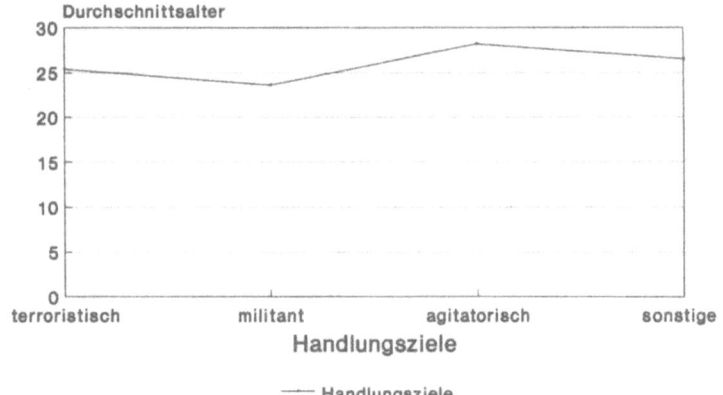

Alle Taeter

7. Tätergruppenvergleich

Bezogen auf die Längsschnittverteilung der Verurteilungen ist zu fragen, ob im Verlaufe des Untersuchungszeitraums das Durchschnittsalter von 26,5 Jahren erhebliche Schwankungen aufweist und ein Entwicklungstrend beobachtbar ist.

In der Grafik 7.7 wird das Durchschnittsalter nach dem Jahr der Rechtskraft aufgelistet und in eine Trendgerade umgesetzt. Da hier eine Kreuztabellierung zweier metrischer Variablen vorgenommen wird, kann als Zusammenhangsmaß der Pearsonsche Produkt-Moment-Korrelations-Koeffizient r herangezogen werden, der einen Wert von -0.078 erreicht[5]. Insoweit ergibt sich ein äußerst schwacher negativer Zusammenhang (Je später die Rechtskraft, desto jünger das Tatalter). Man könnte auch sagen, daß das Durchschnittsalter sich im Trend der Jahre kaum verändert hat. Die Alterszusammensetzung der Täterschaft erweist sich, bei allen Jahresschwankungen, also als relativ stabil.

Grafik 7.7: **Jahr der Rechtskraft und Durchschnittsalter im Trend**

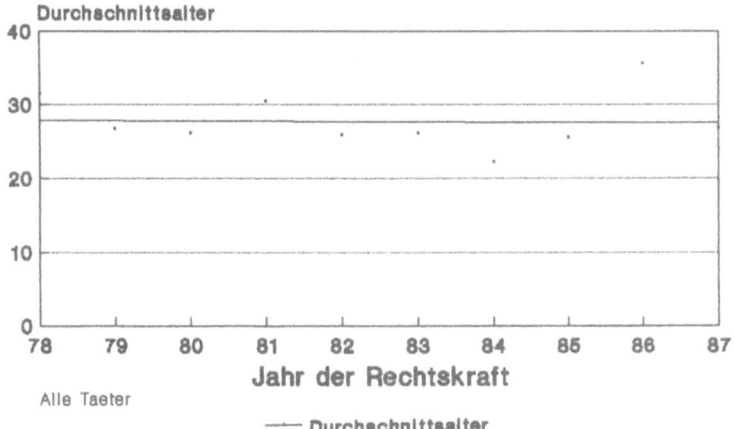

Alle Taeter

------- Durchschnittsalter

[5] s. zu r Benninghaus, Hans: Deskriptive Statistik, Stuttgart 1974, S.184ff.; für r ist Voraussetzung, daß Linearität vorliegt. Die Linearitätsannahme ist jedoch nur beschränkt haltbar. Für einen gewissen Zeitraum läßt sich annehmen, daß das Durchschnittsalter in einem Zehnjahreszeitraum zunimmt, da sich die Mehrfachtäter auswirken. Frei von der Linearitätsannahme ist Eta, der Wert liegt hier bei 0.207, zeigt also einen schwachen Zusammenhang an, s. ebd., S.230ff.

8.   RECHTSEXTREMISTISCHE STRAFTATEN

Nachdem ein Überblick gewonnen wurde zu den sozialbiografischen
Besonderheiten der einzelnen Tätergruppen, steht noch die Darstellung
des Straftatbereichs aus. Die Tatbestände und Tathandlungen, die als
mutmaßliche rechtsextremistische Aktivitäten die Gerichtsmaschinerie
in Gang gesetzt haben, müssen hinsichtlich ihrer Bedeutung für die
Strafverfolgung von Rechtsextremisten beleuchtet werden. Es ist nach
dem Stellenwert der Vorschriften zu forschen, die von ihrem Entstehungszusammenhang als staatliche Schutzgrenzen gegen rechtsextreme
Tendenzen und Bestrebungen erlassen wurden. Ebenso muß dem Stellenwert der allgemeinen Kriminalität nachgegangen werden. D.h., es ist
das deliktspezifische Profil zu erfassen, mit dem die Justiz bei
mutmaßlichen rechtsextremistischen Aktivitäten umzugehen hat.

In diesem Abschnitt werden zum einen die Delikte erfaßt, die zu
Verurteilungen des rechtsextremistischen Täterkreises führten, zum
andern werden die Delikte aller Verurteilungen vorgestellt.

Der Zweck des Strafrechts liegt im Schutz der Rechtsgüter und in der
Wahrung des Rechtsfriedens. Für die Beschreibung des strafrechtlich
relevanten Erscheinungsbildes des Verhaltens eines Täterkreises kann
somit nicht nur auf die Schwere des Delikts – hier unterscheidet man
zwischen Vergehen und Verbrechen –, sondern auch auf die bedrohten
Rechtsgüter abgestellt werden. Deshalb lassen sich die Strafnormen
nach Tatfeldern, die sich auf Rechtsgüter beziehen, gruppieren.

Außer den im Strafgesetzbuch festgelegten Tatbeständen handelt es
sich um Vorschriften aus folgenden Gesetzen:

Gesetz über explosionsgefährliche Stoffe (Sprengstoffgesetz – Spreng-
G) vom 13. September 1974 (BGBl. I S. 388); Waffengesetz (WaffG) vom
8. März 1976 (BGBl. I S.432); Ausführungsgesetz zum Artikel 26 Abs.
2 des Grundgesetzes (Gesetz über die Kontrolle von Kriegswaffen –
KriegswaffG) vom 20. April 1961 (BGBl. I S.444); Befehl Nr.2 des

Alliierten Kontrollrats "Einziehung und Ablieferung von Waffen und Munition" vom 7. Januar 1946 in Verbindung mit Gesetz Nr. 43 "Verbot der Herstellung, der Einfuhr, des Ausfuhr, der Beförderung und der Lagerung von Kriegsmaterial vom 20. Dezember 1946 (VOBl. 4947 S.2); Gesetz zum Schutz der Jugend in der Öffentlichkeit (JSchöG, hier GjS) vom 27. Juli 1957 (BGBl. I S.1058); Gesetz über Versammlungen und Aufzüge (Versammlungsgesetz – VersammlG) vom 15. November 1978 (BGBl. I S.1790); Verordnung Nr. 501 "Schriften, handschriftlich oder gedruckt" des Alliierten Kontrollrates vom 11. September 1950, VOBl. 1951 S.53; Verordnung Nr. 511 "Strafbare Handlungen gegen die Interessen der Besatzung" des Alliierten Kontrollrates vom 15. Oktober 1951, GVBl. S.1404; Gesetz Nr. 5 "Uniformen und Abzeichen. Alliierte Kommandatur Berlin vom 25. Februar 1950, VOBl. 1950 S. 79; Wehrstrafgesetz (WStG) vom 24. Mai 1974 (BGBl. I S. 1213); Weingesetz (WeinG) vom 25. Juli 1950 (RGBl. I S. 356); Straßenverkehrsgesetz (StVG) vom 19. Dezember 1952 (BGBl. I S. 837); Betäubungsmittelgesetz (BtMG) vom 28. Juli 1982 (BGBl. I S. 681, 1187); Pflichtversicherungsgesetz (PflVG) vom 5. April 1965 (BGBl. I S. 213); Abgabeordnung (AO) vom 16. März 1976 (BGBl. I, S. 613); Gesetz zur Regelung des öffentlichen Vereinsrechts (Vereinsgesetz – VereinsG) vom 5. August 1964 (BGBl. I, S. 593); Berliner Pressegesetz vom 15. Juni 1965 (GB Bl. S. 744); Gesetz über die Presse (Pressegesetz), Bremen, vom 16. März 1965 (GBl. S.63); Niedersächsisches Pressegesetz (Nds. PresseG) vom 22. März 1965 (Nieders. GVBl. S. 9).

8.1   RECHTSEXTREMISTISCHES DELIKTPROFIL

Die Tabelle 801 gruppiert die Strafnormen, die verwirklicht wurden, nach dreizehn Tatfeldern, die sich auf Rechtsgüter beziehen[1].

---

[1] In der Literatur finden sich unterschiedliche Klassifikationen, die hier vorliegende lehnt sich an die Systematik bei Maurach, Reinhart/ Schroeder, Friedrich-Christian: Strafrecht. Besonderer Teil, Teilband 1: Straftaten gegen Persönlichkeits- und Vermögenswerte, 6. Auflage Heidelberg, Karlsruhe 1977; Teilband 2: Straftaten gegen Gemeinschaftswerte, 6. Auflage, Heidelberg, Karlsruhe 1981, an

Zunächst wird, um den Bezug zu den Handlungszielen der Rechtsextremisten herzustellen, nur die schwerste Tat, d.h. das für das Handlungsziel maßgebende Delikt, dargestellt. In die Tabelle gehen also maximal 624 Delikte ein, da in zwei Fällen die Angaben nicht vorliegen, genau 622 Täter mit dem schwersten Delikt.

Mord oder Totschlag war das schwerste Delikt bei neun Rechtsextremisten. Der Tatbestandskomplex der Körperverletzung, Deliktgruppennummer 2, bestimmte das Erscheinungsbild bei 94 Rechtsextremisten. Freiheitsberaubung, Nötigung und Bedrohung lag bei 10 Rechtsextremisten vor. Beleidigung und Verleumdung war das schwerste Delikt von 9 Rechtsextremisten. Sonstige Straftaten gegen die Person wie Menschenhandel, Prostitution, Vergewaltigung o.ä. wurde als schwerstes Delikt nur in einem Fall beobachtet.

Straftaten gegen Eigentum und Vermögen bestimmten das kriminelle rechtsextremistische Erscheinungsbild in 44 Fällen. Die allgemeinen Gefährdungsstraftaten wie Brandstiftung, Sprengstoffanschläge und gefährliche Eingriffe in den Bahn-, Schiffs- und Luftverkehr, nehmen ein Anteil von 9,2 Prozent ein. Immerhin 28,5 Prozent machen die Rechtsextremisten aus, die als schwerstes Delikt eine Straftat gegen die staatsunabhängigen Gemeinschaftswerte aufweisen. Hierzu zählen Bildung einer terroristischen Vereinigung, Volksverhetzung, Aufstachelung zum Rassenhaß, Störungen der Totenruhe oder Verstöße gegen das Versammlungsgesetz. Direkt gegen die Staatsgewalt oder die Rechtspflege gerichtet waren lediglich 8 der schwersten Delikte der ausgewählten Verfahren der Rechtsextremisten. Waren die Delikte gegen den Staat, die Verfassung oder die obersten Staatsorgane gerichtet, so bildeten sie für 33,7 Prozent der Rechtsextremisten das schwerste Delikt. Verstöße gegen das Vereinsgesetz fallen hier ebenso hinein wie Berliner Alliiertenvorschriften und die Verbreitung nationalsozialistischer Propaganda oder Kennzeichen.

Tabelle 801: Urteil - Rechtsextremisten nach Straftatfeldern,
schwerste Tat, 624 Täter

Deliktgruppen-Nummer	Straftatfeld	N	%
	I. Straftaten gegen die Person		
01	- gegen das Leben (§§ 211,212 StGB)	9	1.4
02	- gegen die körperliche Unversehrtheit (§§ 223,224,227,230 StGB)	94	15.1
03	- gegen die persönliche Freiheit (§§ 239, 240,241 StGB)	10	1.6
04	- gegen die Ehre (§§ 185,187,194 StGB)	11	1.8
05	- sonstige (§§ 177,178,180a,181 StGB)	1	0.2
	II. Straftaten gegen Eigentum und Vermögen		
06	- gegen das Eigentum (§§ 242,243,244,246, 250,303,304 StGB), gegen das Vermögen als Ganzes (§§ 255,257,259,263 StGB), gegen sonstige Vermögensrechte (§ 293 StGB)	44	7.1
	III. Allgemeine Gefährdungsstraftaten		
07	- gemeingefährliche Straftaten (§§ 306,308, 311,315,316,316b,323a StGB), strafrechtliche Nebengesetze (§ 40 SprengG;§§ 52a,53 WaffG; § 16 KriegswaffG;§ 21 GjS; Befehl Nr.2 des Alliierten Kontrollrates i.V.m. Gesetz Nr.43)	57	9.2
	IV. Straftaten gegen staatsunabhängige Gemeinschaftswerte		
08	- gegen den öffentlichen Frieden (§§ 124, 125,126,129,129a,130,131,140,145,145d,167, 168 StGB),strafrechtliche Nebengesetze (§§ 21,24,26,27,28 VersammlG)	177	28.5
	V. Straftaten gegen die Staatsgewalt oder die Rechtspflege		
09	- gegen die Staatsgewalt (§§ 111,113 StGB)	1	0.2
10	- gegen die Rechtspflege(§§ 138,153,154,164, 258 StGB)	7	1.1
	VI. Straftaten gegen den Staat, die Verfassung, oberste Staatsorgane und Landesverteidigung		
11	- Gefährdung des demokratischen Rechtsstaates (§§ 86,86a, StGB und die Verordnungen Nr. 501 und 511 und Gesetz Nr. 5 der Alliierten Kommandantur Berlin)	206	33.1
12	- sonstige Straftaten (§§ 85,89,90a,106a StGB);§ 20 VereinsG	4	0.6
	VII. Sonstige Straftaten		
13	- (§§ 132,340,267 StGB;§ 40 WStG;§ 67 WeinG; §§ 21,22 StVG;§ 11 BtMG;§ 6 PflVG;§ 396 AO; § 20 LPG Berlin;§ 20 LPG Bremen;§21 LPG Niedersachsen)	1	0.2
		622*	100.0

*In zwei Fällen liegen keine Angaben zu den Straftaten vor

Sonstige Straftaten, insbesondere die sog. Pressedelikte, kennzeichnen die kriminellen Rechtsextremisten nur in 0,2 Prozent der 622 Fälle.Obwohl Tabelle 801 nur die schwerste Straftat eines Rechtsextremisten in unserer Untersuchung berücksichtigt, decken die erfaßten Delikte ein breites Spektrum ab. Das Verteilungsbild läßt sich deutlicher hervorheben, wenn, wie in Tabelle 802, die einzelnen Straftatgruppen stärker zusammengefaßt werden.

Tabelle 802: Schwerste Straftat von Rechtsextremisten, geordnet nach Rechtsgütern

Gruppen-Nummer	Straftatfeld nach Rechtsgut	N	%
01	Straftaten gegen die Person (Gruppe 1 - 5)	125	20.1
02	Straftaten gegen Eigentum/Vermögen (Gruppe 6)	44	7.1
03	Straftaten gegen den Staat oder staatsunabhängige Gemeinschaftswerte (Gruppe 8 - 12)	395	63.5
04	Sonstiges (Gruppe 7 und 13)	58	9.3
		622	100

Grafik 8.1:

Straftatfeld RE
schwerstes Delikt

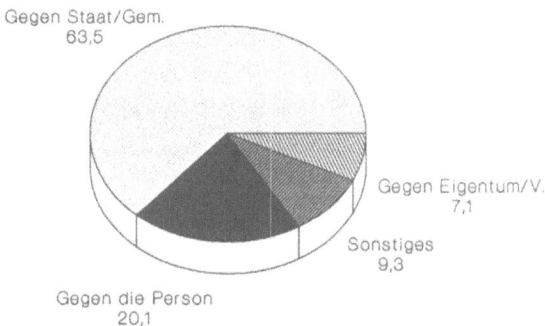

Gegen Staat/Gem.
63,5

Gegen Eigentum/V.
7,1

Sonstiges
9,3

Gegen die Person
20,1

Prozentanteile

Wie auch in der Grafik 8.1 gezeigt, handelt es sich bei den meisten Straftaten um Straftaten gegen den Staat oder gegen staatsunabhängige Gemeinschaftswerte. Immerhin zweitgrößter Bereich sind die Delikte gegen die Person. 20,1 Prozent der Rechtsextremisten weisen als schwerste Straftat ein Personendelikt auf.

Die allgemeinen Gefährdungsdelikte und Straftaten gegen Pressegesetze u.ä. (Sonstiges) machen fast zehn Prozent aus. 9,3 Prozent der schwersten Delikte zählen zum Bereich sonstiger Rechtsgüter. Im Rahmen der verurteilten schwersten Delikte spielen die Straftaten gegen Eigentum oder Vermögen mit 7,1 Prozent bei den Rechtsextremisten nur eine relativ bescheidene Rolle.

Um die Bedeutung der Delikte abschließend bewerten zu können, bedarf es des Überblicks über alle zur Verurteilung gelangten Straftatbestände bei den Rechtsextremisten.

365

Tabelle 803: Verurteilungen - Straftatklassifikation nach Tatfeldern, hier:Verurteilungen der Rechtsextremisten
insgesamt= 624 Täter, 748 Verurteilungen

Deliktgruppen-Nummer	Straftatfeld	N	%
	I. Straftaten gegen die Person		
01	- gegen das Leben (§§ 211,212 StGB)	20	1.0
02	- gegen die körperliche Unversehrtheit (§§ 223,224,227,230 StGB)	202	10.2
03	- gegen die persönliche Freiheit (§§ 239, 240,241 StGB)	80	4.0
04	- gegen die Ehre (§§ 185,187,194 StGB)	114	5.7
05	- sonstige (§§ 177,178,180a,181 StGB)	6	0.3
	II. Straftaten gegen Eigentum und Vermögen		
06	- gegen das Eigentum (§§ 242,243,244,246, 250,303,304 StGB), gegen das Vermögen als Ganzes (§§ 255,257,259,263 StGB), gegen sonstige Vermögensrechte (§ 293 StGB)	271	13.6
	III. Allgemeine Gefährdungsstraftaten		
07	- gemeingefährliche Straftaten (§§ 306,308, 311,315,316,316b,323a StGB), strafrechtliche Nebengesetze (§ 40 SprengG;§§ 52a,53 WaffG; § 16 KriegswaffG;§ 21 GjS; Befehl Nr.2 des Alliierten Kontrollrates i.V.m. Gesetz Nr.43)	206	10.4
	IV. Straftaten gegen staatsunabhängige Gemeinschaftswerte		
08	- gegen den öffentlichen Frieden (§§ 124, 125,126,129,129a,130,131,140,145,145d,167, 168 StGB),strafrechtliche Nebengesetze (§§ 21,24,26,27,28 VersammlG)	439	22.1
	V. Straftaten gegen die Staatsgewalt oder die Rechtspflege		
09	- gegen die Staatsgewalt (§§ 111,113 StGB)	22	1.1
10	- gegen die Rechtspflege(§§ 138,153,154,164, 258 StGB)	10	0.5
	VI. Straftaten gegen den Staat, die Verfassung, oberste Staatsorgane und Landesverteidigung		
11	- Gefährdung des demokratischen Rechts-staates (§§ 86,86a, StGB und die Ver-ordnungen Nr. 501 und 511 und Gesetz Nr. 5 der Alliierten Kommandantur Berlin)	575	28.9
12	- sonstige Straftaten (§§ 85,89,90a,106a StGB);§ 20 VereinsG	25	1.3
	VII. Sonstige Straftaten		
13	- (§§ 132,340,267 StGB;§ 40 WStG;§ 67 WeinG; §§ 21,22 StVG;§ 11 BtMG;§ 6 PflVG;§ 396 AO; § 20 LPG Berlin;§ 20 LPG Bremen;§21 LPG Niedersachsen)	17	0.9
Insgesamt		1987*	100.0

*In drei Fällen liegen keine Angaben zu den Straftaten vor

Unter Beibehaltung der 13 Straftatfelder zeigt die Tabelle 803, mit welcher Häufigkeit nach den genannten Straftatbeständen Verurteilungen gegen Rechtsextremisten ausgesprochen wurden. Da die 624 Rechtsextremisten insgesamt 748 Verurteilungen aufweisen, ist die Zahl der Delikte hierauf zu beziehen. Dennoch ist noch etwas zur Zählweise bei der Erhebung anzumerken. Erfolgten bei mehreren Taten mehrmals, nämlich hinsichtlich der verschiedenen rechtlich selbständigen Handlungen, Verurteilungen wegen des selben Tatbestandes, so wurde dieser auch mehrmals gezählt. Bei Tateinheit wurden die idealkonkurrierenden Tatbestände (z.B.: § 86a in Tateinheit mit § 86 StGB) gezählt. Bei mehrfacher Nennung des selben idealkonkurrierenden Tatbestandes innerhalb einer Verurteilung bzw. eines Verfahrens wurde dieser aus erfassungstechnischen Gründen allerdings nur einmal gezählt. Das hat zur Folge, daß in der Gesamtaufstellung die idealkonkurrierenden Tatbestände nicht vollständig erfaßt sind. In einigen besonderen Deliktsbereichen wurde deshalb eine gesonderte vollständige Zählung vorgenommen, bei der aus diesem Grunde die Werte die der Gesamtübersicht übersteigen können. Hinzu kommt, daß die oberste Erfassungsgrenze bei den real- und idealkonkurrierenden Delikten bei neun Nennungen pro Verurteilung liegt, insgesamt also maximal bei 18 Tatbeständen.

An dieser Stelle läßt sich festhalten, daß in allen Verfahren, die mit einer Verurteilung endeten, mit der soeben dargestellten Zählweise 1987 Delikte gezählt werden können. Jeder Verurteilung lagen also im Durchschnitt 2,7 Delikte zugrunde. 1308 Delikte befanden sich in Realkonkurrenz, das sind 65,8 Prozent aller aufgeführten Delikte.

Mit 575 Nennungen führt eindeutig die Deliktgruppe 11: Gefährdung des demokratischen Rechtsstaates. 28,9 Prozent aller Deliktsnennungen fallen in diesen Bereich. An zweiter Stelle liegen Delikte gegen staatsunabhängige Gemeinschaftswerte, 439 real- oder idealkonkurrierende Delikte erreichen einen Anteil von 22,1 Prozent. An dritter Stelle liegen dann schon die Eigentums- und Vermögensdelikte. 271 Nennungen oder ein Anteil von 13,6 Prozent lassen erkennen, daß der unter dem Bezug des schwersten Delikts auf den ersten Blick gering besetzte Bereich (s. Grafik 8.1) an Gewicht gewinnt, wenn alle Delikte gezählt werden.

206 Delikte sind gemeingefährliche Straftaten. Den fünften Platz nehmen die 202 Delikte gegen die körperliche Unversehrtheit ein. Faßt man diese beiden Bereich zusammen, spricht schon aus diesen 20,6 Prozent ein beachtliches Gewaltpotential. Hinzu kommen dann noch 20 Mord- oder Tötungsdelikte und 80 Angriffe auf die persönliche Freiheit. 114 Delikte beinhalteten Beleidigung oder Verleumdung und richteten sich gegen das Rechtsgut der persönliche Ehre.

Delikte gegen die Staatsgewalt oder die Rechtspflege spielen, wie Tabelle 803 zeigt, für den kriminellen Rechtsextremismus kaum eine Rolle. Lediglich 32 Nennungen bzw. 1,6 Prozent der Delikte berühren diesen Bereich. Ebenfalls nur von geringer Bedeutung sind die sonstigen Strafbestimmungen in den Deliktgruppen 12 und 13. Den letzten Platz nimmt mit lediglich 6 Nennungen die Gruppe 5 ein. Da es hier um Prostitution und Vergewaltigung geht, würde der kriminelle Rechtsextremismus, wäre eine höhere Zahl beobachtbar, ein noch stärker an der allgemeinen Kriminalität ausgerichtetes Profil gewinnen, als es ohnehin schon der Fall ist.

Der Anteil der Verbrechen, dies muß hinzugefügt werden, liegt bei 5,1 Prozent. Verbrechen sind rechtswidrige Taten, die im Mindestmaß mit Freiheitsstrafe von einem Jahr oder darüber bedroht sind.

Der Blick auf das gesamte Deliktprofil ergibt einen kriminellen Rechtsextremismus, der überwiegend Rechtsgüter des Staates und der Gemeinschaft gefährdet, in erheblichem Maße jedoch auch personenbezogene Rechtsgüter bedroht. Das Deliktprofil gibt keinen Anlaß, den kriminellen Rechtsextremismus zu verharmlosen.

8.2   POPULATIONSSPEZIFISCHES DELIKTPROFIL

Da die mutmaßlichen rechtsextremistischen Erscheinungen und Aktivitäten zu Gerichtsverfahren auch gegen Personen geführt haben, die dann nicht als Rechtsextremisten identifiziert wurden, soll das Deliktbild noch ergänzt werden um die Betrachtung aller Verurteilungen. In die Tabelle 804 gehen also auch die Täter und ihre Verurteilungen ein, die in dieser Untersuchung als Provokationstäter, Keine Rechtsextremisten oder Nicht Identifizierbare eingestuft worden sind. Auf diese 901 Täter entfallen insgesamt 1026 Verurteilungen, die 2497 Delikte umfassen. Pro Verurteilung also 2,4 Delikte, d.h., daß die Rechtsextremisten im Durchschnitt mehr Delikte pro Verurteilung aufweisen. Der Anteil der Verbrechen beträgt 3,9 Prozent.

In Realkonkurrenz befanden sich 1719 bzw. 68,8 Prozent der in der Tabelle erfaßten Delikte, also prozentual leicht mehr als bei den Rechtsextremisten.

Auffallendster Unterschied zu den Ergebnissen im Bereich des kriminellen Rechtsextremismus ist der Prozentanteil der Deliktgruppe 11. Die 812 erfaßten Delikte stellen einen Anteil von 32,5 Prozent dar. Die Gefährdung des demokratischen Rechtsstaats hat damit für die Gesamtpopulation mutmaßlicher rechtsextremistischer Aktivitäten und Erscheinungen an Gewicht zugenommen. Die Straftaten gegen den öffentlichen Frieden nehmen zwar immer noch den zweiten Platz ein, mit 18,6 Prozent ist der Anteil jedoch kleiner als bei den Verurteilungen der Rechtsextremisten.

An dritter Stelle liegt sowohl bei den Rechtsextremisten als auch in der Gesamtstraftäterpopulation der Untersuchung der Deliktbereich 6: Straftaten gegen das Eigentum oder das Vermögen. Allerdings ist mit 14,4 Prozent der Anteil bei allen Straftätern höher. Bei den Straftaten gegen die Person zeigt sich, daß die Rechtsextremisten dort bis auf die Ausnahme der Deliktgruppe 5 leicht höhere Prozentanteile aufweisen.

Tabelle 804: Verurteilungen - Straftatklassifikation nach Tatfeldern, hier:Verurteilungen insgesamt= 901 Täter,
1026 Verurteilungen

Deliktgruppen-Nummer	Straftatfeld	N	%
	I. Straftaten gegen die Person		
01	- gegen das Leben (§§ 211,212 StGB)	20	0.8
02	- gegen die körperliche Unversehrtheit (§§ 223,224,227,230 StGB)	235	9.4
03	- gegen die persönliche Freiheit (§§ 239, 240,241 StGB)	88	3.5
04	- gegen die Ehre (§§ 185,187,194 StGB)	136	5.5
05	- sonstige (§§ 177,178,180a,181 StGB)	21	0.8
	II. Straftaten gegen Eigentum und Vermögen		
06	- gegen das Eigentum (§§ 242,243,244,246, 250,303,304 StGB), gegen das Vermögen als Ganzes (§§ 255,257,259,263 StGB), gegen sonstige Vermögensrechte (§ 293 StGB)	359	14.4
	III. Allgemeine Gefährdungsstraftaten		
07	- gemeingefährliche Straftaten (§§ 306,308, 311,315,316,316b,323a StGB), strafrechtliche Nebengesetze (§ 40 SprengG;§§ 52a,53 WaffG; § 16 KriegswaffG;§ 21 GjS; Befehl Nr.2 des Alliierten Kontrollrates i.V.m. Gesetz Nr.43)	261	10.5
	IV. Straftaten gegen staatsunabhängige Gemeinschaftswerte		
08	- gegen den öffentlichen Frieden (§§ 124, 125,126,129,129a,130,131,140,145,145d,167, 168 StGB),strafrechtliche Nebengesetze (§§ 21,24,26,27,28 VersammlG)	464	18.6
	V. Straftaten gegen die Staatsgewalt oder die Rechtspflege		
09	- gegen die Staatsgewalt (§§ 111,113 StGB)	29	1.2
10	- gegen die Rechtspflege(§§ 138,153,154,164, 258 StGB)	11	0.4
	VI. Straftaten gegen den Staat, die Verfassung, oberste Staatsorgane und Landesverteidigung		
11	- Gefährdung des demokratischen Rechts-staates (§§ 86,86a, StGB und die Ver-ordnungen Nr. 501 und 511 und Gesetz Nr. 5 der Alliierten Kommandantur Berlin)	812	32.5
12	- sonstige Straftaten (§§ 85,89,90a,106a StGB);§ 20 VereinsG	25	1.0
	VII. Sonstige Straftaten		
13	- (§§ 132,340,267 StGB;§ 40 WStG;§ 67 WeinG; §§ 21,22 StVG;§ 11 BtMG;§ 6 PflVG;§ 396 AO; § 20 LPG Berlin;§ 20 LPG Bremen;§21 LPG Niedersachsen)	36	1.4
Insgesamt		2497*	100.0

*In drei Fällen liegen keine Angaben zu den Straftaten vor

371

Reduziert man die Straftatfelder auf die vier Gruppen wie in der Tabelle 802 und vergleicht man dann die Anteile bei den Rechtsextremisten insgesamt mit den Anteilen der Straftäter insgesamt, ergibt sich, daß die Unterschiede letztlich sehr gering sind. Die Grafik 8.2 läßt mit ihrem Doppelkuchendiagramm erkennen, daß auf dieser Reduktionsstufe der deutlichste Unterschied bei den Delikten gegen die Person zu beobachten ist. Hier haben die Rechtsextremisten 1,2 Prozentpunkte mehr aufzuweisen. Relativ deutlich führt die Gesamtpopulation bei den Eigentumsdelikten.

Das Kuchendiagramm der Rechtsextremisten verdeutlicht noch einmal abschließend, daß Dreiviertel aller Delikte von Rechtsextremisten Rechtsgüter des Staates, der Gemeinschaft oder der Person gefährden. Der Schutz der Gemeinschaft und des Staates erweisen sich eindeutig als die Hauptfelder der Auseinandersetzung von politischer Justiz und kriminellem Rechtsextremismus.

Grafik 8.2:

Straftatfeld
Vergleich RE/Alle*

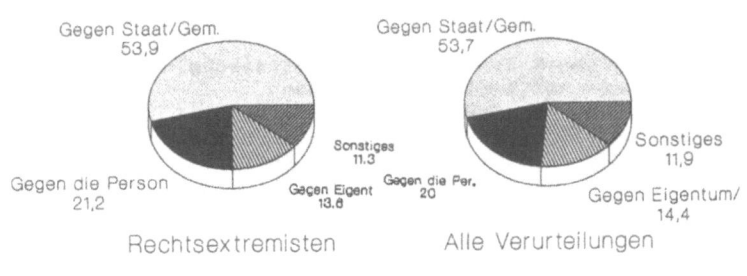

*dieser Untersuchung

Prozentanteile

8.3   BESONDERE STRAFVORSCHRIFTEN GEGEN DEN RECHTSEXTREMISMUS

Wie in Kapitel 3.6 dargestellt wurde, erfolgt der Schutz des Staates
und der Gemeinschaft zu einem erheblichen Teil über Strafbestimmungen, die aus ihrem historischen Kontext heraus als besondere
Strafbestimmungen gegen nationalsozialistische und rechts-/ extremistische Bestrebungen eingeführt worden sind. Deshalb soll der
Bedeutung solcher Bestimmungen näher nachgegangen werden[2].

8.3.1   § 86 STGB

§ 86 StGB stellt das Verbreiten von Propagandamitteln verfassungswidriger Organisationen und einige Handlungen, die dieses
vorbereiten, unter Strafe. Für den Bereich der rechtsextremistischen
Agitation kommt vornehmlich eine Strafbarkeit gemäß § 86 Abs. 1 Nr.
4 StGB in Betracht. Danach macht sich strafbar, wer Propagandamittel,
die nach ihrem Inhalt dazu bestimmt sind, Bestrebungen einer ehemaligen nationalsozialistischen Organisation fortzusetzen, im räumlichen Geltungsbereich dieses Gesetzes verbreitet oder zur Verbreitung innerhalb dieses Bereichs herstellt, vorrätig hält oder in
diesen Bereich einführt. Es sollen bestimmte Formen subversiver
Tätigkeit und illegaler Propaganda abgewehrt werden, die eine Gefährdung des demokratischen Rechtsstaates darstellen[3].

Als Propagandamittel im Sinne des § 86 StGB gelten nur solche
Schriften (im Sinne des § 11 Abs. 3 StGB; d.h. nicht nur "Schriften",

---

[2] für diesen Abschnitt erhielt ich Rat und Unterstützung von RAin
Claudia Kothe-Heggemann.

[3] vgl. Stree, in: Schönke, Adolf/ Schröder, Horst (Hrsg.):
Strafgesetzbuch. Kommentar, 21. Auflage, München 1982, vor §§
80ff. RN 3 (weitere Zitierung als: vgl. Stree in: Schönke-
Schröder, 21. Auflage, vor §§ 80ff. RN 3

sondern auch Ton- und Bildträger, Abbildungen und andere Darstellungen), deren Inhalt sich gegen die freiheitliche demokratische Grundordnung[4] oder den Gedanken der Völkerverständigung richtet (§ 86 Abs. 2 StGB). Daraus ergibt sich im Hinblick auf den Inhalt neonazistischer Propagandamittel ein zweifaches Erfordernis: Sie müssen sich gegen die freiheitliche demokratische Grundordnung (oder gegen den Gedanken der Völkerverständigung) richten und dazu bestimmt sein, Bestrebungen einer ehemaligen nationalsozialistischen Organisation (z.B. der NSDAP) fortzusetzen[5].Der Bundesgerichtshof hat in einer früheren Entscheidung klargestellt, daß der Inhalt eines Propagandamittels eine "aktiv kämpferische, aggressive Tendenz" gegen die freiheitliche demokratische Grundordnung enthalten muß[6].

In Abgrenzung zur Ausübung der verfassungsrechtlich verbürgten Freiheitsrechte, so erwähnt er ferner, reiche es nicht aus, daß eine Schrift lediglich geeignet sei, verfassungs- oder friedensfeindliche Bestrebungen zu fördern, sondern es komme auf die für den Durchschnittsleser (-hörer) erkennbare politische Zielsetzung an. D.h. für die Fortsetzung von Bestrebungen einer ehemaligen nationalsozialistischen Organisation, daß es nicht ausreicht, wenn das Propagandamittel nach seinem Inhalt geeignet ist, allgemein für das NS-Regime zu werben bzw. es zu verherrlichen; es muß vielmehr erkennbar dazu bestimmt sein, diese Bestrebungen fortzusetzen[7].

In einem weiteren in dem Untersuchungszeitraum liegenden Fall stellte der BGH darüber hinaus klar, daß vorkonstitutionelle Schriften generell aus dem Anwendungsbereich des § 86 StGB herausfallen[8], d.h. daß etwa der antiquarische Handel mit Hitlers "Mein Kampf", aber auch der kommentarlose Nachdruck (das gleiche gilt etwa auch für Schall-

---

[4] vgl. dazu BVerfGE 2,1,12 (Entscheidungen des Bundesverfassungsgerichts, Band 2, S. 1, hier S. 12)

[5] vgl. Stree in: Schönke-Schröder, 21. Auflage, § 86 RN 11

[6] BGHSt 23, 64, 72 (Entscheidungen des Bundesgerichtshofes in Strafsachen, Band 23, S. 64, hier S. 72)

[7] BGHSt 23, 64, 76

[8] BGHSt 29, 73, 75

platten mit Hitler- oder Goebbelsreden etc.) nicht strafbar ist. Nach Auffassung des Bundesgerichtshofs reicht es vom Rechtsgut des § 86 StGB her nicht aus, daß Schriften freiheits- bzw. demokratiefeindlichen Inhalt haben. Der gefährdende Angriff muß vielmehr auf die in der Bundesrepublik Deutschland bestehende Verfassungsordnung abheben und sich aus dem Inhalt der Schrift ergeben. Dies könne bei vorkonstitutionellen Schriften nicht der Fall sein[9]. Etwas anderes gelte dann, wenn bei der Verwendung vorkonstitutioneller Schriften ein Bezug zur verfassungsmäßigen Ordnung der Bundesrepublik Deutschland hergestellt werde, etwa durch ein Vorwort, eine entsprechende Umschlaghülle etc.

8.3.2 § 86a STGB

Das Verwenden und Verbreiten von Kennzeichen verfassungswidriger Organisationen wird mit § 86a StGB unter Strafe gestellt. Der § 86a StGB hat im Verlauf der Untersuchung eine Änderung im Sinne einer Erweiterung um bestimmte Vorbereitungshandlungen erfahren, die jedoch in der Untersuchung in keinem Fall zum Tragen kam[10].

Im Bereich rechtsextremistischer Agitation kommt insbesondere eine Strafbarkeit gemäß §§ 86a Abs. 1, 86 Abs. 1 Nr. 4 StGB in Betracht. Danach macht sich strafbar, wer Kennzeichen einer ehemaligen nationalsozialistischen Organisation verbreitet oder öffentlich, in einer Versammlung oder in von ihm verbreiteten Schriften (§ 11 Abs. 3 StGB) verwendet.
In der Neufassung heißt es zudem:

> " ..., wer ... 2. Gegenstände, die derartige Kennzeichen darstellen oder enthalten, zur Verbreitung oder Verwendung ... herstellt, vorrätig hält oder in den räumlichen

---

[9] BGHSt 29, 73, 78; eine andere Ansicht vertreten Dreher, Eduard/ Tröndle, Herbert: Strafgesetzbuch. Kommentar, 41. Auflage, München 1983, § 86 Rn. 5

[10] 21. Strafrechtsänderungsgesetz vom 13. Juni 1985, BGBl. I 965

Geltungsbereich dieses Gesetzes einführt."
Es werden also, ähnlich wie beim § 86 StGB, nunmehr eine Reihe Vor-
bereitungshandlungen, "soweit die Tat zum Zwecke des Verbreitens oder
Verwendens gem. Nr. 1 begangen wird"[11], unter Strafe gestellt.
Geschütztes Rechtsgut ist in der alten wie in der neuen Fassung und
ebenso wie in § 86 StGB der demokratische Rechtsstaat.

Der Begriff des Kennzeichens umfaßt insbesondere, aber nicht
abschließend, Fahnen, Abzeichen (SS-Runen, Hakenkreuz), Uniformstücke, Parolen und Grußformen ("mit deutschem Gruß", "Heil
Hitler")[12].

Die Tathandlung besteht im Verbreiten oder Verwenden dieser Kennzeichen. In einer früheren Entscheidung stellte der BGH klar, daß
unter Verwenden jedes Benutzen eines Kennzeichens zu verstehen ist[13].
Es reicht aus, wenn der Täter "irgend einen Gebrauch" davon macht[14].
D.h. § 86a StGB ist als abstraktes Gefährdungsdelikt auszulegen.
Geschützt ist neben der freiheitlichen demokratischen Grundordnung
und dem Gedanken der Völkerverständigung auch der politische
Frieden[15]. Da die rechtsextremistische oder neonazistische Gesinnung
nicht Voraussetzung ist, kann auch die scherzhafte Verwendung eines
Kennzeichens oder die Verwendung aus einer antinazistischen Haltung

---

[11] Stree, in: Schönke, Adolf/ Schröder,Horst (Hrsg.): Strafgesetzbuch. Kommentar, 22. Auflage , München 1985, § 86a RN 9a;
(weitere Zitierung: Stree in: Schönke-Schröder, 22. Auflage, §
86a RN 9a)

[12] § 86a Abs. 2 StGB

[13] BGHSt 23, 267, 268

[14] BGHSt 23, 267, 269; eine andere Ansicht wird vertreten von
Stree in: Schönke-Schröder, 21. Auflage, § 86a RN 6 und von
Rudolphi, Hans-Joachim/ Horn, Eckhard/ Samson, Erich: Sys-
tematischer Kommentar zum Strafgesetzbuch, Bd. II, 3. Auflage,
Frankfurt am Main 1983, § 86a RN 6

[15] Rudolphi, Hans-Joachim/ Horn, Eckhard/ Samson, Erich: Systematischer Kommentar ...,a.a.O., § 86a RN 1

heraus gemäß § 86a StGB strafbar sein[16]. Nicht zuletzt diese Tatbestandsgestaltung machte die Differenzierung der untersuchten Population nach Tätergruppen erforderlich.

In einer weiteren Entscheidung betonte der BGH, daß das Verwenden von
Kennzeichen auch nach der Intention des Gesetzgebers gerade nicht
bekenntnishaft erfolgen muß. Vom Schutzzweck der Vorschrift her, die
auch der Wahrung des politischen Friedens insoweit dient, als jeg-
licher Anschein der Wiederbelebung ehemaliger nationalsozialistischer
Organisationen im In- und Ausland vermieden werden soll, soll verhindert werden, daß sich der Gebrauch dieser Kennzeichen im Alltags-
leben (etwa durch geschäftsmäßige Verwendung) wieder einbürgert und
zum politischen Alltagsbild gehört[17].

Eine Einschränkung der tatbestandlichen Auslegung sei bezüglich der
Kennzeichenverwendung aber insofern vorzunehmen, als diese dem
Schutzzweck ausnahmsweise ersichtlich nicht zuwiderläuft. Gemeint ist
etwa die einmalige offensichtlich scherzhafte oder karikatu-
ristische[18] Verwendung einerseits oder die Verwendung als offen-
sichtliche Form des Protestes etwa gegen nazistische Methoden oder

---

[16] Die Tatbestandsmäßigkeit bzw. Rechtswidrigkeit (siehe dazu
Stree in: Schönke-Schröder, 21. Auflage, § 86a RN 10) könnte
dann nur noch entfallen, sofern ausnahmsweise die Voraussetzungen
der Sozialadäquanz-Klausel gemäß §§ 86a Abs. 3, 86 Abs. 3 StGB
vorliegen

[17] BGHSt 25, 30, 32

[18] BGHSt 25, 128, 131

als Warnung vor dem Nationalsozialismus andererseits[19]. Diese Rechtsprechung fortführend entschied der BGH weiterhin in einem im Untersuchungszeitraum liegenden Fall[20], daß die kommerzielle Massenverbreitung von NS-Kennzeichen auf Kinderspielzeugen (hier Hakenkreuze auf Flugzeugmodellen) gerade dem Schutzzweck des § 86a StGB – Verbannung der NS-Kennzeichen aus dem öffentlichen Erscheinungsbild der Bundesrepublik Deutschland – im Hinblick auf den dadurch erzeugten Anschein der Duldung nationalsozialistischer Bestrebungen zuwiderlaufe[21].

8.3.3   SONSTIGE EINSCHLÄGIGE VORSCHRIFTEN

In Berlin ergab sich in dem Bereich der Strafbarkeit hinsichtlich der Herstellung, Verwendung und Verbreitung von NS-Propagandamitteln und NS-Kennzeichen – die Besonderheit, daß neben den §§ 86 und 86a StGB im Untersuchungszeitraum alliiertes Recht[22] fortgalt, das den genannten Bereich betraf.

---

[19] so BGHSt 25, 30, 34; BGHSt 25, 133, 137; OLG Stuttgart MDR 82, 246. Die Grenze ist vom Schutzzweck her hier darin zu sehen, daß der vielfache Gebrauch – etwa bei öffentlichen Demonstrationen – als Protest dann wieder als tatbestandsmäßig i. S. d. § 86a StGB anzusehen ist. In der vorliegenden Untersuchung findet sich knapp eine Handvoll Verurteilungen, bei denen antinazistische Handlungsziele und Motivationen festgestellt wurden. Ob insoweit keine Ausnahmefälle im oben dargestellten Sinne vorlagen, oder die Rechtsprechungspraxis der einschränkenden Auslegung nicht folgte, kann aus Gründen des Datenzugangs nicht näher ermittelt werden.

[20] BGHSt 28, 394, 394ff.

[21] BGHSt 28, 394, 397: Die kommerzielle Massenverbreitung ist auch nicht durch die Sozialadäquanz-Klausel abgedeckt. Als "ähnlicher Zweck" ist anerkannt der antiquarische Handel mit Hitlers "Mein Kampf" (BGHSt 29, 73, 84) und etwa das Briefmarkensammeln; etwas anderes gilt wieder wegen der innewohnenden Gefahr für den antiquarischen Handel mit Uniformen, Orden und Waffen aus der NS-Zeit (BGHSt 29, 73, 85)

[22] Art. 324 I S.1 und III Nr. 3 EGStGB vom 2. März 1974

Das Gesetz Nr. 5 der Alliierten Kommandantur vom 25. Februar 1950 stellte das Tragen von Uniformen, Orden, Ehrenabzeichen und ähnliches der NSDAP und anderer verbotener Organisationen unter Strafe.

Die Verordnung Nr. 501 der Alliierten Kommandantur vom 11. September 1950 stellte unter Strafe z.B. das Einführen, den Besitz und die Verteilung von faschistischen und antidemokratischen Schriften und von Schriften, die daraufhin zielen, Unterstützung für eine Organisation zu erlangen, deren Ziele die Einführung eines totalitären Regimes ist (VO Nr. 501 Nr. 1a und 11e).

Außerdem bedrohte die Verordnung Nr. 511 Artikel 2 Nr. 3 der Alliierten Kommandantur vom 15. Oktober 1951 u.a. mit Strafe eine Handlung oder ein Verhalten, wodurch nach der Absicht des Täters die Wiederherstellung einer verbotenen Organisation herbeigeführt werden soll.

§ 130 StGB, Volksverhetzung, schützt zunächst den öffentlichen Frieden im Sinne eines Zustandes der allgemeinen Rechtssicherheit bzw. des Gefühls der Bevölkerung, im Schutz der Rechtsordnung zu leben[23], daneben aber auch die Menschenwürde als Rechtsgut des Individuums[24]. Die Neufassung dieser Vorschrift war, wie dargestellt wurde, eine Reaktion auf antisemitische und nazistische Vorkommnisse Ende der 50er Jahre[25].

Gemäß § 130 StGB macht sich strafbar, wer in einer Weise, die geeignet ist, den öffentlichen Frieden zu stören, die Menschenwürde anderer dadurch angreift, daß er

---

[23] v. Bubnoff in: Jeschek, Hans-Heinrich/ Ruß, Wolfgang/ Willms, Günther (Hrsg.): Strafgesetzbuch. Leipziger Kommentar, 10. Auflage, Berlin, New York 1978, § 130 RN 1

[24] ebd.; Rudolphi, H.-J. u.a., Systematischer Kommentar ...,a.a-.O., § 130 RN 1

[25] s. Kapitel 3.6 und vgl. v. Bubnoff,a.a.O., § 130 vor RN 1; vgl. Lenckner in: Schönke-Schröder, 22. Auflage, § 130 RN 1

1. zum Haß gegen Teile der Bevölkerung aufstachelt,
2. zu Gewalt- oder Willkürmaßnahmen gegen sie auffordert oder
3. sie beschimpft, böswillig verächtlich macht oder verleumdet.

Die in § 130 Nr. 1-3 StGB genannten Tathandlungen müssen sich also gegen Teile der Bevölkerung richten. Der Angriff gegen eine Einzelperson genügt nur, wenn damit zugleich eine bestimmte Bevölkerungsgruppe getroffen werden soll[26]. Als Teil der inländischen Bevölkerung werden Personenmehrheiten angesehen, die aufgrund gemeinsamer äußerer oder innerer Merkmale als eine von der Gesamtbevölkerung unterscheidbare Bevölkerungsgruppe erscheinen. Das gilt auch für die in der Bundesrepublik Deutschland lebenden Juden, insoweit als sie zu einer durch das Schicksal besonders herausgehobenen Personengruppe gehören. der gegenüber die Verantwortlichkeit aller anderen besteht[27].

Ein Angriff auf die Menschenwürde im Sinne des § 130 StGB wird von der Rechtsprechung bejaht, wenn er gegen den "unverzichtbaren und unableitbaren Persönlichkeitskern des anderen, gegen dessen Menschsein als solches gerichtet ist und ihm den Wert abspricht"[28]. Für Menschen jüdischer Abstammung ist Bestandteil ihres Persönlichkeitsrechts der Anspruch auf Anerkennung des Verfolgungsschicksals der Juden unter dem Nationalsozialismus[29]. Das Tatbestandsmerkmal "Angriff auf die Menschenwürde" gemäß § 130 StGB legt die Rechtsprechung jedoch in dem Sinne eng aus, daß das schlichte Leugnen des jüdischen Verfolgungsschicksals noch nicht das Rechtsgut der Menschenwürde betrifft. Das Leugnen nationalsozialistischer Völkermordhandlungen an Juden wird grundsätzlich nur

---

[26] BGHSt 21, 370, 371

[27] vgl. Oberlandesgericht Köln, Entscheidung abgedruckt in: Neue Juristische Wochenschrift 1981, S. 1280 (NJW 81, 1280), hier S. 1281 mit weiteren Nachweisen

[28] BGH Urteil v. 14.1. 1981 NStZ 81, 258 (Neue Zeitschrift für Strafrecht 1981, S. 258)

[29] BGH Urteil vom 18. 9. 1979, NJW 80, 45

dann als tatbestandsmäßig angesehen, wenn es mit der ausdrücklichen oder sich aus dem Zusammenhang ergebenden Behauptung verknüpft ist, die sogenannte Auschwitzlüge diene der betrügerischen Erlangung von Wiedergutmachungszahlungen. Das schlichte Leugnen der Judenvernichtung während der NS-Gewaltherrschaft ist jedoch nach der Rechtsprechung als Beleidigung (§ 185 StGB) strafbar[30]. Da es sich bei der Beleidigung um ein Antragsdelikt handelt, war der strafrechtliche Schutz vor der sog. Auschwitz-Lüge deshalb letztlich unzureichend. In der ersten Untersuchung wurde die Empfehlung ausgesprochen, die Lage im Sinne des Entwurfs zum 21. Strafrechtsänderungsgesetzes zu ändern[31]. Inzwischen erfolgten die Änderungen mit dem 21. Strafrechtsänderungsgesetz vom 13. Juni 1985, BGBl I 965. Nunmehr ist mit der Neufassung des § 194 StGB eine Regelung geschaffen worden,

> "... die es erlaubt, dem Leugnen des unter der Herrschaft des Nationalsozialismus oder einer anderen Gewalt- und Willkürherrschaft begangenen Unrechts strafrechtlich zu begegnen"[32].

Für die Untersuchung bedeutete das, auch die Verurteilungen nach dieser neuen Regelung zu erfassen. Da aber nur ein Fall auftrat, werden in den folgenden Gesamtübersichten wie auch bei dem alten und neuen § 86a StGB alle Verurteilungen (also auch § 185 StGB i.V mit § 194 StGB neuer Fassung) zusammengefaßt.

Zu den einschlägigen Bestimmungen zählt noch § 131 StGB, Gewaltdarstellung; Aufstachelung zum Rassenhaß. Geschütztes Rechtsgut ist auch hier der öffentliche Frieden. Im Vordergrund steht der Schutz der Gesellschaft vor sozialschädlicher Aggression und Hetze[33]. § 131 StGB enthält zwei Tatbestände. Danach ist strafbar einerseits die Gewaltverherrlichung oder -verharmlosung und andererseits die

---

[30] BGH, NJW 80, 45

[31] s. Kalinowsky, Harry H.: Rechtsextremismus und Strafrechtspflege, 2. Auflage, Bonn 1986, S. 146

[32] BT-Drs. 10/3242 S.8, zit. nach Lenckner in: Schönke-Schröder, 22. Auflage, § 194 vor RN 1

[33] Lenckner in: Schönke-Schröder, 21. Auflage, § 131 RN 1

Aufstachelung zum Rassenhaß. Voraussetzung für die Aufstachelung zum Rassenhaß ist eine über die Ablehnung hinausgehende Einwirkung, die darauf zielt, eine feindselige Haltung z.B. gegenüber Juden hervorzurufen oder zu verstärken[34].

Obwohl die genannten Strafbestimmungen nicht ausschließlich auf die Abwehr nationalsozialistischer Bestrebungen gerichtet sind, wird deutlich, daß sie dem Rechtsextremismus einen deutlichen Riegel vorschieben sollen. Neben der definitorischen Rolle, – der Staat erklärt dadurch den legalen Raum –, hängt die Abwehrfunktion wesentlich von der Handhabung der Bestimmungen in der Rechtspraxis ab. Zwar kann die Rechtsprechung auch über einzelne, z.T. höchstrichterliche Urteile die Abwehrfunktion der Bestimmungen stärken oder schwächen (wenn etwa die Verbindung von Hakenkreuz und Davidstern als strafrechtlich unbedenklich gewertet wird[35], könnte dies eine Schwächung bedeuten), entscheidend ist aber letztlich die gesamte Strafrechtspraxis.

8.4   VERURTEILUNGEN NACH AUSGEWÄHLTEN BESTIMMUNGEN

Zur strafrechtlichen Bewältigung des kriminellen Rechtsextremismus wird im folgenden herausgearbeitet, in welchem Ausmaß einzelne Bestimmungen im Untersuchungszeitraum zum Tragen gekommen sind.

Zunächst gilt die Aufmerksamkeit den Kernbestimmungen des Strafgesetzbuches im Kampf gegen den Rechtsextremismus, den §§ 86 und 86a StGB.

---

[34] vgl. BGH NStZ 81, 258

[35] s. Urteil des Bayerischen Obersten Landesgerichtes 2 St 244/87 v. 26.2.1988

Tabelle 805: Verurteilung nach § 86 StGB, Art der Tathandlung

Tathandlung	N	%
Verbreiten	64	43.5
Herstellung mit dem Ziel des Verbreitens	5	3.4
Vorrätighalten mit dem Ziel des Verbreitens	35	23.8
Einführen mit dem Ziel des Verbreitens	2	1.4
Herstellung u.a. (auch in Kombination) ohne Verbreiten	5	3.4
Verbreiten u.a.	36	24.5
Insgesamt	147	100.0

Für 147 Fälle, in denen es zu einer Verurteilung nach § 86 StGB kam, ließ sich die Tathandlung ermitteln[36]. Aus der Tabelle 805 wird ersichtlich, daß das Verbreiten von Propagandamaterial die häufigste Tathandlung war, die zu einer Verurteilung führte. In 64 Fällen bezog sich die Verurteilung nur auf das Verbreiten, in weiteren 36 Verurteilungen lagen sowohl Vorbereitungshandlungen als auch Verbreitung vor. In den übrigen 47 Fällen bzw. bei 32 Prozent der Verurteilungen nach § 86 StGB griff die strafrechtliche Verfolgung und Ahndung schon im Bereich der Vorbereitungshandlungen. Hierbei dominierte das Vorrätighalten mit dem Ziel des Verbreitens, 23,8 Prozent der § 86 StGB-Verurteilungen bezogen sich auf das Vorrätighalten. Das Herstellungsstadium lag dafür jedoch nur bei 6,8 Prozent der Verurteilungen vor.

Obwohl, wie Gary Lauck, NSDAP-AO Führer aus Amerika, einmal in einem Fernsehinterview ausführte, die amerikanischen Rechtsextremisten: "tonnenweise Propagandamaterial herüberschicken"[37], findet sich nur in 1,4 Prozent der Fälle eine Verurteilung wegen des Einführens von Propagandamaterial. Bestimmend für das Erscheinungsbild im Propagandadeliktbereich ist also das Vorrätighalten und das Verbreiten. Da

---

[36] bei der Sondererfassung wurden je Verurteilung höchstens drei Nennungen erfaßt

[37] unv. Wortmanuskript der ARD-Fernsehsendung "Die verdrängte Gefahr - Neonazismus heute" vom 31.1. 1983

bekannt ist, daß tatsächlich viel Propagandamaterial eingeführt wird, dürfte dieses Erscheinungsbild eher Resultat der polizeilichen Zugriffsstrategie und der strafrechtlichen Beweisführung sein, als ein Abbild des tatsächlichen Verhaltens von Rechtsextremisten.

Im Zusammenhang mit der Anwendungspraxis des § 86a StGB kann untersucht werden, ob es zur Verwendung oder Verbreitung von Kennzeichen kam, ferner um welche Arten von Kennzeichen es sich dabei handelte. Die mit der Neufassung aufgenommenen Vorbereitungshandlungen fließen nicht in die Darstellung ein, da sich keine Verurteilung auf diese Vorbereitungshandlungen bezog.

Bei den in der Tabelle 806 enthaltenen Werten ist zu berücksichtigen, daß in eine Verurteilung mehrere Tathandlungen eingehen können, wenn sie gleichzeitig verwirklicht wurden. Gerade Delikte nach §86a StGB erfolgen häufig in Form der gleichartigen Tateinheit. Gezählt werden alle Handlungsbestandteile einzeln, das erklärt die hohe Zahl der Nennungen in der Tabelle 806, sie können nicht auf die Zahl der Verurteilungen bezogen werden.

Tabelle 806: Tathandlungen bei Verurteilungen nach § 86a StGB

Tathandlung	N	%
Verwenden: – öffentlich	618	61.9
– in Versammlung	48	4.8
– in Schriften	105	10.5
Verbreiten:– öffentlich	129	12.9
– in Versammlung	3	0.3
– in Schriften	96	9.6
Insgesamt	999	100.0

Wie aus der Tabelle 806 zu entnehmen ist, erfolgt das Verwenden und/oder Verbreiten von Kennzeichen zumeist öffentlich. Insgesamt 74,8 Prozent aller Nennungen beziehen sich auf "öffentlich". Dem entspricht die häufig zu machende Beobachtung, daß Hakenkreuze offen getragen, an die Wand geschmiert oder sonstwie öffentlich präsentiert werden. Im Rahmen von Versammlungen erfolgte die Verwendung oder Verbreitung verbotener Kennzeichen in 51 Fällen. Über Schriften erfolgte der Verstoß gegen § 86a StGB in immerhin 201 Fällen. Neben den 74,8 Prozent öffentlichen Tathandlungen tritt als nennenswerter Bereich mit 20,1 Prozent nur noch die Verwendung/Verbreitung in Schriften auf.

Tabelle 807 gibt wieder, welche Kennzeichen zur Verwendung oder Verbreitung gekommen sind. Pro Urteil wurden bis zu drei Delikte nach § 86a StGB erfaßt. Am häufigsten wurden Abzeichen verwendet (41,5 Prozent). Hierbei handelte es sich überwiegend um das Hakenkreuz. Grußformen wurden bei 11,1 Prozent der Delikte gebraucht. In 15 Fällen wurde wegen des Verwendens/Verbreitens von Fahnen verurteilt.

Das Erscheinungsbild mutmaßlicher rechtsextremistischer Aktivitäten, die schließlich zu einer Verurteilung führten, wurde beim § 86a StGB fast ausschließlich durch die in der Strafvorschrift nur beispielhaft aufgeführten Arten von Kennzeichen bestimmt. Interessant ist die Verknüpfung der Kennzeichenverwendung mit Parolen. Zumeist geschah die Parolenverwendung in Kombination mit anderen Kennzeichen (33,5 Prozent der Fälle), nur in 7,4 Prozent der Delikte wurde ausschließlich wegen der Verwendung von Parolen verurteilt. Die Ergebnisse zum § 86a StGB machen deutlich, daß der Symbolik des Nationalsozialismus für den Rechtsextremismus der letzten 15 Jahre eine herausragende Bedeutung zukam.

Tabelle 807: Art der Kennzeichen bei Verurteilung wegen Verwen-
dung/Verbreitung nach § 86a StGB

	N	%
Fahnen	15	2.5
Abzeichen	248	41.5
Uniformstücke	2	0.3
Parolen	44	7.4
Grußform	66	11.1
Fahnen u./o. a. (in Kombination ohne Parolen)	22	3.7
Parolen u.a.	200	33.5
Insgesamt	597	100.0

In der Tabelle 808 wird aufgezeigt, wie häufig ausgewählte Bestimmungen, die für die Agitation und Propaganda von Bedeutung sind,
zu Verurteilungen führten, wobei eine Aufschlüsselung nach den
Tätergruppen erfolgt. Aufgrund der weiter oben geschilderten
Erfassungsmodalitäten gehen in die Tabelle insgesamt 1266 Delikte
ein, das sind 50.7 Prozent aller erfaßten Delikte.

Neben den §§ 86 und 86a StGB richtet sich die Betrachtung auf den
Beleidigungstatbestand nach § 185 StGB (i.d.R. sog. Vergasungslüge),
auf Verurteilungen nach dem Gesetz über die Verbreitung
jugendgefährdender Schriften (vom 29. April 1961, BGBl.I 497), hier
§ 21 (Straftaten im Zusammenhang mit indizierten Schriften, die zu
Gewalttätigkeit, Verbrechen oder Rassenhaß anreizen oder den Krieg
verherrlichen), auf das Alliertenrecht in Berlin, mit dem Agitations-
und Propagandadelikte geahndet wurden, auf die §§ 130, 131 StGB und
auf die Straftaten nach dem Versammlungsgesetz.

78,6 Prozent dieser gesondert ausgewiesenen Agitations- und Pro-
pagandadelikte wurden von Rechtsextremisten begangen. 5,7 Prozent
gehen auf das Konto der Provokationstäter, 4,7 Prozent bzw. 59
Delikte dieser Art ließen sich bei den Tätern feststellen, die Keine
Rechtsextremisten sind, und 11 Prozent der Delikte sind den Nicht
Identifizierbaren unserer Untersuchung zuzurechnen.

Wie den Erläuterungen zu den Strafbestimmungen zu entnehmen ist, sind nicht alle Strafbestimmungen bezüglich der Zielgruppe Rechtsextremisten in gleicher Weise zielgenau. Die Übersicht in der Tabelle 808 gibt für die "Zielgruppengenauigkeit" einen gewissen Hinweis. Offensichtlich trifft § 86 StGB bei einem mutmaßlichen rechtsextremistischen Hintergrund dann auch den angenommenen Personenkreis recht gut. 96,6 Prozent aller Delikte nach § 86 StGB werden von als Rechtsextremisten identifizierbaren Tätern begangen. In drei Fällen handelte es sich um Provokationstäter und in je einem Fall um Keine Rechtsextremisten und Nicht Identifizierbare. Unter den hier ausgewählten Deliktbereichen nahm § 86 StGB mit 150 Nennungen den dritten Rang ein.

Tabelle 808: Verurteilungen nach ausgewählten Normen und Normbereichen, unterschieden nach Tätergruppen

Normbereich	Rechts-extrem-isten		Provoka-tions-täter		Keine Rechtsex-tremisten		Nicht Identifi-zierbare		Summe	
	N	%	N	%	N	%	N	%	N	%
§ 86 StGB	145	96.6	3	2.0	1	0.7	1	0.7	150	11.8
§ 86a StGB	367	61.6	63	10.6	48	8.1	117	19.7	595	47.0
§ 185 StGB i.V.m. 194	86	81.2	3	2.8	5	4.7	12	11.3	106	8.4
§ 21 GjS	6	85.7			1	14.3			7	0.6
Alliierten: Bef. Nr.2, Ges. Nr.43	19	82.6			1	4.4	3	13.0	23	1.8
§ 130 StGB	183	96.3	4	2.1	1	0.5	2	1.1	190	15.0
§ 131 StGB	50	100							50	4.0
Versammlungs-gesetz	139	95.8			2	1.4	4	2.8	145	11.4
Summe	995	78.6	73	5.7	59	4.7	139	11.0	1266	100

Führend ist das Delikt nach § 86a StGB mit insgesamt 595 Verurteilungen. Allerdings erreichen die Rechtsextremisten hier nur einen
Anteil von 61,6 Prozent. Als abstraktes Gefährdungsdelikt finden sich
117 Verurteilungen nach § 86a StGB bei den Nicht Identifizierbaren,

10,6 Prozent bei den Provokationstätern und immerhin noch 8,1 Prozent bei den Keine Rechtsextremisten.

Gerade § 86a StGB erweist sich also als nicht "Zielgruppengenau", was allerdings nur denjenigen überraschen kann, der § 86a StGB fälschlich als Gesinnungsparagraphen interpretiert.

Zielgruppenunspezifisch ist § 185 StGB. In den Fällen unserer Untersuchung, in denen ein mutmaßlicher rechtsextremistischer Hintergrund vorlag, zeigt sich, daß 81,2 Prozent von Rechtsextremisten begangen worden sind. Verurteilungen nach § 185 StGB treten bei allen Tätergruppen auf, neben den Rechtsextremisten besonders nennenswert bei den Nicht Identifizierbaren (11,3 Prozent dieser Delikte).

Lediglich sieben Verurteilungen bezogen sich auf § 21 GjS, wobei nur in einem Fall ein Täter betroffen war, der nicht zu den Rechtsextremisten zu zählen ist.

Eine mittlere "Zielgenauigkeit" läßt sich bei den Alliiertenvorschriften in Berlin feststellen, entweder lassen sich die Delikte den Rechtsextremisten zuordnen (82,6 Prozent) oder der Handlungshintergrund ist überhaupt nicht bestimmbar (13 Prozent der Delikte bei den Nicht Identifizierbaren). Nur in einem Fall wurde ein Täter aus der Gruppe Keine Rechtsextremisten nach Alliiertenrecht verurteilt. Durch Rechtsanpassung und Vereinigung sind diese Bestimmungen gegenstandslos geworden.

Recht hoch ist in dieser Untersuchung der Anteil der von Rechtsextremisten begangenen Delikte in den übrigen drei Normbereichen. Der Straftatbestand nach § 130 StGB wurde zu 96,3 Prozent von Rechtsextremisten verwirklicht und die Straftatbestände nach § 131 StGB sogar zu 100 Prozent. Verstöße nach dem Versammlungsgesetz gehen zu 95,8 Prozent auf das Konto von Rechtsextremisten.

Bei den Rechtsextremisten liegt der Schwerpunkt der Agitations-und Propagandakriminalität zwar beim § 86a StGB, 36,9 Prozent der ausgewählten Delikte treten hier auf, dennoch läßt sich für die Rechtsextremisten ein breites agitatorisches Deliktspektrum feststellen. In den übrigen drei Tätergruppen konzentriert sich das agitatorische Deliktaufkommen zwischen 81 und 86 Prozent auf § 86a StGB.

Insgesamt bestätigt die Tabelle 808 die große Bedeutung der §§ 86, 86a, 130 und 131 StGB für den kriminellen Rechtsextremismus. Offensichtlich kommt aber auch dem Versammlungsrecht eine bedeutende Rolle in der Auseinandersetzung zwischen Rechtsextremismus und Strafjustiz zu.

8.5   AUSSAGETENDENZEN IN DER AGITATIONSKRIMINALITÄT

Die Tabelle 809 listet auf, welche Aussagetendenz bei den Delikten nach den §§ 86, 86a, 130 und 131 StGB zu beobachten war. Die Erfassung bezog sich auf alle feststellbaren Delikte und unterlag keiner erfassungstechnischen Obergrenze.

Mit der Tabelle 809 läßt sich die inhaltliche Stoßrichtung der Agitationskriminalität erfassen. Obwohl hier alle Delikte zugrunde gelegt sind, kann davon ausgegangen werden, daß fast immer ein rechtsextremistischer Bezug vorlag[38]. Die Feststellung der Hauptaussagetendenz bezieht sich auf die Parolen oder Propagandamittel, die für die Verurteilung maßgebend waren. Selbstverständlich sind hier nicht die Fälle nach § 86a StGB berücksichtigt, bei denen lediglich Symbole wie das Hakenkreuz oder die Hakenkreuzfahne oder der Deutsche Gruß zu Verurteilung führten. Die ausgewählten Inhaltskategorien sind näher zu erläutern. So erfaßt die Kategorie "Verharmlosung/Leugnung von NS-Verbrechen" hauptsächlich die sog. "Auschwitz-Lüge", soweit diese nicht Gegenstand von Verfahren nach § 185 StGB (Beleidigung) war. Deshalb richtet sich die Kategorie

---

[38] vgl. Tabelle 808, Tätergruppenanteile

"antisemitische Hauptaussagetendenz" insbesondere auf die Fälle, die Angriffe auf das "Weltjudentum" zum Inhalt haben.

Tabelle 809: Hauptaussagetendenz der Propagandamittel/Parolen bei Verstößen gegen die §§ 86,86a,130,131 StGB

Hauptaussage-tendenz	§ 86 N %		§ 86a N %		§ 130 N %		§ 131 N %		Insges. N %	
Verharmlosung/Leu. von NS-Verbrechen	1	0.7			27	14.9	13	23.6	41	6.3
antisemitisch	16	10.9	28	10.5	102	56.4	36	65.5	182	28.0
ausländerfeindlich	8	5.4	16	6.0	39	21.5	1	1.8	64	9.9
Kriegsschuldlüge	1	0.7							1	0.2
Kommunistenhetze			5	1.9	1	0.6			6	0.9
Verherrlichung des NS-Regimes und des Neonazismus	35	23.8	120	45.1					155	23.9
Verunglimpfung des Parlamentarismus	8	5.4	3	1.1					11	1.7
Rundum-Betrachtung	78	53.1	81	30.5	12	6.6	5	9.1	176	27.1
Sonstiges			13	4.9					13	2.0
Insgesamt	147	100.	266	100.	181	100.	55	100.	649	100.

Die Kategorie "Kriegsschuldlüge" erfaßt die Propaganda, die die deutsche Schuld am zweiten Weltkrieg leugnet. Keiner näheren Erläuterung bedarf die sog. Kommunistenhetze. Die "Verherrlichung des NS-Regimes" umfaßt positiv gerichtete Aussagen über den National-sozialismus und das Hitler-Regime, aber nicht die Leugnung von Verbrechen. Die Verunglimpfung des parlamentarisch-demokratischen Regierungssystem gehört in das klassische Propagandarepertoire von Extremisten.

Die Kategorien können nur als ein Annäherungsversuch an die Propaganda- und Agitationsinhalte des kriminellen Rechtsextremismus betrachtet werden, sie ersetzen nicht eine systematische Inhaltsanalyse und Ideologiekritik. Dies verdeutlicht nicht zuletzt die Sammelkategorie "Rundum-Betrachtung", in der die Fälle eingeordnet worden sind, bei denen aufgrund der Themenvielfalt keine Hauptaussagetendenz dem Material zu entnehmen war, dies gilt für 27,1 Prozent der erfaßten Delikte.

Die Verharmlosung und Leugnung von NS-Verbrechen trat zumeist bei den §§ 130 und 131 StGB auf. 6,3 Prozent der Agitationsdelikte mit inhaltlicher Aussage fallen auf diesen Bereich. Allgemein antisemitischer Zielrichtung waren 28 Prozent der Fälle. Der Schwerpunkt dieser Agitation ließ sich beim § 130 StGB beobachten (102 Fälle), er taucht aber auch bei den anderen Delikten nennenswert auf. Fast zehn Prozent aller inhaltlich ausgestalteten Agitationsdelikte in den vier Deliktbereichen war in der Hauptaussagetendenz ausländerfeindlicher Natur (64 Delikte bzw. 9,9 Prozent). Zumeist trat diese in den Fällen auf, die zu einer Verurteilung wegen Volksverhetzung führten (39 Delikte).

Die Kriegsschuldlüge war nur in einem Fall nach § 86 StGB Hauptaussage des der Verurteilung zugrunde liegenden Propagandamaterials. Auch die Kommunistenhetze (z.B. "Rotfront verrecke!") kennzeichnete die inhaltliche Agitation nur in sechs Fällen, die zumeist als Parole im Rahmen des § 86a StGB in Erscheinung trat.

In insgesamt 155 Fallkonstellationen (23,9 Prozent der erfaßten Delikte) handelte es sich bei der Propaganda und Agitation inhaltlich um eine Verherrlichung des NS-Regimes oder um Propaganda für neonazistische Organisationen.

Trotz der methodischen und inhaltlichen Probleme einer Erfassung von Hauptaussagetendenzen aus dem der Verurteilung zugrunde liegenden inhaltlich ausgerichteten Agitations- und Propagandamaterial, wird erkennbar, wo die Schwerpunkte in der kriminellen Agitation liegen:

nämlich beim Antisemitismus, Rassismus und dem Nationalsozialismus als Herrschaftsform. Gegenüber der ersten Untersuchung hat die ausländerfeindliche Agitation erheblich an Gewicht gewonnen, von damals 3 Prozent ist der Anteil dieser Agitation auf 9,9 Prozent gestiegen. Und die Entwicklung des Jahres 1992 zeigt, in welchem Ausmaß inzwischen die Ausländerfrage zum Ankerpunkt rechtsextremistischer Aktion geworden ist. Auffallend ist, daß klassische Felder rechtsextremistischer Propaganda und Agitation wie Kriegsschuldlüge und Kommunistenhetze kaum in der Gerichtsarena der politischen Justiz auftauchten.

Insgesamt vermittelt die Deliktanalyse, daß sich die Auseinandersetzung der Justiz mit dem kriminellen Rechtsextremismus vorwiegend auf dem Feld der staats- und gemeinschaftsbezogenen Rechtsgüter abspielt. Dahinter ist häufig aber ein antisemitisches, rassistisches und totalitäres Streben aufdeckbar. Sobald in diesem Deliktbereich die Symbolebene verlassen wird, tritt in den Tatbildern eine beachtliche Aggressivität zu Tage. Da das Deliktfeld der Straftaten gegen die Person den zweiten Platz im strafrechtlichen Erscheinungsbild des kriminellen Rechtsextremismus einnimmt, gewinnt das Aggressionspotential weiter an Gewicht. Obwohl die strafrechtlichen Kategorien die Wirklichkeit weitgehend filtern, wird deutlich, daß der kriminelle Rechtsextremismus bei aller Bandbreite in den Delikten, ein erhebliches Gefahren- und Gewaltpotential mit sich bringt. Es darf aber auch nicht ausgeblendet werden, daß ein beachtlicher Teil der Kriminalität sich auf der Symbolebene abspielt (s. § 86a StGB-Ergebnisse) oder dem Spektrum allgemeiner Kriminalität verpflichtet ist. Gerade der § 86a StGB zielt nicht ausschließlich auf den eindeutig kriminellen Rechtsextremismus. Da ist die "Zielgruppengenauigkeit" anderer Strafvorschriften größer. Wenn man dann zu der Feststellung gelangt, daß die Zahl der Verurteilungen wegen der Verwendung verbotener Grußformen (66 Fälle) im Untersuchungszeitraum vermutlich in einem krassen Verhältnis zu den tatsächlich aufgetretenen Grüßen dieser Art stehen wird, dann gewinnt die Frage an Bedeutung, wie zielgenau der strafrechtliche Zugriff ist.

9.   ASPEKTE DER STRAF- UND GERICHTSVERFAHREN WEGEN MUT-
        MAßLICHER RECHTSEXTREMISTISCHER AKTIVITÄTEN UND ER-
        SCHEINUNGEN

Mit der Erfassung der sozialbiografischen Besonderheiten der Täter
in der vorliegenden Population und der zur Verurteilung gelangten
Delikte ist das Bild über die Strafverfahren noch bei weitem nicht
vollständig.

Aus den Strafverfahren lassen sich weitere Anhaltspunkte für die
Ausgestaltung des Verhältnisses von Rechtsextremismus und Strafjustiz
gewinnen. Aus den Verfahren gegen Linksterroristen ist bekannt, daß
auch der Prozeß selbst als Bühne der politischen Auseinandersetzung
genutzt wird[1]. Es war die Erfahrung der Auseinandersetzung mit dem
Linksterrorismus, die in den siebziger Jahren zu Änderungen im
materiellen Strafrecht und insbesondere im Strafprozeßrecht führte.
Die Judikative erfuhr eine wesentliche Stärkung, um Effektivität und
Effizienz der Strafrechtspflege in der Auseinandersetzung mit dem
Extremismus und Terrorismus zu gewährleisten. Der hier untersuchte
kriminelle Rechtsextremismus der Jahre 1978 bis 1987 wurde deshalb
durch eine Justiz bewältigt, die sich auf dem Feld der Auseinandersetzung mit dem Extremismus schon länger zu bewähren hatte.

Politische Verfahren stellen von der Strafrechtsmaterie her eine
besondere Belastung der Justiz dar. Ein zu einseitiger, zu harter
oder zu weicher Umgang kann den mit dem Strafrecht als der ultima
ratio verfolgten Zweck beeinträchtigen, im schlimmsten Fall sogar

---

[1] s. hierzu Blath, Richard/ Hobe, Konrad: Strafverfahren gegen
linksterroristische Straftäter und ihre Unterstützer, Herausgegeben vom Bundesministerium der Justiz, Bonn 1982 und
Berlit, Uwe/ Dreier, Horst: Die legislative Auseinandersetzung
mit dem Terrorismus, in: Sack, Fritz/ Steinert, Heinz: Protest
und Reaktion, Analysen zum Terrorismus 4/2, Opladen 1984,
S.228ff.

konterkarieren[2]. Den Richtern kommt in der Handhabung des Prozeßverlaufs und des Strafrechts aufgrund des stets bestehenden Ermes-
sens- und Interpretationsspielraums eine wichtige Funktion in der
Gerichtsarena zu. Nur in wenigen Fällen haben es die Gerichte bei
politischen Verfahren mit Angeklagten zu tun, die reuig und bereitwillig ihren Part spielen, weil sie sich vielleicht dadurch eine
milde Behandlung versprechen. Vor allem wenn es sich um Täter mit
einem organisatorischen Hintergrund handelt, muß das Gericht damit
rechnen, daß selbst bei "relativ harmlosen" Verstößen etwa gegen den
§ 86a StGB, seitens des Angeklagten der Versuch einer politischen Instrumentalisierung des Verfahrens gemacht wird. Es ist aber auch
möglich, daß beide Seiten, Angeklagter und Justiz, darum bemüht sind,
den politischen Gehalt der Delikte zu minimieren. Kalkulation auf
Milde auf der einen, Entdramatisierung und Entpolitisierung auf der
anderen Seite können Motive einer solchen Verfahrens- und Ver-
handlungskonstellation sein[3]. Die Benennung von Zeugen, Anträge,
Gutachten einzuholen, Ablehnungsanträge, die Einlegung von Rechtsmitteln, diese und noch andere Mittel können von den Akteuren,
Staatsanwälten und Verteidigern, eingesetzt und genutzt werden und
die Gerichte fordern. In der historischen Analyse konnte auf einige
dieser Aspekte eingegangen werden. Hier kann zusätzlich der Versuch
unternommen werden, äußeren Merkmalen des Prozeßverhaltens der
Akteure und des Prozeßverlaufs durch eine aggregativ-quantitative
Analyse nachzugehen. Dies beschränkt zwar die Möglichkeiten der
erfaßbaren Prozeßcharakteristika, erlaubt dafür aber die Ermittlung
zuverlässiger Gesamtwerte.

Als für die empirische Analyse zugänglich erweist sich bei den
Strafverfahren z.B. die Handhabung der Untersuchungshaft durch die
Justiz. Die Praxis der Untersuchungshaft dürfte zum einen den

---

[2] s. zu diesem Problemkreis die Phänomenologie politischer Justiz
bei Kirchheimer, Otto: Politische Justiz, Frankfurt am Main 1985
(Ersterscheinung 1961), insbesondere Kapitel III und XII

[3] s. zu dieser Thematik die Prozeßberichte von Jahn, Joachim:
Neonazis vor Gericht, in: Kritische Justiz, 21. Jahrgang, Heft
3 1988, S. 329ff.

Besonderheiten der Deliktstruktur entspringen. Je häufiger der Verdacht auf schwere Vergehen oder Verbrechen vorliegt, desto häufiger dürfte Untersuchungshaft angeordnet werden. Auf der anderen Seite ist die Handhabung zu einem gewissen Teil wohl auch Ergebnis der Einschätzung der Gefährlichkeit und Widerborstigkeit des Angeklagten durch die Justiz. Diese Motive können zwar nur vermutet und kaum erhellt werden, dennoch gewinnt die Darstellung der Untersuchungshaftpraxis unter diesen Aspekten eine interessante Komponente.

Weiterhin kann der Frage nachgegangen werden, vor welchen Gerichten, regional und instanzenmäßig betrachtet, die Verfahren stattfinden. Sind bestimmte Gerichte und Bundesländer stärker gefordert als andere? Gibt es gerichtsspezifische Besonderheiten bei der Dauer der Verfahren, welche Probleme zeigen sich in der Beziehung von Anklage-schrift und Urteil? Wie erfolgreich ist die Anklagebehörde, treten Beweis- und Rechtsfindungsprobleme nur bei bestimmten Delikten auf oder welche Beziehung läßt sich aus dem Vergleich von Anklageschrift und Urteil herauslesen? Hinsichtlich der Beschuldigten kann der Frage nachgegangen werden, welche Rechtsmittel eingelegt und mit welchem Erfolg sie durchgeführt werden, eine Fragestellung, die auch auf die Staatsanwaltschaft ausgedehnt werden kann. In einem gesonderten Kapitel ist schließlich der konkreten Sanktionspraxis nachzugehen, um den Überblick über die Ausschöpfung des rechtlichen Instrumen-tariums abzuschließen.

9.1   MIT STRAFVERFAHREN WEGEN MUTMAßLICHER RECHTSEXTREMISTISCHER
         AKTIVITÄTEN BEFAßTE GERICHTE

Zunächst wird der Frage nachgegangen, welche Gerichte mit Verfahren wegen mutmaßlicher rechtsextremistischer Aktivitäten befaßt waren. Aus der Art des für den ersten Rechtszug zuständigen Gerichts lassen sich einige Rückschlüsse auf die Strafverfahren ziehen. Da im folgenden nicht der Straftäter Bezugspunkt der Untersuchung ist, sondern das Gericht, werden die Strafverfahren als Gerichtsverfahren betrachtet.

9.1.1   GERICHT DER ERSTEN INSTANZ

Die Tabelle 901 faßt zusammen, vor welchen Gerichten die Verfahren in der ersten Instanz stattfanden. Zum Vergleich enthält die Tabelle außerdem die Zahlen aller durch Gerichte in der ersten Instanz erledigten Strafsachen (ohne Bußgeldverfahren) aus dem Jahr 1986.

Von den 1202 Beschuldigten mit ihren 1382 Aburteilungen, die in dieser Untersuchung als Abgeurteilte erfaßt sind[4], standen einige gemeinsam vor Gericht, so daß von den Gerichten einschließlich der 97 Strafbefehlsverfahren 852 Verfahren in Strafsachen zu bewältigen waren.

---

[4] die tatsächliche Zahl der Beschuldigten liegt höher, da einige nicht als Abgeurteilte in die Untersuchung fallen, z.B. weil im Untersuchungszeitraum gegen sie das Verfahren noch nicht rechtskräftig abgeschlossen war

702 Verfahren wurden im ersten Rechtszug durch Amtsgerichte bearbeitet. Gegenüber den Verfahren in der ersten Instanz überhaupt liegt
der Amtsgerichtsanteil in der untersuchten Population mit 82,6
Prozent gegenüber 98,7 Prozent deutlich niedriger. Verfahren des
ersten Rechtszuges vor dem Landgericht machten 1986 bei allen
Strafverfahren 1,3 Prozent aus, im Bereich des vermuteten kriminellen
Rechtsextremismus dagegen 16,5 Prozent. Auch wenn der unterschiedliche Erfassungszeitraum die Vergleichbarkeit etwas einschränkt, ist
der zu beobachtende Unterschied zu den Strafverfahren überhaupt sehr
deutlich. Auch bei den Oberlandesgerichten als erste Instanz zeigt
sich, daß in der Rechtsextremismuspopulation überproportional viele
Verfahren vor den Oberlandesgerichten stattgefunden haben (1,3
gegenüber 0,0 Prozent).

Tabelle 901: Gericht der ersten Instanz

Gericht	Gericht der 1. Instanz bei mutmaßlichen rechtsextremistischen Aktivitäten				Gericht der 1. Instanz bei erledigten Strafsachen insgesamt 1986**	
	Anzahl der Verfahren/Urteile				Anzahl der Verfahren	
	N	%	N	%	N	%
Amtsgericht	702	82.6	1027	74.3	982073	98.7
Landgericht	140	16.5	327	23.7	12675	1.3
Oberlandesgericht	8	0.9	25	1.8	47	0.0
Insgesamt	850*	100.0	1379*	100.0	994795	100.0

* Verfahren, in denen mehrere Beschuldigte abgeurteilt wurden, werden hier jeweils nur einmal gezählt. In zwei Fällen konnte das erstinstanzliche Gericht nicht ermittelt werden und damit für drei Urteile keine Angaben
** Angaben zusammengestellt nach Statistisches Bundesamt Wiesbaden: Fachserie 10, Rechtspflege, Reihe 2, Zivilgerichte und Strafgerichte 1986, Stuttgart 1988, Tabellen 3.1,3.2,3.4

Da die sachliche Zuständigkeit der Gerichte als erste Instanz sich
im wesentlichen nach der Art des Delikts und der zu erwartenden
Strafe richtet[5], spiegelt sich in dieser Verteilung die Deliktstruktur bei Verfahren wegen mutmaßlicher rechtsextremistischer
Aktivitäten wider. Mittelschwere und/oder auf die Gefährdung des

---

[5] s. insbesondere §§ 24, 74, 74a Gerichtsverfassungsgesetz (GVG)

demokratischen Rechtsstaates gerichtete Delikte sowie die Organisationsdelikte nach § 129a StGB begründen den hohen Stellenwert
von Land- und Oberlandesgerichten als erste Instanz in dieser
Untersuchung. Die Belastungen der Justiz durch die Rechtsextremismusverfahren äußert sich zusätzlich in der Zahl der durchschnittlich
pro Verfahren Beschuldigten, sie beträgt:

> **beim Amtsgericht: 1.5**
> **beim Landgericht: 2.7**
> **Oberlandesgericht:3.5**
>
> **Insgesamt: 1.7**

Die Gründe für diese deutlichen Unterschiede liegen in der Art der
zur Aburteilung anstehenden Delikte. Insbesondere die schwereren
Delikte, militante und terroristische Aktionen, werden häufig
gemeinschaftlich begangen und erklären so zum einem großen Teil die
hohe Zahl der Beschuldigten pro Verfahren vor dem Land- und dem
Oberlandesgericht als erste Instanz.

9.1.2   REGIONALES BELASTUNGSPROFIL DER JUSTIZ

Es ist nicht ungewöhnlich, daß in den Bundesländern eine unterschiedliche Rechtspraxis oder Strafverfolgungsintensität beobachtbar
ist[6]. Unterschiede in der Sozialstruktur und den politischen
Traditionen eines Landes wirken sich auch auf die Strafrechtspflege
aus. Unterschiede müssen aber nicht nur in den Akteuren und Instanzen
der Strafrechtspflege begründet liegen. Zu einem erheblichen Teil
werden sie auch Produkt des besonderen regional unterschiedlichen
Kriminalitätsaufkommmens sein. Beide Aspekte sind zu berücksichtigen,
wenn die Frage nach dem regionalen Aufkommen der Strafverfahren zum
kriminellen Rechtsextremismus gestellt wird.

---

[6] vgl. Kaiser, Günther: Kriminologie, 7. Auflage, Heidelberg
1985, S.131

9. Aspekte der Strafverfahren

Die 852 Verfahren wurden in 169 Gerichtsorten durchgeführt. Mit mehr als zwanzig Strafverfahren waren die Gerichte in Berlin (245), Frankfurt (47), München (42), Nürnberg (27), Bremen (25), Mainz (24) und Hamburg (22) befaßt. In acht weiteren Städten waren je mehr als zehn Verfahren zu bearbeiten.

Soweit sich das über die Gerichtsorte sagen läßt, war die Strafrechtspflege nicht nur in den Ballungsgebieten mit rechtsextremistischen Erscheinungen konfrontiert, sondern in erheblichem Maße auch im ländlichen Bereich. Letztlich läßt sich jedoch eine regionale Ungleichverteilung feststellen, die deutlich wird, wenn man die Gerichtsorte nach Bundesländern zusammenfaßt und mit dem erstinstanzlichen Gericht in Beziehung setzt, wie es Tabelle 902 ausweist.

Die meisten Verfahren unserer Untersuchungspopulation wurden in Berlin (West) durchgeführt, allein dort fanden 28,9 Prozent aller Verfahren statt. Die Berliner Ergebnisse sind auch insoweit herausragend, als dort 94,7 Prozent der Verfahren im ersten Rechtszug vom Amtsgericht durchgeführt wurden. Den zweiten Platz nimmt, mit großem Abstand, Rheinland-Pfalz ein (14,5 Prozent), gefolgt von Bayern (12,1 Prozent) und dem bevölkerungsreichsten Land, Nordrhein-Westfalen, wo 10 Prozent der Verfahren stattfanden. Hamburg und Bremen erreichen nur Anteile von 2,6 bzw. 2,9 Prozent. Einen Mittelplatz nimmt Baden-Württemberg ein (7,2 Prozent), während das Saarland das Schlußlicht bildet mit nur zwei Verfahren. Auffallend ist die erstinstanzliche Verteilung im Bundesland Schleswig-Holstein, das mit 2,2 Prozent der Verfahren einen hinteren Platz einnimmt. In Schleswig-Holstein wurden lediglich 42,1 Prozent der Verfahren von Amtsgerichten durchgeführt. Dafür sind die Anteile der Verfahren vor dem Landgericht und dem Oberlandesgericht mit 47,4 und 10,5 Prozent die absoluten Spitzenwerte im Vergleich zu den anderen Bundesländern. Ebenfalls noch hohe Anteile an Landgerichtsverfahren im ersten Rechtszug weisen die Länder Baden-Württemberg (31,2 Prozent), Hamburg (31,8 Prozent), Niedersachsen (26,8 Prozent) und Nordrhein-Westfalen (25,9 Prozent) auf. Nimmt man die erstinstanzliche Zuordnung als

Indikator für die Schwere der Delikte, wurden in Schleswig-Holstein
und den soeben aufgeführten Bundesländern überproportional häufig
schwere Delikte abgeurteilt, während Berlin, Rheinland-Pfalz oder
Saarland eher Verfahren mit leichteren Delikten zu bewältigen hatten.

Tabelle 902 vermittelt das Bild starker regionaler und erst-
instanzlicher Unterschiede in der Belastung der Strafrechtspflege.
Die Ursachen dieser Unterschiede dürften vielfältig und sowohl dem
Täterbereich als auch dem Justizbereich zuzuordnen sein. Speziell für
Berlin wird man in Rechnung stellen müssen, daß diese Stadt aufgrund
ihrer politisch-gesellschaftlichen Insellage sich in der Nachkriegszeit als günstiger Nährboden für die Entwicklung jugendlicher
Subkulturen erwiesen hat, die auch für den rechsextremen Bereich
beobachtbar sind[7]. Die Rolle der Justizbehörden wird an der Stelle
noch einmal aufgegriffen, wo es um die Sanktionspraxis geht.

---

[7] s. Stöss, Richard/ Deiters, Dietmar/ Dingel, Frank/ Hesse,
Klaus/ Sander, Andreas: Ursachen und Ausmaß der NS-Renaissance
unter Jugendlichen in Berlin (West) und bildungspolitische Maßnahmen zu ihrer Bewältigung, Endbericht, FU Berlin, Zentralinstitut für sozialwissenschaftliche Forschung, Manuskript 1981

Tabelle 902: Gericht der ersten Instanz bei Verfahren mit rechtsextremistischem Bezug nach Bundesländern

Bundesland	Gericht der ersten Instanz							
	Amts-gericht		Land-gericht		Oberlandes-gericht		Insgesamt	
	N	%	N	%	N	%	N	%
Baden-Württemberg	41	67.2	19	31.2	1	1.6	61	7.2
Bayern	87	84.5	16	15.5			103	12.1
Berlin	232	94.7	12	4.9	1	0.4	245	28.9
Bremen	21	84.0	4	16.0			25	2.9
Hamburg	15	68.2	7	31.8			22	2.6
Hessen	65	79.3	16	19.5	1	1.2	82	9.7
Nieder-sachsen	58	70.7	22	26.8	2	2.4	82	9.7
Nordrhein-Westfalen	63	74.1	22	25.9			85	10.0
Rheinland-Pfalz	109	88.6	13	10.6	1	0.8	123	14.5
Saarland	2	100.0					2	0.2
Schleswig-Holstein	8	42.1	9	47.4	2	10.5	19	2.2
Insgesamt	701	82.6	140	16.5	8	0.9	849*	100.0

* in drei Fällen war keine Zuordnung möglich

9.1.3   LÄNGE DER GERICHTSVERHANDLUNG IN DER ERSTEN INSTANZ

Neben der Zahl der Verfahren und der Beschuldigten gibt die Länge und die Dauer der Verhandlungen und Verfahren Auskunft über Belastungen, die aus der Bewältigung von Verfahren der politischen Kriminalität von rechts erwachsen.

Diese Aspekte haben für die Untersuchung deshalb eine Bedeutung, weil die Justiz bei den Verfahren zur Verfolgung von NS-Verbrechen immer wieder wegen der Länge der Verfahren kritisiert worden war[8] und die Neigung bestehen könnte, auch bei den Verfahren gegen Rechtsextremisten der Justiz Verschleppung und Hinhaltetaktik vorzuwerfen. Gerade bei diesen Aspekten mangelte es bislang an Tatsachenfeststellungen.

Zunächst werden Aussagen zur Länge der Verhandlung in der ersten Instanz gemacht. Sie wird hier durch die Anzahl der Hauptverhandlungstage und durch die Anzahl der Tage von dem Beginn der Verhandlung bis zur Urteilsverkündung (Verhandlungsdauer) gemessen. Der Untersuchung liegen in diesem Teil 755 Strafverfahren zugrunde. Vefahren, in denen gegen mehrere Personen verhandelt wurde, zählen nur einmal. Wegen des im folgenden vorgenommenen Vergleichs sind jene 97 Verfahren nicht enthalten, in denen ein Strafbefehl erging. Bei 79 Verfahren fand keine Hauptverhandlung statt oder es lagen keine Angaben zur Zahl der Hauptverhandlungstage vor. Somit verbleiben für die folgende Darstellung 676 Gerichtsverfahren. Um zu einem Bewertungsmaßstab zu kommen, wird ein Vergleich der Verhandlungstage in der ersten Instanz mit den Verhandlungstagen der ersten Instanz sämtlicher Strafverfahren von 1986 vorgenommen, wobei nach Amtsgericht, Landgericht und Oberlandesgericht unterschieden wird. Es ist zu berücksichtigen, daß in den Zahlen der Rechtspflegestatistik, die in der Tabelle 903 wiedergegeben werden, auch Verfahren enthalten sind, die nicht mit einem Urteil endeten.

---

[8] s. dazu Rückerl, Adalbert: Die Strafverfolgung von NS-Verbrechen 1945 - 1978, Heidelberg, Karlsruhe 1979, S. 97ff.

9. Aspekte der Strafverfahren

In der Tabelle 904 sind die entsprechenden Werte der untersuchten Population enthalten. Zwar ist wieder der unterschiedliche Erfassungzeitraum zu berücksichtigen, dennoch lassen sich die zentralen Trends gut herausarbeiten.

Tabelle 903: Hauptverhandlungstage (HV) erledigter Verfahren
1986 insgesamt, Prozentwerte

Hauptver-handlungstage	Gericht der ersten Instanz			
	Amts-gericht %	Land-gericht %	Oberlandes-gericht %	Insgesamt
1 HV-Tag	88.5	53.8	15.4	
2 HV-Tag	8.9	20.9	11.5	
3-5 HV-Tage	2.5	17.6	30.8	
6-10 HV-Tage	0.1	4.2	7.7	
11 - 50 HV-Tage		3.2	34.6	
51 u. mehr HV-Tage		0.3		
Anzahl d. Ver fahren insg.	758432	9919	26	768377

*Quelle: Statistisches Bundesamt Wiesbaden, Fachserie 10, Rechtspflege, Reihe 2, Zivilgerichte und Strafgerichte 1986, Stuttgart, Mainz 1988, Tabellen 3.1,3.2,3.4

Bei den Strafverfahren des Jahres 1986 insgesamt zeigt sich, daß beim Amtsgericht als erste Instanz die meisten Hauptverhandlungen nur einen Verhandlungstag in Anspruch nehmen. 88,5 Prozent der Verfahren weisen einen Hauptverhandlungstag auf. Weitere 8,9 Prozent der Verfahren werden in zwei Verhandlungstagen erledigt. Drei bis fünf Verhandlungstage umfassen lediglich 2,5 Prozent der Verfahren vor dem Amtsgericht. Nur 0,1 Prozent der Verfahren benötigen 6 bis

10 Verhandlungstage, Verfahren mit mehr als 10 Verhandlungstagen ließen sich 1986 vor dem Amtsgericht nicht beobachten.

Ein anderes Beanspruchungsprofil läßt sich bei dem Landgericht als erster Instanz feststellen. Dort weisen lediglich 53,8 Prozent der erledigten Verfahren nur einen Verhandlungstag auf. 20,9 Prozent benötigten zwei, und weitere 17,6 Prozent drei bis fünf Verhandlungstage. Beim Landgericht lassen sich sogar Verfahren feststellen, die mehr als 51 Verhandlungstage erforderten (0,3 Prozent der Verfahren). Insgesamt beanspruchten 7,7 Prozent der Landgerichtsverfahren mehr als fünf Verhandlungstage.

Tabelle 904: Hauptverhandlungstage (HV) erledigter Verfahren in der vorliegenden Untersuchung

Hauptver-handlungstage	Gericht der ersten Instanz							
	Amts-gericht N	%	Land-gericht N	%	Oberlandes-gericht N	%	Insgesamt N	%
1 HV-Tag	495	90.3	53	43.8			548	81.4
2 HV-Tag	33	6.0	21	17.4			54	8.0
3-5 HV-Tage	16	2.9	24	19.8	1	25.0	41	6.1
6-10 HV-Tage	4	0.7	12	9.9	2	50.0	18	2.7
11 - 50 HV-Tage			10	8.3	1	25.0	11	1.6
51 u. mehr HV-Tage			1	0.8			1	0.2
Anzahl d. Verfahren insg.	548	81.4	121	18.0	4	0.6	673*	100.0

*in den übrigen drei Fällen keine Angabe zur ersten Instanz

Weniger einheitlich, aber mit einer noch stärkeren Tendenz zu Verfahren mit mehreren Hauptverhandlungstagen präsentiert sich das Oberlandesgericht. 30,8 Prozent der erledigten Verfahren beanspruchten drei bis fünf Verhandlungstage, weitere 34,6 Prozent benötigten 11 bis 50 Verhandlungstage.

Im Vergleich dazu ergeben sich für die Verfahren mit mutmaßlichem rechtsextremistischen Hintergrund überwiegend ähnliche Ergebnisse. Gerade bei den Amtsgerichten sind die Unterschiede nur gering. Hier sind es 90,3 gegenüber 88,5 Prozent der Verfahren, die lediglich einen Verhandlungstag benötigten. Nimmt man die Ergebnisse zu den Oberlandesgerichten wegen der geringen Fallzahl aus der Betrachtung heraus, dann rücken die Unterschiede beim Landgericht in den Mittelpunkt des Vergleichs.

Mit der Grafik 9.1 werden die Prozentsätze hinsichtlich der Hauptverhandlungstage bei den erledigten Verfahren des Jahres 1986 bei den Landgerichten mit denen der untersuchten Rechtsextremismuspopulation in Form einer Balkengrafik verglichen. Es wird deutlich sichtbar, daß in der Untersuchungspopulation der Trend noch stärker als bei den "erledigten Verfahren insgesamt" in Richtung von Verfahren mit mehr Verhandlungstagen geht.

Grafik 9.1:

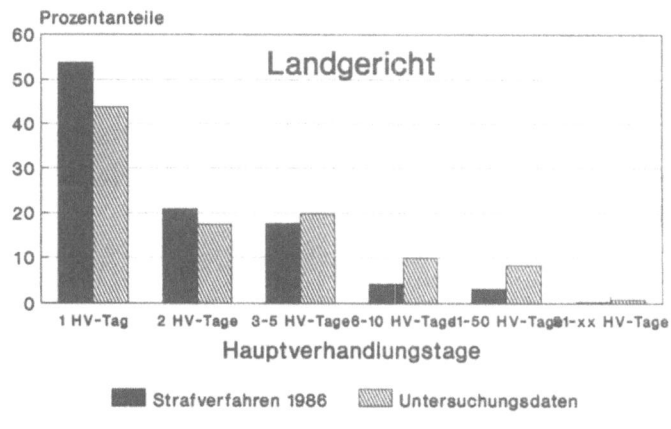

Vergleich Hauptverhandlungstage
Verfahren 1986 - Untersuchung

Es wäre aber verfehlt, daraus den Schluß zu ziehen, daß die Justiz mit Verfahren gegen Rechtsextremisten nur schlecht fertig werde. Wie schon einleitend festgestellt, weisen die Täter unserer Untersuchung und insbesondere die kriminellen Rechtsextremisten ein häufig durch gemeinschaftliche Tatbegehung gekennzeichnetes Deliktprofil im militanten und terroristischen Bereich auf, das sich auf die Verhandlungsdauer bei den Landgerichten ausgewirkt haben dürfte. Die maximale Zahl von Verhandlungstagen lag bei 75 (bei einem Gerichtsverfahren). Eine Kritik, wie an den NS-Verfahren, erhält selbst bei diesem Maximalwert keine substantielle Rechtfertigung.

Dort, wo die einfachen und häufig ja auch nicht gemeinschaftlich begangenen Delikte abgeurteilt werden, vor dem Amtsgericht, zeigen sich keine Abweichungen gegenüber dem Gesamttrend.

407

9.1.4   VERHANDLUNGSDAUER IN DER ERSTEN INSTANZ

Von der Zahl der Verhandlungstage zu trennen ist die Zeitspanne vom
ersten bis zum letzten Verhandlungstag, im folgenden Verhandlungsdauer genannt. Dadurch kann die Effizienzbewertung auf ein zweites
Standbein gestellt werden. Hier können 676 Verfahren in die Berechnung eingehen. Ein Vergleich mit der Rechtspflegestatistik ist
hierfür jedoch nicht möglich. Wie aus der Tabelle 905 hervorgeht,
wurde die Hauptverhandlung in der ersten Instanz vor dem Amtsgericht
im Durchschnitt in zwei Tagen durchgeführt. Auch die Standardabweichung zeigt, daß die Streuung um diesen

Tabelle 905: Dauer der Hauptverhandlung erledigter Verfahren
             in der vorliegenden Untersuchung in Tagen

Hauptver- handlungs- dauer	Gericht der ersten Instanz			
	Amts- gericht	Land- gericht	Oberlandes- gericht	Insgesamt
Durchschnitt in Tagen	N X* 548 2.0	N X 122 18.0	N X 6 76.3	N X 676 5.6
Standard- Abweichung	4.871	60.578	69.040	28.196
Median	1.1	3.3	30.5	1.1

* X= Mittelwert

Durchschnittswert sich in Grenzen hält. Durchschnittlich 18 Tage
dauerten die Hauptverhandlungen in den 122 Landgerichtsverfahren.
Allerdings ist hier die Streuung schon größer. Am Oberlandesgericht
beträgt der Durchschnitt schließlich 76,3 Tage, ein Wert, der mit
einer hohen Streuung einhergeht. Im Gesamtdurchschnitt betrug die
Verhandlungsdauer 5,6 Tage. Im Vergleich zu Strafverfahren gegen
linksterroristische Straftäter und ihre Unterstützer in den Jahren

1970 bis 1977 ist dies ein sehr geringer Wert. Jedoch ist hier der ausgesprochen hohe Anteil der Verfahren vor dem Amtsgericht zu berücksichtigen[9]. Lediglich 20 Verfahren dauerten länger als einen Monat. Über 100 Tage nahmen fünf Verfahren in Anspruch, wobei das längste Verfahren 628 Tage beanspruchte. Drei der über 100 Tage dauernden Verfahren fanden vor dem Oberlandesgericht statt.

Wie schon bei den Verhandlungstagen, ergibt sich, daß mit der Höhe des Gerichts der ersten Instanz die Länge und Dauer der Verfahren ansteigt.

Da zum einen unsere Untersuchungsergebnisse nicht wesentlich vom allgemein zu beobachtenden Trend abweichen und in unserer Untersuchung vor den Landes- und Oberlandesgerichten eher umfangreiche Verfahren stattfanden, sind die hier festgestellten Ergebnisse plausibel und lassen nicht auf Verschleppung oder Verzögerung durch die Justiz schließen.

9.1.5   ZEIT ZWISCHEN ERSTINSTANZLICHEM URTEIL UND RECHTSKRAFT

Da bislang nur die erste Instanz und die Zeit für die Urteilsfindung betrachtet wurde, ist für ein Gesamtbild von den Belastungen der Strafrechtspflege durch die Verfahren wegen mutmaßlicher rechtsextremistischer Aktivitäten noch die Zeit bis zur Rechtskraft des Urteils (im folgenden als RK-Zeit bezeichnet) zu ermitteln.

Eine lange RK-Zeit bedeutet indessen nicht, daß die Gerichte während dieser Zeit ununterbrochen mit dem entsprechenden Fall beschäftigt waren. Dennoch kann eine relativ lange RK-Zeit auf eine zeitlich intensivere Beschäftigung eines oder mehrerer Gerichte - nach dem erstinstanzlichen Urteil - mit dem Verfahren hindeuten. Eine lange RK-Zeit kann aber auch Ausdruck der Neigung sein, Rechtsmittel

---

[9] s. Blath, R./ Hobe, K.: Strafverfahren gegen links-terroristische Straftäter ..., a.a.O., S. 85

exzessiv zu nutzen, sowohl seitens der Staatsanwaltschaft, als auch seitens der Verteidiger und des Angeklagten.

Die Berechnung der RK-Zeit bezieht sich auf alle Aburteilungen, da sich für jeden Angeklagten nach der ersten Instanz das Verfahren anders entwickeln kann, allerdings fehlen bei 132 Urteilen die für die Berechnung der RK-Zeiten notwendigen Angaben.

Tabelle 906: Zeit zwischen dem erstinstanzlichen Urteil und der Rechtskraft des Urteils

Monate	bei Rechtsextremisten			/	insgesamt		
	N	%	cum%		N	%	cum%
1	447	61.2	61.2		792	63.4	63.4
2 - 6	122	16.7	77.9		229	18.3	81.7
7 -12	99	13.5	91.4		142	11.3	93.0
13-24	53	7.3	98.7		73	5.8	98.8
25-36	4	0.5	99.2		5	0.4	99.2
37-48	5	0.7	99.9		7	0.6	99.8
49 und mehr	1	0.1	100.0		2	0.2	100.0
	731*	100.0			1250*	100.0	

* zu 63 bzw. 132 Urteilen liegen keine Zeitangaben hierzu vor

In der Tabelle 906 ist die RK-Zeit nach Monaten für die rechtsextremistischen Täter und für die Abgeurteilten insgesamt wiedergegeben. Bei allen Abgeurteilten ergibt sich, daß für 63,4 Prozent der Aburteilungen die Zeit zwischen erstinstanzlichem Urteil und Rechtskraft bis zu einem Monat betrug. Falls in diesen Fällen überhaupt Rechtsmittel eingelegt wurden, so wurden sie sogleich wieder zurückgenommen. Bei den Rechtsextremisten ist der Anteil der innerhalb eines Monats rechtskräftig gewordenen Urteile mit 61,2 Prozent etwas geringer. Ebenso der Anteil der Urteile, die innerhalb eines halben Jahres rechtskräftig wurden (16,7 gegenüber 18,3 Prozent). Der Anteil an Verfahren, bei denen die Rechtskraft in der Zeit von einem halben bis zu zwei Jahren nach dem Urteil der ersten Instanz eintrat, liegt bei den Rechtsextremisten dafür deutlich höher. Insgesamt fallen bei den rechtsextremistischen Straftätern

20,8 Prozent (13,5+7,3) der Verfahren in diese RK-Zeitspanne, bei den Abgeurteilten insgesamt nur 17,1 Prozent der Verfahren.

Grafik 9.2:

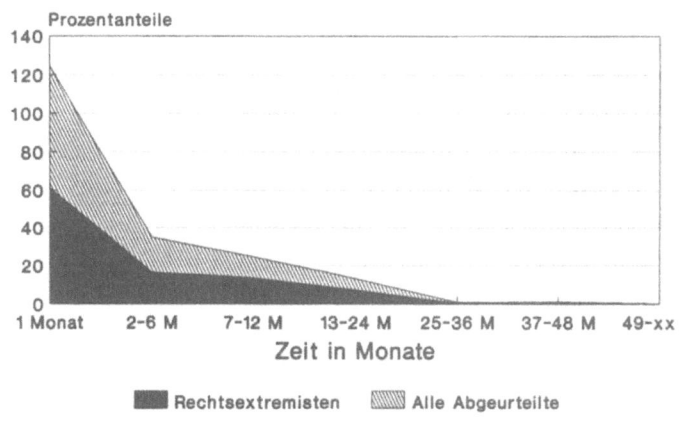

Zeit zwischen Urteil
und Rechtskraft RE/Alle

Die Unterschiede in der Verteilung der RK-Zeit auf die einzelnen Monatsspannen verdeutlicht das Flächendiagramm Grafik 9.2. Die der Tabelle 906 entnommenen Prozentsätze sind hier flächenmäßig übereinander gelegt und so läßt sich gut erkennen, daß bei den Aburteilungen insgesamt der Anteilsverlauf zu den mittleren Zeitspannen deutlicher abknickt als bei den Rechtsextremisten, die hier ein stärkeres Profil aufweisen. Der leicht unterschiedliche RK-Zeitverlauf läßt sich auch aus den kumulierten Werten (cum%) der Tabelle 906 entnehmen. Im Gesamtdurchschnitt beträgt die RK-Zeit bei den Aburteilungen insgesamt 3,7 Monate. Bei den Rechtsextremisten liegt dieser Wert bei 4,2 Monaten. Dies läßt die Vermutung zu, daß die

Rechtsextremisten in stärkerem Maße als die Abgeurteilten der
Population insgesamt von Rechtsmitteln Gebrauch gemacht haben.
Berechnet man die RK-Zeit für die Urteile, bei denen Rechtsmittel
eingelegt wurden (Näheres hierzu in Kapitel 9.2), ergibt sich ein
Durchschnitt von 9,3 Monaten. Dennoch läßt sich auch über dieses
Effizienzmaß kein Effizienzproblem für die Justiz ablesen.

9.1.6   ZEIT ZWISCHEN ANKLAGEERHEBUNG UND RECHTSKRAFT DES
           URTEILS

Als letztes Zeitmaß ließ sich in der Untersuchung die Zeitspanne
zwischen Anklageerhebung und Rechtskraft des Urteils ermitteln.
Dieses Maß wird für allen Aburteilungen berechnet, jedoch lagen in
369 Fällen die Angaben hierzu nicht vor.

Die Tabelle 907 gibt den Durchschnittswert für die Aburteilungen der
Rechtsextremisten und für die Aburteilungen aller Abgeurteilten der
Untersuchungspopulation wieder.

Tabelle 907:   Zeit zwischen Anklageerhebung und Rechtskraft des
               Urteils

Durchschnitt in Tagen	bei Rechtsextremisten N X	/	insgesamt N X
	611* 303.7		1013* 276.1
Standardabweichung	258.5		251.0
Median	224.8		192.8

* zu 183 bzw. 369 Urteilen liegen keine Zeitangaben hierzu vor

Bezogen auf alle Aburteilungen benötigten die Verfahren durchschnittlich 276,1 Tage, also knapp neun Monate. Die Verfahren gegen
die Rechtsextremisten brauchten im Durchschnitt einen Monat länger,
hier liegt der Durchschnitt bei 303,7 Tagen. Dieser Unterschied zeigt
sich auch beim Median.

Zieht man ein Fazit zu den Zeitmaßen, so läßt sich feststellen, daß die Rechtsextremisten-Verfahren etwas länger dauerten als die Verfahren der übrigen Abgeurteilten der Untersuchung. Ein über die Maßen gehendes Beanspruchungsprofil für die Justiz läßt sich daraus jedoch nicht ableiten. Auch wenn nicht für alle Maße ein Vergleich mit der Rechtspflegestatistik vorgenommen werden konnte, ist der Schluß zulässig: Die Justiz zeigt sich ausreichend effizient in der verfahrensmäßigen Bewältigung des kriminellen Rechtsextremismus.

9.2   RECHTSMITTELVERFAHREN

Die bisherigen Ausführungen haben nur indirekt Auskunft über das Prozeßverhalten der beteiligten Akteure gegeben. Anhand der Praxis der Einlegung von Rechtsmitteln gegen das Urteil soll ermittelt werden, wie Justiz und Angeklagte bzw. Verteidiger mit diesen Möglichkeiten konkret umgegangen sind.

Im Regelfall dient der Gebrauch von Rechtsmitteln seitens der Verteidigung dem Schutz des Angeklagten vor einer Beeinträchtigung seiner Rechte oder schutzwürdigen Interessen. Die Rechtsmittelpraxis kann unter Umständen aber auch Ausdruck des Kampfeswillen gegen den Staat und seine Organe sein. Gerade die Linksterroristen der frühen siebziger Jahre haben gezeigt, wie prozessuale Rechte mißbraucht werden können[10]. Auf der anderen Seite kann aus der Rechtsmittelpraxis auch Einblick in das Verhalten der Staatsanwaltschaften gewonnen werden. Sind sie mit der Gerichtspraxis zufrieden, oder treten sie als Verfechter einer harten Linie in Erscheinung?

Um diesen Fragen nachgehen zu können, gehen wiederum alle 1382 Aburteilungen in die Berechnungen ein, da der Instanzenweg für die

---

[10] s. Rieß, Peter: Die "Anti-Terrorismusgesetzgebung" in der Bundesrepublik Deutschland, in: Freiheit und Sicherheit. Die Demokratie wehrt sich gegen den Terrorismus, Schriftenreihe der Bundeszentrale für politische Bildung, Band 148, Bonn 1979, S. 79ff.

verschiedenen Beschuldigten in einem Verfahren unterschiedlich verlaufen kann. So weit wie möglich werden die rechtsextremistischen Täter gesondert ausgewiesen.

Tabelle 908: Rechtsmittel im Überblick

Rechtsmittel	bei Rechtsextremisten		/ insgesamt	
	N	%	N	%
Nur Berufung	96	12.1	152	11.0
Nur Revision	147	18.5	169	12.2
Berufung und Revision	54	6.8	75	5.4
Kein Rechtsmittel/k.A.	497	62.6	986	71.4
Insgesamt	794	100.0	1382	100.0
	N		N	
Verfahren mit Berufungen	150		227	
Verfahren mit Revisionen	201		244	
Verfahren m. Rechtsmitteln	297		396	

Die Tabelle 908 ergibt, daß nur für 71,4 Prozent der Strafverfahren die Einlegung von Rechtsmitteln nicht feststellbar war. Bei den Rechtsextremisten sogar nur für 62,6 Prozent der Strafverfahren. Insgesamt gibt es 99 Verfahren mit Rechtsmitteln bei Aburteilungen, die nicht Rechtsextremisten betrafen. Nimmt man die 588 diesbezüglichen Verfahren als Prozentuierungsgrundlage, dann wurden in diesem Beschuldigtenbereich nur bei 16,8 Prozent der Verfahren Rechtsmittel eingelegt. Bei 11 Prozent aller bzw. 12,1 Prozent der Rechtsextremismusverfahren wurde Berufung eingelegt, bei 12,2 bzw. 18,5 Prozent der Verfahren Revision. Bei den Revisionen ist die Diskrepanz im Rechtsmittelverhalten von Rechtsextremisten und den übrigen Abgeurteilten sehr groß. Würde man die 22 Revisionen (169 – 147= 22) auf die 588 Aburteilungen umrechnen, die nicht zu den identifizierten Rechtsextremisten erfolgten, so wäre hier in 3,7 Prozent der Verfahren Revision eingelegt worden, während es bei den Rechtsextremisten in 18,5 Prozent der Fälle geschah. Auch bei den Verfahren, in denen Berufung und Revision eingelegt wurde, ist eine stärkere Rechtsmittelanwendung bei den Strafverfahren gegen die Rechtsextremisten erkennbar, 6,8 Prozent der Rechtsextremismusver-

fahren, 5,4 Prozent insgesamt bzw. 3,6 Prozent bei den übrigen
Verfahren.

Wie noch auszuführen sein wird, wurden bei einem Teil der Urteile
die Rechtsmittel lediglich vorsorglich eingelegt und später wieder
zurückgenommen. Aber auch unter Berücksichtigung dieses Faktors
ergibt ein Vergleich mit der Erledigungspyramide in der Strafrechtspflege, daß in unseren Populationsteilen Rechtsextremismusverfahren und übrige Verfahren der Rechtsmittelgebrauch deutlich, bei
den Rechtsextremisten sogar ganz eindeutig höher liegt als bei den
Strafverfahren insgesamt[11]. Dadurch geraten die Ergebnisse zu den
Länge- und Dauermaßen in ein noch positiveres Licht für die Strafrechtspflege.

9.2.1   HÄUFIGKEIT UND ERFOLG DER BERUFUNG

Für eine differenzierte Beurteilung des Akteursverhaltens ist die
Frage von Bedeutung, welche Prozeßbeteiligten mit welchem Erfolg
Rechtsmittel einlegten. Erfolg wird im folgenden negativ als Nicht-

Verwerfung definiert, auch Teilerfolge wurden als Erfolg gewertet.
Die Rechtsmittel Berufung und Revision werden jeweils getrennt
behandelt.
Das Rechtsmittel der Berufung ist gegen Urteile des Amtsgerichts
zulässig. Bei 227 Urteilen eines Amtsgerichts, das sind 22,1 Prozent
aller Aburteilungen am Amtsgericht, wurden 269 Berufungen, z.T. von
der Verteidigung und der Staatsanwaltschaft, eingelegt. In 75 Fällen

---

[11] 1978 waren von den erledigten Strafverfahren insgesamt
lediglich 6,8 Prozent Verfahren in der ersten Rechtsmittelinstanz
und nur 0,7 Prozent Verfahren in der zweiten Rechtsmittelinstanz.
Die Zahlen wurden ermittelt nach Rieß, Peter: Statistische Beiträge zur Wirklichkeit des Strafverfahrens, in: Hamm, Rainer
(Hrsg.): Festschrift für Werner Sarstedt, Berlin, New York 1981,
S. 258

wurde die Berufung zurückgezogen. Wie der Tabelle 909 entnommen werden kann, kamen somit 194 Berufungen zur Entscheidung.

Tabelle 909: Rechtsmittelpolitik von Staatsanwaltschaft und Verteidigung bei der Berufung

Rechtsmittel Berufung	bei Rechtsextremisten N	%	/	insgesamt N	%
Verteidigung:					
Berufungen insgesamt	115	100		162	100
Zurückgezogene Berufungen	-19	16.5		-21	13.0
Berufungen zur Entscheidung	96			141	
Staatsanwalt					
Berufungen insgesamt	62	100		107	100
Zurückgezogene Berufungen	-32	51.6		-54	50.5
Berufungen zur Entscheidung	30			53	
Berufungen insgesamt	177	100		269	100
Zur Entscheidung	126	71.2		194	72.1

Damit wurden letztlich nur 72,1 Prozent der eingelegten Berufungen durch die Justiz bearbeitet. Wie der Tabelle 909 ebenfalls entnommen werden kann, wurden die Berufungen sehr viel häufiger von der Staatsanwaltschaft zurückgezogen (bei den Rechtsextremisten-Verfahren 51,6 Prozent gegenüber 16,5 Prozent zurückgezogener Berufungen durch die Verteidigung). Die meisten Berufungen legte jedoch die Verteidigerseite ein. Von den 194 zur Entscheidung vorgelegten Berufungen stammen 141 von der Verteidigung.

Tabelle 910: Berufungsentscheidung, gegliedert nach Verteidigung und Staatsanwaltschaft

Rechtsmittel- entscheidung	bei Rechtsextremisten N %	%	/	insgesamt N %	%
Verteidigung: Unzulässig Unbegründet	6 62	8.8 91.2		8 76	9.5 90.5
Verwerfung insgesamt Stattgabe Entscheidungen insgesamt	68 71.6 27 22.1 95*100.0	100.0		84 61.3 53 38.7 137*100.0	100.0
Staatsanwalt: Unzulässig Unbegründet	– 16	100.0		– 26	100.0
Verwerfung insgesamt Stattgabe Entscheidungen insgesamt	16 55.2 13 44.8 29*100.0	100.0		26 52.0 24 48.0 50*100.0	100.0
Verwerfung insgesamt Stattgabe insgesamt Entscheidungen insgesamt	84 67.7 40 32.3 124*100.0			110 58.8 77 41.2 187*100.0	

* in den übrigen Fällen (s. Tabelle 909) keine Angabe

Wirft man nun den Blick auf den Berufungserfolg, hierzu Tabelle 910, entdeckt man, daß die Verteidigung schlechter abschneidet als die Staatsanwaltschaft. In der Balkengrafik Grafik 9.3 wird für die Rechtsextremismusaburteilungen ein Vergleich von Ablehnung und Stattgabe in Prozent der Berufungsfälle für Verteidigung und Staatsanwaltschaft vorgenommen. Es wird gut sichtbar, daß die Verteidigung mit 71,6 Prozent Verwerfungen und die Staatsanwaltschaft mit nur 55,2 Prozent Verwerfungen einen sehr unterschiedlichen Erfolg mit ihrer Berufungspolitik haben.

Bei den Verwerfungsgründen zeigt sich, daß keine Berufung der Staatsanwaltschaft, sogar bei den Aburteilungsberufungen insgesamt, als unzulässig betrachtet wurde, während die Verteidigerseite insgesamt acht unzulässige Berufungen aufweist.

Der Ablehnungsprozentsatz aller Berufungen bei den Rechtsextremismusverfahren liegt bei 67,7 Prozent. Rechnet man den Ablehnungsprozentsatz für die Berufungen bei den 588 (1382 – 794) Aburteilungen, die nicht die Rechtsextremisten betrafen, aus, ergibt sich, daß hier lediglich 26 Berufungen verworfen wurden und 37 Berufungen stattgegeben wurde, also nur 41,3 Prozent Ablehnungen zu 58,7 Prozent Stattgaben.

Grafik 9.3:

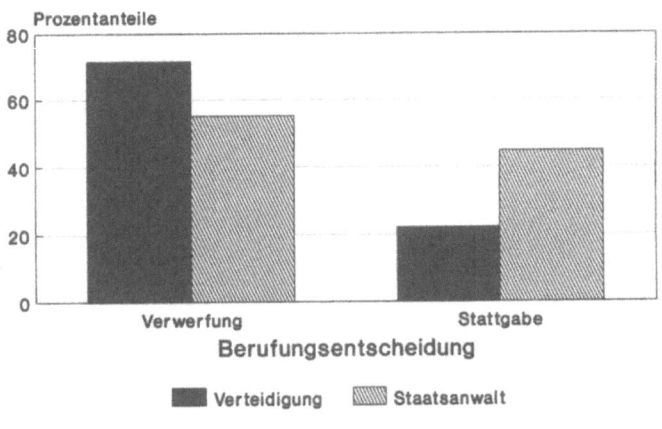

Berufungsentscheidung RE-Verf.
Verteidigung - Staatsanwalt

RE-Verfahren

Aus den Ergebnissen lassen sich folgende Schlüsse ziehen:

1. Die meisten Berufungen werden von der Verteidigerseite eingelegt.

2. Die Staatsanwaltschaft zieht Berufungen häufiger zurück als die Verteidigung.

3. In den zur Entscheidung vorgelegten Berufungen ist die Staatsanwaltschaft bedeutend erfolgreicher als die Verteidigung.

4. Berufungen bei den Rechtsextremismusverfahren sind weniger erfolgreich als bei den übrigen Verfahren.

Rechtsextremisten haben also nur geringe Chancen, bei einer Berufung besser wegzukommen.

9.2.2 HÄUFIGKEIT UND ERFOLG DER REVISION

Das Rechtsmittel der Revision ist zulässig gegen Urteile der Strafkammern im ersten oder zweiten Rechtszug, der Schwurgerichte und gegen die im ersten Rechtszug ergangenen Urteile der Oberlandesgerichte (§ 333 StPO). Revision ist außerdem zulässig bei Urteilen, gegen die auch Berufung eingelegt werden kann (sog. Sprungrevision, § 335 Abs. 1 StPO).

Tabelle 911: Rechtsmittelpolitik von Staatsanwaltschaft und Verteidigung bei der Revision

Rechtsmittel Revision	bei Rechtsextremisten N	%	/	insgesamt N	%
Revisionsgericht					
BGH	110	71.0		125	63.5
OLG	45	29.0		72	36.5
Verteidigung:					
Revisionen insgesamt	160	100		190	100
Zurückgezogene Revisionen	-12	7.5		-13	6.8
Revisionen zur Entscheidung	148			177	
Staatsanwalt:					
Revisionen insgesamt	64	100		84	100
Zurückgezogene Revisionen	-43	67.2		-47	56.0
Revisionen zur Entscheidung	21			37	
Revisionen insgesamt	224	100		274	100
Zur Entscheidung	169	75.5		214	78.1

Für 197 Verfahren ließ sich feststellen, ob die Oberlandesgerichte oder der Bundesgerichtshof über Revisionen aus der Untersuchungspopulation entschieden. Bei den 274 eingelegen Revisionen mußte in

214 Fällen eine Entscheidung dieser Gerichte ergehen, die übrigen
Revisionen wurden zurückgezogen.

Tabelle 912: Revisionsentscheidung, gegliedert nach Verteidigung
und Staatsanwaltschaft

Rechtsmittel-entscheidung	bei Rechtsextremisten		/	insgesamt		
	N	%	%	N	%	%
Verteidigung:						
Unzulässig	2		1.7	4		3.0
Unbegründet	24		20.5	29		21.4
Offensichtlich unbegründet	91		77.8	102		75.6
Verwerfung insgesamt	117	82.4	100.0	135	78.9	100.0
Stattgabe	25	17.6		36	21.1	
Entscheidungen insgesamt	142*100.0			171*100.0		
Staatsanwalt:						
Unzulässig	–			–		
Unbegründet	5		100.0	10		100.0
Offensichtlich unbegründet						
Verwerfung insgesamt	5	23.8	100.0	10	27.0	100.0
Stattgabe	16	76.2		27	73.0	
Entscheidungen insgesamt	21*100.0			37	100.0	
Verwerfung insgesamt	122	74.9		145	69.7	
Stattgabe insgesamt	41	25.1		63	30.3	
Entscheidungen insgesamt	163*100.0			208*100.0		

* in den übrigen Fällen (s. Tabelle 911) keine Angabe

Grafik 9.4:

Revisionsentscheidung RE-Verf.
Verteidigung - Staatsanwalt

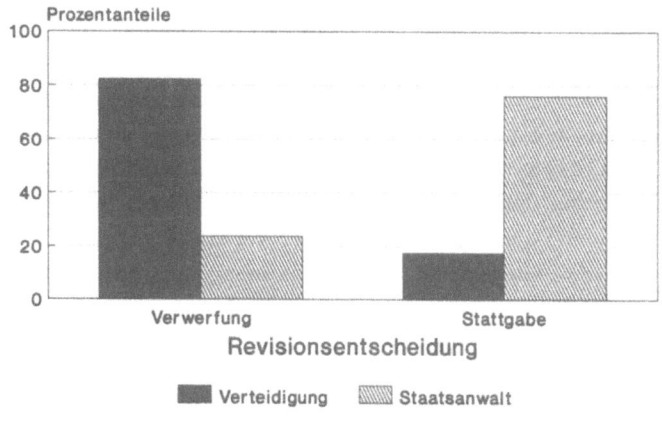

RE-Verfahren

In 16 Fällen wurde sowohl von der Staatsanwaltschaft als auch von der Verteidigung Revision eingelegt (13 Fälle bei den Rechtsextremisten),ohne später zurückgezogen zu werden. Der BGH wurde bei den Rechtsextremismusverfahren stärker in Anspruch genommen als bei den übrigen Verfahren. Lediglich 29 Prozent der Revisionen in Rechtsextremismusverfahren wurden von Oberlandesgerichten behandelt. Wie bei den Berufungen zeigt sich auch bei den Revisionen, daß die Verteidigung sehr viel häufiger Gebrauch von dem Rechtsmittel macht (190 insgesamt) und nur in wenigen Fällen zurückzieht (13). Die Staatsanwaltschaft legt nur halb so viel Revisionen ein und zieht davon mehr als die Hälfte wieder zurück (84/47).

Die Analyse der Revisionsentscheidungen des BGH und der Oberlandesgerichte ergibt, daß die Revisionen der Verteidigung zumeist als offensichtlich unbegründet verworfen werden und lediglich 21,1 Prozent mit einer Stattgabe zu rechnen hatten (Bezogen auf die 588 Aburteilungen, die nicht die Rechtsextremisten betrafen, liegt der Anteil der Stattgaben bei 37,9 Prozent). Bei den Rechtsextremismusverfahren wurde sogar nur 17,6 Prozent der Verteidigerrevisionen stattgegeben. Die erfolglosen staatsanwaltschaftlichen Revisionen wurden dagegen nur als unbegründet verworfen. Es zeigt sich damit bei den Verwerfungsgründen ein qualitativer Unterschied zwischen Verteidigung und Staatsanwaltschaft. Bei den Rechtsextremismusaburteilungen wurde den staatsanwaltlichen Revisionen zu 76,2 Prozent stattgegeben. Die Grafik 9.4 verdeutlicht, wie schon die Grafik 9.3 für die Berufungen, die Erfolgsquoten von Verteidigung und Staatsanwaltschaft bei den Revisionen in den Rechtsextremismusverfahren. Interessant ist in diesem Zusammenhang noch, daß die Revisionen der Staatsanwaltschaften bei den übrigen 588 Verfahren "nur" zu 68,8 Prozent Erfolg hatten. Berechnet auf alle Revisionsentscheidungen bei diesen übrigen 588 Verfahren (55 Revisionen (208-163)) liegt der Verwerfungsanteil bei 51,1 Prozent und die Stattgabequote bei 48,9 Prozent.

Bevor die Ergebnisse zusammengefaßt werden, erfolgt noch ein Blick auf die Fälle, in denen eine zweite Revision eingelegt wurde (Tabelle 913 und Tabelle 914).

Mit einer zweiten Revision wurden der BGH und die Oberlandesgerichte in 17 Verfahren angerufen, eine Entscheidung mußte dann jedoch nur in 16 Verfahren (bzw. 11 bei den Rechtsextremisten) ergehen. Insbesondere bei den Rechtsextremismusverfahren ist der Bundesgerichtshof die Instanz für die zweite Revision. Der Grund liegt in der deliktspezifischen Zuständigkeitsregelung, die bei den Rechtsextremismusverfahren mit den Staatsschutzdelikten zu der Gewichtung des BGH führt.

Zur Entscheidung gelangten lediglich die zweiten Revisionen der Verteidigung, da die Staatsanwaltschaften ihre zweiten Revisionen wieder zurückzogen. Bezogen auf alle Verfahren kamen mehr Revisionen zur Entscheidung als bei den Rechtsextremismusfällen (80,0 Prozent zu 78,6 Prozent, Tabelle 913). Tabelle 914 ergibt, daß auch bei der zweiten Revision die meisten Revisionen als offensichtlich unbegründet verworfen wurden, bei den Rechtsextremismusrevisionen sind das 80 Prozent der Verwerfungen.

Tabelle 913: Rechtsmittelpolitik von Staatsanwaltschaft und Verteidigung bei der zweiten Revision

Rechtsmittel Revision II	bei Rechtsextremisten N	%	/	insgesamt N	%
Revisionsgericht					
BGH	10	83.3		11	64.7
OLG	2	16.7		6	35.3
Verteidigung:					
Revisionen II insgesamt	12	100		17	100
Zurückgezogene Revisionen	-1	8.3		-1	5.9
Revisionen zur Entscheidung	11			16	
Staatsanwalt:					
Revisionen insgesamt	2	100		3	100
Zurückgezogene Revisionen	-2	100.0		-3	100.0
Revisionen zur Entscheidung	–			–	
Revisionen insgesamt	14	100		20	100
Zur Entscheidung	11	78.6		16	80.0

Tabelle 914: Revisionsentscheidung bei der zweiten Revision,
gegliedert nach Verteidigung und Staatsanwaltschaft

Rechtsmittel- entscheidung Revision II	bei Rechtsextremisten N %	%	/	insgesamt N %	%
Verteidigung:					
Unzulässig	1	10.0		1	7.1
Unbegründet	1	10.0		1	7.1
Offensichtlich unbegründet	8	80.0		12	85.8
Verwerfung insgesamt	10 90.9	100.0		14 87.5	100.0
Stattgabe	1 9.1			2 12.5	
Entscheidungen insgesamt	11 100.0			16 100.0	
Staatsanwalt:					
Unzulässig	-			-	
Unbegründet	-			-	
Offensichtlich unbegründet	-			-	
Verwerfung insgesamt	-			-	
Stattgabe	-			-	
Entscheidungen insgesamt	-			-	
Verwerfung insgesamt	10 90.9			14 87.5	
Stattgabe insgesamt	1 9.1			2 12.5	
Entscheidungen insgesamt	11 100.0			16 100.0	

Wieder ist die Verteidigung bei den übrigen 588 Verfahren erfolgreicher mit der zweiten Revision als die Verteidigung in den
Rechtsextremismusverfahren. Eine Stattgabe erfolgte bei 20 Prozent
der Revisionen in den übrigen Verfahren, lediglich 9,1 Prozent der
Revisionen führten bei den Rechtsextremisten zu einer Stattgabe.

Aus den Ergebnissen zu den Revisionen lassen sich folgende Schlüsse
ziehen:

1. Als Revisionsinstanz dominiert der BGH, und zwar bei den
   Rechtsextremismusverfahren stärker als in den übrigen Fällen.
2. Die meisten Revisionen werden vom Verteidiger eingelegt.
3. Die Staatsanwaltschaft zieht Revisionen häufiger zurück als die
   Verteidigung.

4. In den zur Entscheidung vorgelegten Revisionen ist die Staatsanwaltschaft bedeutend erfolgreicher als die Verteidigung.

5. Revisionen bei den Rechtsextremismusverfahren sind weniger erfolgreich als bei den übrigen Verfahren.

Der Trend, den die Ergebnisse zu den Berufungen erbrachten, kommt bei den Revisionsverfahren noch stärker zum Tragen.

Die Verteidigung bemüht in stärkerem Maße als die Staatsanwaltschaft mit den zur Verfügung stehenden Rechtsmitteln die Gerichte. Gerade bei den Rechtsextremismusverfahren ist sie damit jedoch nur wenig erfolgreich.

Die Staatsanwaltschaft, die etwa nur halb so häufig wie die Verteidigerseite Rechtsmittel einlegt, zieht diese in etwa der Hälfte der Fälle wieder zurück und ist dann aber mit den verbliebenen Rechtsmittelfällen weitaus erfolgreicher als die Verteidigung. Die Staatsanwaltschaft legt offensichtlich zunächst vorsorglich Rechtsmittel ein, um dann in einer sorgfältigen Prüfung über die Beibehaltung des Rechtsmittels zu entscheiden. Sie verfolgt damit eine äußerst erfolgreiche Prozeßstrategie.

Die Ergebnisse zu den Rechtsmittelverfahren belegen, daß die Gerichte in dieser Hinsicht zwar recht stark von der Verteidigerseite in Anspruch genommen werden, dies aber nur selten zugunsten der Verteidigung in den Rechtsextremismusverfahren ausgeht.

9.3   VERGLEICH DER STRAFVORSCHRIFTEN IN ANKLAGESCHRIFT UND URTEIL

Die Staatsanwaltschaft erhebt nur dann die öffentliche Klage, wenn die Ermittlungen hierzu genügend Anlaß bieten (§ 170 Abs. 1 StPO). Nach ähnlichen Kriterien beschließt das Gericht über die Eröffnung des Hauptverfahrens (§ 203 StPO). In der Hauptverhandlung kann sich allerdings der Fall ganz anders darstellen als in einem noch so sorgfältig durchgeführten Ermittlungsverfahren. Deshalb ist es normal, wenn stets ein bestimmter Prozentsatz der Verfahren mit Einstellung oder Freispruch endet oder die Tat im Urteil rechtlich anders gewürdigt wird als in der Anklageschrift[12].

Bei der Strafverfolgung von NS-Verbrechen geschah dies aufgrund von Beweisungsführungsproblemen sehr häufig[13]. Die bei diesem Sachverhalt ansetzende Kritik erfolgte nur selten fundiert[14]. Da die Neigung besteht, Meinungen über die Justiz und ihr Verhalten bei der Verfolgung von NS-Verbrechen ungebrochen auf das Verhältnis von Justiz und Rechtsextremismus zu übertragen, ist eine sachbezogene und empirisch fundierte Analyse der Anklage-Urteils-Beziehung in Rechtsextremismusverfahren unerläßlich.

Die erhobenen Daten erlauben Aussagen darüber, ob in den untersuchten Verfahren in ungewöhnlich hohem Ausmaß Anklagen nach letztlich "erfolglosen" Tatbeständen vorgenommen wurden. Leider besteht nicht die Möglichkeit, Vergleichsdaten aus der Strafverfolgungsstatistik zu gewinnen. Es mußte deshalb vom Durchschnittswert der untersuchten Tatbestände als Maßstab ausgegangen werden.

Tabelle 915 faßt die Ergebnisse des Anklage-Urteils-Vergleich für alle 794 Rechtsextremistenverfahren zusammen. Der Vergleich basiert auf den in Tabelle 801 vorgestellten Deliktgruppen. Maximal konnten neun realkonkurrierende Delikte in Anklage und Urteil verglichen werden sowie neun idealkonkurrierende Delikte. Für jede der 13

---

[12] s. Blath, R./ Hobe,K.: Strafverfahren gegen linksterroristische Straftäter ..., a.a.O., S. 64

[13] s. Rückerl, A.: Die Strafverfolgung von NS-Verbrechen ..., a.a.O., S. 85ff. und S. 121f.

[14] s. z.B. Kruse, Falko: NS-Prozesse und Restauration. Zur justitiellen Verfolgung von NS-Gewaltverbrechen in der Bundesrepublik, in: KJ (Kritische Justiz), 11. Jahrgang, Heft 2/1978, S. 109ff.; ders.: Zweierlei Maß für NS-Täter?, in: KJ (Kritische Justiz), 11. Jahrgang, Heft 3/1978, S. 236ff.

Deliktgruppen ist in der Tabelle 915 festgehalten, ob eine Anklage nach bestimmten Tatbeständen (Delikte):

a) zu einer entsprechenden Verurteilung führte (Urteil gleiche Deliktgr.),

b) zu einer Verurteilung nach anderen Strafvorschriften bzw. Delikten führte (andere Deliktgr.),

c) zwar zu einer Verurteilung nach den in der Anklageschrift genannten Tatbeständen führte, diese aber, anders als in der Anklageschrift, im Urteil als idealkonkurrierend oder realkonkurrierend angesehen wurden (Änderung Ideal/Real),

d) überhaupt zu keiner Verurteilung führte, weil Freispruch oder Einstellung erfolgte (Freispruch) (Einstellung), oder

e) teilweise zu keiner Verurteilung führte, weil mehrere Tathandlungen als eine fortgesetzte Handlung angesehen wurden, ferner weil die Strafvorschrift hinter anderen zurücktrat oder weil im Eröffnungsbeschluß die Strafverfolgung auf andere Anklagepunkte beschränkt wurde (Sonstiges).

In der Spalte: "Anklage" sind drei Restkategorien aufgeführt: Anklagevorwurf unbekannt, Konkurrenzwechsel, Sonstiges. Um hier die Tabelle nicht zu unübersichtlich zu gestalten, sind ferner in den Fällen, in denen dem Urteilsdelikt kein entsprechendes Anklagedelikt gegenüberstand, die Delikte nicht nach den dreizehn Gruppen getrennt ausgewiesen. In der rechten Spalte der Tabellen für den Anklage-Urteil-Vergleich ist gesondert der Anteil der idealkonkurrierenden Tatbestände in der Anklageschrift aufgeführt.

Ein Beispiel soll den Aufbau der Tabellen (Tabelle 915 und Tabelle 916) verdeutlichen. Bei den insgesamt 139 Fällen (s. Spalte "Insgesamt", Zeile Gruppe 4), in denen wegen Straftaten gegen die Ehre/Beleidigung, Verleumdung (Gruppe 4, §§ 185, 187 StGB) Anklage erhoben wurde, führte dies in 77,7 Prozent der Fälle zu einer entsprechenden Verurteilung der Rechtsextremisten (Spalte "Urteil gleiche Deliktgr."). In nur 0,7 Prozent der Entscheidungen ging das Gericht von einer anderen Deliktart aus (Spalte "andere Deliktgr."). In 2,2 Prozent der Fälle nahm das Gericht eine andere Konkurrenz des Delikts an als die Staatsanwaltschaft (Spalte "Änderung Ideal/Real"). Ein Freispruch betraf 11,5 Prozent der Delikte, eine Einstellung 2,9 Prozent (Spalte "Freispruch","Einstellung"). Bei 5 Prozent der Anklagen nach Deliktgruppe 4 kam es entweder zu einer Beschränkung der Strafverfolgung oder zu anderen Verfahrensausgängen (Spalte "Sonstiges").

Die in Tabelle 915 wiedergegebenen Ergebnisse lassen sich wie folgt zusammenfassen. Es ließen sich insgesamt 2519 Anklagetatbestände ermitteln, denen 2695 Urteilsentscheidungen gegenüberstehen (s. Spalte "Insgesamt", Zeile "Zwischensumme" und Zeile "Insgesamt"). Da in einigen Fällen kein dem Urteilsdelikt entsprechender Anklagepunkt ermittelbar war, beschränkt sich die Darstellung auf die Entwicklung der erfaßten Anklagetatbestände durch das Urteil (Zeile "Zwischensumme"). Von den 2519 Anklagetatbeständen führten 71,2 Prozent zu einer Verurteilung nach der gleichen Deliktgruppe. Lediglich in 0,9 Prozent der Fälle wechselte durch das Urteil die Deliktgruppe. 1,5 Prozent der Anklagetatbestände erfuhren einen Wechsel in der Ideal- oder Realkonkurrenzzuordnung. Freisprüche erfolgten bei den Rechtsextremisten in 14,8 Prozent der Fälle, Einstellungen nur zu 4,4 Prozent. Bei immerhin 7,3 Prozent der Anklagetatbestände kam es zu einer "sonstigen" Bewertung durch das Gericht. Von diesem Gesamtergebnis weichen einige Deliktgruppen deutlich ab.

Tabelle 9|5: Anklage-Urteil-Vergleich, alle Verfahren der Rechtsextremisten (794)

Anklage Gruppe	Urteil gleiche Deliktgruppe N	%	andere Deliktgruppe N	%	Änderung Ideal/Real N	%	Freispruch N	%	Einstellung N	%	Sonstiges N	%	Insgesamt N	%	in der Anklage: Anteil Ideak. T. N	%
1	20	64.5	4	12.9			7	22.5					31	1.2	4	12.9
2	175	75.8	1	0.4	1	0.4	33	14.3			21	9.1	231	8.6	73	31.6
3	77	81.9	1	1.1			6	6.4	5	5.3	5	5.3	94	3.5	53	56.4
4	108	77.7	1	0.7	3	2.2	16	11.5	4	2.9	7	5.0	139	5.2	79	56.8
5	4	40.0							4	40.0	2	20.0	10	0.4	4	40.0
6	236	75.6	2	0.6	1	0.3	41	13.1	11	3.5	21	6.7	312	11.6	130	41.7
7	184	71.6	1	0.4	8	3.1	37	14.4	6	2.3	21	8.2	257	9.5	81	31.5
8	389	61.6	11	1.7	15	2.4	129	20.4	31	4.9	57	9.0	632	23.5	224	35.4
9	14	73.7	1	5.3	1	5.3	2	10.5			1	5.3	19	0.7	9	47.4
10	10	71.4					4	28.6					14	0.5	1	7.1
11	537	75.1			8	1.1	82	11.5	46	6.4	42	5.9	715	26.5	231	32.3
12	22	55.0					11	27.5	4	10.0	3	7.5	40	1.5	25	62.5
13	17	68.0					4	16.0	1	4.0	3	12.0	25	0.9	15	60.0
Zwischensumme	1793	71.2	22	0.9	37	1.5	372	14.8	112	4.4	183	7.3	2519	100.0		
Anklage unbekannt	Deliktgr. 1-13 80	98.9					1	1.2					81	3.0	27	33.3
Konkurrenz-Wechsel	44	100.0											44	1.6	36	81.9
Sonstiges	51	100.0											51	1.9	30	58.8
Insgesamt	1968	73.0	22	0.8	37	1.3	373	13.8	112	4.2	183	6.8	2695	100.0	1022	37.9

429

Bei Delikten gegen das Leben, Gruppe 1, erfolgte in 22,5 Prozent der Fälle Freispruch und wurde in vier Fällen, das sind 12,9 Prozent, durch das Urteil eine andere Deliktgruppenzuordnung vorgenommen. Dieses Ergebnis ist vor allem auch deshalb interessant, weil in der ersten Untersuchung die neun Anklagetatbestände noch zu 92,3 Prozent zu einer entsprechenden Verurteilung geführt hatten[15]. Offensichtlich war in den neu hinzugekommenen Verfahren die Beweisführung schwerer als in den ersten neun Fällen[16].

Bei Anklagen wegen Straftaten gegen die körperliche Unversehrtheit, Gruppe 2, wurden 75,8 Prozent der Anklagetatbestände entsprechende Verurteilungstatbestände. Ansonsten weicht diese Deliktgruppe nicht auffällig vom Gesamtwert ab.

Die höchste Verurteilungsquote (81,9 Prozent) findet sich bei der Deliktgruppe 3 (Straftaten gegen die persönliche Freiheit). In diesen Fällen wurden Rechtsextremisten von diesem Tatvorwurf nur in 6,4 Prozent der Fälle freigesprochen. Einstellung erfolgte bei 5,3 Prozent dieser Delikte.

Nach der Deliktgruppe 4, die schon zu Beginn dargestellt wurde, zeigt sich bei der gering besetzten Deliktgruppe 5, sonstige Straftaten gegen die Person, daß dort eine der Anklage entsprechende Verurteilung lediglich in 40 Prozent der Fälle auftritt. In gleichem

---

[15] s. Tabelle 10.5 in Kalinowsky,Harry H., unter Mitarbeit von Richard Blath, Konrad Hobe, Claudia Kothe-Heggemann: Rechtsextremismus und Strafrechtspflege. Eine Analyse von Strafverfahren wegen rechtsextremistischer Aktivitäten und Erscheinungen, Herausgegeben vom Bundesministerium der Justiz, 2. Auflage, Köln 1986, S. 101

[16] eventuell müßte eine qualitative Analyse den von Hannover aufgegriffenen Aspekt der Gestaltung des Strafverfahrens als Freund-Feind-Prozeß untersuchen, um hier Erklärungsmuster zu finden, vgl. Hannover, Heinrich: Kollaboration mit der Justiz als Kriterium der Freund-Feind-Unterscheidung, Ein Beitrag zum Kronzeugen-Syndrom, in: KJ (Kritische Justiz), 22. Jg., 4/1989, S. 394ff.

Ausmaß erfolgte Einstellung und der Rest fällt unter die Kategorie sonstiger Entscheidungen.

Bedeutsamer ist in der Rechtsextremismuspopulation die Deliktgruppe 6, Straftaten gegen das Eigentum und das Vermögen.
Hier erfolgten 236 Verurteilungen entsprechend dem Inhalt der Anklageschrift, das sind 75,6 Prozent der Fälle in dieser Delikt-gruppe. Insgesamt weichen die Gerichtsentscheidungen zu dieser Deliktgruppe nicht von dem Gesamtbild ab.

Ähnliches läßt sich auch für die Deliktgruppe 7, gemeingefährliche Straftaten, sagen. Eine über dem Durchschnitt liegende Freispruch-quote ist bei Delikten gegen den öffentlichen Frieden, Deliktgruppe 8, feststellbar. 25,3 Prozent der entsprechenden Anklagepunkte führten zu Freispruch oder Einstellung. Eine Verurteilung gemäß der Anklage erfolgte nur in 61,6 Prozent der Fälle.

Der gerichtliche Umgang mit Anklagen wegen Straftaten gegen die Staatsgewalt, Deliktgruppe 9, entspricht dem ermittelten allgemeinen Trend, ebenso der Umgang mit der Deliktgruppe 10, Straftaten gegen die Rechtspflege. Und auch in der am stärksten vertretenen Delikts-gruppe sind keine nennenswerten Abweichungen vom Gesamttrend beobachtbar, in der Deliktgruppe 11, Straftaten gegen den demokra-tischen Rechtsstaat, wurden 75,1 Prozent der Anklagevorwürfe auch zu einer Verurteilung gebracht. Freispruch erfolgte in 11,5 Prozent der Fälle und die Einstellung erreicht einen Anteil von 6,4 Prozent. Relativ niedrig sind die Verurteilungsanteile bei den Deliktgruppen 12 und 13, sonstige Straftaten gegen den Staat und sonstige Delikte. Mit 55 und 68 Prozent sind hier relativ wenig Anklagetatbestände zur Verurteilung gelangt. In der Deliktgruppe 12 ragen die Anteile für Freispruch und Einstellung heraus, 27,5 und 10 Prozent. In der Deliktgruppe 13 wurden 12 Prozent der Anklagefälle über sonstige Entscheidungen des Gerichts erledigt.

Stärker als die gerichtliche Behandlung variiert bei den Anklage-gruppen der Anteil idealkonkurrierender Tatbestände. Sehr niedrig ist der Anteil in den Deliktgruppen 1 und 10, Straftaten gegen das Leben und Straftaten gegen die Rechtspflege. Hohe Werte lassen sich in den Deliktgruppen 3 und 4 sowie 12 und 13 feststellen. Der Spitzenwert liegt mit 62,5 Prozent in der Deliktgruppe 12.

Um einen abschließenden Überblick über die Verurteilungsquote nach der gleichen Deliktgruppe zu gewinnen, wird in der Grafik 9.5 der Anteil der Verurteilungen der Anklagetatbestände nach den gleichen Tatbeständen in einem Balkendiagramm wiedergegeben.

Grafik 9.5:

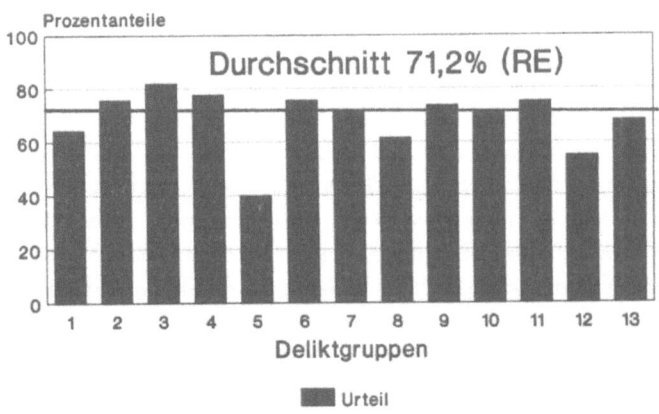

Anklage-Urteil-Vergleich
Urteil gleiche Deliktgr.

Aus der Grafik 9.5 geht hervor, daß die erste Deliktgruppe, Straftaten gegen das Leben, deutlich unter dem Gesamtanteilswert für Verurteilungen nach der gleichen Deliktgruppe von 71,2 Prozent liegt, der mit einer Linie markiert ist. Die drei folgenden Deliktgruppen, die ebenfalls Straftaten gegen die Person beinhalten, liegen z.T.

deutlich über dem Gesamtwert. Jedoch ist der Verurteilungsanteil bei den "sonstigen Straftaten gegen die Person", Deliktgruppe 5, der niedrigste in allen Deliktgruppen. Relativ niedrig ist die Verurteilung entsprechend dem Anklagevorwurf auch in den Deliktgruppen 8 und 12.

Der Anklage-Urteil-Vergleich erbringt für die Rechtsextremismusverfahren kein ausgesprochen einheitliches Aburteilungsbild durch die Gerichte. Bemerkenswert sind die Probleme, die bei der Deliktgruppe, Straftaten gegen das Leben, auftauchen. In 12,9 Prozent der Anklagefälle wurde durch das Gericht nach einer anderen Deliktgruppe verurteilt und in 22,5 Prozent der Fälle erfolgte Freispruch. Das Beurteilungsverhalten der Gerichte bei Anklagen wegen Mord und Totschlags verdient eine weitere Beobachtung. Die relativ wenigen Fälle lassen bislang nur erkennen, daß das Gerichtsverhalten hier sehr schwankt (s. erste Untersuchung), Trends sollten aus diesen wenigen Fällen noch nicht abgeleitet werden.

Zum Abschluß des Anklage-Urteil-Vergleichs sei ein Blick auf die Tabelle 916 geworfen, die den Vergleich über alle 1382 Aburteilungen vornimmt. Allerdings ist hier zu berücksichtigen, daß in die Gesamtaufstellung auch die Beschuldigten eingehen, die vom Gericht freigesprochen wurden oder deren Verfahren eingestellt worden sind. Sie sind damit nicht in die Täteranalyse eingegangen, es sei denn sie wären in einem weiteren Verfahren unserer Untersuchung verurteilt worden, und dadurch erhöht sich entsprechend der Anteil für Freisprüche und Einstellungen. Die Auswirkung läßt sich an der Zeile "Zwischensumme" verdeutlichen. In der Tabelle 915 waren 71,2 Prozent der Anklagepunkte auch zu Verurteilungstatbeständen geworden, bei allen Verfahren sind es nur 63 Prozent.

Der Blick auf die Tabelle 916 beschränkt sich auf die Deliktgruppen, in denen gegenüber der Tabelle 915 ein nennenswerter Zuwachs aufgetreten ist. In der Deliktgruppe 2 sind 56 Fälle hinzugetreten, die jedoch keine auffallenden Änderungen bewirkt haben. In der Gruppe 3 haben sich dagegen erwähnenswerte Änderungen ergeben. Nunmehr erreicht der Verurteilungsanteil nach der gleichen Deliktgruppe nicht mehr den höchsten Wert, lediglich 66,4 Prozent der Anklagedelikte wurden zu Verurteilungsdelikten. Die Freispruchs- und Einstellungsanteile sind überdurchschnittlich größer geworden. In den Verfahren, die nicht die Rechtsextremisten betrafen, wurde also bei Delikten gegen die persönliche Freiheit öfter Freispruch oder Einstellung erreicht.

In der Deliktgruppe 4 hat sich dagegen wenig geändert, auch nicht der Rang bezüglich des Verurteilungsanteils nach der gleichen Deliktgruppe. Den diesbezüglichen Spitzenplatz nimmt nun aber die Deliktgruppe 6, Straftaten gegen Eigentum/Vermögen, ein. Bei allen Verfahren wurden nach Anklagen nach diesen Punkten in 72,2 Prozent der Fälle auch entsprechend verurteilt.

Tabelle 916: Anklage-Urteil-Vergleich, alle Verfahren 1382

Anklage	Urteil gleiche Deliktgruppe		andere Deliktgruppe		Änderung Ideal/Real		Freispruch		Einstellung		Sonstiges		Insgesamt		in der Anklage: Anteil Idealk. T.	
Gruppe	N	%	N	%	N	%	N	%	N	%	N	%	N	%	N	%
1	20	64.5	4	12.9		0.3	7	22.5				0.8	31	0.8	4	12.9
2	196	68.3	1	0.3	1	0.3	58	20.2	9	3.1	22	7.7	287	7.5	87	30.3
3	83	66.4	1	0.8			24	19.2	12	9.6	5	4.0	125	3.3	72	57.6
4	129	69.4	1	0.5	4	2.2	20	10.7	23	12.4	9	4.8	186	4.9	100	53.8
5	18	58.0					3	9.7	8	25.8	2	6.5	31	0.8	15	48.4
6	309	72.2	2	0.5	1	0.2	57	13.3	34	7.9	25	5.8	428	11.2	185	43.2
7	238	66.1	2	0.6	8	2.2	49	13.9	27	7.5	36	10.0	360	9.4	115	31.9
8	413	53.3	15	1.9	15	1.9	174	22.5	91	11.7	67	8.6	775	20.3	279	36.0
9	19	65.5	1	3.5	1	3.5	6	20.7	1	3.5	1	3.5	29	0.8	14	48.3
10	11	57.9					8	42.1					19	0.5	1	5.3
11	772	63.1			9	0.7	146	11.9	243	19.9	54	4.4	1224	32.1	277	22.6
12	22	47.8					13	28.3	8	17.4	3	6.5	46	1.2	28	60.9
13	30	61.2					9	18.4	4	8.2	6	12.2	49	1.3	22	44.9
Zwischensumme	2260	63.0	27	0.8	39	1.1	574	16.0	460	12.8	230	6.4	3590	100.0		
Anklage unbekannt	Deliktgr. 1-13 116	96.7					1	0.8	3	2.5			120	3.2	35	29.2
Konkurrenz-Wechsel	45	100.0											45	1.2	37	82.2
Sonstiges	58	100.0											58	1.5	32	55.5
Insgesamt	2479	65.0	27	0.7	39	1.0	575	15.1	463	12.1	230	6.0	3813	100.0	1303	34.2

Bei den gemeingefährlichen Straftaten, Deliktgruppe 7, hat sich das Entscheidungsbild nur wenig geändert. Es ist eher erstaunlich, daß 10 Prozent der gerichtlichen Entscheidungen in die Kategorie "Sonstiges" fallen; das läßt auf Probleme in der Tatbestandswürdigung schließen. In der Deliktgruppe 8 haben die weiteren Fälle nur zu einer nennenswerten Änderung bei dem Einstellungsanteil geführt, er beträgt hier 11,7 Prozent.

Der größte Zuwachs ist in der Gruppe 11 zu beobachten. Die Deliktgruppe "Straftaten gegen den demokratischen Rechtsstaat" nehmen auf alle Urteilsentscheidungen einen Anteil von 32,1 Prozent ein. Anklagen nach diesen Punkten führten in 63,1 Prozent der Fälle zu einer Verurteilung nach der gleichen Deliktgruppe (gegenüber den Rechtsextremismusfällen tendenziell weniger). In 31,8 Prozent der Fälle entschied das Gericht auf Freispruch oder Einstellung. Lediglich 0,7 Prozent der Entscheidungen basierten auf einem Wechsel von der Ideal- oder Realkonkurrenz.

Der größte Unterschied zwischen den Rechtsextremismusverfahren und allen untersuchten Verfahren liegt im gestiegenen Anteil der Einstellungen, sie nehmen bei allen Verfahren einen Anteil von 12,1 Prozent ein (Zeile "Insgesamt").

Grafik 9.6:

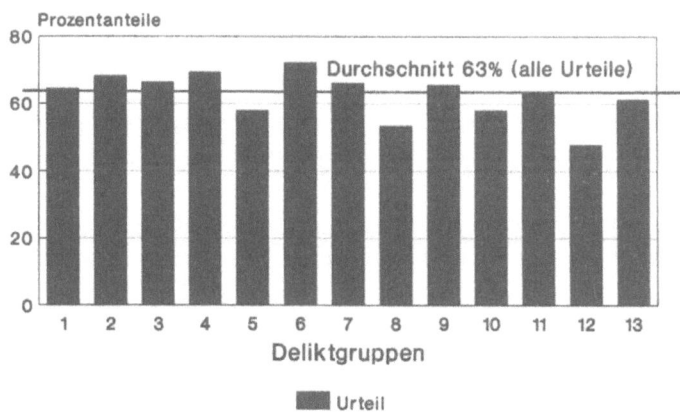

Anklage-Urteil-Vergleich
Urteil gleiche Deliktgr.

Prozentanteile

Durchschnitt 63% (alle Urteile)

Deliktgruppen

■ Urteil

Alle Aburteilungen

Mit der Grafik 9.6, die wie die Grafik 9.5 aufgebaut ist, werden nun für alle Aburteilungen die Verurteilungsanteile in den Deliktgruppen dargestellt.

Bezogen auf alle Aburteilungen liegt der Verurteilungsanteil entsprechend der Anklage in der Deliktgruppe 1 nunmehr über den auch hier mit einer Linie markierten Gesamtwert von 63 Prozent.
Gleiches gilt für die Gruppen 2 bis 4. Lediglich die Gruppe 5 der Straftaten gegen die Person liegt unterhalb dieses Wertes, allerdings nicht so krass wie bei den Rechtsextremismusverfahren. Der höchste Verurteilungsanteil entsprechend der Anklage ergibt sich bei der Deliktgruppe 6, Straftaten gegen das Vermögen oder das Eigentum. Zu

den deutlich unter dem Gesamtwert liegenden Deliktgruppen kann man nur die Deliktgruppen 8 (gegen den öffentlichen Frieden) und die Deliktgruppe 12 (sonstige gegen den Staat) zählen.

Das Aburteilungsverhalten der Gerichte erweist sich mit diesen Werten als überaus stabil und ausgewogen. Lediglich für die Delikte gegen den öffentlichen Frieden zeigen sich angesichts der Zahl der Fälle Probleme in der Bearbeitung durch die Gerichte. In diese Deliktgruppe fallen § 129a StGB und die §§ 130 und 131 StGB. Da die gerichtliche Beurteilung bei allen Verfahren wegen mutmaßlicher rechtsextremistischer Aktivitäten und Erscheinungen über die verschiedenen Deliktgruppen ausgewogen ist, gewinnt die stärkere Unausgewogenheit bei der gerichtlichen Beurteilung der Tatbestände in den Anklageschriften der Rechtsextremismusverfahren einen besonderen Stellenwert. Probleme stellen sich den Gerichten offensichtlich in zentralen Bereichen wie Straftaten gegen das Leben oder sonstige Straftaten gegen die Person und Straftaten gegen den öffentlichen Frieden. Entweder stößt die Sachverhaltsaufklärung auf besondere Schwierigkeiten, oder die Richter kommen durch hier nicht ermittelbare Faktoren besonders häufig zu einer anderen Bewertung.

9.4 ASPEKTE DER UNTERSUCHUNGSHAFT

Wie in der Einleitung zu diesem Kapitel angemerkt wurde, vermag die Praxis der Untersuchungshaft etwas über die Einschätzung des Angeklagten durch die Justiz auszusagen. Den Strafverfolgungsorganen dient das Instrument der Untersuchungshaft zur Beweis- und Verfahrenssicherung sowie der Sicherung der späteren Strafvollstreckung[17]. Die Anwendung des Instrumentariums steht in der Regel in einem Zusammenhang mit der Schwere des Delikts. Darüber hinaus hängt die Anwendung aber auch von der Einschätzung der "Gefährlichkeit und Widerspenstigkeit" des Angeklagten ab.

---

[17] s. Kleinknecht, Theodor: Strafprozeßordnung. Kommentar, 34. Auflage, München 1979, vor § 112 RN 9

Im Durchschnitt kann man davon ausgehen, daß bei etwa 4 bis 5 Prozent der Abgeurteilten eines Jahres Untersuchungshaft vollzogen wird[18]. Der Anteil schwankt jedoch stark, je nach Schwere des Delikts.

Tabelle 917: Anordnung und Vollzug der Untersuchungshaft

Aburteilungen		Anordnung von U-Haft		Vollzug der U-Haft	
N	%	N	%	N*	%
Insgesamt:					
1382	100.0	159	11.5	142	89.3
Rechtsextremisten:					
794	100.0	124	15.6	113	91.1

* in insgesamt 13 Fällen wurde der Vollzug nicht durchgeführt, zu weiteren vier Fällen lagen hierzu keine Angaben vor

Wie sich der Tabelle 917 entnehmen läßt, wurde in insgesamt 11,5 Prozent der Fälle Untersuchungshaft angeordnet, bei den Rechtsextremisten sind es sogar 15,6 Prozent. Auch unter Berücksichtigung der Schwere der Delikte dürfte dieser Anteil an Anordnungen der Untersuchungshaft außergewöhnlich hoch sein. Nach den Unterlagen wurde die U-Haft in etwa 90 Prozent der Fälle vollzogen. In der Grafik 9.7 ist für die Rechtsextremisten der Anteil der Untersuchungshaft in einem Kuchendiagramm ausgewiesen. Die Berechnungsbasis ist N=794 Strafverfahren, da gegen eine Person mit mehreren Aburteilungen auch mehrmals Untersuchungshaft angeordnet werden kann.

Die Gründe, mit denen Untersuchungshaft angeordnet wurde, sind in der Tabelle 918 angegeben.

Flüchtig waren zur Zeit der Anordnung zwei Beschuldigte, Fluchtgefahr wurde bei 17 Tätern gesehen und Verdunklungsgefahr bei 14.

---

[18] s. zum Vergleich die Angaben bei Blath,R./ Hobe, K.: Strafverfahren gegen linksterroristische Straftäter ..., a.a.O., S. 60 und Statistisches Bundesamt Wiesbaden: Fachserie 10, Rechtspflege, Reihe 3, Strafverfolgung 1981, Stuttgart, Mainz 1983; für 1981 errechnet sich ein Anteil von 4,2 Prozent

Dringender Verdacht bei Schwerkriminalität (§ 112 Abs. 3 StPO) war
der Haftgrund in 9 Fällen bzw. bei 12,2 Prozent der Anordnungen. Die
Wiederholungsgefahr oder mehrere Haftgründe spielten jeweils nur in
ganz wenigen Fällen eine Rolle. Bedeutsam ist bei den Haftgründen der
Bezug auf Verdacht einer Straftat nach § 129a StGB, dem Terroris-
musstraftatbestand aus den siebziger Jahren. Die Zahl solcher
Anordnungen liegt nur knapp unter der Zahl der wegen eines Delikts
nach § 129a StGB Beschuldigten (28) und liegt deutlich höher als die
Zahl der wegen dieses Delikts Verurteilten (12). Diese Diskrepanz
findet u.a. eine Erklärung darin, daß in einigen Fällen im weiteren
Verfahren die Beschuldigung nach § 129a Abs. 1 StGB mit Rücksicht
auf andere Tatvorwürfe nicht weiter verfolgt wurde. Allerdings stehen
die Ergebnisse zu den

Grafik 9.7:

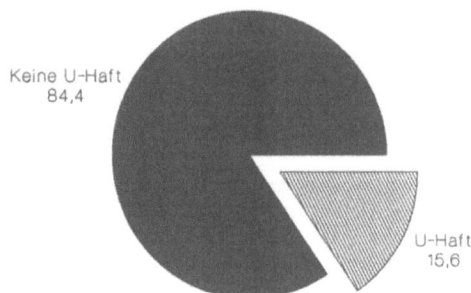

Rechtsextremisten
mit U-Haft (in %)

Keine U-Haft
84,4

U-Haft
15,6

N=794

Anordnungsgründen unter dem Vorbehalt, daß diese Angaben nur bei 74 bzw. 63 Beschuldigten ermittelt werden konnten. Die extensive Berufung auf den Tatvorwurf des § 129a Abs. 1 StGB entspricht der Praxis bei den Linksextremismusverfahren. Der Generalbundesanwalt hat die Möglichkeit, über den § 129a StGB die Zuständigkeit für das politische Verfahren zu erhalten. Diese Möglichkeit wird offensichtlich auch bei Rechtsextremismusverfahren genutzt[19].

Bei 79 bzw. 59 Abgeurteilten, die sich in Untersuchungshaft befanden, wurde der Haftbefehl vor der Rechtskraft des Urteils aufgehoben. Die übrigen Beschuldigten blieben bis zur Rechtskraft des Urteils in der Untersuchungshaft. Aus der Tabelle 919 geht hervor, daß die Dauer der Untersuchungshaft für 26,7 Prozent der betroffenen Rechtsextremisten bis zu einem Monat dauerte, für alle Beschuldigten steigt der Anteil derer, die bis zu einem Monat in Untersuchungshaft saßen, auf 35,2 Prozent. Im Durchschnitt befanden sich die Beschuldigten 182 Tage in der Untersuchungshaft, bei den Rechtsextremisten steigt der Durchschnitt auf 215 Tage.

Bei der amtlichen Strafverfolgungsstatistik geht aus den Zahlen zur Dauer der Untersuchungshaft hervor, daß 1981 bei 40,2 Prozent der Abgeurteilten mit Untersuchungshaft diese nicht länger als

---

[19] zur Kritik am Umgang mit dem § 129a StGB, der mit vielen strafprozessualen Auswirkungen verknüpft ist, siehe: Thoms, Eva-Maria: § 129 a. Der Freiheit eine Falle, in: Die Zeit, vom 3. Februar 1989

Tabelle 918: Haftgrund bei den Verfahren insgesamt und den Verfahren gegen Rechtsextremisten

Haftgrund	bei Verfahren			
	gegen Rechtsex- tremisten		insgesamt	
	N	%	N	%
Flüchtig	2	3.2	2	2.7
Fluchtgefahr	15	23.8	17	23.0
Verdunklungs- gefahr	10	15.9	14	18.9
Dringender Ver- dacht(o.§129a)	9	14.3	9	12.2
Wiederholungs- gefahr			1	1.3
Flucht- u. Ver- dunklungsgefahr	1	1.6	1	1.3
Schwerkrimina- lität u.a.	2	3.2	3	4.1
§ 129a StGB auch i.V. m.a.	24	38.1	25	33.8
Sonstiges			2	2.7
Insgesamt	63*	100.1	74*	100.0

* in den übrigen Fällen lagen keine Angaben zum Haftgrund vor

einen Monat dauerte und nur bei 3,6 Prozent mehr als ein Jahr[20]. In
unserer Population sind die Beschuldigten also härter von der
Untersuchungshaft betroffen. Es muß offen bleiben, ob die Gründe für
die Untersuchungshaftpraxis eher bei den Beschuldigten oder bei den
Strafverfolgungsbehörden zu suchen sind. Die Angaben zu den Haftgründen lassen beide Möglichkeiten zu.

---

[20] errechnet nach: Statistisches Bundesamt Wiesbaden (Hrsg.):
Fachserie 10, Rechtspflege, Reihe 3, Strafverfolgung, a.a.O.

Tabelle 919: Dauer der Untersuchungshaft

Dauer	Betroffene insgesamt		Rechtsextremisten	
	N	%	N	%
bis zu 1 Monat	45	35.2	28	26.7
über 1 bis 3 Monate	27	21.1	24	22.9
über 3 bis 6 Monate	21	16.4	18	17.1
über 6 bis 12 Monate	12	9.3	12	11.4
mehr als 1 Jahr	23	18.0	23	21.9
insgesamt	128*	100.0	105*	100.0
Durchschnitt in Tagen:	182		215	

*in den übrigen Fällen war die Dauer wegen fehlender Angaben nicht zu berechnen

10.   STRAFZUMESSUNG UND AUSSCHÖPFUNG DES STRAFRAHMENS

Für das Verhältnis von Strafrechtsjustiz und Rechtsextremismus ist
das Ergebnis des "Kampfes in der Arena des Gerichts" von aus-
schlaggebender Bedeutung. Neben den Inhalten der Strafbestimmungen
ist die konkrete Sanktionierung der zweite entscheidende Ankerpunkt
für die Chance des Staates, den Kampf gegen den Extremismus auf der
Bühne des Rechts erfolgreich zu führen. In einer rechtsstaatlichen
Demokratie wird die Waffe des Strafrechts als "ultima ratio" in der
Auseinandersetzung mit dem Extremismus betrachtet[1]. Ein inflationärer
Gebrauch des Strafrechts bringt die Gefahr mit sich, die Waffe des
Rechts stumpf werden zu lassen, den gesellschaftlichen politischen
Konsens aufs Spiel zu setzen und zu einer Polarisierung beizutragen[2].
Auch der nachlässige Gebrauch kann das Recht stumpf werden lassen.
Er kann den Staat unglaubwürdig werden lassen, die Regimegegner
ermuntern und die Radikalisierung fördern. Das Strafrecht zur Abwehr
politischer Feinde ist wie ein Schiff zwischen Skylla und Charybdis.
Es liegt an den Gerichten, den richtigen, der Demokratie förderlichen
Kurs zu halten und die politische Justiz in den Gewässern der
Akzeptanz zu halten.

Die konkrete Sanktionierung nimmt u.a. Einfluß auf die politisch-
kriminelle Karriere des einzelnen und auf die von der Gesellschaft
entwickelten Erwartungen, Bilder und Vorstellungen über die Rolle
der Justiz im "Kampf gegen rechts". Die gesellschaftlichen Vor-

---

[1] vgl. Innere Sicherheit, Nr. 1, 28. Februar 1989, S.1

[2] "In einer Gesellschaft, die ihre Energien darauf konzentriert,
die Unzufriedenen zu knebeln, statt die Lebensprobleme der
Menschen zu lösen, lockern sich die Bindegewebe der demokratischen Institutionen; wie sehr, hängt von der Reichweite der
Unterdrückungsmaßnahmen ab, die sich der Staat aufhalsen läßt".
Kirchheimer, Otto: Politische Justiz. Verwendung juristischer
Verfahrensmöglichkeiten zu politischen Zwecken. (Erstausgabe
Princeton 1961), Frankfurt am Main 1985. Unzufriedenheit ist
selbstverständlich nicht objektivierbar und deshalb ist in Rechnung zu stellen, daß auch Rechtsextremisten Unzufriedene sind,
die ihre Lebensprobleme mit einer spezifischen, die Demokratie
gefährdenden Politik lösen wollen.

444

stellungen über die Justiz speisen sich zumeist aus der Wirkung einzelner Strafverfahren wegen besonderer Delikte oder weil die Angeklagten über einen gewissen Öffentlichkeitswert verfügen[3]. In der historischen Analyse in Kapitel 3.5 traten solche Fälle ins Zentrum der Betrachtung. Die "Normalität" im Umgang der Justiz mit dem Rechtsextremismus gerät gewöhnlich nicht in den Wahrnehmungshorizont der Öffentlichkeit.

Die Funktionstüchtigkeit der Justiz als Mittel des "Kampfes gegen rechts" erweist sich aber erst, wenn die gesamte Sanktionspraxis in die Betrachtung aufgenommen wird. Mit dieser Untersuchung können die von den Gerichten verhängten Sanktionen beinah einer ganzen Dekade der strafrechtlichen Bewältigung des Rechtsextremismus vorgestellt und untersucht werden. Hierfür wird zunächst auf die Sanktionsarten eingegangen, da aus ihnen schon ein erster Eindruck von der Härte oder der Nachgiebigkeit der Justiz bei Verfahren mit dem Hintergrund des kriminellem Rechtsextremismus gewonnen werden kann.

10.1   ABURTEILUNGEN UND SANKTIONEN

Bei den 1382 Aburteilungen der Untersuchungspopulation kam es zu 608 Verurteilungen nach dem allgemeinen Strafrecht und zu 418 Verurteilungen nach dem Jugendstrafrecht. 356 Verfahren endeten mit Einstellung oder Freispruch[4]. Eine weitergehende Aufschlüsselung der Aburteilungen ist in der Tabelle 1001 enthalten.

---

[3] auf der rechtsextremen Seite sind dies z.B. Verfahren wegen Fememorde und Sprengstoffanschläge mit Todesopfern, oder Verfahren gegen Führer aus der "Szene".

[4] um Mißverständnissen vorzubeugen: Die in Tabelle 401 genannte Zahl von 309 Verfahren von "Nicht Verurteilten" umfaßt nicht alle Einstellungen und Freisprüche, da insbesondere bei Verfahren gegen Rechtsextremisten (insg. 794) ebenfalls Freisprüche und Einstellungen enthalten sind.

Tabelle 1001: Aburteilungen nach Sanktionsart und Verfahrensausgang insgesamt und Verurteilungsart für die Ver
fahren der Täter, die keine Rechtsextremisten sind
und für die Rechtsextremisten (RE)

Sanktionsart/ Verfahrensausgang	insgesamt		/ bei Rechtsextremisten		
	N	%	% auf VU o.RE*	N	%
Freiheitsstrafe	254	18.4	7.2	234	31.3
Geldstrafe	336	24.3	53.6	187	25.0
Absehen von Strafe/ Verwarnung	18	1.3	5.8	2	0.3
Bestimmte Jugend- strafe	117	8.5	5.0	103	13.8
Aussetzung der Ver- hängung der Jugend- strafe	14	1.0	0.4	13	1.7
Zuchtmittel	237	17.2	25.2	167	22.3
Erziehungsmaßregeln	50	3.6	2.9	42	5.6
Einstellung nach § 47 I JGG	90	6.5			
Einstellung nach § 153a II StPO	93	6.7			
Sonstige Ein- stellungen	53	3.8			
Freispruch	120	8.7			
Insgesamt	1382	100.0	100.1	N=278VU 748**100.0	

* VU heißt: Verurteilungen insgesamt bei den Tätern, die nicht zu den Rechtsextremisten gezählt wurden, das
sind 278 Verurteilungen als Prozentuierungsgrundlage
** für die Rechtsextremisten werden nur die Verurteilungen ausgewiesen, d.h. 46 Urteile beinhalten Einstellung
oder Freispruch

Die Tabelle 1001 enthält drei Rubriken zum Vergleich. In der ersten
Ergebnisspalte sind alle Aburteilungen aufgeführt, absolut und
prozentual, die zweite Ergebnisspalte bringt den Anteil der Sank-
tionsformen für die Verurteilungen der Täter, die nicht als Rechtsextremisten geführt werden und die letzte enthält die entsprechenden
Ergebnisse für die Rechtsextremisten.

In der Turmgrafik Grafik 10.1 werden die Sanktionsanteile für die
Rechtsextremisten und für die übrigen Straftäter gegenübergestellt.

Grafik 10.1:

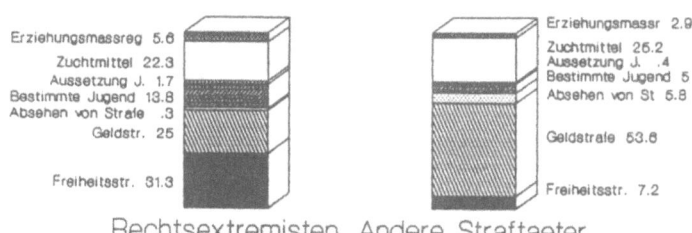

Sanktionsvergleich
RE/Andere
(dieser Untersuchung)

Erziehungsmassreg 5.6
Zuchtmittel 22.3
Aussetzung J. 1.7
Bestimmte Jugend 13.8
Absehen von Strafe .3
Geldstr. 25

Freiheitsstr. 31.3

Erziehungsmassr 2.9
Zuchtmittel 25.2
Aussetzung J. .4
Bestimmte Jugend 5
Absehen von St 5.8

Geldstrafe 53.6

Freiheitsstr. 7.2

Rechtsextremisten   Andere Straftaeter

Prozentanteile

Die Türme verdeutlichen, welche Bedeutung die einzelnen Sanktionsarten für die Rechtsextremisten und für die anderen Straftäter
(Provokationstäter, "Keine Rechtsextremisten", "Nicht Identifizierbare") einnehmen. Die größten Unterschiede bestehen bei der
Freiheits- und Geldstrafe. 25 Prozent der Sanktionen gegen Rechtsextremisten entfielen auf die Geldstrafe, 31,3 Prozent auf die
Freiheitsstrafe. Bei den anderen Tätern nimmt die Geldstrafe dagegen
einen Anteil von 53,6 Prozent ein und die Freiheitsstrafe lediglich
eine Anteil von 7,2 Prozent. Auch im Jugendstrafrecht finden sich
unterschiedliche Schwerpunkte. Die bestimmte Jugendstrafe erreicht
bei den Rechtsextremisten bezogen auf alle Verurteilungen einen
Prozentsatz von 13,8 Prozent, bei den anderen von 5 Prozent. Da bei
den anderen Straftätern die "Provokationstäter" und die "Keine
Rechtsextremisten" enthalten sind, sind die Unterschiede im wesent-

lichen auf die unterschiedliche Schwere der Delikte zurückzuführen und auf den Umstand, daß insbesondere bei leichteren Delikten die Informationsgrundlagen dürftig waren und eine Zuordnung zu den Rechtsextremisten nicht möglich war.

Insgesamt lauteten in der Untersuchung 254 Urteile auf Freiheitsstrafe (18,4 Prozent). In 336 Fällen erging Geldstrafe (24,3 Prozent), von Strafe abgesehen wurde in 18 Fällen (1,3 Prozent). D.h., daß die Schuld als so gering angesehen wurde, daß von der in verschiedenen Strafvorschriften gegebenen Möglichkeit (s. z.B. § 86 Abs. 4, § 86a Abs. 3 StGB), von einer Bestrafung abzusehen, Gebrauch gemacht wurde, allerdings nur in einem Fall bei einem Rechtsextremisten.

Bedingt durch das geringe Durchschnittsalter der Täter ergingen 40,7 Prozent der Verurteilungen nach Jugendstrafrecht. Am häufigsten wurden nach Jugendstrafrecht Zuchtmittel verhängt, und zwar in 237 Urteilen (17,2 Prozent aller Aburteilungen). Die bestimmte Jugendstrafe war Inhalt von 117 Urteilen (8,5 Prozent). Eine Aussetzung der Verhängung der Jugendstrafe erfolgte in 14 Fällen, dreizehn davon betrafen Rechtsextremisten. Erziehungmaßregeln machten 3,6 Prozent der Gerichtsentscheidungen aus. In 90 Fällen erfolgte die Einstellung des Strafverfahrens nach § 47 I JGG. Einstellungen nach § 153a StPO (Einstellung des Verfahrens bei Erfüllung von Auflagen und Weisungen) erfolgte bei 93 Verfahren, in weiteren 53 Fällen lagen andere Einstellungsgründe vor. In 120 Verfahren sprachen die Gerichte die Beschuldigten frei.

Die Freiheitsstrafen können noch einer weiteren Differenzierung unterzogen werden. So waren unter den 254 Freiheitsstrafen nach allgemeinem Strafrecht zwei Urteile mit lebenslanger Freiheitsstrafe. In 155 Fällen wurden die Freiheitsstrafen zur Bewährung ausgesetzt. Bei den bestimmten Jugendstrafen wurden nur 33 ohne Bewährung verhängt. Dennoch vermittelt das Sanktionsprofil der Untersuchungspopulation auf den ersten Blick, daß die Gerichte den kriminellen Rechtsextremismus nicht "auf die leichte Schulter" genommen haben.

10.2   SANKTIONSPOLITIK

Durch den Vergleich zwischen den rechtsextremistischen Straftätern
und den anderen Straftätern ist deutlich geworden, daß die Sanktionsarten je nach Tätergruppe unterschiedlich zur Anwendung kamen.
Damit stellt sich die Frage, ob eine bestimmte Sanktionspolitik
erkennbar wird, wenn man die Sanktionen mit Merkmalen der Täter in
Verbindung setzt oder mit gerichtsspezifischen Besonderheiten.

10.2.1   SANKTIONSPROFIL UND HANDLUNGSZIELE DER TÄTER

Mit der Tabelle 1002 werden die Sanktionen nach den Handlungszielen
aller Straftäter aufgeführt, d.h., es kommen die 1026 Verurteilungen
zur Darstellung.

Täter, die terroristische Handlungsziele verfolgten, weisen bei den
Sanktionen, die besonders einschneidend sind, deutlich überproportionale Anteile auf. Obwohl Verurteilungen wegen terroristischer
Handlungsziele lediglich 4,4 Prozent der Verurteilungen ausmachen,
entfallen auf sie 100 Prozent der Fälle mit lebenslanger Freiheitsstrafe, 22,7 Prozent der Freiheitsstrafen ohne Bewährung und 15,6
Prozent der Jugendstrafen ohne Bewährung. Bei den Tätern mit
"terroristischen Handlungszielen" wurde in 82,2 Prozent der Verurteilungen auf Freiheits- oder bestimmte Jugendstrafe erkannt
(einschließlich der Aussetzung der Verhängung).

Bei den "Militanten" sind die Freiheitsstrafen zur Bewährung, die
bestimmte Jugendstrafe mit Bewährung, die Jugendstrafe ohne Bewährung
sowie die Zuchtmittel überproportional vertreten.

                                                                    449

Tabelle 1002: Sanktionen und Handlungsziele aller Straftäter

Sanktions-art	Handlungsziel				
	terror-istische	militant	agigator-isch	sonstiges	Insge-samt
	N %	N %	N %	N %	N %
lebenslange Freiheits-strafe	2 100				2 0.2
Freiheits-strafe ohne Bewährung	22 22.7	22 22.7	38 39.2	15 15.4	97 9.5
Freiheits-strafe mit Bewährung	4 2.6	53 34.2	81 52.3	17 10.9	155 15.1
Geldstrafe	2 0.6	40 11.9	130 38.7	164 48.8	336 32.7
Absehen von Strafe			2 11.1	16 88.9	18 1.8
Bestimmte Jugendstrafe ohne Bewährung	5 15.2	11 33.3	11 33.3	6 18.2	33 3.2
Bestimmte Jugendstrafe mit Bewährung	3 3.6	34 40.5	34 40.5	13 15.4	84 8.2
Zuchtmittel	6 2.5	64 27.0	72 30.4	95 40.1	237 23.1
Erziehungs-maßregeln		7 14.0	32 64.0	11 22.0	50 4.9
Aussetzung der Verhängung der Jugendstrafe	1 7.1	2 14.3	9 64.3	2 14.3	14 1.4
Insgesamt	45 4.4	233 22.7	409 39.9	339 33.0	1026 100

Bei den Agitationstätern fallen als besondere Sanktionsarten die Freiheitsstrafe mit Bewährung, die Erziehungsmaßregeln und die Aussetzung der Verhängung der Jugendstrafe nach oben hin aus dem Rahmen. Bei den Straftätern mit "sonstigen Handlungszielen" sind es Geldstrafe, Absehen von Strafe und Zuchtmittel.

Anhand der Freiheits- und der Geldstrafe wird erkennbar, daß die Schwere der Sanktion mit der Gewaltorientierung im Handlungsziel zunimmt. Bei den terroristischen Tätern macht die zeitige Freiheitsstrafe einen Anteil von 57,8 Prozent aus, bei den Tätern mit "militantem Handlungsziel" sind es 32,2 Prozent, bei den "agitatorischen Tätern" 29,1 und bei den "sonstigen" 9,4 Prozent. Der Anteil der Geldstrafe liegt bei den "terroristischen Handlungszielen" bei 4,4 Prozent, bei den "militanten" bei 17,2 und bei den "agitatorischen Handlungszielen" bei 31,8 Prozent. Bei den "sonstigen Handlungszielen" stellt die Geldstrafe einen Anteil von 48,4 Prozent. Bei diesen Werten ist neben der Schwere des Delikts das Durchschnittsalter zu berücksichtigen. Bei Tätern mit "sonstigen Handlungszielen" liegt das Durchschnittsalter bei 26,5 Jahren, bei den "agitatorischen" Tätern beträgt das Durchschnittsalter 28,2 Jahre, bei den "militanten" Handlungszieltätern 23,6 Jahre, der niedrigste Wert, und bei den "terroristischen" Handlungszielen liegt der Altersdurchschnitt bei 25,4 Jahren. Da der Altersdurchschnitt Einfluß auf den Anteil der Strafen nach dem Jugendstrafrecht hat, ist der Anteil der Freiheitsstrafe bei den "militanten" Tätern höher zu bewerten als bei den Tätern mit "agitatorischen Handlungszielen". Auf dieser Grundlage kann die plausible These aufgestellt werden, daß die Justiz die gewaltorientierte politische Kriminalität schärfer ahndet als die agitatorische Kriminalität. Eine freiheitsentziehende Strafe kennzeichnet den Umgang der Justiz mit Tätern mit "agitatorischen Handlungszielen" jedoch auch noch zu 42,3 Prozent (Freiheits- und Jugendstrafe). Von übertriebener Milde kann bei diesen Zahlen nicht die Rede sein. Die Sanktionsarten kommen gestuft nach der Handlungsorientierung zur Geltung und sind Ausdruck eines differenzierten Umgangs der Justiz mit dem Problem Rechtsextremismus.

10.2.2   SANKTIONEN   NACH   ERSTINSTANZLICHEM   GERICHT   UND
           GERICHTSORT

Die Zuständigkeit des Gerichts regelt sich u.a. über die zu er-
wartende Strafe. Deshalb wird im folgenden danach gefragt, wie die
Sanktionspraxis sich in Abhängigkeit vom erstinstanzlichen Gericht
gestaltet. Grundlage sind alle 1382 Aburteilungen.

10.2.2.1 ERSTINSTANZLICHES GERICHT UND SANKTIONSPROFIL

Wie zu erwarten war, unterscheiden sich die Gerichte der ersten
Instanz deutlich durch die bevorzugte Sanktionsart. Aus Tabelle 1003
läßt sich entnehmen, daß die meisten Freiheitsstrafen von den
Landgerichten verhängt wurden (130). obowhl nur 23,7 Prozent der
Verfahren erstinstanzlich vor dem Landgericht stattfanden. Das
Amtsgericht ist die Instanz, bei der die Geldstrafe vorwiegend zur
Geltung kommt, 300 der insgesamt 336 (1* keine Angabe zur Instanz)
Geldstrafenurteile kamen vom Amtsgericht. Ergänzend ist der Blick
jedoch noch auf das instanzeninterne Sanktionsprofil zu werfen.
Wichtigste, weil häufigste Sanktion beim Amtsgericht ist zwar die
Geldstrafe, sie kennzeichnet allerdings "nur" 29,2 Prozent der Ur-
teile. An zweiter Stelle stehen dann die Einstellungen; sie erreichen
einen Anteil von 19,3 Prozent. Nach den Einstellungen kommen die
Zuchtmittel mit 18,8 Prozent; sie stellen damit die zweithäufigste
Sanktionsart dar. Den dritten Platz unter den Sanktionen nehmen dann
schon die Freiheitsstrafen ein, 10,4 Prozent der Urteile mit dem
erstinstanzlichen Gericht "Amtsgericht" lauteten auf Freiheitsstrafe.
Freispruch erfolgte in 8,7 Prozent der Fälle. Die bestimmte Jugendstrafe, vom Wesen her der Freiheitsstrafe zuzuordnen, kennzeichnete die Urteile in 6,6 Prozent der Fälle. Die restlichen
Anteile entfallen auf die Erziehungsmaßregeln und andere Verfahrensausgänge.

Tabelle 1003: Sanktion/Verfahrensausgang nach Gericht der ersten
Instanz, alle Urteile

Sanktion/ Verfahrens- ausgang	Gericht der ersten Instanz							
	Amts- gericht N %		Land- gericht N %		Oberlandes- gericht N %		Insgesamt N %	
Freiheits- strafe	107	10.4	130	39.8	17	68.0	254	18.4
Geld- strafe	300	29.2	33	10.1	2	8.0	335	24.4
Bestimmte Jugendstrafe	68	6.6	44	13.5	3	12.0	115	8.3
Zucht- mittel	193	18.8	43	13.2	1	4.0	237	17.2
Erziehungs- maßregeln	47	4.6	3	0.9			50	3.6
Sonstiges	25	2.4	6	1.8	1	4.0	32	2.3
Einstellungen	198	19.3	37	11.3	1	4.0	236	17.1
Freispruch	89	8.7	31	9.5			120	8.7
Insgesamt	1027	74.5	327	23.7	25	1.8	1379*	100.0

* in drei Fällen fehlte die Angabe zur Instanz

Deutlich anders gestalten sich die Entscheidungen des Landgerichts
als erste Instanz. Hier entfallen 39,8 Prozent der Entscheidungen
auf die Sanktion Freiheitsstrafe. Zudem nimmt mit 13,5 Prozent die
bestimmte Jugendstrafe den zweiten Platz ein. Den dritten Rang
bekleiden Urteile auf Zuchtmittel (13,2 Prozent), erst dann kommen
mit 11,3 Prozent die Einstellungen. Die Geldstrafe umfaßt 10,1
Prozent der Urteile und der Freispruch erfolgte in 9,5 Prozent der

Fälle. Erziehungsmaßregeln und sonstige Verfahrensausgänge spielen auch beim Landgericht nur eine untergeordnete Rolle.

Das Oberlandesgericht als erste Instanz nimmt sich für die Beschuldigten noch "schlechter" aus als das Landgericht. 68 Prozent der Oberlandesgerichtsurteile lauten in der Untersuchungspopulation auf Freiheitsstrafe, weitere 12 Prozent auf bestimmte Jugendstrafe. Ein Freispruch trat bei dieser Instanz gar nicht auf und Einstellungen charakterisieren das Urteil nur in 4 Prozent der Fälle. Die Geldstrafe nimmt aber beim Oberlandesgericht noch den beachtlichen Anteil von 8 Prozent ein, dafür spielen die Zuchtmittel und sonstigen Verfahrensausgänge nur eine nachgeordnete Rolle. Erziehungsmaßregeln wurden von den Oberlandesgerichte in keinem Fall verhängt.

Die Ergebnisse bestätigen die Erwartungen: je höher das Gericht der ersten Instanz, desto härter fällt das Sanktionsprofil aus. Sie entsprechen der Sanktionspraxis dieser Gerichtsarten überhaupt.

10.2.2.2 LÄNDERSPEZIFISCHES SANKTIONSPROFIL

Die Gerichtsarena ist kein von der Außenwelt hermetisch abgeschlossener Raum. Die Gerichte vollziehen ihre Aufgaben in einem konkreten politisch-gesellschaftlichen Kontext, zu dem in der Bundesrepublik auch die föderale Ausgestaltung zählt. Das geistig-politische Klima kann deshalb länderspezifisch ausgeprägt sein; es könnte seine Auswirkungen auch auf die Gerichte haben, deren Personal von den Ländern bestimmt wird. Gerade die Vereinigung mit der BRD unterstreicht, daß die personelle Ausstattung eine wichtige Frage darstellt. Die Weisungsbefugnis gegenüber der Staatsanwaltschaft, einem zentralen Akteur in der Gerichtsarena, stellt eine weitere mögliche Schnittstelle des länderspezifischen Einflusses auf die Rechtspflege dar.

Tabelle 1004: Sanktionsart/Verfahrensausgang nach Bundesländern für alle Aburteilungen

| Urteile nach Bundesland | Sanktionsart/Verfahrensausgang | | | | | | | | | | Alle 1382 Aburteilungen | | | | | | |
| | Freiheitsstrafe | | Geldstrafe | | Bestimmte Jugendstr. | | Zuchtmittel | | Erziehungsmaßregeln | | Sonstiges | | Einstellungen | | Freispruch | | Insgesamt | |
	N	%	N	%	N	%	N	%	N	%	N	%	N	%	N	%	N	%
Baden-Württemb.	29	22.3	29	22.3	19	14.6	18	13.9	3	2.3	2	1.5	20	15.4	10	7.7	130	9.4
Bayern	27	16.9	41	25.6	12	7.5	32	20.0	9	5.6	5	3.1	18	11.3	16	10.0	160	11.6
Berlin	50	15.5	81	25.2	18	5.6	43	13.4	21	6.5	6	1.9	89	27.6	14	4.4	322	23.4
Bremen	4	12.1	6	18.2	2	6.1	8	24.2			1	3.0	12	36.4			33	2.4
Hamburg	13	25.0	10	19.2	3	5.8	9	17.3	2	3.9	1	1.9	7	13.5	7	13.5	52	3.8
Hessen	33	19.9	15	9.0	18	10.8	39	23.5	2	1.2	4	2.4	34	20.5	21	12.7	166	12.0
Niedersachsen	29	20.7	41	29.3	16	11.4	23	16.4	7	5.0			12	8.6	12	8.6	140	10.2
Nordrhein-Westfalen	41	25.0	48	29.3	9	5.5	24	14.6	5	3.0	3	1.8	17	10.4	17	10.4	164	11.9
Rheinland-Pfalz	17	10.2	57	34.1	9	5.4	31	18.6	1	0.6	9	5.4	27	16.2	16	9.6	167	12.1
Saarland			2	66.7			1	33.3									3	0.2
Schleswig-Holstein	11	26.2	5	11.9	9	21.4	9	21.4			1	2.4			7	16.7	42	3.1
Insgesamt	254	18.4	335	24.3	115	8.3	237	17.2	50	3.6	32	2.3	236	17.1	120	8.7	1379*	100.0

* in drei Fällen keine Angabe zum Bundesland

455

In der Tabelle 1004 sind die Sanktionen und Verfahrensausgänge der Untersuchungspopulation nach den elf Bundesländern gegliedert aufgeführt. Aus der vergleichenden Betrachtung wird das Saarland ausgenommen, da die dortigen drei Fälle keinerlei Trendaussage sinnvoll machen. Die Betrachtung gilt zunächst den ländermäßigen Sanktions- und Entscheidungsschwerpunkten.

Baden-Württemberg, mit einem Verfahrensaufkommen von 9,4 Prozent, weist ein Sanktions- und Entscheidungsprofil auf, das der Freiheitsstrafe und der Geldstrafe gleiches Gewicht einräumt. Die baden-württembergischen Gerichte haben sich zu je 22,3 Prozent für diese Sanktionsart entschieden. 15,4 Prozent der Urteile führten zur Einstellung des Verfahrens, 7,7 Prozent zum Freispruch. Die bestimmte Jugendstrafe stellt den Anteil von 14,5 Prozent an den Entscheidungen, Zuchtmittel betrafen 13,9 Prozent der Verfahren. Die übrigen Sanktionsarten spielten in Baden-Württemberg keine nennenswerte Rolle.

In Bayern dominierte die Geldstrafe (25,6 Prozent). Der Anteil der Freiheitsstrafe an den Entscheidungen in Bayern liegt mit 16,9 Prozent unter dem Gesamtanteil (18,4 Prozent). Eine von bayerischen Gerichten bevorzugte Sanktionsart stellen dagegen die Zuchtmittel dar, sie erreichen einen Prozentsatz von 20 Prozent. Die bestimmte Jugendstrafe liegt bei 7,5 Prozent. Die Erziehungsmaßregeln kommen in Bayern etwas stärker zur Geltung (5,6 Prozent), ebenso die Freisprüche (10 Prozent). Die Einstellung erfolgte dagegen unterdurchschnittlich nur in 11,3 Prozent der Verfahren.

Berlin, mit 322 Verfahren das am meisten belastete Land, legt den Schwerpunkt auf die Einstellungen. 27,6 der Entscheidungen fielen auf diesen Verfahrensausgang, auf der anderen Seite erfolgte jedoch nur in 4,4 Prozent der Fälle Freispruch. Unter den Sanktionen dominiert in Berlin ähnlich wie in Bayern die Geldstrafe (25,2 Prozent). Die Freiheitsstrafe erreicht einen Anteil von 15,5 Prozent, die bestimmten Jugendstrafe liegt bei 5,6 Prozent. Nach den Zuchtmitteln, die 13,4 Prozent der Entscheidungen darstellen, kommen in Berlin die Erziehungsmaßregeln, die 5,6 Prozent der Berliner Entscheidungen stellen und in Berlin damit den höchsten Anteil erreichen.

Bremen hat mit 12,1 Prozent Freiheitsstrafen ausgesprochen wenig von dieser Sanktionsart Gebrauch gemacht. Nach den Einstellungen, die einen Anteil von 36,4 Prozent erreichen, kommen die Zuchtmittel mit 24,2 Prozent als häufigstes Sanktionsmittel. Entscheidungen mit Geldstrafe erreichen in Bremen lediglich den Anteil von 18,2 Prozent.

Hamburg, wie Bremen ein Stadtstaat, weist doppelt so viele Freiheitsstrafen auf (25 Prozent) und die Geldstrafen nehmen einen Prozentsatz von 19,2 Prozent ein. Freispruch und Einstellung liegen bei je 13,5 Prozent.

In Hessen liegt der Anteil der Geldstrafen mit 9 Prozent sehr niedrig. Die Freiheitsstrafe liegt mit 19,9 Prozent knapp über dem Gesamtanteil, ebenso die bestimmte Jugendstrafe (10,8 Prozent). Die Einstellungen und Freisprüche finden in Hessen ebenfalls häufiger statt als im Bundesdurchschnitt (20,5 und 12,7 Prozent).

In Niedersachsen wird relativ selten eingestellt oder freigesprochen (je 8,6 Prozent). Dafür finden sich häufiger als im Bundesdurchschnitt Freiheits- und Geldstrafe sowie die bestimmte Jugendstrafe (20,7; 29,3; 11,4 Prozent). Der Anteil der Zuchtmittel liegt nur knapp unter dem Durchschnitt (11,4 Prozent).

Nordrhein-Westfalen, das bevölkerungsreichste Land in der Bundesrepublik, hat Gerichte, die in 25 Prozent der Entscheidungen Freiheitsstrafen verhängten. Die bestimmte Jugendstrafe allerdings nur in 5,5 Prozent der Entscheidungen. Urteile auf Geldstrafe waren die häufigsten Entscheidungen, wie in Niedersachsen erreichen sie einen Anteil von 29,3 Prozent. Freispruch oder Einstellung erfolgte zu je 10,4 Prozent.

Rheinland-Pfalz, das verhältnismäßig viele Verfahren aufweist, hat
die relativ meisten Entscheidungen, die auf Geldstrafe lauten (34,1
Prozent). Die Freiheitsstrafe nimmt dafür nur einen Anteil von 10,2
Prozent ein, die bestimmte Jugendstrafe kommt auf 5,4 Prozent. Die
"sonstigen" Entscheidungen treten in Rheinland-Pfalz ausgeprochen oft
auf, sie erreichen 5,4 Prozent.

Während in Rheinland-Pfalz nur selten die Freiheits- oder Jugendstrafe verhängt wurde, sieht dies in Schleswig-Holstein ganz anders aus.
26,2 Prozent der Gerichtsentscheidungen lauteten auf Freiheitsstrafe,
weitere 21,4 Prozent auf Jugendstrafe. Geldstrafe wurde lediglich in
11,9 Prozent der Fälle verhängt. Es erfolgte keine Einstellung,
Freispruch jedoch in 16,7 Prozent der Fälle.

Grafik 10.2:

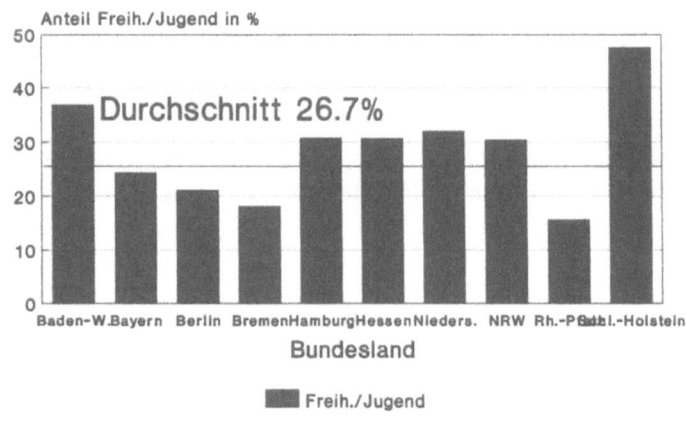

Freiheits-/Jugendstrafe
Anteil nach Bundesland

Alle Aburteilungen

Aus diesen Ergebnissen läßt sich kein einheitliches Bild gewinnen.
Es finden sich viele länderspezifische Ausprägungen. Mit der Balkengrafik 10.2 wird der Versuch unternommen, anhand des zusammen-

gefaßten Anteils von Freiheits- und Jugendstrafe die Sanktionspraxis
der Länder mit einem Merkmal vergleichbar zu machen. Dieser Ver-
gleich, wieder ohne Saarland, läßt erkennen, daß die Verurteilungsanteile von Freiheits- und Jugendstrafe stark differieren. In
Rheinland-Pfalz ist mit 15,6 Prozent der niedrigste Wert zu beob-
achten, in Schleswig-Holstein mit 47,6 der höchste. Für Schleswig-
Holstein wird man in Rechnung stellen müssen, daß dort viele
Verfahren erstinstanzlich vor dem Oberlandesgericht stattfanden. Der
Versuch, Gemeinsamkeiten der Verurteilungspraxis mit Hilfe der
Trennlinien Nord-Süd, Stadtstaat -Flächenstaat, SPD-CDU zu ermitteln,
scheitert, es läßt sich keine derartige Gemeinsamkeit feststellen.
Mit Verurteilungen zu Freiheits- oder Jugendstrafe unterhalb des
Bundesdurchschnitts sind so unterschiedliche Bundesländer wie Bayern,
Berlin, Bremen und Rheinland-Pfalz (und Saarland) auf einen Nenner
zu bringen. Die Verurteilungs- und Sanktionspraxis ist offensichtlich
je nach Bundesland verschieden, die Gründe dafür entziehen sich aber
dieser Untersuchung. Somit ist die zu Anfang geäußerte Vermutung, daß
es das Gerichtswesen länderspezifischen Besonderheiten unterliegen
könnte, zwar nicht falsifiziert, einem Erklärungsmuster kommt man
anhand der Ergebnisse jedoch nicht auf die Spur. Letztlich läßt sich
nur sagen, daß die länderspezifische Varianz nicht untypisch für die
Rechtspflege in der Bundesrepublik ist[5].

10.2.3   UNTERSUCHUNGSHAFT UND SANKTIONSPROFIL

Zum Abschluß der Untersuchungen zu den Sanktionsarten und Verfahrensausgängen werden diesbezüglich noch die Beschuldigten
betrachtet, gegen die Untersuchungshaft angeordnet worden war.

_____

[5] vgl. z.B. die Antwort der Bundesregierung auf die Große Anfrage
der SPD zur Geschäftsbelastung der ordentlichen Gerichtsbarkeit,
BT-Drs. 10/5317 v. 15.4.1986, hier S. 491ff.

Tabelle 1005: Anordnung von Untersuchungshaft und späteres Urteil

Urteil/ Verfahrens- ausgang	Anordnung von U-Haft			
	gegen Rechtsex- tremisten		insgesamt	
	N	%	N	%
Freiheitsstrafe	78	62.9	89	56.0
Geldstrafe	5	4.0	8	5.0
Bestimmte Jugendstrafe	30	24.2	35	22.0
Zuchtmittel/Er- ziehungsmaßreg.	10	8.1	12	7.6
Freispruch/ Einstellung	1	0.8	15	9.4
Insgesamt	124	100.0	159	100.0

Gemessen an dem späteren Urteil bestätigt sich insbesondere bei den Rechtsextremisten, daß die Untersuchungshaft in den schweren Fällen zum Tragen kam. Wie aus der Tabelle 1005 hervorgeht, wurden von den Rechtsextremisten, gegen die die Anordnung der Untersuchungshaft ergangen war, 62,9 Prozent zu einer Freiheitsstrafe nach allgemeinem Strafrecht verurteilt und 24,2 Prozent zu einer bestimmten Jugend- strafe. Freispruch oder Einstellung erfolgte nur in einem Fall.

Bei den Untersuchungshäftlingen insgesamt zeigt sich, daß fast jeder Zehnte später freigesprochen wurde oder daß bei ihm eine Einstellung erfolgte.

Die Ergebnisse lassen sich dahingehend zusammenfassen, daß die Organe der Strafrechtspflege von der Untersuchungshaft maßvoll Gebrauch gemacht haben.

10.3   STRAFZUMESSUNG UND AUSSCHÖPFUNG DES STRAFRAHMENS

Die Betrachtung der Sanktionsarten sagt noch nicht viel darüber aus,
in welchem Aumaß die Strafmöglichkeiten durch die Gerichte tatsächlich ausgeschöpft worden sind. Je nach Strafvorschrift gibt es einen
Zumessungsspielraum für die Gerichte. Deshalb muß der Frage nachgegangen werden, wie die konkrete Strafzumessung ausfiel.

Bei der Strafzumessung lassen sich die Feststellungen des Strafrahmens und die Strafzumessung im engeren Sinne als Festlegung der
Strafe innerhalb des Strafrahmens unterscheiden[6]. Der Strafrahmen
ist durch die gesetzliche Strafdrohung festgelegt. Diese bestimmt,
soweit nicht eine absolute Strafe angedroht ist (z.B. § 211 StGB:
"Der Mörder wird mit lebenslanger Freiheitsstrafe bestraft".), für
die einzelnen Straftatbestände das jeweilige Mindest- und Höchstmaß
der möglichen Strafe (z.B. § 244 StGB (Diebstahl mit Waffen) : "Mit
Freiheitsstrafe von sechs Monaten bis zu zehn Jahren wird bestraft,
wer ...". Damit bildet der Strafrahmen die Grenze und die Orientierung für die richterliche Strafzumessung im engeren Sinn.

Der für ein Delikt grundsätzlich vorgegebene Strafrahmen, der
Regelstrafrahmen, ändert sich, wenn ein "minder schwerer Fall" oder
wenn ein "besonders schwerer Fall", der entweder im Gesetz nicht
näher benannt oder durch sog. Regelbeispiele näher benannt ist,
anzunehmen ist. Der Strafrahmen modifiziert sich außerdem beim
Vorliegen von bestimmten weiteren Milderungsgründen, wobei die
Änderung des Strafrahmens vom Gesetz entweder vorgeschrieben
(obligatorisch) oder zugelassen (fakultativ) ist. Innerhalb des so
ermittelten Strafrahmens erfolgt dann die Strafzumessung nach den
in § 46 StGB festgelegten Kriterien.

---

[6] die folgenden Ausführungen stellen eine Fortschreibung des von
Blath, Richard/ Hobe, Konrad: Strafverfahren gegen linkster-
roristische Strafäter und ihre Unterstützer, herausgegeben vom
Bundesministerium der Justiz, Bonn 1982, S. 111ff., entwickelten
Ansatzes dar.

Für die Berechnung der Ausschöpfung des Strafrahmens durch die
zugemessene Strafe mußte zunächst der Strafrahmen bestimmt werden.
Hierbei wurde grundsätzlich der Strafrahmen zugrunde gelegt, der
sich für die konkrete Tat ergab. Dies bedeutet im einzelnen: Bei der
Ermittlung des Strafrahmens wurde berücksichtigt, ob das Gericht
einen minder schweren Fall oder einen - unbenannten bzw. durch
Regelbeispiele benannten - besonders schweren Fall angenommen hatte.
Handelte es sich bei den weiteren Milderungsgründen um eine obligato-
rische Änderung des Strafrahmens, so wurde der mildere Strafrahmen
zugrunde gelegt. Handelte es sich um eine fakultative Änderung, so
wurden das Höchstmaß nach dem Regelstrafrahmen und das Mindestmaß
nach den fakultativ anwendbaren Strafrahmen bestimmt. Daraus ergab
sich z.B. für den Fall des Versuchs, daß bei der Ermittlung des
Mindestmaßes die gesetzlichen Milderungen berücksichtigt wurden,
während sich die Bestimmung des Höchstmaßes nach dem Tatbestand
richtete.

Die Grundlage für die Berechnung der Ausschöpfung bildete die
Differenz zwischen dem Mindestmaß und dem Höchstmaß. Bei der Freiheitsstrafe und der Jugendstrafe wurde nach den folgenden Gesichts-
punkten vorgegangen. Die genannte Differenz, ausgedrückt in Monaten,
wurde gleich 100 Prozent gesetzt. Die Anzahl der Monate, die über das
Mindestmaß hinaus verhängt wurden, wurde in Prozentwerte der ermittelten Differenz von Mindest- und Höchstmaß der Strafe umgerechnet.

Zusätzlich waren folgende Besonderheiten zu beachten: Lautete der
Strafrahmen auf lebenslange Freiheitsstrafe, konnte eine Ausschöpfung
nicht berechnet werden. Es kann ferner die lebenslange Freiheits-
strafe die obere Grenze und eine zeitige Freiheitsstrafe die untere
Grenze bilden, z.B. bei versuchtem Mord (§§ 211, 22, 23 Abs. 2 StGB).
Auch in diesen Fällen mußte die Berechnung der Ausschöpfung des
Strafrahmens entfallen, weil sich die Differenz zwischen Mindest- und
Höchstmaß nicht berechnen ließ.

Ferner mußte bei der Ermittlung des Strafrahmens berücksichtigt
werden, ob eine Tat nur einen Tatbestand erfüllte, ob sie mehrere

verwirklichte (Idealkonkurrenz) oder ob mehrere selbständige Taten vorlagen (Realkonkurrenz). Bei der Erfüllung nur eines Tatbestandes erfolgte die Ermittlung des Strafrahmens, wie sie im vorangegangenen Abschnitt dargestellt wurde. Bei Vorliegen idealkonkurrierender Tatbestände wurde entsprechend den Vorschriften des StGB der Strafrahmen nach dem anzuwendenden Gesetz bestimmt, das die schwerste Strafe androht (§ 52 Abs. 2 Satz 1 StGB). Bei realkonkurrierenden Tatbeständen wurde in einem ersten Schritt der Strafrahmen für die Einzelstrafen ermittelt. Lag bei einer Einzelstrafe zusätzlich Idealkonkurrenz vor, wurde der Strafrahmen für die Einzelstrafe entsprechend den obigen Ausführungen bestimmt. Die Bildung der Gesamtstrafe erfolgt grundsätzlich nach § 54 Abs. 1 Satz 2 StGB durch Erhöhung der verwirkten höchsten Strafe. Für die Bestimmung des Strafrahmens konnte jedoch der Tatbestand, auf den sich die verwirkte höchste Einzelstrafe bezieht, nicht maßgeblich sein. Der Strafrahmen für die Gesamtstrafe mußte vielmehr in folgender Weise ermittelt werden:

Die Untergrenze bildete die höchste Mindeststrafe der realkonkurrierenden Tatbestände zuzüglich eines Monats (§ 54 Abs. 2 Satz 1, § 39 StGB). Der Ermittlung der gesetzlichen Obergrenze des Rahmens für die Gesamtstrafe lagen die folgenden Überlegungen zugrunde. Die Gesamtstrafe darf die Summe der Einzelstrafen nicht erreichen (§ 54 Abs. 2 Satz 1 StGB). Es wurde deshalb von dem theoretischen Fall ausgegangen, daß alle verwirkten Einzelstrafen (Freiheitsstrafen) den jeweiligen Strafrahmen voll ausschöpfen, also die jeweils möglichen höchsten Strafen sind. Die möglichen Höchststrafen für die Einzeltaten wurden zunächst summiert. Dann wurde von der Summe der Höchststrafen 1 Monat abgezogen, da bei Strafen ab einem Jahr die Dauer mindestens nach Monaten gemessen wird (§ 39 StGB). Dieser Betrag galt als Höchststrafe für die Gesamtstrafe in dem Fall, daß er eine Freiheitsstrafe von 15 Jahren nicht überschreitet. Wurden die 15 Jahre durch diesen Betrag überschritten, bildeten die 15 Jahre die Höchststrafe (§ 54 Abs. 2 Satz 2 StGB). Die Differenz zwischen der so berechneten Höchst- und Mindeststrafe ergab den Strafrahmen für die Gesamtstrafe, auf dessen Basis dann die Ausschöpfung, in Prozenten, berechnet wurde. Die so berechneten Ausschöpfungsprozente berücksichtigen also sowohl die Einzelstrafenbildung bzw. ihre Ausschöpfung als auch die Bildung der Gesamtstrafe.

Lautete eine der Einzelstrafen auf lebenslange Freiheitsstrafe oder bildete bei einer Einzelstrafe die lebenslange Freiheitsstrafe die Höchststrafe, so konnte die Ausschöpfung der gesamten Strafe nicht berechnet werden (s.o.). War die Gesamtstrafe aus Freiheits- und Geldstrafe zu bilden, so entsprach bei der Summe der Einzelstrafen ein Tagessatz einem Tag Freiheitsstrafe, wobei eine Rundung auf volle Monate vorgenommen wurde (so wurde in drei Fällen vorgegangen).

Für die Zwecke der vorstehenden Untersuchung kam es darauf an, ein gemeinsames Maß für die Ausschöpfung des Strafrahmens zu finden. Hier bestand ein Problem darin, daß die Strafzumessung verschieden verläuft, je nachdem, ob nur ein Tatbestand verwirklicht wurde, bzw. ob Ideal- oder Realkonkurrenz vorlag. Wird nur ein Tatbestand erfüllt, findet die Strafzumessung innerhalb des Strafrahmens dieses Tatbestandes statt. Liegt Idealkonkurrenz vor, bestimmt sich die Strafe nach dem verwirklichten Tatbestand, der die schwerste Strafe androht. Bei Realkonkurrenz wird die verwirkte höchste Einzelstrafe erhöht.

Diese verschiedenen gesetzlich vorgegebenen Weisen der Strafzumessung führen tendenziell dazu, daß der jeweilige Strafrahmen verschieden ausgeschöpft wird. Es wird deshalb in der Untersuchung die Ausschöpfung des Strafrahmens auch nach diesem Gesichtspunkt zu differenzieren sein. Im weiteren Zusammenhang der Untersuchung kommt es jedoch darauf an, zu zeigen, in welchem Umfang die Ausschöpfung ungeachtet der vorstehenden Differenzierung vorgenommen wird. Der hier dargelegte Berechnungsmodus für die Ausschöpfung stellt ein insgesamt einheitliches Maß für alle Fälle der Strafzumessung bei Freiheits- und Jugendstrafe dar, weil es sich stets auf den Strafrahmen bezieht, der dem Richter zur Verfügung steht. Er kann deshalb für alle Fälle verwendet werden, sei es, daß nur ein Tatbestand erfüllt wird, sei es, daß Tateinheit oder Tatmehrheit vorliegt.

10.3.1   STRAFZUMESSUNG UND AUSSCHÖPFUNG DES STRAFRAHMENS BEI
          DER FREIHEITSSTRAFE

Von ihrem Wesen her ist die Freiheitsstrafe der nachhaltigste
Eingriff unseres Staates im Leben eines Straftäters. Eine empirisch-
deskriptive Analyse hat daher dieser Sanktionierungspolitik besondere
Aufmerksamkeit zu widmen. Neben der Höhe der Freiheitsstrafe und
ihrer Ausschöpfung nach dem Strafrahmen gilt der Blick zusätzlich der
damit verbundenen Bewährungspraxis. Weiterhin differenziert die
Analyse nach der Zahl der Aburteilungen, der vorliegenden Tatbe-
standskonkurrenz, der Deliktgruppe und den Rechtsgütern. Schließlich
wird noch der Zusammenhang mit den Handlungszielen der Täter
ermittelt.

10.3.1.1 HÖHE DER FREIHEITSSTRAFE

Auf Freiheitsstrafe nach dem allgemeinen Strafrecht ergingen 18,4
Prozent aller Aburteilungen. Wie im einzelnen diese Sanktionsart zum
Tragen kam, zeigt Tabelle 1006:

Tabelle 1006: Höhe der Freiheitsstrafe

Freiheitsstrafe Höhe in Monaten	Urteile insgesamt N	%
- 6	87	37.2
7-12	89	38.1
13-24	27	11.5
25-60	13	5.6
61-120	15	6.4
121-180	3	1.3
Lebenslang	2	0.9
Insgesamt	236*	100.0

* bei 18 Urteilen fehlen die Angaben über die Höhe der Freiheits-strafe (z.T. eingegangen in eine nachträgliche
Gesamtstrafenbildung). Im Durchschnitt betrug die Freiheitsstrafe 16.7 Monate

465

In zwei Fällen wurde eine lebenslange Freiheitsstrafe verhängt, d.h. in 0,9 Prozent der Urteile, in denen eine Freiheitsstrafe ausgesprochen wurde. Drei Urteile verhängen eine Freiheitsstrafe, die über 10 Jahre hinausgeht (1,3 Prozent). In 37,2 Prozent der Urteile auf Freiheitsstrafe geht diese nicht über ein halbes Jahr hinaus. Weitere 38,1 Prozent liegen zwischen einem halben und einem ganzen Jahr. Insgesamt fallen nur 25,7 Prozent der Freiheitsstrafen höher als ein Jahr aus. Damit zeigt sich eine eindeutige Tendenz zu relativ geringen Freiheitsstrafen, auch wenn der Durchschnitt bei 16,7 Monaten liegt.

Um einen weiteren Hinweis darüber zu erhalten, wie die Gerichte von der Freiheitsstrafe Gebrauch machten, ist die Handhabung der Aussetzung der Freiheitsstrafe zur Bewährung zu betrachten. Da nur bei Freiheitsstrafen bis zu zwei Jahren die Vollstreckung zur Bewährung ausgesetzt werden kann (§ 56 Abs. 2 StGB), ist eine von der Deliktstruktur weitgehend unabhängige Vergleichbarkeit mit der Bewährungspraxis allgemein gegeben.

Wie der Vergleich in Tabelle 1007 zeigt, wurden insgesamt 73,4 Prozent der Freiheitsstrafen bis zu zwei Jahren in der Untersuchungspopulation zur Bewährung ausgesetzt, das ist ein um 4,6-Prozentpunkte höheres Ergebnis als bei Verurteilten des Jahres 1985 (ohne Straftaten im Straßenverkehr) insgesamt. Allerdings treten Unterschiede je nach der Länge der Freiheitsstrafen auf, die Beachtung verdienen. Während bei Freiheitsstrafen bis zu 6 Monaten und denen bis zu einem Jahr der Bewährungsanteil in der Untersuchung höher ausfällt als bei den Verurteilten insgesamt, ist der Anteil der zur Bewährung ausgesetzten Strafen bei den Freiheitsstrafen besonders niedrig, die zwischen einem und zwei Jahren liegen. Bei diesen Freiheitsstrafen werden bei den Verurteilten insgesamt 36,2 Prozent noch zur Bewährung ausgesetzt, hier in der Untersuchung jedoch nur 18,5 Prozent.

Tabelle 1007: Aussetzung der Freiheitsstrafe zur Bewährung, Vergleich mit der Verurteiltenstatistik 1985

Freiheitsstrafe in Monaten	Anteil der Urteile mit Bewährung	
	vorliegende Untersuchung/1985	zu Freiheits-strafen bis zu 2 Jahren Verurteilte*
- 6	82.8% (von 87 Urteilen)	78.0% (von 42.460)
7-12	80.9% (von 89 Urteilen)	66.9% (von 26.236)
13-24	18.5% (von 27 Urteilen)	36.2% (von 10.451)
Insgesamt	73.4% (von 203 Urteilen)	68.8% (von 79.147)

* ohne Straftäter im Straßenverkehr, Quelle: Statistisches Bundesamt Wiesbaden: Fachserie 10, Rechtspflege,
Reihe 3, Strafverfolgung 1985, Stuttgart, Mainz 1986, Tabelle 6, Prozentangaben wurden selbst berechnet

Die Gerichte weisen damit eine differenzierte Handhabung der
Aussetzung der Freiheitsstrafe zur Bewährung auf. Die Abweichung von
der Gesamtpraxis hält sich in Grenzen; es ist dabei zu berück-
sichtigen, daß das durchschnittliche Tatalter in der Untersuchung
nicht sehr hoch ist, auch bei den Tätern mit Freiheitsstrafen liegt
das Durchschnittsalter bei relativ niedrigen 31,8 Jahren (N=253).
Insoweit relativiert sich die vom BGH in seiner Entscheidung von
November 1984 vorgebrachte Kritik an der Bewährungspraxis[7] durch die
Gerichte. Sie trifft zuallererst die Praxis bei geringfügigen
Freiheitsstrafen.

10.3.1.2   AUSSCHÖPFUNG DES STRAFRAHMENS BEI DER FREIHEITSSTRAFE

Für die Ergebnisse der Ausschöpfung der Strafrahmen kann nicht auf
Vergleichszahlen der amtlichen Rechtspflegestatistik zurückgegriffen
werden. Die Tabelle 1008 zeigt für nach dem Umfang gruppierte
Strafrahmen die durchschnittliche Höhe der Freiheitsstrafe und die
durchschnittliche Ausschöpfung des Strafrahmens für alle Täter mit
Freiheitsstrafe. Nicht in die Berechnung gehen die lebenslangen

---

[7] s. BGH 3 StR 449/84; und Kapitel 3.5 S. 183f.

Freiheitsstrafen und die Freiheitsstrafen ein, die den Strafrahmen zeitiger oder lebenlanger Freiheitsstrafen haben (je zwei, deshalb Durchschnitt jetzt bei 16 Monaten).

Für die Auswertung sei nochmals daran erinnert, daß die Strafrahmenkategorien in der Tabelle 1008 nicht die Mindest- und Höchstmaße sind, sondern die Differenz zwischen beiden.

Zum Beispiel bedeutet die Strafrahmenkategorie "61 bis 120 Monate" in der Tabelle 1008, daß die Differenz zwischen Mindest- und Höchststrafe zwischen 61 und 120 Monaten liegt. Der Strafrahmen kann hier also beispielsweise von "1 Jahr bis 10 Jahren" oder auch von "5 bis 15 Jahren" betragen.

Tabelle 1008: Strafrahmen, Strafzumessung und Ausschöpfung des Strafrahmens bei der Freiheitsstrafe

Strafrahmen	N	%	Durchschnittlich/e verhängte Freiheitsstrafe in Monate	Ausschöpfung des Strafrahmens in %
bis 36 Monate	47	19.9	X*= 5.9 S*= 3.0	X= 15.4 S= 8.8
37 bis 60 Monate	71	30.1	X= 9.0 S= 6.2	X= 11.9 S= 10.8
61 bis 120 Monate	53	22.5	X= 25.2 S= 34.4	X= 9.6 S= 14.2
121 bis 180 Monate	61	25.9	X= 24.1 S= 26.4	X= 11.3 S= 13.6
Zeitige oder lebenslange Freiheitsstrafe	2	0.8		
Lebenslange Freiheitsstrafe	2	0.8		Ausschöpfung nicht zu berechnen
Insgesamt	236**	100.0	X= 16.0 S= 23.1	X= 12.0 S= 12.1

* X=arithmetischer Mittelwert, S= Standardabweichung
** in 18 Urteilen keine Angabe zur Höhe der Freiheitsstrafe, z.T. eingegangen in eine nachträgliche Gesamtstrafenbildung

Am häufigsten wurden Freiheitsstrafen in der Strafrahmengruppe "37 bis 60 Monate" (30,1 Prozent) verhängt. An zweiter Stelle liegen Freiheitsstrafen, deren Strafrahmen eine Differenz zwischen 121 und 180 Monate aufweisen (25,9 Prozent). Die wenigsten Freiheitsstrafen wurden in den Strafrahmen ausgesprochen, die eine Differenz bis zu 36 Monate aufweisen (19,9 Prozent). Gegenüber der ersten Untersuchung hat sich somit das Gewicht der Strafrahmenkategorie "121 bis 180 Monate" verringert, es bleibt jedoch bei der Feststellung, daß die Freiheitsstrafen auf die einzelnen Strafrahmengruppen relativ gleichverteilt sind. Auf der Grundlage von 232 in die Berechnung eingehenden Freiheitsstrafen ergibt sich eine Durchschnittsstrafe von 16 Monaten, sie liegt damit um anderthalb Monate höher als in der ersten Untersuchung.

Die Unterscheidung nach den Strafrahmengruppen läßt erkennen, daß die durchschnittliche Freiheitsstrafe bei einer geringen Strafrah-mendifferenz mit 5,9 oder 9 Monaten ebenfalls gering ist. Die langen Freiheitsstrafen kamen bei den Tatbeständen zur Anwendung, die auch über einen großen Strafrahmen verfügen. Hinzu kommt, daß hier die Fälle mit Gesamtstrafenbildung auftreten. Bei den beiden oberen Strafrahmengruppen liegen die Durchschnittszahlen bei 25,2 und 24,1 Monaten.

Insgesamt gab es sechs Freiheitsstrafen, bei denen der Strafrahmen durch die Verhängung der Mindeststrafe nicht ausgeschöpft wurde. Die durchschnittliche Ausschöpfung liegt insgesamt bei 12,0 Prozent, ein gegenüber der ersten Untersuchung etwas höherer Wert. Die höchste Ausschöpfung findet sich bei Freiheitsstrafen mit einem Strafrahmen bis zu 36 Monaten Differenz (15,4 Prozent).

Tabelle 1009: Strafrahmen, Strafzumessung und Ausschöpfung des
Strafrahmens bei der Freiheitsstrafe für die
Rechtsextremisten

Strafrahmen	N	%	Durchschnittlich/e verhängte Frei- heitsstrafe in Monate	Ausschöpfung des Straf- rahmens in %
bis 36 Monate	41	18.9	X*= 5.8 S*= 2.8	X= 15.3 S= 8.4
37 bis 60 Monate	69	31.8	X= 9.0 S= 6.2	X= 11.8 S= 10.9
61 bis 120 Monate	48	22.1	X= 25.6 S= 35.4	X= 9.8 S= 14.9
121 bis 180 Monate	55	25.3	X= 25.3 S= 27.4	X= 12.1 S= 14.1
Zeitige oder lebenslange Frei- heitsstrafe	2	0.9		
Lebenslange Freiheitsstrafe	2	0.9		Ausschöpfung nicht zu berechnen
Insgesamt	217**	100.0	X= 16.3 S= 23.7	X= 12.1 S= 12.4

* X=arithmetischer Mittelwert, S= Standardabweichung
** in 17 Urteilen keine Angabe zur Höhe der Freiheitsstrafe, z.T. eingegangen in eine nachträgliche Gesamtstrafenbildung

Bei den folgenden Strafrahmengruppen sinkt die Ausschöpfung auf 11,9
und 9,6 Prozent, um bei der höchsten Strafrahmengruppe wieder auf
11,5 Prozent zu steigen. Damit zeigt sich kein linearer Zusammenhang
zwischen Strafrahmen und Ausschöpfung.

Dies könnte daran liegen, daß die Tatstruktur je nach Strafrahmengruppe unterschiedlich ist. Bei den oberen Strafrahmen kommen mehr
Gesamtstrafenbildungen vor, bei den unteren handelt es sich zumeist
um Fälle mit nur einer Tat. An anderer Stelle wird darauf wieder
eingegangen. Hier soll die Gelegenheit genutzt werden, die Ergebnisse
für die Rechtsextremisten gesondert auszuweisen.

Wie die Tabelle 1009 ausweist, sind die Ergebnisse der Rechtsextremisten kaum anders als für die Straftäter der Untersuchungspopulation insgesamt der Untersuchung. Dies ist auch nicht überraschend, da die Freiheitsstrafe nur in 20 Fällen nicht auf
Rechtsextremisten entfiel. Die durchschnittliche Höhe der Freiheitsstrafe liegt jetzt mit 16,3 Monaten ebenso etwas höher wie die
durchschnittliche Ausschöpfung der Strafrahmen mit 12,1 Prozent.

Tabelle 1010: Strafrahmen, Strafzumessung und Ausschöpfung des
Strafrahmens bei der Freiheitsstrafe für die
Rechtsextremisten mit mehr als einer Aburteilung
(nur für zeitige Freiheitsstrafe)

Strafrahmen	N	%	Durchschnittlich/e verhängte Frei- heitsstrafe in Monate	Ausschöpfung des Straf- rahmens in %
bis 36 Monate	17	22.7	X*= 7.0 S*= 2.6	X= 18.0 S= 9.1
37 bis 60 Monate	27	36.0	X= 11.0 S= 6.8	X= 15.0 S= 11.1
61 bis 120 Monate	16	21.3	X= 32.5 S= 45.6	X= 13.6 S= 22.1
121 bis 180 Monate	15	20.0	X= 18.7 S= 17.0	X= 8.7 S= 9.0
Insgesamt	75	100.0	X= 16.2 S= 24.2	X= 13.8 S= 13.5

* X=arithmetischer Mittelwert, S= Standardabweichung

Interessanter ist hier die Ausweisung der Ergebnisse für die
Untergruppe der Rechtsextremisten, die mehr als ein Urteil in der
Untersuchungspopulation aufweisen, Tabelle 1010. Hier liegt die
durchschnittliche Höhe der Freiheitsstrafe bei 16,2 Monate, die Ausschöpfung liegt jedoch bei 13,8 Prozent. Der Grund für die sich
zunächst widersprechenden Werte liegt in den Strafrahmen der
Freiheitsstrafen gegen diese Rechtsextremisten begründet. Die
kleineren Strafrahmen, in der Regel bei Verurteilungen nur wegen
einer Tat angewandt, sind häufiger als bei den Rechtsextremisten

insgesamt, wodurch trotz geringerer Durchschnittshöhe die Ausschöpfung höher ausfällt. Diese These stützt sich auf die Ergebnisse, die in der Tabelle 1011 enthalten sind.

Tabelle 1011: Ausschöpfung des Strafrahmens nach dem Umfang des Strafrahmens und bei der Verurteilung nach nur einer Strafvorschrift, bei Idealkonkurrenz und bei Realkonkurrenz bei der Freiheitsstrafe

Strafrahmen	Durchschnittliche Ausschöpfung des Strafrahmens in %			
	Nur eine Strafvorschrift verwirklicht	Ideal-konkurrenz	Real-konkurrenz	Insgesamt
bis 36 Monate	X*=13.9 S*= 8.4 N= 26	X= 16.7 S= 9.1 N= 20	X= 27.0 S= – N= 1	X= 15.4 S= 8.8 N= 47
37 bis 60 Monate	X= 13.7 S= 14.7 N= 21	X= 11.3 S= 9.0 N= 45	X= 10.6 S= 5.8 N= 5	X= 11.9 S= 10.8 N= 71
61 bis 120 Monate	X= 7.2 S= 5.0 N= 5	X= 6.3 S= 5.0 N= 16	X= 11.6 S= 17.6 N= 32	X= 9.6 S= 14.2 N= 53
121 bis 180 Monate	X= 15.8 S= 15.7 N= 6	X= 10.0 S= – N= 1	X= 10.9 S= 13.5 N= 54	X= 11.3 S= 13.6 N= 61
Insgesamt	X= 13.5 S= 11.6 N= 58	X= 11.6 S= 8.9 N= 82	X= 11.3 S= 14.7 N= 92	X= 12.0 S= 12.1 N=232

* X=arithmetischer Mittelwert, S= Standardabweichung

Da die Gesamtstrafe grundsätzlich durch Erhöhung der verwirkten höchsten Einzelstrafe gebildet wird (§ 54 Abs. 1 Satz 2 StGB), wird der Strafrahmen durch die Berücksichtigung der anderen Straftaten sehr hoch sein und tendenziell weniger stark ausgeschöpft sein als bei Vorliegen nur einer Tat oder von Tateinheit.

Diese Annahme bestätigt Tabelle 1011. Es ergibt sich, daß die Fälle, in denen nur wegen einer Tat eine Freiheitsstrafe verhängt wurde, zumeist zur Strafrahmengruppe " bis 36 Monate" zählen und insgesamt mit 13,5 Prozent die höchste Ausschöpfung der Strafrahmen aufweisen. Verurteilungen zu Freiheitsstrafen, die auf Tateinheit erfolgten, haben eine Ausschöpfungsquote von 11,6 Prozent, Urteile, denen Tatmehrheit zugrunde lag, eine von 11,3 Prozent. Aus der Tabelle 1011 wird auch ablesbar, daß in der Strafrahmengruppe "121 bis 180 Monate" zumeist Realkonkurrenzfälle auftreten. Für die Idealkonkurrenz-Urteile galt überwiegend der Strafrahmen "37 bis 60 Monate".

Tabelle 1012: Ausschöpfung des Strafrahmens bei Freiheitsstrafe, Straftatklassifikation nach Tatfeldern

Deliktgruppen-Nummer	Straftatfeld	N	X*	S*
	I. Straftaten gegen die Person			
01	– gegen das Leben (§§ 211,212 StGB)	4	51.3	29.3
02	– gegen die körperliche Unversehrtheit (§§ 223,224,227,230 StGB)	35	13.8	12.2
03	– gegen die persönliche Freiheit (§§ 239, 240,241 StGB)	–	–	–
04	– gegen die Ehre (§§ 185,187,194 StGB)	3	28.3	11.1
05	– sonstige (§§ 177,178,180a,181 STGB)	1	10.0	–
	II. Straftaten gegen Eigentum und Vermögen			
06	– gegen das Eigentum (§§ 242,243,244,246, 250,303,304 StGB), gegen das Vermögen als Ganzes (§§ 255,257,259,263 StGB), gegen sonstige Vermögensrechte (§ 293 StGB)	23	15.4	17.9
	III. Allgemeine Gefährdungsstraftaten			
07	– gemeingefährliche Straftaten (§§ 306,308, 311,315,316,316b,323a StGB), strafrechtliche Nebengesetze (§ 40 SprengG;§§ 52a,53 WaffG; § 16 KriegswaffG;§ 21 GjS; Befehl Nr.2 des Alliierten Kontrollrates i.V.m. Gesetz Nr.43)	33	12.7	9.5
	IV. Straftaten gegen staatsunabhängige Gemeinschaftswerte			
08	– gegen den öffentlichen Frieden (§§ 124, 125,126,129,129a,130,131,140,145,145d,167, 168 StGB),strafrechtliche Nebengesetze (§§ 21,24,26,27,28 VersammlG)	69	7.0	6.4
	V. Straftaten gegen die Staatsgewalt oder die Rechtspflege			
09	– gegen die Staatsgewalt (§§ 111,113 StGB)	1	9.0	–
10	– gegen die Rechtspflege (§§ 138,153,154, 164,258 StGB)	6	15.8	12.2
	VI. Straftaten gegen den Staat, die Verfassung, oberste Staatsorgane und Landesverteidigung			
11	– Gefährdung des demokratischen Rechts-staates (§§ 86,86a, StGB und die Ver-ordnungen Nr. 501 und 511 und Gesetz Nr. 5 der Alliierten Kommandantur Berlin)	53	10.8	7.0
12	– sonstige Straftaten (§§ 85,89,90a,106a StGB);§ 20 VereinsG	2	6.5	0.7
	VII. Sonstige Straftaten			
13	– (§§ 132,340,267 StGB;§ 40 WStG;§ 67 WeinG; §§ 21,22 StVG;§ 11 BtMG;§ 6 PflVG;§ 396 AO; § 20 LPG Berlin;§ 20 LPG Bremen;§21 LPG Niedersachsen)	1	38.0	–
	Insgesamt	231	12.0	12.1

* X= arithmetischer Mittelwert, S= Standardabweichung

474

Von Interesse dürfte auch sein, wie die Ausschöpfung sich nach den einzelnen Deliktgruppen gestaltet. Tabelle 1012, die auf 231 Fällen beruht, da in einem Fall keine Zuordnung möglich war, zeigt, wie sehr die Ausschöpfung je nach Deliktgruppe schwankt. Sie läßt auch erkennen, in welchen Deliktgruppen wie häufig zeitige Freiheitsstrafen in dieser Untersuchungspopulation verhängt wurden. Es ist allerdings zu berücksichtigen, daß nur das für die Verurteilung maßgebliche schwerste Delikt wiedergegeben ist.

Eine zeitige Freiheitsstrafe fehlt nur in der Deliktgruppe 3, Straftaten gegen die persönliche Freiheit. In allen anderen Deliktbereichen kam es zumindest zu einer Freiheitsstrafe. Stark besetzt sind die Deliktgruppen 2, 6, 7, 8 und 11. Die Ausschöpfung schwankt sehr. Läßt man die Gruppen außer Betracht, die nur zwei zeitige Freiheitsstrafen enthalten, fällt in folgenden Deliktbereichen die Ausschöpfung höher aus als insgesamt: In der Deliktgruppe 1 (Straftaten gegen das Leben, Ausschöpfung zu 51,3 Prozent), Deliktgruppe 2 (gegen die körperliche Unversehrtheit), Deliktgruppe 4 (gegen die Ehre), Deliktgruppe 6 (gegen Eigentum/Vermögen, (15,4 Prozent)), Deliktgruppe 7 (gemeingefährliche Straftaten) und Deliktgruppe 10 (gegen die Rechtspflege). Auffallend niedrig ist die Ausschöpfung in der stark besetzten Deliktgruppe 8 (Straftaten gegen den öffentlichen Frieden), hier beträgt die durchschnittliche Ausschöpfung lediglich 7 Prozent. Auch in der Deliktgruppe 11 (Gefährdung des demokratischen Rechtsstaats) erreicht die Ausschöpfung nur den Wert von 10,8 Prozent. Damit ist die Ausschöpfung dort unterdurchschnittlich, wo es um politische Delikte im engeren Sinne geht.

In der Tabelle 1013 sind die Ausschöpfungsanteile noch einmal für die Rechtsgüterbereiche ausgewiesen worden.

10. Strafzumessung

Tabelle 1013: Ausschöpfung des Strafrahmens bei Freiheitsstrafe
nach Rechtsgütern

Gruppen-Nummer	Straftatfeld nach Rechtsgütern	N	X*	S*
01	Straftaten gegen die Person (Gruppe 1 - 5)	43	18.2	17.8
02	Straftaten gegen Eigentum/Vermögen (Gruppe 6)	23	15.4	17.9
03	Straftaten gegen den Staat oder staats- unabhängige Gemeinschaftswerte (Gruppe 8 - 12)	131	8.9	7.1
04	Sonstiges (Gruppe 7 und 13)	34	13.4	10.3
Insgesamt		231**	12.0	12.1

* X= arithmetischer Mittelwert, S= Standardabweichung
** in einem Fall keine Angabe

Die Tabelle 1013 macht deutlich, daß die höchste Ausschöpfung bei
Straftaten gegen die Person erfolgt (18,2 Prozent), an zweiter Stelle
liegt nicht, wie vielleicht bei einer vorwiegend aus Rechtsex-
tremisten bestehenden Tätergruppe zu erwarten wäre, die Ausschöpfung
bei Straftaten gegen den Staat, sondern die Ausschöpfung bei
Straftaten gegen das Eigentum. Hier wird fast doppelt so stark der
Strafrahmen ausgeschöpft wie bei den Straftaten, die sich gegen den
Staat und die Gemeinschaftswerte richten. Die nach Deliktbereichen
unterschiedliche Ausschöpfungspraxis der Gerichte bei der zeitigen
Freiheitsstrafe könnte mit Tendenzen der Entpolitisierung durch die
Gerichte ebenso zusammenhängen wie mit der Bedeutung, die die Gesell-
schaft dem Eigentum zuschreibt.

Die bislang gewonnenen Erkenntnisse lassen vermuten, daß Aus-
schöpfungsunterschiede auch hinsichtlich der Handlungszielorientierung der Täter zu beobachten sein werden, da gerade die
Straftaten gegen die Person etwa den terroristischen Bereich
kennzeichnen. Hierzu ist die Tabelle 1014 zu betrachten.

Tabelle 1014: Ausschöpfung des Strafrahmens nach Handlungszielen

Handlungs-ziel	N	X*	S*
terroristisch	22	28.8	21.4
militant	73	9.8	9.2
agitatorisch	106	9.8	7.8
sonstiges	31	12.4	11.9
Insgesamt	232	12.0	12.1

* X= arithmetischer Mittelwert, S= Standardabweichung

Es überrascht, daß die Ausschöpfung bei den "militanten" und "agita-torischen" Handlungszielen gleich niedrig ausfällt (9,8 Prozent). Um 4,8-Prozentpunkte höher als in der ersten Untersuchung fällt die Ausschöpfung des Strafrahmens bei zeitiger Freiheitsstrafe bei den Tätern aus, die terroristische Handlungsziele verfolgten, die Ausschöpfung liegt bei 28,8 Prozent und hier sind die Fälle nicht berücksichtigt, bei denen wegen eines Strafrahmens mit der Grenze "lebenslang" eine Berechnung nicht möglich war.

Bei den Tätern, die "sonstige Handlungsziele" verfolgten, liegt die Ausschöpfung mit 12,4 Prozent auch noch über dem Durchschnitt. Es ist zu vermuten, daß es hier häufig um Täter mit Eigentumsdelikten ging.

Bevor ein Fazit aus der Betrachtung der Ausschöpfung der Strafrahmen bei zeitiger Freiheitsstrafe gezogen wird, ist auf die wichtigen Kennwerte für die Verfahren zu verweisen, in denen eine Freiheits-strafe im Rahmen einer nachträglichen Gesamtstrafenbildung erging. Bei der Gesamtstrafenbildung werden Urteile zusammengezogen und der Bildung einer Strafe zugeführt, vorausgesetzt, die Strafe ist noch nicht vollzogen (§ 55 StGB).
Dies geschah in insgesamt 40 Fällen. Sie betreffen zum großen Teil die Täter, die schon in der urteilsbezogenen Darstellung enthalten sind.

Tabelle 1015: Nachträgliche Gesamtstrafenbildung mit Freiheitsstrafe

Gesamtstrafe:	Durchschnitt: Monate	%-Ausschöpfung
	X*=21.2	X= 12.4
	S*=22.8	S= 12.0
	Median= 12.5	N= 37**
	N= 40	

* X= arithmetischer Mittelwert, S= Standardabweichung
** in drei Fällen ließ sich die Ausschöpfung nicht berechnen

Wie bei einer nachträglichen Gesamtstrafenbildung nicht anders zu
erwarten liegt die durchschnittliche Freiheitsstrafe mit 21,2 Monate
sehr viel höher als bei der auf ein Urteil bezogenen. Die Ausschöpfung ist mit 12,4 Prozent etwas höher als bei den Urteilen
insgesamt.

Die Ergebnisse zur Strafzumessung und Ausschöpfung bei der zeitigen
Freiheitsstrafe lassen sich dahingehend zusammenfassen, daß zumeist
kleinere Freiheitsstrafen ausgesprochen werden, die zudem etwas
häufiger als allgemein zur Bewährung ausgesetzt werden. Die Aus-
schöpfung der zur Verfügung stehenden Strafrahmen erfolgt in einer
Größenordnung um die 12 Prozent. Da keine Vergleichszahlen vorliegen,
kann nur vermutet werden, daß dies eine übliche Ausschöpfungsquote
ist. Interessant ist, daß es delikt- und handlungszielspezifische
Abweichungen von dieser durchschnittlichen Ausschöpfung in der
Untersuchung gibt. Hier sind zuvörderst die hohe Ausschöpfung bei
Tätern mit "terroristischen Handlungszielen" und die geringe
Ausschöpfung bei Delikten "gegen den Staat und die Gemeinschafts-
werte" zu nennen.

Die Sanktionspraxis bei der "zeitigen Freiheitsstrafe" verliert
dadurch an Einheitlichkeit. Zwar scheint der terroristischen
Herausforderung angemessen begegnet worden zu sein, warum aber das
Eigentum/ Vermögen besser geschützt wird als der Staat und die
Gemeinschaft, stellt Fragen an das Politik- und Gesellschafts-
verständnis der Richter.

10.3.2   STRAFZUMESSUNG UND AUSSCHÖPFUNG DES STRAFRAHMENS BEI
          DER JUGENDSTRAFE

Für Jugendstrafe gelten die Strafdrohungen des Strafgesetzbuches
nicht. Der Strafrahmen bei Jugendstrafe wird in den §§ 18, 19 und
105 Abs.3 des Jugendgerichtsgesetzes (JGG) festgelegt. Bei der
bestimmten Jugendstrafe und der Jugendstrafe von unbestimmter Dauer
beträgt das Mindestmaß 6 Monate (§§ 18 Abs. 1 Satz 1, 19 Abs. 2 Satz
2 JGG). Bei der bestimmten Jugendstrafe beträgt das Höchstmaß für
Jugendliche 5 Jahre (§ 18 Abs. 1 JGG), für Heranwachsende 10 Jahre
(§ 105 Abs. 3 JGG). Ist bei einem Verbrechen nach allgemeinem
Strafrecht eine Höchststrafe von mehr als 10 Jahren Freiheitsstrafe
angedroht, ist das Höchstmaß auch bei Jugendlichen 10 Jahre (§ 18
Abs. 1 Satz 2 JGG). Bei der bestimmten Jugendstrafe beträgt also der
Strafrahmen in dem hier gebrauchten Sinne 54 oder 114 Monate. Eine
Gesamtstrafenbildung bei realkonkurrierenden Tatbeständen ist im
Jugendstrafrecht nicht möglich. Es wird auch bei mehreren Straftaten
die Jugendstrafe einheitlich festgesetzt (§ 31 Abs. 1 JGG).

Wie eingangs schon erwähnt, wurde in 117 Urteilen bestimmte Jugendstrafe verhängt. Die Tabelle 1016 gibt Auskunft über die

Tabelle 1016: Höhe der bestimmten Jugendstrafe

Jugendstrafe Höhe in Monate	Einfache Urteile		Nachträgliche Gesamtstrafe		Urteile insgesamt	
	N	%	N	%	N	%
6 Monate	17	20.0	2	6.2	19	16.2
über 6 - 12 Monate	53	62.4	11	34.4	64	54.7
über 12- 24 Monate	9	10.6	16	50.0	25	21.4
über 24- 60 Monate	5	5.9	2	6.3	7	6.0
über 60-120 Monate	1	1.2	1	3.1	2	1.7
Insgesamt	85	100.0	32	100.0/27.4	117	100.0

Höhe der Jugendstrafe. In 27,4 Prozent der Fälle wurde die Jugendstrafe nicht nur für das betreffende Verfahren, sondern unter
Einbeziehung eines weiteren Urteils als nachträgliche Gesamtstrafe
einheitlich festgelegt[8]. In insgesamt 19 Fällen ging die Jugendstrafe
nicht über das Mindestmaß hinaus. Mehr als die Hälfte der Urteile
beinhalteten eine Jugendstrafe von mehr als sechs und von maximal
einem Jahr (54,7 Prozent). In 21,4 Prozent der Urteile lag die
Jugendstrafe zwischen einem und zwei Jahre. Über zwei Jahre gingen
die Jugendstrafen nur in 7,7 Prozent der Fälle hinaus. Bei den
Urteilen mit einer nachträglichen Gesamtstrafenbildung ergibt sich
eine Verschiebung der Jugendstrafe in Richtung der mehr als 12 Monate
betragenden Strafen.

---

[8] in der ersten Untersuchung wurden diese Fälle nicht gesondert
ausgewiesen

Tabelle 1017: Strafrahmen, Strafzumessung und Ausschöpfung des
Strafrahmens bei der bestimmten Jugendstrafe

Jugendstrafe	Strafrahmen 6 - 60 Monate	Strafrahmen 6 - 120 Monate	Insgesamt
Einfaches Urteil: (Anzahl der Mindeststrafe)	N = 59 (8)	N= 26 (9)	N= 85 (17)
Durchschnittliche Strafe in Monaten	X*= 15.6 S*= 16.5	X= 8.7 S= 2.9	X= 13.5 S= 13.9
Durchschnittliche Ausschöpfung des Strafrahmens in %	X= 8.4 S= 14.9	X= 4.9 S= 4.9	X= 7.3 S= 13.3
Nachträgliche Gesamtstrafe	N= 21 (0)	N= 11 (2)	N= 32 (2)
Durchschnittliche Strafe in Monaten	X= 20.5 S= 13.1	X= 11.3 S= 4.8	X= 17.3 S= 11.9
Durchschnittliche Ausschöpfung des Strafrahmens in %	X= 12.6 S= 11.1	X= 9.9 S= 8.5	X= 11.7 S= 9.9
Insgesamt	N= 80 (8)	N= 37 (11)	N=117 (19)
Strafe X	X= 16.9	X= 9.4	X= 14.5
Ausschöpung % X	X= 9.5	X= 6.4	X= 8.5

* X= arithmetischer Mittelwert, S= Standardabweichung

Wie der Tabelle 1017 entnommen werden kann, betrug die bestimmte
Jugendstrafe durchschnittlich 14,5 Monate, bei den nur auf ein
Verfahren bezogenen Urteilen 13,5 Monaten und in den Fällen nach-
träglicher Gesamtstrafenbildung 17,3 Monate.

Die Tabelle 1017 ist unterteilt nach den beiden Strafrahmen und
danach, ob die Jugendstrafe Ergebnis eines einfachen Urteils oder
einer nachträglichen Gesamtstrafenbildung ist. Außer der durchschnittlichen Höhe wird Auskunft über die durchschnittliche Ausschöpfung der Strafrahmen gegeben. Die Ergebnisse machen deutlich,
daß die Ausschöpfung bei dem kleinen Strafrahmen (6-60 Monate) höher
ausfällt als beim großen Strafrahmen (6-120 Monate). In der ersten

Strafrahmengruppe beträgt die durchschnittliche Ausschöpfung insgesamt 9,5 Prozent, in der zweiten lediglich 6,4 Prozent, so daß insgesamt eine durchschnittliche Ausschöpfung von 8,5 Prozent feststellbar ist. Allerdings unterscheidet sich die Ausschöpfung auch nach der Bezugsgröße Urteil/ nachträgliche Gesamtstrafenbildung. Bei den einfachen Urteilen ist die Ausschöpfung bei durchschnittlichen 7,3 Prozent angesiedelt, bei der nachträgliche Gesamtstrafe liegt sie bei 11,7 Prozent.

Tabelle 1018: Strafrahmen, Strafzumessung und Ausschöpfung des Strafrahmens bei der bestimmten Jugendstrafe für Rechtsextremisten, Durchschnittswerte

Jugendstrafe	Strafrahmen 6 - 60 Monate	Strafrahmen 6 - 120 Monate	Insgesamt
Einfaches Urteil: (Anzahl der Mindeststrafe)	N = 51 (7)	N= 24 (9)	N= 75 (16)
Durchschnittliche Strafe in Monaten	X*= 15.5	X= 8.5	X= 13.3
Durchschnittliche Ausschöpfung des Strafrahmens in %	X= 8.3	X= 4.6	X= 7.1
Nachträgliche Gesamtstrafe	N= 18 (0)	N= 10 (1)	N= 32 (2)
Durchschnittliche Strafe in Monaten	X= 22.2	X= 11.8	X= 18.5
Durchschnittliche Ausschöpfung des Strafrahmens in %	X= 14.1	X= 10.9	X= 12.9
Insgesamt	N= 69 (7)	N= 34 (10)	N=103 (17)
Strafe X	X= 17.2	X= 9.5	X= 14.7
Ausschöpung % X	X= 9.8	X= 6.7	X= 8.8

* X= arithmetischer Mittelwert

Tabelle 1018 weist die Ergebnisse noch einmal speziell für die Rechtsextremisten in der Untersuchung aus. Dabei ergibt sich, daß mit einer durchschnittlichen Ausschöpfung von 8,8 Prozent diese

Tätergruppe stärker belastet wird als die Täter insgesamt, bei den einfachen Urteilen ist dies jedoch nicht der Fall, dort liegt die Ausschöpfung bei 7,1 Prozent. Rechtsextremisten werden im Rahmen der nachträglichen Gesamtstrafe stärker bestraft, hier erreicht die Ausschöpfung im Durchschnitt 12,9 Prozent.

Die Analyse der Strafzumessungspraxis ist noch um die Handhabung der Aussetzung zur Bewährung zu erweitern. 1981 wurden bewährungsfähige Jugendstrafen (ohne Straftaten im Straßenverkehr) mit einer Dauer von bis zu einem Jahr insgesamt zu ca.80 Prozent zur Bewährung ausgesetzt, Jugendstrafen von über einem bis zu zwei Jahren zu ca. 30 Prozent[9]. Die Tabelle 1019 gibt Auskunft über die Praxis der Aussetzung einer Jugendstrafe zur Bewährung in der vorliegenden Untersuchung.

Tabelle 1019: Strafrahmen, Strafzumessung und Ausschöpfung des Strafrahmens bei der bestimmten Jugendstrafe mit Strafaussetzung zur Bewährung

Jugendstrafe	Strafrahmen 6 - 60 Monate	Strafrahmen 6 - 120 Monate	Insgesamt
Insgesamt: (Anzahl der Mindeststrafe)	N = 52 (8)	N= 32 (10)	N= 84 (18)
Durchschnittliche Strafe in Monaten	X*= 12.8	X= 9.1	X= 10.4
Durchschnittliche Ausschöpfung des Strafrahmens in %	X= 4.3	X= 5.7	X= 4.8

* X= arithmetischer Mittelwert

Insgesamt wurden 71.8% der bestimmten Jugendstrafen zur Bewährung ausgesetzt. Auf die bewährungsfähigen Strafen berechnet, beträgt der

---

[9] s. Statistisches Bundesamt Wiesbaden: Fachserie 10, Rechtspflege, Reihe 3, Strafverfolgung 1981, a.a.O., Prozentangabe nach eigenen Berechnungen

Anteil 77.8%. Differenziert nach Urteil und nachträglicher Gesamtstrafe fällt auf, daß bei Urteilen der Bewährungsanteil bei 87.3%
liegt, bei nachträglicher Gesamtstrafe jedoch nur bei 51.7%
Lediglich neun Fälle hatten ein Jugendstrafe von über 24 Monaten.
Die durchschnittliche Ausschöpfung bei den zur Bewährung ausgesetzten
Jugendstrafen ist mit 4,8 Prozent sehr niedrig. D.h. umgekehrt, da
wo relativ stark der Strafrahmen ausgeschöpft wurde, wurde die Strafe
nicht zur Bewährung ausgesetzt. Bei dem Strafrahmen "6 -60 Monate"
wurde z.b. bei den nicht zur Bewährung ausgesetzten 28 Jugendstrafen
der Rahmen zu 19,1 Prozent ausgeschöpft. In der Strafrahmengruppe "6
- 120 Monate) zu 10,4 Prozent. Also da wo Milde waltete, wurde zur
Bewährung ausgesetzt. Da wo Härte zum Tragen kam, wurde nicht
nachträglich Milde walten gelassen.

Gegenüber der ersten Untersuchung ist die Ausschöpfung höher,
allerdings wurden damals die nachträglichen Jugendstrafen nicht
ausgewiesen. Gegenüber den Freiheitsstrafen fällt die Ausschöpfung
deutlich geringer aus und auch die durchschnittliche Höhe der
Jugendstrafe ist geringer. Die gegenüber der Freiheitsstrafe
insgesamt mildere Gerichtspraxis mag in der besonderen Altersstruktur
der Täter begründet liegen. Die Handhabung der Jugendstrafe zeigt
aber, daß die Gerichte wohl sehr differenziert die Milde zur Geltung
kommen lassen. Wenn harte Strafen ergehen, dann auch mit außergewöhnlich hoher Ausschöpfung des Strafrahmens.

10.3.3   STRAFZUMESSUNG UND AUSSCHÖPFUNG DES STRAFRAHMENS BEI
           DER GELDSTRAFE

Bei der Bewältigung von Strafverfahren wegen mutmaßlicher rechtsextremistischer Aktivitäten und Erscheinungen war die Geldstrafe für
die Gerichte die bevorzugte Sanktionsart. Bei den als Rechtsextremisten identifizierten Straftätern nimmt sie allerdings nur den
zweiten Rang ein. In 339 Urteilen wurde Geldstrafe verhängt, in drei

Fällen zusammen mit einer Freiheitsstrafe (bei Rechtsextremisten 187/2).

Seit dem 1. Januar 1975 gilt das sog. Tagessatzsystem. Die Höhe des Tagessatzes bestimmt sich überwiegend nach den persönlichen und wirtschaftlichen Verhältnissen des Verurteilten. Die Beurteilung der Schwere einer Tat erfolgt durch die Gerichte über die Festlegung der Anzahl der Tagessätze, also nicht über die Höhe des Tagessatzes. Deshalb ist für die Untersuchung der Ausschöpfung des Strafrahmens bei den nach dem Tagessatzsystem verhängten Geldstrafen, Ausnahmen bestehen im Alliierten-Recht, die Anzahl der Tagessätze heran-zuziehen. Sie beträgt mindestens 5 und höchstens 360 Tagessätze, wenn das Gesetz nichts anderes bestimmt (§ 40 Abs. 1 StGB). Bei der Bildung einer Gesamtstrafe darf die Geldstrafe 720 Tagessätze nicht überschreiten (§ 54 Abs. 2 Satz 2 StGB). Die Höhe des Tagessatzes kann 2,- DM bis 10.000,- DM betragen (§ 40 Abs. 2 Satz 3 StGB).

Die Tabelle 1020 enthält die wichtigen Ergebnisse zur Praxis der Geldstrafe, zum einen für die Täter insgesamt, zum anderen für die Rechtsextremisten. Ausgewiesen wird die durchschnittliche Summe der Geldstrafe, die durchschnittliche Höhe des Tagessatzes und die durchschnittliche Anzahl der Tagessätze sowie die darauf bezogene durchschnittliche Ausschöpfung des Strafrahmens.

Bei den Tätern insgesamt ergibt sich in den Fällen mit nur einer Tat eine durchschnittliche Ausschöpfung von 10,5 Prozent, bei Tatmehrheit von 7,9 Prozent. Insgesamt betrug die Höhe der Geldstrafe durch-schnittlich 1661,61 DM, allerdings auch unter Einbeziehungen der nach Sonderfällen verhängten Geldstrafen (Alliiertes Recht). Bezogen auf die beiden Geldstrafenrahmen ergibt sich eine durchschnittliche Geldstrafe von 1855,28 DM. Bei Tatmehrheit liegt die durch-schnittliche Summe jedoch viel höher, sie liegt in diesen Fällen bei 2525,61. Die Höhe des einzelnen Tagessatzes beträgt 33,69 DM bzw. 41,83 DM bei Tatmehrheit. Richtet sich der Blick auf die Geldstrafen für die Rechtsextremisten, wird erkennbar, daß in den Fällen von einer Tat der durchschnittliche Tagessatz mit 33,17 DM zwar etwas

geringer ausfällt als insgesamt, die durchschnittliche Summe der
Geldstrafe mit 1896,18 DM dennoch deutlich größer ist, weil die Ausschöpfung und damit die durchschnittliche Zahl der Tagessätze sehr
viel höher liegt (13,9 Prozent; 54,7 Tagessätze). Auch in den Fällen
der Tatmehrheit wird den Rechtsextremisten stärker in die Tasche
gegriffen (9 Prozent Ausschöpfung), wobei die Höhe des Tagessatzes
mit 49,25 DM deutlich höher liegt als bei den Tätern insgesamt. Bei
Rechtsextremisten ist entsprechend die durchschnittliche Summe aller
Geldstrafen mit 2040,73 DM sehr viel höher als insgesamt.

Tabelle 1020: Geldstrafe nach Strafrahmen, durchschnittliche
Summe, durchschnittliche Höhe des Tagessatzes,
durchschnittliche Anzahl der Tagessätze und
durchschnittliche Ausschöpfung bei Rechtsextremisten
und insgesamt

| Strafrahmen | durchschnittliche | | | |
	Summe der Geldstrafe	Höhe des Tages- satzes	Zahl der Tages- sätze	Ausschöpfung %
Insgesamt: 5 - 360 Tagessätze	1520.63 N*=276	33.69 N=275	42.5 N=275	10.5 N=275
10-720 Tagessätze	2525.61 N= 41	41.83 N= 41	66.4 N= 41	7.9 N= 41
Sonstiges	1855.28 N= 18	-	-	-
Insgesamt	1661.61 N=335			
Rechtsextremisten: 5 - 360 Tagessätze	1896.18 N=153	33.17 N=152	54.7 N=152	13.9 N=152
10-720 Tagessätze	3087.50 N= 20	49.25 N= 20	74.5 N= 20	9.0 N= 20
Sonstiges	1974.62 N= 13	-	-	-
Insgesamt	2040.73 N=185			

* N beträgt insgesamt 339 (drei Fälle mit Freiheits- und Geldstrafe!), bei den Rechtsextremisten beträgt N=
189. Abweichungen sind durch fehlende Angaben begründet

Insgesamt bewegt sich die Strafzumessung und Ausschöpfung der Geldstrafe in einem angemessenen Rahmen, wobei die Gerichte zwischen den Rechtsextremisten und den übrigen Tätern stark unterscheiden. Wenn gegen Rechtsextremisten Geldstrafen verhängt wurden, so geschah dies deutlich härter als in den übrigen Fällen.

10.3.4   VERGLEICH DER AUSSCHÖPFUNGSANTEILE

Mit der Freiheitsstrafe, der bestimmten Jugendstrafe und der Geldstrafe ist die Strafzumessungspraxis und die durchschnittliche Ausschöpfung der zur Verfügung stehenden Strafrahmen für drei wichtige Sanktionsarten dargestellt worden. Die Verurteilungen der Rechtsextremisten sind zu mehr als 70 Prozent mit diesen Sanktionen erfolgt. Abschließend sollen die durchschnittlichen Ausschöpfungsprozente noch einmal miteinander und mit den Aausschöpfungsprozenten für die Täter insgesamt verglichen werden.

Grafik 10.3:

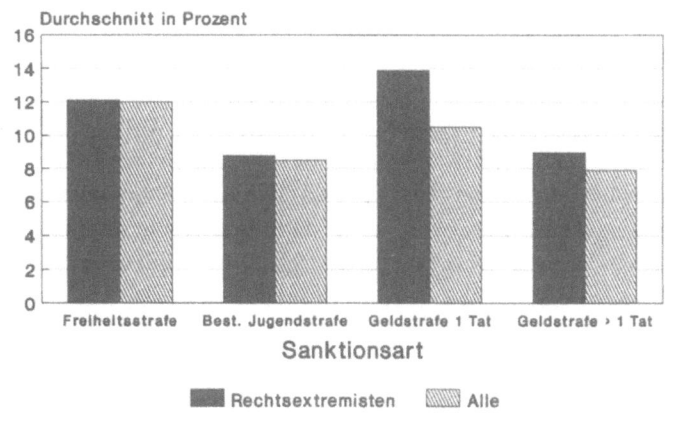

Vergleich Ausschoepfung
nach Sanktionsart RE/Alle

Prozentwert

Die Grafik 10.3 zeigt die durchschnittliche Ausschöpfungsquote bei
der Freiheits-, der Jugendstrafe und der Geldstrafe bei einer und bei
mehr als einer Tat an, und zwar für die Rechtsextremisten und für
die Täter insgesamt ("Alle") in dieser Untersuchung.

Bei dieser Art des Vergleichs ist jedoch zu berücksichtigen, daß je
nach Sanktionsart der Anteil der diesbezüglichen Urteile der
Rechtsextremisten unterschiedlich ist. Bei der Freiheitsstrafe sind
nur 20 von 254 Urteilen nicht auf Rechtsextremisten entfallen, bei
der bestimmten Jugendstrafe sind es 14 von 117. Lediglich bei der
Geldstrafe ist die Kluft zwischen den Rechtsextremisten und den
übrigen Straftätern sehr groß. Von allen 339 Geldstrafen entfielen
nur 187 auf die Rechtsextremisten. Da in der Übersicht die Rechtsex-
tremistenergebnisse denen der Täter insgesamt gegenübergestellt
werden, muß berücksichtigt werden, daß bei den Ergebnissen für alle
Täter die Rechtsextremisten mit enthalten sind. Wenn also die
Ausschöpfung z.B. bei allen Tätern geringer ausfällt als bei den
Rechtsextremisten, wäre der Wert noch geringer, wenn nur die übrigen
Täter ausgewiesen würden, dies geschieht aus rechentechnischen
Gründen jedoch nicht.

Bei allen in der Grafik 10.3 ausgewiesenen Sanktionsarten ist die
Ausschöpfung bei den Rechtsextremisten höher als insgesamt. Insbesondere bei der Geldstrafe zeigen sich eklatante Unterschiede. Sie
lassen erkennen, daß die Gerichte Delikte von Rechtsextremisten
stärker geahndet haben als die von anderen Tätern.

Dennoch kann das Fazit zur Strafzumessung und Ausschöpfung nicht
unumschränkt die Aussage enthalten, daß Rechtsextremisten durchweg
von den Gerichten hart bestraft werden. Die Ausschöpfungsanalyse bei
der Freiheitsstrafe erbrachte zwar für den rechtsextremistischen
Täterkreis, der "terroristische Handlungsziele" verfolgte, eine recht
hohe Ausschöpfungsrate, die Strafrahmenausschöpfung fiel bei Tätern
mit "militanten Handlungszielen" mit 9,8 Prozent allerdings ebenso
niedrig aus wie bei Tätern mit "agitatorischen Handlungszielen".

Bei den bestimmten Jugendstrafen ließ sich erkennen, daß in der
Breite recht zurückhaltend verurteilt wurde und zumeist die Strafen
zur Bewährung ausgesetzt wurden. Nur in besonderen Fallkonstellationen griffen die Gerichte hart durch.

Wurde über die Sanktionsart zunächst das Bild einer hart durch-
greifenden Justiz vermittelt, so ergibt die nähere Analyse der
Strafzumessung und Ausschöpfung ein weniger einheitliches Bild.
Von einer durchgängigen Nachgiebigkeit der Justiz gegenüber
rechtsextremistischen Straftätern kann allerdings nicht die Rede
sein. Hier zeigen vor allem die Ergebnisse zu den Geldstrafen, daß
die Rechtsextremisten vor Gericht schlechter abschneiden als die
anderen Straftäter dieser Untersuchung.

11.   ZUSAMMENFASSUNG DER EMPIRISCHEN ANALYSE

Mit der Untersuchung von 1382 rechtskräftig abgeschlossenen Strafverfahren wegen mutmaßlicher rechtsextremistischer Aktivitäten und
Erscheinungen aus der Zeit von September 1978 bis März 1987 rückte
das Verhältnis von Strafjustiz und Rechtsextremismus auf der Ebene
des Alltagsgeschehens ins Blickfeld. Ob in Berlin, München oder
Tostedt, überall waren Gerichte mit Strafverfahren wegen mutmaßlicher
rechtsextremistischer Aktivitäten befaßt. "Große Führer" und "kleine
Fische" mußten sich vor den Gerichten strafrechtlich verantworten.
Ihre Straftaten bildeten die sichtbare Spitze eines Eisbergs
illegaler rechtsextremistischer Vorkommnisse in der westdeutschen
Bundesrepublik.

11.1   BEZUGSRAHMEN

In der Untersuchung werden gerade bei der politischen Kriminalität
die Straftäter als Akteure betrachtet, die sich auf der Bühne des
Strafrechts, in der Arena des Gerichts befinden. Sie haben ihre Rolle
"freiwillig" gewählt (bewußte Herausforderung der Justiz) oder wurden
gezwungen, ihre Rolle zu spielen. Sie sind Akteure eines politischen
Kampfes, der sich bestimmter Mittel und Regeln bedient. In seinem
Wesen geht der politische Kampf auf der Bühne der Strafjustiz um die
substantielle Herausforderung des bestehenden politischen Systems
durch vermeintliche oder tatsächliche Gegner des Systems. Das
Strafrecht ist ein Medium des Staates, um systemfeindliches Handeln
zu markieren und Systemgegner in einem legitimen Verfahren und nach
rechtsstaatlichen Regeln zu sanktionieren.

Die Anwendung und Umsetzung des Strafrechts ist einem autonomen
Subsystem des Staates überantwortet, den Organen der Strafrechts-
pflege. Die Staatsanwaltschaft fungiert als Schnittstelle zwischen
Staat und Strafrechtspflege, sie ist weisungsgebunden gebenüber der

Justizbehörde und Herrin des Ermittlungsverfahrens. Im Hauptverfahren sind Richter und Schöffen die zentralen Handlungs- und Entscheidungsakteure. Prozeßverlauf und Prozeßausgang spielen sich unter den Augen der Öffentlichkeit ab. Die richterlichen Entscheidungen wirken zurück auf die Handlungsmöglichkeiten und -perspektiven der politischen Akteure beiderseits der Konfliktlinie, sie präjudizieren Wahrnehmungsmuster über Justiz, Staat und erwünschtes oder unerwünschtes Verhalten. Um mit **Bourdieu** zu sprechen, sie bilden positiv oder negativ geladenes symbolisches Kapital[1]. Nebenher kann die Entscheidungspraxis die Reputation der Gerichte selbst beeinflussen. Die Akteure stehen damit in komplexen reziproken Beziehungen zueinander.

In dieses Geflecht eines politisch-justitiellen Handlungsfeldes wurde mit einer quantitativen Inhaltsanalyse von Anklageschriften und Urteilen versucht, Licht zu bringen. Bedingt durch die Anonymitätsanforderung, die den Zugang zu den Akten überhaupt erst ermöglichte, wurde mit der quantitativen Inhaltsanalyse ein methodischer Zugang gewählt, der dieses Geflecht zwar nur in einigen Bereichen und dazu nur über äußerlich feststellbare, als Aktenfall festgehaltene Merkmale angehen kann, dafür jedoch den unschätzbaren Vorteil mit sich bringt, eine fast unbegrenzte Anzahl von Verfahren der deskriptiven Analyse zuführen zu können. Die Untersuchung stellt damit die ideale Ergänzung zur hermeneutisch-phänomenologischen Analyse von 40 Jahren politischer Justiz dar, wie sie im ersten Teil auf der Grundlage der zentralen Vorkommnisse und Strömungen entwickelt worden ist. Mit dieser zweiten Untersuchung wird ergänzend das Verhältnis von Strafjustiz und Rechtsextremismus nahezu in seiner ganzen Breite und für fast eine gesamte Dekade erfaßt. Damit läßt sich der Alltag der Bewältigung des kriminellen Rechtsextremismus durch die Strafjustiz untersuchen.

Die als Vollerhebung angelegte Untersuchung erlaubte den Blick auf den Personenkreis, der unter dem Verdacht mutmaßlicher rechtsex-

---

[1] vgl. Bourdieu, Pierre: Sozialer Sinn, Kritik der theoretischen Vernunft, Frankfurt am Main 1987. S. 36

tremistischer Aktivitäten oder Erscheinungen in die Arena des Gerichts gerät. Sie gibt Auskunft über die Delikte, die diesem Personenkreis zur Last fallen, zeigt auf, wer welche Rechtsmittel mit welchem Erfolg gebraucht und vermittelt Einblick in die Strafzumessung und Strafausschöpfung durch die Gerichte. Wo immer möglich, wird sich die Zusammenfassung auf die Ergebnisse zum identifizierten rechtsextremistischen Straftäterkreis beziehen.

11.2   TÄTER

In der Bundesrepublik Deutschland gehört zur politischen Ordnung der Grundsatz der streitbaren Demokratie. In den Dienst der streitbaren Demokratie ist auch das Strafrecht gestellt. Für die Abwehr des Rechtsextremismus ist das Strafrecht so konzipiert, daß nicht nur bestimmte ideologische Inhalte und Positionen sowie Handlungsformen unter Strafe gestellt werden, wenn sie sich äußern, sondern auch der Gebrauch von Kennzeichen und Symbolen nationalsozialistischer oder anderer verbotener Organisationen, unabhängig von der Gesinnung des Täters. Der weitgehende Vorfeldschutz gegen den Rechtsextremismus verfolgt das Ziel, einer Wiederbelebung des Nationalsozialismus auch dadurch zu begegnen, daß seine Symbole aus dem äußeren Erscheinungsbild in der Bundesrepublik verbannt werden. Das Strafrecht dient damit nicht nur der legitimen, nach rechtsstaatlichen Grundsätzen erfolgenden Sanktionierung von aktiven Systemgegnern, es dient auch der Steuerung und Kontrolle der politischen Kultur[2]. Eine täterorientierte Betrachtung darf deshalb nicht in den Fehler verfallen, nur in dem Straftäter den Akteur zu sehen, auf den Instanzen der Rechtspflege entsprechend reagieren. Kriminalität würde so ausschließlich zum Problem des Straftäters oder einer personal verortbaren "kriminellen Energie". Strafrecht, das zur Abgrenzung des politisch zulässigen Meinungsäußerungs- und Verhaltensraumes verwandt

---

[2] vgl. Gallandi, Volker: Staatsschutzdelikte und Pressefreiheit. Von der Stärkung des Rechts und der Legitimität der Strafgesetzgebung im politischen Konflikt, Königstein/Ts. 1983, S. 124

wird, definiert die politische Kriminalität; der Staat und das Subsystem Justiz werden so zu Akteuren in der politischen Auseinandersetzung.

11.2.1 KEINE RECHTSEXTREMISTEN

Bedingt durch den spezifischen strafrechtlichen Vorfeldschutz gegen rechtsextremistische Bestrebungen gelangen nicht nur überzeugte Rechtsextremisten auf die Bühne der strafrechtlichen Auseinandersetzung, sondern auch Personen mit anderen Motiven und Absichten. Deshalb wurde in der Vollerhebung nach Tätergruppen unterschieden. Personen, die rechtskräftig abgeurteilt, aber nicht verurteilt wurden sowie Personen, deren Verfahren nach Anklageerhebung eingestellt wurden, waren hiervon ausgenommen. Es wurden vier Tätergruppen unterschieden. 624 Personen konnten aufgrund der rechtskräftig abgeschlossenen Strafverfahren als RECHTSEXTREMISTEN festgestellt werden, auf sie entfielen 794 Strafverfahren. Als PROVOKATIONSTÄTER wurden 51 Personen eingestuft. Sie waren von den Gerichten als Straftäter eingestuft worden, die über keine rechtsextremistische Gesinnung verfügten und ihre Straftaten als "Dumme-Jungen-Streiche" oder "unpolitische Provoktionen" begangen hatten. Als dritte Tätergruppe wurde die Gruppe KEINE RECHTSEXTREMISTEN geführt. Sie konnten eindeutig als Personen identifiziert werden, die ihre Straftatbegehung keiner rechtsextremistischen Gesinnung schuldeten, sondern entweder sogar aus antinazistischen Motiven oder, was überwiegend der Fall war, aus kommerziellen Motiven insbesondere gegen § 86a StGB verstießen. 6,3 Prozent der Straftäter oder 57 Personen wurden dieser Tätergruppe zugeordnet. Schließlich blieben noch die NICHT IDENTIFIZIERBAREN übrig. Hierbei handelt es sich um 169 Straftäter, die aufgrund der Materiallage nicht eindeutig einer der drei anderen Tätergruppen zugeordnet werden konnten.

Die vorliegende Untersuchung ist die Fortschreibung einer Untersuchung, die 1982/83 durchgeführt worden war. Insoweit stellte sich

die Frage, ob die Größe der erfaßten Tätergruppen bei der zweiten
Erhebung, die bis 1986/87 reicht, relativ unverändert bleiben würde.
Es zeigt sich, daß die Größenordnung der Tätergruppen über beide Er-
hebungswellen, 1. und 2. Untersuchung, stabil geblieben (vgl.Grafik
4.1) ist. Die Notwendigkeit hinsichtlich der Motive der Straftäter
bei Verfahren wegen mutmaßlicher rechtsextremistischer Aktivitäten
und Erscheinungen differenzieren zu müssen, entspringt zum einen
wissenschaftlicher Redlichkeit und zum anderen der Kriminalisierungs-
wirkung des Strafrechts gegen rechts. Der Nationalsozialismus ist
strafrechtlich tabuisiert. Die von uns als PROVOKATIONSTÄTER bezeichnete Straftätergruppe kann als spezifisches Nebenprodukt einer
solchen strafrechtlichen Tabuisierung begriffen werden. Gleiches gilt
für die meisten Täter aus der Gruppe KEINE RECHTSEXTREMISTEN. Die
blinde Faszination für den Nationalsozialismus und seine Symbole läßt
sich tabuisieren, aufgelöst wird sie dadurch nicht. Vielmehr steigt
für die Unbelehrbaren der Wert des Besitzes solcher Symbole und
Devotionalien und für den Händler die potentielle Gewinnspanne. Die
Affäre um das Document Center in Berlin, aus dem viele NSDAP-Akten
verschwanden und auf Flohmärkten wieder auftauchten, ist symptomatisch für diesen Nebeneffekt strafrechtlicher Tabuisierung.

Die Tatsache, daß sich unter den Straftätern auch Händler und
Kaufleute befinden, führt zu der Annahme, daß die untersuchten Straftäter nicht aus einem sie gemeinsam kennzeichnenden Sozialmilieu
kommen.

Für die Gruppe der PROVOKATIONSTÄTER ist neben dem geringen
Durchschnittsalter von 19,1 Jahren kennzeichnend, daß sie überwiegend
noch Schüler oder Auszubildende sind und aus Familien des mittleren
und unteren Statusbereichs kommen. Frauen sind bei den Provokationstätern zu fast zehn Prozent vertreten.

Bei den Straftätern dieser Untersuchung überhaupt stellen Frauen
einen Anteil um drei Prozent, ebenso bei den Tätern der Gruppe KEINE
RECHTSEXTREMISTEN. Das Durchschnittsalter in der Gruppe KEINE
RECHTSEXTREMISTEN beträgt 38,1 Jahre. Es bedingt, daß die Täter

Familienstandsangaben aufweisen, die sie als etabliert und gesellschaftlich integriert erscheinen lassen. 68,9 Prozent der Täter aus
der Gruppe KEINE RECHTSEXTREMISTEN waren verheiratet. Das Bildungsniveau kann kohortenspezifisch als gut bezeichnet werden und
67,3 Prozent der Täter nahmen einen mittleren oder höheren sozialökonomischen Status ein.
Deutlich abgrenzbar von diesen beiden Tätergruppen sind die NICHT
IDENTIFIZIERBAREN. Sie sind zur Zeit der Tat im Durchschnitt 26,2
Jahre alt, 97 Prozent von ihnen sind männlichen Geschlechts.
Herkunftsmäßig dominiert der untere Statusbereich (73,7 Prozent),
89,1 Prozent weisen ein nicht über die Sekundarstufe I hinausgehendes
Bildungsniveau auf und 19,4 Prozent waren zur Zeit der Tat arbeits-
oder beschäftigungslos. Geht man davon aus, daß die Straftäter der
Gruppe NICHT IDENTIFIZIERBARE Rechtsextremisten sein können, es aber
nicht sein müssen, dann muß man zu der Aussage kommen, daß zumindest
12 Prozent der Straftäter der Untersuchung (PROVOKATIONSTÄTER und
KEINE RECHTSEXTREMISTEN) nicht zu den Rechtsextremisten zu zählen
sind.

Die Täter, die nicht Rechtsextremisten sind, scheinen jeweils
besonderen Sozialmilieus zu entstammen. Mit den PROVOKATIONSTÄTERN
und den KEINE RECHTSEXTREMISTEN geraten zwei Tätergruppen in das
Blickfeld, die bisher in der Diskussion um Strafjustiz und Rechtsextremismus nicht beachtet wurden. Offensichtlich handelt es sich
hierbei nicht um Täter, die als radikale systemoppositionelle Kräfte
angesehen werden können. Es sind Täter, die kriminalisiert wurden,
weil der Staat den Schutzzweck verfolgt, das öffentliche Erscheinungsbild der Bundesrepublik von der Verwendung nationalsozialistischer Symbole und Kennzeichen freizuhalten. Das Strafrecht als
Mittel des Kampfes gegen rechts trifft also auch Menschen, die selbst
nicht Rechtsextremisten sind. In einer Demokratie, in der das
Strafrecht "ultima ratio" ist, wirft dies Fragen nach der Nützlich-
keit eines derart ausgestalteten strafrechtlichen Schutzes auf. Die
Einführung eines strafrechtlichen Schutzes der Öffentlichkeit vor
nationalsozialistischen Symbolen und Kennzeichen stand unter außen-
und innenpolitischen Erwägungen. Während gegenüber dem Ausland damit

signalisiert wurde, daß es in Deutschland zu keinem Wiederaufleben
des Nationalsozialismus kommen dürfe, wurde nach innen auf eine
umfassende Tabuisierung des Nationalsozialismus gezielt. Mit dem
Heranwachsen der dritten Nachkriegsgeneration besteht die Gefahr, daß
sich beide Erwägungspunkte politisch-gesellschaftlich nicht mehr ausreichend vermitteln. Prozesse der Historisierung und Relativierung
des Nationalsozialismus werden sichtbar. Immer häufiger bedarf es der
Erinnerung an die Einzigartigkeit der nationalsozialistischen Verbrechen[3]. Der durch die Vereinigung mit der DDR bewirkte Einschnitt
in die Entwicklungsgeschichte der Bundesrepublik wird sich auf die
Erinnerungsqualität mit Sicherheit dahingehend auswirken, daß der
Nationalsozialismus nun noch stärker im kollektiven Bewußtsein den
Geschichtsbüchern übereignet wird.

Für die westdeutsche Bundesrepublik galt aber noch, daß seit gut
vierzig Jahren der Nationalsozialismus gesellschaftlich, politisch
und strafrechtlich geächtet war, und man deshalb annehmen mußte, daß
derjenige, der nationalsozialistische Symbole und Kennzeichen
verwendet, wußte, worauf er sich einließ. Die zitierten Aussagen von
Rechtsextremisten[4] haben ja auch verdeutlicht, daß diese sich der
Wirkung und der möglichen Folgen ihres Handelns genau bewußt sind.
Auch die Geschäftsleute dürften in der Mehrzahl der Fälle wissen, daß
ihr Profit im Handel mit diesen Kennzeichen wesentlich eine Folge der
gesellschaftlichen und strafrechtlichen Ächtung des Nationalsozialismus ist. Wie sieht es damit aber bei den PROVOKATIONSTÄTERN aus, kann
man dort unterstellen, daß sie genau wissen, worum es geht? Die
meisten von ihnen wurden in einem Alter zwischen 14 und 17 straffällig (51 Prozent). Keiner dieser Täter verfügte über ein die Sekundarstufe I übersteigendes Bildungsniveau. Unter Berücksichtigung der

---

[3] mit diesem Problem befaßt sich Paul, Gerhard (Hrsg.): Hitlers
Schatten verblaßt. Die Normalisierung des Rechtsextremismus, Bonn
1989

[4] s. Kapitel 3.4

496

Untersuchungen von Sochatzy und Bosselmann[5] kann man davon ausgehen, daß ein derartiger Personenkreis höchstens diffuse und verschwommene Kenntnisse über den Nationalsozialismus besitzt. Jugendliche in diesem Alter wissen aber genau darüber Bescheid, was in der Erwachsenenwelt an Tabus besteht. Nationalsozialismus ist ein Tabu, und der Tatort "Schule" unterstreicht in vielen Fällen den tabuverletzenden, provokativen Charakter der Taten. Sie werden von einer Generation begangen, die den Nationalsozialismus höchstens aus den Schilderungen der Großelterngeneration kennt. Das Strafrecht trifft auch sie. Historisch bestand das Bedürfnis und die Notwendigkeit eines solch weitgehenden strafrechtlichen Schutzes gegen rechts. Über viele Jahre wurde er begleitet von der umfassenden gesellschaftlichen und politischen Ächtung des Nationalsozialismus. Die jüngste Vergangenheit deutet an, daß das Tabu in diesen Korrespondenzbereichen des Strafrechts an Wirkungskraft verlieren und eine Situation entstehen könnte, in der die Ächtung nunmehr überwiegend über das Strafrecht verläuft, während im übrigen – auch außerhalb der Sozialklausel des § 86 Abs. 3 StGB – an die Stelle einer Tabuisierung eine inhaltliche Auseinandersetzung getreten ist oder treten müßte. In den PROVOKATIONSTÄTERN dieser Untersuchung waren die ersten Anzeichen einer solchen Entwicklung für die Justiz spürbar. Sollte sich diese Entwicklung verstärken, sie wäre vermutlich davon überfordert. Ob und inwieweit sich Gesellschaft und Justiz in diesem Strafrechtsbereich voneinander abkoppeln, hängt zuletzt auch von der Justiz selbst ab. Sie hat es mit ihren Urteilen in der Hand, ob die Art der Anwendung des Strafrechts sich der Öffentlichkeit als ange-

---

[5] s. Sochatzy, Klaus:Neofaschismus im Schülerurteil, Frankfurt am Main 1980; Boßmann, Dieter (Hrsg.): "Was ich über Adolf Hitler gehört habe ...". Folgen eines Tabus: Auszüge aus Schüler-Aufsätzen von heute, Frankfurt am Main 1979 (1977); übergreifend zum Thema Jugend und Rechtsextremismus siehe auch Heitmeyer, Wilhelm: Rechtsextremistische Orientierungen bei Jugendlichen. Empirische Ergebnisse und Erklärungsmuster einer Untersuchung zur politischen Sozialisation, Weinheim, München 1987

messen darstellt oder nicht. Letzteres erweist sich am Umgang der
Rechtspflege mit den Personen, die eindeutig als Rechtsextremisten
zu identifizieren sind. Die Ergebnisse zu diesem Personenkreis
standen daher auch im Mittelpunkt der Untersuchung.

11.2.2   RECHTSEXTREMISTISCHE STRAFTÄTER

Aus der SINUS-Studie ist bekannt, daß nicht jeder, der rechtsextremen
Gedanken offen ist, ein krimineller Rechtsextremist sein kann[6], denn
sonst müßten fünf Millionen Deutsche politisch kriminell geworden
sein. Im Laufe der Jahre 1978 bis 1987 sind nur relativ wenige
Personen als kriminelle Rechtsextremisten, die von einem Gericht
wegen politischer Kriminalität rechtskräftig verurteilt worden sind,
in Erscheinung getreten. Um so mehr stellt sich die Frage, ob die
rechtsextremistischen Straftäter sozialbiografische Besonderheiten
aufweisen. Zu diesem Bereich liefert die Untersuchung eine Reihe von
Fakten. Zunächst wurde anhand des Tatbildes und der inneren Tatseite
ermittelt, welcher Art politischer Kriminalität die Straftäter
zuzuordnen sind. Aufgrund eines sozialwissenschaftlich angeleiteten
Kategorienrasters lassen sich 41 bzw. 6,6 Prozent der 624 kriminellen
Rechtsextremisten als Täter bezeichnen, die "terroristische Handlungsziele" verfolgten. Weitere 31,7 Prozent weisen "militante
Handlungsziele" auf. "Gewaltziele" (terroristisch oder militant)
kennzeichnen damit 38,3 Prozent der rechtsextremisten Straftäter. Als
Agitationstäter können 53,5 Prozent der Rechtsextremisten bezeichnet
werden, ihre Agitation richtete sich überwiegend gegen Juden und
Ausländer. Von den 624 Straftätern verbleiben 51 bzw. 8,2 Prozent,
die ein "sonstiges" oder nicht eindeutig feststellbares Handlungsziel
mit ihrer Tat verfolgten. Zumeist handelt es sich um allgemein-
kriminelle Taten wie Diebstahl oder anderes, die keine Verbindung
zu politischen Zwecken hatten. Aus den Ergebnissen zu den Handlungs-

---

[6] s.: 5 Millionen Deutsche:"Wir sollten wieder einen Führer haben
...", Die SINUS-Studie über rechtsextremistische Einstellungen
bei den Deutschen, Reinbek 1981

zielen läßt sich ein erhebliches Maß an Radikalität in der politischen Handlungsorientierung von rechtsextremistischen Straftätern
ablesen. Zu einem beträchtlichen Teil richtete sich das Gewaltpotential allerdings auf Mitglieder aus den eigenen Reihen, die, der Homo-
sexualität oder des Verrats bezichtigt, Opfer rechtsextremistischer
Gewalt wurden. Nach den Erkenntnissen der vorliegenden Untersuchung
muß festgestellt werden, daß die Gewalt der Rechtsextremisten sich
überwiegend als Gewalt gegen Personen erweist.

Die stark ausgeprägte Gewaltorientierung wird von einem Straftäterkreis an den Tag gelegt, der im Durchschnitt 26,1 Jahre alt ist und
bei dem nur 23 Prozent älter als 30 Jahre sind. Das Gewaltpotential
tritt überwiegend bei den 18- bis 30jährigen Rechtsextremisten auf.
Bezogen auf den Untersuchungszeitraum erweist sich das Durchschnittsalter als eine relativ stabil bleibende Größe.

Die Kohortenanalyse zeigt eine eingipflige Jahrgangsverteilung. Den
kriminellen Rechtsextremismus der Jahre 1978 bis 1987 bestimmten
Täter der sog. Wohlstandskohorte (1956 und später).

Die Dominanz jugendlicher Täter schlägt sich im politischen Or-
ganisationsverhalten nieder. Für 48,7 Prozent der rechtsextremistischen Straftäter ließ sich die Zugehörigkeit zu einer politischen
Organisation des rechtsextremen Spektrums ermitteln. 8,9 Prozent
gehörten sonstigen rechtsextremistischen Gruppen an, 14,1 Prozent
waren im NPD- oder DVU-Bereich organisiert. Die meisten Straftäter
gehörten allerdings den radikalen neonazistischen Gruppen an (77
Prozent). Unter dem Gesichtspunkt der politisch-ideologischen
Orientierung betrachtet, ist ein großer Teil der Straftäter in - auch
in ihrem Selbstverständnis - systemfeindlich ausgerichteten Gruppen
organisiert. Der Anteil der Täter, die sogenannten gesetzes- und
verfassungstreuen Organisationen der Rechten angehören, NPD und DVU,
ist zumindest bemerkenswert. Täter aus dem letztgenannten Bereich
weisen einen Altersdurchschnitt von 28,5 Jahren auf, neonazistische
einen Durchschnitt von 24,6 Jahren. Straftäter, die Mitglied der
Partei der "Republikaner" gewesen wären, traten in dieser Unter-

suchung nicht auf, dafür war die Partei vermutlich noch zu jung und klein gewesen.

Bei der Ermittlung der Gründe für die Hinwendung zum Rechtsextremismus ergab sich, daß politisch-ideologische Aspekte nur für 26,5 Prozent der Täter entscheidend waren und eher zu einer "agitatorischen" Handlungsorientierung führten, während die 39,5 Prozent, die über Verwandtschafts- und Bekanntschaftsbeziehungen die Hinwendung zum Rechtsextremismus erfuhren, sich als besonders gewaltorientiert auszeichneten ("Gewaltziel"-Anteil von 53,4 Prozent). Neonazistische Organisationen, Rekrutierung über persönliche Beziehungen und ausgeprägte Gewaltorientierung erscheint in der Untersuchung als Merkmalskonstellation eines harten Kerns krimineller Rechtsextremisten.

Rechtsextremistische Straftäter (nur 2,7 Prozent sind Frauen, die sich ansonsten hinsichtlich der Untersuchungsmerkmale kaum von den Männern unterscheiden) nehmen überwiegend eine untere sozialökonomische Position ein und sind zu 16 Prozent arbeitslos oder ohne Beschäftigung. Es gibt aber auffallend viele rechtsextremistische Straftäter, deren Herkunftsfamilie eine mittlere oder höhere sozialökonomische Position einnahm (45,9 Prozent der Fälle, in denen Angaben hierzu vorlagen). Eine Kreuztabellierung von Herkunftsstatus und aktuellem Status erbrachte das Bild einer generativen sozialen Abstiegsdynamik. Statusunsicherheit und sozialer Abstieg erweisen sich als Komponenten der Lebenswelt vieler rechtsextremistischer Straftäter.

Obwohl die meisten Täter aus der sog. Wohlstandskohorte kommen und damit zu den Jahrgängen gehören, die bislang die besten Bildungschancen erhielten, ist das Bildungsniveau der Straftäter niedrig. Lediglich 3,3 Prozent verfügen über ein Studium oder ein dem Studium entsprechenden Bildungsstand, 10,8 Prozent haben ein zwischen der Mittleren Reife und dem Abitur liegende Bildungsniveau. Mehr als 60 Prozent der Straftäter haben höchstens einen der Hauptschule vergleichbaren Bildungsstand erreicht. Die Gewaltneigung erweist sich als abhängig vom Bildungsstand. Je höher die Bildung, desto weniger "Gewaltziele" sind bei den Tätern zu beobachten.

Ein geringes Bildungsniveau sowie Probleme in der Berufsausbildung, die sich bei 17,7 Prozent der Straftäter, die nicht mehr Schüler waren, feststellen ließen, zeigen an, daß viele Rechtsextremisten gerade nicht zu den erfolgreichen und gesellschaftlich integrierten Menschen zu zählen sind. In zahlreichen Lebensläufen lassen sich mehrere Belastungen erfassen. Bei 59 rechtsextremistischen Straftätern ergab die Biografie Probleme vor allem mit der psychischen Konstitution. Selbstmordneigung oder Alkoholabhängigkeit wurden relativ häufig von den Gerichten in den Akten festgehalten. Die familiäre Situation der Straftäter ist in vielen Fällen ebenfalls durch belastende Konstellationen beschreibbar. 15,5 Prozent der Rechtsextremisten dieser Untersuchung wurden nur von der Mutter oder dem Vater großgezogen. Großeltern oder Verwandte mußten die Erziehungsaufgabe in 6,5 Prozent der Fälle aufnehmen, die hierzu Angaben enthielten. Pflegeeltern, Heimerziehung oder häufig wechselnde Erziehungskonstellationen wurden bei 10,9 Prozent der rechtsextremistischen Straftäter festgestellt.

Die Probleme von Rechtsextremisten mit der Intergration in die Gesellschaft lassen sich im Ansatz auch über die Familienstandsangabe erfassen. Im Vergleich zur Gesamtbevölkerung sind die 20- bis 25jährigen kriminellen Rechtsextremisten häufiger ledig und nur etwa halb so häufig verheiratet (15,5 Prozent zu 8,5 Prozent). Politische Kriminalität von rechts erweist sich in der Regel als Produkt des ledigen, einer radikalen politischen Organisation angehörigen Rechtsextremisten, wobei die Tatbegehung, wie die durchschnittliche Zahl der Beschuldigten vor Gericht andeutet, eher gemeinschaftlich erfolgt.

Von 39,4 Prozent der rechtsextremistischen Straftäter konnte eine frühere gerichtliche Sanktion festgestellt werden. In 42,3 Prozent der Fälle handelte es sich dabei um die Freiheits- oder Jugendstrafe als härteste frühere Sanktion, bei 27,2 Prozent um die Geldstrafe und

bei weiteren 26,4 Prozent waren es Zuchtmittel nach dem JGG. Täter
mit Freiheits- oder Jugendstrafe verfolgten überproportional häufig
"terroristische Handlungsziele", Täter mit Zuchtmitteln waren
übermäßig militant orientiert. Rechtsextremistische Straftäter sind
eine kriminell stark vorbelastete Tätergruppe. Auch dies ist ein
Indiz für Probleme mit der gesellschaftlichen Integration.

Insgesamt 83 Straftäter wiesen im Untersuchungszeitraum mehr als
eine Verurteilung wegen rechtsextremistischer Aktivitäten auf. Sie
unterscheiden sich in wesentlichen Punkten von den Tätern, die in
dieser Zeit nur eine Verurteilung aufweisen. Bei den
Rechtsextremisten mit mehr als einer Verurteilung sind die Anteile
für "terroristische, militante und agitatorische Handlungsziele"
höher als für sämtliche rechtsextremistischen Straftäter. Im Bereich
der "sonstigen Handlungsziele" sind sie stark unterdurchschnittlich
vertreten. Sie sind offensichtlich in ihrer Kriminalität stärker
politisch orientiert. Unter ihnen gibt es weniger Frauen als bei den
Rechtsextremisten insgesamt und prozentual gesehen sind mehr von
ihnen verheiratet. 22,2 Prozent kommen aus einem Elternhaus, das
einen hohen sozialökonomischen Status einnimmt (9,7 Prozent insgesamt) und überproportional viele nehmen einen unteren sozialökonomischen Status ein (48,8 Prozent). Die 83 Mehrfachtäter sind etwas
älter als die Rechtsextremisten insgesamt. Herausragend bei diesem
Täterprofil dürfte sein, daß sie im kriminellen Bereich äußerst
politisch agieren und stärker von Prozessen der intergenerativen
Deklassierung geprägt zu sein scheinen.

Kriminelle Rechtsextremisten zeigen ein besonderes sozialbio-
grafisches Profil. Es sind nicht die Stammtischradikalen aus der
Nachbarschaft, die politisch kriminell werden. Es sind junge Männer,
die ausgesprochen gewalttätig und häufig Mitglieder männerbündischer
Organisationen sind, die in radikaler Ablehnung zum bestehenden
System stehen. Sie gehören vielfach der gesellschaftlichen Unterschicht an, verfügen nur über wenig Bildung und weisen zusätzliche
biografische Belastungen auf (Erziehungs-, Konstitutionsmängel,
Ausbildungsabbrüche, Arbeitslosigkeit und kriminelle Vorbelastung).

Der Kult der Gewalt und der Aktion, charakteristisch für einen Teil der rechtsextremistischen Stammkultur, schlägt sich in erheblichem Maße im kriminellen Rechtsextremismus nieder und weist einen besonderen sozialen Hintergrund auf. Außer den Tätern mit "terroristischen" und "militanten" Handlungszielen kann man die meisten der Täter dazu rechnen, die "agitatorische" Handlungsziele, die sich gegen Juden und Ausländer richten, verfolgten. Die Alterszusammensetzung sowie die sozialstrukturelle Verankerung des rechtsextremistischen Täterkreises lassen den kriminellen Rechtsextremismus damit nicht einfach als repräsentative Stichprobe des gesellschaftlich vorhandenen Rechtsextremismus erscheinen. Die bewußte, gewollte Konfrontation mit der Staatsgewalt, die Illegalität als politischer Akt, kennzeichnet nur den militanten, neonazistischen Sektor des Rechtsextremismus. Die meisten anderen Rechtsextremisten bewegen sich in dem paradoxen Korridor von Systemablehnung und rechtstreuem oder angepaßtem Verhalten. Wenn sie ihren privaten Bereich verlassen, halten sie eher nach Kanälen Ausschau, die ihnen zwar Selbstvergewisserung versprechen, ihre bürgerliche Existenz aber nicht übermäßig gefährden. Sympathisanten und Mitglieder von NPD und DVU müssen zu diesem Typus von "angepaßten" Rechtsextremisten gezählt werden. Die Hauptklientel dieser Gruppierungen gehört der älteren Generation an. Wenn Personen aus diesem Umfeld kriminell wurden, dann waren es eher jüngere.

Außerhalb des organisierten Spektrums treten Täter auf, die durch einmalige verbotene Kennzeichenverwendung aufgefallen sind. Vermutlich dürften hierzu auch viele der Täter zu zählen sein, die als NICHT IDENTIFIZIERBARE eingeordnet wurden. Sie können in der Regel nicht als Akteure eines politischen Kampfes begriffen werden, den sie auch auf der Ebene der Illegalität dauerhaft zu führen bereit wären. Viel eher bietet sich hier ein Erklärungsmuster an, das von einer Ventilhandlung ausgeht. Gewöhnlich umgeben von einer Gesellschaft, die ihre politische Anschauung nachhaltig geächtet hat, mag der eine oder andere Rechtsextremist in eine Situation geraten, die es ihm für notwendig oder möglich erscheinen läßt, über eine Symbolhandlung endlich seiner Gesinnung auch öffentlich Ausdruck zu geben. Ob dann mit strafrechtlichen Folgen gerechnet wird, muß dahingestellt bleiben. Dieses häufig feststellbare Tatbild kann als Produkt der besonderen Existenzbedingungen von Rechtsextremismus im Rahmen der politischen Kultur der Bundesrepublik betrachtet werden.

11.3   TATEN

Die vorstehenden Ausführungen zu Tätertypen im kriminellen Rechtsextremismus lenken die Aufmerksamkeit auf die Delikte, die zu der Verurteilung der rechtsextremistischen Straftäter führten.

Rechtsextremistische Straftaten betrafen eine breite Palette von Bestimmungen des Strafgesetzbuches und des Nebenstrafrechts. Die 624 Rechtsextremisten verwirklichten fast 2000 Mal Tatbestände. Gemäß dem Wesen politischer Kriminalität beziehen sich die meisten Straftaten auf die Gefährdung des demokratischen Rechtsstaates (28,9 Prozent) oder richten sich gegen den öffentlichen Frieden (22,1 Prozent). Straftaten gegen Eigentum und Vermögen nehmen bei den Rechtsextremisten einen Anteil von 13,6 Prozent ein. Faßt man die Gewalt- und Äußerungsdelikte, die sich gegen Personen richteten, zusammen, nehmen sie bei den Rechtsextremisten 21,1 Prozent ein. 20 dieser Delikte waren Straftaten gegen das Leben und 282 richteten sich gegen die körperliche Unversehrtheit oder gegen die persönliche Freiheit. Bei 5,1 Prozent der Delikte handelt es sich um Verbrechen im Sinne des Strafgesetzbuches. Der kriminelle Rechtsextremismus hat auf der Tatseite zwei Gesichter. Das eine Gesicht wird durch die politischen Straftaten im herkömmlichen Sinne bestimmt. National-sozialistische Propaganda, Verwendung verbotener Kennzeichen, Volksverhetzung und Aufstachelung zum Rassenhaß, Verwenden von verbotenen Uniformen u.a. sind die strafrechtlich bewehrten Tat-bestände, die dieses Gesicht bestimmen. Das andere Gesicht wird durch Gewalttaten geprägt. Mord, Totschlag, Sprengstoffanschläge, Brand-anschläge, Raub, Diebstahl und Sachbeschädigungen sind hier zu nennen.

Die zwei Gesichter lassen sich grob als Kommunikationsdelikte und als Gewaltdelikte bezeichnen. Während die Gewaltdelikte als Angriff auf das staatliche Gewaltmonopol angesehen werden können, geht es bei den Kommunikationsdelikten um Verstöße gegen den zulässigen Meinungs- äußerungsraum in der Bundesrepublik. In diesem Bereich ist das Strafrecht politisches Strafrecht. Es geht allerdings dabei nicht allein um den Schutz des Staates oder die Wahrung des öffentlichen Friedens, sondern wesentlich um den durch den Staat zu garantierenden Persönlichkeitsschutz des einzelnen Individuums, das sich der Intoleranz anderer ausgesetzt sieht.

Rechtsextremisten fordern mit ihren Kommunikationsdelikten den herrschenden gesellschaftlichen Grundkonsens heraus. Eine Analyse der Delikte und der dabei zum Tragen gekommenen Aussagen zeigt, daß von 649 derart inhaltlich bestimmbarer Delikte 37,9 Prozent mit antisemitischen und ausländerfeindlichen Aussagen behaftet waren. In 23,9 Prozent der Fälle handelte es sich um eine Verherrlichung des Nationalsozialismus oder des Neonazismus. 6,3 Prozent der inhaltlich bestimmbaren Kommunikationsdelikte trugen zur Verharmlosung von NS- Verbrechen, insbesondere zur Leugnung des Judenmordes bei. Die inhaltliche Tatseite hat sich im Verlauf des Untersuchungszeitraumes durch Verstärkung der ausländerfeindlichen Aussagen verändert. Es sind Aussagen, die überwiegend im Deliktbereich des § 130 StGB lagen.

Die Untersuchung versuchte Einblick zu gewinnen in die Handhabung von Bestimmungen, die nach ihrem Entstehungszusammenhang nicht zuletzt als strafrechtliches Instrumentarium gegen rechts eingeführt worden sind, die §§ 86 und 86aStGB. Die Tathandlungen nach § 86 StGB waren zu 43,5 Prozent das Verbreiten und zu 23,8 Prozent das Vorrätighalten mit dem Ziel des Verbreitens. Die übrigen im § 86 StGB aufgeführten Vorbereitungshandlungen kamen nur in wenigen Fällen zur Anwendung, so kam etwa das Einführen nur zweimal als auschließliche Tathandlung zu einer Verurteilung. Hier vermittelt das gerichtlich festgestellte Tatbild vermutlich mehr einen Eindruck der polizei- lichen Zugriffsstrategie als der sozialen Wirklichkeit. Es ist bekannt, daß Propagandamittel in großem Ausmaß eingeführt werden.

11. Zusammenfassung der empirischen Analyse

Mit dem 21. Strafrechtsänderungsgesetz wurde § 86a StGB um einige aus dem § 86 StGB schon bekannte Vorbereitungshandlungen erweitert. Im Untersuchungszeitraum kamen sie jedoch noch nicht zum Tragen. Die Tathandlungen des Verwendens und Verbreitens von Kennzeichen und Symbolen verbotener Organisationen wurden überwiegend öffentlich begangen (74,8 Prozent). Die Begehung der Tathandlungen über Schriften erfolgte in 20,1 Prozent der von den Gerichten genannten Fälle. In einer "Versammlung" wurden die Tathandlungen nach den Verurteilungen nur sehr selten begangen (5,1 Prozent). Zur Verwendung oder Verbreitung kamen überwiegend Abzeichen und Grußformen (41,5 und 11,1 Prozent der Fälle). Sehr häufig wurden Parolen Gegenstand der Strafverfolgung (in 40,9 Prozent der Fälle).

Neben der inhaltlichen Propaganda spielen für den kriminellen Rechtsextremismus nationalsozialistische Symbole und Kennzeichen eine wichtige Rolle. Sie erfüllen vermutlich einen doppelten Zweck, mit ihnen wird agitiert, und sie dienen der Selbstvergewisserung.

11.4   STRAFVERFAHREN

Im Strafverfahren stehen sich die Akteure gegenüber, der Beschuldigte mit seinem Verteidiger, die Staatsanwaltschaft sowie die Richter und Schöffen. Sie befinden sich quasi in einer Arena, unter den Augen der Öffentlichkeit.

Mit der Untersuchung konnte das Prozeßverhalten der Akteure nicht in seinen Einzelheiten erfaßt werden. Für eine in die Breite gehende Untersuchung wie die vorliegende kommen nur Merkmale in Betracht, die sich über Anklageschriften und Urteile erfassen lassen. Damit ist der zu erhellende Bereich zwar begrenzt, dafür jedoch prinzipiell über alle Verfahren erfaßbar.

Zunächst wurde nach den betroffenen, mit Strafverfahren wegen mutmaßlicher rechtsextremistischer Aktivitäten und Erscheinungen

befaßten Gerichten geforscht. Die meisten Verfahren fanden erstinstanzlich vor einem Amtsgericht statt (82,6 Prozent). Dennoch muß
der Anteil der Verfahren, die vor einem Lands- oder Oberlandesgericht
(23,7 und 1,8 Prozent) durchgeführt wurden, als ausgesprochen hoch
angesehen werden. Die Gründe für die Belastung der höheren
Gerichte liegen in der deliktspezifischen Zuordnung und in der
relativen Schwere der vorgeworfenen Delikte. Im Durchschnitt standen
pro Gerichtsverfahren 1,7 Beschuldigte vor Gericht. Beim Oberlandesgericht waren es 3,5 und beim Landgericht 2,7 Beschuldigte. Wie schon
bei der Täteranalyse dargelegt, läßt dies auf viele Fälle mit
gemeinschaftlicher Tatbegehung schließen.

Die Gerichtsverfahren verteilen sich sehr ungleich auf die
Bundesländer und haben dort auch unterschiedliche Schwerpunkte
hinsichtlich der ersten Instanz. Herausragend ist die Belastung der
Gerichte durch solche Verfahren im Land Berlin (28,9 Prozent der
Verfahren). Das Saarland spielt dagegen in diesem Bereich kaum eine
Rolle. Eine überproportionale Belastung ließ sich für das Bundesland
Rheinland-Pfalz beobachten (14,5 Prozent). Für die regional unterschiedliche Belastung der Strafrechtspflege dürfte in erster Linie
die unterschiedliche Häufigkeit rechtsextremistischer Vorkommnisse
verantwortlich sein. Neonazistische Gruppen wiesen bestimmte
regionale "Hochburgen" auf.

Die meisten Gerichtsverfahren vor dem Amtsgericht beanspruchten nur
einen Hauptverhandlungstag (90,3 Prozent). Je höher das Gericht der
ersten Instanz, desto mehr Hauptverhandlungstage wurden erforderlich.
Es ist dies ein Trend, den auch die Strafrechtspflege insgesamt
aufweist. Die dennoch etwas zahlreicheren Hauptverhandlungstage an
den Landgerichten müssen in Beziehung gesetzt werden zu der durchschnittlichen Zahl der Beschuldigten bei diesem Gericht. Eine
übermäßige Beanspruchung läßt sich dann für die Rechtsextremismusverfahren nicht mehr konstatieren. Auch andere Effizienzkriterien
lassen nicht den Eindruck aufkommen, daß die Gerichte die Verfahren
hinziehen oder durch sie übermäßig beansprucht werden. Die durchschnittliche Zeitspanne zwischen Anklageerhebung und Rechtskraft des

Urteils beträgt bei den Verfahren gegen die Rechtsextremisten 303,7 Tage. Dieser Wert erstaunt um so mehr, als in 37,4 Prozent der 794 Strafverfahren gegen Rechtsextremisten Rechtsmittel eingelegt worden waren. Sowohl bei Berufungen als auch bei Revisionen ergab sich ein interessantes Prozeßbild. Die Rechtsmittel wurden überwiegend von der Verteidigerseite eingelegt. Die Staatsanwaltschaft zog in etwa der Hälfte der Fälle ihr Rechtsmittel vor einer Entscheidung wieder zurück, die Verteidigung tat dies nur in wenigen Fällen. Gemessen am Rechtsmittelerfolg hatte die Staatsanwaltschaft die bessere Prozeßstrategie. Sie war mit ihren Rechtsmitteln bedeutend erfolgreicher als die Verteidigung. Das Rechtsmittel der Berufung endete für die Staatsanwaltschaft zwar in 55,2 Prozent der Entscheidungen mit ihrer Verwerfung, für die Verteidigung jedoch in 71,6 Prozent der Fälle. Bei den Revisionen endeten für die Staatsanwaltschaft lediglich 23,8 Prozent der Entscheidungen mit ihrer Verwerfung, dagegen war dies bei 82,4 Prozent der Revisionen der Fall, die die Verteidigung eingelegt hatte.

Die Ergebnisse deuten eine intensive Nutzung der zur Verfügung stehenden Prozeßrechte durch die Verteidiger von Rechtsextremisten an. Sie zeigen aber auch, daß bei den Rechtsmitteln der Erfolg nur mäßig genannt werden kann. Die nächsthöhere Gerichtsinstanz bestätigte in den meisten Fällen das erstinstanzliche Urteil.

Der Vergleich von Anklageschrift und Urteil erbrachte einen weiteren Beleg dafür, daß die Rechtsextremisten keine besonderen Erfolge vor Gericht erzielten.

In den 794 Rechtsextremismusverfahren wurden insgesamt 2695 Urteilsentscheidungen festgehalten. Von den 2519 Anklagetatbeständen, die erfaßt werden konnten, führten 71,2 Prozent zu einer Verurteilung nach dem gleichen Delikt (bzw. Deliktgruppe). Nur in 0,9 Prozent der Fälle führte der Urteilsspruch zu einem anderen Delikt. 1,5 Prozent der Tatbestände erfuhren einen Wechsel hinsichtlich der Ideal- oder Realkonkurrenz. Bei 7,3 Prozent der Anklagetatbestände erfolgte eine sogenannte "sonstige" Bewertung durch das Gericht, d.h. es wurden z.B. mehrere Tathandlungen als eine fortgesetzte Handlung angesehen, oder es erfolgte im Eröffnungsbeschluß eine Beschränkung in der Strafverfolgung. Freisprüche waren Inhalt von 14,8 Prozent der Deliktentscheidungen, Einstellung erfolgte in 4,4 Prozent der Fälle.

Das Gesamtbild strafrechtlicher Bewältigung von Rechtsextremismusverfahren, wie es sich nach dem Vergleich von Anklage und Urteil darstellt, eignet sich nicht für die These, daß die Justiz durch diese Verfahren überfordert oder daß sie nach rechts besonders nachgiebig sei.

Ein vom Gesamtbild auffallend abweichendes Bild trat bei der Deliktgruppe 8, "Straftaten gegen den öffentlichen Frieden", auf. Die §§ 129a, 130, 131 StGB u.a. zählen zum Kernbestand des politischen Strafrechts. Von den 632 Anklagetatbeständen dieser Deliktgruppe führten 20,4 Prozent zum Freispruch und 4,9 Prozent zur Einstellung. Auch der Anteil "sonstiger Entscheidungen" des Gerichts, 9 Prozent, läßt erkennen, daß hier zwischen Anklagevertretern und Gerichten Differenzen bestehen. Sie können in einer besonderen Beweisproblematik begründet liegen. Es gibt aber auch Anzeichen dafür, daß bei einigen Vorschriften, wie etwa bei den §§ 129a, 130 und 131 StGB, keine durchgehende Rechtsklarheit besteht. Der Hinweis auf die Entwicklung der Rechtsprechung zum § 129a StGB mag als Indiz für diese These genügen. In seiner Gesamtheit kann das Aburteilungsverhalten der Gerichte als stabil und im Normalbereich liegend beurteilt werden. "Normal" ist auf Verfahren zu beziehen, in denen es um schwerere Delikte geht.

Die Analyse von Aspekten der Untersuchungshaft unterstreicht, daß die Strafrechtspflege sich einem zum Teil gefährlichen Täterkreis gegenübersieht. Bei 15,6 Prozent der Strafverfahren gegen Rechtsextremisten wurde U-Haft angeordnet. In 90 Prozent der Fälle wurde sie auch vollzogen und betrug bei den Betroffenen im Durchschnitt 215 Tage. In 23,8 Prozent der Fälle war Fluchtgefahr, in 15,9 Prozent der Fälle war Verdunkelungsgefahr angenommen worden. Am häufigsten war bei der U-Haft der Bezug auf ein Delikt nach § 129a StGB (38,1

Prozent). Zu einer Verurteilung wegen dieses Delikts kam es jedoch nur in wenigen Fällen. Der häufige Bezug auf den Tatvorwurf des § 129a StGB liegt wesentlich an den damit verbundenen strafprozeßrechtlichen Besonderheiten. Bei Verdacht von Straftaten nach § 129a StGB ist zum Beispiel grundsätzlich der Generalbundesanwalt staatsanwaltschaftlich zuständig. Der Tatvorwurf nach § 129a StGB wird von der Staatsanwaltschaft wahrscheinlich in einem gewissen Umfang aus strafprozesstaktischen Gründen genutzt.

In ihrer Gesamtheit vermitteln die Ergebnisse zur Untersuchungshaft den Eindruck, daß die Strafverfolgungsbehörden dazu neigen, nichts "anbrennen" zu lassen und bei Rechtsextremisten dieses Instrument häufig zu nutzen. Die Praxis der Haftanordnung erscheint jedoch trotzdem als angemessener Umgang mit einem gefährlichen Täterkreis.

11.5   SANKTIONEN

Ein wichtiger Aspekt für die Beurteilung des Verhältnisses von Strafjustiz und Rechtsextremismus ist die konkrete Sanktionspraxis. Die untersuchten Aspekte zu den Strafverfahren lieferten Belege zu der Annahme, daß die Justiz in den Verfahren gegen Rechtsextremisten angemessen vorgeht. Entscheidend für die Bewertung ist allerdings die Sanktionspraxis. Die Sanktion, die verhängt werden kann, ist in der Strafvorschrift nach Art und Schwere durch einen Strafrahmen umrissen. Die Gerichte haben innerhalb der gesetzlichen Strafzumessungsregeln, die diesen Strafrahmen ausfüllen, Wahlmöglichkeiten.

Unter ausschließlichem Bezug auf die 748 Verurteilungen der untersuchten Rechtsextremisten in den Jahren 1978 bis 1987 läßt sich feststellen, daß 31,3 Prozent der Verurteilungen auf Freiheitsstrafe ergingen. Die bestimmte Jugendstrafe wurde in 13,8 Prozent der Verurteilungen ausgesprochen; die Geldstrafe bestimmte den Verfahrensausgang in 25 Prozent der Verurteilungen. Zuchtmittel verhängte der Urteilsspruch in 22,3 Prozent der Entscheidungen gegen die kriminellen Rechtsextremisten. 43,5 Prozent der Verurteilungen ergingen nach Jugendstrafrecht.

Ein durchschnittlich relativ junger Täterkreis wird von den Gerichten, gemessen an der Sanktionsart, außergewöhnlich hart sanktioniert. Wie die Analyse nach Bundesländern allerdings zeigte, ist das Sanktionsverhalten je nach Bundesland sehr unterschiedlich. Eine strukturelle Erklärung läßt sich dafür nicht finden. Die Sanktionsart sagt allerdings noch nicht genug über die Sanktionspraxis aus. Die konkrete Höhe einer Strafe oder die Aussetzung zur Bewährung eröffnen den Gerichten im Umgang mit den Straftätern Spielräume, die über die Hintertür "Milde" ermöglichen würden. Entscheidend für eine angemessene Beurteilung der Sanktionen ist der Umgang der Gerichte mit dem zur Verfügung stehenden Strafrahmen. Wird der über den Strafrahmen gegebene Spielraum überhaupt genutzt und wenn, in welchem Ausmaß? – Für die Freiheits-, die Jugend- und die Geldstrafe konnte die Untersuchung detailliert Einblick in die Sanktionspraxis geben.

Bei den Rechtsextremisten wurde in zwei Fällen lebenslange Freiheitsstrafe verhängt. Die zeitige Freiheitsstrafe betrug im Durchschnitt 16,3 Monate. Kurze Freiheitsstrafen wurden relativ häufig zur Bewährung ausgesetzt, Freiheitsstrafen, die mehr als ein Jahr betrugen, dagegen seltener. Die Ausschöpfung des Strafrahmens betrug bei den Rechtsextremisten durchschnittlich 12,1 Prozent. Vom Durchschnittswert weichen einige Deliktbereiche deutlich nach oben ab, dies gilt insbesondere für Delikte gegen die Person und gegen das Eigentum. Auch unter Bezug auf die Handlungsziele gibt es starke Abweichungen von der durchschnittlichen Ausschöpfung. Täter, die terroristische Handlungsziele verfolgten, erhielten zeitige Freiheitsstrafen, die den Strafrahmen zu 28,8 Prozent ausschöpften. Im "militanten" und "agitatorischen" Bereich fiel die Strafrahmenausschöpfung dagegen mit 9,8 Prozent unterdurchschnittlich aus. Im Detail weist die Sanktionierung mit der Freiheitsstrafe kein einheitliches Bild auf. Dem terroristischen Bereich wird sicherlich ausreichend begegnet, für den militanten Bereich müssen jedoch Zweifel angemeldet werden.

Bei den 103 Verurteilungen von Rechtsextremisten zu einer bestimmten Jugendstrafe ergibt sich eine durchschnittliche Höhe von 14,7 Monaten und eine durchschnittliche Ausschöpfung von 8,8 Prozent. In den meisten Fällen sind die Höhe und die Ausschöpfung der bestimmten Jugendstrafe gering, und sie wird sehr häufig zur Bewährung ausgesetzt. Bei einem kleinen Kreis von Tätern, die bestimmte Jugendstrafen erhielten, ließen sich eine überdurchschnittliche Strafhöhe und außergewöhnlich hohe Strafausschöpfung feststellen.

In der Breite ergibt sich bei der Anwendung der bestimmten Jugendstrafe der Eindruck von Milde, einem begrenzten Täterkreis wird aber mit ausgesprochener Härte begegnet.

189 Verurteilungen von Rechtsextremisten führten zu Geldstrafen. Im Durchschnitt lag die Höhe der Geldstrafe bei 2040,73 DM. Für die Bemessung der Strafe ist die Zahl der Tagessätze entscheidend, sie betrug bei Fällen mit einer Tat im Durchschnitt 54,7, bei Tatmehrheit 74,5. Gegenüber den anderen Straftätern der Untersuchung war die Geldstrafe bei den Rechtsextremisten höher.

Die Sanktionsanalyse insgesamt vermittelt den Eindruck, daß die Justiz im großen und ganzen der Herausforderung durch den kriminellen Rechtsextremismus angemessen entgegentrat. Lediglich die häufige Aussetzung von Strafen zur Bewährung und die relativ geringe Ausschöpfung des Strafrahmens beim militanten Spektrum des kriminellen Rechtsextremismus fallen aus diesem Rahmen. Bei einer Sanktion gerade auch in dem durch subkulturelle Muster geprägten Bereich des kriminellen Rechtsextremismus kann jedoch eine als mild empfundene Strafe bei den Betroffenen als Schwäche gedeutet werden, die die Stellung des "Führers" in seiner Gruppe zu stärken vermag.

Urteile sind auch symbolisches Kapital, das die Rechtspflege den Akteuren des politischen Kampfes und sich selbst an die Hand gibt. Erst außerhalb der Gerichtsarena erweist sich abschließend, ob es sich um positives oder negatives Kapital handelt.

Eine empirische Untersuchung in der hier vorgelegten Form vermochte
nur über die äußeren Merkmale des Strafprozesses Erkenntnisse zur
Natur des hier erzeugten symbolischen Kapitals zu gewinnen. Soweit
es sich aber um Dauer und Länge der Gerichtsverhandlung, um Rechts-
mittelentscheidungen und Sanktionspraxis handelt, kann aus der Untersuchung des Umgangs der Strafrechtspflege mit dem Rechtsextremismus
in den Jahren von 1978 bis 1987 der Schluß gezogen werden, daß die
politische Justiz auf dieser Erscheinungsebene keine Anzeichen und
Angriffspunkte dafür bietet, daß mit ihrem Erscheinungsbild das
Subsystem Recht in einen kritischen, politisierbaren Zustand
überwechselt. Auf dieser Ebene überwiegt das positive Kapital auf der
Seite der Demokratie und der Rechtspflege.

Im letzten Teil dieser Arbeit wird es darum gehen müssen, beide
Forschungsstrategien und ihre zentralen Ergebnisse miteinander zu
verbinden und zu einer abschließenden Bewertung zu gelangen, die auch
den Versuch unternimmt, die Herausforderungen für die politische
Justiz zu formulieren, die ihr durch die Vereinigung mit der DDR und
den neuen Entwicklungen im Rechtsextremismus entgegentreten werden.

12.   INTEGRATIVE ZUSAMMENSCHAU DER ERGEBNISSE

Nachdem zu beiden Forschungssträngen die Ergebnisse präsentiert
worden sind, gilt es nun zu einer Zusammenschau zu kommen, die den
Erkenntnisgewinn aus einer integrativen Perspektive zieht.

Die historisch-phänomenologische und die empirisch-deskriptive
Analyse unterstreichen, wie wichtig es war, den von **Kirchheimer**
entwickelten Begriff politischer Justiz perspektivisch so zu
erweitern, daß die Akteurskonstellation und die Art der aktiven oder
passiven Bezugnahme auch die Fälle umfaßt, die außerhalb eines
etatistisch verengten Blickwinkels liegen. Die Politisierung der
Justiz durch bewußte oder in Kauf genommene Regelverletzung insbesondere durch den Typus des one-issue-Agitators (Geschichtsrevisionisten) galt es ebenso zu erfassen wie die Versuche der
rechtsextremen Subkultur, den Mythos der Verfolgten und Entrechteten
als Kitt für ihre Subkultur zu pflegen. Auch kann nur mit einem
erweiterten Begriff politischer Justiz erfaßt werden, wie über sog.
Dritte Kreise wie Medien, linke Gegenöffentlichkeit (auch Wissenschaft), Thematisierungsprozesse in Gang gesetzt werden, die die
Justiz als politische Justiz definieren. Über die Bestimmung
unterschiedlicher Konstituierungsmodi politischer Justiz war es
möglich, die gesellschaftlich existierenden Bewertungsprozesse zur
Justiz sowie die Bedingungen ihrer Erzeugung selbst in die Betrachtung einzubeziehen.

Die integrative Betrachtung der Analyseergebnisse führt zu folgenden
Thesen über die Phänomenologie politischer Justiz im Bereich Rechtsextremismus in der Bundesrepublik Deutschland in der Zeit von 1949
bis 1990, die nach den ihnen zugrunde liegenden Schwerpunkten
gegliedert werden.

12.1   POLITISCHE JUSTIZ

Unter einer Begriffsperspektive, die die politische Justiz als
Ankerbegriff entwickelt hat, sind zunächst die Erkenntnisse zusam-
menzutragen, die die politische Justiz als Ganzes betreffen und
damit auf beide Konstituierungsmodi bezogen sein können.

Zunächst ist eine Gesamteinschätzung von Umfang und Stellenwert der
politischen Justiz in Zusammenhang mit dem Rechtsextremismus vorzunehmen. Hierbei ist daran zu erinnern, daß die justitielle Auseinandersetzung nach der Selbsteinschätzung der staatlichen Akteure nur
als "ultima ratio" in Frage käme und die geistig-politische Auseinandersetzung mit dem Extremismus im Vordergrund zu stehen habe[1].

Diese Deklaration steht in einem Gegensatz zu dem aus den beiden
Analysen zu gewinnenden **Gesamteindruck** über die politische Justiz im
Bereich Rechtsextremismus:

*   Politische Justiz im Bereich des Rechtsextremismus kam
         okkasionell, reagierend auf konkrete Bedrohungen und
         insgesamt sehr erfolgreich als Kampfmittel gegen den
         Rechtsextremismus zum Tragen und war häufig das erste und
         entscheidende Mittel in der Auseinandersetzung mit Heraus-
         forderungen aus dem Rechtsextremismus.

Dieses Ergebnis ist Folge bestimmter Zustände, Entwicklungen und
Strukturen in der politischen Justiz der Bundesrepublik Deutschland.
Ohne Zweifel ist dabei auch das Verhältnis zur politischen Justiz
gegen links in Rechnung zu stellen. Die politische Justiz kam gegen
links zwar in beiden Konstituierungsmodi in sehr viel stärkerem Maße

---

[1] s. beispielhaft die Liste der Gegenmaßnahmen in Frisch, Peter:
Die Herausforderung unseres demokratischen Rechtsstaats durch
Extremismus und Terrorismus, in: Rechtsextremismus in der
Bundesrepublik Deutschland, Texte zur inneren Sicherheit,
Herausgeber: Der Bundesminister des Innern, Bonn 1990, S. 7ff.,
hier S.22ff.

zum Tragen als im Bereich des Rechtsextremismus, sie kann aber
dennoch für den Rechtsextremismus nicht als Randphänomen begriffen
werden. Schließlich wirkten über die politische Justiz die wesentlichen Hemmfaktoren für die Entwicklung des Nachkriegsrechtsextremismus.

Im einzelnen lassen sich die Ergebnisse zur politischen Justiz in
folgende Thesen fassen:

* In Bezug auf das Bedingungsgefüge von politischer Justiz
  und Rechtsextremismus dominiert die Definitionsmacht
  seitens des Staates, dessen Grenzziehungen gerade im
  Kommunikationsraum die Justiz nur marginalen Politisie-
  rungstendenzen aussetzte und in der Gesellschaft als
  legitime Grenzziehungen etabliert werden konnten.

* Hierzu trug bei, daß ein erheblicher Teil der Bevölkerung
  justitielles Handeln gegen den Rechtsextremismus forderte.

* Im Gesamtkontext politischer Justiz verlief in den fünfziger und sechziger Jahren eine deutliche Freund-Feind-
  Linie zwischen Antikommunismus und Linksextremismus.

* In dieser Konstellation war der Rechtsextremismus und die
  darauf bezogene politische Justiz ein Randphänomen zur
  eigentlichen Freund-Feind-Linie.

* Im Bereich der normkonstituierten politischen Justiz stand
  das Strafrecht gegen rechts im Schatten der politischen
  Justiz gegen links. Über Bifurkationseffekte profitierte
  jedoch die politische Justiz gegen rechts von dem politischen Strafrecht gegen links (z.B. § 129a StGB). Die
  Reform- und Liberalisierungsbemühungen der sechziger Jahre
  galten aber in erster Linie der justitiellen Auseinandersetzung mit dem Linksextremismus. Der Rechtsextremismus
  profitierte hiervon nur in Randzonen (Amnestiegesetze) und

die politische Justiz wies hier eher eine Tendenz der Ausweitung und Strafverschärfung auf (§ 131 StGB, § 96 a StGB (alt)). Auch das allgemein, abstrakt und generell formulierte politische Strafrecht konnte nicht seine politischen Hauptbezüge leugnen.

* Der Rechtsterrorismus besaß keinerlei neue Herausforderungsqualität für die politische Justiz, sondern konnte über die Bifurkationseffekte des politischen Strafrechts gegen links erfolgreich bearbeitet werden.

* Die staatlich-justitielle Repression des Rechtsextremismus war in der Formierungsphase der Bundesrepublik besonders erfolgreich. Das Parteiverbot der SRP markierte das Ende des parlamentarisch orientierten nationalsozialistischen Rechtsextremismus.

* In der Ausgestaltung des Kampfes gegen rechts unterlag die BRD außenpolitischen Einflüssen und europäischen Tendenzen. Die politische Justiz gegen rechts diente innen- und außenpolitischen Zwecken. Insbesondere das "Ansehen der Bundesrepublik Deutschland" erwies sich als zentrale Handlungsprämisse in der politischen Justiz.

* Das politische Strafrecht gegen rechts war überwiegend eine okkasionell-expressive Reaktion auf eruptiv wirkende Ereignisse und Entwicklungen im Rechtsextremismusbereich (Schmierwelle 1959, militanter und terroristischer Rechtsextremismus ab Mitte der siebziger Jahre). Sein Charakter war mitunter eher symbolischer Natur (Strafverschärfung im § 96 a StGB (alt)).

* Die Akteurskonstellation im Bereich der politischen Justiz zeichnete sich durch eine Vielfalt aus, in der jenseits der Institutionen sozialer Kontrolle insbesondere jüdische und antifaschistische Gruppen und Akteure sensorische Aufgaben

wahrnahmen. In die Bestimmung der Akteurskonstellation für diesen Bereich politischer Justiz fließt deutlich eine Freund-Feind-Linie (je nach Terminologie) zwischen links und rechts, totalitär und demokratisch, faschistisch und antifaschistisch ein.

* Der Fall Avci deutete eine Erweiterung der Akteurskonstellation durch türkische Solidaritätsgruppen an und war ein weiteres Beispiel dafür, wie über den hohen emotionalen Status einer Tat ein Prozeß zum Symbolprozeß wird, hier für die Verarbeitung von Ausländerhaß durch die politische Justiz. Er verweist dabei auch darauf, daß das großstädtische Umfeld besondere Akteurskonstellationen in der politischen Justiz erzeugen kann.

* Die strafrechtliche Ahndung des Antisemitismus stand fast immer unter der Rücksichtnahme auf die Vertriebeneninteressen. Durch das 21. Strafrechtsänderungsgesetz wurde dieser zwischenzeitlich aufgelöste Zusammenhang wieder hergestellt. Politische Justiz erhält die Aufgabe der Durchsetzung historischer Wahrheiten.

* Der militante und terroristische Rechtsextremismus ab Mitte der siebziger Jahre repräsentierte den offen systemfeindlich agierenden Teil des Rechtsextremismus, der die politische Justiz in besonderem Maße herausforderte. Während die Reaktion der Justiz auf den Rechtsterrorismus mit der auf den Linksterrorismus in der Strenge vergleichbar erscheint, tritt im Umgang mit dem militanten Rechtsextremismus eine relative Milde hervor.

* In der Intensität der Nutzung und der Art und Weise der Aktualisierung der politischen Justiz schlägt sich jenseits des Legalitätsprinzips eine nach Opportunitätsgesichtspunkten zu beschreibende Umgangsweise des Staates mit der politischen Justiz nieder (Verfahren gegen Remer und Frey

nach Art. 18 GG), die sich zudem je nach Legitimationsdruck bevorzugt auf (vermeintlich geeignete) Demonstrationsobjekte richtet (BNS-Verbot).

* Über die politische Justiz vermochten staatliche und justitielle Akteure erfolgreich ein den Nationalsozialismus eindeutig ablehnendes Moralsetting in der Gesellschaft zu etablieren bzw. zu stützen.

Insgesamt verweist auch die Geschichte der politischen Justiz im Bereich des Rechtsextremismus auf die Aussage von **Kirchheimer,** nach der es in der politischen Justiz darum geht, die eigenen Machtpositionen zu festigen oder neue zu schaffen[2]. Und trotz aller erkennbaren Instrumentalisierungsbemühungen des Rechts zur Sicherung der Machtposition durch staatliche Akteure hat dies nicht dazu geführt, daß außerhalb des Rechtsextremismus die politische Justiz aus diesem Grunde politisch relevanten Legitimationsdefiziten ausgesetzt worden wäre. Ein Blick in die weiteren Erkenntnisse, die diese Untersuchung erbrachte, bietet hierfür einen Erklärungsschlüssel.

12.2   GERICHTSARENA

Die Nutzung der Gerichtsarena als spezielles Moment der politischen Justiz unterlag in der Geschichte der Bundesrepublik unterschiedlichen Belastungsgraden. Neben der Bewältigung der antisemitischen Schmierwelle von 1959/60 wurde sie in nennenswertem Ausmaß erst wieder ab Mitte der siebziger Jahre beansprucht. Einschließlich dieses Wellenverlaufs ergeben sich für die Gerichtsarena folgende Erkenntnisse:

---

[2] s. Kirchheimer, Otto: Politische Justiz, Verwendung juristischer Verfahrensmöglichkeiten zu politischen Zwecken, Frankfurt am Main 1985 (1961), S. 11

12. Integration der Ergebnisse

* Im Umfang der konkreten Beanspruchung der Gerichtsarena ergaben sich deutliche Abhängigkeiten sowohl von eruptiven Ereignisketten als auch von phasenspezifischen Strukturveränderungen im Rechtsextremismus.

* Durchgängig steht einer hohen Rate an polizeilichen und staatsanwaltschaftlichen Ermittlungsverfahren ein niedriges Aufkommen an Gerichtsverfahren gegenüber. Gerade im Bereich der politischen Justiz ist ein entscheidender Wirkungsfaktor schon die Durchführung von exekutiven Maßnahmen an sich.

* In der Gerichtsarena kam es immer wieder zu Prozessen mit einer starken symbolischen und expressiven Funktion (Hedler, Remer, Roeder, Hoffmann, Kühnen, Avci-Prozeß). Gerade für sog. Führerpersönlichkeiten wurde die Gerichtsarena ein Forum zur positiven oder negativen Ladung ihres symbolischen Kapitals (Remer und Hofmann erhalten eher negative Ladung, Kühnen eher eine positive).

* Über die Gerichtsarena kamen überwiegend bei Sektenführern und one-issue-Agitatoren Pathologisierungsund Diskreditierungsstrategien zum Tragen (Loritz, Remer).

* Die Instrumentalisierung der Gerichtsarena unterlag besonderen thematischen und zeitlichen Bedingungen und Risiken. Die von der Regierung initiierten Prozesse vor dem Bundesverfassungsgericht waren nur teilweise von justitiellem, insgesamt aber von politischem Erfolg gekrönt.

* In die Gerichtsarena gerieten neben eindeutig identifizierbaren Rechtsextremisten so unterschiedliche Tätergruppen wie Provokationstäter oder solche, die keine Rechtsextremisten und unpolitisch sind. Diese Tätergruppen lösten jedoch keine nennenswerten Problematisierungen der Strafrechtspflege aus.

* Insbesondere für one-issue-Agitatoren war die Gerichtsarena ein bewußt in Kauf genommener oder gesuchter Kampfort.

* Mit den Skinheads trat zu den Provokationstätern ab Mitte der achtziger Jahre ein neuer Tätertypus in die Gerichtsarena, der nur bedingt mit dem organisierten Rechtsextremismus in Bezug gesetzt werden konnte.

* In der Gerichtsarena drehten sich die definitorischen Auseinandersetzungen jenseits der Tatbestandswürdigung überwiegend um die richtige Einschätzung des politischen Hintergrundes, des Gruppenbezuges und um die Gefahr der Verharmlosung. Die Kritik an der politischen Justiz war geprägt durch die Vermengung rechtstheoretischer und praktischer Fragen mit den politisch wirkenden Elementen des jeweiligen Prozesses.

* Rechtswürdigungsprobleme zeigte sich in der Gerichtsarena bei schweren Delikten gegen das Leben oder gegen die Person.

* Partielle Problematisierungen der politischen Justiz waren dann zu beobachten, wenn V-Leute in die Gerichtsarena einbezogen waren.

* Der Rechtsstab wies spätestens seit den siebziger Jahre (im Gefolge der Öffnung der Hochschule, und im Gefolge der Reformen und des gewandelten Bewußtseins, kein kohärentes obrigkeitsstaatliches Bewußtsein mehr auf. Vielmehr äußert sich in den länderspezifischen Ausprägungen wesentlicher Strafverfahrensaspekte stark die föderale Anbindung des Rechtsstabes, ohne allerdings eine nachvollziehbaren Zusammenhang mit politischen Faktoren aufweisen zu können.

* Der BGH erwies sich als Mahninstanz für einen angemessen "harten" Umgang bei Rechtsextremisten (Bewährungsstrafen),

trug aber mit seiner Rechtsprechung auch zu kritisierten Tatbestandsgrenzsetzungen bei (Kühnen-Manuskript).

* Deliktschwere und Zuständigkeitsregelungen bewirkten im Wechselspiel eine relativ große Bedeutung von Verfahren vor dem Land- oder Oberlandesgericht.

* Die Gerichtsarena wurde insbesondere wegen der häufigen gemeinschaftlichen Tatbegehung mit durchschnittlich 1,7 Angeklagten pro Verfahren belastet.

* Die Länge der Verfahren wurde beeinflußt durch extensiven Rechtsmittelgebrauch durch die Rechtsextremisten. Erfolgreich waren in diesem Handlungsfeld aber die Staatsanwaltschaften.

* Unter Berücksichtigung der genannten besonderen Umstände erwies sich die Justiz insgesamt ausreichend effizient in der verfahrensmäßigen Bewältigung des kriminellen Rechtsextremismus.

* Die Verurteilungspraxis in Fällen des Freiheitsentzuges weist kein einheitlich hartes Durchgreifen aus. Während dem Terrorismus und den Straftaten gegen das Eigentum hart begegnet wurde, wiesen die Sanktionen bei Straftaten gegen den Staat und nach Jugendstrafrecht eher Milde aus. Gerade im Bereich der Militanz fällt eine überdurchschnittlich milde Sanktionierung auf. Allerdings äußerte sich diese eher über die Strafzumessung als über die Sanktionsart.

* Die Ausschöpfung der Strafrahmen war dort unterdurchschnittlich, wo es um politische Delikte im engeren Sinne ging. Dies weist auf eine gewisse Zurückhaltung der Richter bei der Sanktionierung politischer Delikte hin.

* Im Bereich der Geldstrafen ließ sich keine Begünstigung von Rechtsextremisten feststellen.

* Die Praxis der Aussetzung von Freiheitsstrafen zur Bewährung wurde eher bei niedrigen Freiheitsstrafen übermäßig gehandhabt.

* Die Untersuchungshaft erwies sich als ein wichtiges Mittel des Umgangs der Strafrechtspflege mit dem Rechtsextremismus. Anzahl und Dauer verweisen auf ein relativ hartes Durchgreifen, wobei die Möglichkeiten der Anklage nach § 129a StGB offenbar unter instrumentellen Aspekten genutzt wurden.

* Die Sanktionspolitik im Bereich der politischen Justiz wies in ihrer Breite gewisse Nachgiebigkeiten auf. Ansonsten ergibt sich das Bild einer zuverlässig, routiniert und sachlich arbeitenden politischen Justiz gegen rechts, deren länderspezifische Abweichungen keinerlei Zusammenhang mit politisch relevanten Faktoren erkennen läßt.

* Anders als im Linksextremismus wurde der "politische Kampf" von Rechtsextremisten nicht gegen die Vollzugsanstalten selbst geführt.

12.3   POLITISCHE KRIMINALITÄT

Das Korrelat zur politischen Justiz ist das Auftreten politischer Kriminalität. In seinen Ausprägungen lassen sich unterschiedliche Referenzebenen feststellen, die zentral an Agitation und Gewalt ansetzen und inhaltliche Aspekte des Rechtsextremismus widerspiegeln.

Das Ausmaß aggressiver Agitation und ihre Zielrichtung sowie die Gewaltorientierung beschreiben die Herausforderungsqualität, der sich das politische System der Bundesrepublik durch die politische Kriminalität von rechts ausgesetzt sah und muß als Indikator für die Freund-Feind-Deutungsdimension, die auf die politische Justiz einwirkte, betrachtet werden.

* Im Vergleich zum Linksextremismus, insbesondere Kommunismus, wies der Rechtsextremismus wesentliche Strukturunterschiede in den Handlungsbedingungen auf, die ihn zum einen nicht in gleichem Maße einer Kriminalisierungspolitik aussetzten (Die Teilung Deutschlands war nicht in ein faschistisches und ein demokratisches Deutschland erfolgt, es gab keine internationalen Bruderparteien mit Führungsanspruch über den deutschen organisierten Rechtsextremismus) und ihn zum anderen nicht in entsprechendem Maße beförderten.

* Der kriminelle Rechtsextremismus wies eine starke Komponente der gemeinschaftlichen Tatbegehung auf und präsentierte sich als Männerphänomen.

* Das Tatalter war insgesamt relativ gering. Die 18- bis 20jährigen waren die Akteure der rechtsextremistischen Gewalt.

* Rechtsextremistische Militanz richtete sich vorwiegend gegen Personen.

* Eine ideologische Hinwendung zum Rechtsextremismus führte eher in die Agitationskriminalität, eine personal begründete Hinwendung eher in die Gewaltkriminalität.

* Die Gewaltorientierung erwuchs primär aus neonazistischen Gruppen, aber auch NPD und DVU wiesen einen ansteigenden Anteil von gewalttätigen Kriminellen auf.

* Rechtsextremistischer Terrorismus war kein Unterschichtprodukt.

* Kriminelle Rechtsextremisten wiesen jedoch häufig eine soziale Abstiegsdynamik auf.

* Wer gewaltorientiert war, wies mehr Justizkontakte auf.

* Im Bereich der Agitationskriminalität dominierten Antisemitismus und Apologie des NS-Regimes. Die Ausländerfeindlichkeit gewann in den letzten Jahren aber erheblich an Bedeutung.

* Während die §§ 86, 130 und 131 StGB relativ zielgenau Rechtsextremisten trafen, wies der § 86 a StGB nur einen Anteil von 61,2 % Rechtsextremisten auf.

* Bei den Delikten dominierte die Gefährdung des demokratischen Rechtsstaats, jedoch äußerte sich auch eine starke Orientierung auf allgemeine Kriminalität. Nicht jeder Täter war politisch motiviert, nicht jede Tat fiel in den Bereich der politisch definierten Delikte (hoher Anteil von Vermögens- und Eigentumsdelikten).

12.4   RECHTSEXTREMISMUS

Der kriminelle Rechtsextremismus ist nur ein spezifischer Teil des Rechtsextremismus in der Bundesrepublik Deutschland. Insoweit war der Frage nachzugehen, wie sich der kriminelle Rechtsextremismus zum Rechtsextremismus insgesamt verhält. Unter Zugrundelegung eines Aggregatstufen- und Phasenmodells wurde herausgearbeitet, daß der Rechtsextremismus eine spezifische Verlaufsgeschichte aufweist, die, zum Teil interdependent mit der politischen Justiz selbst, ihn in unterschiedlichem Ausmaß und in bestimmten Segmenten als kriminell

relevanten Rechtsextremismus erscheinen ließen. Interne Differen-
zierungen äußerten sich im Gruppenbezug und in den ideologischen
Bezügen. Das Handlungs- und Thematisierungsvermögen des Rechtsextremismus im Verlauf der Geschichte der Bundesrepublik gerade auch in
Bezug auf die politische Justiz stellt eine zentrale Bezugsgröße
unseres Themas dar.

* In Folge der Niederlage des Nationalsozialismus und der
  darauf aufbauenden Verbots- und Entnazifizierungspolitik
  der Alliierten sowie der justitiellen Bekämpfung des
  Rechtsextremismus unter dem Vorzeichen der "wehrhaften
  Demokratie" bildete sich im Rechtsextremismus, verstärkt
  durch die Erfahrung der Erfolglosigkeit, ein bis heute
  anhaltender "Mythos der Verfolgten und Entrechteten". In
  wesentlichen Spektren des Rechtsextremismus wird das
  Bewußtsein der Abweichung gepflegt.

* Die justitielle Bekämpfung der SRP und von Zentralfiguren
  des rechtsextremen Spektrums war in der Formierungsphase
  der Bundesrepublik so erfolgreich, daß sich daraus
  Strukturverschiebungen im Rechtsextremismus ergaben.

* Der Rechtsextremismus als justitielles Problempotential
  erwies sich als abhängig von phasenspezifischen Dominanzen
  der Aggregatstufen. "Fördernd" wirkte sich die Dominanz von
  Sekten und militanten Kleingruppen aus, hemmend die
  Entstehung rechter Sammlungsbewegungen.

* Die innenpolitische Polarisierung zwischen links und rechts
  konnte auch bei rechtsextremen Sammlungsbewegungen ein
  erhöhtes kriminelles Potential (Beispiel NPD im Bundestagswahlkampf 1969) provozieren.

* Ähnlich wie in den frühen fünfziger Jahren blockierte die
  Prozeßwelle Anfang der achtziger Jahre, gekoppelt mit
  langen U-Haft-Zeiten, die weitere Entfaltung des Neonazis-

mus und Rechts-Terrorismus. Dies wurde durch den justitiellen Zugriff auf die in diesem Bereich wirkenden Führerpersönlichkeiten bewirkt.

* Der Rechtsextremismus konnte allenfalls temporär ein
  Aufbrechen des Basiskonsenses politisch nutzen, er verblieb
  ansonsten, trotz bestehender Meinungsbrücken im Status
  einer subkulturellen Behaftetheit. Erst in der zweiten
  Hälfte der achtziger Jahre entwickelte er eine neue
  populistisch wirkende Qualität, die ihn zu überraschenden
  Wahlerfolgen führte, die jedoch im Bereich des Neonazismus
  höchstens von Stagnationserscheinungen begleitet wurden.

* Die Struktur und Existenzlage des Rechtsextremismus im
  Parteiensystem beförderten Fanatismus und Rigorismus, aus
  denen ein besonderes justitielles Problempotential erwuchs.

* one-issue-Agitatoren befanden sich näher an der Konfrontationslinie zur politischen Justiz als Theoretiker der
  Neuen Rechten, wobei dies aber auch auf die Kriminalisierungspolitik des Staates zurückzuführen ist.

* Der Rechtsextremismus weist einen Wechsel von Außen- und
  Binnenorientierung auf. Ende der fünfziger Jahre bestand
  primär eine Binnenorientierung ohne wesentliche Kriminali-
  tätstendenzen.

* Im Rechtsextremismus finden sich Aggregatzustände von hoher
  provokativer Substanz für die Strafrechtspflege, deren
  soziale Basis zumeist von männlichen Jugendgruppen getragen
  wird, die aber phasenspezifisch unterschiedlich zum Tragen
  kamen.

* Im militanten Spektrum vermochte die justitielle Repression die Entfaltung erheblich zu behindern, löste aber das
  systemintransigente Potential dadurch nicht auf.

527

* Konkrete Justiz- und Polizeikontakte führten bei entsprechender Gruppeneinbindung eher zu Aufwertungs-als zu Abwertungprozessen im rechtsextremen Bezugsfeld.

* Der Rechtsextremismus vermochte außerhalb der rechtsextremen Szene nur partiell Unterstützung für eine Politisierung der politischen Justiz zu erhalten (Kühnen-Prozeß).

12.5   POLITISCHE KULTUR

Der Bezugsrahmen fußt auf der Annahme, daß in der Normkonstituierung ebenso wie im Rechtsextremismus und im Umgang der Gesellschaft mit demselben kollektive Meinungsbilder und Dispositionen eine entscheidende Rolle spielen, die sich über die Ideologie ebenso äußern wie über Alltagstheorien des Rechtsstabes und den politischen Orientierungen mit Bezug auf die Justiz. Die Schaffung bzw. Sicherung von Legitiamtionsressourcen durch justitielles Handeln bzw. der Versuch, Legitimationskrisen zu erzeugen, umschreibt die Problematik der Politischen Justiz sowie ihre Verschränkung mit der konkreten Ausformung der politischen Kultur. Sie berührt ganz wesentlich die Frage des Ansehens der Justiz, ist sie krisenhaft herausgefordert oder wird ihr Verhalten als legitime Inanspruchnahme subsystemischer Rationalität und Funktion gesehen.

* Der Rechtsextremismus mußte sich in einer politischen Kultur behaupten, die ihm mehr Begrenzungen als Entfaltungschancen bot.

* Die politische Kultur beließ den Rechtsextremismus im Status einer subkulturellen Behaftetheit.

* Die Rolle der politischen Justiz kann insgesamt nur unter Berücksichtigung ihrer Aktualisierung gegenüber allen

Extremismen gewürdigt werden. An der unterschiedlichen Gewichtung zeigte sich deutlich der Einfluß der politischen Kultur auf die politische Justiz.

* Die politische Justiz stand in der Strafrechtsgebung und -gestaltung unter dem Einfluß der jeweils dominierenden Grundströmungen in der politischen Kultur. Gegenüber dem Rechtsextremismus erwiesen sich die öffentliche moralische Diskreditierung des Nationalsozialismus und des Antisemitismus als die entscheidenden politisch-kulturellen Triebfedern.

* Öffentliche Moral und politische Kultur zeigen sich im Staatsschutz unmittelbar miteinander verschränkt und er ist insoweit in besonders starkem Maße dem öffentlichen Meinungsklima ausgesetzt (§ 131 StGB, Bekämpfung der "Auschwitz-Lüge").

* Im jugendlichen und militanten Rechtsextremismus zeigten sich als erstes die gesellschaftlichen Bruchstellen in der Vermittlung der öffentlichen Moral im Umgang mit der Verarbeitung der nationalsozialistischen Vergangenheit.

* Der ansteigende Ausländerhaß wurde ab Anfang der achtziger Jahre zum Katalysator für eine Erneuerung im Rechtsextremismus, die sich ideologisch über die Neue Rechte und justitiell als zunehmende ausländerfeindliche Agitation bemerkbar machte und einen Ausbruch aus dem subkulturellen Meinungsghetto andeutete.

529

Das abschließende Urteil über die politische Justiz mit Bezug auf den
Rechtsextremismus in der Bundesrepublik Deutschland von 1949 bis 1990
lautet:

*   Die Ausgestaltung der politischen Justiz mit Bezug auf den
    Rechtsextremismus erweist sich in Ausrichtung des Rechts-
    stabes und der zur Geltung kommenden Strafrechtspraxis in
    keiner Weise mehr vergleichbar mit den Ausprägungen der
    Weimarer politischen Justiz gegen rechts. Trotz der Anfech-
    tungen durch die extreme Rechte und öffentlicher Kritik hat
    sich die politische Justiz insgesamt als autonomes, rechts-
    staatlich funktionierendes Subsystem behauptet, das par-
    tielle Krisen und politische Instrumentalisierungen ohne
    größeren Schaden hat verarbeiten können.

13.   POLITISCHE JUSTIZ GEGEN RECHTS IM VEREINTEN
       DEUTSCHLAND

Das für die Geschichte der Bundesrepublik bis 1990 gezogene Fazit
zur politischen Justiz mit Bezug auf den Rechtsextremismus soll
nicht die Aspekte verdecken, die für die Ausgestaltung der politischen Justiz in einer rechtsstaatlichen Demokratie prinzipiell als
Risikofaktoren wirken können. Auf dem Hintergrund der Benennung der
Risikofaktoren erfolgt eine Vorausschau auf die möglichen Problemzonen der politischen Justiz gegen rechts im vereinten Deutschland.

13.1   GEFAHRENMOMENTE DER POLITISCHEN JUSTIZ

Fast schon zu den Allgemeinplätzen in der Diskussion um die Gefahren
einer politischen Justiz gehört die Kritik, daß die Justiz gezwungen
sein könne, sich zu sehr dem Verhalten der politischen Systemopposition anzupassen und dabei in eine Eskalationsspirale zu geraten, bei
der die Freiheit zugunsten der Sicherheit verloren gehen könne. Eine
These, die gerade im Zusammenhang mit dem Terrorismus der RAF an
Bedeutung gewonnen hatte[1].

Diese Gefahr wird dadurch verschärft, daß die Beharrungstendenzen
von gesetzlichen Regelungen groß sind[2]. Auf der anderen Seite zeigt
die Geschichte des politischen Strafrechts in der Bundesrepublik,
daß Reformbestrebungen oder partielle Rücknahmen auch im politischen
Strafrecht zum Tragen kommen können.

---

[1] vgl. hierzu schon früh Copic, H.: Grundgesetz und politisches
Strafrecht neuer Art, a.a.O., S. 14 sowie Denninger, Erhard: Der
Präventions-Staat, in: KJ (Kritische Justiz), 21. Jg., 1/1988,
S. 1ff., hier S. 10f.

[2] vgl. Allen, Francis A.: The Crimes of Politics, Political
Dimension of Criminal Justice, Cambridge, Massachusetts 1974, S.
47; der in diesem Zusammenhang von " a kind of immortality"
spricht.

13. Politische Justiz gegen rechts im vereinten Deutschland

Die Bändigung der Tendenz zu einem "Sicherheitsstaat"[3] hängt wesentlich vom gesellschaftlich perzipierten Bedrohungsgefühl, von der Berufsethik des Rechtsstabes sowie von der Existenz einer kritischen Öffentlichkeit ab. In diesem Kontext ist auch die Gefahr der Parteilichkeit des Rechtsstabes zu sehen. Je offener der Rechtsstab als Hauptakteur des Rechtssystems sich einem Primat der Politik beugt oder diesem gebeugt wird, desto größer ist die Gefahr einer politisierbaren politischen Justiz und einer Bedrohung des Rechtsstaates. Je offener allerdings die gesellschaftliche Rekrutierungsbasis und die Ausbildungsmuster für Juristen sind, desto geringer dürfte eine solche Gefahr sein[4].

Welche Gefahrenmomente bei der Ausgestaltung politischer Justiz noch gesehen werden können, ergibt sich quasi spiegelverkehrt aus den formulierten positiven Anforderungsprofilen und Gegenkonzepten.

Wassermann formuliert folgende Anforderung an das Rechtssystem zur Vermeidung einer Politisierung der politischen Justiz:

> "Ordentliche Gerichte, deren Richter nicht ausgesucht sind und normale Verfahren, in denen – wie in jedem anderen Gerichtsverfahren – unter strenger Beachtung der rechtsstaatlichen Verfahrensgarantien jedem Täter seine individuelle Schuld nach fest umrissenen, schon vor der Tat bestehenden Strafvorschriften und anhand strenger Beweisregeln ("in dubio pro reo") nachgewiesen werden muß, haben eine ganz andere Legitimationskraft, als sie der Inszenierung von Schauprozessen innewohnt. Ein solches ordentliches Gerichtsverfahren nimmt das zu bewertende Geschehen aus dem Bereich möglicher parteiischer Konstruktion heraus und hebt es –...– auf ein offizielles, autoritatives, gewissermaßen neutrales Postament herauf"[5].

---

[3] s. hierzu auch Denninger, Erhard: Gewalt, innere Sicherheit und demokratischer Rechtsstaat, in ders./Lüdersen, Klaus : Polizei und Strafprozeß im demokratischen Rechtsstaat, Frankfurt am Main 1978, S. 172ff.

[4] wie sehr über Rekrutierungs-, Ausbildungs- und Tätigkeitsmuster ein reaktionärer Rechtsstab erzeugt werden kann, hat Müller am Beispiel des Rechtsstabes unter Bismarck aufgezeigt, s. Müller, Ingo: Furchtbare Juristen, Die unbewältigte Vergangenheit unserer Justiz, München 1987, S. 16ff.

[5] Wassermann, Rudolf: Recht, Gewalt, Widerstand, Vorträge und Aufsätze, Politologische Studien, Band 32, Berlin 1985, S. 18

In diesem aus einer Mischung von normativen und funktionalen Elementen bestehenden Anforderungsprofil findet sich das Problem einer "erfolgreichen Etablierung einer unpolitischen politischen Justiz" gut beschrieben.

Neben diesem Leitbild einer rechtsstaatlich funktionierenden unparteiischen Justiz findet sich als positives Gegenkonzept zu den Gefahren einer politischen Justiz die Aufforderung, das Ausmaß der Regelungen auf ein Minimum zu reduzieren[6].

Die Idee der Beschränkung des politischen Strafrechts auf das Notwendigste klingt zwar sehr einleuchtend, erfaßt aber nicht die empirischen Gegebenheiten der politischen Justiz, und taugt in dieser Form kaum als Handlungsanleitung.

Politische Justiz ist - wie auch diese Untersuchung gezeigt hat - "highly reactive"[7] und daher trifft zu:

> "Typically, laws proscribing political behavior are enacted in periods of strong public feeling, sometimes bordering on hysteria. Typically, too, such periods, although recurrent, are short-lived"[8].

Auf diesem Hintergrund muß das politische Strafrecht zumindest auch als offensichtlich **notwendiger** symbolischer Ausdruck öffentlicher Moral betrachtet werden, die hier für die Verarbeitung von Bedrohungslagen ein Ventil findet. Dieser kollektiv-psychologische Aspekt findet jedoch bei den Vertretern der "Beschränkungsthese"

---

[6] s. z.B. "narrowest possible limits" bei Allen, F.A.: The Crimes of Politics, a.a.O., S. 76; oder das häufig gebrauchte Zitat von Montesquieu: ""Wenn es nicht notwendig ist, ein Gesetz zu erlassen, ist es notwendig, es nicht zu erlassen"; z.B. bei Wassermann, R.: Recht, Gewalt, Widerstand, a.a.O., S. 78 oder Copic, H.: Grundgesetz und politisches Strafrecht neuer Art, a.a.O.; S. 5

[7] Ingraham, Barton L.: Political Crime in Europe, A Comparative Study of France, Germany and England, Berkeley, Los Angeles, London 1979, S. XII

[8] Allen, F. A.: The Crimes of Politics, a.a.O., S. 47

keine Beachtung. Die Idee, im Bereich des politischen Strafrechts zeitunabhängige und alle möglichen Problemlagen überspannende Tatbestandsbestimmungen installieren zu können, die zudem auf das "Nötigste" (was immer das sein soll) beschränkt sein können, erscheint mir von daher als konzeptionsloses Wunschdenken.

Eine empirische Analyse, die die Existenz normativ-ethischer und kollektiv-psychologischer Funktionen in der Strafrechtsgestaltung gerade auch mit politischem Bezug erfaßt, kann nicht zu dem Schluß führen, die politische Justiz sei auf das Nötigste zu beschränken. Sie kann auch nicht zu einer vordergründig praktischen Empfehlung führen, die Maßnahmen des Staates auf verschiedenen Stufen zu verteilen, um so zu einer abschließenden Lösung des Problems zu gelangen[9].

Eine solche Konzeption ist illusorisch und beinhaltet eine Verkennung der aufgezeigten Entstehungs- und Wirkungsbedingungen der politischen Justiz. Sie ist zum einen ein "normales Phänomen" und zum anderen, wegen ihres Bezugs zur Politik hochgradig abhängig von gesellschaftlich relevanten Definitionsprozessen und entsprechend nur als dynamisches Produkt zu begreifen.

Der gesellschaftlich und politisch verträgliche Zustand der politischen Justiz erwächst als Produkt aus dem Beitrag vieler Akteure und dem Bestand an politischen Problemlagen. Aus rechtsstaatlicher Perspektive ist die Gestaltung der politischen Justiz das Ergebnis des angemessenen Erfassens der konkreten Bedrohungslagen durch die systemoppositionellen Kräfte und das Erspüren der richtigen strafrechtlich geltbar zu machenden moralischen Anforderungen.

Letzteres war in meinen Augen die eigentliche Leistung der rechtsstaatlichen politischen Justiz gegen rechts und gerade auf diesem

---

[9] so Basten, Thomas: Von der Reform des politischen Strafrechts bis zu den Anti-Terror-Gesetzen, Die Entwicklung des Strafrechts zur Bekämpfung politisch motivierter Kriminalität in der sozialliberalen Ära, Köln 1983

534

Gebiet sehe ich das Gefahrenmoment für die künftige Entwicklung im vereinten Deutschland.

13.2   POLITISCHE JUSTIZ IM VEREINTEN DEUTSCHLAND

Wichtige Akteure für Art und Weise der Ausgestaltung der politischen Justiz sind zweifellos die für die innere Sicherheit zuständigen Politiker, die Mitglieder der Strafrechtspflege und die Rechtsextremisten selbst. Darüber hinaus muß aber auch die jeweilige Verknüpfung dieser Akteure mit der Gesellschaft und ihre Position in der politischen Kultur in die Betrachtung eingehen.

Ich möchte in dieser abschließenden, dem emanzipatorischen Interesse verpflichteten Betrachtung nicht spekulativ werden. Vielmehr möchte ich auf die Problemzonen hinweisen, die zu einem kritischen Bestand der politischen Justiz beitragen können. Wie die Entwicklung nun tatsächlich verlaufen wird, entzieht sich in der Beurteilung der Seriösität des sozialwissenschaftlichen Erkennens.

Eines der vorrangigsten Probleme für unseren Untersuchungsbereich liegt in der Ausgestaltung der politischen Kultur im vereinten Deutschland. Viel wird davon abhängen, ob es wieder gelingen wird, einen die ganze Gesellschaft umfassenden Verfassungs- und Basiskonsens zu etablieren. Nach allen Erfahrungen wird hier die wirtschaftliche Erholung und die Schaffung kollektiv empfundener positiver Lebensperspektiven eine zentrale Rolle spielen. Nur auf dem Boden einer wirtschaftlich prosperierenden Entwicklung läßt sich im politischen System die Dominanz einer Wettbewerbskultur etablieren und behaupten. Bei einer Verschärfung der Verteilungskämpfe, ökonomisch und kulturell, wird das Fortdauern systemintransigenter Parteien von links und rechts wahrscheinlicher und entsprechend die politische Justiz direkter als Austragungsort eines politischen Kampfes in Erscheinung treten lassen.

13. Politische Justiz gegen rechts im vereinten Deutschland

Die gegenwärtige Entwicklung in Ost- und Westdeutschland läßt erkennen, daß PDS und **Republikaner** damit rechnen können, ein politisch ernstzunehmender Faktor im Parteiensystem bleiben zu können[10].

Ohne hier darüber zu spekulieren, wie sich im einzelnen der in der DDR sozialisierte und ausgebildete Rechtsstab in das Funktionieren des Rechtsstaats letztlich einfinden wird, kann davon ausgegangen werden, daß die möglichen Gefährdungs- und Übergangsmomente über die Entlassung eindeutig vorbelasteter Juristen, durch die Einbindung westdeutscher Richter und den Aufbau entsprechender Ausbildungswege zumindest gemildert werden. Auf die Rostocker Pogrome[11] zeigte sich eine erstaunlich rasche Reaktion des Rostocker Amtsgerichts. Schon drei Wochen später kam es zu den ersten Urteilen[12]. Zweifellos äußerte sich hierin das Bemühen, eine funktionsfähige Justiz unter Beweis zu stellen und belegt in dieser Form, daß die politische Justiz nicht ohne ihren Gesellschaftsbezug gedacht werden kann.

Das Aufkommen an rechtsextremistischer Gewalt gerade in den neuen Bundesländern hat derart eklatante Ausmaße angenommen, daß jetzt schon davon ausgegangen werden muß, daß sich diese in der Verlaufskurve rechtskräftig abgeschlossener Strafverfahren mit rechtsextremistischem Bezug als zumindest eruptiver Gipfel äußern wird, der an die Schmierwelle von 1959 erinnert, mit dem zentralen Unterschied, daß die Gewalt gegen Ausländer und Andersdenkende offenbar nicht nur

---

[10] Der Anteil von **Republikanern** und der PDS bei der berühmten Sonntagsfrage lag im August 1992 in Westdeutschland bei 8,0/0,0 Prozent, in Ostdeutschland bei 4,4/13,3 Prozent, s. Frankfurter Allgemeine Zeitung vom 9. September 1992

[11] dieses aus dem Russischen stammende Wort bezeichnet die Hetze gegen Ausländer oder Andersgläubige und bezeichnet meines Erachtens am besten den Charakter der Rostocker Ereignisse.

[12] s. Frankfurter Rundschau vom 11. September 1992, in der ausgeführt wird: "Im Zuge beschleunigter Verfahren könne es auch bei den Haftprüfungsterminen, wenn die Täter etwa geständig seien, schnell zu Urteilen kommen, ..., Die Justiz bemüht sich laut Häfner um eine schnelle Abwicklung der Termine und hat andere Verfahren zurückgestellt".

im Ausmaß sondern auch in der Form kaum noch ethische Grenzziehungen erkennen läßt.

Nach **Denninger** ist es allerdings nicht die schiere Gewalt als solche, die eine Gefahr für den Rechtsstaat bedeutet:

> "Der Rechtsstaat gerät aber dann in Gefahr, wenn infolge einer Häufung und Verschärfung sozialer Konflikte, zu deren <u>politischer</u> Lösung sich das politische System als unfähig erweist, die gewalthaften Symptome und Randerscheinungen sich so vermehren, daß der Einsatz legaler Gewalt zu ihrer Abwehr gewissermaßen zum Regelfall der Rechtsdurchsetzung werden muß. ... Je stärker die <u>Legalität</u> das ihr innewohnende Element des Zwangs, der Gewalt sichtbar hervorkehren muß, desto schwächer wird der Anschein (und wirkliche Gehalt) von <u>Legitimität</u>, der sie umgibt (Hervorhebung im Original, H.K.)"[13].

Diese insoweit zutreffende Sicht der Dinge verkennt jedoch, daß auch danach gefragt werden muß, ob die kriminelle politische Gewalt selbst in der Form der totalen Entgrenzung wie sie uns in dem rechtsextremistischen Haß gegenüber den Ausländern entgegentritt sich abgespalten oder in Einklang mit der Gesellschaft bzw. relevanten Segmenten der Gesellschaft weiß, wie die Unterstützung der "Randalierer" durch die Bevölkerung in Lichtenhagen es zum Erschrecken und gleichzeitiger Faszination für die mediale Öffentlichkeit gezeigt hat.

Wäre die Gewaltanwendung in ihrer entgrenzten Form in der Billigung von der Gesellschaft abgetrennt, würde ein harter und auch umfassender Gebrauch der staatlichen Zwangsmittel wohl kaum zu einer Schwächung der Legitimität führen.

In dem konkreten Fall von Rostock deutet sich aber eine neue und äußerst gefährliche Tendenz für die rechtsstaatlich verfaßte politische Justiz an. Ihr fällt nämlich die Aufgabe zu, mit ihren Reaktions- und Verhaltensweisen den Prozeß der Auflösung der Ethik, des Verlustes einer menschenwürdigen Moral, bislang schwerpunktmäßig bezogen auf den Umgang mit den Ausländern, mit dem Entgegenhalten

---

[13] Denninger, E.: Gewalt, innere Sicherheit und demokratischer Rechtsstaat, a.a.O., S. 177

einer öffentlichen Moral, die der Unterstützung durch die staatliche Gewalt bedarf, gegenzusteuern. Und im Gegensatz zur Terrorismuswelle des Jahres 1977 durch die RAF, die ihre Opfer unter den Repräsentanten des Systems fand, geht es nunmehr um Opfer, die zu den Schwächsten in dieser Gesellschaft zählen. Damit zeichnet sich ab, daß die Frage, ob die Justiz sich in ihrer Reaktion abhängig vom Opfertypus erweist, eine potentieller Ankerpunkt neuer Politisierungsprozesse sein könnte.

Die Ereignisse von Hoyerswerda, Rostock und anderen Orten zeigten, daß die Akteure sich eingebunden fühlen mußten in eine kollektive Stimmungslage, nach der das eigene Handeln als notwendig und richtig begriffen werden konnte. **Jäger** hat in seinen Ausführungen zur Makrokriminalität auf das Problem verwiesen, daß kollektive Taten bzw. kollektiv eingebundene Taten das Bewußtsein der Abweichung verlieren, also eher Konformitätshandlungen sind und deshalb eine Neutralisierung des Rechtsempfindens in Kraft setzen kann[14]. In solchen Fällen konfrontiert die Justiz das von ihr inkriminierte Handeln mit einer öffentlichen Moral, die für die Täter als unzulässige oder verlogenen Moral erscheinen kann.

Schon **Ingraham** hatte in seiner Analyse des politischen Verbrechens in Europa auf den bedeutsamen Zusammenhang von Moral und staatlicher Reaktionsweise hingewiesen[15]. Er vertrat die These, daß bei einem gesellschaftlich eindeutigen Moralgehalt in der Beurteilung eines politisch relevanten und als kriminell eingestuften Sozialverhaltens die Reaktion des Staates strafend und repressiv ausfällt, d.h., sie spiegelt die gesellschaftliche Trennlinie von Gut und Böse, von Freund und Feind[16]. Dies ist aber eben nur insoweit unkritisch für die Justiz, als sie sich in Übereinstimmung mit der gesellschaftlichen Moral weiß. Kommt es zu Differenzen in der Moralität der

---

[14] s. Jäger, Herbert: Makrokriminalität, Studien zur Kriminologie kollektiver Gewalt, Frankfurt am Main 1989, S. 187ff.

[15] s. Ingraham, B. L.: Political Crime in Europe, a.a.O., S. XII

[16] vgl. ebd.

Justiz und der Gesellschaft oder zu Teilen von ihr (auch in der Bewertung der Opfer), verliert sich ihre Durchsetzungskraft.

Und bleibt die Justiz allein mit der Aufgabe, die öffentliche, auf Rechtsstaatlichkeit, Demokratie und Menschlichkeit begründete Moral mit dem Mittel des Zwangs und der staatlichen Gewalt zur Durchsetzung verhelfen zu müssen, wird sie scheitern.

In diesem Punkt sehe ich die größte Gefahr für die Ausgestaltung der politischen Justiz gegen rechts und der Leser sollte dabei nicht der Illusion verfallen, dies sei erstens nur ein Übergangsphänomen und zweitens ein Ostproblem. Im Bereich der Sympathien mit dem Rechtsextremismus gerade auf dem Gebiet der Ausländerfrage überwiegen die Westdeutschen[17] und auch in der Wahlabsicht sind sie stärker als bislang die ostdeutschen Wähler bereit, eine Partei wie die **Republikaner** zu wählen[18].

Ein zentraler Unterschied zwischen dem Rechtsextremismus in West- und Ostdeutschland liegt in Gestalt und Ausmaß der militanten Jugendgruppen in den neuen Bundesländern, die ganz offensichtlich als spezifische Reaktionsweise einer in konflikthaften Sozialisationsverläufen stehenden Jugend betrachtet werden müssen[19].

---

[17] in einer Spiegel-Umfrage des Jahres 1991 äußerten auf die Frage: "Das Ausländerproblem hat rechtsradikale Tendenzen aufkommen lassen. Haben Sie für diese Tendenzen Verständnis?", 34 Prozent der Bundesbürger:"Habe Verständnis"; wobei die Westdeutschen deutlich stärkere Sympathie äußerten als die Ostdeutschen. Der Spiegel 38/1991, S.50

[18] s. FN 10

[19] s. Korfes, Gunhild: Zur Entwicklung des Rechtsextremismus in der DDR, in: Kriminologisches Journal, 24. Jg., 1/92, S. 50ff.; s. auch den Artikel von Wenner, Dorothee:"Heil Hitler, Herr Lehrer", in: Die Zeit Nr. 37, vom 4. 9. 1992, in dem auf den Rechtsextremismus an den Schulen in den neuen Bundesländern eingegangen wird.

13. Politische Justiz gegen rechts im vereinten Deutschland

Deutschland steht, nach den Erkenntnissen der Verfassungsschützer[20] am Vorabend einer neuen rechtsterroristischen Phase; die Herausforderungsqualität des Rechtsextremismus gegenüber der politischen Justiz ähnelt damit der von Ende der siebziger Jahre. Damals konnte die Justiz noch auf die Kommunikationslatenz von Nationalsozialismus, Antisemitismus und Ausländerfeindlichkeit setzen. Heute hat sich die Lage aber so verändert, daß zumindest die Ausländerfeindlichkeit kommunikationsfähig geworden ist[21] und im Umgang mit dem Ausländerproblem immer häufiger ein Scheitern der öffentlichen Moral zu verzeichnen ist[22].

In einer Rede für den an ihn verliehenen Moses-Mendelssohn-Preis fand Wolfgang **Thierse** die für diese Problemlage richtigen Worte:

"Die Brandstifter haben sich organisiert, sie sind unterwegs. Die deutsche Einigung wird deshalb nur dann auf friedliche Weise vollendet werden können, wenn die Chancen und Risiken der Einheit, ihre Gewinne und ihre Opfer fair verteilt werden, wenn die deutsche Einigung geprägt ist von der sichtbaren Anstrengung um soziale und menschliche Gerechtigkeit!

Das aber ist ebenso wenig eine Sache nur der Politiker wie das immer wieder neue Erlernen der Fähigkeit, Konflikte auszuhalten und friedlich auszutragen. Die Verteidigung des Rechtsstaates, der Demokratie, der Toleranz ist nicht nur Pflicht des Staates, der Justiz, der Polizei, der Politiker – sondern auch und entscheidend Pflicht der Bürger. Wenn ihre Verteidigung delegiert wird, hat die Toleranz schon verloren"[23].

---

[20] s. Frankfurter Rundschau vom 8. 9.1992

[21] wobei aber auch in den letzten Jahren der alten Bundesrepublik Tendenzen deutlich wurden, wie sie in dem Buch mit dem einschlägigen Titel: Paul, Gerhard (Hrsg.): Hitlers Schatten verblaßt, Die Normalisierung des Rechtsextremismus, Berlin 1989; behandelt werden.

[22] insoweit sollte man in diesem Zusammenhang nicht nur von einem dealignment-Prozeß im Parteiensystem sprechen, sondern auch von einem dealignment-Prozeß des Moralbestandes.

[23] Thierse, Wolfgang: "Wer wagt überhaupt noch den Kopf zu schütteln", in: Frankfurter Rundschau vom 11.9.1992

LITERATURVERZEICHNIS

5 Millionen Deutsche: "Wir sollten wieder einen Führer haben ..."
Die SINUS-Studie über rechtsextremistische Einstellungen bei den Deutschen
Reinbek 1981

Ackermann, Paul
Jugendliche und Rechtsextremismus
in: Wasmud, Klaus (Hrsg.): Jugendliche – neue Bewußtseinsformen und politische Verhaltensweisen
Stuttgart 1982, S. 130ff.

Agnoli, Johannes/ Brückner, Peter
Transformation der Demokratie
Frankfurt am Main 1968

Allen, Francis A.
The Crimes of Politics
Political Dimension of Criminal Justice
Cambridge, Massachusetts 1974

Aristoteles
Politik
Eingeleitet, übersetzt und kommentiert von Olof Gigon
2. Auflage, Zürich, Stuttgart 1971

Assheuer, Thomas/Sarkowicz, Hans
Rechtsradikale in Deutschland
Die alte und die neue Rechte
2. aktualisierte Auflage, München 1992

Aust, Stefan
Der Baader Meinhof Komplex
Hamburg 1986

Backes, Uwe
Politischer Extremismus in demokratischen Verfassungsstaaten Elemente einer normativen Rahmentheorie
Opladen 1989

Backes, Uwe/Jesse, Eckhard
Politischer Extremismus in der Bundesrepublik Deutschland
Band I: Literatur
Köln 1989

Backes, Uwe/Jesse, Eckhard
Politischer Extremismus in der Bundesrepublik Deutschland
Band II, Analyse
Köln 1989

Backes, Uwe/Jesse, Eckhard
Politischer Extremismus in der Bundesrepublik Deutschland
Band III, Dokumentation
Köln 1989

Bärsch, Claus-Ekkehard
Der Staatsbegriff in der neueren deutschen Staatslehre und seine
theoretischen Implikationen
Berlin 1974

Bärsch, Claus-E.
Die Gleichheit der Ungleichen
Zur Bedeutung von Gleichheit, Selbstbestimmung und Geschichte im
Streit um die konstitutionelle Demokratie
München 1979

Bajohr, Frank
Von Remer zu Schönhuber: Geschichte und Aktualität des
Rechtsradikalismus in Deutschland nach 1945
in: Peukert, Detlev J.K./Bajohr, Frank: Rechtsradikalismus in
Deutschland, Zwei historische Beiträge
Hamburg 1990, S.31ff.

Basten, Thomas
Von der Reform des politischen Strafrechts bis zu den Anti-Terror-
Gesetzen
Die Entwicklung des Strafrechts zur Bekämpfung politisch motivierter
Kriminalität in der sozialliberalen Ära
Köln 1983

Baumann, Jürgen
Freiheit des Bürgers und Gewaltmonopol des Staates. Wie hat sich der
demokratische Rechtsstaat seit Bestehen der Bundesrepublik
Deutschland entwickelt?
in: Festschrift für Rudolf Wassermann zum sechzigsten Geburtstag,
herausgegeben Broda, Christian/Deutsch, Erwin/Schreiber, Hans-
Ludwig/Vogel, Hans-Jochen
Neuwied, Darmstadt 1985, S. 247ff.

Benninghaus, Hans
Statistik für Soziologen 1. Deskriptive Statistik
Stuttgart 1974

Benoist, Alain de
Antonio Gramsci
in: Benoist, Alain de: Aus rechter Sicht, Eine kritische Anthologie
zeitgenössischer Ideen, Bd. 2,
Tübingen, Buenos Aires, Montevideo 1984, S. 379ff.

Benz, Wolfgang
Rechtsextremismus in der Bundesrepublik
Voraussetzungen, Zusammenhänge, Wirkungen
2. aktualisierte Auflage, Frankfurt am Main 1984 (1980)

Bergmann, Werner/Erb, Rainer
Kommunikationslatenz, Moral und öffentliche Meinung
Überlegungen zum Antisemitismus in der Bundesrepublik Deutschland
in: Kölner Zeitschrift für Soziologie und Sozialpsychologie, 38.
Jg., Heft 2/1986, S. 223ff.

Bergmann, Werner/Erb, Rainer (Hrsg.)
Antisemitismus in der Politischen Kultur nach 1945
Opladen 1990

Berg—Schlosser, Dirk
Forum "Politische Kultur" der PVS
in: Politische Vierteljahresschrift (PVS)
22. Jg., 1/1981, S. 110ff.

Berg—Schlosser, Dirk/ Schissler, Jakob (Hrsg.)
Politische Kultur in Deutschland. Bilanz und Perspektiven der
Forschung
Politische Vierteljahresschrift
28. Jg., Sonderheft 18/1987

Berlit, Uwe/ Dreier, Horst
Die legislative Auseinandersetzung mit dem Terrorismus
in: Sack, Fritz/ Steinert, Heinz: Protest und Reaktion, Analysen zum
Terrorismus 4/2
Opladen 1984, S. 228ff.

Besser—Lorck, Lorenz/Sippel, Heinrich/Götz, Wolfgang
National oder radikal? Der Rechtsradikalismus in der Bundesrepublik
Deutschland
2. erw. Aufl., Mainz 1966

betrifft: Verfassungsschutz 1969/70
herausgegeben vom Bundesministerium des Innern
Bonn 1971

betrifft: Verfassungsschutz 1971
herausgegeben vom Bundesministerium des Innern
Bonn 1972

betrifft: Verfassungsschutz 1973
Öffentlichkeitsarbeit des Bundesinnenministeriums 21
o.O., o. J. (Bonn 1974)

betrifft: Verfassungsschutz 1974
herausgegeben vom Bundesminister des Innern
Bonn 1975

betrifft: Verfassungsschutz 1975
Herausgeber: Der Bundesminister des Innern
Bonn 1976

betrifft: Verfassungsschutz 1976
Herausgeber: Der Bundesminister des Innern,
Bonn 1977

betrifft: Verfassungsschutz '77
Herausgeber: Der Bundesminister des Innern,
Bonn 1978

betrifft: Verfassungsschutz '80
Herausgeber:Der Bundesminister des Innern
Bonn September 1981

Beyme, Klaus von
Der Begriff der politischen Klasse - eine neue Dimension der
Elitenforschung?
in: PVS (Politische Vierteljahresschrift), 33. Jg.,
1/1992, S. 4ff.

Blasius, Dirk
Geschichte der politischen Kriminalität in Deutschland 1800 - 1980
Eine Studie zu Justiz und Staatsverbrechen
Frankfurt am Main 1983

Blasius, Dirk
Kriminalität und Alltag.
Zur Konfliktgeschichte des Alltagslebens im 19. Jahrhundert
Göttingen 1978

Blath, Richard/ Hobe, Konrad
Strafverfahren gegen linksterroristische Straftäter und ihre
Unterstützer
herausgegeben vom Bundesministerium der Justiz, Reihe recht
Bonn 1982

Boßmann, Dieter (Hrsg.)
"Was ich über Adolf Hitler gehört habe ..."
Folgen eines Tabus. Auszüge aus Schüler-Aufsätzen von heute
Frankfurt am Main 1979

Böhnisch, Lothar/ Schefold, Werner
Sozialisationsforschung und Jugendpolitik
in: Hurrelmann, Klaus (Hrsg.): Sozialisation und Lebenslauf Empirie
und Methodik sozialwissenschaftlicher Persönlichkeitsforschung
Reinbek 1976, S. 273ff.

Bourdieu, Pierre
Sozialer Raum und "Klassen", Leçon sur la leçon, Zwei Vorlesungen
Frankfurt am Main 1985

Bourdieu, Pierre
Die feinen Unterschiede
Kritik der gesellschaftlichen Urteilskraft
Frankfurt am Main 1987

Bourdieu, Pierre
Sozialer Sinn
Kritik der theoretischen Vernunft
Frankfurt am Main 1987

Broder, Henryk M.
Deutschland erwacht
Köln 1978

Brünneck, Alexander von
Politische Justiz gegen Kommunisten in der Bundesrepublik Deutschland
1949 - 1968
Frankfurt am Main 1978

Brusten, Manfred/ Hurrelmann, Klaus
Abweichendes Verhalten in der Schule. Eine Untersuchung zu Prozessen der Stigmatisierung
München 1973

Bubnoff, Eckhart v.
Die strafrechtliche Bekämpfung rechtsextremistischer Aktivitäten, Der Referentenentwurf eines 21. Strafrechtsänderungsgesetzes
in: ZRP 1982, Heft 5, S. 118ff., hier S. 118

Bundesjustizministerium (Hrsg.)
Die Verfolgung nationalsozialistischer Straftaten im Gebiet der Bundesrepublik Deutschland seit 1945
Bonn 1964

Bundesministerium des Innern (Hrsg.)
Zum Thema, Erfahrungsbericht über die Beobachtungen der Ämter für Verfassungsschutz im Jahre 1968, Eine Schriftenreihe des Bundesministeriums
Bonn 1969

Butterwegge, Christoph
Rechtsextremismus in Ostdeutschland: Erblast des SED-Regimes oder Randerscheinung der sozialen Umbruchsituation?
in: IDEEN für antifaschistische und antirassistische Arbeit, Vierteljahresschrift, Nr. 6/92, Februar 1992, S. 37ff.

Chang, Young-Soo
Streitbare Demokratie, Begriff und Bedeutung im Grundgesetz der Bundesrepublik Deutschland und Möglichkeiten und Grenzen einer Übertragung auf das Verfassungsrecht der Republik Korea,
Diss. jur. Frankfurt am Main 1990

Christians, Georg
"Die Reihen fest geschlossen" - Die FAP
Zu Anatomie und Umfeld einer militant-neofaschistischen Partei in den 80er Jahren
Marburg 1990

Copic, Hans
Grundgesetz und politisches Strafrecht neuer Art
Tübingen 1967

Cremer-Schäfer, Helga
Stigmatisierung von Vorbestraften und Rückfallkriminalität
in: Brusten, Manfred/ Hohmeier, Jürgen (Hrsg.):
Stigmatisierung 2
Darmstadt 1975, S. 129ff.

de Boor, W. (Hrsg.)
Politische motivierte Kriminalität - echte Kriminalität ?,
Schriftenreihe des Instituts für Konfliktforschung, Heft 4, Basel, München, Paris, London, New York, Sydney 1978

Dencker, Friedrich
Kronzeuge, terroristische Vereinigung und rechtsstaatliche Gesetzgebung
in: KJ (Kritische Justiz), 20.Jg., 1/1987, S. 36ff.

Denninger, Erhard
Gewalt, innere Sicherheit und demokratischer Rechtsstaat
in: Denninger, Erhard/Lüdersen, Klaus: Polizei und Strafprozeß im
demokratischen Rechtsstaat
Frankfurt am Main 1978, S. 172ff.

Denninger, Erhard
Der Präventions-Staat
in: KJ (Kritische Justiz), 21. Jg., 1/1988, S. 1ff.

Deutscher Bundestag (Hrsg.)
Zur Verjährung nationalsozialistischer Verbrechen
Dokumentation zur parlamentarischen Bewältigung des Problems
Bonn 1980

Diestelkamp, Bernhard/Stolleis, Michael (Hrsg.)
Justizalltag im Dritten Reich
Frankfurt am Main 1988

Diestelkamp, Bernhard
Die Justiz nach 1945 und ihr Umgang mit der eigenen Vergangenheit
in: Diestelkamp, Bernhard/Stolleis, Michael (Hrsg.):
Justizalltag im Dritten Reich
Frankfurt am Main 1988

Dittberner, Jürgen
Freie Demokratische Partei
in: Stöss, Richard (Hrsg.): Parteienhandbuch, Die Parteien der
Bundesrepublik Deutschland 1945 - 1980, Band 2 FDP - WAV
Opladen 1984, S. 1311

Döbert, Rainer/ Nunner-Winkler, Gertrud
Adoleszenzkrise, moralisches Bewußtsein und Wertorientierung
in: Hurrelmann, Klaus (Hg.): Sozialisation und Lebenslauf, Empirie
und Methodik sozialwissenschaftlicher Persönlichkeitsforschung
Reinbek 1976

Doll, Hans-Jürgen
Die Entwicklung der "Deutschen Volksunion - Liste D"
(DVU-Liste D)
in: Aktuelle Fragen des Extremismus, Texte zur inneren Sicherheit,
Herausgeber: Der Bundesminister des Innern, Bonn 1989, S. 99ff.

Dreher, Eduard/ Tröndle, Herbert
Strafgesetzbuch, Kommentar
41. Auflage,München 1983

Dudek, Peter/ Jaschke, Hans-Gerd
Rechtsextremismus - Ein Euro-Phänomen?
in: die tageszeitung vom 23. 11. 1988

Dudek, Peter/ Jaschke, Hans-Gerd
Entstehung und Entwicklung des Rechtsextremismus in der Bundes-
republik
Zur Tradition einer besonderen politischen Kultur, Band 1
Opladen 1984

546

Dudek, Peter/ Jaschke, Hans—Gerd
Entstehung und Entwicklung des Rechtsextremismus in der Bundes-
republik
Dokumente und Materialien, Band 2
Opladen 1984

Durkheim, Emil
Kriminalität als normales Phänomen
in: Sack, Fritz/ König, René (Hg.): Kriminalsoziologie
Frankfurt am Main 1968, S. 3ff.

Durkheim, Emil
Der Selbstmord
Neuwied, Berlin 1973

Dux, Günter
Rechtssoziologie
Stuttgart, Berlin, Köln, Mainz 1978

Eberwein, Markus/Drexler, Josef
Skinheads in Deutschland, Interviews
Hannover, München 1987

**Ein rechtsradikaler Jugendlicher berichtet: »Ich heiße Gerald
Wagener...«**
Vorwort von Horst Richter
Berlin 1981

Eschenburg, Theodor
Jahre der Besatzung 1945 - 1949
Mit einem einleitenden Essay von Eberhard Jäckel
Geschichte der Bundesrepublik Deutschland, Band 1
Stuttgart, Wiesbaden 1983

Fälker, Margot
Demokratische Grundhaltungen und Stabilität des politischen Systems:
Ein Einstellungsvergleich von Bevölkerung und politisch-
administrativer Elite in der Bundesrepublik Deutschland
in: PVS (Politische Vierteljahresschrift), 32. Jg.,
1/1991, S. 71ff.

Fangmann, Helmut D./Paech, Norman (Hrsg.)
Recht, Justiz und Faschismus, Nach 1933 und heute
Köln 1984

Feit, Margret
Die »Neue Rechte« in der Bundesrepublik, Organisation - Ideologie -
Strategie
Frankfurt am Main, New York 1987

Fetscher, Iring/ Münkler, Herfried/ Ludwig, Hannelore
Ideologien der Terroristen in der Bundesrepublik Deutschland
in: Fetscher, Iring/ Rohrmoser, Günter: Ideologien und Strategien,
Analysen zum Terrorismus 1
Opladen 1981, S. 15ff.

Fetscher, Iring (Hrsg.)
Neokonservative und >Neue Rechte<, Der Angriff gegen Sozialstaat und
liberale Demokratie in den Vereinigten Staaten, Westeuropa und der
Bundesrepublik
München 1983

Fieberg, Gerhard
Justiz im nationalsozialistischen Deutschland
Herausgegeben vom Bundesministerium der Justiz
Köln 1984

Fittkau, Karl-Heinz
Phänomenologie der Kriminalität rechtsextremer Straftäter in der DDR
(1988/89)
Band 1: Thesen, Band 2: Anlagen
Diss. jur. Humboldt-Universität Berlin, 1990

Franke, Dietmar
Politisches Delikt und Asylrecht
Königstein/Ts. 1979

Friedrich, Jörg
Freispruch für die Nazi-Justiz, Die Urteile gegen NS-Richter seit
1948, Eine Dokumentation
Reinbek bei Hamburg 1983

Friedrich, Jörg
Die kalte Amnestie
Frankfurt am Main 1984

Frisch, Peter
Die Herausforderung unseres demokratischen Rechtsstaats durch
Extremismus und Terrorismus
in: Rechtsextremismus in der Bundesrepublik Deutschland, Texte zur
inneren Sicherheit, Herausgeber: Der Bundesminister des Innern
Bonn 1990, S. 7ff.

Fürst, Michael
Reformen im politischen Strafrecht in der Zeit des Dritten Reiches –
 unter besonderer Berücksichtigung der Sondergerichte für politische
Strafsachen und deren Arbeit –
Diss., Augsburg 1990

Funke, Hajo
Nationalistische Potentiale in Ostdeutschland und ihre Aktualisierung
in: IDEEN für antifaschistische und antirassistische Arbeit, Vierteljahresschrift, Nr. 6/92, Februar 1992, S. 24ff.

Gabriel, Oscar W.
Politische Kultur – Zum Schlagwort deformiert
in: PVS (Politische Vierteljahresschrift), 22. Jg., 2/1981, S. 204ff.

Gallandi, Volker
Staatsschutzdelikte und Pressefreiheit
Von der Stärkung des Rechts und der Legitimität von Strafgesetzgebung
im politischen Konflikt
Königstein/Ts. 1983

Gerstenberger, Heide
Zur Ideologie eines kritischen Begriffs
in: Politische Vierteljahresschrift (PVS), 22. Jg., 1/1981, S. 117ff.

Görlitz, Axel/ Voigt, Rüdiger
Rechtspolitologie
Eine Einführung
Opladen 1985

Graf, Werner (Hrsg.)
"Wenn ich die Regierung wäre ..."
Die rechtsradikale Bedrohung
Berlin, Bonn 1984

Grebing, Helga
Rechtsradikalismus gleich Linksradikalismus
Eine falsche Gleichung
Stuttgart 1971

Greiffenhagen, Martin
Politische Kultur
in: Axel Görlitz/Rainer Prätorius (Hrsg.): Handbuch Politische
Wissenschaft. Grundlagen – Forschungsstand -Perspektiven
Reinbek 1987, s. 409ff.

Greß, Franz/Jaschke, Hans—Gerd
Rechtsextremismus in der Bundesrepublik nach 1960
Dokumentation und Analyse von Verfassungsschutzberichten
PDI-Sonderheft 18
München 1982

Greß, Franz/Jaschke, Hans—Gerd
Politische Justiz gegen rechts: Der Remer-Prozeß 1952 in
paradigmatischer Perspektive, in: Eisfeld, Rainer/Müller, Ingo
(Hrsg.): Festschrift für Robert M.W. Kempner zum 90. Geburtstag,
Frankfurt 1989

Greß, Franz/ Jaschke, Hans—Gerd/Schönekas, Klaus
Neue Recht und Rechtsextremismus in Europa, Bundesrepublik,
Frankreich, Großbritannien
Opladen 1990

Grimm, Friedrich
Unrecht im Rechtsstaat
Tatsachen und Dokumente zur politischen Justiz, dargestellt am Fall
Naumann
Tübingen 1957

Grimm, Friedrich
Politische Justiz, die Krankheit unserer Zeit
40 Jahre Dienst am Recht – Erlebnis und Erkenntnis
Pr. Oldendorf 1974 (Neuauflage)

Grünwald, Gerald
Aspekte der Bewertung politischer Straftaten
in: de Boor, W. (Hrsg.): Politische motivierte Kriminalität - echte
Kriminalität ?, Schriftenreihe des Instituts für Konfliktforschung,
Heft 4, Basel, München, Paris, London, New York, Sydney 1978, S.
20ff.

Gruchmann, Lothar
Justiz im Dritten Reich 1933 - 1940
Anpassung und Unterwerfung in der Ära Gürtner
München 1988

Güde, Max
Probleme des politischen Strafrechts
Monatsschrift für Deutsches Recht, Heft 4
Vortrag, gehalten vor der Gesellschaft Hamburger Juristen am 22.
März 1957

Gugenberger, Eduard/ Schweidlenka, Roman
Mutter Erde, Magie und Politik
Zwischen Faschismus und Neuer Gesellschaft
Wien 1987

Gumbel, Emil Julius
Verräter verfallen der Feme
Berlin 1929

Gumbel, Emil Julius
Vier Jahre politischer Mord
Berlin-Fichtenau 1922 (Neuauflage Heidelberg 1980)

Habermas, Jürgen
Erkenntnis und Interesse, in: ders., Technik und Wissenschaft als
»Ideologie«
Frankfurt am Main 1978, S. 146ff.

Habermas, Jürgen
Theorie des kommunikativen Handelns, Band 1
Handlungsrationalität und gesellschaftliche Rationalisierung
Frankfurt am Main 1981

Habermas, Jürgen
Theorie des kommunikativen Handelns, Band 2
Zur Kritik der funktionalistischen Vernunft
Frankfurt am Main 1981

Habermas, Jürgen
Wie ist Legitimität durch Legalität möglich?
in: KJ (Kritische Justiz), 20. Jg., 1/1987, S. 1ff.

Hafeneger, Benno/Lochmann, Walter
Rechtsextreme Jugend
in: Vorgänge, Heft 6, November 1986, S. 7ff.

550

Hagen, Johann Josef
Politisierung des Rechts – Verrechtlichung der Politik
in: Dimmel, Nikolaus/Noll, Alfred J. (Hrsg.)
Politik und Recht, Beiträge zum Wechselverhältnis von Gesellschaft
und Recht
Wien 1988, S. 17ff.

Hannover, Heinrich
Kollaboration mit der Justiz als Kriterium der Freund–Feind–
Unterscheidung, Ein Beitrag zum Kronzeugen-Syndrom
in : KJ (Kritische Justiz), 22. Jg., 4/1989, S. 394ff.

Hannover, Heinrich/Hannover–Drück, Elisabeth
Politische Justiz 1918 – 1933
3. Auflage Bornheim-Merten 1987 (1966)

Hassemer, Winfried
Kommentare zum "Soldatenurteil", Strafrechtliche Aspekte
in: KJ (Kritische Justiz), 23. Jg., 3/1990, S. 359ff.

Heeb, Reiner
Der präventive Verfassungsschutz, Eine Studie zu den Art. 18, 9 Abs.
2 und 21 Abs. 2 des Grundgesetzes
Diss. jur., Tübingen 1962

Heidelberger Kreis
Heidelberger Manifest
in: "Die Zeit", vom 8.2.82

Heinemann, Gustav W./ Posser, Diether
Kritische Bemerkungen zum politischen Strafrecht in der
Bundesrepublik
in: NJW (Neue Juristische Wochenschrift), 12. Jg.
Heft 4, 23. Januar 1959, S. 121ff.

Heinz, Wolfgang
Bestimmungsgründe der Anzeigebereitschaft des Opfers
Ein kriminologischer Beitrag zum Problem der differentiellen
Wahrscheinlichkeit strafrechtlicher Sanktionen
Diss. Freiburg 1972

Heitmeyer, Wilhelm
Rechtsextremistische Orientierungen bei Jugendlichen
Empirische Ergebnisse und Erklärungsmuster einer Untersuchung zur
politischen Sozialisation
Weinheim, München 1987

Heitmeyer, Wilhelm u.a.
Die Bielefelder Rechtsextremismus-Studie, Erste Langzeituntersuchung
zur politischen Sozialisation männlicher Jugendlicher
Weinheim und München 1992

Hellmer, Joachim
Bemerkungen zum strafrechtlichen Staatsschutz aus der Sicht der
Identitätstheorie
in: Gedächtnisschrift für Hilde Kaufmann, herausgegeben von Hans
Joachim Hirsch, Günther Kaiser, Helmut Marquardt
Berlin, New York 1986, S. 747ff.

Hennig, Eike
Neonazistische Militanz und Rechtsextremismus unter Jugendlichen
Schriftenreihe des Bundesministeriums des Innern, Band 15
Stuttgart, Berlin, Köln, Mainz 1982

Hildebrandt, Klaus
Von Erhard zur Großen Koalition 1963 – 1969
mit einem einleitenden Essay von Karl-Dietrich Bracher, Geschichte
der Bundesrepublik Deutschland, Band 4
Stuttgart 1984

Hirsch, Kurt/Heim, Peter B.
Von links nach rechts
Rechtsradikale Aktivitäten in den neuen Bundesländern
München 1991

»Historikerstreit«
Die Dokumentation der Kontroverse um die Einzigartigkeit der
nationalsozialistischen Judenvernichtung
3. Auflage, München, Zürich 1987

HJG
Ein Neonazi im Wortlaut
in: Die Zeit, vom 6. Mai 1983

Hobe, Konrad
Zur ideologischen Begründung des Terrorismus
Bonn 1979

Höffe, Otfried
Den Staat braucht selbst ein Volk von Teufeln,
in: ders.: Den Staat braucht selbst ein Volk von Teufeln,
Philosophische Versuche zur Rechts- und Staatsethik
Stuttgart 1988, S. 56ff.

Höffken, Heinz-Werner/Sattler, Martin
Rechtsextremismus in der Bundesrepublik Deutschland: Die "Alte", die
"Neue" Rechte und der Neonazismus
Opladen 1980

Hofmann, Hasso
Legitimität gegen Legalität
Der Weg der politischen Philosophie Carl Schmitts
Neuwied 1964

Hofmann, Hasso
Recht – Politik – Verfassung
Studien zur Geschichte der politischen Philosophie
Frankfurt am Main 1986

Houy, Hans Nikolaus
Der strafrechtliche Schutz der verfassungsmäßigen Ordnung der
Bundesrepublik Deutschland, Diss. jur. Freiburg (in der Schweiz)
Illingen Rastatt 1958

Im Namen des Deutschen Volkes. Justiz und Nationalsozialismus
Katalog zur Ausstellung des Bundesministers der Justiz
Köln 1987

552

Ingraham, Barton L.
Political Crime in Europe, A Comparative Study of France, Germany and England
Berkeley, Los Angeles, London 1979

Jäger, Siegfried (Hrsg.)
Rechtsdruck
Die Presse der Neuen Rechten
Berlin, Bonn 1988

Jäger, Herbert
Makrokriminalität
Studien zur Kriminologie kollektiver Gewalt
Frankfurt am Main 1989

Jahn, Joachim
Neonazis vor Gericht
in: KJ (Kritische Justiz), 21. Jahrgang, Heft 3/1988, S.329ff.

Jaide, Walter
Achtzehnjährige zwischen Reaktion und Rebellion. Politische Einstellungen und Aktivitäten Jugendlicher in der Bundesrepublik,
Opladen 1980

Jamin, Mathilde
Methodische Konzeption einer quantitativen Analyse zur sozialen Zusammensetzung der SA
in: Mann, Reinhard (Hrsg.): Die Nationalsozialisten – Analysen faschistischer Bewegungen, historische sozialwissenschaftliche Forschungen, Band 9
Stuttgart 1980, S. 95ff.

Jann, Werner
Kategorien der Policy-Forschung
Speyerer Arbeitshefte 37
Speyer 1981

Jann, Werner
Staatliche Programme und "Verwaltungskultur"
Bekämpfung des Drogenmißbrauchs und der Jugendarbeitslosigkeit in Schweden, Großbritannien und der Bundesrepublik Deutschland im Vergleich
Opladen 1983

Jaschke, Hans–Gerd
Subkulturelle Aspekte des Rechtsextremismus
in: Berg-Schlosser, Dirk/Schissler, Jakob (Hrsg.): Politische Kultur in Deutschland, Bilanz und Perspektiven der Forschung, Politische Vierteljahresschrift, 28. Jg., Sonderheft 18/1987, Opladen 1987, S. 322ff.

Jaschke, Hans–Gerd
Auf dem rechten Auge blind? Innere Sicherheit, streitbare Demokratie und das Primat der Gesinnungsjustiz
in: Paul, Gerhard (Hrsg.): Hitlers Schatten verblaßt, Die Normalisierung des Rechtsextremismus
Berlin 1989, S. 164ff.

Jaschke, Hans—Gerd
Streitbare Demokratie und Innere Sicherheit
Grundlagen, Praxis und Kritik
Opladen 1991

Jenke, Manfred
Verschwörung von rechts?
Ein Bericht über den Rechtsradikalismus in Deutschland nach 1945
Berlin 1961

Jeschek, Hans—Heinrich/ Ruß, Wolfgang/ Willms, Günther (Hrsg.)
Strafgesetzbuch
Leipziger Kommentar
10. Auflage, Berlin, New York 1978

Kaiser, Günther
Kriminologie
Eine Einführung in die Grundlagen
7. Auflage, Heidelberg 1985

Kalinowsky, Harry H.
unter Mitarbeit von Richard Blath, Konrad Hobe, Claudia Kothe-Heggemann
Rechtsextremismus und Strafrechtspflege
Eine Analyse von Strafverfahren wegen rechtsextremistischer Aktivitäten und Erscheinungen
Herausgegeben vom Bundesministerium der Justiz
2. Auflage Köln 1986

Kalinowsky, Harry
Babylon, Der Streit um den Rechtsextremismus Unterrichtsmaterialien,
unv. Manuskript, Trelde 1989

Kaufmann, Franz—Xaver/Rosewitz, Bernd
Typisierung und Klassifikation politischer Maßnahmen
in: Mayntz, Renate (Hrsg.): Implementation politischer Programme II,
Opladen 1983, S. 25ff.

Kern, Eduard
Der Strafschutz des Staates und seine Problematik
Recht und Staat Heft 270/271
Tübingen 1963

Kerner, Hans—Jürgen
Strafvollzug und Rückfälligkeit
in: Kriminologisches Journal, 8. Jahrgang, 3.Vierteljahr 1976
1976, S. 184ff.

Kirchheimer, Otto
Politische Justiz
in: ders.: Funktionen des Staates und der Verfassung, 10 Analysen
Frankfurt am Main 1972, S. 143ff.

Kirchheimer, Otto
Politische Justiz
Verwendung juristischer Verfahrensmöglichkeiten zu politischen
Zwecken
Frankfurt am Main 1985 (Ersterscheinung 1961)

Kitschelt, Herbert
Kernenergiepolitik
Arena eines gesellschaftlichen Konfliktes
Frankfurt, New York 1980

Kittsteiner, Heinz D.
Die Entstehung des modernen Gewissens
Frankfurt am Main, Leipzig 1991

Klaus, Alfred
Verhalten und Aktivitäten inhaftierter links- und
rechtsextremistischer Terroristen - zur Kampagne gegen die Justiz
unv. MS, o.O., 1983

Kleining, Gerhard
Soziale Mobilität in der Bundesrepublik Deutschland, Teil 1
Klassenmobilität
in: Kölner Zeitschrift für Soziologie und Sozialpsychologie (KZfSS),
27.Jahrgang, Heft 1/1975, S.97ff.

Kleinknecht, Theodor
Strafprozeßordnung. Kommentar.
34. Auflage, München 1979

Knütter, Hans-Helmuth
Das Instrumentarium der "streitbaren Demokratie" am Beispiel der
Bundesrepublik Deutschland
in: Demokratie und politisch motivierte Gewalt, Texte zur inneren
Sicherheit, Herausgeber: Der Bundesminister des Innern
Bonn 1989, S. 69ff.

Ködderitzsch, Peter/Müller, Leo A.
Rechtsextremismus in der DDR
Göttingen 1990

Kohli, Martin
Lebenslauftheoretische Ansätze in der Sozialisationsforschung
in: Hurrelmann, Klaus/ Ulich, Dieter (Hg.): Handbuch der
Sozialisationsforschung, 2.Auflage
Weinheim, Basel 1982, S.307ff.

Korfes, Gunhild
Zur Entwicklung des Rechtsextremismus in der DDR
in: Kriminologisches Journal, 24. Jg., 1/92, S. 50ff.

Kramer, Helmut
Die Aufarbeitung des Faschismus durch die Nachkriegsjustiz in der
Bundesrepublik Deutschland
in: Fangmann, Helmut D./Paech, Norman (Hrsg.):
Recht, Justiz und Faschismus, Nach 1933 und heute
Köln 1984, S. 75ff.

Kreppner, Kurt
Sozialisation in der Familie
in: Hurrelmann, Klaus/ Ulich, Dieter (Hrsg.): Handbuch der
Sozialisationsforschung
2. Auflage, Weinheim, Basel 1982, S. 405ff.

Kruse, Falko
Zweierlei Maß für NS-Täter?
in: KJ (Kritische Justiz), 11. Jg., 3/1978, S. 236ff.

Kruse, Falko
NS-Prozesse und Restauration
Zur justitiellen Verfolgung von NS-Gewaltverbrechen in der Bundesrepublik
in: KJ (Kritische Justiz), 11. Jg., 2/1978, S. 109ff.

Kühnl, Reinhard
Die NPD
Programm und Ideologie einer neofaschistischen Partei
Berlin 1967

Kühnl, Reinhard
Der (aufhaltsame) Aufstieg rechtsextremer Parteien, in: Hellfeld, Matthias von (Hrsg.): Dem Hass keine Chance, Der neue rechte Fundamentalismus
Köln 1989, S. 24ff.

Kunert, Karl-Heinz
Wie abhängig ist der Staatsanwalt?
in: Festschrift für Rudolf Wassermann zum sechzigsten Geburtstag, herausgegeben von Broda, Christian/Deutsch, Erwin/Schreiber, Hans-Ludwig/Vogel, Hans-Jochen
Neuwied, Darmstadt 1985, S.915ff.

Lampe, Ernst-Joachim (Hrsg.)
Das sogenannte Rechtsgefühl, Jahrbuch für Rechtssoziologie und Rechtstheorie, Band X
Opladen 1985

Laubenthal, Klaus
Ansätze zur Differenzierung zwischen politischer und allgemeiner Kriminalität
in: MschrKrim (Monatsschrift für Kriminologie und Strafrechtsreform), 72. Jg., 5/1989, S. 326ff.

Laufer, Heinz
Politische Kontrolle durch Richtermacht
Das Bundesverfassungsgericht als Kontrollorgan der Politik in: Tohidipur, Mehdi: Verfassung, Verfassungsgerichtsbarkeit, Politik, Zur verfassungsrechtlichen und politischen Stellung und Funktion des Bundesverfassungsgerichts
Frankfurt am Main 1976, S. 92ff.

Lederer, Gerda
Jugend und Autorität
Über den Einstellungswandel zum Autoritarismus in der Bundesrepublik Deutschland und den USA
Opladen 1983

Leggewie, Claus
Die Zwerge am rechten Rand
Zu den Chancen kleiner neuer Rechtsparteien in der Bundesrepublik
Deutschland
in: PVS (Politische Vierteljahresschrift), 26.Jg.
4/1987, S. 361ff.

Lehmann, Lutz
Legal & opportun
Politische Justiz in der Bundesrepublik
Berlin 1966

Lennartz, Hans-Albert
Zur Rechtsprechung des Bundesverfassungsgerichts zu den politischen
Parteien
München 1982

Lipset, Seymour Martin
Political Man: the social bases of politics.
Garden City, New York 1960

Lowi, Theodore J.
American Business, Public Policy, Case Studies and Political Theory
in: World Politics, 17. Jg., 4/1964, S. 673ff.

Lowi, Theodore J.
Ein neuer Bezugsrahmen für die Analyse von Machtstrukturen
in: Narr, Wolf-Dieter/Offe, Claus (Hg.): Wohlfahrtsstaat und
Massenloyalität
Köln,Berlin, 1975, S. 133ff.

Lowi, Theodore J.
Decision Making versus Policy Making
in: Public Administration Review, 30. Jg., 3/1970, S. 314ff.

Lowi, Theodore J.
Four Systems of Policy, Politics and Choice
in: Public Administration Review, 32. Jg., 3/1970, S. 298ff.

Lowi, Theodore J.
The State in Political Science: How we become what we study
in: American Political Science Review, 86. Jg., 1/1992, S. 1ff.

Lüderssen, Klaus (Hrsg.)
V-Leute, Die Falle im Rechtsstaat
Frankfurt am Main 1985

Luhmann, Niklas
Ausdifferenzierung des Rechts
Frankfurt am Main 1981

M., P.
Vertrauen in die Justiz, Zwei Repräsentativumfragen
DRiZ (Deutsche Richterzeitung), 1/1992, S. 36f.

Madloch, Norbert
Zur Entwicklung des Rechtsextremismus in Ostdeutschland
in: IDEEN für antifaschistische und antirassistische Arbeit,
Vierteljahresschrift, 4/91, Juli 1991, S. 30ff.

Maihofer, Werner
Verteidigung unseres freiheitlichen Rechtsstaates
Eine Information des Bundesministers des Innern
o.O., o.J. (1975)

Mann, Reinhard (Hrsg.)
Die Nationalsozialisten - Analysen faschistischer Bewegungen
Stuttgart 1980

Marxen, Klaus
Strafjustiz im Nationalsozialismus
in: Diestelkamp, Bernhard/Stolleis, Michael (Hrsg.): Justizalltag
im Dritten Reich
Frankfurt am Main 1988, S. 101ff.

Maurach, Reinhart/ Schroeder, Friedrich-Christian
Strafrecht, Besonderer Teil, Teilband 2, Straftaten gegen Gemeinschaftswerte
6. Auflage, Heidelberg, Karlsruhe 1981

Maurach, Reinhart/ Schroeder, Friedrich-Christian
Strafrecht, Besonderer Teil, Teilband 1, Straftaten gegen Persön-
lichkeits- und Vermögenswerte
6. Auflage, Heidelberg, Karlsruhe 1977

Mayer-Maly, Theo
Rechtsidee - Rechtswissenschaft - Rechtspolitik
in: Dimmel, Nikolaus/Noll, Alfred J. (Hrsg.): Politik und Recht,
Beiträge zum Wechselverhältnis von Gesellschaft und Recht
Wien 1988, S. 35ff.

Mayntz, Renate (Hrsg.)
Implementation politischer Programme
Empirische Forschungsberichte
Königstein/Ts. 1980

Mayntz, Renate (Hrsg.)
Implementation politischer Programme II
Opladen 1983

Mehler, Frank
Punk als Lebensstil - eine jugendliche Subkultur im Wandel von zehn
Jahren
in: Offensive Jugendhilfe in Kassel: Materialien zur Veranstaltungsreihe "Auseinandersetzung mit Jugendkulturen" für Mitarbeiterinnen und Mitarbeiter des Jugendamtes der Stadt Kassel
herausgegeben vom Jugendamt Kassel, o.O., o.J.

Mengel, Hans-Joachim
Justiz und Politik
Wochenschau für politische Erziehung, 41. Jg., März/April 1990, Nr.
2, Ausgabe Sek. II

Merkl, Peter H.
Political Violence under the Swastika, 581 early Nazis
New Jersey 1975

Merton, Robert K.
Sozialstruktur und Anomie
in: Sack, Fritz/ König, René (Hrsg.): Kriminalsoziologie
Frankfurt am Main 1968, S. 292ff.

Meyer, Alwin/ Rabe, Karl-Klaus
Unsere Stunde, die wird kommen
Rechtsextremismus unter Jugendlichen
Bornheim-Merten 1979

Meyer, Birgit
Mädchen und Rechtsradikalismus
in: Blätter für deutsche und internationale Politik
36. Jg., 5'91, S. 601ff.

Mitscherlich, Alexander und Margarete
Die Unfähigkeit zu trauern, Grundlagen kollektiven Verhaltens 19.
Auflage, München, Zürich 1987 (1967)

Monahan, Thomas P.
Familienstatus und Jugenddelinquenz
in: Sack, Fritz/ König, René (Hrsg.): Kriminalsoziologie
Frankfurt am Main 1968, S.73ff.

Müller, Ingo
Furchtbare Juristen
Die unbewältigte Vergangenheit unserer Justiz
München 1987

Müller, Rudolf
Schule des Terrorismus, Die Wehrsportgruppe Hoffmann und andere
militante Neonazis
in: Benz, Wolfgang (Hrsg.):Rechtsextremismus in der Bundesrepublik,
Voraussetzungen, Zusammenhänge, Wirkungen, aktualisierte Ausgabe
Frankfurt am Main 1984, S. 238ff.

Narr, Wolf-Dieter/Naschold, Frieder
Theorie der Demokratie
Einführung in die moderne politische Theorie, Band III
Stuttgart, Berlin, Köln, Mainz 1971

Neidhardt, Friedhelm
Linker und rechter Terrorismus
Erscheinungsformen und Handlungspotentiale im Gruppenvergleich
in: Baeyer-Katte, Wanda von/ Claessens, Dieter/ Feger, Hubert/
Neidhardt, Friedhelm: Gruppenprozesse, Analysen zum Terrorismus 3
Opladen 1982, S. 434ff.

Neske, Günther (Hrsg.)
Der Deutsche Bundestag, Zehn Wahlperioden, Porträt eines Parlaments,
Pfullingen 1984

Noelle-Neumann, Elisabeth/Ring, Erp
Das Extremismus-Potential unter jungen Leuten in der Bundesrepublik
Deutschland 1984
Institut für Demoskopie Allensbach
Bonn 1984

Paul, Gerhard (Hrsg.)
Hitlers Schatten verblaßt
Die Normalisierung des Rechtsextremismus
Bonn 1989

Peukert, Detlev J.K.
Rechtsradikalismus in historischer Perspektive, in: Peukert, Detlev
J.K./Bajohr, Frank: Rechtsradikalismus in Deutschland, Zwei
historische Beiträge
Hamburg 1990, S. 9ff.

Politischer Protest in der Sozialwissenschaftlichen Literatur.
Eine Arbeit der Infratest Wirtschaftsforschung GmbH
Stuttgart, Berlin, Köln, Mainz 1978

Politischer Protest in der Bundesrepublik Deutschland –
Beiträge zur sozialempirischen Untersuchung des Extremismus.
Eine Arbeit der Infratest Wirtschaftsforschung GmbH
Stuttgart, Berlin, Köln, Mainz 1980

Pomorin, Jürgen/Junge, Reinhard
Die Neonazis und wie man sie bekämpfen kann
6. Auflage, Dortmund 1978

Pomorin, Jürgen/Junge, Reinhard
Vorwärts, wir maschieren zurück, Die Neonazis Teil II
5. Auflage, Dortmund 1979

Posser, Diether
Politische Strafjustiz aus der Sicht des Verteidigers
Karlsruhe 1961

Posser, Diether
Anwalt im Kalten Krieg
Ein Stück deutscher Geschichte in politischen Prozessen 1951 – 1968
2.Auflage, München 1991

Presse- und Informationszentrum des Deutschen Bundestages (Hrsg.):
Datenhandbuch zur Geschichte des deutschen Bundestages 1949 bis 1982.
Bonn 1983

Ratz, Michael
Die Justiz und die Nazis, Zur Strafverfolgung von Nazismus und
Neonazismus seit 1945
Frankfurt am Main 1979

Rebmann, Kurt
Terrorismus und Rechtsordnung
in: Deutscher Richterbund (Hrsg.): Kurskorrekturen im Recht Vorträge
und Referate des Deutschen Richtertages 1979 in Essen Köln 1980, S.
109ff.

Reichel, Peter
Politische Kultur - mehr als ein Schlagwort.
In: Politische Vierteljahresschrift (PVS), 21. Jg., 4/1980, S. 382ff.

Reichel, Peter
Politische Kultur zwischen Polemik und Ideologiekritik. Ein Schlußwort zum PVS-Forum.
In: Politische Vierteljahresschrift (PVS), 22. Jg., 4/1981, S. 415ff.

Reichel, Peter (Hrsg.)
Politische Kultur in Westeuropa. Bürger und Staaten in der Europäischen Gemeinschaft.
Schriftenreihe der Bundeszentrale für politische Bildung, Band 209, Bonn 1984

Reichel, Peter
Politische Kultur in Deutschland.
In: Iring Fetscher/Herfried Münkler (Hg.), Politikwissenschaft. Begriffe - Analysen - Theorien - Ein Grundkurs.
Reinbek 1985, S. 111ff.

Remmers, Walter
Der politisch indifferente Richter: Leitbild der Dritten Gewalt?
in: Festschrift für Rudolf Wassermann zum sechzigsten Geburtstag, herausgegeben Broda,Christian/Deutsch, Erwin/Schreiber, Hans-Ludwig/Vogel, Hans-Jochen
Neuwied, Darmstadt 1985, S. 165ff.

Richter, Dagmar
Bedingungen emanzipatorischer Lernprozesse. Über den Zusammenhang von lebensweltlicher Erfahrung mit kognitiver Entwicklung.
Studien zur Politikdidaktik, Band 35
Frankfurt am Main 1989

Ridder, Helmut
»Vergangenheitsbewältigung« durch Wiederherstellung von Vergangenheit und Verewigung von Gegenwart. Zur Formierung eines deutschen Frontstaats durch den Frontstand seiner Juristen
in: Festschrift für Rudolf Wassermann zum sechzigsten Geburtstag, herausgegeben von Broda,Christian/Deutsch, Erwin/Schreiber, Hans-Ludwig/Vogel, Hans-Jochen
Neuwied, Darmstadt 1985, S. 193ff.

Riehl-Heyse, Herbert
Bilder einer schaurigen Traumwelt, Beobachtungen in einem Prozeß gegen junge Neonazis
in: Benz, Wolfgang: Rechtsextremismus in der Bundesrepublik
Voraussetzungen, Zusammenhänge, Wirkungen
2. aktualisierte Auflage, Frankfurt am Main 1984 (1980), S. 295ff.

Rieß, Peter
Die "Anti-Terrorismusgesetzgebung" in der Bundesrepublik Deutschland-
in: Freiheit und Sicherheit. Die Demokratie wehrt sich gegen den Terrorismus. Schriftenrehieh der Bundeszentrale für politische Bildung, Band 148
Bonn 1979, S. 79ff.

Rieß, Peter
Statistische Beiträge zur Wirklichkeit des Strafverfahrens
in: Hamm, Rainer (Hg.): Festschrift für Werner Sarstedt
Berlin, New York 1981, S. 251ff.

Röhl, Klaus F.
Rechtssoziologie
Ein Lehrbuch
Köln, Berlin, Bonn, München 1987

Römer, Peter
Rechtliche Grundlagen der Politik
Zur Bedeutung einer politischen Rechtslehre
in: Dimmel, Nikolaus/Noll, Alfred J. (Hrsg.)
Politik und Recht, Beiträge zum Wechselverhältnis von Gesellschaft
und Recht
Wien 1988, S. 45ff.

Rottleuthner, Hubert
Einführung in die Rechtssoziologie
Darmstadt 1987

Rückerl, Adalbert
Die Strafverfolgung von NS-Verbrechen 1945 - 1978
Heidelberg, Karlsruhe 1979

Rudolphi, Hans-Joachim/ Horn, Eckhard/ Samson, Erich
Systematischer Kommentar zum Strafgesetzbuch
Band II
3.Auflage, Frankfurt am Main 1983

Rüthers, Bernd
Entartetes Recht
Rechtslehren und Kronjuristen im Dritten Reich.
2. Auflage, München 1989

Sack, Fritz
Kritische Kriminologie
in: Kaiser, Günther/ Kerner, Hans-Jürgen/ Sack, Fritz/ Schellhoss,
Hartmut (Hrsg.): Kleines Kriminologisches Wörterbuch
2. Auflage Heidelberg 1985, S. 277ff.

Sack, Fritz
Politische Delikte, politische Kriminalität
in: Kaiser, Günther/ Kerner, Hans-Jürgen/ Sack, Fritz/ Schellhoss,
Hartmut (Hrsg.): Kleines Kriminologisches Wörterbuch,
2. Auflage Heidelberg 1985, S. 324ff.

Sack, Fritz
Gegenstand und Methoden der Analyse
in: Sack, Fritz/ Steinert,Heinz: Protest und Reaktion, Analysen zum
Terrorismus 4/2
Opladen 1984, S. 24ff.

Schafheutle, Josef
Das Sechste Strafrechtsänderungsgesetz
in: JZ (Juristenzeitung) Heft 15/16, 1960, S. 470ff.

Schatz, Heribert
Verbraucherinteressen im politischen Entscheidungsprozeß
Frankfurt am Main/New York 1984

Schatz, Heribert
Fernsehnachrichten in demokratietheoretischer Sicht
Duisburger Materialien zur Innenpolitik und Verwaltungswissenschaft,
Nr. 2/1980
Duisburg 1980

Scheuch, Erwin K., unter Mitarbeit von Klingemann, Hans D.
Theorie des Rechtsradikalismus in westlichen Industriegesellschaften.
in: Hamburger Jahrbuch für Wirtschaft und Gesellschaftspolitik, 12.
Jahr, Tübingen 1967, S. 13ff.

Schleip, Holger (Hrsg.)
Zurück zur Naturreligion?
Wege zur Ehrfurcht vor allem Leben
Freiburg im Breisgau 1986

Schmid, Richard
Das politische Strafrecht
Bemerkungen zum Regierungsentwurf des Strafrechtsänderungsgesetzes
1950
in: DRZ (Deutsche Rechts-Zeitschrift), 5. Jg.,
Heft 15/16, S. 337ff.

Schmidt, Siegfried J.
Einladung, Maturana zu lesen
in: Maturana, Humberto R.: Erkennen: Die Organisation und
Verkörperung von Wirklichkeit
Ausgewählte Arbeiten zur biologischen Epistemologie
2. Auflage, Braunschweig/Wiesbaden 1985, S. 1ff.

Schmidtchen, Gerhard
Terroristische Karrieren
in: Jäger, Herbert/ Schmidtchen, Gerhard/ Süllwold, Lieselotte:
Lebenslaufanalysen, Analysen zum Terrorismus 2
Opladen 1981, S. 14ff.

Schmitt, Carl
Legalität und Legitimität
Berlin 1932

Schmitt, Carl
Der Begriff des Politischen - Text von 1932 mit einem Vorwort und
drei Corollarien
Berlin 1963

Schmollinger, Horst W.
Deutsche Reichspartei
in: Stöss, Richard (Hrsg.): Parteienhandbuch, Die Parteien in der
Bundesrepublik Deutschland 1945 - 1980, Band 1 AUD - EFP Opladen
1983, S. 1112ff.

Schmollinger, Horst W.
Die Deutsche Partei
in: Stöss, Richard (Hrsg.): Parteienhandbuch, Die Parteien in der
Bundesrepublik Deutschland 1945 - 1980, Band 1 AUD - EFP. Opladen
1983, S. 1025ff.

Schmollinger, Horst W.
Die Sozialistische Reichspartei
in: Stöss, Richard (Hrsg.): Parteienhandbuch, Die Parteien der
Bundesrepublik Deutschland 1945 - 1980, Band 2 FDP - WAV.
Opladen 1984, S. 2274ff.

Schmollinger, Horst W.
Nationaldemokratische Partei Deutschlands
in: Stöss, Richard (Hrsg.): Parteienhandbuch, Die Parteien der
Bundesrepublik Deutschland 1945 -1980, Band 2, FDP-WAV
Opladen 1984, S. 1922ff.

Schmollinger, Horst W.
Die Wahl zum Abgeordnetenhaus von Berlin am 29. Januar 1989
Ein überraschender Wandel im Parteiensystem
in: ZParl (Zeitschrift für Parlamentsfragen), 20. Jg., 3/89, S.
309ff.

Schomers, Michael
Deutschland ganz rechts
Sieben Monate als Republikaner in BRD & DDR
Köln 1990

Schön, Walter
Grundlagen der Verbote politischer Parteien als politische
Gestaltungsfaktoren in der Weimarer Republik und in der
Bundesrepublik
Diss. jur., Würzburg 1972

Schönke, Adolf/Schröder, Horst (Hrsg.)
Strafgesetzbuch, Kommentar
21. Auflage, München 1982

Schönke, Adolf/Schröder, Horst (Hrsg.)
Strafgesetzbuch, Kommentar
22. Auflage, München 1985

Schroeder, Friedrich-Christian (Hrsg.)
Texte zur Theorie des politischen Strafrechts Ende des 18. Jh./Mitte
des 19. Jh.
Darmstadt 1974

Schulze, Gerhard
Die Erlebnisgesellschaft
Kultursoziologie der Gegenwart
Frankfurt am Main, New York 1992

Schumann, Karl F.
Justizforschung
in: Kaiser, Günther/ Kerner, Hans-Jürgen/ Sack, Fritz/ Schellhoss,
Hartmut (Hrsg.): Kleines Kriminologisches Wörterbuch
2. Auflage Heidelberg 1985, S. 177ff.

Schwagerl, H. Joachim
Rechtsextreme, insbesondere neofaschistische Jugendgruppen in der
Bundesrepublik Deutschland – ein aktuelles Lagebild aus der Sicht
des informativen Verfassungsschutzes
in: Paul, Gerhard/Schoßig, Bernhard (Hrsg.): Jugend und
Neofaschismus. Provokation oder Identifikation.
Frankfurt am Main 1979, S. 18ff.

Schwagerl, H. Joachim
Verfassungsschutz in der Bundesrepublik Deutschland
Heidelberg 1985

Schwarz, Hans-Peter
Die Ära Adenauer, Gründerjahre der Republik, 1949 – 1957
Mit einem einleitenden Essay von Theodor Eschenburg
Geschichte der Bundesrepublik Deutschland, Band 2
Stuttgart, Wiesbaden 1981

Seibert, Thomas-Michael
Aktenanalysen
Zur Schriftform juristischer Deutungen
Tübingen 1981

Seiffert, Helmut
Einführung in die Wissenschaftstheorie, Erster Band, Sprachanalyse,
Deduktion, Induktion in Natur- und Sozialwissenschaften, 8. Auflage
München 1975 (1969)

Seifert, Jürgen
Verrechtlichte Politik und die Dialektik der marxistischen
Rechtstheorie
in: KJ (Kritische Justiz) 2/1971, 4. Jg., S. 185ff.

Shell, Kurt L./Schissler, Jakob
Erwiderung auf Peter Reichels Forum Politische Kultur
in: PVS (Politische Vierteljahresschrift), 22. Jg.
2/1981, S. 195ff.

Sippel, Heinrich
Aktuelle Fragen des Rechtsextremismus
in: Aktuelle Fragen des Extremismus, Texte zur inneren Sicherheit,
Herausgeber: Der Bundesminister des Innern
Bonn 1989, S. 83ff.

Sochatzy, Klaus
Neofaschismus im Schülerurteil
Frankfurt am Main 1980

Sonnen, Bernd-Rüdeger
Kriminalität und Strafgewalt
Eine integrierte Einführung in Strafrecht und Kriminologie Stuttgart,
Berlin, Köln, Mainz 1978

Sonnen, Bernd-Rüdeger
Strafjustiz im Nationalsozialismus
in: Fangmann, Helmut D./Paech, Norman (Hrsg.)
Recht, Justiz und Faschismus, Nach 1933 und heute
Köln 1984, S. 33ff.

Spaeman, Robert
Das Wort sie sollen lassen stahn, Versuch über den Fundamentalismus
in: "Die Zeit", Nr. 52, vom 22. Dezember 1989, S. 47f.

Srole, L.
Social Integration and Certain Corollaries: An Exploratory Study
in: American Sociological Review, Bd. 21, S. 709ff.

Staehr, Gerda v.
Entwicklungen und Erklärungsversuche neonazistischer Tendenzen von
Jugendlichen
in: Gegenwartskunde 1981, Heft 3, S. 340ff.

Stein, Helmut
Bemerkungen über das Verhältnis der Justiz der Bundesrepublik zum
Faschismus
in: Schneider, Rudolf (Hrsg.): Die SS ist ihr Vorbild Neonazistische
Kampfgruppen und Aktionskreise in der Bundesrepublik
Frankfurt am Main 1981, S. 34ff.

Stern, Howard Norman
Political Crime and Justice in the Weimar Republic
Phil. Diss, Baltimore 1966

StGB
Textausgabe
Einführung von Hans-Heinrich Jeschek
23. Auflage, Beck-Texte 5007, München 1987

Stöss, Richard
Väter und Enkel: Alter und Neuer Nationalismus in der Bundesrepublik
in: Ästhetik und Kommunikation, 9. Jg., Heft 32/1978, S. 44ff.

**Stöss, Richard/ Deiters, Dietmar/ Dingel, Frank/ Hesse, Klaus/
Sander, Andreas**
Ursachen und Ausmaß der NS-Renaissance unter Jugendlichen in Berlin
(West) und bildungspolitische Maßnahmen zur ihrer Bewältigung
Endbericht FU Berlin, Zentralinstitut für sozialwissenschaftliche
Forschung, Manuskript
Berlin 1981

Stöss, Richard (Hrsg.)
Parteienhandbuch
Die Parteien in der Bundesrepublik Deutschland 1945 - 1980
Band 1 AUD - EFP
Opladen 1983

Stöss, Richard (Hrsg.)
Parteienhandbuch
Die Parteien der Bundesrepublik Deutschland 1945 - 1980
Band 2 FDP - WAV
Opladen 1984

Stöss, Richard
Die extreme Rechte in der Bundesrepublik
Entwicklung, Ursachen, Gegenmaßnahmen
Opladen 1989

Süllwold, Lieselotte
Stationen in der Entwicklung von Terroristen
in: Jäger, Herbert/ Schmidtchen, Gerhard/ Süllwold, Lieselotte
(Hrsg.): Lebenslaufanalysen, Analysen zum Terrorismus 2
Opladen 1981, S. 80ff.

Tauber, Klaus P.
Beyond Eagle and Swastika, German Nationalism Since 1945
2 Bände
Middletown/Conn. 1967

Thierse, Wolfgang
"Wer wagt überhaupt noch den Kopf zu schütteln"
in: Frankfurter Rundschau vom 11.9.1992

Thoms, Eva-Maria
§ 129a. Der Freiheit eine Falle
in: Die Zeit, vom 3. Februar 1989

Toby, Jackson
Der unterschiedliche Einfluß der zerrütteten Familie
in: Sack, Fritz/ König, René (Hrsg.): Kriminalsoziologie
Wiesbaden 1979, S. 91

Trotha, Trutz von
Gibt es den Weg zurück zur alten Strafpolitik? Zu Ungereimtheiten
und unbeabsichtigten Folten des Neoklassizismus auf der Grundlage
zweier Annahmen zum Verhältnis von Recht und Gesellschaft.
In: Deichsel, Wolfgang/Kunstreich, Timm/Lehne, Werner/Löschper,
Gabi/Sack, Fritz (Hrsg.): Kriminalität, Kriminologie und Herrschaft,
Hamburger Studien zur Kriminologie, Band 2, Pfaffenweiler 1988, S.
14ff.

Turk, Austin T.
Political Criminality
The Defiance and Defense of Authority
Beverly Hills, London, New Delhi 1982

Ulrich, Bernd/Vollmer, Antje
Für Demokratie – gegen Sicherheit und Sauberkeit
in: Hellfeld, Matthias von (Hrsg.)
Dem Hass keine Chance, Der neue rechte Fundamentalismus
Köln 1989, S. 163ff.

Verfassungsschutzbericht 1983
Herausgeber: Der Bundesminister des Innern
Bonn 1984

Verfassungsschutzbericht 1984
Herausgeber: Der Bundesminister des Innern
Bonn 1985

Verfassungsschutzbericht 1985
Herausgeber: Der Bundesminister des Innern
Bonn 1986

Verfassungsschutzbericht 1987
Herausgeber: Der Bundesminister des Innern
Bonn Juni 1988

Verfassungsschutzbericht 1988
Herausgeber: Der Bundesminister des Innern
Bonn 1989

Verfassungsschutzbericht 1989
Herausgeber: Der Bundesminister des Innern
Bonn 1990

Verfassungsschutzbericht 1990
Herausgeber: Der Bundesminister des Innern
Bonn 1990 (Fehlangabe, tatsächlich 1991)

Verfassungschutzbericht 1991
Herausgeber: Der Bundesminister des Innern
Presseveröffentlichung, MS Bonn 1992

Vinke, Hermann
Mit zweierlei Maß
Die deutsche Reaktion auf den Terror von rechts
Reinbek 1981

Wagner, Walter
Staatsschutz und Demokratie, Politische Justiz in der Gegenwart in:
Politische Meinung, 7. Jg., Heft 68, S. 31ff.

Wagner, Walter
Der objektive Staatsanwalt. Idee und Wirklichkeit
in: JZ (Juristen-Zeitung), 29. Jg. 1974, S. 216ff.

Wassermann, Rudolf
Vorsorge für Gerechtigkeit
Rechtspolitik in Theorie und Praxis
Bonn 1985

Wassermann, Rudolf
Die richterliche Gewalt
Macht und Verantwortung des Richters in der modernen Gesellschaft
Heidelberg 1985

Wassermann, Rudolf
Recht, Gewalt, Widerstand
Vorträge und Aufsätze
Politologische Studien, Band 23
Berlin 1985

Weber, Max
Wirtschaft und Gesellschaft
Grundriss der verstehenden Soziologie
Fünfte, revidierte Auflage, mit Textkritischen Erläuterungen
herausgegeben von Johannes Winckelmann, 1. Halbband
Tübingen 1976

Weber, Max
Wirtschaft und Gesellschaft
Grundriss der verstehenden Soziologie
Fünfte revidierte Auflage, mit Textkritischen Erläuterungen
herausgegeben von Johannes Winckelmann, 2. Halbband
Tübingen 1976

Weichert, Thilo
Staatsschutz – Plädoyer für die Auflösung der Staatsschutzabteilungen
bei Polizei und Staatsanwaltschaft
in: Bürgerrechte & Polizei, Cilip, Heft 38, 1/91, S. 61ff.

Wengler, Wilhelm
Über die Unbeliebtheit der Juristen
in: Hirsch, Ernst E./Rehbinder, Manfred (Hrsg.): Studien und
Materialien zur Rechtssoziologie, Kölner Zeitschrift für Soziologie
und Sozialpsychologie, Sonderheft 11, 2. Auflage, Opladen 1971, S.
236ff.

Wenner, Dorothee
"Heil Hitler, Herr Lehrer"
in: Die Zeit Nr. 37, vom 4. 9. 1992

Wilke, Dieter
Die Verwirkung der Pressefreiheit und das strafrechtliche
Berufsverbot
Zugleich ein Beitrag zur Rechtsnatur und zu den Grenzen der
Grundrechte
Diss. jur. Freie Universität Berlin 1964

Wessels, Johannes
Strafrecht Allgemeiner Teil
Karlsruhe 1974

Woller, Hans
Die Wirtschaftliche Aufbau-Vereinigung
in: Stöss, Richard (Hrsg.)
Parteienhandbuch. Die Parteien der Bundesrepublik Deutschland 1945 –
1980. Band 2 FDP – WAV
Opladen 1984, S. 2458ff.

Wuttke, Wolfram
Neues – altes Denken in der bundesdeutschen Medizin?!
in: blick nach rechts, 5. Jahrgang 15/1988, vom 18. Juli 1988
Teil 1, S.5ff.

Zablocki, Benjamin D./Kanter, Rosabeth Moss
The Differentiation of life-styles
in: Annual Review of Sociology, 2. Jg., 1976, S. 269ff.

Zielke, Oliver
Replik: Die Niedrigkeit politischer Motive nach § 211 Abs. 2 StGB
in: JR (Juristische Rundschau), 1992, Heft 6, S. 230ff.

QUELLENVERZEICHNIS

Amtliche Verlautbarung über die Konferenz von Potsdam vom 2. 8. 1945,
zitiert nach Völkerrechtliche Verträge, Textausgabe, herausgegeben
von Universitätsprofessor Dr. Friedrich Berber, München 1973, S.
334ff.

BGH Urteil vom 18. 9. 1979
in: Neue Juristische Wochenschrift 1980, S. 40

BGH Urteil vom 14. 1. 1981
in: Neue Zeitschrift für Strafrecht 1981, S. 258

BGHSt, 21, 370 (Entscheidungen des Bundesgerichtshofes in
Strafsachen, Band 21, S. 370)

BGHSt, 23, 64
BGHSt, 23, 267
BGHSt, 25, 30
BGHSt, 25, 128
BGHSt, 28, 394
BGHSt, 29, 73
BGHSt, 30, 199
BGHSt, 30, 328
BGHSt, 32, 1
BGHSt, 32, 310
BGH 3 StR 476/82
BGH 3 StR 449/84
BGH 5 StR 132/81
BGH 5 StR 811/83
BGH 5 StR 54/87

blick nach rechts, 3. Jg., 16/1986, vom 4. August 1986
blick nach rechts, 3. Jg., 17/1986, vom 18. August 1986
blick nach rechts, 3. Jg., 19/1986, vom 15. September 1986
blick nach rechts, 3. Jg., 21/1986, vom 13. Oktober 1986
blick nach rechts, 5. Jg., 25/1988, vom 6. Dezember 1988
blick nach rechts, 6. Jg., 3/1989, vom 30. Januar 1989

Brennpunkt ARD vom 19.4.1989

Bulletin der Bundesregierung vom 3. Januar 1960, Nr. 1, S. 13
Bulletin der Bundesregierung vom 22. Januar 1960, Nr. 14, S. 122
Bulletin der Bundesregierung vom 29. Juli 1974, Nr. 79, S. 783

BT-Drs. 1102 der 1. Wahlperiode 1949
BT-Drs. 1307 der 1. Wahlperiode 1949
BT-Drs. 3067 der 2. Wahlperiode 1953
BT-Drs. 10/5317
BT-Drs. 11/2834
BT-Drs. 11/2900
hier: Antwort der Bundesregierung auf eine Anfrage des Abgeordneten-
Dr.Penner vom 8.9.1988

BT-Prot. 83. Sitzung, 12. 9. 1950
BT-Prot. 117. Sitzung, 14. 2. 19951
BT-Prot. 154. Sitzung, 20. 6. 1951

BVerfGE
Entscheidungen des Bundesverfassungsgerichts, Band 2, S.1
zitiert als BVerfGE, 2, 1
BVerfGE 5, 85
BVerfGE 11, 282
BVerfGE 12, 296
BVerfGE 13, 32
BVerfGE 38, 23
BVerfGE 40, 287

CDU-Bundesgeschäftsstelle
Die REP, Analyse und politische Bewertung einer rechtsradikalen
Partei, Bonn o.J. (1989)

Der Spiegel   8/1983; 38/1991; 47/1991
                     Spiegel Spezial 2/1992

Der Triumph von Passau
DVU Großkundgebung 1988 in der Nibelungenhalle, FZ-Verlag München,
VHS-Videokassette

die tageszeitung (taz), vom   4. 6. 1982   22. 6. 1982
                              26.11. 1984   4.12. 1984
                               9.12. 1984   26. 1. 1985
                              18. 4. 1985   10. 7. 1985
                              13.10. 1986

"Die verdrängte Gefahr - Neonazismus heute"
unveröffentlichtes Wortmanuskript der ARD-Fernsehsendung vom   31.
1. 1983

Die Zeit   vom   8. 2.1982   11. 6.1982

Dokument "Einigung", in: antifaschistischer informations- und
pressedienst Nr. 3, 3. Jg., März 1989, S.4

Frankfurter Allgemeine Zeitung
              vom   7. 7. 1989   7. 4. 1992
                     9. 9. 1992

Frankfurter Rundschau, vom   28.10. 1982   28. 2. 1984
                              19.12. 1984   26. 4. 1986
                               3. 5. 1986   9. 5. 1986
                              23. 5. 1986   1. 7. 1986
                               2. 7. 1986   15.10. 1986
                               4. 2. 1988   16. 3. 1988
                              30. 6. 1988   21. 1. 1989
                              18. 7. 1989   19. 7. 1989
                              31. 7. 1992   25. 8. 1992
                               8. 9. 1992   11. 9. 1992

Frühauf, Michael
Schriftliche Antwort auf die Befragung vom 25. 2. 1990

General-Anzeiger (Bonn)
vom   8.10.1984   16.11.1984
             30.11.1984

Innere Sicherheit, Informationen des Bundesministers des Innern, Nr. 2/87, vom 15. Mai 1987
Nr. 4/87, vom 11. September 1987
Nr. 1/88, vom 18. März 1988
Nr. 3/88, vom 30. August 1988
Nr. 5/88, vom 30. Dezember 1988
Nr. 1/89, vom 28. Februar 1989
Nr. 4/89, vom 20. Oktober 1989
Nr. 2/90, vom 6. Juni 1990
Nr. 3/91, vom 12. Juli 1991
Nr. 4/91, vom 17. September 1991
Nr. 2/92, vom 19. Mai 1992

Kleines Politisches Wörterbuch
Berlin (Ost) 1973

Oberlandesgericht Köln
Entscheidung abgedruckt in: Neue Juristische Wochenschrift 1981, S. 1280

Ruhr-Nachrichten   vom 14.1.1984

Statistische Bundesamt Wiesbaden (Hrsg.):
Statistisches Jahrbuch 1982 für die Bundesrepublik Deutschland, Stuttgart, Mainz 1982

Statistisches Bundesamt Wiesbaden (Hrsg.):
Fachserie 10, Rechtspflege, Reihe 3, Strafverfolgung 1981, Stuttgart, Mainz 1983

Statistisches Bundesamt Wiesbaden (Hrsg.):
Fachserie 10, Rechtspflege, Reihe 2, Zivilgerichte und Strafgerichte 1986, Stuttgart 1988

Statistisches Bundesamt Wiesbaden (Hrsg.):
Rechtspflege, Fachserie 10, Reihe 3, Strafverfolgung 1986, Stuttgart, Mainz 1988

Statistisches Bundesamt Wiesbaden (Hrsg.):
Fachserie 10, Rechtspflege, Reihe 3, Strafverfolgung 1979, Stuttgart, Mainz 1980

Stern Nr. 33, 12. 8. 1982
     Nr. 4, 20. 1. 1983

Stuttgarter Zeitung   vom   29. 6.1982

Süddeutsche Zeitung   vom   8. 6.1982   24. 6.1983
                        10. 2.1989

Urteil des Bayerischen Obersten Landesgerichtes 2 St 244/87 vom 26. 2. 1988

Urteil des LG Flensburg vom 30. April 1982, Az 2 Js 79/80

Welt der Arbeit   vom 22. 7.1982

Westfälische Rundschau vom 4. 8.1982

Gesetzestexte (chronologisch):

20. Dezember 1946 Befehl Nr.2 des Alliierten Kontrollrats "Einziehung und Ablieferung von Waffen und Munition" vom 7. Januar 1946 in Verbindung mit Gesetz Nr. 43 "Verbot der Herstellung, der Einfuhr, des Ausfuhr, der Beförderung und der Lagerung von Kriegsmaterial, VOBl. 4947 S.2

23. Mai 1949 Art. 143 GG

25. Februar 1950 Gesetz Nr. 5 "Uniformen und Abzeichen. Alliierte Kommandatur Berlin, VOBl. 1950 S. 79

25. Juli 1950 Weingesetz (WeinG), BGBl. I S. 356

11. September 1950 Verordnung Nr. 501 "Schriften, handschriftlich oder gedruckt" des Alliierten Kontrollrates, VOBl. 1951 S.53

15. Juli 1951 Gesetz zum Schutz der persönlichen Freiheit, BGBl. I, 448

30. August 1951 Strafrechtsänderungsgesetz, BGBl. I, 739ff.

15. Oktober 1951 Verordnung Nr. 511 "Strafbare Handlungen gegen die Interessen der Besatzung" des Alliierten Kontrollrates, GVBl. S.1404

19. Dezember 1952 Straßenverkehrsgesetz (StVG), BGBl. I S. 837

24. Juli 1953 Gesetz über Versammlungen und Aufzüge (Versammlungsgesetz), BGBl. I, 684ff.

4. August 1953 Drittes Strafrechtsänderungsgesetz, BGBl. I, 735ff.

11. Juni 1957 Viertes Strafrechtsänderungsgesetz, BGBl. I, 597ff.

27. Juli 1957 Gesetz zum Schutz der Jugend in der Öffentlichkeit (JSchÖG), BGBl. I S.1058

30. Juni 1960 Sechstes Strafrechtsänderungsgesetz, BGBl. I, S. 478

20. April 1961 Ausführungsgesetz zum Artikel 26 Abs. 2 des Grundgesetzes (Gesetz über die Kontrolle von Kriegswaffen - KriegswaffG), BGBl. I S.444

5. August 1964 Gesetz zur Regelung des öffentlichen Vereinsrechts (Vereinsgesetz), BGBl. I, 593ff.

16. März 1965 Gesetz über die Presse (Pressegesetz), Bremen, GBl. S.63

22. März 1965 Niedersächsisches Pressegesetz (Nds. PresseG), (Nieders. GVBl. S. 9)

5. April 1965 Pflichtversicherungsgesetz (PflVG), BGBl. I S. 213

15. Juni 1965 Berliner Pressegesetz, GB Bl. S. 744

29. Juli 1966 Gesetz über befristete Freistellung von der deutschen Gerichtsbarkeit, BGBl. I, 453f.

25. Juni 1968 Achtes Strafrechtsänderungsgesetz, BGBl. I, 741ff.

9. Juli 1968 Gesetz über die Straffreiheit, BGBl. I, 773ff.

25. Juni 1969 Erstes Gesetz zur Reform des Strafrechts (1.StRG), BGBl. I, 645ff.

4. Juli 1969 Zweites Gesetz zur Reform des Strafrechts, BGBl. I, 717ff.

20. Mai 1970 Drittes Gesetz zur Reform des Strafrechts, BGBl. I, 505ff.

20. Mai 1970 Gesetz über Straffreiheit, BGBl. I, 509ff.

16. Dezember 1971 Elftes Strafrechtsänderungsgesetz, BGBl. I, 1977f.

16. Dezember 1971 Zwölftes Strafrechtsänderungsgesetz, BGBl. I, 1979

19. September 1972 Waffengesetz, BGBl. I, 1797ff.

23. November 1973 Viertes Gesetz zur Reform des Strafrechts, BGBl. I,1725

24. Mai 1974 Wehrstrafgesetz (WStG), BGBl. I S. 1213

13. September 1974 Gesetz über explosionsgefährliche Stoffe (Sprengstoffgesetz – Spreng-G), BGBl. I S. 388

9. Dezember 1974 Erstes Gesetz zur Reform des Strafverfahrensrechts (1. StVRG), BGBl. I, 3393ff.

20. Dezember 1974 Gesetz zur Ergänzung des Ersten Gesetzes zur Reform des Strafverfahrensrechts, BGBl. I, 3686ff.

2. Januar 1975 Bekanntmachung der Neufassung des Strafgesetzbuches (StGB), BGBl. I, 1ff.

8. März 1976 Waffengesetz (WaffG), BGBl. I S.432

16. März 1976 Abgabeordnung (AO), BGBl. I, S. 613

22. April 1976 Vierzehntes Strafrechtsänderungsgesetz, BGBl. I, 1056f.

18. August 1976 Gesetz zur Änderung des Strafgesetzbuches, der Strafprozeßordnung, des Gerichtsverfassungsgesetzes, der Bundesrechtsanwaltsordnung und des Strafvollzugsgesetzes, BGBl. I, 2181ff.

30. September 1977 Gesetz zur Änderung des Einführungsgesetzes zum Gerichtsverfassungsgesetz, BGBl. I, S. 1877

14. April 1978 Gesetz zur Änderung der Strafprozeßordnung, BGBl. I, 497

31. Mai 1978 Gesetz zur Änderung des Waffengesetzes, BGBl. I, 641

3. August 1978 Gesetz zur Änderung des Straßenverkehrsgesetzes, BGBl. I, S. 1177

25. September 1978 Gesetz zur Änderung des Gesetzes über Versammlungen und Aufzüge, BGBl.I, 1571

5. Oktober 1978 Strafverfahrensänderungsgesetz 1979 (StVÄG1979), BGBl.I, 1645

6. November 1978 Gesetz zur Änderung des Gesetzes über Personalausweise und zur Regelung der Meldepflicht in Beherbungsstätten, BGBl. I, 1712

15. November 1978 Gesetz über Versammlungen und Aufzüge (Versamm-lungsgesetz – VersammlG),BGBl. I S.1790

7. August 1981 Neunzehntes Strafrechtsänderungsgesetz, BGBl. I, 808

28. Juli 1982 Betäubungsmittelgesetz (BtMG), BGBl. I S. 681, 1187

23. Dezember 1982 Gesetz über die Internationale Rechtshilfe in Strafsachen (IRG), BGBl. I, S. 2071ff.

13. Juni 1985 Einundzwanzigstes Strafrechtsänderungsgesetz, BGBl. I, S. 965f.

18. Juli 1985 Zweiundzwanzigstes Strafrechtsänderungsgesetz – § 303 StGB, BGBl. I, 1510

18. Juli 1985 Gesetz zur Änderung des Strafgesetzbuches und des Versammlungsgesetzes, BGBl. I, 1511f.

19. Dezember 1986 Gesetz zur Bekämpfung des Terrorismus, BGBl. I, 2566f.

9. Juni 1989 Gesetz zur Änderung des Strafgesetzbuches, der Strafprozeßordnung und des Versammlungsgesetzes und zur Einführung einer Kronzeugenregelung bei terroristischen Straftaten, BGBl. I, S. 1059ff.

Studien und Materialien zum Rechtsextremismus
herausgegeben von Eike Hennig

Christine Kulke, Gerda Lederer (Hrsg.)
Der gewöhnliche Antisemitismus
Zur politischen Psychologie der Verachtung
Studien und Materialien zum Rechtsextremismus, Band 2, ca. 240 Seiten, br.,
ISBN 3-89085-302-1, ca. 38,– DM

Bei allem Wandel außen- wie innenpolitischer Brüche und Umschichtungen erweist sich das
Phänomen des Antisemitismus nicht nur als ungebrochen resistent. Vielmehr haben Antisemitismus wie auch Ausländerfeindlichkeit und ethnozentristische Fixierungen durch die
Modernisierung der Politik und die Entspannungs- und Liberalisierungsprozesse nicht abgenommen, sondern ganz eindeutig an Boden gewonnen.

Vor diesem Hintergrund gewinnen die in diesem Band versammelten Beiträge, die einem
internationalen interdisziplinären wissenschaftlichen Spektrum entstammen, an Brisanz. Die
unterschiedlichen persönlichen und wissenschaftlichen Biographien der Autorinnen und
Autoren, für die zum Teil der Antisemitismus in und durch Deutschland zum bedrohlichen,
existentiellen lebensgeschichtlichen Bezugspunkt geworden war, lassen dieses Buch über ein
reines Fachgespräch unter Spezialisten hinausgehen.

Die Beiträge: *Daniel Bar-Tal:* Delegitimizing Beliefs of Jews by Germans, 1933-1945 – *Volker Berbüsse:*
Religiosität, Politikverständnis und Judenstereotyp. Eine Untersuchung zur Bewußtseinslage   einer
protestantischen Kleinstadtbevölkerung in der Bundesrepublik Deutschland – *Sibylle Hübner-Funk:* Hitlers
Enkel im Schatten der Vergangenheit. Vom schwierigen Nacherbe eines »tausendjährigen Reichs« und seines
Rassismus – *Dirk Jülich:* Die Wiederkehr des Verdrängten. Sozialpsychologische Aspekte zur Identität der
Deutschen nach Auschwitz – *Christine Kulke:* Zur politischen Psychologie der Verachtung – *Ojvind Larsen:*
Auschwitz - die Notwendigkeit der Erinnerung – *Gerda Lederer:* Wie antisemitisch sind die Deutschen? Studien
zum Antijudaismus – *Miriam Lewin:* Concepts of the polluted, the damaged, and the narcissistic group identity –
Irene Runge: Fremdenhaß, Ignoranz, Solidarität und Nationalwahn? Eine Erinnerung an die unterschlagenen
säkularen Juden in der DDR – *Frank Stern:* Ambivalenz und Imagination. Philosemitismus in Deutschland –
Hilde Weiß: Latenz und Aktivierung antisemitischer Stereotype und Ideologien in Österreich.

Centaurus-Verlagsgesellschaft · Pfaffenweiler

Studien und Materialien zum Rechtsextremismus
herausgegeben von Eike Hennig

Fred Dorn, Klaus Heuer (Hrsg.)
»Ich war immer gut zu meiner Russin!«
Struktur und Praxis des NS-Zwangsarbeitssystems
Studien und Materialien zum Rechtsextremismus,
hg. von Eike Hennig, Band 1, 1991. 244 Seiten, br.,
ISBN 3-89085-596-2, 29,80 DM

Fast 50 Jahre »danach« sind kaum noch Spuren der NS-Zwangsarbeit in den hiesigen Regionen zu finden - weder in schriftlichen Überlieferungen noch in den Erinnerungen der Deutschen.

Durch Archivrecherchen und Zeitzeugeninterviews hat daher ein Projektteam zwei Jahre lang zu rekonstruieren versucht, was sich in der Zeit des Dritten Reichs - exemplarisch für alle anderen - in einer Region Südhessens ereignete, wie Arbeitgeber, »traditionelle« Verwaltungen, NS-Sonderbehörden und die deutsche Bevölkerung als Nachbarn und Kollegen mit den Ausländern und Ausländerinnen umgingen, wie sie die rassistischen Ausländerverordnungen integrierten, welche Praxisformen hieraus entstanden, welche Handlungsspielräume existierten und wie all dies sich auf das Leben und die Arbeitsbedingungen der Zwangsarbeiter auswirkte.

Auf dem Land erinnert man sich stärker als in der Stadt an »seine Fremdarbeiter«, die stereotyp Jean oder Olga heißen. Daß dies alles so problemlos nicht war, daß die Zwangsarbeit einen tiefen Einschnitt in die Lebensentwürfe und -hoffnungen der Betroffenen bedeutete, wird in den Interviews deutlich.

Aus dem Inhalt: I. DIE REGION: *Klaus Heuer:* Definitionsversuche, Aufgabenstellungen, Beispiele und Erfahrungen - II. EINZELSTUDIEN: *Olga Stumme:* Zwangsarbeit im Dritten Reich. Zugang über eine regionale Zeitung - *Wolfgang Stapp:* Zwangsarbeit in den Breuberger Gummiwerken. Eine vergleichende Studie - *Gerlinde Feldmann:* Mit Werkschutzbegleitung zum Arbeitsplatz. Zwangsarbeit bei der chemisch-pharmazeutischen Firma E. Merck in Darmstadt - *Die Auerbacher Projektgruppe:* »Denn was wir erlitten haben, das war jede Minute«. Griechische Zwangsarbeiter in einem Rüstungsbetrieb am Ende des Zweiten Weltkriegs - *Michael Jäger:* »Ich war schon Mensch zu Mensch«. Verdrängt und vergessen. Zur Geschichte der Zwangsarbeit in Rodgau - *Mechthild Lück:* »Das war so. Das war der Krieg«. Erfahrungen mit ehemaligen Zwangsarbeitern im ländlichen Bereich - *Ernst Wiederhold:* »... es kam zu keinen Übergriffen, es fanden auch keine Erschießungen statt«. Französische Kriegsgefangene und russische Zwangsarbeiter in Darmstadt-Arheilgen - *Gerd Steffens:* Die praktische Widerlegung des Rassismus. Verbotene Liebe und ihre Verfolgung - III. DIE VERLORENEN JAHRE IN DEUTSCHLAND: *Fred Dorn, Susanne Rupp, Astrid Sahn:* Annäherung an die Geschichte der Zwangsarbeit aus dem Erleben der Leidtragenden als Aufgabe der evangelischen Erwachsenenbildung.

Centaurus-Verlagsgesellschaft • Pfaffenweiler

MIX
Papier aus verantwortungsvollen Quellen
Paper from responsible sources
FSC® C105338

FSC
www.fsc.org

If you have any concerns about our products,
you can contact us on
ProductSafety@springernature.com

In case Publisher is established outside the EU,
the EU authorized representative is:
**Springer Nature Customer Service Center GmbH
Europaplatz 3, 69115 Heidelberg, Germany**

Printed by Libri Plureos GmbH
in Hamburg, Germany